海蒂送给全世界

“帮助男人和女人建立良好的性关系的礼物”

典藏版

海蒂性学报告
男人篇

[美] 雪儿·海蒂 著
林瑞庭 谭智华 译

海南出版社
·海口·

版权合同登记号：图字：30-2018-035号

图书在版编目（CIP）数据

海蒂性学报告：典藏版．男人篇／（美）雪儿·海蒂（Shere Hite）著；林瑞庭，谭智华译．-- 海口：海南出版社，2016.9（2023.3重印）
书名原文：The Hite Report on Male Sexuality
ISBN 978-7-5443-6678-6

Ⅰ．①海… Ⅱ．①雪… ②林… ③谭… Ⅲ．①性学－研究②男性－性心理学－研究 Ⅳ．①C913.14

中国版本图书馆CIP数据核字(2016)第176136号

海蒂性学报告：男人篇（典藏版）
HAIDI XINGXUE BAOGAO: NANREN PIAN (DIANCANG BAN)

作　　者：［美］雪儿·海蒂
译　　者：林瑞庭　谭智华
出 品 人：王景霞
责任编辑：黄宪萍　张　雪
执行编辑：车　璐
封面设计：任　佳
责任印制：杨　程
印刷装订：三河市祥达印刷包装有限公司
读者服务：唐雪飞
出版发行：海南出版社
总社地址：海口市金盘开发区建设三横路2号　　邮编：570216
北京地址：北京市朝阳区黄厂路3号院7号楼101室
电　　话：0898-66812392　010-87336670
电子邮箱：hnbook@263.net
经　　销：全国新华书店
版　　次：2016年9月第1版
印　　次：2023年3月第10次印刷
开　　本：787 mm × 1 092 mm　1/16
印　　张：39.5
字　　数：700千字
书　　号：ISBN 978-7-5443-6678-6
定　　价：100.00元

出版前言

性的问题，对生物而言就是繁衍后代。人作为动物，最主要的欲望一个是吃，一个是性。《礼记·礼运》说："饮食男女，人之大欲存焉。"但这只是说到生物学意义上的人，说到社会学意义上的人，性的问题就不那么简单了，它不仅是个人问题，也有对异性的问题，还有家庭、社会以及国家的问题。性的活动受到心理和社会的影响，它不但影响自己，还会影响别人，影响社会。有人认为性的问题不用讲，"无师自通"，这实际上是把社会学上的人降低成生物学上的人了。

今天，性已经发展成为一门科学，范围非常宽泛，包括性生理学、性心理学、性社会学以及性伦理学等。性科学普及的历史其实不长，只是20世纪才开始的事。1906年德国医学家布洛赫开始写书，他被称为性科学普及之父。英国人霭理士（1859—1939）写了七卷本《性心理学研究录》。弗洛伊德1905年出版了《性学三论》。那个时候还处在性禁锢和性压抑的年代。又过了约40年，鼓吹男女平等的妇女运动，使女性在男女关系中的角色由被动转向主动，再加上避孕及人工流产的进步，使性伴侣能更安心地享受性爱。于是同居盛行，性经验的年龄提早，离婚率提高。这时，美国印第安纳大学教授金赛，以大量社会调查为基础，写出了《人类男性性行为》和《人类女性性行为》。

同样著名的《海蒂性学报告》则写于20世纪的七八十年代。这时西方的性解放运动已经衰落了，人们感到，尽管性行为很普遍，但性行为的乐趣及意义都相对减少了许多。作者是一位女性，她在金赛调查的数据统计的基础上又进了一步，采取匿名问卷调查的方式，对人的性活动和性心理进行了更为生动活泼的描述。这份全面而详细的案例报告给性研究者提供了丰富可靠的依据，也给一般读者上了一堂生动的性教育课。

我国改革开放以来，倡导移风易俗，开展性教育，加强了性科学、性保健的研究，取得了明显成绩。人们打破了性禁锢，不再“谈性色变”，但是人们对性的认识还是存在许多误区，有相当多的人还处于“性盲”阶段。另外，目前对性普遍缺乏道德约束，许多人似乎对性毫不在乎，及时享乐的思想比较严重，矫枉过正，从以往的性禁锢、性神秘又滑入性自由、性放纵了。因此，对性的研究和对性知识的科学普及教育，在今天仍然是一个重要的、迫切需要关注的课题。

我社获得《海蒂性学报告》的全球中文简体字版的正式授权后在国内出版，就是希望借鉴西方性研究的优秀成果，同时汲取西方的教训，为普及有中国特色的性教育服务。本书在编辑、出版过程中，得到了中国性学会第三任理事长、北京大学医学部徐天民教授，中国性学会第三任副理事长、北京大学医学部朱琪教授，中国医学科学院北京协和医学院、北京协和医院郎景和教授热切的关注和无私的支持，在此致以衷心的感谢。

推荐序
重新审视“性革命”

雪儿·海蒂是美国当代著名的性社会学家。她从 1976 年开始出版大型性学研究报告《海蒂性学报告》(“男人篇”“女人篇”和“情爱篇”)，在美国引起了巨大的轰动和强烈反响，赢得了学术界和社会公众的普遍称赞，从而在世界范围内引起了广泛的关注。迄今为止，这套书已被译成包括中文在内的 18 种主要文字。

本套书令人感到特别珍贵的是由作者整理提供的由问卷回答者直白坦言的大量第一手材料。这些材料触及男人和女人在性问题上各个领域的比较客观真实的隐私情况，这是一般的研究工作所得不到的。它大大提升了人们认识性乃至人类自身的水平，有很高的学术研究价值。

作者是一位杰出的女性，贯穿全书的是她鲜明的女性主义或女权主义思想。作者认为，在性的问题上，由于男权主义的压榨，女人在性交关系中实际扮演性奴隶的角色，这种角色的形成是由有 2500 年历史的父权社会造成的。作者借一位受访者的自白写道：“性爱是涉及政治含义的，因为在男女关系中，关于权利结构的不平等，女人不愿意也不能去要求她们的性需要得到全部的满足，而男人却能予取予求，所以，女人只得做一个忠心耿耿的仆役，随时待命，伺候男人的欲望与需要。”作者认为将性交定义为男女之间性行为的标准行为是父权社会以男性为中心的生殖文化的产物，这种男性中心的性交模式剥夺了女人应享有的性权利和性快乐，给女人的性生活带来了生理和精神性的损害。作者的这些观点是正确的，也是深刻的。恩格斯讲过，妇女的解放程度是衡量普遍解放的天然尺度。这在性的领域更加明显。

作者在本套书中系统地批判了以男性为中心的性文化模式，深入地探讨了发生在 20 世纪 60 年代的西方性革命的实质。她认为所谓的性革命源于对 19 世纪维多利亚时代性压抑的反动，它使人摆脱了性的罪恶感和压抑感，在观念上获得了一定程度的解放，但并未赋予女人真正的自由和选择权，而是把她们置于一种更易受到伤害的位置，把她们从私有财产变成了更易得到的公共财产。在本套书的“男人篇”中，作者也报告了许多男人对性革命的不满，他们认为“让性和情感分离”，说明性革命是“不人道”的，造成了“对男人的压力”。作者认为，真正的性革命是对男性中心性文化模式的革命。男女应该有平等的权利，相互理解，互相交流，相互信赖，共同分享性的欢乐。

上述作者的观点，可以说是难能可贵的真知灼见，是本书的精华所在。

徐天民

中国性学会原理事长、北京大学医学部教授

推荐序
丰富资讯、正确态度

看了《海蒂性学报告：男人篇》，受托写此书之导读时，心情是复杂的。

十几年来，一直在婚姻、男女关系这些范畴里努力，或在大学里开课教书，教导青年学子什么是正确的概念；或在社教性的公开演讲中大声疾呼，提倡所谓的美满婚姻或幸福家庭；也在辅导机构中处理、协调、治疗有问题的婚姻与家庭。但是十几年来，我也一直在研究所里教导研究法，指导研究生做好研究论文，好好调查，好好学习统计，好好分析，才能客观地把“事实”与“发现”展现出来，否则就不是一个尽职的研究人员。我期待一些好的书本，它的内容丰富，它的观念正确，可以使读者得到有关婚姻、家庭的丰富资讯，也因此教导他们对两性关系形成正确的态度。当然，所谓丰富的资讯或正确的态度都应该符合方法学中起码的要求，否则会使读者未蒙其利反受其害。

《海蒂性学报告：男人篇》最大的优点是资料丰富。试想有哪一本书能够包含如此丰富的有关男人性事的内容？男人、肌肤之亲、男性气概、恋爱、偷情、外遇、同居、离婚、性交、阴茎大小、性无能、早泄、口交、自慰、高潮等平日令人紧张却又难于启口的话题，在这本书中都被提及，而且在每个单元中，都有很多不同于以往的看法与叙述。对于性学书籍到处都是，而且几乎是每个人自有一套说法的中国社会，《海蒂性学报告：男人篇》无疑包含详细而且丰富的资料。读者可以在这本书中看到各种各样的说法：赞成的、反对的，保守的、革命性的，细致的、粗率的，自大的、虚心的，豪迈的、畏缩的，具体的、抽象的，符合道德的、反叛性的……什么样的意见都有。更重要的，这些叙述并不是专家学者的一家之说，而是美国社会中，来自各阶层的众多受访者的各自看法。因此，若有人想了解男人对各类性事有何意见的话，《海蒂性学报告：男人篇》应该是相当理想的资料，我鼓励读者朋友们好好去看、去了解。

但是在读这些书之前，读者应该对书本的写作过程略知一二。一本书最常见的写法是作者对其主题有所专精，他固然可以搜集许多人的资料作为其著作的重要内容，但是再怎么说，资料的引用、解释、串联等都是作者的观点与意见。我们读这类书的时候，思路随着作者的观点在走，看法随着作者的意见在变，我们享受作者的创见，佩服他的认知，当然很多时候我们对他的说辞也会质疑、反对，甚至厌恶。不管如何，书本的主旨是作者的思想与观念，但《海蒂性学报告：男人篇》并不是这类书。

目前社会上流行民意调查，尤其是在面对一些社会问题的时候，不管他到底采集了多少样本、样本有无代表性、样本数是否足够、抽样的方法是不是严谨、问卷的设计有无可信度与有效性、发问的方式有无技术上的犯规、分析的方法是否妥善，往往是随便做个百分比的统计，马上就下了结论，立即报告他们的重要“发现”。这些调查报告一口咬定他们代表民意，他们的论点就是社会大众的意见，弄得大家对于所讲的民意调查越来越没有信心。真正的社会调查不会（更不应该）如此，一般而言，他们要有严格的抽样过程，样本数也必须足够，问卷的制作不能疏忽，必须针对主题问其所该问的、调查其所必须调查的。问问题的时候，也必须在客观的立场上发问，不能暗示，不能引导受访者按调查者所希望的方式回答；分析时更要以专业的态度，采用合宜的统计，综合各类相关的因素，做单一或复合的分析，以便找出问题真正的答案是什么。这是极其严肃而且烦琐的工作，丝毫大意不得。《海蒂性学报告：男人篇》一书，号称是根据调查而来，但我必须指出，它的整个调查过程、立论与分析等并不严密。它的调查样本庞大但是抽样过程含糊，它的分析技巧拙劣，它的开放性问卷答案的分析采用何种方法并未交代，它的发现大部分都未经过统计检验。尽管在它的原文前言当中，作者不断地为了让自己的调查合乎科学要求而努力辩护。

学术界中，并不是非得有详细的统计分析，一切合乎逻辑的要求才算是好研究。最近，“定性研究法”在社会科学界里逐渐流行。这种定性研究以调查一般较难启齿的研究内容为主，如同性恋、性爱、妓女、自杀、吸毒者的心声等题目（“男人性事”这个专题用定性研究来做最好不过）。它的调查对象不必太多，但是对每个受访者的访问都要很深入。这种研究的重点不在于“发现”什么事实真相，而在于“探索”一些我们有待发掘的主题。这种研究的结果在于使我们获得新的看法与认知，但是本身并没有推论性，不能说研究的分析结果是什么，所以事实就是什么，别人、别的地方也大概是什么。定性研究会把受访者的叙述与心声尽量原封不动地搬出来，就如这本书一样。依我个人的看法，《海蒂性学报告：男人篇》大致比较符合定性研究所要求的条件，虽然有一些方法与定性研究不太符合。

写到这里，我愿意提出一些意见供读者参考：

（一）好好看这本书，因为这本书的内容实在丰富

一方面它的主题涵盖面极广，系统地把一些性事主题串联在了一起，我相信这本书的内容会使我们对男人的性事与心声有个基本的了解。这本书的精华在于针对每个主题，都列出了不同的看法与意见。我也建议不必理会书中某些部分附上统计说明的叙述，如“1% 的男性赞成妇女运动”的说辞，因为文中没有交代剩下的 99% 又是何种看法，所以这类统计是画蛇添足而已。正常的统计应该是针对那一主题，将不同的看法的比例都列出来。然而，整本书中，周全地把全数的统计都做到清楚交代，可让读者自己作比较的不过三四个，何况次数分配的统计仍然不值得我们对一些似是而非的统计结果大惊小怪。

（二）以“有人如此说”的态度来看这本书，不要以“书上说的就是对的”的态度来“讨好”或“顺服”这本书

“性”一直是见仁见智的主题，读者若是看到书本中有人提到性事以 15 分钟到半个钟头才算及格时，请不要太心慌；若是看到结婚对男人只是“性爱合法化”，对女人只是“妓女合法化”的叙述时，请不要太惊讶，更不要太动肝火，总有人会这样说，你看就是了。对“有不少人有这种看法”的解释，也不要太严肃，因为它的样本中的“不少人”不见得就是真正的不少人。“有人如此说”应该是看本书时很好的“态度”。若不是这样，你读到“许多男人觉得，如果他们对婚姻的责任是维持生计，女人的责任就是随时供应性（不管彼此关系的好坏）。许多男人在这种期待落空时非常愤怒，因此觉得外遇是完全正当的……”时，就很可能有情绪化的反应了。

（三）一定要对文化差异保持敏感

美国人的性爱观一直比我们中国人超前（超前不见得就是好，前卫不见得就是进步），我们的两性观念最近一二十年来的变化，着实比过去二三百年所产生的

变化还要来得猛烈。为何我们在这方面如此易变、善变？原因可能是我们太轻信西方，我们太喜欢受电影的教导，我们也对书本所记载的东西太缺乏抵抗力。各国有各国的特质与文化背景，很多观念与看法在一地言之成理可能在另外一地就格格不入。这本书是地道的美国产物，尽管它的层面颇广，但是我们的环境（尤其是性爱环境）实在与美国差异太大。因此看到老美们的种种叙述时，我们不妨以自己的成长经验与文化背景来作立即的比较，如此一来，这本书将会使你的阅读越加有趣，使你的观念越有深度，也因此，你将会更加执着于你所爱的，勇于抛弃你所厌恶的。

（四）对自己的良知与经验保持信心

看了此书以后，若是因此改变了你的观念、影响了你的作息、降低了你的信心、搅乱了你的情绪，甚至于对你的婚姻与家庭产生不好的影响，那么，你一定要重新回到你的良知与经验上来。性与爱的层面太广，我们还有很多是仍然不知道的。古犹太智慧者的箴言教导或许可供我们参考：“我所测不透的奇妙有三样，连我所不知道的共有四样，就是鹰在空中飞的道、蛇在磐石上爬的道、船在海中行的道、男与女交合的道。”男人性事牵涉的是男女交合之道，尽管有人如此说，或是美国人如此说，我们知道仍然有太多没有说的、说错的、说不出口的、乱说的。在面对众说纷纭的资讯社会时，我们仍应时刻谨慎地面对我们的良知，持经验所累积的道德，来考验我们所听的、所被灌输的一切。

简春安

台湾东海大学教授

推荐序
在众男人之中

男人其实有千千万万种。更重要的，一个男人其实有许许多多不同的侧面。

过去我们文化里的刻板印象，习惯于将女人神秘化，而将男人单纯化。女人可以是愚蠢、缺乏常识的，但即使是愚蠢的女人，她的心思也是曲曲折折打了好几个结。男人应该是聪明的、机巧的，但即使是聪明的男人，他的肠子也都是直的，透明得藏不住东西。

这种神话当然有其相应的社会结构背景，它是一个公私领域分明的时代产物。男人与男人之间的关系，基本上都是社会关系，不断被社会性的规约考虑所穿透、主宰。只有男人与女人间、女人与女人间，才有办法建立起私人关系。

即使是家庭内部的父子关系，都充满了社会介入的印迹。父亲首要扮演的角色就是社会纪律、社会规约的传递者。他的意义建立在“教出一个能在社会上立足的男人”这样一种想法上。这种关系使得父亲对儿子的“出格”行为充满焦虑，必须不时动用一切可能的方法予以阻止、修正。所以我们的父亲只能是个“严父”，儿子与父亲之间经常性地保持一段距离——一段棍子挥舞立即可及的距离，一段社会的距离。

与父亲相处的模式，会深刻地制约男人与其他男人彼此互动的惯例——一定是先寻找出那段安全距离的长度，充分明了介于两人之间的社会关系是什么。社会关系最核心的东西就是权力，因此男人对于权力分配状况最为敏感，也因此男人之间不容易建立真正亲密的私人情谊。男人所能感知、所必须考虑的权力不是单纯的职位、地位高低，而是包括多方面成就衡量、象征所展示的加加减减的复杂计算。每个男人从小就在下意识中被训练形成一套自己的方式，随时都在运作衡量。在这样的情况下，很难找到两个男人彼此都觉得权力、地位相当，无须考虑高低竞争的现实而能平等相处的范例。

以权力算计为中心的生存，当然是很辛苦的。几乎每时每刻摆脱不掉防卫性的焦虑。很多人用攻击性的动作来发泄这种焦虑，永远在向某人或某个目标进袭。攻击可以让人忘掉焦虑，却忘不掉疲惫的感觉。

沿着这个脉络，我们可以把“男人是单纯、一致的”的虚幻神话看作男人世界所设定的一种自我保护的游戏规则。男人并不是真的天生单纯、“条直”的，而是如此的社会环境在理想上要求男人应该这样。如果大家都这样，那么公共领域内的权力分布及社会角色就可以比较清楚地呈现，每个人也可以很快地摸索出与其他人之间的恰当关系位置，不必一直处在不安的揣测中。

这很像是在篮球场上大家都同意不能拿手肘撞别人，这样我们跳起投篮时不必特别分神防备腰眼上是不是会挨上一记。可是回过头来说，如果有人有本事随时使坏却不让裁判抓到的话，他就很可能会在球场上取得一席特殊的地位。

我们看历史上比较有名的男性，一些成功的英雄、枭雄，他们的本质正是狡诈谋略。在众人都单纯、直来直往的规范里，他们找到可以装扮自己的方法，利用别人的规范性单纯作为自己权力累积的先决条件。

从这里我们也可以看出，为什么这种规范没有加诸女人身上的主要理由。因为女人已经预先被设定在私人领域里了，她的活动空间是封闭的，她可能拥有的权力上限明确。所以女人心可以像海底针一样让男人怎么摸也摸不准，这都没关系，男人不会真正对这个战场的输赢挂心。就如同大人和小孩玩跳房子，是不会计较小孩有没有作弊取巧一样。

在《海蒂性学报告：男人篇》中，我们看到了这个男性社会空间的崩坍，或者至少是混乱的。女性由封闭的家庭走到公共领域来，同时也带来了一种新形态的个人主义。西方旧的个人主义把重点放在以个人为目的，讲求个人不受外在力量支配、主宰，个人应该被视为不容侵犯也不容被忽视的主体这样的哲学原点之上。

旧的个人主义，其思考方向仍然是外向的，追求的仍然是个人与外在世界其他事物的接合点。女性带来的却是另一种更基本、更内向的个人主义。这种个人主义的重点在于把思考、关怀的典范基础由抽象性的、普遍的，改造成从个人实际经验出发的、不强求规律真理，而能够容忍相当程度的琐碎零乱。这种个人主义，不是要把个人视为普遍的哲学单位，反而是要打破这种普遍性思考模式，重新确立个人的独特性、“自我性”。

旧的个人主义，也曾经掀起过“发现自我”的运动，可是这种“发现”还是在社会关系的阴影下进行的。其背后的预设是我们内在存有一个“真我”，另外被社会改造、塑造了一个外表的“假我”，所以我们必须分辨清楚什么是社会强加的“假我”，才能够找到“真我”。为了要找到对立于“假我”的“真我”，我们必须一再地质疑社会规范，甚至做出种种反叛的姿态，把反叛视为自由，却忘记了反叛往往只是枷锁的又一种表象。

旧的个人主义“发现自我”的觉醒，最大的问题在于无法安排各个“真我”间的新关系。如果真能够找到“真我”，按照“真我”的想象过日子，那么这个“真我”该如何看待别人的“真我”？对于这个问题，旧的个人主义保留了一个大的黑洞、一个含混的沉默，用一种笼统的集体性乌托邦假想悄悄地回避了这个大难题，那就是假设每个找到“真我”、摆脱了社会束缚的人，自然就能率直地和平相处。

整个1960年代“嬉皮运动”的兴亡，让我们看清楚了这个假设的虚幻与不负责任。不讲求关系、不认真意识别人的存在的思想，会把我们锁在“真我”里痛苦地咀嚼孤独的苦涩，自闭地不断退化。

新的个人主义没有“真我”“假我”两相对立的前提，只是主张我们应该正视自己亲身的经验，以这个作意识的重心，不要拿其他大范围、高层次的定律、定理来当逃避的借口。与其他人的关系，绝对是我们的亲身经验和自我意识中非常具有影响力的一环，所以也就应该被纳在“自我凝视”的活动里认真对待。

对自己身体的不断评价想象、留心注意关系中的琐碎反应，在过去都被视为女性被特许的“沉溺”。男人可以纵容，却不必在意。可是时代改变了，女性开始把这套不一样的新游戏规则带进以前男人独占的公共空间里，“割据”了一块正不断扩大的“租界”，进而由“租界”向四面八方伸出触角，迅速地侵蚀男人旧有的松散地盘。

男人没有办法再假装自己是单纯的，男人没有办法再忽视别人与自己之间的差异，男人开始恐慌，男人这个顽固的群体必须勉强自己学习新观念。

《海蒂性学报告：男人篇》的内容，处处都可以看见女性主义的冲击痕迹。光是从形式上看，要用语言文字来描述私密关系、内心感受，进而刻画爱情与性的细节，这本身就是女性思考习惯对男人的一种挑衅。在过去的男人文化里，一直有非常强烈的机制抵抗这类“亲密论述”的发展，男人如果稍稍表现出对爱情或亲密关系的细腻喜好，而非粗枝大叶的无所谓，就要被其他人视为个性软弱，并附加上“能力不强”“不够果断”“行动迟疑”等价值判断，甚或在社会权力阶梯上被降级以示惩罚。

所以回答这种问卷，对男人来讲，绝对是一种“别人的游戏”、一种新把戏。而从玩这种新把戏的纯熟程度，我们也正可以看出男人受到“亲密论述”改造的过程。

《海蒂性学报告：男人篇》是美国男人交出的一份初步成绩单。阅读男性的“亲密告白”，至少有两点值得特别注意。第一是男人尽管已开始学习描述自己，然而却依然在聆听他人一事上远远落后。不管是美国还是其他国家的市场反应都显示：男人不喜欢也不习惯阅读以第一人称亲昵口吻书写的东西。不管是女人写的还是男人写的，如果其叙述形式极其个人化，充满生活的琐碎细节，几乎毫无例外都会吸引较多的女性读者，而男人还是爱读那种权威声音、普遍性逻辑、专家教导模式的东西。即使在最私密贴身的事情上，他们还是宁可听人家说应该怎样做的道理和分析，而不愿或不能从别人的真实感受告白中得到启发。

如果没有意外，《海蒂性学报告：男人篇》的读者还是会以女性为主。这样一本书的社会意义就将变成是由女性的好奇心作推动力，试图窥视男人通常深深掩藏的秘密，而不是男性自我成长、彼此了解的参考书。

把书定位为提供给女性的窥视窗口或单面镜（一面看是镜子，另一面却是透视玻璃）的话，我们倒是必须特别提醒：很多男人其实还是意识得到这扇隐藏式窗子的存在的，或者说他们照镜子时已经想象到镜子后面可能有另一个人正在偷看。问卷的形式尽管是匿名的，却不能因此假设填问卷的人不会说谎，也许不是有意识地说谎，但是里面总是不可避免会掺杂许多理想性的修正。不应该被全盘接受，认可为忠实告白。

这样的考虑，提醒了我们注意第二点，那就是：受访男人受到女性主义影响，有试图与女性主义对话的深层动机。这可以从简单的社会学相关性来解释。《海蒂性学报告》所使用的问卷，在回答上具有高度选择性，不只可以选择答或不答，还可以选择答得简单或答得详尽。愿意详尽回答，写得文情并茂的人，显然以那些对性别议题有兴趣、用心思考过的居多，这种人对女性主义的基本信息不可能完全闭塞不接收。

影响所及，书中所录的问卷内容流露出强烈的“我们从女性主义的环境中挣扎求活”（we survive feminism）的气氛。我们可以清楚看出两极的对应反映，一种是彻底采取敌对姿态，故意贬低女性主义的价值，长篇肯定旧式男性气概，显示自己不为所动；另一种则是充分合作，大大方方地按照女性主义精神的新要求、新标准，彻底改造自己。

我们必须说，彻底反对或充分合作，其实都是表演，因为这都是意识到一个隐藏的观众群在镜子后面而做出的姿态。真相必定存在于这两种表演的中间。美国男人没有那么坏，也不可能一下子变得那么好。彻底反对的人其实已经不再理直气壮，想来在生活现实里绝对不可能学约翰·韦恩那样待人接物。至于充分合作的也不可能完全摆脱旧父权的种种习惯，而习惯往往比意识、思想更讨人厌。

《海蒂性学报告：男人篇》表达的是一部分男人的自我塑造过程（self-imaging），反映的不一定是男人的真貌，而是男人“希望自己是什么样”的幻梦。幻梦本来就是现实的某种扭曲投射，只可供我们对照现实，追索镜面曲折的幅度。《海蒂性学报告：男人篇》给我们的是显意识层的资料罗列，其实最适合让男人来读，让他们明了身为男人原来有这么多不同的可能性，不必死死地守住自己那一套。这是一部可以让“男人放轻松”的书。

若要作为女人了解男人的工具，可能就有些不足，读者必须对这些表面资料进行更深入、更专业的分析。不过再专业的分析也不可能脱离现实社会来进行，所以这样一份提供给女性“全面窥视”的服务，恐怕还是得等到做出了中国本土的男人性事、心事调查之后，才有可能出现吧。

杨照

作家、历史学家

目录
CONTENTS

18 9个男人的生活故事 | 男人心事

1

身为男性

在矛盾中前行

love

“在青少年时我跟母亲比跟父亲亲密多了，母亲比较慈爱。但是，我重视父亲对我的看法，我想获得他的赞许。现在，我仍然如此，我爱太太，跟她在一起很快乐，但是我认为真正的快乐是成为男人世界的一分子，被其他男人认为是男人，而且是成功的男人。”

一点也不假，对于美国男人而言，男人之间的关系才是重要的，比男女关系重要多了。男人寻求其他男人的赞同、接纳、认可与尊敬。男人视其他男人为真理的仲裁、智慧的护法，以及掌握和支配权力的人。

然而在美国社会里，男人是否能够彼此亲昵呢？男人从父亲身上学到什么男性榜样？在成长过程中，他们和父亲亲密吗？对于和其他男人的情谊，他们有什么感受？

矛盾的是，男人虽然认为彼此的关系很重要，但又害怕变得过分亲密。对于其他男人的感情只能不经意地表达，而且不应该逾越仰慕和尊敬的分寸。因此男人之间的关系倾向于建立在接受彼此认可的角色和地位上，归属于团体，而非建立在亲密的私人对谈、交换生活和感情的点点滴滴上。就像一位男士描述的：“我们更像是同志，不是朋友。”美国文化既推崇又严格限制了男性情谊——父子关系也不例外。不过还是有些男人深刻感受到与其他男人的融洽与同志爱。

到底男人的亲密关系是什么面貌？男人喜欢聚在一起吗？男人如何形容孩童期的友伴关系（对许多人而言，包括实际的身体接触）？男性情谊对男人的生活重要吗？

男孩与父亲的关系

在回答“在成长的过程中，你和父亲亲密吗？如何亲密呢？你可以和他聊天吗？你认为你父亲是个怎样的人？你们有亲密的身体接触吗？”时，几乎没有男人表示他们和父亲亲密：

“他从不表现出软弱或强烈的情绪。我知道他爱我，但是我希望他更明白地说出来。我们没有亲密的身体接触，不拥抱、不亲吻……”

“不特别亲密，我们一起运动、谈论政治。我可以和他谈论不涉及私人的话题，但是我们不亲昵。”

“我不认为我和父亲亲密。我对他所有的记忆就是他总是醉醺醺的，或者因为我没做好的事打我。”

“他很安静、高大。我怕他，我不知道该说些什么。”

“我从来没有和父亲亲密过。他非常非常保守，拥护现状，事业成功。而且以从不向人求援为傲，即使他明知自己需要帮忙。他喜欢捕猎大型动物。”

“我深爱且尊敬父亲，但是不会和他很亲密。他很含蓄，不爱表露情感。他努力做个好父亲，而且大致上是成功的。”

“孩提时我非常爱他，现在则是爱恨交加。他是懦夫，被我母亲操控，依赖成性。我很气他，因为他不是好榜样，他不了解自己，这使我成为无法生存的那种人——大男人。”

“我没有真的和父亲亲密。他勤奋、诚实，常常喜欢多喝一点酒，有几次外遇。”

“我父亲霸道、喜欢主宰别人。他勇于负责，但是不会处理人际关系，除非是不小心碰对了。目前我和他关系和谐，但是只限表面。”

“我们不亲密。他安静得接近冷漠。我尊敬他对家庭的奉献，但是从来没有和他谈过重要事情。”

“我父亲和我从来没有长时间相处。他诚恳、忠实，但即使到现在，我和父亲可以一整天只道声早安和晚安。”

“爸爸总是很忙。在一个月的露营假期中，我们才看得到他，其他时候就很少了。他工作完毕回家和妈妈谈过之后，就会惩罚我们。”

“父亲脾气很坏，而且会打我们。他很难亲近，对弟弟或我都不亲热。我喜欢我爸爸，可是不敢确定是否爱他。”

“我对他了解不多，因为他总是在旅行。然而我对他充满了温情，也从他那儿得到回报。他黑发，不爱谈论自己。”

“不亲密——不过他似乎是个好人。”

“我没有真正亲近过父亲，我知道他很在乎我，但是我们很少在一起。他一板一眼，而且脾气曾经很暴烈，近几年来温和多了。他是在经济大恐慌时期长大的，所以拒绝丢掉任何东西，因为‘可能有一天需要’。我爱父亲，但是除了生活或有关机械的话题，我没办法和他交谈。”

“我和父亲非常疏远。他一直都是这样，不会表达任何感情，除非是负面情绪，例如愤怒、挫折等。他从来没有赞美过任何人，也从来没有对我说过肯定的话，我只像个助手一样，跟着他在房子里里外外工作。他花很多心血在房子上，我想这是他照顾家庭的方式，而且借此回避对任何人说‘我爱你’。他晚上也工作，所以我不常常看到父亲。我们从来没有身体上的接触。”

“我和父亲有少数亲密的时光，我们在一起通常是在工作，深谈的机会非常少。我不会说我们特别情深意厚。有时我会意识到我是他的最爱，但是我对他的尊敬很接近敬畏。他不是容易了解的人。”

大部分男人无法与父亲交谈：

“我和父亲算是亲密，不过我和母亲感情更好。父亲是非常安静而单纯的人，他是如此沉默，所以我无法和他多聊聊。孩提时，我们相当亲密，因为他会陪我一起从事我喜欢的活动，例如棒球、足球等，我们都是狂热的运动迷。我们会在一起消磨时光，而不是交谈。”

“我从来没有亲近过父亲，也不曾和他谈论过我的困扰。他遵循天主教的戒律，而且希望家里每一名成员都能奉行。如果没做到，那就麻烦了。解决之道显然不是去讨论问题所在，而是改过迁善，迷途知返。我觉得他会永远把我当一个小孩看待，除此之外，我真的喜欢父亲，因为他非常忠诚、和蔼。虽然他不和我谈论我的困扰。”

“在我十几岁时，我们会一起去钓鱼、抓螃蟹。但是出游时，我们都很少说话。直到现在，我仍不知道怎么和他交谈——我们没有建立坦诚的沟通关系。我父亲是独行侠，但是他似乎很知足、快乐。”

“我不记得小时候我们有什么亲密关系。似乎他唯一跟我讲话的时候，就是对我大吼大叫。”

“我从来没有亲近过父亲。我们只谈论一些无足轻重的事，例如足球分数或政府法案。我们喜欢一起下棋，偶尔也打打乒乓球。我尊敬他，也害怕他生气。”

“我可以跟他说话，但不是聊天。他非常注重科学的准确性，而且对人冷漠。”

“我尊敬他。少年时代，我们一起在农场工作。他很照顾别人，而且绝不撒谎，但是我们只能谈些轻松的话题。”

“父亲和我很少聊天，我们的交谈只停留在回答‘是’或‘不是’的程度上，每一句答复后面都会加上尊称。”

“我们谈理想、谈家族历史，但是我们从不谈论对事物的感觉。”

“我从来没有对父亲说过任何重要的事情。”

对许多男人来说，即使在非常年幼的时候，和父亲肌肤上的亲密似乎是造次不得的。在问到孩提时代他们是否和父亲有亲密的身体接触时，很少人能够记得父亲搂抱过他（有些人甚至也没被母亲抱过）。然而他们通通记得自己接受责打和处罚的经历：

“我不记得小时候父母抱过我。我只记得有一次和父亲一起游泳，而妈妈会在床边念故事给我和妹妹听。我清楚记得有一次因为我不听警告打破花瓶而被妈妈处罚。”

“我记得做错事被打屁股，但不记得被拥抱或牵手。家里总是有更小的弟弟或妹妹，闹哄哄的。我模糊记得母亲会念故事给我听。”

“我不记得爸爸和妈妈抱过我。我倒记得妈妈帮我洗头，以及用棍子打我屁股。”

“我总是被处罚。”

“没有，没有亲密的记忆。我记得因为说脏话被罚吃肥皂，我仍记得嘴巴里那股味道。”

“我记得被处罚和打屁股。至少有一次，父亲把我绑在门廊的柱子上，因为我不肯乖乖待在后院。很多人认为这很可怕，但是当时我不觉得有什么，现在我也不以为然。我不记得常常被抱，不过当我需要时，我不会遭到拒绝。”

“大部分的记忆是被父亲处罚，羞辱人是他的常用伎俩。记得有一次我们到亲友家做客时，我不小心尿湿了裤子，他要我告诉在场的每一个人，同时展示给大家看。”

“小的时候我常常被抱，但是到了五六岁，大人认为我该玩男孩子的游戏了，不能再被常常抱来抱去。我对于被打屁股的事记得很清楚。”

“我爸爸不喜欢身体的亲热接触，但是我妈妈喜欢。爸爸非常严格要求纪律，令我们心头惴惴不安的黑皮带就是拷打的刑具。而且他运用从军中学来的心理学——缩回第一鞭，停住不打，重复多次直到我们几乎要为挨打而松一口气。关于这点我不会记恨他，但是我无法对他说我爱他。我为他做事，送他礼物，但是我永远无法开口说这几个字。”

有些男人提到需要更多的情爱：

“我之所以那么重视身体的亲密接触，是因为童年时代我得到的太少，我和父母的关系是那样不确定，没有安全感。我总是觉得父亲要我不断证明自己的情感和忠诚，但是我却不知道我的父母是否会支持我。我很早就学会不露情感，因此我很早就停止和妈妈亲热。现在我认为身体的亲热是保证、信任等表征，但是我会感到不自在，害怕拥有也不敢付出——我怕看起来不得体、娘娘腔、可笑。”

“童年时代——青春期以前，我总是希望拥有更多的肉体接触——搂抱、摩挲，以及其他的亲热方式，但是我的家人不习惯表露情感。年纪渐长，我的需求就减少了。”

“我记得母亲总是牵着我的手或是让我躺在她的臂弯里，这给我强烈的安全感。她死了以后，我试着让父亲来抱我，但是他完全无动于衷。”

只有少数人提及他们记得（或者自认拥有过）在婴幼儿时期有与父亲亲热的身体接触：

“我父亲抱我，祖父也抱我。”

“当我还是个娃娃，父亲会把我抱在怀里。”

“小时候，父亲会牵我的手，而且大部分父亲为儿子做的事，他都做到了。”

“我不太记得曾和父母亲热，但是我记得妈妈会帮我洗澡，而爸爸在我上小学以前，抱我的时候会开玩笑地用夹克罩住我的头。”

“祖父和我会一起玩有趣的指头游戏，念好笑的童谣。我非常喜欢他。”

“我记得祖父会抱我，我的脸颊感觉到他的胡须粗粗硬硬的。”

有些男人在成年之后和父亲发展出较为亲密的关系：

“现在我和我父亲很亲近，我们一起运动，从事园艺，坐下来谈论在学校、工作上或其他地方遇到的问题。他是我认识的最好的人，我真是再幸运不过了。在我看来，他一生之中从来没有做错过事。他不抽烟、不喝酒，完全奉行基督徒的生活，足以做别人的榜样。以前我不知道如何和他谈话，因为我怕他，但是现在我和他很亲近，我可以告诉他任何事情。他是一个老师，要求很严格，而我得一直努力不要惹麻烦，以免让他失望。小时候，我们没有亲密的身体接触，但是我和母亲很亲密。”

“我非常尊敬父亲，但我不认为特别亲密。我想我们互相佩服对方，我们之间缺乏共同的兴趣。我喜欢运动，年轻时代就很热衷，父亲刚好相反。在我成长的过程里，我不觉得缺乏共同兴趣有什么不好，至少没有注意这个问题。等我年长一点，我慢慢学会欣赏父亲酷爱的某些领域，例如阅读、莳花、聆听古典音乐。至于我们能不能谈话，我必须说不能。他来自乡下一个贫穷的大家庭，非常讲求实际，因此认为我从事的活动（和一群朋友在昂贵的地方约会、滑水、泛舟）是过分挥霍。大致说来，父亲比我保守，但是我觉得他这项特质让我受益良多，协助我重新衡量事情的轻重缓急，往往因此安排得比较好。换句话说，我不再像以前那么痛恨父亲表面上看来处处禁止的态度，我已经体会到这种态度带来的好处了。”

“我现在和父亲相当亲密，但是成长期间我并不喜欢他。我不常见到他，可是我们有机会见面时，相处得极为融洽，我们聊天，沟通得很好。我爸爸是我所见过最好的人。”

“我和父亲只有短暂的亲密时光，在我 18 岁左右。在那之前，他对我的态度非常严厉，甚至蛮横，还有点冷漠。我尊敬他，大部分是怕他，怕他突如其来的发怒。事后他会走近我，我了解在他粗暴的外表下，隐藏了一颗温柔敏感的心，于是恐惧消失，敬意犹存。随着时光流逝我们的关系越来越好，直到他年迈体衰，越来越依赖我，这让我有点想逃避，但是由于尊敬，我还是顺从了。”

“去年感恩节我父亲去世了。我跟他一向不亲密，直到他过世前一个月。我曾经发誓在下次见面时，要对他坦诚，而这誓愿的完成恰好是我第一次见到他的新婚太太之时，那时我和他以及他新结婚 6 个月的太太聚在一家酒吧聊天，这也是我最后一次见到他。那天晚上他有点醉，喝多了甜酒，不停地笑，然而内心十分紧张。他想要爱我、亲近我，和我像朋友般聊天，我们从来就不是这种关系，他和我一样害怕。那天晚上我终于打破了第一道藩篱，而后来他回了我一封信（他从来没有这么做过）。信上说他很高兴和我交换意见，希望能再度如此。两个礼拜后我接到一个电话，通知我父亲肺炎住院，当天深夜他就过世了……我非常想念父亲，我多么想要了解他。”

少数男人说，他们和父亲一向维持亲密关系：

“我和父亲非常亲密，我仍然住在家里，而且打算一直住下去，直到获得学位。我们住在农庄里，所以有很多时间在户外工作，也有很多机会谈话。我和父亲一向非常亲密。较小的时候，父亲完全参与所有我感兴趣的活动：童子军、学校活动……”

“是的，我们很亲密。他照顾我、花时间陪我。我尊敬他、仰慕他。他比大部分的父亲年纪都要大很多。”

“我父亲已经死了。我们非常亲密，他突然心脏病发作去世的时候，我整个人都垮了。我们都是陆军上尉，进入相同的学院。我们玩棒球，喜欢相同的作家。他唯一的缺点是易怒。我努力去扮演他在家里的角色。”

“我们有许多共通的兴趣，而且互敬互爱。他安静、勤奋，从来不会把自己的想法强加在我身上。他让我受益匪浅。”

“虽然我父亲属于隐藏情感的那一类，但他常常跟我聊天鼓励我表达情感，并且鼓励我跟他说话。我们非常亲密。”

“我们在空间上相隔遥远（400千米），情感和知识上的距离也一样远。我们难得一起活动，但是我们很亲密，我想关键在于我们一直互相支持而且坦诚。我们可以谈论任何事情，不下判断，只有真诚的关怀与支持。例如越战期间，我曾是一名逃兵。他不赞同，痛恨我的行为，然而他和我一起承受煎熬，在我痛哭时拥抱我，给我情感、经济以及任何他所能提供的支援。他也为我树立了男人典范：有男性气概（他是建筑工人），却依旧温文尔雅。最近我和女友出了点麻烦，他不会打探，但是乐意在我准备好的时候跟我谈谈，并且支持我。”

有位男士说出多数男人没有获得却心中向往的父子关系：

“父子关系是重要的，然而也是麻烦的。但愿能有一位温暖、有爱、愿意用身体表达情感的男人做我父亲！父子关系不应该充满敌意，或像紧张的君臣关系——这样是行不通的，最终会毁掉其中一人，或是两人都失败。父子关系必须是开放的，父亲愿意付出他所有的爱，儿子才会成长为他所期盼的人。父亲不应该害怕接触、搂抱他的儿子，因为儿子的确需要父亲的拥抱。父子应该能够自由地表达愤怒与情感，也要能自在地谈论任何事情。”

两位男士表达了许多男人感受到的愤怒：

“我对父亲依旧充满了愤怒，他从不赞同我的生涯选择，也不以我为荣。在我被全国最著名的研究所接受时，他认真地问我：‘你不会去吧？’我认为他一直想打击我，打击我的理想，好接受现实——例如金钱、责任、贷款以及家庭生活。我曾经好几次在梦里，对着父亲大吼大叫，告诉他我恨他，质问他为什么要这样待我！可是对他怀着这样深的恨意，我又有很强的罪恶感，毕竟他一直负责照顾我们的生活而毫无怨言。他一向尽忠职守，但是他没有真正了解我们——我和我的兄弟姐妹，还有妈妈。”

“父亲和我仍旧没有关系。因为在我成长的岁月里，从来不曾真正拥有过父亲——他总是在工作，包括三更半夜、周末假期，我几乎看不到他。但是有时我会有罪恶感，毕竟他提供了我们想要的物质幸福。我不知道是否应该常去想他——我的感受不多，只有愤怒。”

男性情谊

大多数男人在父亲身上得不到亲密关系，那么，他们能从男性朋友身上找这种情谊吗？

对于“请描述一下你最要好的男性朋友，以及你为什么喜欢他、有多重视他、你们如何亲密”的问题，许多男人表示目前并没有所谓“最好的朋友”。事实上，大部分男人表示，如果他们曾经拥有过这样的友谊，那只是在学生时代，目前这种友谊已经消逝了：

“大学时代我的确有一个最好的朋友。我们非常亲密——一起打工，一起读书，一起带女伴约会，而且他是我结婚时的男傧相。但是因为空间的阻隔，我们的友谊业已消失殆尽。”

“我有一位一起长大的朋友，我和他最亲密。我们 5 岁时就认识了，大学时同住一个寝室。我们一起做过所有疯狂的事，我非常喜欢他。现在我们不再那么亲密了，因为我们过的是不同的生活。”

“我在大学和离开大学以后有一位无话不谈的朋友——无论是严肃或轻松的话题。我们彼此接纳，而且不质疑对方，我可以与他分享内心最深层的想法与梦想（在遇到我妻子之前）。”

“我最好的朋友是在大学里认识的，他是冒险家，什么事都想要尝试，喜欢找乐子。我们常常在一起，是他启发了我，打开我的世界。他已经过世了。”

“在我生命中与我最亲密的男人是高中时代的一个同伴。我们什么事都一起来：和女伴出游、运动……任何事都很容易和他沟通。我们初中时就认识了，不过到了高中才玩在一块。我们互相扶持，渡过难关，大部分是交流女友的问题，不过也有别的麻烦，像家庭或学校的问题，我们对彼此的私生活都了如指掌。我很久没有见到他了。”

“我最好的男性朋友（也是最亲密的）是大学时代的一个伙伴，他提供了我所有情感的出路，这些情感一直埋藏在我的心里。我对他表明我的畏缩和恐惧不安，他跟我说这都很正常。即使所有见不得人的隐私在他面前曝光，他仍然做我的朋友，我爱他是因为他接受完整的我，而不是怜悯地摇摇头。他指引明路，为我树立典范——这是我父亲做不到或是不愿意去做的事。现在我已经离开学校了，好多年没见过他，但是我仍然可以感觉到他的存在。希望有一天，我能像他对我一样，做他的好朋友。”

“我一生之中最亲密的男子是小学时代的朋友，我们一起玩各种游戏，互相挑战，似乎有一份爱相系。他一向在体能上强过我一点，但我总能赶得上。他有运动员精神，不过情感也非常激烈。有一次我受伤，因为有人拿石头砸我的脸，他气疯了，竟然也跟着哭，这对我来说真是意义重大。我们一起练习投球、玩棒球。因为他的挑战和陪伴，我更能享受生活的乐趣。虽然这么多年来我们分开了，但是在心里我一直感觉和他很亲密。”

有些男人提到和家庭里的男性成员亲密：

“我的 3 位兄弟给了我强烈的情感支持。”

“我最亲密的男性是我弟弟，然而我们住得很远，通过电话或信件联络。我相信我们的关系很好，因为彼此之间完全坦诚。”

“我最亲密的人是我的祖父。我尊敬他，我们常常合力完成一件事。他让我觉得自己很重要。”

“我最亲密的男性朋友是我的兄弟，我们一起长大，彼此分享而且相互支援。我们是一个模子塑出来的。我们谈得不多，但是彼此都能了解对方的感受。”

但是许多男人没有，也不曾拥有过最好的朋友：

“我没有最好的男性朋友，也没有什么特别亲密的男人。我从来没有跟任何人（除了和一位专业咨询者做过一次简短的谈话）谈论过我婚姻生活或其他方面的隐私。”

大部分拥有最好朋友的男人都说，他们的好朋友很像自己：

“我最好的男性朋友很像我。他在政治上很活跃，不轻易动怒，内省，非常清楚自己是谁、想些什么，不是大男人那一类的。除了我们有相同的世界观之外，我最欣赏的是他的直言不讳。我们的沟通非常明晰，没有混淆的信息，很快就能了解（几乎是直觉）对方在想什么或者要说什么。”

“他跟我有点像，我们有共同的爱好，我们有相同的气质：沉稳、不容易激动。”

“他真心地喜欢我，我们是多年的朋友了。他对待每个人都非常温和、友善，对自己的妻子和儿女也一样好。我们有很多相同的兴趣，包括运动和音乐。我们三句话不离本行，谈得‘财气纵横’，因为他是银行职员，而我是金融律师。”

“我们是 28 年的老友了。他跟我同龄，我们喜欢相同的事物。我们的家人也很亲近。如果我有需要他都会在场。”

还有很多男人说，他们的朋友在性格上相当“疯癫”“狂野”或“自由”：

“上学时我有一位朋友，我很喜欢他，我们喜欢一起喝得醉醺醺的。我认为他很有趣、幽默。我喜欢他不矫情、开放的亲切态度。”

“他不需要跟着群众走。我们有自己疯狂的方式。”

“他是真正独立的人。希望每个人都像他一样自由，而且富有创造力。他不是大男人型，有些人甚至认为他不够有男性气概，但是依我之见，他十分男性化。”

“目前和我最亲密的男性是一位约小我 7 岁的朋友。他跟我同样热衷宗教和社会改革，我们常常讨论这些议题。我们也谈论孩子、家庭，以及身为父母的责任。我们乐于接受对方的意见，因为可以从彼此不同的背景和经验中获益。我的朋友稍显唐突，有时会让自己惹上麻烦。他有一点万事通的态度，但是因为他具有洞察力和理解力，大家都欣赏他。关于婚姻或私人生活的细节，我们不大谈论。”

有些友谊出于仰慕：

“他拥有我所欣赏却缺乏的男性特质。多年来，我们一起工作、同居和约会。他也喜欢我身上拥有而他欠缺的东西。我们是互补的。”

“他英俊，体格好，人缘也佳。如果我是女人，他就是我想要的男人。此外，我们的兴趣十分相似。”

“我最要好的男性朋友是学校里的一位大四学生。我认识他已经一年多了。他有个性，或许这是我最看重的地方。他非常冷静、有信心而且聪颖。我可以与他共事并且信任他，他能够保守秘密，同时给我建议。他比我高、比我瘦，虽然他不是非常好看，但他的身材是我希望拥有的。”

有一名男士如此叙述他的友谊：

“他跟我一起上大学，我们早在高中时代的社团里就认识了。我们很亲密，会彼此分享有关家庭、社交、金钱以及性方面的秘密。我们都是道道地地的异性恋者，但却能够介入彼此的生活。他目前是法律系学生。我曾帮助他度过生命的灰暗期，当时他似乎无法面对任何想要追求的女人，我和女友替他安排有趣的约会，甚至找个女孩来让他勾引，好让他不至于真的崩溃，结果很成功，他又重新拾回他的男人本色。”

只有一些人提到，能够和最好的朋友亲密交谈是友谊的重要内容：

“我最好的朋友非常亲切、健谈、风趣，而且热心投入不同的领域，在他身上总是会发生新鲜好玩的事。我们大部分的时间都在聊天，能够彼此交心。在某种程度上，我们常通过谈话互相肯定，来协助对方渡过难关。”

“他 21 岁，白人，男性，有艺术家气质，通达事理，魅力十足。我们有许多共同的兴趣，也都拥有细腻的幽默感。我们认识 6 年了。我们喜欢一起爬山、聆听或演奏音乐（古典吉他二重奏）。我发现我可以和他谈论任何事情，除了一样例外：对女孩的观感。我认为他是‘男人俱乐部’的牺牲者，误以为性是一切（有时候是如此）。这太遗憾了，因为我们几乎在其他方面都意见一致。”

“我最好的男性朋友是我的一位同行，他聪明绝顶、幽默感十足。我们是 30 年的好友了，但是很少碰面，因为他住在另一个城市。我曾经协助他渡过几次严重的人生及婚姻危机。他知道有关我婚姻和私人生活的细节。”

有些男人描述了非常亲密的友谊关系：

“我最好的男性朋友绝顶聪明、知识丰富，最令我欣赏的是他的诚实与开放。我们可以把任何事摊开来谈，而不会让对方受窘。我们曾经详细讨论过彼此的自慰行为，以及和女人的性行为。我喜欢他的是，他不怕刺伤我，总是坦诚无讳地答复。我们曾经多次拥抱，也曾轻吻对方的脸颊表示爱意，虽然我们对同性恋持开放的观点，但我们从来没有发生过性关系，也没有特殊的欲求。”

“和我最亲密的男性就是我的好朋友。他引领我渡过多次难关，我也一样在他处于困境时助他一臂之力。他对我既是父亲也是兄弟，我知道他深深爱我。我们是大学的室友，目前我们住得很远，我很想念他。我们互相拜访或者在电话中聊天时，感觉好像不曾分别过。我真心地信任他。”

许多男人表示，他们与男性朋友亲密的关系受到伤害，是因为害怕同性恋的感觉：

“在高中和大学时代，如果友谊发展得过分亲密，双方就很不自在。我们不知道该如何处理自己的情感，因此就让友谊消逝了。这种禁忌或畏惧一定还跟着我，因为每当我受到一位好看的男人吸引时，这种感觉就令我惊慌失措。我希望能克服这种情绪，否则我就无法发展出任何亲密的男性情谊。”

“在求学时，我有两三位密友，目前我只和其中一人保持友谊。那时我们几个几乎是形影不离，然而，这样的亲密变得有点尴尬，于是我们分开了，这真令人悲伤。对于男性情谊，我们的社会未曾提供令人能够接受的典范，我们都害怕被看成同性恋。”

“通常男人对自己的身体过分紧张，不了解自己的情绪，很害怕同性恋（仿佛面对撒旦），这种心理是发展男性情谊的绊脚石。如果我们肯对自己开放，而且互相开放，我想我们会更了解和欣赏女人。”

一位就读大学的年轻人的回答颇不寻常：

“我 20 岁，大三学生，来自相当富裕的家庭。我想我是恋爱了。我拥有一份令人陶醉、开放，而且热情洋溢的亲密关系，但是不涉及性。我和他都是男人，我觉得太棒了！我们相处得如此融洽，没有情感束缚，也不需要担心性方面的问题。这份关系中我付出较多，因为他对人的热情很慢很慢才会燃起，不过，这并没有造成我们之间解决不了的问题。我希望继续维持彼此的亲密关系，或者直到我们都超脱了（这可能需要一辈子的时间）。这份友谊最棒的是提供我 80%～90% 的情感需求，以及大约 50% 的身体需求（爱抚、搂抱，他仍然不肯亲吻）。我第一次见到这位好朋友就倾心不已。”

在问及“你看重你的男性朋友吗？拥有能够亲近的男性朋友或亲人对你是否重要？你们如何评价与他们的友谊？他们对你生命的意义是什么？”时，大部分男人认为他们的确看重他们的男性朋友，然而给予的理由却相当简短，多半是基于共同兴趣、伙伴关系、“就在身边”的连带感和依赖——往往流露出对女人的负面评价，而非渴望在语言、心理或情感层面互相探索：

“我喜欢伴随着男性情谊的人性及归属感。对我而言，这意味着志同道合及共存共荣。”

“我重视男人的友谊，因为跟女人比起来，他们比较平和。”

“从男性朋友身上，我可以了解自己。”

“男人强壮、不依赖别人，而且不会有我常常在女人身上观察到的小家子气。”

“我喜欢他们的幽默感和义气——关于这点我必须说，似乎绝大部分的女人都欠缺。”

“我喜欢和男人做伴。我喜欢有个晚上和男孩出去，喝得酩酊大醉，谈论运动。”

“你可以和你同性的人分享，我们在所属的运动俱乐部聚会，为孩子的运动营募款；我们浅酌，交换看法，点到为止。”

在回答“你是否属于某个男性团体，或者是否和他们打交道？在其中你喜欢或享受什么？你从事哪些活动？谈论什么？”等问题时，男人也表现出类似的情感：

“我们有各种不同的交往方式，其中之一是运动。我乐于锻炼身体，不喜欢竞赛。至于扑克牌，我享受游戏本身及欢乐的气氛，但是也讨厌竞争。我参加‘乐天派俱乐部’的晚宴，借此闲聊，不过有时会感到不安，在这些场合谈的无非是闲言碎语，太肤浅了。”

“我和同业中的技术人员以及商人聚会，我们谈论性以及其他各种事情，我喜欢和他们在一起。知道自己在性方面没什么特异是很重要的。”

“我和邻居交往。我喜欢共同的活动，例如打猎、钓鱼、爬山。我不喜欢相濡以沫的浅薄和拐弯抹角。”

“不工作时我和一些密友排遣时间（喝酒、找女人），有时是在午餐时间，或下班后。”

有些男人在一群男人中会感到不舒服，因为通常会产生团体制约：

“男人在一起总是想要摆出大男人的姿态，谈论他们的猎艳经验，以及搞过多少女人，然后他们希望你也讲些类似的故事。男人最懦弱的行为无非是在一群男人面前承认自己在性方面的无知与迷惑；最威风的则是高谈阔论自己在当地酒吧找了多少女人，以及她是不是顺着你的意思，或者她在床上是不是怪胎。”

男性情谊往往不是诉诸语言的，虽然大部分男人乐于讨论一般性的话题，例如生意、运动或政治，但是，他们几乎从来不谈论私人问题或情感：

“就某方面来说，跟男人谈话比较容易，因为不会想到性。但是我真的还没找到一位男性能够跟他谈谈我的困扰，因为男人不喜欢谈论情感问题。男人之间有一道不明说的行为准则，那就是不要表现出你困惑不安的情绪。”

“我弟弟是我最好的朋友，跟他共事很有趣，而且我爱他。不过他并不知道我个人生活的细节，我也不知道他的。他曾经协助我渡过多次难关，像朋友一样，给予支持，打电话给我、前来看我，让我感到有一位永远的朋友。他从来不谈论我的私人问题或是设法帮我解决，他只是在一旁协助我。”

“我有一位交情很好的男性朋友，我们已经认识 10 年了。我们喜欢混在一起，但是有些事跟他说会觉得怪怪的。我们之间还是有所保留。”

“和男人的对话通常有关工作、政治、经济或宗教——没有私人问题。”

“我喜欢有机会聊打猎、养狗、钓鱼、运动、工作、政治等话题，不必听女士抱怨自己或埋怨别人。”

“如果我正在刷油漆或修车，很容易跟男人说说话。但是我发现很难跟他们论及情感和困扰，我不知道原因何在。我是否觉得他们带有‘威胁性’？我是否害怕他们会瞧不起我的‘柔弱’？我真好奇其他男人对这件事怎么个说法，他们是否也想谈谈，可是却办不到？”

最特别的是，男人之间的亲密与情爱，几乎从来不用言语表达：

“我对另一名男性感觉最为亲密时，是发生在一个除夕夜的宴会上。那时是 12 点整，我跟他握手，然后热情地拥抱。我可以感觉到流窜在彼此之间的兄弟爱，我好想哭，不过忍住了。”

“我很喜欢办公室的一位同事。我尊敬他的工作，我们似乎互相了解。他跟我一样已经成家，有一个一岁半的女儿。我们有类似的背景（自同一所大学毕业），我想我们应该是朋友，不过上班以外的时间，我们从来不曾在一起。我们谈的都是关于工作的事，或者打打招呼、问问好，我觉得和他十分亲近。如果他有需要，我愿意付出许多心力来帮助他。”

有少数男人的确能够享受和朋友深谈的乐趣：

“我乐于和朋友分享好消息，不幸走霉运时，他们也会安慰我。在朋友面前，我十分放得开，我会告诉他们我真实的感觉，好坏都说。当我生气时，这样做是有点尴尬，不过我觉得这样比较好，因为我相信朋友能够接受你真实的感受，而不会过分沮丧。”

“过去一年我最宝贵的经验之一是和一群男人聚会。我们之中有些人是旧识，我们每两到三星期碰面一次，讨论彼此的情感、困扰等。一开始我们就谈到了什么事会妨碍男人之间更温暖的情谊，然后我们转而谈论与女人交往的历史和模式。随着聚会的进行，我们逐渐察觉彼此存在着既温馨又竞争的情愫，所以我们将彼此的感觉摊开来谈，希望因此更明了男人是如何相交的。这真是美妙无比的经验，我们的友谊因此有了更宽广的空间。我们都发现在别的男人面前敞开自己，既艰难又收获丰硕。”

另一方面，男人会借着粗鲁或打斗式的接触——装模作样的格斗或戏弄，来表达或掩饰感情。这样一来，就能避免泄露感情或肉体的吸引力：

“我在酒吧里遇到一个家伙，我猜他觉得我不是他们一伙的，因为我不喝酒，所以他开始嘲弄、侮辱我，激我喝酒。然后他说我必须跟他们一起喝，他强迫我仰起头来，将酒杯靠紧我的嘴唇，然后说：‘来吧！只要舔一口，我就喝干它，吐口水也行，我会干杯。如果你认为这很粗俗，那是你没见过世面。’那个时刻我感觉到一股江湖义气，只要我照着话做，他和同伴就会接纳我。不过我没照做，因为我觉得那很愚蠢，而且我痛恨被逼迫。”

“我会出拳打男人的手臂，我想这就是亲昵的表现。”

“我有一位真正要好的朋友，我们每个礼拜一起踢足球。我喜欢他，但是我绝不会用手臂去环抱他或亲他。只要我每个礼拜和他去踢足球，而且想尽办法击败他，他就知道我喜欢他——我不用像女人一样向他吐苦水。”

在团体中，有时男人之间的沟通会出现如下的形式——不得不接受团体对肢体以及心理上的挑衅，或是“戏弄”：

“我有一位朋友告诉我，他们的社团如何为新人举行涂油入会仪式。他们将这位仁兄扳倒在地，脱下他的裤子，把他的屁股涂得油光光。如果他停止反击，会被折磨得更惨，他越强壮，越会得到尊敬。”

“似乎某些人并不了解我需要许多独处的时间，以及不必和群体有情感上的瓜葛。他们似乎相信，归属一个男性团体，可以支持自己的行为，也可以让自己感觉更自信。他们不想与众不同，曾经当过兵的人尤其如此。或许他们在那里得到启蒙，学到了团体比自己更为重要的信念。我有一位曾是海军的朋友告诉我：必须遵守和服从身为海军的规范，否则每天都会被操练，直到你明白，你不能反抗这条信念。他说他曾被狠狠地操练了一段时间，非常粗暴，以便将他改造成一名坚强而忠诚的海军，不敢背叛团体。他们说，做男人和做海军没什么两样——应该像大男人，无所畏惧，而且能够不动情感地宰掉敌人。他很努力地学习，不过他说他总是担忧，不知道下一次是否挺得住。”

男人之间另外一项不假言语的重要社交方式是一起喝酒：

“我刚刚和女朋友分手，约了朋友一起到酒吧，准备喝个烂醉，喝到两个人都从椅子上摔下来。从头到尾他都没过问任何事情，这是我喜欢和他一起出去喝酒的原因，我觉得舒服极了。”

“要让某些团体的男人（例如推销员）接纳你，似乎必须跟他们一起喝到烂醉，醉到身体觉得不舒服，让双方经历相同的痛苦，以便让彼此产生相同的感受。”

这样的男性情谊（虽然不如和女人的关系，有时可以在语言和情感上非常亲昵），对大部分男人而言极为重要，只有少数人表示他们不在乎有没有男性朋友：

“小时候就没人跟我玩，我真的不在乎和男人的友谊。”

“我有一大堆男性朋友，但是没有一个能够真正和我谈论运动以外的话题。但愿我能拥有一个志趣相投、值得信赖的男性密友，我能够向他倾诉我对事物的感受，以及我和太太之间的问题，同时也聆听他的挫折和沮丧。”

“我不擅长运动，而且总是逃避运动，这让我和其他男人格格不入。随着年龄渐长，我极度渴望结交更多的男性朋友，但是我发现很难和男人交谈，男人太自我防卫了。我需要男性朋友才能更了解自己。”

还有极少数男人抱怨他们的男性友谊：

“我最好的男性朋友跟我同龄，我们认识 7 年了，相似的背景，不怎么相同的兴趣。我们会在一起是因为彼此的个性互补，而且都有幽默感。但是我总觉得和他有点隔阂，好像我们从来没有真正了解过对方。典型的酒友，我们极少谈论个人私事。”

“我有一些蛮好的男性朋友，但是几乎不可能和他们谈点有意义的事情。如果我们真的谈到一些私人话题，例如性，也只是打哈哈。我试着引他们敞开来谈，提出自己在婚姻中和太太遭遇到的问题，或者说出我的幻想，但是他们把我当精神病看。我有一位朋友，他动了切除输精管的手术，我非常好奇，不过他只愿意谈外科手术本身，而不愿谈这件事对他精神方面的影响，也不谈他在性行为方面的心理转折。”

“我没有真正的男性密友，我想问题出在我自己身上。我似乎在男人身上感受到太强的竞争性，所以没办法让自己正面的情感浮现出来。如果他们在外表上比我更具吸引力，我就会和他们比一比收入、聪明才智、人生规划、交往女人的魅力、在团体中谁的势力或影响力大，等等。如果我赢了这场可笑的较量，我会觉得很不屑；如果我输了，我就赶快转变话题。多愚蠢！不知道其他人是否会如此。”

男性朋友之间的亲热行为

“在我一生当中，我不记得和男人有什么肌肤之亲，除了偶尔在社交场合或因为生意往来，和碰面的男人握手。”

朋友可以碰触吗？下面的问题引起强烈反应：“你会因为友谊，拥抱或亲吻男人吗？”大部分男人非常谨慎且害怕和其他男人有肌肤之亲——即使这只是和好友的友善接触。通过肌肤之亲来表达情爱，似乎只允许发生在和女人的性行为上，即使限定在这范畴内，有些男人仍然会感到不自在。令人吃惊的是，纵使是那些和男人发生性关系的人，他们对于与男性朋友，甚至是自己爱人单纯的肌肤之亲也会感到不自在。

异性恋的男人

“你会因为友谊拥抱或亲吻男人吗？你喜欢亲吻或拥抱男人吗？”对于这两个问题一边倒的答案是“不”！

“绝对不可能。我从来没有试过，也不想这么做。”

“我无法忍受和男人任何形式的肌肤之亲，除了握握手，这对我来说已经够黏糊糊的了。”

“我只抱过我父亲，而且我实在不喜欢。”

“除了在适当的场合握握手之外，我最好不要被任何男人碰到。我不认为嫌恶男人的肌肤之亲，代表我潜在的恐惧或是在掩饰自己隐藏的同性恋倾向。我大半辈子活在清一色的男性伙伴之间（我是野战经验丰富的职业军人），从来不想从男人身上获得我长久被剥夺的性满足。如果我只是想获得高潮，我会自慰。我不相信我能和男人有肌肤之亲。”

“我从未亲吻过男人。我握手，也会搭着他们的肩膀或手臂。”

“拥抱男人或被男人拥抱，都会令我不舒服。”

“任何家伙胆敢吻我，我会咬掉他的舌头。”

有些人强调，“真正的男人”不需要情感：

“真正的男人不需要搂抱和情感——只需要和女人做爱。”

“我没有一丁点儿这样的欲望，也未曾幻想过亲吻别的男人。我常与一位好友拥抱，但是我们都知道，这只是为了让我有安全感。我认为男人就是要能独立，靠自己的力量生存下去。”

有一些男人回答问题时，特别强调他们只会亲吻女人和女孩：

“我只亲吻女人和小女孩，对男人则握手。我喜欢和男人一起运动、聊天。”

“如果我想要爱抚一个男人，我可以爱抚我自己。男性的肉体对我而言没什么吸引力。女人才是最大的奥秘。”

“在我生命中，每一次优雅、美丽而温柔的碰触都来自女人，我从未亲吻过男人，也不想这么做。孩提时代，男性亲戚的搂抱和亲吻常使我发窘（不过我记得五六岁时，我爷爷搂着我时，我感觉得到了庇护和安慰）。对于和男人的亲热行为，我是戒惧的。”

另一方面，如果要做选择，大部分男人说，拥抱比亲吻容易接受，而且有一些男人的确偶尔会拥抱其他男人：

“和某些朋友见面时或是在特别感动的场合，我会拥抱他们。除了幼儿阶段亲过爸爸，我从来没有亲吻过男人。”

“因为友谊我会拥抱男人，但是通常只有在他是亲戚，而且已经有一阵子没见过面的情况下。两个男人亲吻真是令人无法接受，别人只会把他们当成同性恋。但是在阿拉伯世界，男人搂抱、亲吻、相拥以及挽着臂膀走路是很平常而且被接受的事，这些男人不会被当作同性恋。在美国，在一切更为先进的文明中，这反倒成了禁忌。”

“我从来没亲过男人。拥抱很好，但是令人脸红。我喜欢拥抱，但是同时感到不安。曾经有一名男同性恋靠近我，接触我的手臂，而我没有逃开。”

“我喜欢感受自己与别人的力量相结合，例如和一些人一起推车、扛大树干。偶尔我喜欢搂着朋友，或和男性朋友跳舞。”

“我从来没有真正吻过男人，不过和男人、女人或孩童搂抱都会产生温暖、友谊、同情及安慰，而且似乎都会感到舒服和获得某种收获。”

“有一次我和朋友开玩笑，亲了他一下，结果不出所料，他觉得受到了侮辱。”

大部分男人对于亲吻男人这种想法感到震惊，甚至恐慌：

“和男人亲嘴太肉麻了。”

“亲男人好像是去亲一块厚厚的生肉。”

“我没办法去亲男人，因为对我来说，亲吻是让我准备去干那码子事的前戏。”

不过，有一些人愿意接受这种想法（这些答案是来自异性恋倾向的男性）：

“我从未亲吻过男人，但是我不会扭扭捏捏不敢做，这只不过是社会的禁忌。”

“如果不是社会压力，我不觉得亲男人有什么困难。”

“父亲活着的时候，我总亲吻他的嘴。现在我也亲吻 35 岁大的儿子。1945 年从苏联军官手中接受勋章时，我也亲他。在我们目前的社会里，这会被当成是同性恋。我的确喜欢拥抱其他男人，拍拍他们的背、肩膀或膝盖，不过我愿意遵守社会习俗。”

“我会拥抱一些男性朋友，但是只有两位我曾经自然而然地亲吻过他们。其中一位有点不好意思。”

“我已经被抑制得不想这么做了，但这并非我真心的想法。我觉得男人相亲相爱、温柔以待是好的。”

“我乐于拥抱男人，但只亲吻自己的儿子，飞快地在嘴上点一下。我曾经和一位本身是同性恋的朋友来了一次法国式热吻，我们俩都有胡子，似乎很奇怪，不过非常愉快。”

“我拥抱男人，不过未曾亲吻男人。我常常亲自己的儿子。亲男人的嘴会让我觉得非常不自在，亲脸颊就能接受。”

有少数异性恋男性真的能享受与其他男人的肌肤之亲：

“我的确发现男人挺有魅力。那是因为感官上被美丽又温暖的人体所吸引，年少时代，我曾误以为是性吸引。我觉得和男人单纯的肌肤之亲令人愉悦，纯粹是感官和情绪上的愉悦。我不认为我会和男人上床，因为这会让彼此的关系变得很棘手，尤其是在今日社会里。不过我也不想放弃和男性的肌肤之亲。”

“对男人亲嘴真够刺激，尤其是法国式热吻。男人的拥抱强而有力。”

“我喜欢亲吻任何人，男人也不例外。我会亲一些男性朋友的脸颊。我曾经亲过一对同性恋朋友的嘴，还用到舌头，感觉很好，就像和女人接吻一样。我也喜欢拥抱，在对方或社会允许的情况下，我会尽情地拥抱。我们太常将肌肤之亲联想到性了，身体语言可以表达丰富的情感，而且有时我们只能用接触才能表达得最好，不论是喜悦或忧伤。”

“在教会里我们有一项习惯，在某些场合，男人会相互亲吻，这是兄弟之谊的表达，它源自某个欧洲教会的传统。对我而言，亲男人和亲女人的确不同，前者是对对方的欣赏，而后者比较神秘、热情。”

“我喜欢亲吻男人，不过如果他们看起来冥顽不灵，我也不会鲁莽从事。一个男人如果无法接受或给予热情的拥抱，那通常意味着他在其他方面也吝于分享。父亲和我总是以互相亲吻、拥抱来表达情爱，所以我从来不认为这有什么不对。对我来说，开放的肌肤之亲很重要，因为这是非常明确表达情感的方式，男人和女人都适用。很重要的一点是：我是在回应‘人’——尽管有些人是男性形体，有些人是女性形体。我很高兴以往认为女人可以表露的热情，现在男人也能够自由地表现了。拥抱男人，当场或事后，双方都不必产生性别认同的危机，真是太好了！”

有些男人表示，他们希望变得更热情、更善于表达自己：

“我希望在对待最亲密的男性朋友时，能变得更亲热，以友善而不涉及性的方式表现。无论如何，单纯握个手，不管握得多紧，似乎不足以用来欢迎非常亲密的朋友，尤其是有一阵子没见面的朋友。我觉得十分苦恼，希望能够早日克服。很显然这纯粹是教养的结果，我们接受的教养强调：在我们的社会里，男人不该对其他男人表露过多的情感及肌肤之亲。如果这样做，我们担心会遭受耻笑或受到排斥，因而退缩了。”

“别的男人身体太靠近我，我就会有点僵硬、不自然，我试着尽最大努力改善。”

拥有同性恋经验的男人

男同性恋者（或称双性恋者）对友谊的亲吻或拥抱是什么感觉？大部

分男同性恋者认为是一种享受：

“我喜欢亲吻和拥抱男人。通常我会感觉到这带给他们极大的释放和喜悦，我喜欢帮助他们获得这些。”

“亲吻和拥抱男人对我是一大享受。有时候我喜欢强而有力的亲吻，有时候则喜欢温柔的。”

“关于拥抱男人，我喜欢他们坚实的肌肉，这是大部分女人所没有的。四肢、背部和胸膛结结实实的，然而大部分非同性恋男性不让你碰他们，是害怕或社会习俗使然？我不知道，不过我认为很遗憾。”

“拥抱男人对我来说再自然不过了，我拥抱那些熟识而且挚爱的男友。如果是涉及性的亲密关系，我们会将骨盆紧紧贴在一起。我亲吻三种男人——父亲、儿子和爱人。我亲父亲和儿子的脸颊，亲爱人的嘴唇。我喜欢如此靠近一个男人的脸，感觉很有趣、很安慰。”

“我会因为友谊拥抱和亲吻男人，不过我让异性恋男性采取主动，因为他们是天大的傻瓜，误以为如此无邪的举动会损害他们的男性气概。”

但是也有一些男同性恋者不论在什么情况下，都不喜欢亲吻，或者拥抱男人：

“在感情生活上我最严重的困扰就是对其他男人的冷淡。我宁可和朋友做爱，也不愿拥抱、亲吻他。即使在我想要亲吻或拥抱他时，无论回应是多么热烈，我总是冷冰冰的。我在某些文章里读到，男人挽着手走路或是拥有深挚的情谊时，总会感到深沉的悲哀。”

“虽然我会吸吮男人的阴茎，与他肛交，或者反过来让他这样做，但我厌恶亲吻男人——性意味太强了。我会毫不犹豫地去亲亲男性友人、父亲、兄弟的脸颊，但是涉及性的亲吻似乎太像同性恋了。我也不记得拥抱这回事，虽然在和别的男人做爱时会有多次的拥抱，感觉他的身体紧紧挨着我，令我兴奋。”

男孩之间的性爱与肌肤之亲

在大多数男人强调与其他男性保持身体距离的情况下，或许会令人大吃一惊的是：许多男孩——他们大部分在以后成为异性恋——在儿童或青少期曾与其他男孩发生性行为。其中43%（这与《金赛性学报告》中48%的数据差不多）的人和其他男孩发生过某种形式的性行为，大部分是共同自慰（没有碰触对方），或者由一名伙伴自慰（这和女性经验有极大差异。事实上，她们从未告诉朋友自慰的事，更别提一起自慰，或者表演给别人看），不过这些男孩中几乎有一半（占全部样本的20%）曾经互相自慰，大约1/3的男孩也进行口交，还有少数人曾经肛交。一名男孩是否曾和其他男孩有性经验，与他日后自认是同性恋或是异性恋并无关联。许多男同性恋者年少时从未与其他男孩发生性关系，而许多异性恋反而拥有这样的经验。

纯粹异性恋男性，早年和其他男孩有性经验的情形出乎意料地普遍，而且大部分的人，似乎都觉得很有趣：

“年少的时候，我和最好的朋友常常在一起说黄色故事，并且互相刺激彼此的性欲。当我们明白社会并不赞同这种行为时，我们已经做过了。五年级上性教育课程时，我们发现男孩子不应该做类似行为，这没什么影响，因为我们早就知道，这根本无害。我们一直维持这些友谊性的性行为，直到我们有能力开始从女性身上满足性饥渴。最后一次发生在16岁时，我认为从此以后，我们没有人再和男人发生性关系了。”

“我第一次强烈体验到官能快感及第一次高潮，大约是在13岁。那时我和一些男孩共同自慰，最后变成口交和肛交。就我的记忆，那时我想到的只是：感觉多么美妙啊！”

“我最初的经验是和其他男孩常常谈论性、比较高潮、共同自慰，同时也玩一些同性恋的游戏。在我12岁时，有一位男性朋友把玩我的阴茎，我也在他身上如法炮制。大约有一年的时间我们有机会就这样做，那时我认为很好玩，不过是被禁止的乐趣。同性恋的阴影困扰着我，我没有信心去和女孩子尝试性行为。在玩同性恋游戏时，心态依旧是异性恋的——幻想总是投射在异性身上。我非常渴望一窥女性性器官的奥秘，我也非常想爱抚女性的胸部。”

“在十三四岁时，我们有一群家伙发现了自慰，然后发现别人也懂得自慰。后来我们组成了自慰团体，想看看谁能够最先射精，而且射得最远！”

“我记得哥哥的阴茎长得很好看，挺起时约有21厘米，而且会喷出珍珠般的白沫，射程至少40厘米，非常壮观，好像观赏温泉喷发一样。”

“有一次我大哥泡在浴缸里时，要我帮他自慰。那时他16岁，我8岁。我认为他的小鸟大而漂亮，乐意为他服务。”

“六年级时，我听到一位同学解释他如何和朋友互相利用肛门练习和女人性交，我就跟最好的朋友试着做。我想我们只不过是龟头伸进去一点而已，不过我记得它很痒。”

“我和男人第一次发生肉体关系是在高中时代，跟我最好的朋友。我们一起去参加一项活动，裸身睡在一起。我们慢慢地互相靠近，直到阴茎碰在一起，我们互相自慰达到高潮。”

“我 12 岁参加露营，大家都在一起淋浴，我们开始自慰和抚摸对方。然后全部爬到蒸汽房，躺下。我让我的朋友跳到我身上开始上下抽动（其他男孩都是这样搞），然后他变得如痴如狂，直到达到了某种高潮。那年夏天我们常常做这些事，但是我们都不拥抱或亲吻，我们的重点全在阴茎上。”

“我第一次真正的性经历是跟其他男孩共同自慰。开始时是各做各的，然后每人轮流帮别人自慰到高潮。接下来是面对面躺着，一起摩擦我们的阴茎达到高潮。然后一名男孩趴着，别人趴在他身上，将阴茎从两大腿缝隙中伸进去，直到碰触到对方的睾丸和阴茎底部，再相互交换动作。从来没有做真正的肛交，我们没有这种念头；也没有任何形式的亲吻或爱抚，我们认为那样做太没有男性气概了。有一次一名男孩把我的阴茎含在嘴里，但当时我并没有达到高潮，而且我也无法做到像他那样。”

还有一份比较长的回复：

“大约 10 岁时，我交了一名 15 岁的男性朋友，他对我非常友善。我们常常单独在一起，每一次尿尿时，他就暴露自己，或者向我展示他挺直的阳具，有我的两倍大，我想我有点羡慕。

“有一天，大约是我们混在一起 6 个月之后，我们去公园玩。他把手插在口袋里，告诉我口袋里有个洞，要我猜猜他在做什么。我不记得自己是怎么答复的，他停止动作转身，打开他的外套，他的阳具从裤子里顶出来，由于摩擦得红红的，龟头是湿的。然后他叫我也掏出来给他看。我掏出来，我们互相注视对方的阴茎一会儿，好像世界只剩下我们俩。不远处有一些绿色的长椅，他说过去坐着。我们走过去，谈论我们的阴茎以及关于性的种种。他把外套拉开，暴露出阴茎，然后开始自慰，他要我跟着做。这是我们之间第一次发生类似的事。我照做了，因为他说这样会很舒服。我开始有快感时，他射精了，我注视着精液射出，洒落在草地上，他的手快速上下移动，希望再来一次。在他努力第二次射精时，白白稠稠的精液流在他的手和阴茎上。在我兴奋着要达到高潮，我的小手飞快地上上下下时，我们的背后来了两位老女人。她们走过来瞧我们在干什么，我立刻想要把阴茎放回去，但是住手了，因为我的同伴还是继续不停。老妇人尖声怪叫：'我的天呀！'他回答：'别管闲事！'而且开始射精，几乎落在她们的脚上，看他射精让我非常激动，于是不断揉搓自己终于达到了高潮。这是永难忘怀的经历，太美妙了。两位老妇人念念叨叨地离去时，我们一起结束了。然后我们非常兴奋地谈性话色。我还不会射精，不过朋友告诉我，十一二岁时就可以了。从此以后，只要一有机会，我们在一起就是不断自慰，直到有时发痛了才罢手。我们在车上、走廊上、地下室、教堂，只要你说得出来的地方，我们都在那儿干活，性成为我生命中最为重要的事情，如果任何人想要参与，我愿意效劳。"

有一名 18 岁的男子描述他和同性男子的性行为，但是，他希望很快能和女孩做爱：

"我只和自己或是我表哥（他比我大两岁）发生性行为，我们都相当压抑，不知道对方是否现在需要性，所以通常就是直接把裤子拉下来，或是利用某些微妙的本能突破僵局，然后我们互相爱抚一阵子，直到有人鼓起勇气将口和阴茎联结在一起。我们会轮流吸吮对方约一两个小时，直到我们都达到高潮。几年前我们常常做更多的尝试，有时相当有趣，整个场景令人忍不住发噱。我不是真的在乎要改变，不过我宁可现在断了它。我表哥肯定是名同性恋者，他已经努力在找比较永久的伴侣。

"我非常喜欢进行口交，这是关于同性恋我喜欢的极小部分。我喜欢观赏湿漉漉的阴茎，喜欢它的味道以及把它含在嘴巴里的感觉，但我讨厌围绕在旁的阴毛。

"我不是真的喜欢亲吻或拥抱男人，我绝对是爱女人的，不过我从未吻过她们。我喜欢各式各样的亲吻，包括法国式热吻，以及非常轻柔文雅的接吻。通常我不是非常热情，我希望对正确的对象表达出情感，不过时机尚未来临。目前我比较想要的是搂搂抱抱，而非翻云覆雨。因为我小时候缺少搂抱，同时这样似乎不会觉得遭到侵犯。"

大多数男同性恋的童年经验并没有什么特殊和不同：

"我第一次和男人发生性接触是在五六年级时。一名男孩向我解说性，我们一起上床，后来我和他的两个弟弟也上床。我们常常睡在后院的帐篷里，夜里交换伴侣。我们之中有些人一直保持同性恋，有些则转为纯粹的异性恋。"

“小学时代，我在等校车的时候，一位年轻的大少让我搭便车。他问了好多私人问题，最后他把手放在我腿上，当时我没有把他推开，他问我要不要跟他回家找‘乐子’，我跟去了。我们互相吸吮，娱乐对方。”

“我最初的经历是和一名18岁的男孩，当时我15岁。我们溯溪而上，裸身在溪流里，他在水中抚摸我的阴茎，然后我们爬上岸，躺在河边，吸吮对方的老二，接吻，然后彼此射精，但没有性交。当时我们并不知道吞下对方的精液是否会伤害身体。”

有些男孩拒绝和其他男孩发生性关系，因为他们不想泄露自己是同性恋的秘密：

“我一直感觉男孩的吸引力比女孩大。在高中和初中时期，我明白了自己是名同性恋者，但是我一直很害羞，不敢和朋友发生关系，即使是他们主动提议的。目前，我的性活动完全局限在自慰，以及每星期一个晚上和一名较大的男同性恋者在一起。”

“我在性方面的意识一直到十三四岁时才觉醒。虽然我未曾和其他男孩讨论过这件事，但我对他们很感兴趣。我希望能看他们的性器官，了解他们的性习惯。我是一名同性恋者，不过当时我并不了解这类字眼，只有一些模糊的观念。有一次，一名同学问我要不要吸吮他的老二。我真的很想，但是我压抑住情感，回答：‘不。’”

有一些人根本不晓得可以和其他男孩发生性关系，他们对周围每一个人隐瞒住自己的感情和想法，觉得自己非常孤寂：

“童年时我对性的感觉不曾投射在别人身上，一直到我十一二岁。当时，和我同样大或比我小一点的男孩对我越来越有吸引力。我从未向任何人表达或提及这样的情感，我努力压抑自己。终于，在高二时，我跟班上的两名朋友（一男一女）及父亲，谈论起同性恋的问题（泛泛而谈，不涉及个人），他们不大发表意见。我对这件事情感到惶恐，直到高中毕业后5年，我才跟别的男人发生第一次性接触。整个中学时期，我不知道谁是同性恋者，我认为自己的性取向是和别人交往的障碍，因此感觉孤立。看书时，我会看到对同性恋隐隐约约的指涉（永远是负面的）。在家庭以外的日常生活中，我也会听到流传在同伴之间的粗鄙讥嘲或笑话，这更加深了我的孤立。我非常害怕这类的侮辱或仇视。

“大约十三四岁时我经常哭泣，因为我怀疑自己是同性恋者。我想要自杀而非承认事实，我害怕告诉任何人，感觉非常孤单，我不知道找哪些人谈论这件事。

“我现在 50 岁，生长在一个充满大男人侵略气息的镇上——这是一个制造钢铁和开采煤矿的城镇，男女角色刻板而僵化。即使在五六岁时，我就知道男人吸引我了。直觉告诉我，如果我能好好生存下去，就可以在别的地方找到更适合我的世界。我隐藏自己性方面的情感。自慰时，我拿许多同学作为性对象，但是我不敢真的去接近他们，不论接近到何种程度。12 岁时，镇上的脏老头以口舌刺激我的阴茎，感觉很愉悦。”

有些同性恋男孩受到迫害：

“成长过程中，我被叫作‘妖精’，不记得第一次是什么时候，被叫过太多次了——不过我渐渐习惯了。一直到 20 岁以前，我的行为非常女性化，人们越笑我娘娘腔，我就越愤怒，更想反抗。高中时，我发现自己是同性恋。我愤愤不平、伪装自己、想要否认，以充满愤怒的方法来发泄性欲，我拒绝对任何人付出关怀、情爱或温柔，包括和我一起睡觉的男人。我也认定自己非常平庸，对自己不讨人喜欢的地方常常苦恼。幸好通过治疗之后，我开始明了自己很有吸引力，我的许多‘缺陷’其实是我的‘优点’。”

“高中时代，作为一名同性恋者非常辛苦——那是身为男性再糟糕不过的事了——同性恋简直不能算是男人。高中时期我完全封闭自己，直到大二有一次我喝得非常醉，告诉密友我深深迷恋一位我们都认识的好男人，从那次之后，我就不再是那群‘朋友’中的一分子了。他们无法接受我的本来面目，过不久，我被学校开除。这真是令人心神俱碎的经历。”

父母在讨论性方面的问题时，很少提到同性恋，如果谈起，也都是负面的内容：

“我父母告诉我有关生殖系统的事，还买了一本书给我看。他们建议我，有问题随时可以去找他们，但是不要和其他男孩讨论。他们警告我不要让别人怀孕（这是他们所恐惧的，我压根儿不明白）。他们似乎不准备谈论我体验的事，那就是我从其他男孩那里感受到强烈的性吸引。我接受了父母对同性恋的恐惧，有好多年完全拒绝性行为。我的父母非常恩爱，也很爱我，不过显然他们无法与一名他们无法包容的孩子好好沟通。”

有些男孩（包括同性恋者和异性恋者）之间拥有令他们满足而快乐的亲密关系：

“高中时代，我和我的男伴相处得既快乐又满足，因为我们是在天真的情况下建立了情爱关系，而且一直很天真地看待这件事。我们不会口交，也没有罪恶感，或是竞争心。”

“我拥有过最快乐的性关系是高中时代和一位男性朋友建立的。我们可以正确地读出对方的需要，而且能够自由地表达需求，性交狂野而浪漫，然后安详宁静地相拥而眠，我不会有罪恶感，也不会焦虑或担心。我们在语言上的沟通非常少。”

还有些男孩（包括后来是异性恋或同性恋者）之间也会相恋：

“16 岁时，我感受到了最深刻的爱，我爱的是一名 18 岁的男孩。他不知道我爱他，只以为我很喜欢他。他就好像我的兄长一样，我猜这就是我爱上他的原因。他是我们这群朋友中人缘最好的，女孩们都想跟他约会，而他有权挑选任何一位。男孩都尊敬他的领袖气质。他很高大，长长的金发，深邃的目光，脸上永远带着微笑。

“如果他向我提起他将和某位女孩发生性关系，就会让我产生恨意。我不会怀疑他的话，我知道当他下定决心要和某位女孩做爱时，事情就会发生。不过我恨她，不管她是谁。我记得有好多次，我想告诉他忘掉那女孩，跟我做爱。我会为他做任何事，因为我爱他。只要他靠近我，我就觉得异样，尤其是他跟我握手，或者拍我的背时。只要碰触到他的手，就令我体内兴奋得战栗。好几次，我得努力克制自己因为他的碰触而勃起的冲动。”

结论

本章节的论点并不是在暗示所有男性在与其他男人身体接触时都应该变得较为热情。我们只是认为男人有时候害怕流露身体最轻微的亲昵情感，而采取冰冷的姿态是不必要的，因为这样往往抑制了亲密情谊的发展。

我们希望读者不要误以为我们的文章有任何企图，想要推动人与人之间“快餐式的亲密关系”。某些团体流行的观念，认为人际之间所有礼貌上的含蓄都是不好的，而所有迅速开展的友谊和亲密都是好的，这当然不是本书的观点。鼓励在任何场合立即开展亲密关系的风潮，以及认为那些不愿如此行动的男人是不友善的，并非问题的解答，而且往往只会增强疏离感。我们需要从社会以及周围人士身上得到更多的尊严与敬意；我们也需要与亲爱的人有肌肤之亲，无所畏惧。

我们已经看到了，美国文化存在着强有力的禁忌：反对男性肌肤之亲，哪怕是轻描淡写、自自然然、日常进行的也不例外。我们也看到有许多父亲在儿子稍大一点，甚至从小开始就不敢碰触、搂抱他们。除了握握手、拍拍背之外，大部分的社会都存在着男人之间的亲热行为，或者是友善地拍打、恶作剧。两名男性朋友为什么不可以挽着手或牵手走路？我们只是没这么做而已。事实上，日本男人见面时，甚至不握手。握手的礼节源自西方，这个姿态是在表示：“我没有暗藏武器。”

2

成为男人

被“男性气概”束缚的人们

父亲的典范

男孩从父亲身上学到什么？

“孩童时，我常和父亲去打猎，约有四五年。糟糕的是，我一直是非常差劲的射手。在一次意外之后我放弃了打猎。那一次我们和其他人乘一艘船去猎鸭子，我刚刚射下一只鸭子，我们划着船去捡拾猎物。当靠近时，我又惊又喜地发现它还活着，而且看起来很好。它好可爱、好迷人，我幻想把它带回家，照顾它让它恢复健康，拿它当成宠物。这时一个男人将它捡起，敲击它的脑袋，脑浆飞溅过船。”

“你父亲是否告诉你‘如何成为一名男人’？他是否告诉你受伤时不要哭？在战斗中一定要赢？不要做好哭鬼？不要和女孩玩或玩女孩的玩具？你的感受如何？关于女人他跟你说些什么？”

大部分男人不是接受了传统男性价值和行为模式的训诲，就是认为父亲本身即为典范（这是极为普遍的现象）。然而许多男人抱怨父亲的教导不够：

“父亲非常关心我长大以后会不会变得娘娘腔。对于软弱（例如哭泣）或女性化（例如从前头而非后面擦拭屁股）的表现，他的反应相当歇斯底里。”

“爸爸对男人的观点就是打猎、钓鱼、运动等。男人不能带有艺术家或剧场人物的气质，他认为男舞蹈演员是人妖。”

“他告诉我什么是最重要的。”

“父亲教导我做一名典型的美国大男人——不哭，也不流露情感。男人要奋斗生活，男人是优势的一方，女人在肉体和情感上都很脆弱。荣誉与责任是男人的第一要务，运动、努力工作等是男子汉的表现。从事艺术及音乐（法律和医学除外）的男人即使不被认定为女性化，也会遭受质疑。女人是要宠爱的，而且是唯一‘正确’的性对象。女人要顾家、照料家人，如有必要可以外出工作，但是有用的男人绝不能靠女人养。真正的男人宁可死，也不愿向别的男人表露出超过握手以外的情感。”

“父亲没有告诉我如何做一名男人，他从行为表现出来的男人以及父亲形象是非常刻板僵硬的。我虽然没有完全接受，但是我从自己的人格上看到他的影子：优越、万事通，能够解决任何问题，除了愤怒没有别的情绪。”

“不许有女孩子的玩具。不能抱怨，不可以哭。要禁欲，不带情感。”

“大部分时候父亲告诉我什么样不是男人——而那就刚好是我的样子——至少他眼中是如此。”

“父亲跟我说的不多——除了 20 世纪 40 年代那一套陈词滥调：男人不可以流泪，要强壮；对女人则要小心奉承和尊敬。”

“永远要负担家人的生计。”

“父亲告诉我不要哭，或者要自个儿躲在房间里哭，他教导我男人要强壮，而且赚钱来养家。女人必须做好妻子和好妈妈。”

“他告诉我一定要有作为，而且必须要得胜。他从来不怎么谈论女人，他认为她们比较笨。”

“父亲总是训诲我‘做个男人’——意思是不要让女人主宰你的生活，或是爬到你头上。”

“努力工作，精力充沛，不要抱怨。运动带来一些不好的压力——哪有空运动？我们应该做完分内的工作——努力工作就会有好的报酬。”

“父亲告诉我要对自己以及别人诚实，善待别人，一生的责任顺序：第一优先是家人，然后是国家，最后是上帝。除了说世界上有好女人和坏女人，强调要远离坏女人之外，我不太记得他对女人的说法。”

“努力工作，付清账单，不要负债，击败制度，用现金付款。”

“光鲜、诚实、堪当重任、富有智慧，并辛勤工作。”

“独立自主，不要受人逼迫。对女人要温柔，要保护她们。”

“成为敌人难以招架的对手，反击回去。”

“男人就是要成功。至于女人，不要让她们阻碍了你的成功之路，或者因此裹足不前，不要让爱或女人控制你的生活。”

“每一次我跪在花园锄草时，父亲就会说：‘不要表现得像个娘儿们。’他没告诉我有关女人的事。”

“我父亲什么事也没有跟我说过，他希望我参与运动和交女朋友一样行。”

“他一直很失望我从来不打架，或许他怕我是同性恋（我不是），因为我喜欢工艺、编织。”

“努力工作，绝不抱怨，不要总是跟妈妈腻在一起。”

“‘战斗，干，赚大钱’，这是基本信条。如果我表现出任何‘不像男人’的行为，就会受到羞辱和嘲笑，例如有一次，大约 7 岁时，我和妹妹一起玩妈妈的化妆品。”

许多男人强调没有父子对话，他们只是从身教中学习，或是从犯错中学到经验。当然责备或嘲笑也可以让他们学到经验：

“我父亲从来没有告诉过我任何事，他展现出来的模范就是傲慢。他和女人（主要是我妈妈）的关系非常明确——女人一定得在他之下。”

“父亲从来不多话。他的榜样就是让女人从头到脚地侍候他，然后在其他人面前贬低她们。”

“我父亲用他的行为来教导我。他一向勇往直前，不承认错误。他暗示大部分女人基本上都是愚蠢的。我难以苟同。”

“父亲很少真的‘告诉’我些什么，事实上他不会将我的事放在心上。我想他不知道怎样做父亲。他也没告诉我有关女人的事，除了给我一种观念：女人只是性的对象。”

“他从来没有直接教导我怎样做个男人，他的教诲都是在责难中发出的。同时，他似乎有种态度，认为我母亲软弱无力，而他应该宽容她。他不知道母亲是多么有智慧。”

“他没有强调要反击，但每当我被打败时，他就嘲弄我。”

“他的态度基本上就是不赞同或是忽视。”

“他向来不多话，在他要我振作起来时，就赏我一耳光。”

“通过身教，父亲教导我如何做个男人，然而他从来不谈论此事。他对家庭非常忠诚，不论付出多少。他尽心尽力照顾、保护他的孩子。他有点大男人，必须主宰一切，或者相信他是如此。他打孩子或是我母亲时不会迟疑，借此来证明自己是一家之主，或是显显威风。这使得我厌恶大男人形象。不过他非常敏感，内心深处是道道地地的软心肠。”

有些男人叙述了不同的经历：

“他不是那种认为自己的孩子必须是翘楚的男人，意思是说，他从不逼迫我成为有用之才，他鼓励我思考。”

“通过他的兴趣和行为，父亲告诉我：人生的艺术面，对男人而言是美好的。他是古典音乐的爱好者，热爱歌剧、芭蕾和剧场。他告诉我比较精致的生活形态是美好的。”

“我父亲受的是‘南方绅士’的教养，他也一直维持这种教养。在他的生活周围，女人是可以在社会上活动的。对于尊敬女人，他的身教多于言传。举例来说，在我们兄弟长大后，他鼓励母亲继续去上课。在她开始发展事业及活跃于政坛时，他在精神与情感上百分之百地支持她。他堪为男人的榜样——强壮、进取、智勇双全。他会搂抱我，至今每一次我们见面时，他都会亲吻我。我几乎到高中还在玩洋娃娃，爸爸也接受。事实上他曾告诉我，他童年也玩娃娃。他是不折不扣的异性恋，但是他接纳也理解我成为同性恋的权利与需要。”

“父亲只告诉我要承担某些责任。好几次我在他面前哭，但是从来没有因此而受责备。我会和弟弟妹妹玩扮家家酒，举行茶会，没有留下不良影响。我常常因为调皮而受罚，但是不会因为表达情感遭受责难。”

少数男人表示他们和父亲虽很少说话，但会一起做事：

“父亲从来没有真正和我谈论如何做个男人，或者是讨论女人。我们从事‘父子活动’，像打猎和钓鱼。”

“我们偶尔会去看球赛，也一起整修房屋。我努力以他为榜样，希望获得认可，但他从来没告诉我该如何表现。”

“爸爸有整理房屋的计划就会叫我帮忙，只要我在家我都会照做。他很高大、沉默，而且有效率。”

然而，大部分男孩没有时间和父亲共事：

“我们很少一起去参观球赛或运动，除了偶尔踢踢足球。通常我自己参加学校的活动，自己参观比赛和运动会。”

“就我记忆所及，我们很少在一起。”

“因为他工作的关系，我们很少有时间相聚，除非是度假或者我陪他出差。”

“我从未亲近过父亲，他总是借物质而非情感来表达他的爱。我 10 岁时母亲过世，那时他陪女人的时间多过陪我。跟我在一起时，他没什么精神，可是在朋友圈里表现得极有男性气概。他希望我喜欢棒球，但只是把我扔在球场里，等球赛结束后再来接我。每次电视上出现运动节目，他似乎都在沙发上睡着了。”

还有另一个答案：

“我从电视上学到男人的形象。”

男性气概

在问到“你是否曾被人讥笑为娘娘腔或妈妈的乖宝宝，遭受训诫要像个男人？”时，大部分男人表示，他们在年少时曾受到这样的嘲讽，以及被要求证明自己的男性气概：

“我在底特律长大，那里的孩子会自成小帮派。我是别人攻击娘娘腔的箭靶，我伤心了好多年。父亲总是叫我‘呆瓜’，令我难忘，对我的伤害也最深。我真的以为自己很呆，直到两年前才改变此想法。”

“小时候我一哭，爸爸就说我娘娘腔，特别记得有一次我失去宠物的时候。现在我再也不表露情感了。”

“小时候人家笑我娘娘腔。我想通常是在我和其他男孩的愿望或行为不一致时。每一次不管为了什么原因，我都会遭受责备，被要求‘像个男人’。我痛恨！哥哥每次把我欺负到哭之后，就说我娘娘腔。我觉得不被家人接纳。”

“我从来没有被人笑娘娘腔，但是母亲过世时，人家告诉我要‘像个男人’。我看到她躺在棺材里，于是号啕大哭（几乎像个小娃娃）。一位姐姐说：‘你为什么不闭嘴！你就像个娃娃。’不能为自己妈妈的死而痛哭，真令我愤慨！”

“我十几岁时，有一次情绪失控，父亲就说我是‘娘娘腔’，那时我有点同意他的说法。现在我认为他至少应该问问我哪里出了问题。我找不到可以倾诉的对象。”

“父亲常常训诫我要做个男人，而且如果我在体格锻炼上达不到他的男人标准时，他就说我娘娘腔。我深受伤害，心里痛苦不堪，更严厉地鞭策自己，希望获得赞许。9 岁开始，我就跟在大人身边，跟他们一样干活，在这样劳动的过程里，身上烙下了 3 处抹不掉的痕迹。”

“父亲和我的高中同学常常这么笑我，我很伤心，没人看见时就哭泣。我在海军服役时，也常常因为不抽烟、不赌博，或者不像其他男人那样搞女人而成为他们攻击的对象。”

“我常常被笑是娘娘腔、同性恋。我告诉自己，没错，很多方面我是如此，但这他妈的有什么不对呢！而且他妈的他们凭什么自以为比我优越？”

“高中时，有一次父亲和继母激烈争执，我哭了。他们认为我的哭泣是软弱，叫我不要像个娃娃，而且拒绝听我解释。我在看到他们如此残忍相待时，内心十分沮丧与害怕。”

“我记得‘抓娘娘腔’的游戏。这头衔曾一度落在我身上，后来有比我更娘娘腔的人出现时，我就把称号送给他。我们街上有一个胖男孩，我们常常笑他娘娘腔，瞧不起他。有一次我问他，会不会难过，他坚持说不会。不过我想他多少有点难过。”

“我在住宿学校时有一次独自骑马绕足球场——足球队正在场上练习，他们开始对我大叫‘妖精’以及‘甜姐儿’。我不记得有什么影响，因为他们不是我的朋友，我压根儿不在乎。”

“我被称作‘妈妈的乖宝宝’，因为我喜欢待在家里。我既难过，又伤心。做一个和别人不一样的小孩感觉很可怕。”

“在美国陆军服役时，我经历了被羞辱的仪式。有虐待癖的军官和士官对待征召入伍的平民如粪土，操练时说我们是‘娘儿们’。在军队受训及服役，我们受的是非人的待遇及羞辱。”

“我母亲说我娘娘腔，她希望我剪掉头发像个真正的男人，令我觉得好笑。”

“因为我弹钢琴，小学同学认为我娘娘腔。”

“在我年轻的时代，人们称过着不同生活的人为同性恋是非常普遍的现象。有许多人的价值观，遵循别人的行为，我曾经因为缺乏归属而难过，后来我发现有所归属虽然很安全，但是会受到很大的局限，所以我就不太在意了。”

“有一次被一个同伴欺负，我跑去找爸爸。事后，我觉得自己向爸爸告状，仿佛失去了其他朋友。事前，我是团体中的一分子，但是后来我成了圈外人——或许还是个胆小鬼。”

涉及运动方面，这种情况特别严重：

“初中上体育课时，我被笑是娘娘腔，因为我不喜欢组织化的运动，而且一点兴趣也没有……在我无法跑完 1.6 千米时，体育老师说我是娘娘腔，还说我这人不足挂齿。坦白说，我就是没兴趣。但是我加入了球队。”

“一位体育老师说我娘娘腔，因为我不想和一群比我大一岁左右，又比我重 18 斤的男孩一起打橄榄球。被迫加入后，我的脸被踢到，痛得哭出来，人家又说我娘娘腔。我没办法反击，这让我感到十分屈辱、愤怒和沮丧。”

“我记得唯一一次我的男性气概遭人质疑是在初中练习橄榄球的时候。我试过，但是我不明白为何要拼命去伤害朋友，来证明理所当然的事情。然而我的确希望受人欢迎，而打橄榄球似乎是一条途径。”

“小学的时候，我常常被笑娘娘腔，因为我不喜欢棒球。我深受伤害，也感到迷惑，对人防御心很强。”

“在学校运动时，我常被训斥要做个男人，不要像个娘娘腔，父亲也常常这样教训我。这种伤害很深，因为我总想要取悦爸爸。我强烈讨厌运动，而且缺乏竞争心，这使得我经常面对这样的指责，我觉得好像是背叛者。”

“我向来不喜欢橄榄球，但是成长的过程里，我哥哥常常要我参与组队。我从来不想加入，但是害怕被笑是娘娘腔，所以我还是参加了。我并不出色，通常每一次比赛我都是以与人打架收场。我恨死了。”

在问到“你是否热爱运动？如果是，你是否会瞧不起不热衷运动的人？或者如果你不参与运动，你是否会觉得自己不那么男性化？你是否曾经拒绝加入俱乐部或球队？你的感受如何？”时，大部分男人回答他们感受到很大的压力，必须对运动有兴趣，并且参与，同时和其他男孩较劲——而许多人痛恨并且抗拒这样的事情：

“我在运动方面一直不出色，从来也不太喜欢。记得 10 岁时，因为这缘故，我在团体中的地位被贬低，受到别人的轻视。我不会因此觉得自己不够男性化，而且我很快找到了另一个团体，他们不那么重视运动。”

“高中时我被踢出篮球队，我的自尊受到伤害。我很怀念跑进场时群众的欢呼声。一想到变成了观众，就令我懊恼。”

“我是爱好知识的小孩，整天埋在书本里，身为独子，很多时间都被迫一个人孤零零地练习骑车和运动，当时我两样都做不好。即使到现在，我还是在工厂里受到奚落，因为我不会故意去表现自己的力气。很多同事有长期背痛的毛病，因为他们总是想要证明自己有多强壮。”

有些男孩沉迷运动：

“我做各种运动：和街上的男孩打球，在学校打手球和棒球。我的确瞧不起那些根本不运动或运动很差劲的‘娘娘腔’。”

“我从不错过电视上的棒球、橄榄球、篮球或曲棍球比赛。我的人生就是运动，我的工作与运动直接相关。休闲时我观赏电视上的球赛，而且我有一项爱好——收集运动卡片。我最爱的是棒球，如果我能拥有一点运动天赋，我会努力成为棒球选手。我也渐渐喜欢上了其他的球类运动，例如足球。”

“要成为一名专业运动员需要高超的技巧，除非你参与过这些运动，否则你无法明白个中滋味。我在大学踢了 4 年足球，成为最快或最敏捷的运动员带来了高度的自我满足，因为你有能力达到目标。不运动的男人，失去了许多身为男人的本色。”

除了运动之外，男人也有证明自己性能力的压力：

“大约在 11 岁时，我记得朋友之间会讨论女朋友的事，以及谁愿意让我们‘得手’。朋友之间充满了必须交上女朋友的压力，而且，我们都希望至少可以约一名不在意我们爱抚阴部或捏挤胸部的女孩。然而这样的女孩并不是我们想要的固定女朋友。我 14 岁时，其他同学 16 或 17 岁，班上会传纸条，讨论哪些女孩容易上手。伙伴之间特别有要和女孩子发生性关系的压力。这类谈话一向会令我兴奋。”

“中学时代，我们朋友笑另一名家伙是娘娘腔，因为他说他不敢要求女朋友进到最后一步，我也不曾这么做，但我没说话。当时的想法是，我们都是男人，所以我们可以冲破任何女孩的防线——正面交锋、长驱直入。这么说吧，她的感受不重要，重要的是得手。我们互相转述这些故事，肯定自己是男人，其他人则是娘娘腔。”

“在十二三岁时，我开始感受到要跟女孩约会或‘得手’的压力。那时似乎所有别的男孩都在约会。女孩成为我们学校（一所天主教学校）许多男孩之间流行的话题。我的感受如何？我喜欢和女孩在一起，但是我不喜欢人家告诉我跟她们在一起应该做些什么，我一直拥有强烈的浪漫气质，而且理想的爱情对我的生命非常重要。中学时代，每一次我和一位女孩出去，我从不觉得我需要去实现其他人的狂想。我就是喜欢与对方为伴，然后一起做事的美好感觉，不管是去看电影、参加学校舞会还是去欣赏音乐会，我从来不会强力对付我所约会的女孩，即使是亲吻一下。”

另一方面，也有不要和女孩玩在一起或有所牵连，不要把女孩当成“朋友”的压力：

“身为男孩，我总是因为跟女孩玩在一起而受到批评。我觉得跟女孩玩或跟男孩玩都一样有趣，但是这种态度一直令我父母烦恼。”

“记得大约 11 岁时，父亲指责我想和邻家一位小孩玩，因为她是女孩。另一次他大发脾气，是因为我整个下午待在女孩的屋里，而不是到户外进行橄榄球之类的运动。”

打猎是另一项考验男性气概或强悍与否的指标：

“在 18～22 岁期间，有几次我跟其他男人去打猎，拿的是大口径的来复枪。我得承认很好玩，感觉力量‘汹涌’而出。”

“有一次我和一位朋友，设陷阱抓到一只山猫，并且用棍子把它打死。即使到现在，一想到这件事我就反胃，事情一发生我马上就后悔了。”

“我的成长伴随着狩猎和钓鱼，我不喜欢钓鱼，但经常打猎。原野上的麋鹿和山羊十分吸引我。大部分猎人假装打猎是为了运动，但是我知道打猎的魅力完全在于猎杀动物。我喜欢杀死动物，掌握生杀大权的真实快感弥漫全身。一支 30.06 口径或其他大口径的来复枪是这项运动如此受欢迎的原因。否则，为什么不带着相机猎动物？你必须要有更卓越的技巧才能追踪动物到那样近的距离。另外，暴力也是重点之一。我曾经热爱打拳、撞球以及从事类似性质的活动。”

社团或俱乐部常常会设计入会仪式来考验男性气概——看看申请入会者能否承受羞辱或“戏弄”：

“十二三岁去露营时，我们一伙人发明了一项叫作‘洗礼’的仪式：一群男孩抓住其中一位朋友，拉下他的裤子，在他的阳具上涂抹各式各样的刮胡膏、面霜、除臭剂等，目的是要让它兴奋起来。”

“我偶尔喜欢戏弄或欺负软弱的男孩。后来在大学时代的社团，我们有‘宣誓周’，在这个星期内我们可以，也的确尽我们所能地欺负新来的家伙。如果他们撑不住，有时我们就把他们踢出去，他们没资格加入。记得有一次我们抓住一名德国男孩的脚，将他从二楼窗户倒吊下去，他吓得尿湿了全身。”

有些男人批评“男性气概”的结果：

“教导男人男性气概是由侵略性、破坏性的竞争以及占有力来构成的，会促使男人推崇肉体的侵略性与控制欲，并且制造了普遍存在于男人身上的极度恐慌、轻蔑、傲慢和偏执，对这个社会普遍弥漫的人际间的恶意‘功不可没’。‘富有团队精神的球员’（目标是完全认同公司及其宗旨）式的角色导致许多男人自我泯灭、机械化以及异化，如同‘家庭主妇’（目标是完全认同家庭及其宗旨）这个角色，对女人造成的影响一样。”

“对我而言，男孩成长教育中最具毁灭力的是竞争心，使他们因此产生了不可企及的目标，以及对自己的不忠实，而且从最普遍的运动领域，进入性以及学术等领域。”

“小学、中学时代都有强大的压力逼迫你顺服、和别的男孩一致。这股压力来自家庭和同伴，然而我似乎从未符合这些要求。我总会找方法和这股力量周旋，或者阳奉阴违。”

表达情感就是缺乏男性气概

有的男人认为表露情感是缺乏男性气概的行为：

“男人不应该伤心、哭泣，公开表露感情，或者回应别人的情感。每次有人表现出强烈或温柔的情感时，我都会困窘。我为他感到难堪。”

“被教导要‘坚强’，不要情绪化或者表达痛苦的男孩，通常往后的人生也会一直掩藏自己的情感。”

在问到“你是否常常在伤心或悲哀时，不能表现出来？你是否有时强迫自己表现得像个机器人？”时，大部分男人表示他们的确要努力掩饰自己的情感，特别是痛苦或挫败的时候——或者甚至在狂喜或热情洋溢的时候——以免遭受嘲笑：

“我受的教养是隐藏自己真实的情感，而以表现得体的情绪来维持或控制现场。人到四十，我已经学会抛开这样的习性。”

“有时候我不会流露自己的情感，因为我对自己说——我可以掌控局势。我常常觉得自己像一具机器人。”

“我在过分敏感的时候，偶尔会表现出不受伤害或烦恼的样子，而这样做常令我沮丧。”

“我必须戴上一副面具来维持自己的专业地位。保持‘面子’的压力令人窒息。

我是被美国陆军训练成这副德性的。”

“我的确掩藏自己的情感，保持外在的冷静。”

“我常常感觉自己像个机器人，无法表现出适当的情感。因此我发现自己很难严肃地面对许多情境，我试着轻松以待或者降低它们的重要性。我几乎不曾表达真正的情感。”

“一般而言，我宁可尽最大努力将情绪留给自己。不过独处时，我的确会抱怨、嘶喊，甚至哭泣。”

“除了和女朋友共处时，我总是隐藏自己的感情。而即使是共处，我也会担心我的感情会令她感到困扰。”

“我感觉受伤时，通常会努力克制不显露出来。我能够对某件事真的气疯了，却仍然保持对人的风度。”

“人们说不应该隐藏自己的情感，因为这样做的确让人感到疏离。”

“社会压力如此之大，有时我不会表露情绪，而表现得像个机器人。”

“我努力不让自己的问题成为别人的负担。”

“我受的教育是不要表现自己的情感。有一次和情人分手，我整个身体都不舒服，因为我非常悲哀，我感到胃好像被一列火车碾过去。但是我没有告诉朋友为什么我这么颓丧，虽然他们问了我。”

“我羡慕女人能够表达她们的情感，好像这是一件再自然也不过的事了。但是我自己，从来无法轻易地流露情感，因为我受的教育是要控制自己的情绪。”

“我不相信男人是呆板无生气的，但是基本上，我们受的教育是：只有女人才能拥有并且表达她的情感，男人这么做就不像个男人了。这种观念该想办法改变一下，我相信男人对爱、性和关系同样有感情，但是他们被锻炼得无情。”

“我父亲教导我要含蓄，不要显露情绪。后来他自杀了，所以我觉得最好不要像他那样。”

“我喜欢控制情绪，将它们导引到我所希望的方向上，而不是任它们自然流露。我一点也不觉得自己像机器人，我很高兴有控制自己的能力。”

有些人不喜欢他们表露情感时所得到的反应：

“现在有许多女人嘴巴上说男人可以哭，但是她们从小到大的观念是男人不应该哭。坦白说，我认为女人还是在这样想。我见过女人鼓励她们的男人哭，其实只是想要更吸引不哭泣的男人罢了。我常在女人面前哭，但我已经决定不再这样（独自饮泣就行了)。女人不应该误认男人的多愁善感是软弱。”

“一位情人曾经抱怨，我对自己的感情说得不够，但是在我这样做时，她却缺乏同情心。事实上她往往强烈地攻击我：‘只要你努力，你就会快乐。我怀疑你根本就不想从问题中脱身。’或许她说对了，像这样的事，人们很难了解真相。但是她的语调令我无法再向她倾吐我的感受，因为后来我总是觉得自己不被接纳(而且是无法接受的)。”

“有时我会假装自己未受伤害，不过通常我会表露情感。有时我假装没有烦恼，以避免冲突。”

但是不表达情感并不表示没有感情：

“工作时如果不快乐，我会表现得像个机器人，但是我向你保证，我可从来不是这么感觉的。”

“我刚刚被炒鱿鱼，我原本期望由此开展我的事业。现在我很伤心，而且有点愤愤不平。但是我表现坚强对我有好处，哀鸣只会换来轻蔑(心照不宣的准则：女人悲鸣抱怨，男人含笑撑持)。我有时忍不住要嘶喊，但是嘶喊有什么用？只会让自己感到屈辱。我最好还是照旧过日子。”

有一些男人不会克制他们的情感，而且他们也乐于倾吐和聆听别人的情感：

“我曾经隐忍自己的情感，现在我不会了。没有比承受严重的创伤却不能表达更糟糕的事了，好像内心在淌血。”

“我喜欢谈论感情和情绪。社会上的男人应该坦诚开放自己的想法。用言语表达情绪有什么奇怪的？在海军期间，我多次看到男人演出错误的男性作风——他们不愿谈论当时他们面对的难题，即使内心饱受啮噬之苦。我想如果朋友或爱人之间无法将感情摊开来谈，彼此就得猜测对方的感受或想法。当我坦诚相告时，往往能获得回报，与对方维持较为开放融洽的关系。”

在问到“你很容易表达自己吗？或者在谈论情绪或表达情感方面，有时候你会觉得难以启齿，为什么会这样？你的爱侣是否抱怨过你对自己的情感表达得不够充分？”时，大部分男人说他们常常无法表达自己的情感：

“有时候我不确定我的感觉或想法，因此难以表达自己。通常是在某件事情很明显地影响了我或她的时候，而我却略而不谈。我常常告诉自己应该将它理清——‘这是我的问题’，当下往往会感觉疏离，因为彼此之间仍然不相互信任。”

“我的确不知如何谈论自己的情感，而且我的情人经常为此抱怨。在我不表白自己的时候，她会觉得与我有隔阂，向别的男人倾吐更加困难。”

“有时我太太会觉得我没有常常和她沟通我真实的感受，我想这是因为小时候我不曾被鼓励公开表达情感。感情是隐藏在内心的，流露出来会让人容易受到伤害。有时我不是很明白自己的感受，有时我不明白该如何表达情感，还有的时候，是我为自己的感受感到羞愧或不好意思。”

另外一些人表示，他们历尽千辛万苦，才学会表达情感：

“我和妻子沟通良好，然而我是经过多年努力才发展出这项能力的（或者说重新学习）。两年以前，我们开始将所有事情都化为情感沟通。从那时开始，我们大有进展，常常有效地沟通情感。这包括分享对其他人（还有我们的孩子）的情感，以及表达我们对对方的情感——正负面都有。”

“我尽最大努力来沟通，如果我不表白自己的情感，我会感觉不完整。不过我正在学习如何沟通，很少有男人学过这种事，所以非常痛苦，然而成功时令人欣喜若狂。我发现如果我不能将任何可鄙或丑恶的渣滓排除，我就会萎靡不振，这种关系上的困惑与紧张，往往是彼此没有分享情感的后果。”

有些男人提到难以表达的原因之一是，他们担心自己的感受是“不应当”的：

“我期望的感受与我真实的感受互相抵触，产生了令我焦虑的冲突，也让我变得沉默而独立。我费了好多工夫，想要调和自己的情绪，增强学习信心，掌握更多的机会来表达、抒发情感。”

“我不想回答女人的问题，因为或许我的感受不在她所认可的情绪清单上。”

不过，有出乎意料之多的男人表示，他们通常不想与爱侣或妻子用言语深入表达他们的情感：

“一般而言，如果我真的想要表达自己，我觉得并不困难，但我不觉得我需要那样过分地表达自己，讨我情人欢喜。我不想告诉她们每一件事。”

“噢，乖乖，我多么乐于谈话！不过不是对我太太。我不喜欢向她表露情感。”

“谈天是我一大享受。在我的选择之下，我很容易表达自己，谈论自己的感觉，没有任何困难。但是我的情人抱怨我没有充分表达自己——可能是如此，因为我跟她在一起的时间不够，而且我也不想跟她谈论情感。”

“我的情人的确在抱怨，不过一般而言，我会表达一切我愿意表白的。有一些事情我不想分享，因为我觉得不重要，或者会引起不快。”

“她认为我说得不完整，总是抱怨不了解我的感受如何——对她的感觉、一天过得如何、对一切事物的感受。天杀的，我不能尽说话啊！我努力工作、分担家事，她还要求什么？”

一名男士表示他没有很多感受：

“一般而言，我不喜欢谈论自己的情绪，我比较喜欢讲时事和工作。她常常抱怨我没有充分表白自己的感觉，我告诉她，问题是我没有那么多的情感。我的情感反应机制很迟钝，不知是出自遗传或是环境影响，或者两者都有。我不是很有反应的人。”

不过有少部分男人乐于谈话：

“我非常善于表达情感，往往因而鼓励了我的伴侣更自由地表达自己。”

“我乐于谈话，而且很容易表达自己的爱憎及私人问题。”

“身为心理学家，我学会了表达自己的情感。不过有时我不是非常确定我表达的是否是真实的感受，或者只不过是能言善辩而已。我太太不能配合我，她做得不够。”

“我相当会表达，尤其是对密友和情人，因此沟通对我来说不是问题。真正的问题在于让情人和我沟通。有时候我似乎吓坏了某些女人，我可不是故意的。”

大部分男人表示向男人表露情感比向女人倾吐更为困难：

“我是个相当自我的人，很少与其他人谈论私事，但是我太太比朋友更了解我的情感。我努力不要常常在任何人（尤其是家人）面前失控，但是曾和太太、孩子一起哭泣。”

“只有少数事情我能和朋友谈得来，我们战战兢兢地共同探讨彼此许多未知的领域。我能够哭，但是还不太能表达愤怒。”

“我发现很难和男人谈话。男人之间很难建立信任，但是我不怕在我信任或了解的人面前赤裸裸呈现自己的灵魂。”

“和其他男人谈论感情是不可能的，我甚至没想过要去尝试。我发现跟那些没有权威的人谈论感受比较容易。我特别喜欢和女人谈论我的情感。”

“你可以向女人倾吐，她会聆听，而男人不会。”

绝大部分回答问卷的男性（他们和女人有性关系）表示，他们和女人的关系更为亲密，同时亲近女人比亲近男性朋友自在多了：

“拥有男性朋友很好，我就有一些，但是我跟太太最为亲密，超过任何朋友。”

“我有许多朋友喜欢将私事告诉我，或许我也会告诉他们许多事。然而，我最亲密的人是太太。”

“我希望拥有一位亲密的男性朋友，但总是寻不着。我肯定是和女人比较亲密。”

“我应该有男性朋友，因为我是男人。不过我和我太太最为亲密。”

“我不确定有没有男性朋友是不是那么重要，但我一直跟太太最亲密。”

“我非常看重男性情谊——在这方面下了很多功夫——因为和男人交朋友比和女人交往困难多了。我一直和女人较为亲密——我发现真的很容易亲近许多女人。”

“我和男性的交往一直潜藏着不安，或者至少是缺乏信任。我发现我的密友都是女性，对她们我可以开诚布公。我和女人交谈比较自在，而且一旦男人出现，我就‘闭上嘴巴’，我觉得我是在防卫他们，这种恐惧的不良影响是产生了激烈的反弹。我痛恨自己畏首畏尾，因此干脆不让男人接近我、与我亲近，我也不会去主动结交理智上我很清楚是可以信任的人。我从来没有获得我所期盼的男性情谊，我渴望，但是并没有积极去追求。别人是如何拥有男性密友的？我不知道为什么这对我如此困难。也许是因为我不喜欢运动，但是这绝非全部因素。”

男人对男性气概的定义

大部分男人的早年教养也同时教育了他们应该表现出独立自主的样子——成功地主控任何情境，无须显露情感。他们应该知道事情的答案，而且在经济上足以负担家计——除非他们选择做独行侠，就像艾伦·拉德在《原野奇侠》中的角色一样，或者像万宝路香烟广告中的神秘男子。

在回答“哪些特质让男人像个男人”以及“你佩服男人身上哪些特质”时，男人最通常会回答：“男人应该自我肯定、无所畏惧、一切操之在我，以及独立自主或自给自足，不要依赖。”

“男人应该自我肯定，有信心，而且主控大部分的局势。”

“最最重要的是自我肯定和独立不倚。”

“无畏和自信。”

“男性气概是由人品、信心、力量和发言权所决定的。”

“必须温文尔雅地主控局势。”

“男性气概奠基在男人是否有能力操控周围事物，包括搬运重物的能力。”

“男子汉应该坚忍不拔，完成自我人格，赢得别人的尊重。但是在伸张自我意志时，也要有敏锐的洞察力，不至于欺压了别人。”

“男人在困境时，比女人坚毅（不会情绪化），不会冲动地立即反应（或者完全压抑反应），直到麻烦过去。”

“男子汉必须能够自我肯定，而且有强烈的主见。他应该愿意与众不同，坚持己见。”

“他应该独立自主，生计上不需要依赖任何人。”

“男子汉必须展现男性特质：进取、独立、率直、理性。”

最常被提及的特质是领导能力或支配力：

“男人必须有决断力，以及领袖气质。”

“男人必须可刚可柔。我钦佩有优秀领导能力的男人。”

“他必须进取、果断，能保护女人。”

“男人是强而有力、积极进取的领导者。”

“对我而言，男性气概意味着能够成为稳固的磐石，是女人的好伴侣，承担家庭里大部分粗重的劳务，然而在必要时刻也能温柔体贴。”

“男性气概意味着力量，不过分情绪化，而且富有决断力。”

“男人通常比女人进取、果断，往往认为自己肩负了社会上比较重的责任。”

“男人应有坚强的意志，对自己的能力非常有信心，男子汉无法忍受软弱的人。”

男子汉也应该让事情完成——负起责任：

“男性气概意味着不受旁人催逼，明白自己的需求，同时达到目的。”
“不要拖泥带水。”
“男人必须沉默、主控一切。”
“男人知道如何做事。”
“情感强烈、诚实，任何事都能成功。”
“我钦佩男人逻辑分析的能力，在压力下仍能保持风度，视野宽广以及百折不挠。”

男人要成功，尤其在金钱方面：

“我钦佩一个在他的领域内最出色又不浮夸的男人。”
“强壮、成功的人生。”
“事业成功。有种！”
“男人是那种年收入 10 万美元、开名贵轿车、逢迎漂亮女人的家伙。”

他必须忠实诚信：

“我父亲告诉我：心口如一，信守诺言。”
“我钦佩诚实、坦率、笃实和有礼的男人。”
“我佩服的男人特质是强壮、果断、诚实和忠信。”
“诚实、公平及体贴。”

他必须可靠、负责，同时具有责任感：

“一个男人愿意承担全部的责任，他才是真正的男子汉。”
“沉稳、可靠、坚毅、果断。”
“清晰、诚实、可靠。”
“风度翩翩，值得信赖，直截了当，能够依靠的‘墙’。”
“可以扛起分内的重担和财务。”
“责任、荣誉及礼仪造就一个男人。”
“责任来时义不容辞，昂首挺胸，付出全力。”

同时他应该努力工作：

“我佩服努力工作、精益求精的男人。”
“即使不喜欢，仍然能够扛起加诸其身的重担。”

“他应该工作。男人不工作就无法实现自我价值。”

“不工作就是无用的男人。”

“没有职业的男人不算是男人，他是失败者。如果我没有工作，我的良知不会放过我的。”

有些人表示，男人应该要妥善维持和护卫家庭，做个强壮的父亲：

“遇到困难时有力量克服，有能力照顾家庭、工作、国家。愿意为国作战，或是服从征召。我最瞧不起越战逃兵。”

“男子汉就是家庭、亲族、荣誉和领土的捍卫者。”

“一个男人应该抚养自己的妻子及其家人，并且努力以他所知最好的方式让他们快乐。”

“男人应该是养家的人，而且维持家中稳定和谐的气氛。”

“抚养家人，保护女人，同时给予儿子道德力量。我认为父亲的角色代表了权威、纪律，不是专横独裁的严苛纪律，而是相对于母亲给予的母爱的另一种爱。这样才能给予孩子身心方面的平衡。如果因死亡或离婚导致失衡，会让孩子陷入不稳定的状态。”

“男人应该拥有家庭，而且理所当然是一家之主。在我太太告诉我我们将会有一个宝宝时，我感到十分满足，因为这让我觉得完全够格了——我在社会上取得了堂堂正正的位置。”

他应该参与男人的活动，而且被其他男人接纳为“团体的一分子”：

“男性气概就是被男性同侪接受的程度，我完全受到认可。”

“男性气概是男人彼此交往的方式，完全将女人排除在外。它通过其他男性对你的尊敬来衡量，是自我层次上的认同与比较。”

“男人喜欢男性友伴。”

“享受展现男性气概的活动，不是软的。”

“有兴趣从事男人的活动，例如打猎、露营、钓鱼和探险。”

或者只是外表看起来像个男人：

“肌肉最重要——两腿之间、屁股、胸膛、腿肚、手臂、手掌、脖子、头。”

“我认为造就一个男人的特质是：男人的嗓音、仪容、步态等，以及牛仔裤里面鼓起的‘好家伙’等。”

“具有男性气概的男人必须有良好的体格，不胖、肌肉结实，而且保养得宜。”

“头发茂密，不要秃头。”

他应该知道如何处理和女人的关系：

“知道在和女人的关系中想要什么，什么时候该强而有力，什么时候该温文尔雅。做女人、小孩和宠物喜爱而且尊敬的人。”

“男子汉的表现就是能够把女人照顾得舒舒服服，而且维持自己的强健体格。”

“知道如何与女人周旋，同时让她快乐。”

或者主控男女关系：

“男人应该掌控男女关系，尤其是在婚姻生活中。让女人成为有史以来最快乐、最骄傲的女人。这就是男人本色。”

有些男人的回答与性相关[①]**：**

“我以女人的高潮来定义男性气概。不是唐璜式的逞威，请不要误解，而是看伴侣的满意程度。毕竟，做爱才是男性与女性的全部重点，不是吗？”

“我的性欲就是男性气概，我为女人着迷。”

“男子汉对性有需求，而且会想和女人发生性关系。”

“我想阴茎是决定要素。”

“男性气概对我而言意味着不是同性恋，同时懂得把女人当作爱恋和崇拜的对象来欣赏。”

“我的意见是，除非他能取悦一名或两名女人，让她们达到高潮，搞得她们晕迷，每一次都能硬挺，否则他就不是完整的男人。为女人的成功提供一个立足点，也让自己在人生其他层面获得成功。”

何谓“大男人”

至于大男人则被界定为具有下列特质：

① 对许多男人来说，性冲动是男性特质的根本要素。

“不要吃吃地笑，赢得尊敬，控制他的女人。”

“坚毅，承担责任，愿意上前线作战。”

“我认为大男人就是超级男性，强壮、沉默，而且非常自信。大男人是男性气概极致的表现。我不认为自己是个大男人，不过我喜欢‘外貌’神似，常常穿长筒靴、格子布衬衫和皮衣的男人。”

“大男人就是粗暴、强硬的男性气概。有些拉丁美洲人认为这是尊贵的表现。”

“大男人现在被诠释成多毛的胸膛、大胆、勇敢、强壮以及‘英雄’。我自己只做到了一半或者说是行中庸之道。”

“男性特质就是拥有一根阴茎。大男人则是跟一只公鸡一样到处宣扬。”

“大男人是被夸张渲染的角色，强调某些特质，例如竞争能力、肉体的勇气及生殖能力。”

“大男人是指那些穿牛仔裤、黑色皮夹克、有遮帘的帽子、黑色长靴、戴链条的人。和虐待、受虐等性变态结合在一起的。”

“毛茸茸的，有胡子、髭须和长发。”

“赶时髦的人，爱侵犯女人。”

“大男人——英俊潇洒、品味超群、温文尔雅、整洁光鲜的男人，自我意识很强。”

“不怕死，好打架。”

“大男人爱自己胜过别人。”

“男性气概意味着是个男子汉，大男人气势则是对别人表现出好色和性感的样子。”

“对我而言，大男人意味着使用女人的人，然而女人不知为什么迷恋他们，就像飞蛾扑火一样。”

“大男人有夸张、荒唐可笑的男性气概，强调所有最恶劣的层面，让所有必须承受的人，宛如生活在地狱。”

“我和朋友一起从事营建工作。我说：‘我们有一份大男人做的工作，不是很棒吗？’他说：‘你称这是大男人？大男人是指钢铁工人！’”

大部分男人表示，表现大男人的样子，是装腔作势、矫揉造作以及缺乏安全感的行为：

“大男人是骗人的，男性气概才是真实的。”

“大男人是一种心灵状态，内涵是麻木不仁、争强好胜、狂妄自大、自我崇拜；

然而男性气概比较深邃、沉稳和低调。我佩服为了达到目的所表现出来的勇气和决心，但是不要把自己变成莽夫。”

“那些尽全力让自己看起来像大男人，听起来像大男人，行为也像大男人的人是最最偏执，害怕自己变成娘娘腔的男人。我嘲笑这些‘大男人’。我不需要鼓起的肌肉和格子衫，我的人格就可以证明男性气概。”

“表现男性特质是身为男人的一部分，表现为‘大男人’则是把自己变成驴蛋——羞辱了自己以及世界上每一位女性。”

“大男人冷漠无情，而且喜欢操纵一切。我不会以剥削、征服、利用或愚弄别人为乐。”

还有许多反大男人的陈述：

“我认为大男人的形象已经完全死亡了（那种和女孩一度春风，然后遗忘她们的家伙）。我喜欢温柔对待做爱对象……我觉得在爱上一个人的时候，你表现得越温文，你得到的善意回报就越多。我有一个小弟，16岁，他总是打电话告诉我他和女孩子之间的事情……他的确着迷于我对爱情所持的态度，我想他正在经历初恋。每次他有问题，我就告诉他要忠于自己，不要为了表现给别人看而招摇，等等。前几天他打电话告诉我他第一次的性交。他说他听了我的建议，过程中极尽温柔，他说我给了他有生以来收到的最好的建议。这的确让我心里很高兴。”

“根据我自己的经验及和其他男人的谈话，我相信，大部分男人宁可跟一个真心相爱的女人在一起，而不要跟一堆他们不在乎的女人周旋。我不认识真心想要做色情狂的男人，他们只是想舒服自在，不过大男人处处留情的形象对男人一点好处也没有。同样，女人也会反抗完全臣服及受到压迫的性关系。”

“虚张声势，运用幽默有效地完成一项工作是男性气概。但是虚张声势来压迫或践踏别人就是大男人。大男人不会考虑别人的意见，不会温文尔雅。”

“怎样才算是男人？我认同的形象一直是特立独行、不容于世的艺术家。我不喜欢在运动、学术、开车方面与人竞争，也不想竞逐女人，争做英雄或者野心勃勃。我痛恨体制，也怕它，希望能够超然而独立。但是这样的形象依旧是非常男人本色，甚至是大男人的（像《午夜牛郎》里的反英雄概念）——认为自己是反面人物、硬心肠、失败者，就是大男人的想法。这意味着‘你是多么强悍，你能承受一切’。现在我觉得自己较为人所接纳，因为我努力避免这刻板的模式。”

男性特质与女性特质是相对的吗

大部分男人表示，除了已经列举的特点外，男性特质是女性特质的反面。做一个真正的男人，就是不要表现得像女人：

“男性特质就是女性特质的反面。”

“知道自己不是女人，就不应该表现得像女人。”

某位男士这么说：

“我仍然不得不这么想，男性气概意味着不动情——不是没有感觉或是不敏锐，而是表面上不动情，像贾利·古柏。”

由上所述，可知女性特质被认定是充满爱心、关怀别人及支持鼓励别人，然而男性特质如前所述是积极、独立、行动、创造和控制、专断。

在问到“如果你有些地方被形容是女性化或像女人，你的感受如何”时，大部分男人表示他们会生气：

“愤怒，受到侮辱。不管女人到底是个什么样儿——我知道他在说些什么——他认为我应该臣服于他。”

“这应说真是蛮横无理。我不会寻求主控一切，但是如果我的表现没有差池，我绝不会唯唯诺诺。”

“被别的男人说像个女人等于被他羞辱，因为大部分男人认为女人是柔弱的，男人可不想被看成是柔弱无力的。”

“不管他指的是什么，也不管是谁这样评断，我都会受到伤害，感到愤怒及受辱。”

“懊恼。我可能看起来很温和，但我可不是好惹的。”

“一个男人将别的男人的行为评价为像女人时，他是欠揍。”

“非常焦虑、紧张，感受到威胁——好像我即将被孤立，逐出团体之外。”

“如果我有些地方被形容像个女人我会非常生气，我会立刻为自己的男性气概抗辩。我可不喜欢和女人相比。”

有些男人指出这些评语内含的刻板印象，或者表示他们不在乎：

“我很确定我有某些行为被认为像女人，我觉得没什么不好。男人已经被制约，认为他们不能拥有任何女性特质，否则就会被当成是娘娘腔，我认为这是很不幸的。

男人拥有女性特质，女人也拥有男性特质，这是再简单不过的事了。压抑这些特质只会带来紧张。男人一直被教导应该时时刻刻做个‘男人’，我觉得这样太糟糕了。”

“我觉得女人的个性通常是柔和、关怀别人、优雅等，我希望人们也能在男人身上发现这些特点。”

“我们对女人的刻板印象就是她们很容易表露感情，如果有人说我也是这样子，我会引以为荣，因为我战胜了长久以来所受的大男人教养言论。”

“老实说，我不会觉得难过。如果男人能有更多的女性特质，这个世界会更和谐。”

“引以为荣。我一直羡慕女人能够自由地表露情感，表现自己的情感绝对没什么不对。如果男人能努力调和自己的情绪，而不是压抑，会过得更幸福。”

还有一些男人，在回答“哪些特质造就一个男人”时表示，男性特质不过是身体或生物上的特征而已，除了物理属性外别无意义，所谓的“男性”行为是学习来的：

“男人就是在生物学上被归类为雄性的动物。我想不出他们有何种特质，除了有让女人怀孕的能力。”

“纯粹从物理观点来看，男人的肌肉似乎比女人发达。我倾向于认为其他所有的区别（女人比较情绪化之类）是文化或社会适应的结果，而非真正的特征。”

“对我来说，男性特质的鉴别取决于 Y 染色体，男人的所作所为就是‘男性化’。我不记得曾经为自己的男性气概而烦忧，所以我不了解其他人为何担心。”

“除了性别上的差异，我不明白男性气概是指什么。”

“男性特质是由生理而非心理来界定的。”

少数男人表示，他们所佩服的人格特质不分男女：

“我对男人的佩服和对女人是一样的：理性、独立、正直、诚实、公平、有生产力及自尊。”

“我在男人和女人身上寻求相同的特质——诚实、值得信赖、独立等。”

“我所佩服的人格特质同样出现在男人和女人身上，像是男童军誓约中的 12 项守则（值得信赖、忠诚等）。”

“我所佩服的人格特质，男女都一样的——诚实、聪明、仁慈、友善、富有创造力、乐于助人、明白自我价值、有洞察力、能屈能伸、幽默及心胸宽广。”

“和女人的特质一样——勇气、爱、坚忍不拔。”

“和女人身上的特质一样，做好事，关怀别人。”

“我不相信有哪些特质是特别男性化的……我们只是受到这样的教育罢了。我相信男性特质是所有人都具备的潜能，不光是男人，女性特质也一样。我钦佩力量、人格、正直、自我肯定、信心、敏锐、柔软、宽容、果断、能通融、有远见、客观、有主见、情感丰富。”

反叛男性特质

“男人从小就被训练要漠视任何情绪、要强大。你看到这样的人，不禁会怀疑，为什么他们不表达情感？不仅如此，他们被要求兼约翰·韦恩、曼哈顿银行老板以及休·海夫纳（《花花公子》杂志老板）三者于一身。老天爷，我们只是凡人呐！”

许多男人说男性法则让他们不自在：

“我从来不觉得自己是典型的男人，我并不认同所有的传统男性刻板印象。我个人在和许多男人交往时有些麻烦，我很想知道别的男人的说法，而且看看男性刻板行为是否准确，同时了解自己是否如想象的那么不正常。”

“我不是社会要求下的‘男人’。我不喜欢打斗或运动，我的感情比较丰富。”

“我喜欢一般大众不喜欢参与的活动。因此我很想知道‘一般’男人对事物真正的想法。我怀疑我的感觉是比较特殊的。”

“每次当有人告诉我要做个男人时，我就会怀疑男人是否就该那样。这样是否就会变成男人，究竟做个男人是什么意思。”

事实上，绝大部分的男人不觉得他们是“典型的”或“一般的”男人——不符合一般人对男人刻板形象的要求。或许这并不令人惊讶，因为男性角色蕴含了那么多的情感压抑，以及那么高的一致性，难怪在为了个人生存所需的驯服外表下（大部分情况是如此），男人心里不由偷偷地想，他不是真正“一个男人应该有的样子”。

有许多男人在被问及他们如何界定男性气概时表示，他们知道它的传统定义，但是并不确定他们自己想要怎么去界定。有些人会重新思考做个男人的意义：

“有人说男性气概就是自认为比女性优越，男性气概很容易用肌肉来界定，或者说男子汉就是绝不流泪、永远坚强。让我们面对事实吧！我受够了这类大男人的论调，真令人反胃。我认为自己有 1/4 的男性特质，1/4 的女性特质（噢，愿那些四肢发达的运动员能听到我说的话），还有 1/2 在两者之间挣扎。我想哭就哭，然而还是受到不该哭的压力：'小伙子，男人是不流泪的！'然后我告诉自己，何必在意他人，我感到悲伤我就哭。一部分的我说：'乖乖，你哭得像个娘娘腔，你的个性太软弱了。'另一个声音（女性的）又响起：'谁说男人哭就很软弱？你知道吗，一个比较强壮的男人才会哭。'这类观念会在我内心盘旋，不是每天，然而问题一直存在。我努力寻求答案。"

"在我内心深处的某个层面上，我相信男人高大强壮、拥有力量、不怕痛苦、不害怕，而且能积极努力地解决问题……"

"我知道别人告诉我怎样做个男人，但是我无法确定那些是否都是真实的。在男人身上，我佩服的是开放、敏锐、人格力量、仁慈，这些特质在任何人身上我都一样佩服——不论是男性还是女性。我很高兴自己花了一番力气去重新定义男性气概，或者更好的说法是，去思索人性是什么，而不是去聆听或接受多年来社会灌输的种种说法。"

"我无法回答。一方面我会说孔武有力，另一方面我会说温柔、情感丰富和开阔的心胸。我对于自己的男性气概颇感困惑。"

"男性气概是用来形容专横武断的社会行为的名词，目前它的定义众说纷纭，所以我也没有一些不变的准则来评判自己是否够得上有男性气概。"

"男性气概是一个我无法客观回答的词语。我知道我的脑袋里在想什么，但是我的血气里汹涌着许多概念，例如：坚强、雄心勃勃、独立自主、约翰·韦恩、运动神经发达、英雄救美等。我努力不让这些根深蒂固的情感控制我，因为一旦如此，我总是感觉自己不够男性化。"

"我不确定男性气概是什么，我相信我足够男性化，因为我身上有那些目前用来界定男性气概的行为特质：悟性、不情绪化、自我克制、一板一眼。我正在重新评估自己，我不确定男人应该是什么样子。我欣赏男人身上散发出来的导师性格和雍容大度。我相信自己富有同情心，也以此为荣，也以身为男性为荣。我认为'大男人就是要女人臣服在他脚下'。"

"在我想到我所钦佩的男人以及他们为我所钦佩的那些特质时，我发现和传统对男性的观念没什么不一样的地方，包括敏锐、温文、谦虚（真正的谦虚是对别人开放以及接纳，即使对方与自己不同。能够觉察自己以及自己的理念和意见是受到局限的，并非绝对的）、艺术才华、幽默、聪明、知识丰富、对别人开放，也就是容许自己暴露弱点，能够承担失败的后果，等等，对别人真诚关怀、欣赏美、有能力以口语和肢体表达情感（这点我很少见）。我喜欢男人身上那些能唤醒我内心力量的特质，不过那可不是令人羡慕的样板男性特质（例如高大强健的体格）。”

有少数人在界定男性气概时，提到了传统划归为“女性化”的特质：

“男性气概就是能感知美好、丑恶、悲伤、愤怒、焦虑，然后承认这些情绪，并且显示给旁人看，不需要戴上面具，表现出若无其事的样子。”

“我佩服的男人身上的特质是：温文、个性坚强、良好的幽默感、关怀别人、本性仁爱、悠闲自在，以及待人诚恳。”

“为别人服务，优雅而有尊严。”

“有力量爱人，以及温柔。”

“我就是男性的代表。喜欢烹饪、能够哭、情感深刻、很会操心。”

“富有同情心、有涵养、冷静、机智过人、自重以及创造力。”

“成熟并关怀别人。”

“自由自在、富有人道精神、开放、能够付出。”

“了解别人以及他们的感受，让人感觉到温暖、被接纳及受重视。”

“我佩服温文尔雅、睿智、意志坚强、机敏、诚实表达自己的人，他们有能力促成明智的改革。”

“男性气概首先就是要成为一个人。我的定义是仁爱、关怀、性感、强壮。”

“温暖、柔情、负责。”

有些人遗憾地表示，在现代社会里，已经没有传统男性特质的容身之处：

“男子汉就是长久以来界定的男性角色，但是大家已经不再那么看重这些特质了。”

“对大部分男人来说，现在已经没有大丈夫容身之地了。即使是少数我认识真的需要发挥大丈夫气概的人（如警察），目前也被认为可以拥有温柔、深沉的情感。”

“我喜欢看西部片和战争片，因为我喜欢那些电影里的男人，他们表现出独立不羁的人格，以及为正义而战的勇气。喜欢这些男人特质似乎有点不合时宜了。如果你为此而战，会被嘲笑，得到‘乡巴佬’的封号。”

事实上，目前许多男人感觉遭受到了攻击，不为人所欣赏，甚至受到羞辱。

有几位男士详述了成长为男人及身为男性的心路历程[①]：

“我和父亲非常亲密。小的时候我曾经帮他修车（递工具给他），我们会一起玩球、听收音机、玩牌及建造东西……等大一点，他总是让我的朋友在我们家感受到被欢迎，他会和他们讨论许多事情，例如：棒球、橄榄球和汽车。我父亲是男人中的男人，所有认识他的人都爱他，而且他从来不会腻在我母亲身边。他气宇轩昂，胸膛厚实（因为摔跤的关系），手臂像铁匠一样粗壮。我的人生目标就是做个像他一样诚实的好人，我想这一生中，我最亲密的男人就是我爸爸。他对我太重要了，胜过其他任何人，他教导我所信仰的价值观。

“我目前最好的男性朋友小我 14 岁，一头黑发，是乐团里的歌手。当我刚和第一任妻子分手时，他陪我谈话，让我度过了低潮期。我喜欢和他在一起，因为我可以表现出本来的我，而且我们在一起时总是疯疯癫癫的，表现得像是一组喜剧演员。我们也努力给予对方良好的建议，其中一人有需要时，另一人总是陪在身旁。拥有一个亲近的朋友，好像拥有一个手足。我们谈论音乐、汽车、女人、政府的难题以及动荡的局势，等等。

“男性特质是很难界定的名词，我想应该是永远不失控，穿着光鲜，而且善待女人。我认为自己非常富有男性气概。对我来说，大男人意味着一名爱出风头的男人，我受不了众所公认的大男人，我认为自己一点也不像个大男人。男人不应该到处吹牛，应该沉稳，绝不惹麻烦，但是有需要时一定在现场。我不认为毛茸茸的胸膛和突起的肌肉会造就一名男子汉。我佩服坚守信念以及顾虑别人的男人。”

“我父亲告诉我，绝不要在战斗中退缩（我从未退缩过）。如果对方人手比较多，迅速拾起可以上手的工具，什么都好。有一次我受到一个比我大的男孩欺压，而且我哭了，人家说我娘娘腔。父亲告诉我要做个男人，不要再发生这种事情。后来，我抓起扫把，猛扫大男孩的头好几下，他再也没有欺负过我，我们成了非常要好的朋友。

“有一次，我和两名想要抢劫的家伙打架，我让一人受伤住院（用拳头击中他的头），正想摆平第二个人的时候，警察赶来了，将我拉开。打败这些鼠辈真刺激。

“对我来说，英雄本色就是患了癌症也不会像个娃娃一样哼哼唧唧的人。我能想

① 他们所回答的问题包括：现代男人如何出人头地？什么是这个时代的英雄气质？你是否强烈痛恨女人？你对妇女运动的看法是什么？

到的最佳英雄典范就是约翰·韦恩。”

“我一生中最焦虑的就是我服务的公司倒闭，害我丢掉工作。我想麻烦人人会有，但是我最大的烦恼是无法赚到足够的钱开展自己的事业。我的工作就只是工作而已，无法令我满意，因为我必须为别人卖命，而不是为自己工作。如果我能够念完大学，获得心理学的学位，我希望成为婚姻咨询顾问，这是令人非常满意而且报酬优厚的工作。在目前的工作上，我被公认为驾驶好手（行车百万公里无事故），但是这不是什么了不起的名声。

“身为男人，我的责任就是工作和养太太。照顾她、保护她、安慰她、让她感觉被爱。同时作为男人，我的责任还包括尊重每一个人，不犯法。对男人来讲，工作是非常重要的，他必须用自己的劳力去承担义务。”

“我没有达到个人想要完成的目标，我也没有赚到希望拥有的钱。我赢过奖杯，认为自己有点成功，但是我的工作不是我所期待的。我的房子很普遍，我真正渴望的是幽雅的小镇房屋。不过有一件令我欣喜的事，我的孩子都是A等的学生，他们也都喜欢待在家里。我的收支刚好平衡而已，我的衣着很简朴，而且因缺钱无法追求自己的爱好。我太太常常告诉我：‘金钱或许没有你想的那么重要。’没错，只有在需要花钱的时候，才觉得金钱很重要。有一次我和一位女学生打网球，她说我的攻击性不够，我想她是看透了我的个性。我期待我的人生，包括我的性生活能多彩多姿些。”

“我爸爸肯定我是个‘娘娘腔’，因为我不会玩他买给我的橄榄球。他不厌其烦地教我，他不知道，一个成人尺寸的橄榄球，在一个7岁男孩的手里，玩起来可不灵巧。当时我挫折感很深，我终究没有学会玩那该死的东西。当我父亲的同事说些自以为是的评语时，我受到的伤害最大。例如：‘有这样一个儿子是什么滋味？’我晓得‘这样一个’是指什么，我感觉到父亲的难堪。我不知道自己做的事情有多么糟糕。我姐姐和她先生在圣诞节送给我弟弟的礼物，说明了一切——弟弟得到童子军小刀，而我得到一盒手帕。我因为对剧场、时装、艺术和音乐的爱好，被认为是个‘娘娘腔’。有趣的是，可能是补偿作用吧，现在我定期举重、慢跑，打一手好网球，比我热爱户外运动的弟弟在运动场上活跃多了，而且维持较好的身材。

“我父亲从来没有肯定过我，他瞧不起我想要成为一个大人的努力。在青春期时，他从来不跟我讨论身体的变化，也从不谈男性价值。在我加入海军时，他想跟我谈性，而且警告我不要成了俎上肉或同性恋。我当时不敢（现在也不敢）透露的是，在大学时代，我已经‘尝过肉味’，也被人‘品尝’过了。那时我并不认为自己是同性恋，而且我仍然不觉得我会被逼着走上那条路。无论如何，父亲给我的性知识令人难堪，而且已经晚了，又不恰当。关于女人，我从他那儿学到得很少，或许这就是我的婚姻会出问题的原因——我不认为这是无法解决的难题，但是我想如果他是一家之主，不要把责任都推到妈妈身上，我就会有较好的成人典范。”

“今天的男人就是要能挽救家庭使其免于崩溃。英雄人物就是在妻子离家去‘追寻自我’的时候，能够守着孩子。英雄人物就是不会被妇女运动的自私所毁灭，而仍然相信女人和家庭，同时愿意再度恋爱——这才是一名真正的英雄。”

“我们男人可以引以为荣的是：我们在女性主义之下活过来了。我发现现代女性庸俗、粗鲁，而且反文明，我悲叹她们那些张牙舞爪的言辞。贝拉·艾布札格被解雇时，我很高兴，我不喜欢女人居然说：‘我们对男人的需要就像一条鱼需要脚踏车一样。’或许我对女人的需求不敏感，但是我从来没有粗鲁对待女人或者故意藐视她们。我不喜欢大男人，对我来说，大男人就好像是公牛发情到处甩动他的阴茎，对别人的需求一点知觉也没有。

“身为男人，我喜欢柔情和罗曼史，女人扮演柔弱的角色，而我必须保护她，我喜欢照顾女人。我喜欢自己是家庭守护者的感觉。我希望太太不要工作。我希望女人需要那些让我们男人成为男人的事情……不只是需要我们的老二来生娃娃。

“我喜欢做个父亲，但是有时压力超过我能够承受的程度。我去上红十字会的育儿课、海军的准父母亲学校等，我希望既慈爱又有权威，我做得不是很好，但是我的确愿意全心奉献，努力让自己不要亏待孩子，然而我发现自己还是会把挫折发泄在孩子身上，然后深感后悔。孩子告诉我：我生气时吓坏了他们，不过我们的关系还是很稳固的。

“我不后悔自己对待女人的方式——目前来说。我生命中的女人对我成长为男人助益很大。我真心诚恳地尊敬任何一个人的人性——我绝对不会瞧不起女人。

“我很高兴自己是个男人，也很高兴养家糊口的责任落在我身上。我不希望改变现状，我不在乎妻子儿女加给我的压力。我们是双薪家庭，因此有更多的压力，例如因为我工作地点离家比较近，所以是我去学校接生病的孩子。”

“男人应该强壮，在肉体和情感两方面。行为成熟优雅。男人不会去伤害别人，而是帮助别人。他强壮，能够自给自足，懂音乐、诗歌、文学、舞蹈以及政治。他在运动场上风度翩翩，做起事来从容不迫，是弱者的守护神。我必须很努力让自己强壮，我不是一直感到自己很成熟。我努力不要伤人，但是我的确伤害过别人。我不如自己所愿地那么自足，不过，我感觉自己是个男人。”

今日男性的面貌

今日有许多男人——包含各种年龄，不只是青年男子——私底下对“如何界定自己的男性气概”“怎么样才是一个男人”感到焦虑。绝大多数男人，在生活中感受到沉重的压力、愤怒与挫折，通常将原因推在女人身上，而非反省男性生活中的社会价值。大部分男人也觉得他们无法将有关“男性气概”这方面的挫折告诉其他男人，因为这样做，可能会让他们矮一截。

虽然目前定义的男性气概有些优点，例如它训练男人以毅力、知识和技能来面对生活。可是，它也很不幸地教导男人压抑以及否认他们的情感，以至于他们往往感到孤立，并且人际关系陷入困境；或者持大儒的态度，认为情感关系是女人的领域，他们宁可不把它摆在生活中太重要的位置。

男孩与父亲的关系——父亲如何在儿子面前呈现自己、在家庭中扮演什么样的角色——对于男孩学习男性概念至为重要。大部分男人在童年时和父亲的关系非常疏远，因此对于真正的男性形象，如何作为家庭的一分子，得到朦胧而不真实的影像。大部分父亲觉得他们的角色是家庭有力的磐石、能够处理任何事情、绝不因害怕或情绪而动摇、从来不会不确定或者陷入疑惑之中以及能够永远维持家计。大部分父亲不会和儿子亲密交谈，男孩子从如此遥远的距离认识父亲，看到他们是如此含蓄、不动情，极少热情洋溢或“表现”出热情。因此，他们长大后常常认为开放而不加掩饰地沟通情感不是男人的行径。我们已经看到，而且还会看到，这点对男人与男人以及男人与女人的关系影响非常深远。

虽然人们常说今日的年轻人不同，他们不会遵循古老的男性样板，然而，根据调查，事实并非如此。年轻人和老年人一样，都陷在传统带给男人的重重压力下——不要“娘娘腔”或“不够酷”——要保持冷静（虽然，年轻人通常相信自己已经超越了过去的刻板形象）。反而是那些曾经深刻思考过自己是谁的男人，他们开始改变，而且比较能够全面地沟通。

如果男人私下会质疑自己的生活，为什么他们不会更快地改变？第一，许多男人认为改变——允许感情在他们的生活中占据比较重要的位子——意味着倾向女性化，而且必须永远温文尔雅。男人害怕他们必须舍弃所有旧的理念：力量、拥有权力、控制自己、行动等。事实上，这是错误的，我们的理想是男人和女人都可以强壮、有权势，而同时又有能力感觉自己的脆弱，以及需要安慰和协助。第二，许多男人迟疑着不去改变他们的生活，是因为他们害怕如果他们不坚守旧有的男性刻板形象，其他没有改变的男人——或许是他们的雇主——将不再尊敬他们，不再与他们结交。

在这份调查中，最接受传统男性刻板形象的男人是生活中最不快乐的人，在男性生活方式和人际的亲密关系之间存在着不可调和的冲突。感情生活与亲密关系的匮乏，让男人感觉孤独、愤怒，变得玩世不恭。今天男人面对相当艰难的抉择：或者是沿袭旧有生活模式，说服自己接受“人际关系”并不重要的观念，并忍耐因为内心必须时时压抑和否认需求，而感到撕裂之苦（还要面对较短的平均寿命与疾病）；或者是创造出新的局面来！

3

男人与女人的关系

没有标准答案的试卷

男人如何看女人？男人跟女人的关系与男人跟男人的关系有何不同？男人和女人的关系在男人的生活中占据什么样的位置？男人希望从和女人的关系中获得什么？

哪种关系是男人最看重的——他们和男人的友谊，还是他们和女人的情爱？

你的友谊比得上你的爱情吗

大部分男人表示，男人的友谊一点也比不上和相爱的女人的性关系那么圆满：

“我和妻子的关系（不论它有什么缺憾）是我生命的核心，友谊无法与其相提并论。我所有的友谊，不论多么愉悦和让我受益良多（它们的确如此），都只是次要的。虽然我从中得到乐趣，但是它们和我的夫妻关系不属于同一个范畴。”

“对我而言，友谊无法像爱情那么贴近和亲昵。朋友很容易交谈，你向他们透露秘密，偶尔告诉他们你的害怕与狂想，但是友谊还是比不上情爱。”

“有 5 个朋友对我很重要！我们成年以后一直都很亲密，我无法想象少了他们，生活会变成什么样子。然而如果我必须选择，我会将他们全部放弃而保有我的爱人。性毕竟是不同的，通过性爱，我们在很多层面变得非常亲昵，我们拥有的和谐关系比任何友谊更丰富、更知心。”

“我太太是我最好的朋友，我们共同经营肉体关系、知识关系以及社交关系——简而言之，就是伙伴关系。我也很幸运拥有一位最好的男性朋友，我已经认识他而且敬爱他 19 年了。在这个世界上这份关系对我而言是第二重要的。”

“我生活中最为满意的部分，就是我和太太的特殊关系，以及我们共同照料两岁大的孩子，虽然这样的生活并不像我原先所想的那么理想。”

“我太太是我最好、最忠诚的朋友。我和男性的友谊没有这么深厚和强烈。”

“友谊是为了彼此的方便，满足某些社会需求。我的爱人满足我深沉的那一部分，这一部分我原先并不晓得而现在我不想失去。如此亲密的关系让我感觉人生更珍贵，更值得活下去。”

在被问到“和什么人在一起时是你最快乐、最亲密的时刻”时，大部分男人提到他们和女人的亲密生活：

“我曾经历的最快乐最亲密的时刻，是和我太太共处的时候——求婚过程、旅行、一起建房子、拥有我们的小孩。”

“度蜜月的时候。”

“结束一次婚外情，与妻子破镜重圆的时候。”

“我和太太在一起最快乐。许多欢乐时光在我脑海里浮现——早期的追求、第一次发生性关系、定情、她怀孕的时候、婚礼、外出旅游、孩子诞生——还有好多好多快乐的回忆。”

“我最快乐的一刻是有一次和太太双方获得很满足的性爱体验，那也是我感到最亲密的时刻。”

“我觉得最亲近，而且在一起最自在的人是我的伴侣——我们的情爱关系、共处时光，以及一起感受人生的诸般经历。”

“到目前最快乐的时光是和我心爱的女人在一起的时候。”

“近来我感觉到最亲密的时刻是和我深爱的女人躺在床上时，只是聊聊天，她坦诚地谈她的需求、我们的关系及她对我的爱。还有她惹上一堆麻烦，需要有人在旁关怀的时刻。”

只有一些人（8%）提到和其他男人相处的时刻：

“我已经一两年不谈恋爱了。目前我感觉最亲密的时刻是和朋友共处的时候，我常常和他们在一起，分享情感，其中有个男人我很爱他，我们互相倾吐心声。”

少数人说友谊和爱情同样的重要，但是方式不一样：

“友谊并不会更令人满足，或者更兴奋，更亲爱，甚至也不会更长远，然而它们非常重要。我有一位男性朋友，我可以和他沟通的亲密程度就像我和妻子一样。在某些领域，例如性，我对他还比我对太太老实。不过，我比较容易向太太承认弱点。”

“我的友情和爱情关系都相当令人满意。我有一些好朋友和一个好爱人，两者或许都可维持长久，不过到目前为止，我和朋友的交情久于我的爱人。我的爱人比朋友可爱，但是我的朋友大致来说比较有趣，因为我们在一起做许多疯狂的事。”

“男性情谊很亲密，但是不一样的亲密，比较世俗、温暖和有趣，尤其是玩扑克牌、钓鱼、健身等。我和妻子的爱情在某种程度上取代了原先的男性友谊，现在我很少跟他们在一起。”

一些男人（尤其是年轻男子）表示他们的友谊（通常是和男人）更令人满足，尤其是长久的友谊：

“我发现友情非常重要，因为我可以和朋友相系，而免掉和他们同居的麻烦。我爱妻子胜过朋友，但是整理住家和经营一个家庭，似乎常常会引起口角。”

“我的友情关系比爱情或性关系来得持久和稳固。或许并不那么刺激，不过更令人满足而且收获更多。我想友情比恋情存在着更多的尊重，也比爱情有更宽广的空间与自由。”

“我在交友方面的运气比恋爱的运气好多了。恋爱比较刺激，但是会撩起内心不完整的感觉。友谊或许是更亲爱，同时是更长久的。”

“我以基督教教义的精神爱我的朋友，我觉得对他们的福祉与快乐负有责任。这是长期的关系（有两个朋友已经与我相交46年了）。爱情跟友情比起来多变化，而且短暂（不过比较刺激）。”

“如果真的能与对方相系或沟通，友谊也是一样令人满足的。就像有一次我告诉一位好友，我即将去做咨询师，发现他也是。这共同的经验把我们俩拉得更近了。”

“我没有多少朋友，但他们对我比我爱过的女人好多了。”

“以我的经验，友谊（不含性）比情爱关系维持得长久多了，而且也没有杀伤力。”

或者，他们在朋友关系中比较坦诚：

“友谊比较诚实。”

“友情和爱情都令我满意，但是我在面对亲密朋友时比较诚实，能够完全说出自己的感情和意见，或许是因为我曾被一位无情的女人践踏过心灵，之后对于将自己的灵魂呈现在别人面前一直感到战战兢兢。到目前为止，我的友谊维持得比较长久。”

有的人觉得在男人中间比在女人群中，或者单独面对女人时舒坦自在：

“跟男人在一起，可以开一些粗鲁的玩笑，而不必担心冒犯了谁。男男女女在一起时，你得假装生殖器官是不存在的，而且你会一直想：‘如果我提到性，那位女士会认为我很没有礼貌，然后就没完没了。’如果男人胆敢在女人面前提到性，几分钟之内，其中一名女士就会挺身而出将他摆平了，许多男人可能还未意识到发生了什么事。因此，男人非常理智地决定：不要太看重女人的意见。”

“有一段时期，我觉得和男人在一起比较自在，和男人相交不那么险恶。约会似乎总是很紧张的场面。我想我花了比较多的时间才发现可以把女人当成是一个人来交往。我一直以为和女人约会一定要有些‘期望’；跟男人在一起，我可以和他们度过一段快乐时光。”

“跟男人在一起做事令人意气风发，尤其是进行户外活动，如打猎、钓鱼、露营，往往是友善的竞争。如果是很消耗体力的活动，大家一起奋斗，感觉很好。特别是沮丧孤单时，跟大家在一起能够引开你的心思。和其他男人一起做事充满趣味，不管那是什么样的活动，因为我觉得有信心能够成功，或者至少因为努力要成功而得到尊敬。

“和女人在一起不一样。单独和女人在一起令我紧张，因为我从来不确定接下来该做什么。我常常搞不清楚应该如何表现，或是如何向她表白我的情感。有时候令人完全放松和亲昵，但是下一分钟又疏离了，或是不知不觉伤害到她，这真是非常有挫败感。顺利进行时我很喜欢，但又很难避免做出一些鲁莽的事来。”

“当我想要和男性朋友一起活动，而不邀请情人加入时，偶尔会心生内疚。所以，我通常不告诉她，有时候干脆就不去了。我假装没关系，但是的确很烦恼。我变得很沮丧，然后就痛恨她，虽然是我自己造成的局面。”

然而，绝大部分回答问卷的男人（和女人有性关系的男人）表示，他们和女人（尤其是和他们有性关系的女人）更为亲密，而且对于这样的亲密也比较自在：

“拥有男性朋友很好，我就有一些。但是我跟太太最为亲密，超过任何朋友。”

“我认为发展男性情谊是非常重要的。然而，我发现跟男人要像跟女人一样亲昵，很困难。”

“有许多朋友喜欢将私事告诉我，或许我也会告诉他们许多事。然而，我最亲密的关系是和太太。”

“我希望拥有一位亲密的男性朋友，但是遍寻不着，我肯定是和女人比较亲密。”

“我应该有男性朋友，因为我是男人；不过我和一名女人（我太太）最为亲密。”

“我不确定有男性朋友是不是那么重要，我一直跟太太最亲密。”

“我非常看重男性情谊，我在这方面下了很多功夫，因为和男人交朋友比和女人做朋友困难多了。然而我一直和女人较为亲密，我真的发现很容易亲近许多女人。”

“我和男性的交往一直潜藏着不安，或者是缺乏信任。我发现我的密友都是女性，对她们我可以开诚布公。我和女人交谈比较自在，而且一旦男人出现，我就‘闭上嘴巴’。我觉得我在防卫他们。这种恐惧的不良影响产生激烈的反弹，我痛恨自己畏首畏尾，因此干脆不让人与我亲近，我也不去主动结交理智上我很清楚是可以信任的人。我从来没有获得我所期盼的男性情谊。”

男人希望亲近女人以表达他们的情感生活，这点特别真切，因为男人从父亲身上学到亲密、亲昵的交谈以及热情，不是男人情谊中得体的表现。男人只能向女人表露这部分的自我，即使如此，仍有太多太多男人有矛盾的情结，他们认为这些情感、这些需求代表他们软弱和无助。

亲密的交谈与情感的表露

大部分男人表示，和女人（尤其是情人）谈私人话题比和男人谈容易多了：

“我和情人战战兢兢地共同探索彼此许多未知的领域，牢牢地相系。我能够哭，但是还不太能表达愤怒。”

“我发现很难和男人谈话，男人之间很难建立信任，但是我不怕在爱人面前赤裸裸地呈现自己的灵魂。”

“我发现跟那些没有权威的人谈论感受比较容易。我特别喜欢和许多女人谈论我的情绪。”

“你可以向女人倾吐，她会聆听，而男人不会。”

但是大部分男人也说，即使是面对女性朋友或是他们的妻子和爱人，他们在表达更深层的私人情感时也会觉得有点困难——再度反映他们早年

的“男性”教养、不要“太情绪化”：

“许多人都曾经抱怨我不善表达自己的情感，包括对我的女朋友。我猜这是因为我来自缺乏接触及交谈的家庭。”

“我最大的问题就是无法爽快说出我心里在想什么。”

“她抱怨我们之间出了问题时，我不会将自己的感觉和盘托出。不过情况逐渐在改善。”

“我能言善辩，这是我最好的资产。但是我越来越不想倾诉情感，因为我越来越能处理自己的生活。事实上，我总是保留自己的情感，而且我也被教养成相信情感是要控制的，而我做到了。无法做到的人，我会瞧不起他。”

“我花了很长时间才明白表达情感没什么不好。我很难探知自己的深层情感和渴望，更何况表达出来。年轻时我非常害羞，我的妻子常常希望我能表达得更多……但是在我的经历中，表达总会招来反驳，因此我保持沉默。”

“有时我不太了解自己的感觉。我的情人抱怨我说得不够，不过她会帮助我，她会再三质问并且坚持到底。我一定是害怕会过分激动或者失去控制。”

“我的确喜欢谈话，但是要表达情感并不容易。我相信我之所以如此是源自我父亲，他几乎不表达自己的情感，只问对错。有时我的妻子会抱怨我对自己的情感表达得不够，我妈妈也是这样抱怨我父亲的。”

“不，我不喜欢说太多话。尝试谈论自己的情感对我是棘手的难题，对于很多事情我都没有感觉，我前任女朋友问了一大堆有关情感的问题，尤其是对她的感觉，我无法轻轻松松地细说分明。她想要知道我对她的感觉是什么，通常在我们做完爱休息时，她就会问我，有时她会要求我赞美她。在她沮丧或充满焦虑时，她会打电话给我，要求我去接她，带她回我的公寓。我最喜欢的就是躺在床上，拥抱着她，不说任何话。”

“有时我的女朋友会生气，因为我不和她说话，或是不表达自己。有时我很沉默，不想讲话——往往是我觉得疏离或者为某件事生她气的时候，但是我不愿意承认。在我情绪激动，尤其是很愤怒的时候，我会觉得丧失了自尊。我不愿意承认她会搞得我发狂，这样好像她主宰我，因为她让我激动、兴奋、紧张、不安、感到美妙以及困惑。所有情绪同时涌上来，似乎很丢脸。”

许多男人认为做爱可以取代交谈，我们会看见这样的论调：

“我不喜欢说那么多话，尤其做爱的时候。有时我们在亲吻之余谈几句，但我觉得我们的脑袋如此靠近，交谈是多余的。”

两名男士说，回答问卷时泄露出来的情感令他们不自在：

“我刚刚重读了一遍所有的答案，发现回答生理上的问题比情绪上的问题容易多了。”

“我刚刚重读了部分《海蒂性学报告：女人篇》，许多女人似乎在描述高潮感觉时明晰多了，比在这里用语言表达高潮的感觉好多了。我无法放开自己探索自己的情感。我真的相信男人才需要被唤醒，比女人更迫切。”

少数男人有相反的问题——女人无法和他们自由或开诚布公地沟通：

“我妻子给予我无私的爱、关怀与陪伴，令我非常快乐。但是我们有沟通上的问题，她通常不愿意认真考虑我的感觉，想过之后，也不肯老实告诉我她的感觉，如果她内心排斥的话也不说不同意。”

极少数男人认为交谈非常宝贵：

“我认为问题应该拿出来谈论，而不是把它扫到地毯下面藏起来。如果有什么事令我女朋友困扰，我会步步紧逼，直到我发现问题所在，同时尽快解决。”

“我相信应该表现出愤怒，但我很少这么做。我通常会去散步，同时对着空中和公园使尽全力大叫，将我想要当着那个人面前说的话原原本本吐出来。然后我会回去，解释我的感觉，还有他们如何以及为何刺伤我。”

不仅交谈或表白情感是个问题（不知如何营造出舒适的空间让对方也表达情感），控制情感已经是许多男人的习惯了，他们对所有亲热的行为表现也感到不自在：

“偶尔我会强迫自己表达情绪，但通常不会。往往会有一个好理由（至少表面如此）让我不要自暴其短以及泄露情感（我的确认为泄露情感就是敞开自己任人攻击）。”

“我妻子对我非常热情，我从来没有感觉受到冷落或是她不爱我。我曾经是典型的大男人，几乎不动情也不爱表达。我受困于这个角色，但是又不愿挣脱牢笼。然而最近我开始认为不为什么就亲吻她没什么奇怪的，或者说‘我很高兴跟你在一起'，或者说其他温情的话，我乐意讨她欢喜，这种感觉十分美妙。我对她冷冰冰的时候是我很累，或者心情很糟，只是想要独处时。"

"我最近吓我一跳，因为她说我给了太多私下的情爱，而在社交场合表现的爱意不够。对我来说，公开示爱或者表现出来不过是阿谀奉承。这已经变成我们之间真正的麻烦了。"

"我认为看到一对情人打情骂俏，或者彼此眼睛里只看到对方是相当令人恶心的。"

缺乏沟通往往会引起愤怒：

"在我的第一次婚姻里，我将我的愤怒转移成努力工作；第二次婚姻里，则是将愤怒转移成身体疾病。现在当我受到伤害时，我就明白告诉对方，而且希望追根究底。"

"在我发怒时，即使非常愤怒，我也倾向将它内化，同时拒绝沟通。或许让我最生气的是被指控无动于衷，因为我太常因此内疚了。或许我的愤怒是一种补偿形式——我真的不知道。"

有些人不喜欢表达太多的爱意与热情：

"我追求我所能承受的爱和热情，我不想要太多。或许我没能给予女人想要的那么多，但是她们的要求实在太多了。"

另一名男士表示：

"我到现在才了解，我对别人压抑多少真实的情爱，因为我以为不这样做就不像个男人。对人苛刻、唐突很容易，但是热情洋溢、慷慨大度以及和蔼仁慈则不然。"

有一名男士指出"表现情感"不能用来衡量男女是否平等：

"现在有一股新的潮流——有人称之为'新男性气概'——即做个'真正的男人'，鼓励谈论自己的情感，或是足够强壮所以能够温柔。这并不是真正的变革，不过是将陈词滥调重新装点推出，加上一些从后解放运动和性别政治中借来的看似复杂的术语。"

有时男人会感受到"表现情感"的压力，尤其当他们对某个特定女人没太多情感或者不喜欢她的时候：

“我对待女朋友的方式令我内疚，似乎她对我的感情多过我对她的情感。我不想告诉她我无法将一生奉献给一个人。”

“有时我觉得如果我跟某人上床，我就应该更加关怀她。有时我会觉得爱她，但是大部分情况是我不爱。我希望能够摆脱这种罪恶感，但是很难。”

“我们没有住在一起，大约两个礼拜见一次面，然后就是翻云覆雨。我们没有时间争吵，当她离去时，我们就各走各的路。最糟糕的事是她太认真了，我的意思是，她想要结婚，但她不了解我的顾虑。即使在我告诉她以后，她似乎也不在乎。”

“我的伴侣也是我的好朋友。我们认识很久了，而且互相了解，或许比任何人了解得更深。我们同居，而我不认为我爱她到那样的程度，我正试着想办法搬出去。”

“我的朋友抱怨我付出的不多——我对她的情爱并不稳固，这是真的。有时我发现实在是受不了她——她活泼爽朗、精力充沛，然而我却是郁郁的，想要安静。有时我感觉自己淹没在她永无止境的话语和层出不穷的点子里，弄得我动弹不得。这时候，我很容易多疑、烦躁。我发现她“丰富”的生活方式令我感到厌恶，我觉得那没什么价值。这时，我就会觉得被要求太多的爱和热情了。”

另外一些男人表示，他们不想表现自己的情感，因为害怕受到女人的伤害：

“让女人知道你很爱她的麻烦是，她会利用这种优势。”

“我太相信女人了，所以她能够伤害我（她的确是这样）。我不知道她是不是故意的。”

大部分男人表示，受伤时他们不会哭，他们喝酒：

“我从未因为爱情哭着入眠或想要自杀，我会喝很多酒。”

“我很爱她，而她离开我了。我喝得醉醺醺，跟人打架，被警察抓走了。”

或者默默承受痛苦：

“如果我能够哭着入眠那就太幸运了。通常的情况是我整夜失眠，拖着步子挨过第二天，直到全然的疲乏让我身体垮下来。”

男人需要女人，尤其是他们少与别的男人交谈时；但是许多男人痛恨这种需求，他们相信需要情爱以及喜欢谈论情感是软弱的表现。有时一个男人，一旦对一个女人敞开自己之后，会对她发脾气，为了他们曾经享有的亲昵。他或许会觉得不自在，觉得有点屈辱，或害怕她不再尊敬他了，或者甚至会“利用这点来对抗他”。这常常阻碍男人和女人建立起恒久的、运作良好的、陶醉的情爱关系，而且也让男人在面对女人敞开自己、谈论自己的情感时感到不自在。当然，这些“感情”不一定只是关于对方的，而是包含一个人的全部生活（不只是正面的情感，还有互相对立或是爱恨交织、矛盾难解的情感）——对生命的全部观照，以及可以与人分享的点点滴滴。

男人如何看女人

男人和女人能够成为朋友吗

虽然大部分男人表示他们和某个女人最为亲密，他们往往只以非常狭隘的眼光来看待女人：“我无法理解和女人建立不涉及性的交情。”

在问到“你是否有女性密友？你的男性朋友比较多，还是女性朋友比较多？”时，大部分男人表示他们没有不涉及性关系的女性密友，而且和女人的友谊总会走向性爱：

“我最大的麻烦是，如果我受到一个女人的能力或其他特质吸引时，我也会感受到她的性魅力，因为这两者在我心里是密不可分的，这常常会制造问题。目前我正在努力改进，有一两个例子成功了，不过非常困难。”

“一个男人告诉一个女人说，他想做‘她的朋友’，就是想把她搞到手。这种谎言随时都可以听到，而女人居然相信。只有一对太过肤浅、对事物缺乏感受的男女才能实践柏拉图式的精神之爱。我做不到，即使做得到也不想这么做。”

“我和男人的友谊无关乎爱。我和太太以外的女人的交情最后总是上床。如果她拥有满足的关系，她不会需要我的友谊，如果我和太太的生活美满，我也绝不会去向别的女人寻求友谊。”

或者满脑子的性：

“或许我可以假装没有感受到女人的性魅力，但是我做不到。或许我永远不会去追求她，但这阻止不了我的幻想，以及在心里千方百计挑逗她。”

“我大部分密友都是男性。我发现很难赢得女人的信任而成为密友，到头来我总是会转向，即使我不是特别想要如此。”

“我曾经遇见过一些真的很特殊的女人，我可以坦诚地和她们交谈，而且我真的乐在其中。她们不会疑神疑鬼。如果气氛好的话，我甚至想要躺下来。”

“我不知道该如何处理我对女人的迷恋。我喜欢女人，当我和一位富有魅力的女人交往时，我会有一种特别的感觉，那是我在男人身上感觉不到的。但是我不想和一大堆女人搞在一起，或让她们爱上我来支撑自我。我就是喜欢女人。我该恨她们或冷落她们吗？”

另有一人扬言，女人永远是“性对象”：

“近年来，妇女运动大力攻击把女人认为是‘性对象’。天杀的，当我勃起以及我需要性的时候，女人就是性对象。任何一起做这件事的女人和男人否认这点就是在愚弄自己。当一个男人‘硬邦邦’的时候，他就会想戳最近的一个洞。他会用言语以及行动来达到目的，他相信自己是很真诚的，或许事后他会后悔，不过在当时，为了达到目的可以不择手段。一个女人可能在性交前非常吸引我，而事后马上就会令我厌恶。马上的意思是指我的阴茎软了一分钟以后。这并不是事先预谋的攻击或是深思熟虑的战略，而只是生物学上简单的事实，虽令人悲哀但却是真相：当性欲出现时，理智暂时退位。女人不应该为了男人无法控制的事情来责备他。对勃起的男人，女人就像是食物之于饿鬼一样。女人否认她的地位是性对象就是否认自己的女性特质，否认她的女人味。女人不是性对象，那就是不正常。”

有些男人享受与女性的友谊，而且发现和女人交谈或交往比和男人容易多了：

“我发现和女人交谈比较容易。和男人交谈，你总是在挑剔他们的自我。我不喜欢竞争，而和男人的情谊，不论如何深厚，似乎总是隐藏着竞争。我发现和女人谈论情感方面的事情容易多了，女人似乎比男人更能互补我的人格。”

“在我将近30岁时，我开始和女人维持长久的友谊。我发现通常我和女人共处时比较舒坦。在女人身上比较容易发现敏感和温柔，而且大部分女人欣赏男人身上的特质。”

“我最亲密的同伴似乎是女人，我曾经思考过怎么会这样。我和女人共处比较自在，原因何在？大致来说，跟男人谈论我的情感和问题比较困难。”

“我有比较多的女性朋友，因为我从她们身上学到的比较多，和她们比较容易沟通，她们比较温暖、比较睿智。和别的男人交谈很困难，因为我们（一般男性）不喜欢向对方承认我们遇到麻烦，不论是性方面、身体方面，还是其他任何事情上。”

“我的印象是，女人比男人开放，更擅长自由地表现她们真实的情感，因此她们比较容易了解。我最亲密的男性朋友身上反映了某些传统的女性特质——温柔、体贴等。”

男人欣赏怎样的女人

男人在回答“一般而言，女人有什么地方让你赞叹”时，又再一次加强了大部分男人基本上把女人看作潜在的性伴侣这个论点，大部分男人的回答都是提到女人的生理特征，或是他们喜欢的身体部位：

“我欣赏富有魅力的女人，特别是那种没有头脑的女人。”

“我讨厌不好的气味、松垮垮的肥肉、丑陋的疤痕。我可以忍受观看一名切除了乳房，但穿着很得体的女孩。我喜欢的女人是很健康的，不要太瘦，而是恰到好处的丰满。”

“我喜欢女人的乳头、胸部、膀子、背部、腋窝（尤其是没刮过毛的）、膝盖背面、臀部，我也很喜欢腹部。口感和气味是性里头很重要的一部分，我喜欢体味胜过香水。如果我突然发现她身上有瘤或疤痕，我会痛哭失声。”

“几年前在《君子》杂志上有一篇文章，标题是《美国男人不喜欢女人》。作者观察到男人的活动大部分是和男人共同从事的，对他们来说，女人就是太太、管家、母亲和情妇，而不是朋友。我的确把女人当成人和朋友那样喜欢，但是我没办法在看一个女人时不将她全身上下打量一番。不管谁是造物主，他可真聪明，知道把男人设计得懂得欣赏女人的乳头、屁股、阴蒂和阴道！我爱女人！”

“我喜欢的女人是那种很温柔、令人想要拥抱的女人。我当然喜欢胸部，不过乳头更令我兴奋。它们好像小小的阴茎。”

“我喜欢非常女性化的女人，优雅、消瘦、柔软等。我曾经离开一名爱人，主要是因为我不喜欢她的香水味。”

“我喜欢女人的屁股和乳头。”

“我喜欢香水，但必须是淡淡的。我不喜欢粗粗的头发或发胶，我喜欢柔软的头发，我喜欢欧洲女人那种蓬松散乱的头发。”

“我喜欢女人穿靴子，即使是着长裙也非常性感。最好的效果是露出膝盖。长发比短发妩媚，自然地放下来，有一些垂在肩膀前面。女人腿的形状会触动男人，如果形状挺直，就再也找不出比这更美的身体了。漂亮的腿比胸部对我更具有吸引力。胸部小的女孩不一定就不美，乳房最适宜的大小就是让男人可以盈握在手。曲线良好的臀部最容易让我的阴茎兴奋，甚至不需要走动也能让我勃起。”

“我喜欢发育良好的身材。我不抽烟，所以我的感官非常敏锐和舒畅，我只讨厌一样——我的伴侣长而下垂的乳头，它们似乎不敏感，当然也不能让我兴奋。但是我们在一起有非常美妙而快活的经历，而且每一次都是如此美妙。她正在计划生小孩，所以我期盼这能改变她的乳头及它们的敏感度。”

男人常常说起话来好像他们拥有女人的身体，像在讨论汽车或音响一样对女人评头论足——如同为买主提供购物清单：

“我对女人的要求是：适宜的体重，中等或稍大一点的双唇，丰满的臀部，胸部不要太小也不要太大，要有明显的乳沟，密而柔顺的阴毛，腋窝要么刮干净，要不然就不刮，好看的肤色，洗干净的头发和生殖器官。聪明、独立、果断、有进取心及幽默感，不要咬指甲，声音不要太尖或是嗲嗲的，头发除非染得很巧妙，否则就顺其自然吧。”

“身高不要超过 1.65 米，三围要接近 36—24—36，或者超过一点（指胸部，不过不能下垂）。屁股应该结实圆润，我不喜欢平平的臀部。我不喜欢白皮肤，我喜欢大乳头。”

“我不喜欢下垂的乳房。女人可以很胖、很臃肿，而仍然有魅力。松垮垮的乳房激不起男人的性欲。”

“我喜欢有点傻气的女人。我不喜欢模特儿乳房平坦的样子，但是我也不喜欢像母牛一样的奶袋子。”

许多男人以这是天生的结构或本能来为这种态度辩护——当然不是他们应该负责的态度——就像以下两位男士的回答：

“在我大脑深处，有一种能力可以找出女人形体的魅力。我发现我能认出而且喜欢女性形体或身材最细微的暗示。我所说的暗示，大部分是轮廓。

“我常常着迷于这么细微却如此有力的暗示。经过停车场的入口，我瞥见一个人影在阴暗的场内，穿着工作服，弯下腰去调整汽缸，不过是半秒钟的工夫，我马上察觉这个侧影身材细微却显示着女性的线条。或者，慢跑在山坡上，在远远的树丛间，我瞥见另一名慢跑者，在1/4秒内，我已经愉悦地饱览春色，注意到她穿着的汗衫下隐隐约约的胸部轮廓。

“我记得有一次到远方的城市演讲，后来由一位仁兄送往机场，他是当地筹备委员会的一员，他不认识我，我也不认识他，我们在车上随意闲聊。在一个街角，我们停下来等红灯，有位女士在我们眼前过街，我立刻察觉到她的身材很美，我的同伴只不过看了我一眼，我们便彼此无言地分享了对这位女性的欣赏。我相信这类事情常常激怒女性主义者，她们痛恨被视为俎上肉。我了解这种愤怒，有时候某些男士表现出来的粗鲁态度令我遗憾，但是我的确强烈感觉到我内心存在这种自然反应。我一直想解释的是，这不一定就是好色或剥削女性，我在工作多年的同事身上屡屡进行相同试验，却一丝一毫没有性欲成分。”

“在很小的时候，我已经知道什么是性感的衣着——窄裙、紧身毛衣、束腰、袜带、长袜、高跟鞋、衬裙等。女人穿着性感、女人味十足的衣裳让我心动，穿着长裤、灯笼裤或平底鞋令我厌恶，而且会让我在和她的关系中变得无能。

“我认为妇女运动开展以来的这一段时期，是美国历史上女人最丑、最没有魅力的时期。未来的历史学者可以直言不讳地称它是美国的丑女时代。

“我对女人有一种直觉，这是我对男人没有的。衣着以及某些身体特征（如长发和胸部）会激发这种情感——顺从和敬意，以及保护和尊奉所有女人的欲望。这并不是像动物一样的性反应，而是非常深沉的敬意与感觉，感觉女人是不同的，她们应该受到珍惜和保护，并且对待她们的方式根本上和对待男人不一样。我对其他男人充满战斗意志和攻击心，但我不会这样对待女人。每次我见到女人或女孩时，这种对女人本能的情感立刻涌现，完全是自然发生的，没办法控制。”

大部分男人都预测他们不会喜欢年纪大的女人，他们喜欢年轻女子：

“她们真是美好，随时都可以上。不过等她们年华老去，就不堪一顾了。只有在16～25岁，超过这个年龄就完蛋了。”（49岁）

“我百分之百受到年轻女孩的吸引，而排斥年纪大的女人。为什么？年轻女孩拥有青春美丽的身体、匀称的肌肉和皮肤。而年纪大的女人就缺乏如此的魅力。皱纹和下垂的乳房令我生厌，还有过重的躯体，这绝对是性魅力的问题。我当然佩服和尊敬许多比我大的女性，事实上我发现‘成熟’（超过40岁）的女性比起那些脑袋空空、青春光彩的少女，是更好的社交友伴。但是青春焕发的女子会激起我的性欲——而不是老女人。”（53岁）

“我只喜欢年轻女人，如果可能，最好是青春美、天真无邪的处女。”（51岁）

在提到人格特质或个性时，他们往往希望女人乐于助人、慈爱、柔顺（甜美）或是会照顾人（好母亲）。几乎无人提及领袖气质以及独立自律的特质，例如英雄风范、忠诚、勇敢、聪慧或强壮：

“温暖、和善、温柔。”

“她们的女性特质以及慈爱的态度。”

“聪慧过人、精力充沛。”

“温柔、敏感、感情丰富、睿智。”

“柔和、圆润，她们似乎比较快就能认清现实。”

“对别人的需要敏感，会照顾别人。”

“她们的温暖，以及她们可以付出的牺牲。”

“我认为女人（通常的情况）比男人善于付出。她们似乎不会深陷于肤浅的自我批评，而且能够承受小缺点和小挫折。或许她们不喜欢权力斗争，或是她们用比较细微的方式进行。”

“女人比较倾向于单纯对事物（和我）发生兴趣，而不会利用我来达到别的目的。”

“大致说来，女人比较敏感。我认为她们不像男人那么死脑筋，比较愿意妥协。”

“她们的耐心、爱、关怀等，以及所有的点点滴滴。”

“让男人感觉美好和被需要的能力，能够帮助以及对我的工作有兴趣。”

“敏感、合群、实际。”

“女人的教养是关怀别人、开放自己而且情绪稳定。我敬佩这些特质以及她们不自私，能够以别人为先，还有她们和所处环境的和谐。”

“女人比大部分男人有同情心和理解力。”

“女人一般而言比较敏感，不过她们常常过分情绪化而且变幻莫测。”

“我爱慕充满女人味的女人，不要粗俗浮华，而是要淑女，至少在你和她上床做爱以前。我喜欢女人没有禁忌，像我一样喜欢性。我不喜欢装腔作势的女人，那种女人想要装成与她们本质不相称的样子——外貌平庸、谈吐粗俗、浓妆艳抹。”

男人在回答“女人对社会的贡献”时，强调的是助人、辅佐的特质，尤其是与家庭密不可分：

“母爱、温柔、关怀。”

“对我而言，女人贡献了她温柔的关怀和性；对社会而言，她们贡献了孩子。没有女人，我们就没有祖先了（开玩笑的）。”

“人性，我认为她们是比较好的政治家。”

“女性能够做到而男性做不到的就是生娃娃。”

“伟大的母爱。”

“她们贡献友谊。”

“社会及家庭的安定，为商业世界带来温柔的态度。”

“小孩及家庭，还有人生较美好的事物。”

“同情，不过我真的认为她们和男人一样也是人，因此各有各的贡献。”

“数不尽的爱和支持的力量。”

“她们在所有领域都贡献良多，特别卓越的是在人类的价值以及发展方面。”

“女人贡献了绝大部分的同情给社会。”

“女人对我们的社会，贡献了最大的力量，使得家人相系在一起。她们是而且一直是心灵的领袖、导师、支持者以及欣赏者。她们奉献了精力和影响力带领我们避开战争与破坏，朝向价值、养育、发展和信念。”

有些男人表示女人没贡献任何事情，或者几乎毫无贡献：

“如果她们对社会有任何贡献，也只是一点点。”

“关于女人的成就，除了生孩子外，大致说来，在长远的历史上是无足轻重的，不过女人过去很少有机会做什么事，未来我想女人对人类的命运会扮演更重要的角色。在日常生活里，许多女人会带给男人灵感，是他们安定的力量。”

一位男士表示：

“把全中国的茶送我，我也不做女人。从人类学的观点来看，她们就是没有能力去做男人的事。”

女人如果不符合“辅佐”或者“自我谦让”的刻板形象，就惹人讨厌。这点可以在回答“一般而言，你不喜欢女人什么”的陈述里看到：

“阴险。”

“肥胖、愚蠢和冷淡。”

“我不喜欢女人扮演她们消极、愚蠢和性冷淡的传统角色。”

“她们的大嘴巴。”

“神气活现的女人。”

“自以为是的老板。”

“我不喜欢男性化的女人，也不喜欢歇斯底里的女人。”

“硬心肠，男性化的女孩。”

“我憎恨冷漠。”

“我不喜欢言谈粗鲁，以及不爱干净的女孩。”

“自负。”

“不恰当的幽默。”

“她们的依赖心。”

“表现她们的情感，太容易感动。”

“利用男人，邋遢。”

“我不喜欢女人的地方是她们喜欢认为自己比男人优越。她们永远采取防守的姿势，随时准备将男人砍倒。”

“搔首弄姿。”

“物质主义的女人。”

“在女人运用她们的魔力来达到破坏的目的时，我瞧不起她们。”

“粗俗的女人。”

“愚蠢、邋遢、阴险、羞答答。”

“那些以为可以靠自己脸蛋讨生活、占便宜，而不想更进一步贡献自己的女人。”

“肥胖、小气、缺乏安全感、依赖成性。”

“软弱。”

“我不喜欢她们的糊涂。”

“唠叨。”

“想要跟男人一样。”

“她们对男人和金钱的态度。”

“我不喜欢她们的琐碎、报复心理、阴险、无情和男性化。”

“琐碎，关心鸡毛蒜皮的事。”

“我非常痛恨女人总是想要指挥男人，让他们自觉渺小，还有她们自以为优越的样子。”

“我不喜欢女人常常从情感观点来理解一切事情，这让我们之间很难沟通，因为我会不带感情地来理解大部分事情。”

“任何时刻她们都会表现出非理性，几乎濒临可怜的疯狂边缘——通常是在月经周期的前几天。”

“缺乏好奇心及信心，这是一般女人最令人不安的特质。此外，她们很容易说谎，而且永远在寻找另一种选择，即以获利多寡为衡量标准的所谓的更好的关系。”

“我不喜欢的是，她们倾向于不为自己着想，而一味跟随别人的判断，让别人决定她们自己的价值。更可悲的是，听从那些在电视上卖垃圾给她们的人。不过我也不喜欢男人这样。”

“男人很伟大，值得信赖，他们不会像女人那样评判你。”

“我深深感觉到男人对朋友比女人对朋友忠实。”

“我佩服女人的忠诚、温柔、表现在外的热情态度。然而，女人比较会说谎和伪装她们的情感，她们通常不会觉得搪塞推诿有什么不对。她们很情绪化，容易夸大其词或加油添醋，因此陈述的事实往往不可靠。很难说这些女性特质是天生或是养育过程中发展出来的，我怀疑两种因素都有影响。”

“我相信男人必须看得更远更广，找一个真正愿意守着你的女人，因为她们都有点不诚实。”

相同的答案见于对“你对女人是否有强烈的怨恨？或者痛恨女人伤害你的方式”的回答中：

“女人吸引我对她们感兴趣，然后把我撇下转向下一名牺牲者。女人对我表现得很势利和冷淡，我不认为我应该受此待遇。”

“孩童时，我曾经愤慨女孩子的势利及‘不要碰我’的态度。”

“我不喜欢女人玩把戏，装出柔弱和无助的样子。”

“我唯一强烈的愤慨是针对‘紧迫盯人’的女人。男人可以被‘推动’，但是我会下不同的定义。”

“我认为女人的地位被抬得太高了。不管到哪里男人都得小心翼翼，而且受到警告：不得对淑女无礼；几乎没人提及在绅士旁边，女人也应该像个淑女。”

“我对女人的怨恨针对的是那些我所爱过的女人。妇女运动以来，今日的妇女似乎都有点势利眼。或许她们和我同样害怕被伤害或被利用，然后被遗弃，所以她们装出冷淡的外表，没有人愿意主动与人亲近。”

“许多女性主义者，尤其是激进和杀气腾腾的，让我紧张且不自在（虽然我自认是名女性主义者），因为我感觉她们不喜欢我，或者把我当成一个男人，而不是一名独特的人。我痛恨被任何人套上刻板形象。”

“想要真正了解男人的性欲，女人必须时时警觉：个性上的缺点对男人的渴望、热情、接受爱抚的敏感度、勃起的能力、性能力以及性满意的程度具有非常大的杀伤力。女人最具毁灭性的人格缺点列举如下：不负责任、唠叨、好斗嘴、霸道、苛刻、情绪不稳定、不由自主地挥霍、不好好保养自身的美丽与身材、懒惰等。对任何事（与性无关的）看不顺眼，再加上不停唠叨会浇熄我对女人的性欲。女人如果犯了以上任何一项错误，她就不应该期望男人‘性趣’勃勃。”

“如果是个泼妇，我甚至不想接受她的挑逗。如果她能了解我，那么我会比较兴奋、满足，而且感觉美妙。她的心灵可能比她的身体来得重要。”

男人佩服女人哪些地方

“男人佩服女人哪些地方？”不同男人给了不同的答案：

“我佩服不坚持自我的女人。”

“她们比大部分男人更有手腕。”

“我佩服女人呈现的理想主义。”

“风姿绰约、熟谙人情世故、温暖。”

“我佩服女人的诚实、真挚，以及呈现自我、不伪装。”

“我佩服她们处理问题的能力。”

“我喜欢女人不会把任何屁话当真。”

“我佩服的女人将兴味盎然、聪明智慧和荣耀集于一身。”

“我佩服女人更迅速、更容易开放自己的能力，同时她们似乎比较容易采取客观的立场。”

“我觉得在生理上，女人比男人强壮。不是从肌肉力气来看，而是从面对逆境、锲而不舍及不屈不挠的精神上来看。她们似乎有能力正视现实，并且克服困难。或许是她们的母性本能带给她们成功的动机。那种哭哭啼啼、懦弱的女人似乎只占极少数。”

“以我看来，聪明的女人似乎比聪明的男人多得多，目前女人在许多领域里，已经攀上了预期以外的高峰。她们似乎对工作更努力，动机更强，更有进取心，而且一心一意要成功。”

“在我接到女朋友写给我具有挑逗意味的纸条和情书时，我得承认，她们那么容易表现出来的机智、幽默和性感，总是令我大吃一惊。她们那样自然而然，无须发展，也不必接受专业训练，根本就不把这当一回事。她们之中很多人实在是极有天分。”

“女人考虑事情时，似乎比男人正面，也比男人温和。我佩服女人能了解别人的感受，而且知道如何让别人好过一点。这是我一直努力学习的事。我也佩服女性专业人士——艺术家、作家、从政者——她们受到相当不公平的低评价。我佩服女人在面对这个男性主宰的世界时表现出来的勇气。女人对这个需要大大变革的社会贡献非常之大。女人很强壮，如果我是女人，我会是女性主义者，因为这意味着不愿被人当成次等公民。”

“男人构思发展出了大货车、原子弹、跑鞋、高速公路，现在他已经动弹不得了。在性灵方面，我认为女人（大部分）有很多可以贡献的。依我看，要求男人生产物质成果，使得整个世界走向物质主义而完全忽视了性灵。我希望女人在打破了加诸其身的限制后，能够保留并且发展她们的心灵价值。”

男孩与母亲的关系

大部分男人不仰慕他们的母亲，事实上，在问到“你目前或过去是否与母亲亲密？如何亲密？”时，男人的回答往往把母亲描绘成“软弱”或其他负面形象，或者因为她们接受附属地位而瞧不起她们：

“不，她太软弱，而且不肯定自我。她让父亲待她如粪土。”

“我有一位使人窒息的犹太母亲。我爱她，但是我认为她浪费生命，像一株无法移动的植物。”

“我一直与母亲亲密，直到我发现她心胸狭隘，专门要制造别人的罪恶感。”

“在世俗的意义上，非常亲密，在情感层次则不然。她仁慈、奉献自己，不会浪费时间和金钱，不自私，很棒的司机，有点风趣，对女人来说恰如其分的聪明，常常下厨，行事有条不紊。她甚至有点能干，而又不男性化。但是她有三样缺点：太爱抱怨，情感不够丰富（不够温暖），对丈夫过分颐指气使。我非常爱我的父亲，不过我更尊敬妈妈。”

“现在我对她的评价比较高，不过她太粗俗唠叨了。”

“我不怎么看得起母亲。她是心胸非常狭窄的人，一生大部分的决定以及所有重要抉择都是出于害怕。我知道她爱我，而且为我放弃了许多，但是我宁可她做她自己。”

“我一直想要离开她，她控制欲太强了。”

“我和母亲不亲密，各方面都很疏远：身体、情感、心智。她诚实、和蔼、辛勤工作。我觉得很奇怪，每次我想起她时，我不会想到温暖、亲密，或者想到关于‘母亲’应该是什么样子的流行概念。”

“我现在和母亲不亲密，也未曾亲近过。她是典型的母亲，一名殉难者，我很少和她见面，不过我定期和她通话。她是她的时代和教养下的产物——自私而且非常不快乐。”

“我母亲既冷漠又专横，我高中时和女友约会曾遭受她的惩罚。”

“在我成长过程中，我觉得我妈妈太软弱了，因为过分情绪化而变成无用的人。在任何场合，无论好坏，我妈妈都会哭。”

“我们从来不亲密。妈妈是维多利亚时代留下的“老古董”——一个未受过教育的万事通，除了打扫、收拾和拼命刷洗之外，其他事懂得不多。不过比起父亲，我和她相处的时间比较多，我只有在晚饭时才见得到父亲。”

“母亲是一位非常慈祥和蔼的人，当时她相信宗教是她安身立命的依据。她怕父亲，很少能够支持我们。我父亲未曾在她身上施加暴力，但是非常专横。”

“只有从母亲身上才能得到情爱关怀，但是除此之外，无法依靠她。爸爸对我们发脾气时，她从来不会介入或表达意见，她只会哭哭啼啼。”

还有一些比较详尽的答复：

“我还在念高中，所以仍住在家里（只有母亲跟我）。我喜欢表现出雄赳赳气昂昂的男性气概，这使得母亲与我产生隔阂。我们有一点亲密，也有一点疏远。母亲对我非常冷淡，至少这是我的感觉。她从来没有冷落过我，但就是不热情。我一直想要促成我们之间的沟通，有时候如果我逼她，她会谈论一点自己——但是只有在我逼她的时候，否则我什么都不知道，就好像两个陌生人住在同一间屋子里。她喜欢咖啡及和朋友打电话，我们生活在不同的世界里，我想让她明白这点，但是她认为我还小，什么事都不懂，就像她一直说：‘等你长大了，你就会明白。’

“不管我做什么，她似乎总能挑出错来，这成了她逃避自己挫折的方法。我想她很愤怒，因为她没有能力像别人那样活跃在世界上。她很年轻时就有了小孩（我和妹妹），所以她必须留在家里照顾家庭。父亲死后，她除必须照顾家庭、维持生计之外，还必须工作。所以她永远无法扩展自我：上学，或者建立事业。我可以理解这是很合理的挫折感，因此我真的不会怪她，我可以想象她如何在内心里推演出种种应该愤怒和挫折的理由。有时这会令我内疚，因为我成了她的包袱，不过我不会因此自暴自弃。无论如何，我认为如果有什么目标，就应该努力去完成，不要让任何事情阻碍挡路。

“有时候，她会把她的挫折发泄在我身上。有一次，她要我倒一杯果汁给她，我努力表现，才不会激起她的敌意。无论如何这是你应该待母亲的方式——替她拿东西。所以我替她拿了一杯果汁，但是同时有一些对话，而我说了一个笑话。这笑话很显然触到她的痛处，她把果汁泼到我脸上。我气极了，火冒三丈。她骂了一大堆难听的话，我都不跟她计较。我告诉自己，我会从这样的经历中醒悟，不论我做什么，她总是爱挑毛病。”

“妈妈一直很好，在我念小学时，她会聆听我的问题。我很少见到爸爸，他总是在工作。我认为我的父母是最伟大的，他们的婚姻很幸福。当我慢慢长大，我发现我不太认识我父亲，后来我又发现，我也没有真正了解过母亲。我以为我了解她，其实她了解我更多。

“从某个时候，我开始生妈妈的气，因为我开始了解，在长长的谈话过程中，都是我在讲话。她会听，而且表现出很有兴趣的样子，但是我觉得怪怪的（跟一个不会真正回应我说话的人讲话），所以我不再跟她说那么多了。她从来不透露对任何事情的感受，或者给予意见。我退缩了，变得有所保留而且不动情感。我试着同情我的父母，他们真的为一大家子人在奋斗。

“在我上学的时候，我不会想他们，因为我不是真的认识他们。我认为我父亲是个白痴，而我的母亲比他更愚蠢。她做的事就是静静地听家人或我父亲抱怨，而且表现得像是家里的女佣。我想她原先想要成为一名律师，她一直在阅读法律方面的书籍，但是她从来没有行动过。过了一段日子，我就无法再同情或认同她了。走到人生这个阶段，我已经了解，我的问题得靠自己解决，我已经选择了一项专业，不过我的父母对此不感兴趣——对他们而言，我或许是他们的延续——如果这是他们想要相信的，就让他们这样想好了。我决定阳奉阴违，做我自己。”

“我不知道该如何回答我和妈妈是否亲密。我没办法和她谈我心里的事，也不能跟父亲谈。爸爸很关心我，照顾我，只是我们不谈话。我和父亲之间缺乏有意义的关系，他从早上 11 点工作到晚上 11 点，他生命中最希望的就是不要再历经一次经济大恐慌。我和妈妈比和爸爸亲密多了，我母亲接纳他的生活方式，没有尝试去改变他。她说他是他那个时代和环境下的产物，他自己也没办法，而且毕竟他为我们提供物质上的舒适享受，所以我们都必须忍耐他。

“我认为我母亲很软弱，让我父亲用这些胡说八道开脱自己。她太软弱所以得忍受这种状况。或许他们私下为此争执或讨论过，不过我从来没听到。如果他们有过争吵，我想她输了。即使到今天，情况仍然没有改变，他们已经 70 多岁，也退休了，父亲仍然只做他想做的事，母亲由着他做。她不会去做或说什么来刺激他，惹他生气，或制造问题。有一次我对她说：‘你为什么不反抗他？’她说：‘你无法改变一匹老马。’

“虽然我母亲总是很慈爱、关怀、体贴，但她是个既有点蛮横又很软弱的人。她大部分情况都很软弱，只有在小事情上偶尔专横。她从来没有勇气反抗比她强壮的人和事物，但是当她遇到比她更软弱的人，她就会蛮横。我希望这不是真相，但实情如此。”

“我和母亲比和父亲亲密。在我上学以前，我母亲带我到很多地方，而父亲在工作。因此等我长大了，和母亲比较有话说——她比他会说话，更热切想要交谈。我记得每次父亲下班回家，打个招呼就去车库，他在那儿有个工作室，是他的天地，然后他会一直待在那儿，直到晚餐准备好了，才进来吃饭。

“我母亲从来不抱怨，她想要讨好他。在考虑到孩子的时候，她可能会非常积极，野心勃勃，但是面对爸爸，她就不会那么直言不讳。中学时代，她帮我和弟弟找资料、写报告，这是她和这个广大世界联系的方式。现在回想起来，我希望她有更多的机会来发挥她的才智。她热衷于阅读，但是在非常的情况下过早断了教育。她也从教会中找到出口，在那里她可以发挥一些聪明才智，但是我怀疑这并不够。我想她的挫败并没有非常困扰着她，但是影响了各方面的生活。她想借着努力完成一个好妻子的种种要求来掩饰某种不快乐。她非常渴望有意义的交谈，但是跟她生活在一起的男人并不能给她这种情谊。如果我能改变她，我希望让她更能向外发展，获得她所需要的，为自己积极一点，不只局限在传统妇女所能活跃的领域——只关心孩子和教会工作。

“在成长过程中我常为此瞧不起她。有时我会涌起很强的反感，甚至是身体上的嫌恶：我害怕我也会像她一样消极和虚伪。”

“在我母亲死前，我一直和她很亲密，那时我 11 岁。她是一名小学老师，必须走路去学校。有一年冬天，那时她 32 岁，得了肋膜炎去世。我父亲是一位严厉的小学校长，他只重视规则和义务而欠缺理解。在餐桌上，他会告诉孩子吃些什么——‘吃这个，不要吃那个’。每次我们要求多吃一点时候，他通常是说：‘够了！’

“我母亲很沉稳、安静，从来不大叫大嚷，而且总是对孩子表现出热情。但是她太顺从了，从来不抱怨。她应该更积极一点，但她认为她应该做个好妻子，好妻子是从不埋怨的。她最糟糕的个性就是她不会为自己讲话，而且对生活要求得不多。”

有趣的是，许多这类回答都蕴含了极大的愤怒，这种愤怒并不会出现在男人对父亲的描述里，即使他们通常表示他们并不爱父亲。

不过有些人有不同的母子关系：

“母亲信任我、相信我、支持我、爱我、尊重我。”

“我们感情亲密。她很慈爱、严格，强调辛勤工作。她教我要自给自足，我非常爱她。”

“我妈妈和她男朋友发生争执时，她就会抱着我一直哭。她总是那么开放和坦诚，我今天的成就应该归功于她。”

“是的，我深爱着她，她是了解我的知己和益友，而且她给予我原动力和方向，让我走向美好的生活。”

“我们非常亲密，我们常常见面聊天。我喜欢并佩服她很多地方。她热情大方，忠于自己的情感，敢于挺身而出，而且很有幽默感。我们对音乐及哲学有相同的爱好。近来我们建立了互相帮助对方的良好模式，发现各式各样的挣扎与奋斗中的趣味。和我一样，她也不知道如何宣泄愤怒的情绪。”

“我的父母一直相处得很好。他们一起工作，不过我从来没有见过或想象过任何激情。我一直与母亲比较亲密，而且尊敬她甚于尊敬父亲。我认为她超乎寻常的强壮和聪颖，我佩服她的道德和社会判断，以及有那么多的朋友。我也认为她比父亲有更多的热情和表现力，而且我跟她之间一直存在着无须言语表达的默契。我能全面了解这个人，她的浪漫主义和挫折。”

“我父亲在大战时去世，当时我 4 岁，母亲和我非常亲密。她告诉我她的麻烦，我也告诉她我的烦恼。她是速记打字员，很会享受人生，能够让自己完完全全地快活，而且非常关怀别人。我不会嫉妒别的男孩有父亲，我很庆幸自己没有，因为这样就没有人差遣我了！我和妈妈同住的时候她晚上不常常出门，不过目前她几乎每晚都外出——她有好多朋友，玩得很开心。总而言之，她是我最喜欢的人。”

有一些男人长大以后和母亲发展出较好的关系，他们往往表示他们的母亲改变了：

“目前我比以前亲近母亲，情感和心智两方面，现在比较容易和她做朋友，因为她觉得对我没有责任了。我既喜爱又佩服我的母亲，乐于与她为伴，在我成长过程中，她相当顽固，不过随时间渐渐改变，她现在已经能接纳我了。她很会交朋友。”

“我只在传统的意义上亲近我母亲。她照顾我，聆听我的烦忧，而且是个好妈妈。但是我永远无法和她谈论我的恋情或是性生活方面的问题。我现在比较尊敬她，因为她已经能挣脱我父亲的阴影，依她自己成为独立而关怀别人的人。”

在问到“你从父亲身上学习到哪些对待母亲的态度？尊敬？轻视？爱？敌意？帮助？或者其他”时，大部分男人称“有双重信息，一方面父亲告诉他们要尊敬母亲；另一方面，父亲又瞧不起母亲，或者一直在操控她”：

“有双重的态度。他一直教我要爱、尊敬、服从以及保护母亲。然而父亲常常对她表现出怜悯和优越的态度。”

“混杂着爱（这是天主教的义务）、怜悯、轻视（我母亲不是知识分子、较没个性）、帮忙（比如家事），同时也期待她的许多牺牲与支持。我父亲有一次告诉我绝对不要娶像我妈妈一样的女人，这项建议我永远不会忘记。”

“我从父亲身上学到的是令人困惑的生活状态。他不断表白对母亲的爱，但也没有少了对她的折磨。”

“他的态度似乎认为母亲是无可救药的，而他应该宽容她。他不了解她其实有多聪明。”

“如果我不听妈妈的话或顶嘴，父亲会处罚我，但是他自己对妈妈说话语气却非常恶劣。我不认为这是他该有的态度。”

“我父亲对我母亲的态度就是，他有个太太，她应该随时帮助他，而我应该一直尊敬她。”

“他的确有点瞧不起她，然而有时我也会如此。但是每次我对她说不敬的话、态度恶劣，或是忘了感谢她为我所做的一切时，都会有罪恶感。”

“父亲把母亲当成是圣人——理所当然的圣人。有时她会闷闷不乐、烦恼，但她还是照样每天工作，等问题自动消失。父亲认为母亲很可笑、过分情绪化、孩子气，他会等她恢复理智，而且他是男人，不该管这些事。但是我一直被要求服从她。”

“母亲只能从父亲每周给她固定的金额中，控制家庭的预算。她没有工作（她16岁就嫁给父亲），必须拿这些钱买她的衣服，应付一切开支。父亲不希望别的男人看她，但是又希望她看起来完美，所以她常常会挨骂。通常母亲会努力讨好他，依照他的命令行事。几乎每晚吃饭时，他都会挑菜色的不是——不是太烫，就是太冷。他的态度是，她是附属的，或是他拥有的东西，他可以随意指挥，而且可以把所有挫折宣泄在她身上。最糟糕的是她接受了很多年，最后终于离婚了。这给我非常可怕的印象，男人居然可以在婚姻中如此对待女人。”

其他人提到被教诲要尊敬母亲：

“我学到尊敬、爱以及帮助她。”

“我的父母拥有我所见过最美好、最恒久的婚姻——父亲非常爱母亲，我被教导要尊敬与服从母亲，不允许有任何意见。”

“我看到生死不渝的爱和尊敬。他从来没有在任何人面前说我母亲的坏话或表现出讨厌她的样子。”

“父亲教我不仅要爱母亲，还要尊敬她。年轻的时候，不管母亲要我做什么，我一定会去帮她忙。”

男人从小观察到母亲与父亲关系中的地位（通常是附属的），对他们往后对待女人与婚姻的态度会有多大影响？在本书谈到婚姻与一夫一妻的关系时，我们会看到相对应的态度。

恋爱

既然这么多男人对女人怀有上述观感，而且他们害怕“情感过分丰富”不像个男子汉，那么他们会恋爱吗？

请描述你最深的感情，感受如何？怎么发生的？

“在我遇到我太太时，感觉太美妙了，我从来不会厌倦或发脾气。我用手梳过她的头发，亲吻、吸吮她的全身，为她洗澡，我们一起淋浴，我付出多少，她就回报多少。”

“23岁左右，我陷入最深的恋情。那是个不可思议的经历，我愿意为她做牛做马。我失眠、读不下书，好像第一次觉察到自己的存在。远在我们发生性行为之前我就已经如痴如狂。当我们同意做爱时，那是我们共同享有最要命的体验。我们大约同居了一年半，有共同的朋友以及工作。我们住的公寓糅合了双方特殊的品位，非常可爱。我负责音响，她负责灯光，我们喜欢待在那里。后来在我通勤上班时，每个周末我回到家里，就会赞叹不已。然后我调任了，并且失去了她。我常常哭着入眠。”

“我觉得最深的恋情是和我太太，那时我们将近30岁，已结婚两年了。这感觉无关乎性，那时我知道她怀孕3个月了。我特别记得一个特殊的日子，我们去一家汽车旅馆，享受了一顿丰盛的晚餐，然后去游泳，一整个晚上跳舞、作乐。之后我们上床，只是相拥入眠，没有做爱，但感觉很愉悦。”

“最近一次的恋情是我最疯狂的恋爱。我发现自己满脑子都是情人，很难思考别的事情，我总是保持兴奋的情绪，飞跃在九霄云外，永远安排和期待下一次的会面。决裂时，我沮丧到极点。我接到交通罚单，出了一次车祸，各种忧愁袭来，有时还会担心心脏病发作，一只眼暂时失明，逐渐消瘦，同时严重地自我伤害，等等。”

“我认识这个女孩一段时间了，由喜欢逐渐发展成深深的爱恋。我很想娶她，想得苦恼不堪。那么强烈的渴望，相思成疾。我梦见她，黄色的梦，心里想着她自慰，夜晚失眠，真是难过悲惨极了。想要跟她在一起或靠近她，一分一秒围着她打转。我食欲减退，体重减轻，接近崩溃的边缘。明白情势不可为以后，我搬家了，将兴趣转移到其他方面（其实是强迫自己），而且出去和许多女孩约会，但是她永远在我的内心深处，即使结婚以后，我仍然想着她，对她存有幻想，尤其是在和太太做爱时。这种情况持续了好多年，终于在我第二次婚姻中消失了。”

“空气中散发着她的香味，我的身上留着她的抚摸，她的体温就在身边。玫瑰的确飘散出更多的芬芳，到处都是青春神奇的活力，世界一片祥和。”

“那是我所经历过最耗费心神也是令人成长最多的经历。我们尝尽了我所有大男人行径和她所有的依赖行为——我想有时候我几乎把她逼疯了——不过我们还是朋友。我们双方都对性生活极为满意，即使在恶言相向的时候。”

“我最深的爱恋，是一位我到西海岸出差时共度了两夜的女人，我们通过洲际电话和无数的信件交往，那是非常痛苦的经历，令我几乎无法言喻，而且陷入狂烈的情绪里。恋情的发生是因为这女人在我身上看出我自己几乎已不再感觉的创造力、热情及与别人接触的热望。她回报我爱情并且鼓励我向她倾诉情感。现在，我们仍然是非常特殊的朋友，彼此相爱，只要有空就相聚。我们的生活使我们不得不分居两岸，我们已经将浪漫的爱恋转移成亲爱的友谊。她是我生命剧烈改变的动力，而且会永远在我生活中占据特殊地位。爱她让我也能爱自己，而这是以前我从来做不到的。”

“爱情迟早会死亡，而且慢慢腐朽衰老，然后再度重生。我明白这终究是一场灾难，但是我想那又如何呢，任何事都会悲哀地收场，只要你等得够久。恋爱让你注意到蓝天，多么美丽，还有云彩。你所有的感官似乎都充满了艺术细胞，异常敏感，而且在你没有恋爱时，未曾注意到的生活小节，此刻似乎都变得意义深刻。恋爱就是让所有的生命力蓄势待发。当然是无法持久的，慢慢消退成比较正常的光亮……或是坠入情感的深渊里。爬得越高，跌得越重，我了解那种感觉，漫长的自由落体，没有降落伞，等着撞上屁股，你活过来了，但是有时候心灵破碎，你再也不是原来的自己了。”

“我爱得最深的一次也是最后一次，就是和我现在一起生活的女人，我们结婚了。这是很微妙的，因为最近我才刚刚学会将‘爱’这个字眼与迷恋以外的情感联结在一起。然而迷恋的感觉很美妙，无法用言语形容，我好几个礼拜、好几个月飘飘然的，看这个世界是充满希望的福地，而不是丑恶绝望的居所。在那女人面前我失魂落魄，我可以完全感觉到脑袋里一点一滴的思想，而且有生以来第一次如此珍惜。无论如何，我们经过许多困难的时光，然后毫发无伤地继续下去。我仍然在学习将我们目前拥有的称为‘爱’。”

有些人描述了决裂的痛苦：

“几年前，在一段恋情结束时，我把自己封闭了很久很久。幸运的是，那时我所从事的工作是独立完成的。我发现自己逃避别人，在休息和午餐时间也继续工作……我‘依靠’这样来掇拾生活的碎片。那段时期我觉得非常空虚。”

“在我明白我们的关系已经破灭时，我真的哭了（私底下）。想要自杀？不，如果我打算杀人的话，我会杀掉她。事实上，我以冷漠绝情来折磨她，冷落她使我生活得容易一点。”

“大一时，女朋友和我分手，我以为她是会和我结婚的女人。我从来没有爱别人像爱她那么深，到今日还是如此。花了 6 个月时间我才恢复过来，不过到今天我还在想她，而且有点苦恼，有两年之久我想到她就难受，甚至有一段时间更过分，我痛恨她所做的一切。”

“我最爱和我结婚的女孩，她为我生了两个孩子。我们过了 13 年甜蜜的生活，现在却过去了。我常常日夜哭泣，想要理解这是怎么一回事。失去她的爱和两个孩子，让我活不下去。我自觉羞惭甚至厌恶自己的躯体，因为它被拒绝了。我知道我还有能力再去深爱别人，我现在比较了解维持关系需要花很多力气。目前我在努力保持自身的活力，也非常依赖友情。我的朋友比较少，但是友谊很深厚。我需要两种亲密关系，包括婚姻和友谊，既然我只拥有一种，我便对它依赖日深。我的朋友了解这点，他们会和我共同聆听，共同感觉。

“那个时候，哭得很伤心，哭得在地上打滚，也让自己醉得不省人事。而且想象自己死了，她会追悔莫及。为什么？当爱在你心里，而不在对方心里时，你又能如何？我想我以哭来缓解痛苦，来赢得注意和同情。而且因为我知道我必须再度改变来建立新关系。或许最深的伤害来自我对爱情和婚姻不切实际的期待。我希望有人告诉我真理，或者，如果没有永恒的真理，至少给我方法让我发现自己的真理。”

男人喜欢恋爱吗

许多热恋中的男人，觉得这样不好，应该加以节制或超脱出来：

“最近有个家伙告诉我，他很高兴他没有恋爱，因为这消耗太多的精力，而且恋爱中的双方是盲目的（无法客观），恋情使人无法控制。我同意。”

“我恋爱过 4 次，实在是一种恐惧的情绪——痛彻心扉。还有其他症状——眩晕、失去方向感、双手发抖、胡思乱想。我曾经和一些人深谈过此事，得到的结论是，对很多人来讲这就是‘恋爱’的感觉。我们只是把它和‘恐惧’列在一个范畴里。但是如果基本上一个人的身体对于恐惧和恋爱反应的模式相同的话，这意味什么？我们为什么美化恋爱呢？”

“我恋爱过无数次。不晓得哪一次我爱得最深，不过最近我决定不要再恋爱了。恋爱是一桩蠢事，我总是对它怀有太多的梦想，而且要找到合适的对象太困难了

（根本不可能）。因此，目前我有一位很可爱的女朋友。事实上，我拥有她只是因为不想感觉孤单罢了。我不需要别人才活得下去，但是我想要某个人，因为我相信爱是必经之路，然而我还未发现一条明路。”

“我内心不是真的很清楚爱是什么，每次我对一个人产生真正强烈的情愫时，我会将所有爱的期望和幻想写下来，然后发现这不过是回应自己的寂寞以及不安全感而已。”

“我逃避它像躲开瘟疫一样，在我的生活里，我不需要嫉妒、愤怒、苦涩以及虚伪。”

或者在恋爱之前退缩了：

“我不容易谈恋爱。我非常想要护卫自己的理由是，在我感觉要坠入爱河之时，我会和自己的感觉交战。我希望改变这样的行为，能够更开放自己。如果我真的恋爱了，希望比我目前更会表达。我并不反对恋爱，我只是不想要寻求长久的誓约，我想这就是我无法经常恋爱的原因。”

许多人提到他们不喜欢在恋爱中失去了控制能力：

“我不信任恋爱。我常说，恋爱很好，但是我可不想以身试法！在结婚12年后的今天，我不确定我是否还是这么想了。我想我曾经害怕失去控制——落在她的控制下。现在我可以让自己跟着感觉——意思是，我能够理智地处理，我自认如此。现在我能够恋爱，因为我不再需要安全感。真正坠入爱河的麻烦是，如果她离开你，你怎么办？你害怕受到伤害吗？”

“恋爱就是让自己不自在，因为你失控了，你的所作所为大失常态。女人比男人更想要依赖，或变成别人的附属——男人想要保持距离、拥有自我、害怕失去独立人格。无论如何，女人比较会爱，因为她们受到比较多‘要适应’‘要协商’‘要有耐心’的教养。当然，人的确有坠入爱河的时候，不过你永远可以喊停，以免太迟。将来如果有人能发明一种药，让人在恋爱之中保持清醒、减轻病情，那就太棒了！”

“恋爱之前，我感觉自己万夫莫敌，至少生命中的成功或失败是由我的工作及我的努力来界定的。现在，我觉得自己可能被她拒绝或伤害。我痛恨自己那么脆弱，对自己的地位也不确定。好几次我为了这个理由想要分手，但是又复合。无法解决这个困境，让我自觉十分不成熟及不舒服，因为我的情绪仍然受制于爱人。我想从恋爱中得到的好处毕竟大于它所带来的麻烦和痛苦，而且你必须很努力去了解另一个人。”

事实上，大部分男人表示，他们宁可要一份更踏实的亲密关系，而非热恋的变幻莫测，甚至刺激的关系：

“我没有娶我最爱的人，我和妻子的关系并没有达到我初恋时的狂喜。不过要记住，有大喜，就有大悲。”

“我在遇到和我同居的女人两个月之前，和挚爱的一名女孩分手了。我刚到伯克利，有点孤单。她感觉被人利用，没有人善待她，我说我会照顾她，但没承诺要爱她，也不要求任何回报。我想我需要有人来爱，而她需要有人爱她，一个她可以信任的人。我只是屈服于这种情感，而且大约两年来，维持得很好。”

“我需要这种安全感，她爱我甚于我爱她。我希望有主控权。我曾经陷在那种我更爱她的关系里，任她摆布。那很可怕，我再也不想要这样了。我的意思并不是我对目前跟我同居的女人没有爱和激情。事实上，或许比起另外一个女人我更爱她，和她在一起我更快乐。”

然而这类型的关系最后往往会产生秘密的婚外性行为，那些把爱定义为“比较少的激情”、比较不会“失去控制”的男人，最容易有瞒着太太（或关系之外）的外遇，在下面这位男士的答复中清晰可见：

“爱是如此残忍和非理性的情绪，我根本不信任。我会特意避开对我表示爱意的女人。近几年来，我也不再寻求情爱关系，太麻烦了——买礼物、无尽的赞美、约会、打电话、注意衣着，各方面以她为优先重新安排——要求太多了。”

“我现在 55 岁，靠着警察养老金半退休。我从 1948 年结婚迄今，我喜欢结婚带来的方便，这是指家里的饭菜和整洁的屋子，但是我和妻子不太合得来。

“我目前和一位相识 18 年的女士的性关系最令我满意。她是我拥有的 3 名情人之一，但绝对是头号爱人，我宁可放弃其他两位来保有她。然而对她，我也没有感觉到称为‘爱’的狂野情绪。我非常敬重她，愿意帮助她。我们有许多共同的地方，以及相似的生活目标——尽可能轻轻松松度过一生，尽情享受，对别人不要太过苛刻。我们都知道如何在性方面取悦对方，而且不会吝惜给予对方最大的满足。我们从来不提不合理的要求，事实上，我在冬天一星期只跟她上床一次，夏天时比较频繁，我们可以安排周末在一起。我常想她。”

男人如何定义爱

在问男人他们对爱的定义时，得到了类似的答案：大部分男人不认为突如其来、难以阻挡的激情，或者超越的情感是爱。大部分人喜欢将爱定义为长时期的稳定关系，这样才不会威胁到他们的男性气概和希望“控制”的需求。大部分男人表示，只有在稳定可靠的关系中长期发展出来的爱才真实或者最好。

男人对爱的定义：

“我在恋爱吗？要看怎么定义。按照我的定义，我有一个伴侣，我爱她，她也爱我，那么我是‘在’恋爱。然而，我不是陷入狂喜、浪漫、迷恋、高峰、陶醉，以及有点不真实的心境里，我在十几岁时把这些当作爱，现在有些人使用这个字眼时，仍然如此。我定义的‘爱’指友谊、关怀、接纳、深刻具体的亲密（沟通），以及某种程度的允诺（允诺是上述字眼的表现）。”

“除了对我的孩子，好长一段时间我不曾深爱过任何人了。我的回忆是强烈而不容取代的初恋，我不知道当时我是怎么回事，我认为那是失控，是无法接受的，我无法判断是我无法克制性欲，还是因为正在经历‘成长’的过程而觉得虚荣。最初的恋爱充满性的诱惑，同时也带来挫折和失望。几年前我深深爱上我太太，经过一年的订婚和无数的爱抚拥抱，几乎等不及结婚就想做爱。那时我们很快乐，现在依旧如此。”

“如果我年轻一点，我会定义爱是我对一个人最初感觉到的强烈反应，但现在我认为爱是必须努力寻求了解的。爱和友谊分不开，我不会因为性的吸引和别人发生关系。性爱和性行为（必要的前戏、分享以及只保留给少数挚爱的人的特殊亲密感觉）令人兴奋。我最爱我的妻子和小孩，但是我的妻子不是我主要的性伴侣。”

只有少数男人表示爱是对另一人立刻发生无法解释的强烈情感：

“我知道有两种爱。一种是我在婚姻中努力维持的，不过一旦遇到激情，我也无法控制。我怀疑前者比较亲爱（或许更健康），但激情才是真爱。”

“那是你对某人一眼就感受到的强烈情感，不知其所以然。我观察过许多夫妻努力维持他们的关系，有些成功了，有些失败了。我很高兴我不觉得需要努力来维持我的婚姻，它就是自然而然存在的，基本上我想我们恰恰好就喜欢对方，只有一些需要改变的小细节。”

“如果我不是一开始就爱上对方，就永远不会感觉到爱。我可以努力让别人来爱我，但是无法努力让自己真诚地爱上别人。”

“关于爱——你会受到很多女人的性吸引，但是偶尔会有一种奇异，几乎是无法抵挡的感觉，让你只想跟一个人永远在一起——顺境逆境都要一起度过——只因为爱在你的心里。

“我不认为那是努力获得的——爱本来就在那儿。我不是说两个人不用努力来维持爱情——正好相反——但是你之所以努力是因为你们对彼此的感情。”

“有两种爱——疯狂的爱恋，或是相识以后才慢慢发展出来的爱。这两种爱不一样，第一种爱送你入云霄，你感觉飘浮在空中，即便是不好的体验也不会困扰你。平常你会发脾气的事情，现在你一笑置之，抛诸脑后，好像在一个梦里。这份恋情会慢慢发酵成第二种形态，或是像一阵烟似的消散了。第二种爱来自对对方深刻的了解，非常熟稔，而且深信不疑，和她共处轻松自在。那是一种松弛、舒适的感觉，不像第一种爱那么刺激，但是更有收获，更加稳固。我想我最深刻的恋爱是属于第一种，我为她疯狂，她是我一直在追寻的终极目标，我梦中的女神。不幸的是，她没有相同的感觉。她的确是梦中情人！风一吹就消失无踪。”

有些男人表示，两种情感都很重要。必须有最初的激情，然后这份感情必须得到滋养，允许它慢慢发展成熟而成为“真爱”：

“爱源起于某种无法言说的吸引力，它能带来更多亲密的了解与关怀。最初的迷恋并非真爱，但是没有迷恋，我不认为爱能真正地发展成熟。”

“我认为爱是无缘无故发生的。意思是，有一大堆理由，但是它们同时适用在一大堆人身上，直到某个不明原因引爆了这份情感。然而，这份感觉，以及因此而建立的关系，无法自己恒久持续下去，还要将婚姻生活中所有琐碎的关系安排妥当，必须长期赋予关怀，好让爱绵延不绝。我确信唯一能使我和我太太维持如此和谐性关系的方法，是我们对于彼此的尊重——我们称这是爱。这份爱一直很强烈，随着我们的年岁而成熟，年复一年，爱使得我们的性需求越来越强烈。”

“‘一见钟情’就是你第一眼就‘认出’这个人是你的心上人，并且迅速产生强烈的亲密感，我只能将它描述为爱与信任。恒久的爱来自对对方完整人格的真实认识，这绝对需要努力。在情爱关系中，性有独占性，这是无可避免的人性。当你不再渴望春风一度的性爱时，你就已经准备好要建立真正的亲密关系，而且也有需求了，同时这种需求可能强迫对方付出。爱就是如此艰难，难怪它会逼人发狂。至少我是如此。”

有些男人强烈质疑“爱是什么”：

“爱是这样——或者爱是那样，我完全不知道。奉献与诺言？强烈的迷恋？我了解这两样。我也知道，夹杂着怨恨与依赖的情感常常被误认为爱，特别是在长久的关系和婚姻里。”

“我现年 42 岁，结婚 16 年，是 4 个孩子的父亲。你问我是否有爱情，我可以老实说，我不知道，我不知道我是否曾经恋爱过。爱上一个永远待你亲切、关怀你的人很容易，但是要花好多的力气和努力才能爱得深刻，同时让一个自卑的人回应你的关怀。除非你能先爱自己，否则我不认为你有能力去爱。我不认为我活在爱里，我只是习惯了和我太太生活在一起。”

“恋爱是你一开始就有的强烈情感，而爱情可能来自后来的努力。我对爱懂的很少。恋爱对我没什么好处，有一阵子我以为唯有恋爱才能赋予生活意义，其他种种不过是达到这个目的的方法。恋爱从来没有在我的生活中开出令人满意的花朵。”

其他人抱着非常玩世不恭的态度：

“爱是一本故事书，充满童话字眼。对我来说，‘恋爱’就是阴茎勃起，等着搞女人。为了爱情而哭泣是幼稚的胡说八道，只可用来唬唬情感丰富的女人。”

“爱是经常误用的字眼，最好的关系是要那种可以提供好屁股的。”

或者说爱并不重要：

“我一度因为财务失败想自杀，但我不会为了女人这样做。”

“我不认为恋爱是世界上最重要的事。我的确相信爱是很重要的观念，但是我认为人们应该为他自己发展出更为普遍的大爱，与这宇宙一切事物相系，而非完全牵扯在个人关系上，结果成了最严重的问题。无论如何，我是在恋爱，而且好几年了。”

“爱对我无足轻重，我不需要。目前我最想要争取的是一份好工作。网球是我生活中最重要也最令我满意的一部分。”

有些男人悲叹他们的婚姻失去了浪漫情爱：

“我们在结婚之前同居了一年，什么都不干，只想让对方快乐。结婚以后，有了小孩，有太多的责任需要完成。这不是一夜之间发生的，而是有一天你想起过去的日子——悠然地做爱、共浴等。现在我们只能在深夜享有性，可是那时我们都太累了，无法真正地沟通。你请来保姆，所以你可以去看表演，但我真想走开，就我们两个人，或者像青少年一样在汽车内做爱。我们关怀敬重对方，也深爱对方，虽然我们大部分的性行为都是可以预期的。我们关系中最糟糕的是我们让自己陷入一成不变的模式里，随着安全感而来的是大部分自然发生的情感消失了。然而爱对我是非常重要的。爱会改变许多事物，一开始最简单，然后随着这份爱朝各种不同的方向发展，你考验爱情是否能够恒久，这时爱才最有意义。那是一种强烈的联系，希望不断更新自己。"

有些男人相信可以同时爱不同的女人，而且如此界定爱：

"男人最难完成的就是维持婚姻。我不会因为爱其他两个女人，就少爱我太太一点。我爱世界上一半的人口，但这不会减少我对任何一个人的爱。爱就像我们所爱的人一样，不同的时期会成长、消逝或发展。"

"虽然我和我的情人都已婚，在婚姻中还算快乐，而且我们都很尊重社会习俗，离婚对双方来讲都是不可能的。我们有各式各样的心电感应及方法来沟通。"

"我们第一次性行为是如此狂热，双方都精疲力竭。我们进行嘴巴、阴道及肛门的性交，而她 3 次都达到高潮，而且非常尽情。我们进入浴缸，她为我洗澡，而我必须尿尿，她握住我的阴茎摩擦它，尿液洒在她的手上，她瘫在我的臂弯里。我必须帮助她回到床上休息。棒极了，不仅是性高潮，而是全心全意的奉献以及合为一体的感觉，太美妙了。"

"关于我的处境，最妙的一点是，我可以从不同的伴侣那儿得到性与爱。最糟糕的是我们却必须玩一夫一妻的猜谜哑剧。另外一件好事是，我的 3 个性伴侣也都是我的好朋友。这真是太幸运了。各有不同的方式，都令人兴奋、满足、充满爱意而且恒久。"

"我刚刚学会什么是'爱'，我会说我的配偶爱我胜过我爱她，因为我是她唯一的爱人，而我爱其他许多人，这是我的看家本领。"

"目前我爱好几个女人。爱对于我是需要好好栽培的情绪，就像任何生长良好的植物，的确需要长久培养（为了其中两人我花了两年半），但是一想到开花结果，等待就是值得的。

"目前我的关系包括：

"奥莉维亚——她聪慧、快活、爽朗，不愿被套牢，接吻技术一流，不过非常独立，说起话来兴高采烈而且直言不讳。我喜欢与她为伴，她会让我开怀大笑。最糟糕的是她和我会面的次数不够多，而且她非常不愿意和我定下来。

“琼——脖子以下是很好的做爱对象，但接吻差劲，机智，却非常在乎能从男人身上得到什么。我很少与她见面。

“勃郎特——这小东西是我见过最漂亮的女孩。到目前为止我们只有搂搂抱抱，不过我期待在不久的将来可以更进一步。她让我感受到最强烈的男性气概。

“玛丽——她是我的妻子，我爱她。我们的家庭生活很美满，她尽一切努力来照顾我和孩子。她从不抱怨，个性爽朗，永远在一旁安慰孩子或者在我需要时帮我一把。”

爱的故事

下面这些答复只代表极少数的男人，不知是否真的仅有少数男人拥有真诚的爱的故事——或者大多数男人无法自在地叙述爱情故事（即使是用书写、不具名的），认为男人说这些故事是不恰当的，或者他们封闭自己、拒绝回忆？

“我曾经迷恋不同的女人，被女人拒绝，或是踢得远远的。但是我想我只有一次深深坠入爱河——和我妻子。一开始是吸引力，慢慢发展成佩服、敬重、关怀、伤害、欢笑和哭泣。我和她一起飞向狂喜的高峰——为了她个人的胜利，以及她对我的好感。我也和她一起坠入沮丧的深渊——因为她的失败，以及对我的恶感。我渴望伸出援手，我也渴望被她触及。我们互相探触到对方的生命时，带来了巨大的冲击。进行顺利时，我的世界很快乐。当我们不能互相表达爱意时（不只通过性，包括任何方式）我就动弹不得——无法在工作上或社会上活动。

“我没有真的‘哭着入眠’，很多次我都因为彼此之间出了问题而如下地狱般难过地入睡，同样沮丧地醒来挨过一天——要持续好几天。虽然我从来没有认真考虑过自杀，但我曾考虑扼杀这段感情。我不得不怀疑所有的痛苦是否值得，一刀两断——放我们两人自由——挣脱圈住我们的牢笼，会不会更好？

“然而和其他关系比起来，跟她在一起，带给我较多的满足。婚外情比较激烈，甚至在性方面带来更多的愉悦，但是所有婚外情的基础，都是对婚姻的不满意——而婚姻在我的生活里占了如此重要的地位。我想婚外情不过是消融了对对方的承诺及由此承诺带来的安全感。

“我所有的弱点暴露在我所爱的女人面前——她了解我的缺点和不安全感——

我也知道她的，而我们都会很残酷地剥削对方。如果我们能学会增强自己而不必牺牲对方，运用自己以及对方的力量和正面的特质，我们的生活就会接近无上的喜悦（我猜）。重读这篇答复，听起来我好像是天真的浪漫主义者，但是我有充分理由相信这是可能的。”

“我们在不动感情的共识下成为爱人。我们以轻松的心情相处——欢乐的时光，真实的热情，以及千奇百怪的性行为。早在我向自己或她承认之前，我就已经爱上她了。我曾经受过很深的伤害，觉得女人是如此渺小和肤浅，现在喜悦自然地涌现，自己仿佛返老还童。我感觉好像要破茧而出，全心领略人生、喜悦、悲伤、美丽等前所未有的感受。而她变成我情感的核心，同时我们发现相处是多么容易，无须防卫或面具，不管做什么，我们只要在一起就高兴了，因此在原来设定的冷淡关系中，悄悄潜进了温柔和情意（似乎是违反了协定）。我们现在进入第 5 年了。我不知如何诉说我的感受，除了说发现另外一个人的存在，她对我是如此珍贵，唤醒了生命蛰伏已久的喜悦，以及投入生活的热望——无论她带来什么样的生活。”

“我爱得最深的一次带给我两种极端的感受。一方面我坐不住，蹦蹦跳跳、手舞足蹈，想要到处奔跑，没法好好走路，对着镜子开心地笑，喜悦的泪光泛上我的双眼，我的心怦怦跳，喘不过气来，我想要告诉每一个人。我想要付出，我想要分享，我想要告诉所有寂寞的人：支持下去，寂寞会过去的。然后有的时候我可以静坐好几个小时，感谢上帝让这个人进入我的生命。我一直有这样的感觉，在我遇见这个人的时刻，宇宙里有某样东西响了一下——为了某种相通的美丽理由我们在一起了。恋爱是无上的光荣与特权，需要诚实与勇气。除此之外，恋爱是追寻灵魂的时刻，是相互尊重的模范，我必须面对自己的自私、愤怒、虚荣，而且确定自己不会再和别人乱搞了，我不能伤害我或她。

“在她出去跟别的男人做爱时，我哭了。我一直等她回家，但是她一直到清晨才回来。她常常这样做，我非常伤心、害怕、迷乱而且惊慌，如果再发生这种情形，我仍然会受伤。不过现在我比较了解她了。她是受到压迫的女人，被迫接受对自己的低度评价，她被教养成具有毁灭性的女人，她总是痛恨自己的行为，抱歉她伤害了我。她会如此内疚，以至于终日沮丧地躺在床上。我打扫房子、煮饭、照顾孩子，然而她依然故我，我十分伤心。她和我都不理解这是怎么回事，如何制止，真是悲哀。我忍受了一整年，心想如果我拒绝接受，我会被说成是性别歧视者。

“不过也有美好的时光。例如，最好的时刻是星期天早晨，美丽的早晨，咖啡在厨房里嗞嗞响，我煮的，我们躺在床上，她的孩子跳上床跟我们在一起。我们欢笑、交谈、游戏，洋溢着亲密和爱的气氛。在被单下我的阴茎轻轻接触她的阴道，秘密而且刺激。我感受到她和孩子的亲密包围，像个丈夫、像个父亲。我向我的家人表现爱意，也得到他们的爱，是这种归属、亲密、舒服、安全的感觉带给我最大的快乐。能够爱我的女人，用我的生命围绕着她，她是一个人，也是一个母亲。”

“我最爱的女人后来成为我第一位妻子，以及我3个女儿的母亲。我在战时遇见她，而且一见钟情再也分不开了，我们的喜好与憎恶相同，人生目标也完全一致。在我们结婚、相聚在一起的时候，我觉得圆满而完整。我在各方面都深爱着她。在家庭以及事业上我们都是同心协力的伙伴，而且非常成功。我几乎完全心满意足了。

“美中不足的是她的占有欲和嫉妒心。奇怪的是，这并非指向其他的女人，因为在我们结婚的那几年，我并没有婚外情。嫉妒是针对我的活动、我的狗、我的阅读爱好、我的朋友，或者不论是什么会将我带离她身边，即使是短暂片刻的事物。我失去成为自己的自由。过了8年半，我们离婚了，现在，经过了25年之后，我和不少女人发生过林林总总的关系，但是仍然没有人能够取代她。”

“目前我正陷入爱河，已经超过一年了。我爱的女人拒绝我，没有任何事情可以驱走我的孤寂。但愿这段恋情能够早点结束，这样我对自己的感觉会好一点。爱并不是性，爱会引向性，但性并不一定会成为爱。对我而言，爱存在于心灵，爱需要与对方身体交融，但是如果这不可能，一个人所能做的只是希望这件事快快过去。”

“有一种好的爱，但是还有另外一种爱无论怎样努力不能也不会结出善果。努力没有用，什么都没有用。”

“现在是忏悔的时候，所以我告诉你，有时候，我会哭着入眠，在白天，有时候我会想到她跟别的男人在一起，取笑我的欲望。有时我得强忍住不哭，因为我正在工作。正常的情况是我不会试着忍住哭泣，因为哭过之后，情绪会平静得多。我知道这不会一直持续下去（指目前的哭泣状况）。我得不到安慰，感觉一切都令人绝望时，我就会痛哭一场。没有什么能帮助我，我觉得一文不值——这就是女人做的好事。

“我想过自杀，让我的双臂张开如阴道，从里面汩汩渗出血，但是我从未拿起刀子。在这种死亡意念盘踞的时刻，总还有一点点理智留下来说‘不’！这一点点理智麻痹了我的能力，不能移向刀剑。这不止一次救了我的性命，我是一个幸存者。死亡意念可能在痛哭一场时出现，或者出现在静静思考爱的时候。爱究竟是什么？爱对我造成什么后果？我叙说许多心情，因为男人必须了解这是怎么回事，了解一个男人可能会如此软弱，如此容易受伤，同时了解伤害人的力量，但是了解并不能超脱。这类型的疯狂不在教科书里，但是它像一颗石头或是一棵树一样真实，它存在，就在那儿，对它一点办法也没有，真的没办法。”

这段是为了那些未曾料到有另一种爱以及它的破坏力的人而写的：

“无论如何，目前我有一份稳定的关系，这份关系最棒的是我的女友了解我和盘托出的需求，我也感觉我能够了解她的人生处境，我正向她学习‘女人的事’——我从来不了解的点点滴滴。最糟糕的是我无法回报她的爱，就是那种品质良好的爱。”

一些男人在描述他们青少年期或是年轻时感受到的爱时，通常带着深沉的悲哀或无法挽回的失落感：

“大一时，我遇见一位女孩，她是我心目中的理想爱人（现在还是），我每天围绕着她打转，6个月后我们分手时我心碎了。这次的决裂使我足足有两年之久无法和其他女孩子建立温暖的情谊，而且让我很难再付出或是接受相同的爱。我所能达到的最亲密关系是和我的孩子建立的。”

“就读大三时，我真的爱上一名女孩——高大、有雀斑，没有别人认为出色的地方，但是我喜欢她的声音、头发、笑容、鼻子、眼睛，她的一切。我从来没有告诉过她，虽然我在她旁边坐了一年半。不管怎样，我的心跳加快，不觉得饿，好几天不吃东西，睡不安稳。有一天晚上工作结束后，我写了一封信给她——12或13页之长，大约写到凌晨3点，我大概知道她住哪儿，但是不晓得详细地址，所以我把信撕了，这份情感持续了几个月才渐渐消逝，不过我仍然爱她，我怀疑她是否知道，或者终有一天会明白我的情感。这真是悲哀！”

“在我17岁时，还是个处男，我陷入了空前绝后的热恋中。那名女孩也是处女，我们去山区野餐，我和她一整天都单独在一起。然而我们并没有做爱，或是强烈地爱抚，我们在情感上得到很大的满足——其实我们的亲密程度只到我将头枕在她的大腿上，以及伸出舌头接吻一次。我想这第一次恋爱的经历，影响了往后我跟女人的关系，让我对前戏更有兴趣，更注意温柔，以及重视我性伴侣的终极快乐。”

“我爱得最深的一次，也是我唯一一次的恋爱，发生在我18岁时，对方16岁。在我们6个礼拜的交往过程中，我只不过亲亲她，拥她入怀。她渐渐对我冷淡，而当时我无可救药地爱着她。在她终于向我摊牌时，我仿佛死掉了，常常哭着入眠。我没想到自杀，但是我觉得自己已经死掉了，我感受到未曾有过的强烈空虚和失落。从此以后，我没有办法再像这样完全投入自己的情感来爱一个女人，我就是做不到。

这事发生在 12 年前，我仍然可以感受到那种痛楚，如果我现在看到她，我知道我的心脏会蹦到喉咙。”

“读大学的时候，我在联谊会上遇到一个女孩，她非常有魅力，不仅漂亮温柔，高挑性感，而且阅历丰富，知识广博，和她在一起总有说不完的话题。我完全被她迷住了，但是她的心思不在感情上，她总是礼貌地拒绝我，从来没有答应过我的约会请求。我坚持追求了几个月，却依然没能打动她。为了能够待在她身边，我甘愿当一个普通朋友，只要每天能够看到她就觉得很满足。现在我已经结婚生子，偶尔想起她时，心里依然充满幸福的感觉。”

大部分男人对于恋爱战战兢兢。男人恋爱最初的感觉和女人是一样的：开心、快活，同时心荡神驰。事实上，这是本书唯一可以由女人来书写的部分——但是在他们最初的喜悦（及性爱吸引）之后，令人感到啼笑皆非的是，大部分男人会退缩或不信任自己的情感，虽然这份情感会带给他们无比的喜悦。事实上，因为大部分男人不信任这种情感，所以大部分的婚姻不是建立在这类强烈的情感之上——至少由这份调查中男人描述他们对婚姻和妻子的情感来看是如此。大部分男人没有娶他们最爱的女人，不过他们强调他们爱妻子，也不想离开妻子，即使他们在婚姻之外和中意的女人维持固定的性关系。

4

男人对一夫一妻制的看法

婚姻背后的真相

love

男人在婚姻中信守一夫一妻制吗

从前面章节的许多答复里，我们可以看到大部分的婚姻不是根植于强烈的情感，或是恋爱的感觉之上，至少从男人描述他们对婚姻的看法以及对妻子的感情来看是如此。但是大部分男人肯定地表示他们爱妻子，绝对不想离开她们，然而大部分男人都有瞒着太太的婚外性行为。

绝大部分已婚男人都不是只守着妻子的。72% 结婚两年或两年以上的男人有婚外性行为。绝大部分瞒着太太，至少在当时不说，到目前为止，最具典型的答复如下：

“我结婚 18 年了，我喜欢我的婚姻，非常喜欢。我们有很好的性关系——我不能再要求更好的性生活了。我信守一夫一妻制，这是道德和宗教上的要求。我的妻子不晓得我的婚外情，这并不影响我的婚姻。唯一的问题是：同时维持一个家庭和一名女友花费太高。”

“跟一个女人结婚 39 年了，感情和喜乐数十年如一日。至于婚外情，有的，我太太不知道，它扩大了我对人生的了解。”

“我结婚 7 年，很高兴结了婚，婚姻带给我固定的性伴侣，而且为我们打开了更多的情欲之门。我很爱我太太，我的爱由自私、独占转变成需要、分享、沟通、保护的情感，以及共同享有我们的孩子和人生。我不相信纯粹的一夫一妻制，我觉得在每一个人的生命里，有些时候他们需要外来的刺激，甚至到达性交的程度，来恢复他们的性欲，以及激发他们的遐想，我认为在适当的情况下这样可以改善婚姻关系。我有 10 次外遇，都是春风一度，没有一次是我事先计划的。我觉得这些经历大大增强了我的性欲，可以维持一段时间，而且加强了我对妻子的热情。”

“结婚 36 年，我喜欢结婚，婚姻中满足的性生活胜过一切，最是宁静自然。是的，我曾经有外遇。大部分我太太都不知情，这使我的婚姻状况更好。”

“我结婚 8 年，我不喜欢这个婚姻。因为孩子我才没有离婚，我曾有婚外情，那使我非常满足。我太太不知情。一开始我很难受，竟然到街上去做那些我认为应该在家里和太太一起做的事，但是我认命了，她可以维持原样，而我努力不要拿她和外面的女人相比。我得到了很大的乐趣，妓女也让我一样快乐。”

“结婚 15 年，我喜欢结婚。我和以前一样感受到妻子的性魅力，或者甚于以往。但是一夫一妻制不适合我。我想如果我有一个不一样的妻子或者我和妻子的关系不一样的话，我或许就比较能接受一夫一妻制。我深爱我的妻子，经过了 15 年的婚姻，我们一起经历很多事情：失掉一个孩子，同时生了老三来取代老二……今年的关系有点飘摇，我希望赶快风平浪静。我们在性渴望或需求上不太平衡。我太太不晓得我的外遇。我认为它们对我是学习和成长必需的经历，而且我认为这对我的婚姻有帮助，而不是造成伤害。外遇之后，我并不会少爱我太太一点，在我的婚姻过程中，我不断有外遇，而我比以前更爱太太。偶尔来一次随缘的性关系不错，不过我喜欢比较有意义和恒久的关系。我拥有一些美丽的回忆，和某人一两次的亲密经历。我仍然记得每一位和我结合的女人，以我特殊的方式尊敬她们。为什么性必须受到与其他事物不同的待遇，加诸其上那么多规则和规范？”

“结婚 25 年，我喜欢结婚。我们并非常常同时性趣高昂，但是一旦如此，就太美妙了。我和太太在一起很少无法勃起，她是个变幻莫测的情人。我们结婚时，我有一些乐观的期待：（1）我永远不再孤单；（2）我不会因为需求性而受伤。关于第一点，至少有 95% 的满意度；第二点，只能达到 70% 的满意度。另外，我曾经和其他女人有一些性接触，大部分都是随意性的春风一度，双方都明白不会有持续的感情牵扯。这些经历很宝贵，我希望还有别的经历。我曾经有一段婚外情，我太太不知道，维持了两年。我很喜欢那个女人，非常满足于与她的性爱。我不知道如何排解自己内疚的情绪。结束这桩韵事，部分原因是我厌倦了，部分原因是我感觉伤害了我与妻子的关系。”

“结婚 6 年。棒极了——我太太和我常常讨论彼此的情感。不过，我不会告诉我太太我和其他女人做爱（不是真爱）。这令我苦恼，我见到的那个女人，独居而且风骚，有一些我太太没有的技巧。”

“我结婚 29 年，我爱婚姻，我希望能再有一个或两个妻子。婚姻是拥有性关系的最佳方式。我一直保有一到两位爱人，因为我的妻子无法完全满足我。我不喜欢随随便便的性关系，我希望了解这个女人，对她怀有情意。”

“我结婚 30 年，非常爱我太太，但是和她的性关系似乎比正常来得少。我们俩都压抑很深，不敢把问题拿出来讨论，因此一直忍受着不满足的性生活，我们其他层面都很美满，所以恒久的关系中，性是无足轻重的问题。我所有的婚外情太太都不知道，只有一次，她有点怀疑。我很后悔偷情，但是性的需求太强了。我接受而且能够处理这些困扰，遮遮掩掩、小心翼翼地不让外遇曝光。我的伴侣都能谅解，同时予以协助，其中有些人也有相同的处境，家庭性生活无法满足她。”

“我第一次的婚姻维持了 4 年半，没有孩子。和第二任太太结婚 13 年，有 3 个孩子，我喜爱婚姻。我的女人永远在家，通常每三四天和她做爱一次，而同时我还能够眷顾别的女人，不会影响我在家里的性生活。我爱我太太，而且的确好长一段日子是一夫一妻，但当有机会来临，能够找一个我喜欢的女人做爱，我毫不犹豫，甚至会追求这种机会，因为我喜欢逢场作戏，增加生活的情趣。但是我永远不会和另一名女人牵扯太深，以至于离开我太太。”

“我已经结婚 5 年，我 31 岁时结婚，对于婚姻我有矛盾的情感。不离婚是因为我认为我儿子应该在家庭环境中成长。我爱我太太。理想上，一夫一妻是最好的，但是我有外遇，我不知道自己为什么会出轨。我太太全心奉献，是个好情人，而且很忠实。但是我喜欢发展多一点的关系。我的婚外情不只是随缘，它们是慢慢建立起来的，我投入很深。我太太发现了，她受到很深的伤害。她认同一夫一妻制，不理解为什么我会有外遇。一夫一妻制的好处是让伴侣完完全全忠实于对方，这是非常重要的，然而因为将来我还有可能外遇，这种冲突唯有离婚才能解决。我曾经因为这个缘故考虑离婚。”

“结婚 32 年，美满而且令我受益良多的婚姻。我太太是个好人，我们很年轻时就结婚了，或许是因为种种错误的原因而结合。但是我喜欢结婚，或许永远不会离婚。我和我太太的性生活从来不圆满，而且一直在恶化，我会选择一夫一妻，但是目前我深陷在婚外情里，我太太不知道。或许这会摧毁我的婚姻，因此我很悲伤，因为我真的在乎我太太。然而这段恋情的确美妙，我又不想放弃。我深深爱上这位新的女人，全心全意。”

“我已经和太太结婚 26 年了，而且很幸福，不想改变它，或是渴望其他女人做我太太。但是我喜欢偶然的外遇，只是换换胃口。一夫一妻的枷锁应该打破，两人生活在一起，日复一日，不可能永远保持高潮。在性生活方面，我像从前一样享受鱼水之欢，不过我不敢确定她是否也像从前一样享受。24 岁时，她很漂亮苗条，现在她的身材成熟了，脸蛋有了个性。是的，我有外遇，这并非开放式婚姻的形态，不过我给了她相同的机会和相同的忠告。事后，我曾告诉她这些外遇，她很伤心难过，每一次我都很难受。她不想要有婚外情，而且只愿忠实于一个人。我似乎无法说服她认同这些恋情并不会影响我们的婚姻。虽然每次外遇后都会动摇，但我们仍然相爱，也保住了婚姻。”

“我结婚 12 年，而且我们历经了所有的过程，从真心相爱到几乎破裂，直到在彼此的协助下慢慢成熟。我们拥有几近完美的性关系，直到 5 年前我太太似乎失去了她对我强烈而没有条件的爱。我试着接受这种情况，但是情绪由宽容、波动到绝望、愤怒，又回到谅解，或许她正进入一个新阶段。她突然变得凛然不可侵犯，然后有一个月之久，似乎我的欲望令她不快。我有很多次婚外情，大部分是愉快的，而且我太太不知情。我只喜欢不会神经兮兮的热情女人，她们不会想要伤害我、伤害自己，或伤害我太太。”

“我结婚将近 24 年，我喜欢我的婚姻，家庭的向心力是我生命的基石。我深爱我的妻子，但是最近我们分居大约 7 个月了。我们结婚原本是想趁年轻时生小孩，但是结婚后的性生活都不理想。她不高兴我有外遇，我发现一夫一妻实难忍受。目前我正在努力，我宁可挽救我的婚姻，也不愿坚持拥有其他女人。”

“我和妻子的性生活太棒了，但开始并非如此。事实上，在她为怀孕所苦的那几年，性对她是一件苦差事。她总是害怕怀孕，弄得两人心神不宁。我开始和其他女人胡搞，发现获得的喜悦胜过内疚的情绪。通过这些结合，我对性了解更多，开始在外面做一些我在家没有尝试过的事情。过一段时间，我可以将一些性把戏引进家庭生活里，这时我在家的性生活开始变得美妙。我仍会有一些外遇，不太频繁，不过它们并不会干扰我对妻子以及家庭的爱与关怀。我的妻子隐隐约约觉察到我需要外在的刺激，她不太高兴。但是她既聪慧又讲理，明白我对家庭以外的性爱态度只不过是追求乐趣的冒险，不会威胁到她的安全。事实上我反对这个伪善社会强加在我身上的风俗习惯和行为准则，这个社会告诉我要禁绝世俗的享乐，但是社会的本身却是藏污纳垢，男盗女娼。”

“结婚 19 年，我喜欢婚姻生活，因为这是有保障、便利而且稳定的生活。一开始我是为了浪漫而结婚的，但是结婚 11 年以后，我开始有婚外情，瞒着我太太，而且至今没断过。我卷入最深的一次是和最近这两年交往的一名女孩。我全心全意地爱她，她在我内心制造了和太太强烈的对比。我的爱人和我在性灵上比较接近，她不像我太太只是‘床上的爱人’，如果她没结婚的话，我会为她离开我太太。”

“结婚 35 年。我喜欢结婚，不过有时会发现受到太多的限制了。我结婚因为我爱我太太，而且强烈需要亲密、伴侣、爱、热情和分享。结婚限制了我所渴望的性活动。一夫一妻很好，因为它能提供安全感，但是我有婚外性经历，包括至少和5名不同的女人做爱，其中之一是一位年轻的客户，她后来变得太好色了。所有的事我太太都不知道，虽然她知道我和其他女人有交往。我知道教会不会同意，但我不是真的很在乎，不过还是有一些残存的罪恶感。我从不逢场作戏，我喜欢比较亲密、恒久的关系，但是必须分手时，就比较难了断。”

有些回答似乎严重地自相矛盾：

“我喜欢一夫一妻制。但如果我很富裕，会养一大堆妾。”

“我结婚20年，婚姻比任何其他我能想象的生活形态更能满足我的需求。我喜欢一夫一妻，对我来说一对一的关系是唯一可以完全分享而无须不断钩心斗角的方式。我有婚外情，它增强了我的自觉和信心，也改善了我的婚姻，否则这婚姻会保不住。”

“结婚5年。我觉得结婚比独身有趣，我太太也是我最好的朋友。一夫一妻很好，因为我不认为我能够平等地爱一个以上的女人，这会造成嫉妒并引起麻烦。我有3份婚外关系，随缘的性关系不错但是不要投入太深，因为我已经结婚了。”

“我相信应该维持一夫一妻，不过配偶双方都应该自由过自己的生活，只要不妨碍婚姻关系，双方都可以和自己喜欢的对象发生性关系。”

虽然大部分男人只在结婚多年后才发生婚外情，但是并不尽然：16%已婚男人在第一年就发生婚外情，23%发生在头两年：

“我的第二次婚姻目前进入第9个月（我的第一次婚姻维持了14年），我喜欢结婚。性方面的兴奋会慢慢减退，但是这样的性是美好、稳定、温暖的。不过关于维持一夫一妻，我没有真的做到——我会厌烦。我喜欢追求新的刺激，以及新的人格特质——我对新的领域感兴趣。这些绝对得瞒住太太！有时我会有罪恶感，我必须花很多工夫来掩饰，但是这样我在婚姻关系中才会比较快乐，因为我不喜欢被一个女人‘套牢了’或‘绑死了’。”

“我结婚一年半，非常喜欢这段婚姻。她在各方面都是最好的，和她做爱很不错。我也和别的女人做爱，但她不知情。这对我没什么影响，因为我只求生理满足，一点也不会影响到婚姻。我的意志很强，如果我知道无法控制，我就不会去尝试。但是有时我会怀疑，我是否应该在结婚前跟更多的女人交往以满足自我。不过，我强烈地感觉我和我太太可以一辈子生活在一起。”

“结婚还不到 1 年。我们结婚是因为相爱而且需要对方，我想要妻子、家庭，想要有人可以让我照顾，同时抚养一家子人，看着他们长大，人生没有比这更圆满的了。我的婚外情没被发觉，它对我个人非常有帮助，它帮助我更自由地了解婚姻生活。”

“我结婚 2 年。我结婚是因为我想和我爱的女孩生活在一起，但是不想伤害双方父母。同时婚礼带给我们许多礼物，包括必需品，以及我们买不起的奢侈品。性技巧随着实习和定期使用而进步，但是某些兴奋消失无踪。我发现在做爱过程中我有更多的幻想。结婚不到 1 年，我爱上一个新认识的女人。我们各自的婚姻都很快乐，而且像爱对方一样爱我们的配偶。这份爱自然而然产生了性关系，我们都选择了不告诉配偶。我知道这样只会伤害我太太，她没办法了解我并没有少爱她一点。”

有少数男人在非常漫长的婚姻关系中只有一两次的外遇（1%）：

“我结婚 28 年了。性生活糟透了，不过我只有一次一夜风流。我真是愚蠢到家了，向我太太承认了这件事——部分是因我的宗教背景带来的罪恶感，部分是想小小地惩戒自己一下。那个夜晚我跟我的旧情人幽会，虽然过程不是很圆满，却使我恢复了青春，我又可以和太太做爱了！之前我们已经好久不弹此调，后来情况改善很多。”

“结婚 17 年半，我喜欢。婚姻给予夫妻建立良好性关系的机会，但是双方都得努力。我有一次外遇，但它令人失望。由于事后的内疚，我写信向太太承认。这几乎造成我和太太分居而且可能离婚，我们曾一度失去沟通的能力。”

“我过了 25 年之久的一夫一妻生活。我有两次短暂的外遇，发生在我头脑不清楚、思虑欠周的时候。然而这些外遇意义深远，在当时的情境里是有意义的，绝不是逢场作戏。”

“我结婚 23 年。唯一一次不忠实是跟一位朋友的妻子在一起 10 分钟——这 10 分钟如置身天堂，就在我家客厅的地板上，大约是六七年前。”

“我结婚 33 年。在我太太还未生病的前 30 年，我的确非常喜欢互相的了解和欣赏带来快乐的性生活。我 30 年没有婚外性经历。在我太太身体出了严重的毛病之后，我和另一名女人发生了关系。我非常小心谨慎，我太太从不知情。而我将它结束了，继续和太太生活在一起，陪她度过癌症末期的最后半年。”

男人对婚外偷情的感受

大部分男人对于婚外情很少表示内疚或后悔，同时他们也不认为婚外性行为和他们与妻子之间的问题有什么关联：

“我结婚35年。我并不想要任何改变——不过我们的性生活还有待改善。根据现在的标准我们过得相当好。我有几次婚外性经历，瞒着太太。我明白没什么坏影响，也知道有些好结果——每一次的经历都会教我一些‘新鲜’事，让我在家庭里运用。”

“我因为爱情、稳固的性生活及友伴关系而结婚。和我太太做爱挺不错，但是我喜欢尝新。我不喜欢一夫一妻制，它太局限而且太单向了。婚外情对我的影响只有分离时的悲伤，从来没有影响到婚姻，因为我绝不会愚蠢到告诉我太太。”

“我和其他女人有性关系，我太太不知情。它真的没有影响到我的婚姻。不管怎样，我从来没有感到内疚。我是个十足的浪漫派，我不认为我曾经恋爱，我希望能够发现恋爱是什么滋味。”

“我结婚近20年。随着时光流逝，性生活越来越美满。我有过婚外情，瞒着我太太。我一头栽进去，毫无顾忌地爱上一个女孩。这次经历让我懂得，如果不用心智控制情感，结果会是什么样子，从此以后我就不一样了。我不知道这段恋情对婚姻的影响是什么，我从来没想过我和太太的关系以及我和这女孩的关系有什么关联。”

大部分男人表示婚外情对他们有好影响：

“在我第一次婚姻里我的确有婚外性行为。我太太不知情。对我的影响很棒，对婚姻没有影响。”

“我不断卷入婚外情有20年之久。许多是随缘的，也有一些是长期的关系，维持3～4年。我太太不知道，目前我有两个外遇，这样对我很好。”

有些人表示，婚外情很好，因为那是自我的提升：

“那会是很美妙的经验，提升了自我。”

“我有婚外情。它们将我从几乎要毁灭自我的意气消沉状态中拔出。它没有影响到我的婚姻。”

“我的私情太太不知情，对我有很好的影响——美好的改变，而且加强了我的自尊，因为我很有魅力。”

“有两年我没跟太太住在一起，而且有了外遇，我乐在其中。它让我觉得自己很性感，形象颇佳，几年以后，我告诉太太这件事情时，她认为我的坦白是恶意的行为，而且说我不应该告诉她。不过我真的不认为外遇对我们的关系或婚姻有重大影响。”

“我所有的这类经历都瞒着太太（如果她有这些经历，我会立刻和她离婚）。这些经历有助于自我的提升，其中 3 名女人是自己投怀送抱的。”

“大约 4 年前，我发现自己比以前不满意性生活，这时出现了外遇机会。这段恋情维系了两三个月，频率是一星期见两次面。我太太从来没有发现，从心理层面来看，它大大鼓舞了我，让我神采奕奕。现在我在性方面比较满意，但是仍然觉得偶尔风流一下会令人十分满足，不过要在没有人受到伤害的情况下。”

有一位男士表示：

“对我的影响是关于男性雄风这类事，意思是，它证明了我的男性气概，或许是证明给自己看。”

还有其他人表示，婚外情帮助他们保留或者发展出更独立的自我：

“一夫一妻是个难题。现在我逐渐相信，无论如何对我来说，必须有一些婚外情的空间。婚外的接触帮助我更深入了解自己，证明我自己到底是怎样的一个人，了解自己新的层面。”

“目前的经历对我来说很好——让我看到自己很性感，而且感情丰富，这是我在婚姻中未曾有的体验。”

“对我个人的影响是很愉快的，我发现自己已经遗忘了什么是爱、亲昵和关怀，以及如何付出，如何承受。”

“我结婚 6 年，几乎全盘接受从小被教导的关于信任和承诺的观念，不过我喜欢同时有好几个婚姻。最近 3 年我有 3 次外遇，这些关系不是完全公开也不是完全偷偷摸摸，只不过有些事不加理睬，还有很多事略而不提。它们没有改善我的婚姻，因为它们并非婚姻的一部分。但是它们改善了我的状况，培养了我的独立人格和自尊。虽然我一直爱着妻子，但我们的性生活伤痕累累，而且常常转移到其他领域。我不知道这些关系越来越公开的趋势是表示我的婚姻变得越来越开放，还是它正在走向死亡。”

“很难抉择要过哪一种生活，保守体制的一分子，还是自由。我不在意别人怎么看我。目前，我和我太太过着稳定、受人敬重的生活，但是拥有长期的婚外情让我享有另外一个圆满的人生（‘真正’的我）。我知道这是欺诈，但是我不晓得不这样做如何对自己忠实。”

有些人获得性经历：

“在我比较年轻的时候，我会搂搂抱抱，全身爱抚，但是守住道德防线，反对没有婚姻关系的性交。维系 20 多年忠诚的婚姻关系之后，我第一次出轨，而且第一次（包括我的婚姻）在对方兴奋之后，没有停止做爱，继续进行——为她也为我——感觉太棒了！我感觉自己是更好的男人和情人。面对我的妻子和婚姻我没什么罪恶感（反正她不是真的想要我）。而且好像从十几岁以后停止发育的性欲又开始滋长了。”

或者单纯地享受婚外情：

“结婚 4 年半。婚姻使得性受到很大的限制。我有两次外遇，令人满意，兴奋，同时情感上得到很大的满足。太太都不知情。”

“我很高兴在家庭以外得到我所渴望的，并且享受那种刺激和冒险的滋味。”

“婚外情对我的影响就是重新肯定自己，恢复青春活力以及兴奋。”

不过，婚外性行为不一定都是正面的经历：

“虽然某些外遇能够增强自我，但有些外遇则伤害了我。”

“我有过瞒着太太的私情。这些外遇的教训是：我的婚姻虽不美满，但是好过失掉婚姻，变成孤孤单单一个人。”

“我已经结婚 5 年，而且喜欢我们的关系。在我们错开工作时间，见不到对方的低潮期，我们各自有一段私情。我发现一件很奇怪的事，那就是外遇期间，我只和那个女人上床一次，因为我已经习惯了我太太，我发现自己和那女人做爱放不开，结果一整晚都无法达到高潮。我不知道是罪恶感作祟，或者是这个女人的身体特征不一样，不过我真的觉得很奇怪。”

极少数人表示内疚：

“我热爱我的婚姻。我有婚外情，但是很少发生。外头的性行为必定带来相当强的罪恶感，不太可能增强婚姻关系。”

“目前的外遇对我的影响是罪恶感，这就是为什么我们必须摊牌的原因。”

“我欺骗我太太，感觉内疚——低级又卑鄙。”

“我认为婚外情一定会被怀疑，但是无法证实。我感到内疚，而且大半是因为我想要对自己诚实，所以结束了婚姻。不管怎么，在婚外情开始之前，我们的婚姻已经动摇了。”

“结婚 5 年。现有婚外性行为，但是瞒着太太。我觉得内疚，但是也觉得我需要这种改变。”

“目前我和第二任太太结婚 3 年。我喜欢结婚。我们紧密相系，再也没有比家更温暖的地方了。但是在外面，瞒着太太，我的确跟别的女人发生性关系。我觉得不光彩，而且它几乎破坏了我的婚姻，因为我太太感觉到了。”

“我在第一次婚姻中有外遇，我太太不知情。它没有伤害我的婚姻，但是让我心里很不好受——每一次我的良心都会谴责我。在目前的婚姻中我从来没有婚外情——一次也没有。现在当我回顾时，婚外情给我的最大的收获就是一次高潮。”

“我有瞒着太太的婚外性经历，我觉得对不起她。我感到强烈的悔恨，自责不已，但还是继续下去……总是害怕被逮到，失去一切（这是我活该）。除非霉运当头，我很谨慎处理，不让这件事妨碍我的婚姻。而且我必须承认，有时，一阵子风雨飘摇后，借着与另外一名女人的私情，我能够重新恢复婚姻的联系——毫无疑问是出于内疚。这样做，让我觉得偿还了一点债，我总是同情她，想要真诚关怀她。所有这些内疚情结的反应，让我合理化了自己的冶游。”

“我已经结婚 20 年，我喜欢婚姻，但是遗憾失去了自由。我真的相信一夫一妻制，但是我天生的本性绝非如此。我有一些婚外情，虽然瞒着我太太，她仍然可以感觉到发生了什么事。这对我有坏影响，因我不喜欢自己不忠实，我不快乐，但是我觉得我必须有更多的性，因我需要，而且我不希望遭受挫折。我很容易被女人诱惑，似乎我能够爱上所有我遇见的有趣的女人，但是很快就不那么在乎她们了。我太太是唯一让我深深依恋的女人，因为她的才华和人格，然而我们的个性不同。”

对有些人来说，罪恶感只是一时的：

“一开始，我痛恨我自己，然后我就习惯了，而且喜欢。”

“我曾经有一次非常偶然的、没有情感牵扯的婚外性行为，我太太不知道。几天以后我觉得难过，不过，后来就不再感到不舒服了。”

有些人尝试过婚外性行为，但是并不喜欢：

“我喜欢一夫一妻，因为如果我不只和一个女人发生性行为，内心的交战和自责太苦了。”

“我不在乎同时拥有许多关系，我只是发现自己处理不来。”

“我躺在另外一个女人的床上，想起我对妻子的伤害有多深，于是我哭着入眠。然后回家——那才是我的地方。”

“我已经结婚 29 年，我非常喜欢婚姻生活。我会结婚是因为我和妻子彼此相爱，而且在我们结婚时，立下了誓约，绝不离婚。我们结婚是因为我们想在一起，同时营造一个家庭。婚后性生活非常和谐——不必害怕性病、不必害怕插足。在一夫一妻的情况下，你只有一个人可以爱并给你满足，使你倍加珍惜——生理上、心理上以及性方面。我只有在婚姻初期出轨一两次，那只是单纯的性交，当时我太太并不知情，不过后来我向她坦白了。对我个人来讲，婚外性行为空虚又寂寞，而且几乎摧毁了我的婚姻。”

“在最近的一次分析里，我已经下定决心，婚外情是无聊的，而且对太太或者伴侣都不公平。”

“结婚超过 30 年。至于外遇经历，我有两次，一次发生在我第一段的婚姻中，一次在第二次婚姻里。性方面来说，两次恋情都很短——或许只有 3～6 次的接触。给我带来恶劣的结果，我充满罪恶感，觉得自己是天字一号大傻瓜。我不适合婚外情。”

“只有一次外遇经历或者说是通奸——跟一个朋友的太太。我觉得真是道德堕落。”

“我比较喜欢高品质、有意义的一夫一妻关系。我有几次外遇，不过因为是婚外偷情，它们总是蒙上一层阴影，弄得情感和体力疲惫不堪。”

“我有一次婚外性经历。我觉得内疚，因为我应该只和太太做爱，此后再也没有发生了。”

“目前我正绞尽脑汁在想，我是否真能安于一夫一妻的考验和价值。坦白说，我想我可能比较倾向于此，而不喜欢到处风流。后者流于肤浅，而且难以维系。然而一夫一妻的关系，如果根植于相互的成长、共享以及相互支持，的确会为个人的生命增加深度与意义。至少这是我在自己的生命里刚刚开始体验到的。”

外遇对婚姻的影响

婚外性行为对你的婚姻有什么影响？没有告知太太的男人最常回答：

“没有影响。”

“我有外遇，能够满足我个人的好奇心及求爱的欲望。对我或我的婚姻没有任何影响，除了可能在性技巧方面有某些进步。”

“我已经结婚 7 年。我不喜欢一夫一妻制，它太容易变成某种形式的监牢。我有外遇，我太太完全不知情。它一点也没有改变婚姻生活。”

“我已经结婚 5 年。我有一次婚外同性恋的经历，我太太不知道，对我或我的婚姻都没有影响。”

“我瞒着太太偷情。它让我觉得不错，而且对我的婚姻没有影响，因为我爱我太太。”

“我结婚 29 年半。有几次外遇，太太不知道。对我或我们的婚姻都没有影响。只要我不觉得内疚，不需要向她坦白、要求宽恕，就伤不到我或她，因为我还是保持着我的浓情蜜意，永远温柔地爱着她。婚外情好像从自己的生命偷出一些时刻，跟当时吸引你的女人在一起。”

“它既无益也没有伤到婚姻，这场婚姻几年以前就宣告死亡了，不过它让我了解我还能被别人接纳，减少了我对妻子的怨恨。而现在我一点也不怨恨了。”

“虽然我已经结婚 25 年，但我没有长期守着一夫一妻的形式，我也做不到。一夫一妻对我这样一个聪明人毫无意义。我的确喜欢逢场作戏，它令人激动，受益良多，而且颇富冒险性。我的风流韵事瞒着太太，一点都没有影响到我的婚姻生活。”

“26 年的婚姻生活充满了极大的喜悦，在获得友伴与同情的喜悦下，那些挫折微不足道。早年的婚姻生活是纯粹的喜悦，充满难以置信的兴奋。我的配偶一直是甜美、体谅的，在性方面比我还要活跃。总之，我排斥偶然的性关系。在独自旅行、感到寂寞时，我有几次愉快的经历，但是整个看来，在外面和别的女人做爱不过是一种放松，最好的跟自慰差不多，最坏则是大失所望，而且浪费时间和金钱。这些性行为对我或我的婚姻没有长久的影响。”

“结婚 21 年。结婚几年之后，婚姻就开始腐朽发臭了，尤其是妻子不再怀孕以后。我喜欢偶然的性关系，会增加‘人生的趣味’。这些一直瞒着我太太，对婚姻没有影响。”

“结婚 27 年半，一年一年过去，婚姻和性生活变得越来越美满。我的确有外遇，瞒着太太。除罪恶感之外，没有影响。”

“我有许多婚外情——我太太不知道，有许多是她的密友和同事。它们对我的婚姻或我没有任何影响，我们仍然平均一星期做爱五六次。”

几乎有同样多数的人表示婚外性行为（妻子不知情）有助于婚姻，或者让婚姻能够运转，因为外遇使他们能够守住婚姻：

“结婚21年。我能够接受婚姻，也可以离去。我认为自己是赞成一夫一妻的，不过我有一位情妇，我太太不知道。外遇改变了我的生活，让我能继续前行，让我对家人负责。这是发生在我身上最好的事。我的情人也有自己的家庭，她也爱她的先生和小孩，我们的关系是坦诚、开放的。”

“结婚26年，性或许是我生活中最重要的部分，但对我太太来说，性无关紧要，所以我有外遇，她不知道。外遇让我能够继续身为家庭的一分子和主人，而且带给我所需要的自我满足。”

“我有瞒住太太的外遇。这使我的人生更美好，而且更容易守住婚姻。外遇让我放松自己，尤其是在扮演父亲角色时。”

“一开始我对自己有外遇感到有点内疚，但是自己辩护说，这样对我很好，也不会伤害我的婚姻。我想外遇真的有益于我的婚姻，因为这让我不再因为妻子的性冲动没有我这么强烈而恼怒。外遇发挥了缓解紧张的效用。”

“我有好几次外遇。就我所知，我的太太从来不知道——她没有真正逮到我。婚外情带来的影响是维系了我的婚姻，我不相信我能够接受27年不满足的性生活。如果我的婚外情曾经改善我的婚姻，我也有理由相信某些和我偷情的已婚妇女也改善了她们的婚姻状况。”

“我和太太过了很多年痛苦的日子，我们准备分手时，我遇见了一个女人，她认为我很棒，是了不起的情人。我的性生活得到满足，不必再逼迫妻子，这对我的婚姻大有帮助。”

“35年的婚姻生活里，至少有25年我不喜欢。事实上我一直不喜欢婚姻里的性生活，很少得到满足。所有的外遇都很圆满，我变得比较快乐，因此能够将婚姻角色扮演得比较好。有时我怀疑太太起了疑心，甚至可能在吃醋，反正我们的关系大多是紧绷的。头25年我很忠实，在‘踏出去’之前，已经经历太多悲惨的日子。那时我想我不可能更不快乐，或是更悲惨了。

“多年以来，我一直跟妻子以外的女人做爱。我太太模糊地知道一点。她不喜欢，但是只要我不把这事带进家门也不谈它，她就随它去。这对我的影响是让我保持‘青春’（生理和精神两方面），让我更有魅力，更敏锐。被人需求和欣赏是很好的。对我婚姻的影响是正面的，因为如果没有婚外性行为，我不可能待在我妻子身边。”

“外遇最初 7 年，我只有一个女人。此后好几年，我婚外的生活相当活跃。我想从形形色色的女人身上得到更多对女人的了解，在我需要的时刻，我的自我得到许多支持。我发现婚姻不只是性，这减轻了我太太部分的压力。整个来说，对婚姻的影响是正面的。”

“我结婚 22 年。至于一夫一妻，我赞同也不赞同。赞同的是，这份特殊的亲密关系就是我所需要或向往的。反对的理由是一夫一妻的关系不是人生的全部。和太太或者孩子发生口角后，去享受另外一份不同的关系：安静、没有争执、没有期待。这是一大慰藉。我的婚外情是很坦诚而且不为人知的，对我而言，外遇的感觉很好，而且通常在和另一个女人做完爱后，我可以更优雅地扮演丈夫与父亲的角色。我从来没有罪恶感，因为我总是以家庭生活为第一优先。如果有影响，对我婚姻的影响是正面的。”

其他人表示秘密的婚外情让他们更关心妻子：

“我喜欢结婚，但是偶尔一点变化是有益的。我有一两次外遇，一次维持了 18 个月。那是在我太太告诉我不再做爱了（争吵）以后发生的。这个女人比我小 21 岁，真的是一段恋情。我太太不知道，结果它改善了我们的性生活，因为我变得更努力和太太做爱。这或许是因为内疚，或许是想要掩饰，或许两者都有吧。”

“结婚 11 年。有时我喜欢，有时我不喜欢，视情况而定。但我不想离婚。我的私情太太不知道，在做爱时我很享受，但过后会有罪恶感，因为我知道我的妻子非常正直。然而我必须说，外遇让我更懂得欣赏、爱护我太太，为什么？我也不确定。”

“外遇让我更欣赏我太太，这是女人无法理解的事。”

“我已经结婚 25 年，而且很喜欢。我的外遇增进了我和妻子的关系，同时让我精力充沛。我们结合时心满意足而且快乐，如果我的妻子有外遇，那是她的私事。我们在一起仍然很快乐，这才是最重要的。”

“外遇让我更尊敬、佩服妻子。我会看到和‘另外一个女人’在一起时自己的行为，因此明白我是怎么对待妻子的。不必说，我会改变在家里的态度。但是这么一来，她会猜我有了外遇。”

“这些经历大大增强我在性方面的情感，而且增加我对妻子的热情。”

有些人暗示，他们的私情一旦曝光，妻子在跟他们做爱时会更激情——一种性勒索：

“我的外遇大半是偷偷摸摸的。几年后，我发现告诉她这些事让她好一阵子变得非常激情，所以我甚至假造一些来替她充电，好满足我生理上的饥渴而不必去找妓女或一夜风流。我们做过几次婚姻咨询，她变得比较激情，维持了几年之后又冷淡了。”

“我有一次外遇，瞒着太太。后来因为内疚我承认自己的鲁莽，但是这给我的婚姻带来戏剧化的变化，我太太有一阵子如狼似虎，而且我们的关系改善了。”

几乎没有男人提到这种偷偷摸摸的行为伤害了他们，或者伤害了他们和妻子的关系：

“我是赞成一夫一妻的，因此同时和一个以上女人保持关系令我困惑不安，我宁愿将所有的精力集中在一个人身上。我有两次外遇，我太太不知道，但也使我的婚姻变得怪怪的。”

只有少数人表示外遇破坏了婚姻，因为造成他们和伴侣之间的隔阂：

“外遇阻碍了我与妻子之间的沟通，或许是因为罪恶感作祟，我们变得更疏远。”

有些男人表示，婚外情一旦曝光会伤害婚姻，不过对个人的影响还是正面的：

“我结婚 10 年，我热爱婚姻，我有美满的婚姻，也有几次婚外情。当外遇曝光时，给我的婚姻带来了厄运。我的妻子感受到威胁，说要离开我。”

“我的婚外关系对我大有帮助，从每一个女人身上我都学到很多，得到成长。而且只要我太太不知情，对她也大有益处，因为我变得更加亲热，更愿意付出，而且更有人性。但是当她知道后，却变成了一场灾难。我从来没有给她足够的爱和安全感，好让她可以容忍别人的存在。”

有人表示，一旦曝光，在经过讨论之后，改善了婚姻：

“结婚 23 年，我热爱婚姻。我结婚是因为我遇到一位非常好的女孩，直到今天她还是很棒，而且我非常爱她，我不想失去她。和她做爱很满足。我在各方面都非常敬爱我的妻子。

“我有婚外情，好几次。其中有两次拖得久了一点（我不想详述细节。我太太可能会发现这份问卷，拿来阅读，我不想伤害她）。我目前没有，而且也不想再有了。我太太像老鹰一样监视着我，一分钟都不相信我，我正在努力获取她的信任。

“在我太太发现一桩婚外情时，我们开始努力修复我们的婚姻，同时建立更好的关系。现在我是世界上最快乐的男人，我们的性生活获得很大的改善，因为我们都努力要让对方快乐。我太太现在不那么压抑了，我还是不相信她可以完全放得开，同时完全了解我的性欲。不过，她是一位了不起的人，她忍受我、爱我、帮助我安定下来。她是男人完美的妻子，也是男人想要共度余生的爱人。但是我相信在婚姻生活中，每一位已婚男人都应该至少有一次美妙的婚外情。”

“因为我太太‘坚持不放’，并且试图了解，我们的关系增进了，同时让我们更紧密相系。但是在过程中我被连根拔起，荒废了工作，而且失去正常生活的能力。”

只有少数男人表示，妻子发现后，吵着要离婚，或者真的离婚了：

“我有上百桩瞒着太太的婚外情。它们带给我轻微的罪恶感，带给我太太的则是离婚。”

“我在婚姻之外唯一做过的事是抚摸其他女孩的胸部、屁股、背部以及亲吻、搂抱。我太太直到最近才知情，在她发觉时，这种事情已经过去两年之久，但这几乎毁掉了我的婚姻。”

“在我 4 次婚姻里，有无数次的外遇。最后每一位妻子都会发现，每一位妻子反应都类似——离婚或者威胁要离婚。和她们讨论时，任何解释她们都不接受，她们拒绝去思考为什么会发生婚外情。”

“我结过两次婚，第一次维持了 24 年，第二次一年。我第一次婚姻里有外遇，太太不知道。婚外情对每一个人都有不好的影响，而且结束了我第一次的婚姻。”

有些男人表示外遇是非常宝贵的经验，帮助他们改变，同时挣脱令人不满意的婚姻：

“我结婚后有婚外性经历。一开始我太太并不知情，但是最后她还是发现了。这些经历帮助我发现自己，我就是我，并没有绑在一个不切实际的关系上（我的婚姻），当时婚姻已经不是建立在个人基础上，而是基于合约关系。”

“28 岁时我再婚，目前我们正准备分手。婚外情对我的影响是提醒我，我现在的处境是多么虚伪。”

“我结婚 8 年。我喜欢婚姻，但是我讨厌别人唠叨。我有两次婚外情。第一次几乎弄砸了我的婚姻，它像一块香皂在浴缸里载沉载浮。第二次外遇达到了目的，现是我是快乐的离婚男子。我仍然跟帮助我甩掉了太太的女士在一起，她同时也甩掉了她的丈夫。她是我最好的朋友。我可能会再度结婚，如果我不喜欢，我会再离婚，现在我已经发现这太容易了。”

“我和太太结婚 3 年，我真的很喜欢她。我们结婚是因为我们相爱，结婚使得我们的性生活非常圆满，而且更能享受其中乐趣。我赞成一夫一妻，这似乎是生活的正确方式——只要你找到正确的伴侣。在前一次的婚姻里我有外遇，当时我太太不知情。这对我的影响是大大的觉醒，因而结束了一桩乏味、无趣、令人挫败的婚姻。”

“在我第一次的婚姻里，我有瞒着妻子的性关系。我在家里得不到任何乐趣，所以我往别处寻。对我个人没有影响，我觉得我只是需要去爱一个人。谁晓得，它帮忙结束了一桩可怜的婚姻，结果似乎很圆满。”

“我已经结婚 3 年。我热爱婚姻，等到这场婚姻化为灰烬，我计划再度结婚。我发现我的性生活褪色了，因为她选择保持现状，而我希望实验求新。现在我发现趣味相投的人了，我和她陷入热恋。我的婚姻受到伤害，因为我把所有的爱给了情人。我不知道在我离开太太之后，是否还会跟情人在一起，但是她让我明白，我和妻子的关系欠缺的是什么。”

“结婚 26 年。我喜欢结婚，然而我和妻子最近协议分开。我们离婚并非因为不快乐的性生活。事实上，我们美满的性生活维系了婚姻，否则其他因素早就毁了它。我有两次外遇。两次几乎相隔 10 年，都发生在我生命的紧要关头，我充满了罪恶感，所以我告诉了她。对我而言，两次关系都源于共通的爱好，这对我相当重要，而我太太却没什么兴趣。想要让她参与会引发冲突，争执我在这些爱好上耗费的时间和精力。外遇澄清了我们关系里最重要而难以解决的情感和理智上的问题，然后产生了成熟的协议——结束我们的婚姻——认命了。”

有些男人表示婚外情不过是鼓励他们将婚姻维系得更久，超过他们后来所希望的：

“外遇让我保持活力而且满足，因此能够守着婚姻（我太太‘不计任何代价的目标’），直到我发现太累了，而且觉得对谁都不公平，因而离开了。”

“我有很少的婚外情，我前妻都不知道。我不是真的乐在其中，其实是一种绝望的快感。后来我觉得有点空洞和乏味。外遇或许延长了我早该结束的婚姻，因为这样可以缓解紧张的局势。最后，停止外面的游戏，面对我的人生，这才离了婚。”

男人对情妇的感觉

大部分男人觉得不涉及爱的外遇比较能够令人接受——这是指和妻子互相争风的爱：

“我不认为一夫一妻制像情感忠诚度那么重要。外面的性行为没什么不好，只要不当真。”

“结婚29年，我的外遇纯粹是生理上的，而且一开始我就明白告诉那女人，双方随时都可以叫停，没有异议或附带条件，这样就不会弄得太认真。”

“结婚16年，我最快乐的时刻是和太太、小孩在一起。我的关系多年以来都是守着一个女人，现在我不想这样了。去年或前年开始只是逢场作戏，如果我和某人情投意合，性会使情况更加美妙。除了婚姻我不想要任何认真的感情，我太太不晓得我在外面风流。有时我会因为罪恶感而苦恼，不过绝不会太严重。外遇似乎会加强我这方面的婚姻观念。”

大部分男人不会形容他们的私情是爱得最深的时刻，同时大部分男人觉得对外遇对象的“爱”应该屈居于对妻子的爱之下。

某位男士对他和一位情人关系的描述值得详加引述，可以看出典型的投入程度，以及整体的趋势：

“结婚14年。有高潮有低潮，但是随着我们的成熟，似乎大部分是停留在高峰。婚姻中一股坚实的力量是性。性对我们双方都很重要，而且我们常常尝试新点子，阅读性方面的文章或书籍，并且从各方面尝试提升它的境界。

“8个月之前，我的婚姻渐渐出现危机——姻亲的困扰、妻子体重的增加（我很苗条，厌恶肥胖）、孩子教养方式的争执等。我没有积极寻求婚外关系，但是一个机会出现了。我俱乐部的经理病了，必须找人顶替。M似乎是这份工作唯一的候选人。她27岁，离了婚，有一个孩子，目前跟着她的前夫。她很漂亮、苗条、世故、老练。我跟她面谈，她符合一切资格，被录取了。

“大约一个星期之后，我向她倾诉我的婚姻‘发臭’了，她表现出兴趣。因为出差行程的安排，我可以有很多时间跟她在一起，只要在旅程一开始或结束时多延长一夜。她没有钱也没有车，而且喜欢开我昂贵的进口轿车。不久我们就不知不觉躺在床上了，同时我出城时就把车子借给她，这些我太太都不知道。

“M 和我太太对比强烈。她在 16 岁时就有相当开放的性启蒙，17 岁开始和前夫同居，19 岁怀孕，怀孕第 8 个月时结婚，25 岁离婚。她告诉我她和 50 或 60 名男人上过床。我和她第一次做爱是在她的公寓里，那晚我应该‘在开会’。我们喝了一两杯，我开始握住她的手，告诉她（非常诚实地）我真的很喜欢有她作陪。然后不断地亲吻、爱抚以及抚弄她的胸部。不过，她有她的休止符，不能性交（她说）。当时我没有想到要求她吸吮我的阴茎。这整件事情的新鲜劲儿令我陶醉不已。

“接下来一星期，我又把昂贵的车子借给她，而且出外旅行两天。她到机场接我，我们再到她公寓。似乎在我们俩心中，性是第一要务。我冲了一个澡，然后发现她躺在床上，光着身子。我们有非常美妙的性交。第二天早晨又重复了一次。当时，我感觉她两次都有高潮，稍后她告诉我‘只是高峰’。一星期之后，在另一次出差后，我们又重复同样的场景。接下来的几星期，我们到远方一个城市参加俱乐部大会。和 M 轮流开车十分有趣，她技术很好，而且开得很猛，她让我的车子使出浑身解数。

“会议之后，我们的性生活走下坡了。有一天晚上我试着握她的手，她似乎在肢体上拒绝我，我不了解什么原因。不过我们还是常常接触，因为她的工作需要和我每日接触，而且我还是借她车子。在我启程出差或结束时，我会在她的公寓过夜，希望我们的关系能够改善。我们共用她的小床，但是只是亲亲嘴而已。

“有一天，她以前的男朋友看见她在车内，打电话告诉我太太。我太太正出国做 3 个星期的旅行，她在凌晨 4 点打电话质问我，我承认借她车子，没别的了。我真的需要 M 精神上的支持，但是她并未伸出援手。我非常失望，但她就是不想卷入，我们越来越疏远。圣诞节我送她一份小礼物她很喜欢，但她却说：‘你不需要送我圣诞节礼物。’她有两位新男友，都是大学生，一位 22 岁（他非常成熟），另一位是 19 岁。

“新年一开始，M 在工作上的表现迫使我必须做点改变。那是非常不愉快的场面，她认为我是在报复她不关心我。大约一个月后，我必须打电话给她以解决酬劳问题，她在电话上很斯文，甚至是愉快，我很高兴也很惊讶。我们很快结束了金钱方面的对话，然后转移到我们的情感。我们认为，如果我们不试图将生意和私人关系连在一起，情况就会好多了。她提醒我，她并没有大肆宣扬我送礼物给她、和她做爱。我说我知道她会小心谨慎的。

“差不多又过了一个月，我没有和她交谈过。有一天早上我进到办公室，惊奇地听到秘书告诉我她来过电话。我打回去给她，她说她正要进行一次较大的腹部手术，还没找到工作，问我能不能先把税退给她，我同意了。在我到她的公寓谈退税问题时，我们轻轻地接吻，她似乎已经忘掉我辞退她时的不愉快场面。接下来的星期一是一个春光明媚的日子，我们去乡村吃午餐，她开着我的车。我们谈到性，但是并没有任何动作。

“3 天以后，我们又共进愉快的午餐，然后她必须为即将到来的手术去拜访医生。我提议‘下午做爱’，但是她没什么兴趣，然而我们还是过得很愉快（那是我的生日）。她在餐桌上亲吻我，祝我生日快乐，我们真的感到飘飘欲仙。然后我们开始详细地讨论性——她和 P、G，以及跟我的关系。做爱时的沟通我的评价居于中等；P，她的前夫非常善于甜言蜜语；而 G 则几乎一言不发地搞。她似乎乐于炫耀她和别的男人的关系。有一晚我在她公寓，她从凌晨一点到四点离家去‘拜访一位朋友’，还有一次她由那位 19 岁的男友陪同到机场接我（深夜）。最近一次，我在她公寓时，她打电话给目前的朋友，而且让他知道只要我一离开她就会过去。

“这一切对我个人的影响是非常正面的，M 为我的生活开启了全新的领域，我和她的关系让我对女人产生比较正面的全新眼光。她也给予我多年以来第一个崭新而重要的性关系，然而我们都明白我们并不爱对方，长期的关系也不在我们的预期之中。我们继续会面，我希望我们能有更多的性，因为她带给我两次美妙的高潮，我应偿还，而且我知道我可以带给她高潮。

“至于未来，既然 M 不想拥有任何长远的关系，也需要钱，而且我的精神支持可以派得上用场，或许我会继续和她保持关系。目前我正努力帮她利用她可观的天赋赚点钱，她需要有计划地促销自己的天分，更甚于需要钱。这些都带给我很大的满足，我真的想要帮助她，她一直受到生活的折磨，虽然没有美满的婚姻，我想我可以帮助她，并且由此得到快乐。

“对我婚姻的影响？虽然我极力否认，但我太太不相信我没有和 M 上床。然而她已开始忘掉这件事，把精神放在我身上，这件事的结果对我们的婚姻带来正面的影响——情感和性生活方面。

“今天，M 到机场接我。她过了糟糕的一天——必须搬出她的公寓，还拿到一张违规停车的罚单，然后她打电话给前夫，想要见见 7 岁大的儿子，被拒绝了，她和我去喝酒，然后到她的住处。我告诉她好好地哭一场，她照做了。我非常替她难过，但是感觉我终于打破了她的矜持，可以给她一些真正的情感支持了。帮助一个帮过我很多忙的好朋友，这种感觉真好。我确信如果我坚持，我们会做爱，但是此时此地似乎都不适宜色急。”

事实上，上述答复，并非我们收到唯一一份让我们感到似乎有某些压力加诸女性雇员身上，要和已婚的老板发生关系，如下列答复所述的：

“弗兰丝搬走前，曾经为我工作。我训练她，同时我们拥有良好的工作关系，现在她在别镇为一个她无法忍受的男人工作，然而她当初搬家是为了跟随她当时的男朋友。她非常有进取心，现在想要再度回来总公司，或许有一个机会，我的上司要辞职，而在这一州我是最有可能接他位置的人。她有资格担任我的工作，而且对她不仅是升迁，还是个大展宏图的机会。我的经理信任我的决断，她是否能得到这职位，我十分有影响力。

“我和她有一种特殊的关系。过去，我们一直保持柏拉图式的交往，直到最近一起到旧金山旅行 4 天。花了两个晚上我才将手伸进她的裤袋里，最后一晚我和她整夜在一起，然而除了爱抚之外，我们并没有性交。我的感觉是：恨死了。

“公司里还有另一名女孩，最近我对她产生了兴趣。她是我所见过最可爱的小东西，有一天我必须去拜访邻镇的分公司，发现她在那儿工作，在那天的行程里，她提到那天是她的生日。因为我有一个习惯，在出差到手下工作的地点时，会约他们出去。我安排了美好的意大利晚餐、生日卡、生日蛋糕、酒、一大堆赞美，完整的攻势。我得到的是 30 分钟的长吻（当然是由背部抚摸开始）以及吸吮乳头，我是这方面的能手，不管是否有情意。她让我感觉温暖，像个男人，而且被需要。但是她很害羞、不开化，和州警约会，而且不爱说话。这些我都不喜欢。

“我和妻子的关系不错，可是她无法在性方面热情或创新。她对我做了许多让步——让我看我喜欢的电视，和我聊天，倾听我的烦恼，爱我而且常常表达出来，我需要时她都会在，同时给我忠告，还有成千上万个优点。最糟糕的是现在我好像是个杂耍者，同时用手丢 3 个球，一失手就会带给我很大的麻烦，而且严重伤害到我太太，这是我不想要的结果。”

有极少数男人认为，有爱的婚外性行为是比较可以接受或正当的：

“我觉得婚外性行为无所谓，如果我对一个女人的感觉是如此强烈，否认它们比顺着感情走更不诚实。我已经结婚 16 年，但在去年我爱上另一名女人，我们做爱，跟她在一起似乎再‘自然’不过了，情感是如此超脱，似乎跟我的婚姻一点关联也没有。我也爱我的太太，但那是不一样的爱。我的新爱情并不会改变那份爱。”

一些颇不寻常的答复道出了他们对情人深刻而真挚的情感：

“我最伟大而且唯一的恋情发生在几年前。它唤醒我最初和妻子在一起时的回忆，不过更成熟、更开放、更加满足。我们已经相识，并且在一起工作了好几年——在工作上和社交上都喜欢与对方做伴。我们都喜爱我们的配偶，但是会彼此分享生活上的小烦恼。我们有年纪相同的小孩，同样以他们为荣，后来她丈夫因为工作必须搬到另一个地方，她留下来等学年结束，并且卖房子。有一天在谈到未来，以及我们会多么思念对方时，我们不知不觉手牵着手。从此以后，我们的关系变得更亲密。当这段恋情结束时，我非常沮丧，我仍然盼望有一天能再续前缘。”

“结婚 18 年，有一次心神俱裂的外遇。我爱她（我想我依旧如此），远远胜过我其他的经历，而且它几乎毁了我的婚姻。我太太始终不知道为什么，她只认为我自然而然变成一堆狗屎。我不知道如果不是因为调工作离开这个女人，事情会如何演变。现在我已下定决心爱我太太，而且公平对待她，所以我们的婚姻又稳固了，其他的外遇没什么特别的影响——只是有趣。”

“我只有一段恋情——到目前为止。带给我的影响是大大地丰富了我的人生——太美妙了。我爱这个女人胜过爱其他任何女人，她很有趣，令人兴奋，包括生理和知识两方面。她很美丽，是好得超乎想象的情人。我必须承认，似乎没有任何办法让我可以娶她为妻，所以不论任何情境，只要可以和她在一起，我都非常珍惜。这份关系增加了我的快乐与喜悦，使我更爱生命，因此它甚至美化了我的婚姻。”

“我被她的外貌强烈吸引。她为我付出的远超过一个人有权要求别人的。她同时是情人、朋友、姐妹、母亲、密友和顾问，在生命中我首度发现自己及自己的才华。那是一种我们互相归属的感觉，而我就是那个能带给她快乐的人。去做那些能让她快乐的事，是我最大的享受，现在依旧如此。当我明白我在恋爱时，我感到非常激动，有点害怕但又非常快乐。问题是我有太太，还有很小的小孩，这种情况让我们两人陷入困境和焦虑。”

“目前我陷在两份关系里——一个是我太太，另一个是女律师同事。我和女同事的恋情是我 12 年最最认真的一段婚外情。这种情况让我在感情上十分迷惘。我和太太之间出问题已经两三年了，我不确定我们的婚姻是否还能挽救，但我还没准备放弃。虽然我心里十分清楚，目前我爱这位同事胜过爱我的妻子。我很坦白地跟这位女同事讨论过这个问题，她和她先生的处境也很类似。也许我太太怀疑我跟别人幽会，但她没有表露。

“我和这位女同事的关系中，最美妙的是我对她那种少男式的疯狂迷恋。跟她在一起，情绪永远是亢奋的，她是与我有长期关系的女人中最性感、性欲最强烈的一位。和她做爱是我曾有过的最美好的经历。她的心思灵活、愉悦，配得上我的幽默感。

“虽然对她有这么多的感受（还有更多），我也很理智地意识到，总有一天，我们的迷恋必定会冷淡下来，淡到可以合理承受的程度（我们已经幽会 4 个月了），我无法想象我如何面对这种情景，我想不出满意的解答。我对太太有强烈的热情、关怀和敬意，想到要放弃这个婚姻让我非常痛苦，但是我深爱这位女同事，不能想象永远这样偷偷摸摸下去，不能公开做伴。”

陷入外遇深情的男人中，只有少数考虑要离开妻子：

“我已经结婚 20 年，大致说来很喜欢，然而目前婚姻出了问题。我最近有一段恋情，维系 5 个月了，那是非常强烈的情感体验。我已经忘记了深挚的爱具有多么强大的力量，它真像一股暖风吹拂过心灵。我终于跟太太讨论离婚的事，不过我没让她知道我有爱人，我们还在商量离婚。”

绝大部分的男人，即使是爱上对方，也不会为了新情人考虑离开妻子：

“我已经和情人热恋了 7 年，这让我成长为一个新人。认识她让我更加快乐，我觉得我有权利享受人生，如果我不能在婚姻里找到快乐，我会在婚姻外找寻。”

“我 58 岁，白人，生长在相当严格的清教徒家庭，教会及教会相关的活动非常重要，我们结婚一年后（大约 33 年前），我发现自己在寻找裸体女人的图片，好在自慰时幻想。到了第 6 或第 7 年，我开始幻想别的女人，包括我太太的密友。大约第 10 年，另外一位好朋友和我一起洗澡，后来我们偶尔会爱抚、相互自慰，但是没有插入。约第 18 年，我秘密地去引诱一名 27 岁的独身女郎，几乎花了一年她才完全臣服。我们总是偷偷摸摸地接触，冒着被发现的危险，不过收获远大于付出的代价。没有人发现我们的关系，过了 16 年，生下 3 个孩子以后，她决定要嫁人，部分是为了孩子，这样他们会有父亲；部分是为了她自己，因为我们幽会的次数不得不越来越少，而且越来越危险，她的性欲很难满足。在整段外遇期间，我和太太的关系仍然很平稳，她或许还很感谢我在性方面对她要求越来越少了。”

“我娶我太太时，并没有像早年我爱其他女人一样爱她，我们并没有谈恋爱，但是在一起‘很舒服’，在人格、脾气和个性上可以互补。我们结婚以后才开始产生感情，10～15 年的时间，爱情越来越强烈。在 4 个孩子进入青春期时，我们似乎爱到最高点了，现在我们是老夫老妻，已经学会如何相爱，如何生活在一起，度过漫长的一生，我们很少吵架，很少意见不合，我们喜欢互相为伴，而且有节目或家庭聚会时，我们的朋友、孩子、孩子的朋友似乎都乐于跟我们在一起。

“我有几次婚外情，我花很大力气来瞒着太太，14 年前，我和一位单身女郎有一段情，维持了 6 个礼拜。她是唯一一位我像爱太太那样深爱过的女人。在性欲方面，我们似乎比我和太太相配，我也爱她的个性和聪明才智。那是我生命中最重要的插曲，但是并没有影响到我对妻子的爱，而且在罪恶感、欺骗等方面对我也没有影响。事实上，多年以来，我努力寻找另外一个像她的女人来发展相似的恋情。

“在外遇期间，虽然我和另一名女人一星期做爱 3～4 次，有时持续好几个小时，而且我会有三四次的高潮，但我仍然固定和妻子做爱，而且觉得我们的关系并没有改变。就我所知，我太太从来没有怀疑过我有婚外情，我同时爱着太太和另一个女人。”

少数男人只和男人发生婚外情，他们觉得这和别的女人做爱比起来，比较不算“不忠实”的行为：

“我们已经结婚 10 年，我百分之百喜欢结婚，我喜欢恒久的一夫一妻关系，我太太和我有美满的性生活。我只有几次婚外性经验，那是跟男性朋友非常偶然的插曲，以讨厌太太因而到别处寻求‘爱’的意义来说，没有一桩算得上是恋情。我太太不知情，对我来说，我很惊讶会发生这种事，而且我感到‘内疚’，对太太‘不忠实’。同时我又很高兴发现我能掌握自己的性生活，一次性出击不会摧毁我的心神或我的婚姻，我们的婚姻是借爱来维系的，不是性。”

“我能忍受的‘偶然’性关系是跟陌生男孩，为了在生理上缓解性欲，否则像我这样一个异性恋者，婚姻生活太单调了。我知道这似乎很愚蠢，不过这样才是人生。”

男人如何解释自己外遇的原因

男人用来解释外遇最常见的理由是家庭性生活不满足，通常是性行为

次数太少，然而这些答案或许太表面了，因为他们并没有说出缺乏性爱的理由：

“我结婚 5 年了，我喜欢婚姻，但我太太不喜欢太多的性爱一个月一两次就能满足了，不幸的是这不能满足我。我不喜欢长期维持一夫一妻，因为一夫一妻受限制太大了，尤其是如果我的伴侣不太能享受性。”

“结婚 40 年，但是性生活要看她的身体状况。年老的妻子容易疲倦，精力衰竭了。我瞒着太太在外风流，对我的影响是我变得比较健康、比较少发脾气。”

“结婚 33 年。我喜欢婚姻，我的婚姻过得去，但是我真正的性满足都是在家庭以外获得的，因为我的妻子始终就相信性只是为了生小孩。全部的婚姻生活里，除了一星期大约一次外，我总是在外面寻求满足。在最近四五年，我太太变得比较兴奋了，虽然我现在在家比较有活力，但我主要的活动还是在家庭外。”

虽然大部分男人抱怨在婚姻中得不到足够的性，但是也有许多男人抱怨婚姻中的性唾手可得，所以变得很无趣，让他们渴望婚外性行为：

“我已经结婚 3 年。我喜欢婚姻的某些部分，但是对性造成的后果令我惊讶，我的意思是，我可能好几个月都不想跟太太做爱。我们做爱，但是不像跟其他女孩一样情不自禁，如果我有各式各样的伴侣，我会得到更多的乐趣，我发现如果我只守着一个女人的时候，很容易对性爱失去兴趣。但是如果同时跟一些不同的人周旋，我跟每个人都相处得比较愉快。随意遇合的关系让我容光焕发。她当然知道我跟别的女人会面，但她不知道是谁，对我的影响是这让我有表达的自由，那是在家里感受不到的。身为好色的男人，如果没有机会去搞别的女人，我的性生活会非常悲惨，而且我可能会离开妻子。”

“我不晓得如何防止我们的婚姻变成一潭死水。我幻想一种新的性关系能为我充电，脱离僵化的模式。但是我觉得这不太可行，除非牺牲我和太太的关系。现在我才明白要保持一种关系的活力多么困难，我有别的性行为，但我不会告诉太太，我认为让她知道，对她的心灵绝对是莫大伤害。对我而言，结果也是不愉快的，因为我不喜欢出轨，我宁可在自家解决。不过我相信外遇挽救了婚姻，不晓得这是不是正确的字眼。”

“结婚 24 年。我喜欢，但是婚姻也有不好的一面——好像坐牢一样，3 个月以后，我就产生想要摸摸陌生屁股的欲望。我不知道为什么，就是如此。”

"变得非常无聊，永远跟同一个人做爱。我和我太太约两星期做爱3次。过去9年我和另一位女人有段恋情。"

就像我们已经看到的，大部分男人不会考虑结束他们的婚姻，不论性是多么贫乏或"无趣"，他们觉得他们可以从外界获得弥补。他们表示，维持婚姻是为了获得家庭生活的幸福：

"结婚23年。我们结婚是因为似乎应该要结婚，加上固定的性以及安定的家庭生活带来的好处。但是我不忠实——一点也不。为什么？几年前我要求她一个月做爱两次，她回答：'去找喜欢做这种事的女人。'我照做了。她仍是好厨师、好家庭主妇以及好妈妈，但是我需要的不仅这些。我寻找我所欠缺的，而又不想危害我的家庭生活。"

"我结婚5年。结婚是因为我认为这在当时是应该完成的事（那时我25岁）。至于对性的影响，结婚以后我才了解自己的性欲，基本上我们在性方面并不相容，完全不同的需求。所以我到别处追求性生活，同时在其他方面和妻子保持关系，我们喜欢一起整理家园、请朋友来做客等。"

"我有好几次外遇，瞒着我太太，我的性欲比她旺盛多了，外遇可以解决不够缠绵等问题，不过有一次我真的为了一个情人认真考虑要离开太太。但我跟她在一起太舒服了，所以离不开她。"

"我已经结婚13年。我喜欢吗？答案一箩筐。我没有离婚，是因为有福同享，有难同当，这份关系比其他我所拥有过或想要了解的关系来得深厚。大部分人会说我有好工作、好房子、好车子，没什么好埋怨的。说得不错，我也吃得很好。但是在性方面似乎相当困难，因为义务以及一大堆事务取代了欢愉，但是我不会离婚。"

"我已经结婚32年，我紧紧固守着这桩婚姻，因为我对所娶的女人无限佩服与热爱。她很迷人、优雅、温暖，而且热情，在这些基础上，如果我说对这桩婚姻大失所望，听起来可能很矛盾，但是这桩婚姻完全没有性方面的了解与沟通。30年来，我努力过，用亲切温柔的方式来填平这道鸿沟，但是我们的性生活永远是灾区。我提供过性方面的医学手册，但她认为自己知道的比医生更多，所以从来不去阅读。我打心眼里支持一夫一妻制，而且我喜欢婚姻。但是如果有另外一个人生，我绝不会重蹈覆辙。我的婚外性经历是重度爱抚、自慰（跟两个女人）以及一次同性恋经历，这些经历让我不至于完全灭顶，因为它们让我知道我不是性怪胎，而且我对别人有性魅力，虽然我的妻子认为触摸或观看我的阴茎是一件苦差事。”

另外一个外遇的常见理由是没有理由：许多男人不相信一夫一妻是“自然的”，因此觉得他们的外遇不需要“理由”，他们仍然比较喜欢婚姻（而不是“自由”），而且没有告诉太太外遇的事：

“我渐渐相信一夫一妻对任何人都是不自然的现象，尤其是借着法律的钳制。其他的女人令我兴奋，而且我喜欢跟她们做爱。这跟我的婚姻没有关系。”

“婚姻制度需要根本改革，一夫一妻是愚蠢、不自然的。除了婚姻关系，还有别的关系是需要培养发展的，而性的结合是其中一部分。”

“我不相信一夫一妻，我相信男人在生物学上是需求许多不同的女人并且跟她们做爱的。我喜欢一夜风流，有许多太太不知道的韵事。”

“我不相信我适合一夫一妻，因为我喜欢搞其他的女人。我喜欢享受不同的女体，和她们做爱。我有很多外遇。”

“我已经结婚 7 年，婚姻提供给我稳定的生活，驱走寂寞，但是我不相信一夫一妻，这样的制度缺乏刺激和冒险。新而未知的蛊惑非常强烈而且动人，当机会来时我抵挡不住。我爱妻子，但是另一名女人也很了不起。”

“我喜欢同时拥有几份性关系，但通常在几个月之后就将它结束。我认为私昵的人越多，我就变得更巨大、雄伟、完整和圆满，我必须在更多不同的层面成为自己。我喜欢它们是短暂的，因为在一开头魔力最强。但是我也喜欢家庭的宁静与恒久不变。”

有一位男士表示：

“我对自己的情感本质认识非常清楚，所以如果我还没结婚，我会娶第一个出现的可能人选。毫无疑问，我把自己的婚姻当作安全的避难所，从这里可以偶尔向女性发动性攻击。这是很舒服的安排。”

许多男人将性与爱分开，或者觉得同时和不止一位伴侣恋爱，并没有什么不妥：

“她不认同婚外情，她只爱一个男人。我似乎无法说服她认同私情并不影响我对她的爱或我们的婚姻。”

“我告诉我太太：如果只是为了做爱本身的愉悦去搞另外一个女人，并不代表你爱上那个女人。但是她看不出性与爱的分野在哪里。我告诉她睁眼看看成千上万的男人出去找应召女郎或逛窑子，而他们一点都不爱她们，只是性行为本身的愉悦和享受。这些她从来都不能理解，到今天还是如此。”

许多男人用性冲动来解释他们的外遇：

“我很难过一夫一妻的日子。我结婚以后，有将近 5 年没有搞其他女人，几乎把我逼疯了。即使家庭的性生活美满，我还是渴望其他女人。我目前拥有的关系也因为相同的问题飘摇不定。这的确是个难题，很像一个上瘾的酒鬼。”

“结婚 25 年。我有外遇——就像所有的男人。在我的男性朋友中，我只知道有两位一直忠于妻子，其中有一位目前正在准备离婚，因为他的妻子不忠实。”

一些男人提及社会给他们“要有婚外情”的压力——好色的压力——促使他们表现强烈的性冲动以证明男性气概，因为“每个男人都这样”：

“我结婚近 7 年，从来没有出轨，有时我想我是世界上唯一忠于妻子的男人。”

“有时我想如果我一直守着一个女人，我就不够男性化。如果我对女人的欲望强烈点，我肯定我不会忠于我的女人。”

极少数男人认为婚外情与他们和妻子的日渐疏远有关系。男人常暗示，婚外情是因为家庭性生活贫乏或无趣。很少有人谈到婚姻关系中可能潜藏着某些压力，以至于在性方面觉得无聊或失去兴趣。至少在表面上，许多男人似乎能接受妻子在性方面的兴趣越来越少，而他们自己对婚外性行为的渴求是本该如此，因为男人与女人有不一样的性冲动。

有少数男性认为，他们和妻子关系的微妙变化（或者他们对妻子的感情，或是他们对婚姻的感觉）与他们自己的外遇有关联：

“长久以来我逐渐累积对她的怨恨和愤怒，她做了许多令我生气的事，我从来没有告诉过她。不仅如此，我想我怨恨她是因为我有被绑住的感觉，虽然我极度渴望结婚。似乎我所有的愤怒和挫折都可以归罪在她身上，而不是问自己为什么会觉得不自由。我生活里所有负面的部分都可以归罪于婚姻。但是，我既感到不自由，又害怕失掉婚姻提供的安全感，所以不敢离婚。这种依赖让我更加愤怒，因为我不喜欢这样的懦夫形象。

“上述问题的解决办法就是偷情，逃避但不逃离。变成更自由、更独立、更被别的女人喜欢和爱慕的人。

“当然最后这些都表现在我脸上。因为我太太觉得我心不在焉，她变得越来越疏远，更少要求性（从某方面来说，我松了一口气），我们彼此的怨恨和敌意越来越深，直到它变成我们之间的一堵墙。我越来越感到愤怒和挫败，甚至是绝望（我觉得自己如此卑鄙、低劣），因此越来越不会小心地掩饰我的婚外情，然后我太太质问我。我们分居了，那是 8 年以前。

“两年前，经过多次交谈和思考良久之后，我们又复婚了，这次快乐多了。我感谢并且享受我的婚姻，我认为这是和别人一起成长的机会，可以丰富人生的自由情境（虽然这次是一夫一妻）。我现在比较坦诚，如果我生气（或者注意到她生气），我们会一起讨论，我们进行得很顺利。我也注意到，我们真正美妙的性似乎都在这些沟通或分享之后，尤其是在我们向对方透露自己的秘密和梦想之后。我越来越了解我的妻子——我以前从来不知道——她很了不起！”

“几年以前，我有外遇。我感到内疚，不明白自己为什么这样做——我只是认为我是男人，而这就是我们男人的德性（或说我需要变化）。不过，经过咨询以后，我明白在我不忠实之前，我们的婚姻就出问题了，只是我不了解而已。我并没有将关系中的压力与紧张（我们都觉得被绑住了，尤其是被小孩，并且为此互相攻讦！）跟我对其他女人的欲望联想在一起。我看不出来这是我对太太的敌意表现，我认为这只是我的性冲动。现在我对事情的看法不同了，我们已经大大改善了婚姻状况，而且快乐多了。”

这个章节中的许多男人听起来对妻子充满了愤怒，这股愤怒只是因为性被拒绝吗？或者在婚姻生活中还有其他更根本的冲突，而性生活的贫乏，甚至是无趣，只是表面现象？

只有少数男人提到婚姻中的不快乐（性以外的）和外遇有关联：

“有时当我在婚姻生活中感到不快乐时，我会有外遇。这并非‘开放婚姻’的形式。结果是相当负面的，但这是重要的开端，让我思索是否需要换伴侣。”

或者认为外遇是对妻子表现敌意或愤怒的方法：

“我有好几次婚外情，并非开放的婚姻那种形式。我妻子怀疑我出轨了，不过我从来没有暗示我的不忠，总是尽可能地小心翼翼。我的婚外情让我对妻子没有精力或兴趣，现在想起来，我或许是用排斥来惩罚她带给我的威胁，真是不值得。”

同样，只有少数男人认为越来越少的性和紧张的关系有关联：

“在我们感觉不到亲密时，她就不会有性欲，也不喜做任何事。通常我也不想要。”

“如果婚姻中存在着弱点或不安全感（即使是很轻微的），婚外情就会造成悲剧，有时是无法弥补的悲剧。当然，有些婚姻的破裂，或许不是因为婚外情造成的，而是早就已经沸腾的、比较微妙的心理和情感因素。”

“能够通过敌意、仇恨、恐惧的考验，伴随着我们熟知的喜悦和爱情的婚姻是无比珍贵的。和别人或自己有固定的性行为，就我个人来说，既不好也不坏，真正重要的是你对发生的事情如何反应，以及这件事为什么会发生。”

男人对妻子有婚外情的感受

大部分男人不相信妻子有婚外性行为，然而对那些曾经思考过这个问题，或是察觉到妻子有婚外性行为的男人来说，大部分的感受都是负面的：

“如果我妻子在外偷情，我会极度沮丧和愤慨，这是最伤害男人自我的事（我知道女性也有自我，她们发现婚外情也会伤心）。在我和83位女人外遇的经历里，有几次经历，我嫉妒得要命。有几次我发现情人和别的男人做爱，而当时她们仍是我的女人，每一次都是无法忍受的侮辱，伤害了我自以为是有史以来床上最伟大的男人的想法。有一次我‘宽恕’了，让她回来（我们已经有5年的交情），我们仍然保持亲密关系，直到12年后她过世。但是我从来没有忘记，那是一种刻骨铭心的伤痛。”

“我最伤心的是她的外遇。现在我已经复原，只剩下一些伤心的情绪。我不想知道她是否还和那人会面，或者和任何其他男人幽会。那年我们挨过了一个难过的夏天，我想我们都很高兴现在这件事已经过去了，而且我们撑过来了。”

“如果她和别人睡觉，我会嫉妒得要死，也会生气。我会冷落她，我不想要听任何解释。我会割断她的脖子，一点也不后悔，除了生气自己居然爱上这样一个阉割男人的婊子——任何想要让男人嫉妒的女人都是有虐待癖好的小杂种，她可以滚。”

“我太太有好几次外遇，我一次也没有。事后她一件一件告诉我，我真的吓坏了，这更多是因为我们惨淡的性生活，以及加深100倍的无能感。她的私情对婚姻没有很大的影响，我是为了其他理由与她分开了。”

“我第一任太太有一次很认真的婚外情，在我们结婚大约一年半以后发生的，这是造成我们离婚的一个重大原因。我不想嫉妒，但我还是嫉妒了。我感觉被拒绝了，但是在其他的问题出现前，她继续和我上床，也跟他睡觉。我告诉她我的怀疑，事实上我已经确信无疑，她终于承认了。”

有些男人不在乎，因为他们已经对妻子非常愤怒了：

“我，真正的我，性生活是来自婚外。我太太知情，她少有做爱的欲望，我不在乎她有没有外遇，我对她真的一点也不在乎。婚外情对我的影响是困惑、内心强烈挣扎——我真的是完全被困住了。现在孩子们知道我们的事了，他们不一定赞同，但是想了解为什么我有情人。我对他们很坦诚，有时这并不容易，但是我做到了，而且到目前似乎情况不错。我很高兴恢复独身。”

“我结婚 16 年，发现婚姻会让生命窒息，包括性。我太太和一位年轻的同事有一段短暂的恋情。她不知道我晓得，在她发现我知情时大为愤怒。我不会让这种事困扰我，我真的很高兴有人给了她一些爱，因为我确定不爱她。”

然而有些男人接纳：

“结婚 7 年。我真的热爱婚姻生活，婚姻是我人生的支柱。没有我太太，我的人生不会有太大的进展——包括情感和理智两方面。我有一次婚外情，我告诉了太太，她有点震惊，但是她大方地接受了。现在我太太和一位我们的朋友维持了两年的性关系。我太太越来越受他吸引，而且我鼓励他们在一起。信不信由你，她引诱他，他绝对不敢越雷池一步。过去两年，我每星期两个晚上在社区当义工时，她就在他屋子过夜。我丝毫不烦恼，事实上我发现知道她正和别的男人上床，令我情欲扩张，增强我对她在性方面的欣赏。整个过程里，我从来不必担心我太太会离开我。她爱那个男人，但是和爱我的方式不同，她可以跟我生活在一起，但没办法跟他同居。我从来不会担心这会让我们的关系蒙上阴影。我太太和我彼此非常了解。我从来没有利用婚姻这种开放性来追逐婚外情，我只是还没有看得上眼的人。该发生的事情就会发生，我心甘情愿。”

婚姻与性关系

男人最常用来解释婚外性行为的理由是在性方面被太太拒绝，或是和同样一个人重复做爱的无聊本质。这两种说法实际上是互相抵消了，是否还有其他的理由？

为什么男人不断需要外遇来支撑他们的婚姻？似乎在男人和女人长期的关系里（这种关系焦点放在性上面），可能隐藏着某些紧张和愤怒。在本章以及本报告后面的章节里，我们会继续寻找可能的原因。

“婚姻如何影响性？婚姻中的性爱是否一定会变得无趣？”大部分男人回答：“是，它变得越来越不令人兴奋。”

“婚姻对性的影响？发臭了。”

“我已经结婚30年。我喜欢，不过时间似乎败坏了性爱，因为生活中发生的大大小小琐事。”

“结婚3年，性生活似乎在走下坡路。”

“结婚23年（6个小孩）。美满的性爱很费力，无聊死了。”

“结婚8年而且我热爱，但是性不像我们还没结婚前那么刺激，后来小别胜新婚充满了性爱的气氛。现在我们每晚睡在一起，我们不会常常兴奋，但是我喜欢。”

“我认为婚姻干扰了性的享受，生活太没有变化了，所有的家庭琐事介入其中，同时困扰了性关系。”

“结婚8年，安全感取代了刺激感。”

“我认为结婚以前，性爱有趣多了。有太多太多的期待，结果我们从来没有完全满足，过去每一次抚摸、每一个亲吻、每一种暗示都比现在效果强烈多了。”

“结婚41年。有时候我相信婚姻意味着长期租用某个女人的阴道。性迟早就会变成无聊的动作，伸进去然后抽出来，以缓解心智和身体上的紧张。”

“婚姻关系中的性爱一定会变得奄奄一息，迷恋无法永远维持。一定有某种有意义的方式可以让男人和女人长久在性爱上结合，但是我的爱人和我都不知道是什么方法。”

无趣是彼此熟识后必然的结果吗？或者这暗示了彼此的关系产生了障碍和问题？传统的婚姻里，男女关系极不平等，是否因此造成了疏离与压力？

对某些男人而言，婚姻对性的影响有好有坏，一位男士用“一把双刃剑”来形容：

“整体来看，婚姻摆脱了某种程度的神秘色彩和求爱过程，有好也有坏——顾虑不见了，但热情也消失殆尽。你知道今天晚上你可以做爱，但你也知道会怎么进行以及是什么感受。一把双刃剑。”

“任何长期关系对性的影响是：逐渐了解对方的需求，而且敢于放胆沟通彼此的需求。但天杀的！不应花 21 年达到这个目的。一开始就应该如此，坏影响是我们常常彼此厌倦，而且我们知道有某些需求对方永远无法回应，而需求又是永难满足的。这真是令人沮丧的事。”

有一位男士表示夫妻缺乏单独相处的时间：

“问题出在有孩子的夫妻抽不出时间来单独相处。男人下班回家后，吃完晚餐，收拾完毕，小孩也终于看完最后一个电视节目上床了，这时夫妻已经太疲累了，只能草草了事，然后呼呼大睡。早晨或白天，夫妻几乎没有时间单独相处。孩子是夫妻最大的幸福，但是他们必须有办法抽出时间单独相处。”

许多男人表示婚姻扼杀了性：

“我已经和第二位妻子结婚 13 年。结婚以后的性爱跟单身时比较起来贫乏多了。”

“结婚以前，她几乎随时都很性感，我会送她回家，亲吻道别，然后我们变得很激动，必须外出找个地方做爱。结婚以后，她只有在木星跟火星连成一线时才有兴趣，结果是完完全全的日食。我一直很喜欢伍迪·艾伦在‘睡人’里讲的笑话——他沉睡了 100 年，然后他说他已经有 100 年没有做爱了。这是真实的，可是男人又被认定要忠实，这真是开玩笑。”

一些男人指出婚姻本身对性没有影响，是关系的好坏影响了性：

“结婚 5 年。有盛有衰，对性的影响全看我们的关系如何。如果我太太和我的关系很紧张，那就干净利落了。”

“婚姻对性的影响要看婚姻生活如何——可以使之美妙，也可能糟透了。”

“你无法一概而论婚姻对性爱的影响——要看婚姻的品质。我想任何人处在不平等的情境里，或是他们对行为表现缺乏信心和焦虑，那么对性一定会冷淡。婚姻使许多女人处在这样的情境里，我妻子就是如此，这影响了我们的性生活。我确信这样的影响不是所有婚姻的归宿，而且我认为在没有发展的婚姻关系里，性爱会变得单调乏味。美满的婚姻对性才会有好影响。”

有极少数男人表示婚姻中的性永远是那么刺激，或是越来越令人兴奋，因为两人都对彼此产生了信心，而且感觉更自由，并且因为这份关系获得了

多层的意义：

“我已经和妻子结婚30年，我的婚姻是一生中最成功的事，我怀疑是否还有别的婚姻像我的这么快乐圆满，目前我们比过去任何时间享有更多的性爱，这样的情况已经持续四五年了。”

“目前我独身，但是在我结婚时，我很喜欢。我结婚是因为我陷入热恋。性非常的美妙，一直到我们离婚时，跟婚前比没有丝毫改变。”

“我结婚24年，几乎都很快乐。性生活一年比一年美好，一开始就美妙得不得了。”

“结婚18年。我喜欢婚姻，对性的影响非常棒。我不需要去证明什么，所以我可以轻松享受。我现在比结婚前技巧好多了，我妻子说这完全是她的功劳，或许她说对了。她示范一些从来没有人表现过的行为。”

“结婚3年。我们知道如何让对方兴奋，怎样进行会有美好的感觉，而且我们以此为基础不断地探索和扩展。我们试过演出她的和我的幻想，而且尝试一些我绝对不敢跟不是非常熟悉的人进行的事。在如此做爱的时候，我们都非常开心，因为这具有象征意义，我们感觉，至少我感觉一起从事这些‘禁忌’的活动让我们更亲密，象征我们愿意与对方一起探索最深的领域，我们是多么信任对方，而且愿意变得如此亲密。还有无数的幻想我尚未告诉她，这是我曾经拥有过最狂野的性爱。”

“我喜欢婚姻。在婚姻里，每一次性经历都会累积经验，所以下一次更美妙，我曾拥有过最美妙的性经历是在婚姻中创造的。”

“对我来说，结婚肯定对性有好影响。藩篱撤除了，我们在情感上可以更为自由地探索对方的性欲表现，用悠游自在的方式。性交流非常美妙，充满温情。如果和你认识不是这么深的人在一起，你很难不感觉到犹豫、窘迫和尴尬。”

“我结婚是因为我们相爱。我想要娶我太太，建立家庭。和同一位伴侣的性爱是美好的，我们都知道对方喜欢什么。做爱时的沟通只需要轻轻碰碰手，太美妙了。”

婚姻中的性，注定无趣吗

在婚姻成长期的关系里，性爱会自然而然变得无趣吗？是否随着时光流逝和同样一个人不断重复相同的活动，注定越来越没意思？回答上述问题的一个方式是，问问看，是否跟你已经认识20年的老朋友吃晚饭和聊天比跟你才认识一年的朋友在一起来得无趣？显然这要看是什么朋友，以及当时你们的关系如何。但是通常一个人跟交情深的老朋友比新朋友更能深入谈话，虽然了解一位新朋友也很有趣并且令人兴奋。

许多男人的婚姻性生活“注定无聊”的部分原因是，他们通常不敢去娶他们最爱也最令他们激动的女人，因为在她们面前，他们虽能最开放，但是在情感上也最容易受伤。男人倾向将自己的婚姻建立在现实主义的基础上，希望可以自己主宰生活的理性情感，能够预见稳定、可以预期的未来，而不是建立在一见倾心（臣服于对方的风度或思想，而不仅是外表）、完全被对方征服的情感上。但是到头来这样全盘的控制变得很无聊。

另外，和同样一个人重复的性行为可能会变得无趣，跟我们所定义的性行为具有反复不变的本质有关——前戏，接下来伸入阴道，最后以交媾和男性在阴道里得到高潮结束。这点在《海蒂性学报告：女人篇》里曾经讨论过。人们如果对性的定义一直不变，或许唯一寻求兴趣之道就是换伴侣。

从某方面来说，因为在法律上男女的不平等，造成婚姻关系中逐渐产生的疏离，也会导致无聊的感觉，因为无聊往往代表了存在而无法表达的怒气、愤慨或绝望。男人通常对妻子怀有这样的愤怒，所以婚姻往往伴随着十几年的冷战。大部分男人对这种处境的反应是秘密地寻求短暂的婚外情。但是男人通过性来寻求情感的亲密和满足——一个女人又一个女人，成为婚姻生活中不断循环的模式——这份调查显示，到头来并不会因此而非常快乐。更好的做法是，找出“无聊”或不亲密的原因，不管那是压抑住的愤怒或其他事情。否认问题的存在、形容男性气概是机械式的冲动，或对“多样式”根深蒂固的需求，仿佛男性无可避免地“受到生物学上的设定”，穿梭在花丛之间，散播花粉，这些只会加深寂寞和孤独。

开放式婚姻

我们已经看到，绝大多数男人有外遇，妻子却被蒙在鼓里，或至少这些男人没有告诉太太。然而有少数男人（3%）拥有“开放式婚姻”，即配偶双方事先同意对方可以拥有婚外性关系。

许多采取这种方式的男人仍然在努力搞清他们的感受：

“结婚 8 年，我喜欢结婚。那是一种约定，尽管是非常人工化的设计，却让我们努力维系彼此的关系，并且信守承诺。我不能确定如果没有法律效力，我们是不是维持得住；即使有法律效力，我也不敢确定会不会再维系下去。

“目前，由于问题的浮现，性生活失去了活力，更重要的原因是我们的关系陷入（暂时的？）胶着状态，并非没有‘性趣’。如果关系维系下去，性将会（我衷心期盼）随着其他层面的成长与进步而改善。

“我太太和我都有外遇经历（每人 6～10 次）。我们都很清楚对方的经历，影响各不相同。我们第一次做爱时，我太太仍是处女之身。她绝对有需要去体验跟其他男人的性爱，我们都了解并且能接受。除此之外，她要发展自己的事业，因此我们常常分开很久，让她追求自己的生涯，显然在这些时候，会各自发展出新的友谊，同时性欲会不断增强。我们都承认无法避免外遇，而且接受这是我们协议的生活方式。

“有两次，这样的外遇产生了较大的影响。我太太有两次陷得很深，她‘爱上’对方了。这两次外遇，她和他们享受的性爱远比我们之间的性爱美妙得多。这两次我都非常伤心，不是因为她和其他男人做爱比较愉快（通常我和其他女人也比较愉快），而是她可以在其他男人身上感受到我所欠缺的东西。

“这些经历非常痛苦，迫使我们更审慎分析彼此的关系。如此一来既受惠也产生了问题。有时候我真的希望当初不要把关系搞得这么复杂，但太迟了！”

三名男士详细解释在开放式婚姻里，他们的妻子依恋别人时，他们内心的冲突情绪：

“我太太和我都有情人，从来没有瞒过对方。这对我们婚姻的影响是非常正面的，对我们个人的影响也一样。我不确定‘开放式婚姻’指的是什么，如果这意味着‘追逐外遇刺激’，我是反对的。而且看看大部分人的生活情境，我认为一夫一妻是最好的。

“我爱得最深的对象是我太太，那是结婚多年以后的事了，当时她正和别的男人陷入一段认真的恋情里。就在这段时间，她变化很大，事实上是多年挣扎奋斗的成果。我们之间的关系变化如此之大，因而需要全新的调整和适应。

“在我的人生里很少有嫉妒。然而，在我太太愉悦地开展这一段维持相当久的恋情之后，教会了我一些事情，或者至少让我察觉到一些事。有好几个月，她拥有两个爱人（我是其中之一），而且一切都很幸福。然后她的恋情出了一点问题，她变得心神不宁，而且否认我是她爱人（不是不接受我，也不是否认我是她生命中最重要的人，不是在肉体上——她仍然与我有肉体接触，而是在心理上不接受我是她的爱人），现在我了解是怎么回事了。在以往的婚姻生活里，我一直是比较强势的人，几乎每次冲突的结果总是我对她错。再加上其他的影响，压抑了她与我做爱的欲望。而她绝对不是了无生气的女人，有时候还相当活泼。当她在生活上获得更多独立以及个人的成功时，我们的性生活就会改善，但是已经存在多年的模式仍然设定了一些关卡，她在情人面前的热情不可能出现在我们的关系里。我相信当问题出现，她必须花力气去维系这段美妙恋情时，她不能让我们之间长久的模式妨碍了她。她否认我是她的爱人，令我极度悲哀，同时让我隐约意识到什么是嫉妒。过了好久好久，如果有任何蛛丝马迹出现，暗示往事会再度重演时，我仍然会惊慌失措，我仍然不了解嫉妒的全貌。

"除此之外，我想我应该说完整个故事。有讽刺意味的是，我太太的恋情之所以出问题是因为那个可怜的家伙无法承受一个温暖、活跃、无所禁忌的女人。她跟我在一起时无法像这样表现，而这正是我非常渴望的，对方却觉得受人制约。"

"我真的认为，和同样一个人做爱二三十年之久（不管伴侣是多么英俊、漂亮、有创意、富想象力和性感），而不认为改变一下会很愉快的人，一定是乏味、冷淡、同时缺乏想象力的。但是当事情真的发生时，所有的情绪五味杂陈，我真是低估了这种复杂的情境。

"以我为例，我对妻子完完全全忠实了 15 年，任何时候从未与他人做爱。然后有一天，我太太和一位朋友以及他太太闲聊时一致同意，他们想不出任何理由，为什么配偶不应该偶尔在外偷情。稍后，她告诉我当天在场的那位女士对我深深着迷。过不了多久，我就追求她，她回应了，我们展开一段性爱频繁的恋情。大约过了 6 个月，我妻子问我是不是跟那位女士上了床，我承认了。她表面上似乎很高兴，然而她坚持要听所有的细节，然后在她知道我和那女人几个月来固定做爱时，她的态度改变了，同时她开始相信对方投入了情感。

"我想或许是因为我太太认为她身为妻子的地位动摇了，所以我表现得非常粗暴，将整件事怪罪到她头上（若非上述条件先成立，我绝不会有所作为，但无论如何，我的确行动了，而且应该负完全的责任）。我气坏了，她居然为一桩我认为极为愉悦的外遇烦恼不已。我们自己的性生活改善了，多少是受这桩恋情的影响。

"到了去年，我不再如此为难，因为我太太也深深爱上了别的男人，她和他没有发生性关系，但是他的个性与人格令她着迷。有一段时期她非常关心他以及他未来的生涯，当时我觉得似乎她已经从我身上收回她的爱，投注在他身上。（我猜一个男人虽然已经放弃、不需要或不应该在性方面独占任何女人，他仍然会觉得在情感上她应该完全专注在他身上。）

“我不知道是否情感层面的多角恋爱，会比单纯的肉体不忠实来得容易处理，但我可以绝对诚实地说，我不会反对我太太和别人睡觉，或许甚至不在乎多么频繁，然而我想如果太常发生这种事，人难免会开始嫉妒。而且我不认为可以定下规则——一个月一次可以接受，一星期一次就太多了。如果我发现情感太投入了，我就会忧心忡忡。

“或许一夫一妻仍然是最好的答案，不过我认为这样很遗憾。在我们的婚姻里，过了 20 年后，性生活如倒吃甘蔗，这是了不起的成就，但是在一桩完全失去生气的婚姻里（不管是由于习惯，或是不肯尝试，或是什么原因造成的），无论是丈夫还是妻子，如果没有外遇怎么活得下去？（假设性的抒发是重要的，因为我相信如此）除非知觉完全麻木，或是百无聊赖地苟延残喘，否则怎有我们能够企及的理想境界呢？

“我希望自己听起来不会太悲痛，我并不悲痛。我拥有——我们拥有，我想——我所知道的最快乐的婚姻，以及值得羡慕的美满性生活。我想郑重强调的一点是，我不时会想要领略一番不同滋味的性经历，这是无法用黄色书刊或自慰来满足的。那是非常强烈的欲求，因为我似乎是很好色的人，所以这种需求比买新衣服、上新馆子等强烈多了。不过，还是可以控制的。我想我只是觉得如果能在不伤害任何人的情况下满足我的嗜好，我会很快乐。不伤害别人这点很重要，我相信这是最最重要的。”

“结婚 15 年。在最初 10 年，我有瞒着妻子的外遇，然后在过去 5 年，我们尝试开放式婚姻。我想我们两人的恋情对我们有非常正面的影响，但是我太太与其他男人的关系对我造成了很大的伤害。尽管在我们决定转成开放式婚姻之前，曾经非常广泛地阅读，并经过长时间的深谈，我太太和我的看法、想象和目标有很大的差距，或许正好相反，而且各怀鬼胎。

“在我们行动之前的谈话里，我的目的是希望我们能发展出更亲密的性关系，但也承认双方都会受到他人的吸引，可以享受和其他伴侣的性行为，因此进入开放式婚姻是实现了不可能的梦想。现在我可以大大方方向别的女人示爱求欢，不必偷偷摸摸了。同时我也很高兴我太太能够承认她对其他男人也会有情欲，她需要不同的性经历。我有婚前性经历，再加上外遇，但她一生之中只跟一个男人（就是我）做爱，这似乎不公平。

“我太太对开放式婚姻的看法中甚至不包括增进我们的性关系。她的确想和其他男人发生性关系，部分是想要知道我们所拥有的是否就是‘性爱的全貌’，部分是想‘把握人生，免得太迟’，而且希望拥有不同的性经历。她优先考虑的是为了自己的成长。

“我渴望已久的夫妻之间的性爱模式，在我太太和其他男人之间发展出来了。跟他在一起，她产生了欲望并且实行了每一件我一直渴望在我们的性生活中完成的事情。如果她愿意答应我的恳求，甚至是乞求，投入相同的时间和精力关照我们自己的性关系，或许我还能够承受。

“更重要的是，如果她能与我分享外面的活动，我也可以接纳。但是这两点她都不愿意做，更别说热切了。当然，我施加越多的压力，她就越回避。她认为婚姻之外的一切，纯粹是她自己私人的事，她‘抱住不放’。

“梦想破灭带来的结果是我真的生病了。我极度沮丧，随之而来的是生理和精神上的症状。我异常愤怒她对我做这样的事。而这股怒气往往发泄在其他地方，例如对我自己或孩子身上。我几乎完全丧失人生的乐趣，最后无可避免地，在不同程度上产生性无能现象。

“多年以来，我以为性方面的后遗症永远跟着我，我永远无法恢复正常的自我。不过在两年内我愈合了大部分与性无关的创伤。现在又过了两年，我比较乐观了。”

有些男士觉得“开放式婚姻”带来了太沉重的压力，或是预示婚姻的结束，反映出早已存在的严重问题：

“我有几次在外一夜风流，我太太也是如此，都是发生在我们的婚姻即将破裂的时候。这是互相攻击的方式，尤其在她那方面（譬如，她选中我的一位密友在客厅做爱，而我就睡在附近）。这些婚外情对我有很不好的影响，大部分是因为背后邪恶的意图。”

“我实实在在维持了 8 年一夫一妻的关系，而对方却不信这一套，不停地寻找其他爱人。我想我之所以信守一夫一妻是为了绑住她，为了能够说：‘你没有权利这么做，因为我没有这样做。’然后有两年的时间我尝试追随她的方式，跟一大堆人约会，拥有一大堆我本来不想有的经历。有性关系，也有与性无关的经历。双方婚姻之外的性活动对彼此的伤害都很深，婚姻根本不可能维系下去，即使还残存着爱。情境永远是那么复杂而且痛苦万分，与我们共眠的人永远得不到我们的真心，因为跟他们睡觉是我们彼此报复的方式，而不是对他们有感情。我不确定一夫一妻是不是面对独占欲和嫉妒的正确方法，但是拥有其他爱人带给彼此的紧张压力太沉重了，不值得付如此的代价来追求与他人的亲密情感与性行为。”

不过有少数男士表示“开放式婚姻”对他们的婚姻关系有益：

“我已经结婚 13 年，非常热爱我的婚姻。我不喜欢一夫一妻，我认为这是压迫人——把人当作财产，压抑了一个人的自我以及了解和爱上别人的机会。我的配偶先有外遇，我沮丧了几天，静默不语。我想我是感受到了威胁，她真的迷上了那家伙。我觉得她跟我说得太多了，我很嫉妒。我们讨论了很多次，终于逐渐抚平了情绪。我仍然会嫉妒她生命中其他的男人，内心隐隐作痛。她对我生命中其他女人也是相同的感受，在我第一次外遇期间她很嫉妒。那一次狂欢，我想我真的坠入爱河约 3 个月之久。与别人如此心神激荡，是再快活不过的经历了。不过我冷静下来了，变得对妻子更为热情（我和第一位外遇对象仍然是非常亲密的朋友）。目前我们都能妥善处理婚姻中开放的性爱，有时我会回顾过去，惊讶为什么有那么多的纷纷扰扰。”

“我太太和我结婚 30 年，我无法想象（或者不敢去想）没有她的日子。在不同的人生阶段、不同的心境下，我们的性生活一直很美满，或者更甚于美满。我有好长一段时间，除了太太之外不想看任何人，因为我们是如此相爱，而且有说不完的话。但是我（或她）总是会短暂迷上别人，或者和他人发生稍纵即逝或较为长久的恋情（纯粹是为了找乐子）。一直到几年前，我只有一两次偷偷摸摸的短暂外遇，而且我痛恨当时我认为的谎言和掩掩藏藏。自从我们实施开放式婚姻后，我们两人都有不少的外遇。这同时解放了我们，我们的婚姻更加温暖和稳固了。”

在某些例子里，“开放式婚姻”意味着双方都有外遇，但是有更多的例子，其实只有丈夫这么做：

“结婚 23 年。我太太非常胖，让我没有兴致跟她做爱。她知道我有其他女人，她喜欢婚姻，但是婚姻不能满足一切，我们从婚姻中攫取最大利益，然后到别处寻找欠缺的东西。”

“结婚 8 年，我有好几次外遇。一开始太太并不知情，不过现在她知道我和别的女人出游，而且我希望她也这样做。但是她不会，她对男人、女人或狗都没兴趣。”

“我是快乐的已婚男性，娶了一位了不起的妻子，她绝对不会想和别的男人做爱。然而，我会和任何一位令我亢奋的女人做爱，我太太完全知情，还鼓励我。诚实是我们婚姻的基础。”

在极少数的例子里，只有妻子真的实践“开放式婚姻”：

“我30岁，已经维持了10年一夫一妻关系，我从来没有外遇。我太太目前跟一位为我工作的年轻男子（19岁）‘有一腿’。她告诉我，在情感上一直如此互相依赖，会让我们窒息。她已经红杏出墙，希望我也能随心所欲。我正努力适应这个观念。

“我妻子的外遇给我带来失眠、哭泣的夜晚。我觉得她和他的关系是在否定我。她告诉我事实并非如此，她爱我，但是他给了她一些我无法给她的。起初我不理解，如果她爱我，我必定能够满足她所有的需求。不过目前我比较乐观，我相信未来我们仍会在一起，超越传统‘唯一而且万能’的婚姻观念。”

“我喜欢婚姻。但是婚姻对我们性生活的影响可悲之至！在繁杂不堪的角色扮演的义务和责任中，轻松自发的气氛消失殆尽。绝大部分的做爱情况是抚摸——插入——我的高潮，就结束了。目前我的妻子住在地下室，而我和孩子住楼上。

“一夫一妻带给我安全感，但是我想我太太是对的，这样的情况造成感情的依赖，并不健康。我希望能够轻松自在地逢场作戏一番，或许有一天我做得到，目前我正努力挣脱这样的情感依赖，但我还是觉得，在性方面最吸引我的是太太。”

少数男士的婚姻包括“性派对”或团体性交：

“这次婚姻10年，头一次15年。我们的婚姻生活起起伏伏，性爱方面越来越乏味，新鲜和刺激感都消失了。我已经不再嫉妒，我同样喜欢和女友以及妻子做爱。我曾经观看我太太为别的男人口交，和他做爱，这令我‘亢奋’不已。我太太知道我目前的女友（她已婚），而且不反对。目前我的问题是，我同时爱上两个女人，我希望她们在同一个屋檐下做我的妻子。我正慢慢朝这个目标努力。”

“我已经结婚27年。我喜欢婚姻，我有一大堆外遇，在1970年以前都是瞒着太太的。到了1970年，我们完全开放，无所顾忌，实际上这么做挽救了我们的婚姻。当时我认真考虑要分居或离婚，因为我的生活变得相当无聊，死气沉沉。‘性派对’改变了我的关系，而且现在我更能欣赏太太，更爱她了。早期的外遇带给了我沉重的压力，因为偷偷摸摸地做很辛苦。”

“我们的开放式婚姻经历包括互相交换伴侣。我很快乐，但是我太太认为我将她提供给别的男人表示我不尊重她，虽然那些男人是我们非常要好的朋友。她说我是想借交换之名和别的女人做爱，我不需要靠交换才能得到女人，我只是想解除我太太的禁忌，但是没有成功。”

有些男人，在试过“开放式婚姻”之后，反对这种做法：

“我结过 3 次婚。在头一桩婚姻里，我有一段瞒着太太的外遇。第二次婚姻是开放式婚姻，而第三次婚姻是百无禁忌的‘性派对’。我不喜欢头一桩婚姻里外遇的后遗症，因为我觉得内疚。第二段开放式的婚姻扫除了罪恶感，我和当时的太太也都能各自享受，但是我们并不亲密。目前的婚姻是最糟糕的，我们都觉得根本无婚姻可言。婚外关系或许不会伤害到一桩美满的婚姻，事实上开放与自由可能会带来幸福。但是我从第三次婚姻中体会到，如果两个已经结婚的人，只要喜欢就可以随时和别人上床，不论多频繁都无所谓，事实上婚姻就没有真正的基石了。”

“我第一度婚姻 25 年，第二度 16 年。在我中年时期，有 4 年时间是同时维持几份关系的，关系颇紧张。这个世界，至少是我生存的这个世界，还没准备好接受这种形式的关系。我已经是过来人了！”

“我结婚 5 年。这真是一场大灾难，到后来我们尝试开放式婚姻。事实是很难一方面和配偶完全结合，另一方面又四处冶游，看对眼了就上床。这在情感上终究是行不通的。我想我们每个人内心深处真实的愿望是：找到一个能够长相厮守的人。”

“我已结婚 3 年。和别人有过短暂的关系，但似乎是在不信任以及相互防卫的气氛下发生的。开放式婚姻让我深感威胁，处处需要防卫。我觉得在一夫一妻关系中比较自在而且安心。”

“结婚 8 年。能够拥有稳固的爱情、信任、尊重、经验分享、互相陪伴以及关怀，真是太美妙了。过去，我和不少女人发生性关系，我太太全都知道，她也和别人做爱。我们似乎对自己、对彼此了解得很少，对其他人反而有更多的了解。虽然与新人交往有一定程度的刺激，但随之而来的烦恼也不少。结交亲密、富同情心的朋友也可以体验到类似的新鲜感。没有人曾经像我太太一样在性方面带给我那么多的亢奋和欢愉，而且和她在一起的性行为更富意义，因为那包含了比较深刻的爱情。”

还有一些男士强烈反对“开放式婚姻”的理念：

“开放式婚姻真无聊。我认为一大堆人声称要对其他经历开放，但都没实践。我不相信可以同时和一堆人维持真挚的关系，因为一定有人无法获得全部的你。”

“目前我和一位女士同居，我不想背叛她，显然她跟我有相同的感受。我们认为实行开放式婚姻的人是猎食者，在他们面前非常不自在，他们似乎不论走到哪儿都在虎视眈眈寻找‘新鲜的肉’。性很重要，但是我们都认为人生还有更多美好的事物。”

一夫一妻的男人

有些男人严守一夫一妻制，38% 结婚两年以上的男人未曾有婚外性行为（占全部已婚男士的 33%）。

其中有些男士不喜欢一夫一妻的情况：

“我结婚 36 年半，热爱家庭生活，但是宁愿恢复自由之身去追求单身女郎，和形形色色的女人同居。家庭里的性生活似乎很无趣。”

“我从 1939 年 12 月结婚迄今，没换过太太。我们从来没有出轨过，不过我开始认为这样不对。结婚是好事，但是性多么有趣、愉悦，为什么只保留给对方呢？我不认为人应该瞒住伴侣外出偷情，而是要在相互知情的前提下进行。”

“在性方面完全严守一夫一妻不是我所喜欢的。我没有外遇，将来也不会，不过我真的不会将性与爱情的忠诚等同来看。就像其他事物的变化令人兴奋，在结婚之前不断变换性伴侣让我的生活更刺激。一夫一妻破坏了鲜活的气氛。”

“我已经结婚 9 年。只要没有离婚，我们就会不断地翻旧账，真是令人心痛不已。但愿有位新人能让我有新的记忆。一直与同一个人做爱的确很无聊，但是如果你的想象力够丰富，就不会有缺憾。我希望她会跟别人做爱，这样她就比较能够享受性爱；我也希望能跟别的女人做爱，因为我会带给她们高潮，而自己也会激动不已，并且可以不必听账单、家事或不愉快的琐事。”

“我不渴望没有感情的性关系，然而我曾想过在一生中和其他女人建立愉悦的性关系，而不是固定在一夫一妻的状态。我结婚 14 年了。我喜欢婚姻，而且我们的性生活已经成熟。但是我觉得和一位你真正关怀、交情深厚的女性朋友发生随缘的性关系并没有什么不对。”

“我已经结婚 20 年。当初结婚，而且一直没有离婚是因为婚姻是两人共同生活约定俗成的形式。我没有婚外性经历，也不想有，但是我不喜欢一夫一妻制。”

“结婚 16 年。还不错，如果太太和我在性方面能够相合就太棒了。我在肉体上从来没有不忠实过，但是以后可就不敢保证了。结婚时我并不了解，在性方面我们竟会如此不相配。”

“我已经结婚 5 年，非常喜欢婚姻。我不想再跟太太以外的任何人如此缠绵相守，然而我对一夫一妻制仍有疑虑。我深爱妻子，但是我怀念和妻子婚前交往那段日子里的激情亢奋。偶尔我会想和其他女人一夜风流，重温往日情怀。”

“我渴望有人因为真实的我而爱我，而不是爱一个虚伪的角色。我有一箩筐的爱要付出，但似乎没有人想要。我猜女人躲避我因为我是‘顾家的好先生’。我不想制造是非来伤害家庭，但是最近我的想法改变了，如果有机会获得真爱我会争取。我想我正在经历‘生命的变化’，令我惊讶的是与我有相同憧憬的人竟然没有碰在一起，我想这样的人应该很多。”

“我爱妻子，她是名聪慧的大学毕业生，但我觉得她不像我这么富有同情心或慈悲心。我们结婚两年，性生活糟透了，她和我不会有高潮，不过我可以利用口交让她达到高潮。她知道也厌恶我自慰。我是遵守传统的人，而且坚持一夫一妻，我从来没有婚外情。”

有些男士（20%）一直喜欢而且信守一夫一妻：

“过去 26 年，我一直严守一夫一妻。我父亲有婚外情，我眼见这对母亲造成的影响，因此下定决心不要扯上任何婚外关系，好维持快乐的家庭。”

“我结婚 5 年，喜欢而且享受婚姻生活。每天能回到家里和一位不仅熟识、又能照顾我一切需求的妻子在一起真是幸福。”

“结婚 4 年。我觉得一夫一妻是最好的方式，而且希望长久维持下去，因为我对男女关系非常认真且忠实，一旦我拥有了爱，极少会厌倦。相反，随着时光流逝，我会眷恋越深。”

“结婚近 32 年。结婚是为了有伴、有爱、有性及共同的兴趣。我们的性生活很圆满，我喜欢一夫一妻，因为我很幸运拥有一位近乎完美的配偶，我们能够互补。我没有婚外性经历。”

“我已经结婚 8 年，我非常喜欢。我想跟伴侣同居，但是社会强制我们结婚，结果很好。我喜欢一夫一妻，从来没有外遇，然而我不会谴责这种行为，我只是不需要罢了。”

“结婚 59 年，不错，我喜欢。我们从 8 岁开始，就喜欢与对方相伴，结了婚的性生活是最美满的。此外，依我之见，一夫一妻也是最佳制度。我没有外遇，跟旁人在一起，我不可能享受到与妻子相伴的乐趣。”

“我喜欢一夫一妻，因为我觉得我和我最好的朋友（我太太）都需要如此，这样才能相知相爱更深。”

“婚姻开启了我和妻子的美好纪元，我们都忠于对方。我们有好多朋友都偷偷摸摸地搞外遇，虽然也承认家花跟野花一样香。我仍然相信婚姻制度，不明白为何有些人不结婚而同居。我在基督教家庭长大，接受凡事都有是非对错的训诲。”

“结婚 12 年，得到了比较自然的性生活和比较好的社交生活。我从没有婚外性经验，我不相信这一套，只相信人应该忠实。”

“我喜欢一夫一妻，一个女人就足够应付得了。”

“我相信一夫一妻对我是最佳选择，而不相信在别的情境下，会产生全心全意的恒久的爱情。”

“结婚 4 年，我爱这桩婚姻，而且我喜欢一夫一妻。一夫一妻需要真诚地投入，并且小心翼翼地爱对方，同时为两人关系的和谐奋斗。我喜欢这样的挑战及回报。”

“结婚 4 年，我喜欢婚姻！婚姻让性爱变得非常亲昵而且美妙，我不喜欢风流，与有爱情的性比较起来，感觉不一样。”

“结婚 41 年，我喜欢婚姻。她是很好的家庭主妇，但是在床上不够刺激。她母亲教导她‘随时能够应付，并且忍受性爱’。她是好母亲，却不是好情人，她不够热情。但是我喜欢一夫一妻带给我的安全感。我没有外遇，有一次几乎出轨，但是我向妻子坦白了一切。之后，我太太有一阵子变得比较热情。不过和别的女人调情很有趣。”

“结婚 25 年，我热爱婚姻。我一直保持独身，直到 45 岁才结婚，尽管我和许多女人谱出恋曲，没有一次比得上婚姻生活。我选择结婚是因为我生平头一遭恋爱得无法自拔，而且我们俩都渴望家庭生活和小孩。结婚让性生活无与伦比地圆满。虽然我曾经受到诱惑，我仍信守誓约，没有发生过婚外情。婚前我都尝试过了，现在我想要把一切奉献给我的配偶和婚姻。”

“我已经结婚 25 年，我喜欢婚姻。我守着婚姻是因为我喜欢我的妻子和家庭，而且在性、情感、经济、心理和社交等各方面都很满足——有那么多美好的相聚时光及相互支援，为什么会不想守住婚姻呢？婚姻改善了我的性生活，我喜欢一夫一妻。若非如此，我想我会充满罪恶感，失去正常生活的能力，也会因过分耿耿于怀、感到内疚、需要自我辩白等，而无法享受婚外情，我还没有过这种经历。”

“结婚超过 40 年，没有外遇。在不同的时间里，我曾受到一大堆女人的吸引，但是经过这么多年，我太太一直是我认为最有风情的女人，我们拥有美满的婚姻，她一直是合作而且热情的性伴侣，同样关注我以及自身的愉悦，所以我从来没有借口去找别的女人。再说，我们都发过誓，我敬重她以及我们的孩子，就像他们敬重我一样，而且我一直相信祥和安稳的家和家庭生活是人生的根本。既然我无法轻松地活在谎言或欺骗当中，我可不想为了短暂的兴奋与刺激付出那样的代价。另外，和未婚女子外遇似乎是剥削对方而且自私的行为；和已婚女士搞外遇，破坏了家庭，对无辜的孩子和丈夫（或妻子）不公平。或许这是自我合理化，在理论上，我遗憾缺少了和形形色色的女人的性经历，但实际上，除了偶尔的激情之外，我怀疑我失去的并不多，我倒是确定我避免了不少麻烦。"

"我 42 岁，是个拥有硕士学位的高中老师。我和妻子结婚 20 多年，非常热爱我的婚姻，这是我人生中最重要的一件事。婚姻对性生活的影响是越陈越香，我想婚姻中的性爱在生理和心理上都比较圆满，我相当满意一夫一妻的安排。婚姻能够带来稳固的基石，让我们抚养孩子、爱恋对方，同时生活在一起。我一点也不喜欢逢场作戏。如果我的婚姻很糟糕，或许我的想法会不同，不过目前我们在一起很快乐。"

"在我前两度的婚姻里（分别维持 13 年和 6 年），我都有外遇。对我的影响是充满了罪恶感，为自己难过。外遇伤害了我的婚姻，因为一个人一旦有了私情，表现就会不一样，我确定有好多次我应该生气而不生气，因为'在我做出这样的行为时（外遇），我能够生谁的气呢'？这样当然无法建立健康、协调的婚姻关系。所以对我而言，外遇的伤害非常大。我不是得更努力来挽救婚姻，就是最好早一点离婚。

"目前我又再婚两年，我喜欢结婚。性爱比较美好，因为它建立在爱情、信任和排他的基础上。我很高兴生平第一遭能享有心灵的平静，而不会想在外胡搞。

"一旦你找到了你所爱的人，那么，任何形式的外遇都会让你们的关系出现无法弥补的裂痕，我们似乎都了解：如果我们能厮守在一起，那么我们彼此都是为对方所专宠的，但是如果我们其中一方和别人发生了任何性爱或亲密关系，我们特殊的关系就会结束，我不会这样做。真正美好的关系非常稀有，一旦你找到了，就应该好好珍惜。"

"我 32 岁，一家工程公司的经理。我比较年轻，能有这样的职位是我不懈努力的结果。我是工科夜校的毕业生，目前我非常满意我的妻子，而且我的辛勤工作也开始得到回报。

"我结婚 9 年，热爱婚姻生活。我爱妻子和孩子，他们也爱我。我的生命目标就是让他们的生活充满爱、愉悦和满足。家庭的和谐亲密是最最重要的。

“和同一位伴侣的性爱很美妙。我们都很清楚对方喜欢什么，性交过程的沟通往往只要轻轻碰触一下，就妙不可言。在现今社会，一夫一妻制是唯一的道路，你能够同时操持两三个家庭吗？你能够同时爱一些人又和她们同居吗？你能够或是你会与人分享伴侣吗？我信任我的伴侣，不相信会发生这种事，如果夫妻双方或同居人在一起很快乐，我想不出任何理由要去找别人。

“在我遇见我妻子时，感觉很美好。我认识她好多年，有一天我终于邀她参加一个正式的宴会，回程时我亲了她。她是唯一一位让我不敢唐突的女人，亲完之后我就臣服了。直到今天，她的亲吻总是令我心神荡漾。她爱我，还有什么比这更美好的呢？”

年轻而且倾向一夫一妻的男人，他们的婚姻和传统婚姻比起来，有比较强烈的平等意识，或许这是未来的趋势。一位男士的回答说明了这种感觉：

“结婚 9 年，我很喜欢婚姻生活。我爱我妻子，她非常聪明、温和，我们一向沟通良好。一夫一妻是必要的，因为这是对一个人的承诺，同时将她的价值呈现在你面前——这是共同生活中不可或缺的。不必去制造三角关系或其他更糟的情况，婚姻本身就已经是困难重重了。我从来没有外遇，不过未婚时和很多女人发生过性关系。我认为爱情就是强烈渴望让另一个人快乐，因为我的快乐完全要视我让她们快乐的程度而定。奇怪吧？但事实如此。”

5

婚姻与单身

选择安全感还是自由

大部分男人喜欢婚姻

虽然男人对婚姻有诸多抱怨，而且常常在外偷情，但他们都表示喜欢婚姻，同时不论喜欢与否，几乎总是保持婚姻状态。

男人对婚姻有许多不满，觉得婚姻让人如此不满意，必须向外寻求更大的自我实现，同时常强烈地感叹缺乏自由，在此情况下，为什么男人还是宁可保持已婚之身呢？

大部分男士虽对婚姻有诸多抱怨，而且常常外遇，但基本上还是喜欢婚姻的，同时希望保持已婚之身：

"我已结婚 27 年。虽然我们有一大堆问题，但是在最坏的情况下婚姻也让人满意，而大部分情况是更甚于满意。我深深怀疑如果恢复单身，我会非常孤单，会变苍老，整个性生活也会不尽如人意。现在离异或许会让我在情感上堕入地狱，我太太也是，甚至波及孩子。为了上述理由，我守着婚姻。"

"我已经结婚 11 年，通盘考虑之后，我比较喜欢婚姻，因为我觉得我无法恢复单身时的那种心境，我的婚姻将会长久维持下去。我们共同渡过婚姻中的重重波澜，让彼此更为接近，而且在情感上更依赖对方。"

"我结婚 32 年。喜欢婚姻是因为可以成为家庭的一分子，获得社会的认可，以及婚姻带来的便利；不喜欢的原因是从妻子身上得不到足够的性爱。她拒绝与我沟通，而我在其他领域有时也无法符合她的期望，例如开车的方式，但是我丝毫不想离婚。"

"我结婚 23 年，权衡之下我喜欢结婚。婚姻有很多地方我不喜欢，不过喜欢之处更多，例如分享共同的兴趣，含饴弄孙，以及固定性交的享受。不喜欢的原因是自由受限，无法行动自如。不过，目前的人生，让我感到相当快乐。"

“结婚 17 年。为什么要结婚？不知道，或许为了逃避寂寞。婚姻中有充满爱情的美妙时光，也掺杂了恨意。但是解决压力和紧张的方法并非离婚，你必须好坏兼容。如果做爱次数太少，就让外遇来弥补。”

男人喜欢婚姻的理由

大部分男士喜欢婚姻，因为它带来家庭温暖和安全感，他们也喜欢家庭生活的稳定和恒常，同时可以获得帮助及照顾。至于性爱则极少被提到：

“我保持已婚之身，因为这对我或许是最佳选择，尤其是关系的稳定。”

“我需要婚姻关系带来的温暖舒适——围绕着我的家庭。互相协调、沟通、共同成长、解决问题、享受人生、滋润人生，以及接受别人的爱。”

“我结婚 28 年。我喜欢那种熟稔、亲密、友谊，以及拥有一位特别的伴侣可以相爱。婚姻既有趣又健康，让事情能够均衡发展，让艰难的日子不再那么困苦。有人需要你是很美妙的感觉。”

“我喜欢维持结婚状态，拥有一位人生伴侣，令人激动、满足而安慰。”

“我喜欢结婚。妻子是我事业的支柱，她照料我不想处理的日常问题。她是孩子的好母亲，然而她已经不能让我在性方面兴奋了。”

“家庭是向外活动的‘安全’基地，一个可以展现自我的地方，一个永远可以回得去的地方，以及能够分享我的成功与失败的地方。当然需要互相协调、互相忍让，但是非常重要的是，我应该好好聆听妻子的心声。”

“我喜欢婚姻，这使我常感受到家庭的温暖与恒常。”

“我守着婚姻，因为它能提供友伴关系。我喜欢妻子在身旁，和她聊聊天。婚姻也能提供稳定的经济，而且便于做爱。”

“婚姻让我深深感觉有人需要我，彼此的相处非常愉悦，互相信任和给予承诺。”

许多男士强调安全感：

“结婚 29 年半，婚姻在某方面是种限制，但另一方面也带来安全感。”

“我已经结婚 6 个月，我喜欢维持婚姻状态。我将自己的苦乐与她分享，同时分享她的生活。我喜欢和她一起拟定长久计划，一起期待计划的实现。我想，拥有恒久关系最棒的一点就是安全感，感受在面对艰难险阻时，我不是孤零零的一个人。”

“在婚姻中我最大的收获是它的稳定和恒久，我害怕离婚以后的未知世界。”

“婚姻的优点是带来安全感，最糟的也是这种安全感。”

许多男人也强调拥有同伴的感觉：

“我喜欢而且需要婚姻。我想我需要在回到家时有人等着我，做我的好伴侣，分享人生许多经历，吐露心声，同时和我一起照顾孩子。”

“我喜欢知道自己并不孤单，我们是一体的。她信任我，而我也知道永远可以依赖她，不论是在社交场合还是在生意场合永远陪伴我，或是在低潮时安慰我。”

“我喜欢长久维持一夫一妻，这样的利益与性无关，真正的好处是建立起亲密关系，对方真能了解你，而且拥有深刻的心灵沟通，有人可以交谈，不会孤孤单单。照顾人的同时也被照顾，在你需要时她一定在场，可以分享体验，交换意见。”

“我喜欢得到一份稳定且向前发展的力量，我真的可以信任和依赖我的伴侣。”

“我喜欢持久亲爱的友伴关系。她献身于我。我不想终止婚姻是因为很多离了婚的人不快乐，缺乏安全感，而且非常孤单。”

有的男人喜欢分享的感觉：

“我不想要单身。我守着婚姻因为太太和我是好朋友，而且我喜欢和一个我清楚她在乎我、喜欢我的朋友分享人生。我更喜欢和一位我可以与她交谈、不怕告诉她私密之事的人共享人生。我享受生理和心理上双重亲密的感觉。我发现有些女人比我太太更性感，但是不会令我更尊敬。我太太和我分享一切，这比性吸引重要多了。但请不要误会，我太太也很有魅力，我喜欢跟她做爱。”

有的男人提到对子女的感觉：

“婚姻有它的优点。我们拥有一个可爱的小孩，我们乐于分享她的成长。建立一个家，同时让它逐渐壮大，为我们带来家庭的温馨和近乎兄妹的情爱。不过我仍然怀念频繁的性爱与罗曼史。”

“婚姻最好的部分是子女，我们有 3 个孩子，我很喜欢他们，我常陶醉在孕育后代的念头里。太太怀孕时，我觉得很光荣。但我爱太太主要是因为她是我的配偶，而不是情感上的热烈投入。”

“家庭是我结婚的最重要理由，其中包含我的儿女及他们的配偶，我的姻亲和我太太。”

有些男人表示，拥有家庭，或是身为一家之主，有益于社交和事业：

“结婚必须牺牲某些事情，不过却是值得的。如果没有结婚，我会一直寻觅，无法像婚后 23 年一样，全心投入事业。”

“拥有一个家对我的工作大有帮助，因为它让我更认真看待工作与责任。若不是婚姻，我不愿意承担责任。”

“婚姻促成了我的成熟以及事业的发展。我们已经结婚 41 年了。”

“最初是来自双方家庭的压力，迫使我们结婚，不过现在我发现这是一桩美事。我们学会为了孩子及彼此而相互接纳。在社区中，已婚者也比较容易被接纳。”

有些男士举出传统上结婚带给男人的家庭便利——太太为他们洗衣服、打扫屋子和做饭：

“结婚 14 年来，一直有女人为我煮饭、打扫屋子、洗衣服、照顾小孩，以及记账，等等。”

“结婚 8 年来，我享受了婚姻中所有的‘福利’——可口的食物、整洁的屋子、干净的衣服等，还有小孩。和一个我真心相爱的人做爱也比较美妙，令人满足。”

“我已经结婚 41 年。我喜爱婚姻，然而最近我的妻子暗示，她比较喜欢单独生活。如果她一直坚持不做爱（已经 4 年了），我想或许我会同意离婚。但是住在一起有许多好处，即使没有性爱，也会有定时的餐点、干净的衣物、陪伴，加上我巧手整修屋子内外和汽车。这些让我的生活比较规律。”

“有时我对婚姻有所怀疑，但是我很幸运拥有一位漂亮的妻子，愿意取悦我，擅长烹饪，同时富有耐性和理解力。”

极少数男人提到，他们发现婚姻是方便做爱的安排：

“我已经结婚近 5 年，我喜欢婚姻，因为不会像约会时频频发生口角。”

“结婚 11 年来，我尽情享受婚姻生活，婚姻带给我固定的伴侣，为我们打开更多的情欲之门。”

少数男士提到义务或社会压力：

“我没有离婚因为我是负责任的人，有人得依靠我过活。”

“我已经结婚 7 年。我不像刚开始那么喜欢婚姻，但是我坚信，只要有希望，你就应该坚持到底，直到显然再也没有东西留存下来，好让你守住婚姻了。”

“我只结过一次婚，那是在21年前。或许那桩婚姻无法保持美满的状态，但是我仍昂首阔步地接受命运。”

少数男士提到金钱上的理由：

“我害怕离婚会导致物质生活水平下降。”

只有少数男士提到，喜欢结婚是因为对伴侣的兴趣和爱恋：

“我结婚6年，热爱婚姻。我娶我太太是因为我爱她。她有很多出色的特质，而且我佩服她在工作上的表现以及思维方式。她非常风趣，与她为伴令人觉得很开心。”

“我已经结婚14年，我妻子几乎是我生命的核心，也是快乐的源泉。我们有许多相同的爱好，包括旅行在内。我们常常坐着聊天，她很容易让人兴奋，又很风趣，总是有新鲜事可说。”

少数男士在答复里表明了全新的婚姻观，他们表示热爱并且珍惜婚姻，是因为在这样深厚的关系里可以获得成长：

“我们的婚姻提供彼此心安和成长的园地，可以相爱一生。”

“我已结婚10年。婚姻是我最棒的人生经验，尤其是跟我唯一的伴侣厮守。我爱婚姻，我觉得家庭生活已将我塑造成一个成熟的人。”

“结婚超过30年。我想要的是完整的人生伴侣，包括性以及一切。这是当第一任妻子过世后，至今我又再婚，仍然维系婚姻的理由。婚姻带来了踏实感，又有足够的变化以增添人生趣味。在婚姻生活里，人们会改变甚至成长。婚姻是一个过程，一次共同的历程，你永远无法确知过了转角会是什么。即使冲突也能充实婚姻。如果你有了小孩，你会学习成长，因为你亲身体验了其中的风风雨雨。”

“11年。结婚让我能够如此奇妙地亲近另一个人，而且了解部分的自我。若非婚姻，我绝对不会以这种方式认识自己。”

“我已经结婚两年，而且很喜欢。婚姻迫使我不仅从表层面对另一个人，也让我领悟到对妻子的情感，引导与家庭其他成员、朋友或初识的人发展出更深厚更有意义的关系。婚姻中的性是另一桩令我被迫面对的事，有时很痛苦，但是值得我全力以赴。”

有的男人强调深爱着妻子：

“我们已经结婚 10 年。如果没有婚姻，我的人生就不完整。我必须强调，婚姻是个人对配偶幸福的真挚承诺，不是为了性的便利、三餐的便利，或是管家的便利。对我而言，婚姻的盟约如下：‘你是我寻求永恒不朽的一部分。我的心对我、对你都同等重要，虽然我们在形体上是分开的，但愿在心灵、精神以及人生的目标上，我们能合而为一。我在你身上寻求这样的形式，祈求完美必须是两人合力完成。我会永远照顾你，一如我在各方面照顾自己一样。如果你不能用相同的态度回应，我将去寻求他人。如果你接纳我所奉献的，然后发现你错了，我将优雅地解除过去的承诺，尽我全力让分离与结合同等愉悦。’”

有些男士不喜欢他们的婚姻，不过仍然维持婚姻：

“我已经结婚 18 年。我不喜欢结婚，或者更恰当的说法是，我已经成熟，不在乎这种特殊关系了（我太太也有这种感觉，然而我们还是喜欢对方）。过去几年我们维持着婚姻，好让女儿完成高中教育去上大学，同时妻子也能完成学位进修。”

“我结婚 25 年。我对婚姻不热衷，不过她依赖我。”

“结婚 19 年。我不喜欢，但是为了孩子我没有离婚。我出自破碎家庭，不希望我的孩子经历同样的事。即使在家庭生活死气沉沉的情况下，我还是希望跟他们在一起。”

“我已经结婚 20 年，不喜欢婚姻，如果娶对了人那就另当别论。我守着婚姻只是为了最小的孩子，我并没有爱上一个我愿意与她厮守的人。我非常害怕寂寞，我结婚是因为她怀孕了。”

“我已经结婚 17 年，历经恶劣、无趣、愁苦的岁月。我不喜欢维持婚姻状态。婚姻浇熄了我对妻子的情欲。我差不多有一打外遇。太太并不知道，但是她已起了疑心，她认为我的阴茎是她的财产！真令人愤怒！”

“我结婚 21 年了，我痛恨婚姻。它带来灰暗的日子，使人陷入绝望之中。一个人绝不该为了性而结婚，这是千真万确的。”

“10 年。因为我的不满，婚姻生活每况愈下。为了改变她，我已被搞得精神麻痹了。我太太似乎满足于我们的性生活。”

“我结婚 17 年，目前我和妻子已经没有性接触，我有一些风流韵事，而且隐瞒着她。我们的家庭生活中，竞争心胜过热情。下列清单是我想要告诉太太或者任何女人如何对待男人的要点：

1. 停止抱怨鸡毛蒜皮的事。
2. 信任他：他是一个人——跟你不一样的人。
3. 让他拥有朋友并接纳他们，即使他们喝酒而你不沾酒。
4. 避免用恶毒的话批评丈夫，尤其是在孩子面前。
5. 仁慈相待。
6. 尊重对方的原则。

“如果我能得到更多的尊重，我会成为一个崭新的人。俗话说：女人推动文明的进展，一个女人可以成就或毁灭一个男人。”

男人结婚的理由

在被问到“当初你为什么结婚？”时，最常被提到的理由包括这是“该做的事”，获得固定的性伴侣，感觉到爱，以及（较少被提到）希望有伴或是避免孤单：

“当初结婚是因为似乎这是该做的事，而且时机也对。一个女人出现了，我们相爱，所以就结婚了。我想我们都没有仔细思考过其他的事。”

“结婚16年，结婚是为了跟我喜欢的人在一起，逃避寂寞，同时满足我的性欲。我很幸运圆满地做到了第一点。”

“我无法说明为什么要结婚。这是‘该做的事’，是安定下来、抚养一个家庭的时候了。而她是个好对象，聪明伶俐，并且认为我会是个好父亲。”

“41年。我结婚是因为我恋爱了，也希望有人做伴。另外，大部分的朋友和熟人都结婚了。而且在20世纪30年代如果一个人负担得起，结婚似乎是正常和该做的行为。还有一个原因是我需要定期地发泄性欲。”

“30年。我结婚是因为一见钟情，爱上了我太太。她让我心花朵朵开，经过所有生活的创伤，终于成功了。我们的关系很奇妙，对对方的需求关心而且敏感。但是我肯定我结婚不只是因为我爱她，还因为别人期望我结婚。任何我不要结婚的暗示都会让别人皱眉头或起疑心。”

“真心话吗？我厌倦射精在内裤上，然后必须赶回家换。”

“我结婚42年。当你找对了伴侣，婚姻便带来完美的生活。我们结婚是因为我太太提出要求，她真心爱我，而我也喜欢她。”

“我结婚是因为想要有一个快乐的家庭、一个女人（性伴侣），我害怕孤零零一个人。”

“结婚是为了排遣寂寞。”

“我结婚，这样我的爱人才能在法律上成为我的妻子并且继承遗产。我们同居 9 个月之后，为了上述理由以及让双方父母高兴而结婚，当初他们并不知道我们已经同居。”

“我的第一次婚姻——她对我表现出强烈的兴趣，我对她也是。第二度婚姻——难以抗拒的诱惑让我排除一切障碍。这股身不由己的冲动源自将近 10 年累积下来的寂寞。”

“基于浪漫爱情、性吸引、我‘不再年轻了’、社会和父母给的压力、担心将来的孤单寂寞的考虑。我找到了一个让父母也表示赞同的对象。”

“21 年。在我遇到一名能讨我欢心的女人时，我们结婚了。我恋爱过，至少我认为如此，不过不是热恋。”

“我结婚是为了拥有一位魅力十足的永久性伴侣，同时获得情感上的安定以及家庭。”

“结婚 22 年。如果社会大众对待性的态度比目前开放，我可能就不会结婚，保持单身。”

“我结婚是因为那时我已经 32 岁，想要安定下来。我想多少是命中注定的，你遇到一个女人，成立一个家庭。当时我很寂寞，渴望别人所说的婚姻温暖，也想享有频繁的性生活。”

“我结婚是为了逃避专横的母亲，同时我已陷入恋爱。”

“8 年。我为了固定的性生活结婚，而且希望得到照顾。”

“我们已经结婚 32 年，并非天堂，不过我还是比较喜欢结婚。当初结婚的理由是：渴求性伴侣、对女人好奇、受妻子的吸引、创新实验的冲动、为人父的好奇、寂寞，而且认为婚姻是唯一满足所有期望的方式。”

“我结婚 4 年。因为我们是好朋友，而她怀孕了。我不喜欢婚姻，因为她不能令我兴奋。结果是我不再有了解她的兴趣，也不想去解决我们之间的任何问题。”

“她当然不是我拥有过最好的马子，不过她是一名好厨师，而且很会对我撒娇。”

“我结婚因为别无选择：我恋爱了，而且想要与她生活在一起。我的生活方式不允许我脱离常规，我想这就是所谓‘同侪压力’，听起来真是可笑。”

“我不太确定我为什么要结婚。我记得我太太（当时是女朋友）逼我送她一枚戒指，所以就一步接一步顺理成章地进行了。”

“我结婚因为我坠入爱河，而且希望永浴爱河。”

“当我们已经觉得情感上终生相系时，结婚似乎只是一道正式的社会程序。”

“她是我生命中的惊喜，我要赞美她。结婚不是为了现实、舒适、必要或宗教理由，而是象征我对她的爱。”

男人不喜欢婚姻的理由

虽然大部分男士表示他们喜欢结婚，或者至少想要维系婚姻（同时我们将会看到，离了婚的男人也表示有再婚的意愿），然而他们还是对妻子潜藏着深沉的愤怒——愤怒婚姻制度，以及男人在婚姻中扮演的传统角色，这些怒气呈现在许多男人的答复里。某些男士瞒着太太搞婚外情，是表现对妻子愤怒的形式，有的则是为了“扯平”或“给她点颜色瞧瞧”。

但是在婚姻表面下，男人的愤怒是什么？这种愤怒只关乎性或缺乏性爱吗？或者是缺乏“性爱自由”？或者是缺少伴随着性行为的热情和爱？这些情绪反映出婚姻关系中的哪些问题？同时在更广的意义上，或许也反映出美国社会中男女关系面对的文化难题？似乎“性”太容易变成关系中受压抑或是未曾表达出来的紧张焦点（不论是女人对性没兴趣，或是男人发现和妻子做爱十分“乏味”，而将性从更大的架构中剥离出来，或是期望性关系不会受关系中其他层面的影响，都是不切实际的），然而男人接受的教导是他们的性冲动只是单纯的生物学现象。性行为及情欲会受到男女关系的影响，这份关系的建立不只牵涉到两个人，还有整个社会及社会想要派给这两人的角色。

显而易见，大部分男人对女人往往爱恨交织，有时还怀着敌意。或者更正确的说法是对男性角色本身的敌意，因为它是完全相对于女性来定义的。无论是否为传统婚姻，贯穿其中的根本感觉在于男人觉得没有获得足够的爱、热情或欣赏。

不过，关于男人为什么这么经常追求婚外情，还有其他的解释。在许多个案里，或许原因并非愤怒或对婚姻感觉疏离，事实上，男人在结婚之后常常开始将妻子视为母亲，是“好女人”而非“性对象”，后者在传统上被归类为坏女人。在传统婚姻里，妻子继承了男人的母亲曾经扮演的角色，即照顾他的生理需求、负责家事、为他煮饭、照顾孩子。想到自己的童年，他觉得对一位母亲有性欲是项禁忌，而且美国文化强调“好女人”(母亲)是没有性欲的。婚姻中的性变成一项义务，或是只有最传统的方式才被允许，例如标准的性交方式。此外，在孩童时期，如果没有人告诉他性是父亲与母亲共享的乐事，或许他便永远无法接受这个事实，并融入自己的世界观里。许多男孩甚至成为男人以后，还很难相信他们的母亲曾经有过性行为或享受性爱，其实这正是“好女人”生活中的一部分。“母亲”对许多男人而言，是与性无关的。在这样的模式里，男人隐瞒自己的越轨行为，就像他瞒着不赞同的母亲行事一般。

不过，隐藏的愤怒或无法表达的愤怒仍是许多男人秘密偷情的原因。毫无疑问，男人对女人有很多愤怒的情绪。在看过离婚、分居以及独身男子对婚姻与女人关系的感受后，我们会再回到男人对女人的愤怒这个话题上。

婚姻浮世绘

男人对女人产生矛盾、冲突的情结，在个别情境里如何发酵——男人如何呈现对婚姻的整体感受?

“我37岁。目前正为了扯上两份关系而心乱如麻，一是与我太太16年的感情，一是和女朋友刚迈入第4年的恋情。这样的情境衍生出一大堆问题。首先，过去一年半我逐渐接受了可以改变关系的事实，包括婚姻在内。我曾经认为所有的婚姻都是‘在天堂结合的’(天主教教义)，分居或离婚表示个人的失败，甚至是一种‘罪’。我可以预知如果我们的婚姻破裂，双方亲友会如何看待这桩事。

“自从我进入研究所攻读学位，就为婚姻带来极大的压力。这是老掉牙的故事，先生比太太的教育水准高，造成彼此越来越疏离，而不是更加亲密。毫不令人吃惊的，我太太比我早察觉到了。我想我太专注于手上的工作，而无法正视现实。在她逼我放弃学业，找一份正常工作时，我摆出受伤的姿态，祈求她理解我这么做都是为了整个家好。这种情形持续下去，直到最后我太太决定要离婚。她得到所有人——我的父母、姐姐、一位来往密切的婶婶等——的支持。我负隅顽抗，不是诉诸逻辑而是恳求：她怎么可以对我们的未来这么没信心？我们让问题悬而不决，然后我回到学校找了一个房间住下来，因为我们已经决定，我要在那儿自己度过春天和夏天，以便好好准备论文。当时是一月，而我会在某些周末回家与家人团聚。

“在3月上旬，某一次返家的日子里，对于该不该持续这段婚姻，我们发生了非常激烈的争执，在无法让她理解的绝望心情下，我用右拳狠命锤打衣柜，打伤了手臂。这次冲动让我的右手臂包了近两个月的石膏，严重妨碍了论文的写作——或许有人会说这是因果报应。我回到学校，带着石膏以及所有问题，下定决心不受阻挠，而且努力获得了一些小小的进展。弄伤手臂的举动平息了离婚的争论，因为我太太认为这样的举动表示我真的想要保住婚姻。真的是这个意思吗？当时我认为是这样的，不过现在我想它代表了别种意思，然而我不确知。我想或许这代表了扭曲了的男性自尊——不想承认失败或被击倒。

“这桩事件过后不久，我拆除石膏并遇见这名非常特别的女朋友，她碰巧是一名博士班学生，跟我不同的系所。我们似乎可以深谈到我跟任何人（无论男女）不曾经历过的层次。我们认识不到一个礼拜，我发现自己完全向她敞开，毫无保留。过了很久以后，我们才有肉体上的接触。她也拥有另一段感情，正在进行中，男友是一名校外人士。那个夏天，她几次去男友位于别州的家拜访他的父母。我跟他认识，她也告诉对方我们的友谊，至少在口头上他接纳了我们的情谊。

“然而，我没办法告诉我太太这位新朋友的事，因为在结婚初期（甚至结婚以前），我们就很清楚，我不能拥有女性朋友。这是现今婚姻制度一项不公平的地方，因为我从来没有否定她有权结交男朋友。因此，如果我觉得这桩婚姻值得挽救，我有两种选择，要么放弃这位新朋友，她很快就变得对我非常重要（目前似乎是比婚姻还重要）；或者维持这段友谊，成为‘地下活动’，并且希望我的新朋友能同意这样的安排。过去3年我们一直保持友谊，随着时间逐渐进展成情感和肉体上的关系。即使目前我们在地理上相隔遥远，我仍然觉得与她最为亲近。我们保持通信，一星期至少两三封，而且正计划明年在一个学术会议上见面。

“我目前的婚姻很可能再也拖不过一两年了，我必须面对的最大问题是分手的最终理由。我逐渐感觉到这桩婚姻是个错误，我太太很早就察觉到了，不过到现在还没表现出来。其次，我必须明白婚姻的破裂是因为它的内在动力，而非我拥有的婚外情。事实上，我已经跟女朋友解释清楚，她不是造成离婚的原因，而且我也不想跳进另一桩婚姻里。我告诉她这些，因为我非常爱她，希望和她保持亲密交往，但是我没有兴趣将她绑死在任何单一的关系里。事实上，她是决定我未来的人。我只是想要亲近她，如果她需要一位非常特殊的朋友，她可以依靠我。我知道我需要她的友谊，但是我拒绝再去控制任何人了。

“虽然我太太和我继续告诉对方彼此的确相爱，但我不敢肯定是真心的。我想我们在基本层次上关心对方及孩子的事。我只是认为这么多年来为了保持‘爱’，反而造成了太多的痛苦和怨恨。或许这不过是合理化的借口，我不知道，但是我敢说我的确爱着这位特殊的女友。有时候，我的自我会从中作梗，怀疑她是否像我爱她那样爱我，或者怀疑她是否爱我胜过另一位男人。然而我很快便排除疑虑，我相信我们是真心相爱，没有必要多加怀疑。我们从这份关系中获得什么？我们得到对方，同时，获得了更深刻的自我认知。我们不会向对方‘耍花招’，一向坦诚，甚至暴露自己的弱点。这些是我在任何关系中未曾有的经历，我不想结束我们的关系。

“我可以说我觉得长久以来受到太太摆布。但事实上这只是借口，我不敢为自己人生的抉择负责。我不是被逼着结婚，我不是被逼着追求新关系，我也没有被逼着维持现状。或许我太太和我都觉得受制于人，而且可以为此互相怪罪，不过我们先前的决定都是出于自愿。我想我们已经超越了这些选择，但是不知该如何结束，尤其牵涉到子女，对此我们有很大的责任。”

“在我 18 岁进入大学时（9 年前），我相信女人是我的奴仆和守护者。因此，我首先考虑的是找个女人来照顾我。我离家太远，无法将衣物寄回去洗，而且也不知道该怎样洗衣服。还好，幸运之神总是眷顾着我，第一天我就找到这样的女人。

“她具备一切条件：良好的教养、美丽的外貌、聪明、善烹饪等。她还是一名处女，而且自负得很，不期待男人来注意她。因此，不到 6 个月，在她被某位男子夺去贞操，以及听到她父母即将离婚后，我就将她套进婚姻里了。这时候我们的性生活大致美满，我称之为‘纯纯的性’。我们都感觉迷惘而孤单，对父母的形象感到幻灭。她会深情地注视着我，发誓永远忠诚。我呢？则能够久战不泄，具有无限的精力来满足她的饥渴。

“我也有一些卑鄙的想法。正当征服（我以前拥有两三位女友）和射精能力旺盛的时期，每次她月经一来，我就宣称我的性欲太强了，这个星期我必须去打野食，或者不要见她。想到这点我就羞愧难当，我向她以及所有的女人道歉，因为我是这样麻木不仁。另一个低潮期是在她和女友腻在一起的时候，我急着找她，几乎找遍了整个校园。我自己迅速创造出许多痛苦的幻象，等找到她时，我已经勃然大怒，一整晚歇斯底里地哭泣，直到进入她的体内获得安全感为止。只有在这个时候，我想操控一切的绝望情绪才能获得缓解。我害怕无法和她沟通，丧失了我对她的影响力，也失去了她的爱。这点是非常重要的：想要控制她的理由是要让她爱我，而不是因为我对她的爱依附在控制上。本然的我不够好，不足以让她一次又一次回到我身边，我必须操纵、控制、欺骗，才能被爱。这种感觉持续了十几年，由于我渐渐能够信任她，而且自信越来越强，才大大地改善了状况。

“我喜欢婚姻，我们一直是了不起的搭档。对我来说，婚姻保障了我所渴求的安全感，而且确定有女人可以照顾我，好让我能够追求成功。跟许多已婚的朋友比起来，我曾自豪拥有好妻子：负担比较多的家事、不会无理要求等。我不知道如何维系婚姻，她也不知道如何告诉我她心里真正的想法。我们拖拖拉拉过了这么多年，才结束彼此的关系，实在应该为我们的毅力和爱情表示敬意。（岔开一下，我刚给她打过电话，告诉她我多么感谢她，而且很高兴跟她结过婚。离婚5年之后，我们开始重新建立亲密关系和信任——拥有这样一位特殊的朋友，感觉太棒了。）

“我的婚姻生活中，性关系始终很好。一方面由于年轻，加上住在民风较保守的社区，我们大部分将自己限制在传教士姿势（男上女下）上。我喜欢口交，所以会为她做口交，但是她不喜欢这样对待我，所以就避开了。诚如预期，我们性生活的品质是关系好坏的指标。我的性欲很容易受压力影响，在压力沉重的日子里，我们没有性生活。同样，在这方面我表现得相当自我中心，以致对我们的关系带来长期的伤害。在事业顺利时，我的情欲高昂；遇到不顺利时，性欲就会衰退。在下一次认真的关系里，我想要在这方面改进。

“在一切顺利时（7年里60%的时间），我们一星期做爱3～5次。如果生活得很惬意，我们会胡搞、瞎缠，做爱10次以上。而在最后一年事态严重时，我们在12个月当中行房13次。我从来没有在她面前或跟她一起自慰过，她也不曾这么做。她很少或者从来没有为了我而假装高潮，这点我很感谢。

“子女的问题可能是我们婚姻破裂的根源。我怕孩子，真的不想负起这方面的责任，至少在拥有足够的钱、够格做一个父亲之前，我不喜欢有孩子的混乱、麻烦与不便。我一点也不想在世界上留下我的种。

“不管怎样，她正面临年近30的危机，担心太迟了无法生育。有一天她说她想要一个孩子，因为这世上没有其他适合她做的事。我的答复是：‘这对婴儿是不公平的。如果这是你对自己的感觉，那么你也不合适当个好妈妈。’多么伤人！当然我不相信她真的那样想，因为我知道她一直是聪明而能干的。

“我相信一夫一妻是婚姻较好的选择，主要是因为处理这样的局面已经够复杂的了。在婚姻的最后一年里，显然她已经对我不忠实，于是我也有了外遇。即使如此，我还是感到很难受，真的很内疚，你明白吗？我十分敬重我太太，在我们共处的日子里，只要看了别的女人，我都会有罪恶感。在我展开两段婚外情时，我没有告诉她这些事，可能是因为我不想要她也告诉我她的外遇。但当我真挚爱上一位20岁少女时，我慌了手脚，便告诉她实情，她竟回答：‘这对你太好了，随你高兴去做吧！我不在乎。’想到这里我仍然伤心不已。在我们进行婚姻咨询时，她不谈论她的婚外情，所以我也说得不多，因此没有成功。

“结婚并没有让我失去什么，只有收获。我的二度单身生涯在27岁时展开，我非常了解男女关系发展的可能性，所以我不会逢场作戏，或是和一般的女人交往。我无法也不会去想象不同的人生……此生已是太完美了！”

“我36岁，是一名传教士，在关于耶稣基督的基本信仰上显得相当保守，然而在其他领域则属于自由派。我和妻子订婚时，我们一起上一家基本教义派的圣经学校，虽然我们已经订婚了，但还是不准牵手。

“我们已经结婚16年，有5个小孩。大体上来说，我喜欢婚姻。当然任何的关系都会有小摩擦，但是我已经逐渐接受了。但愿我和妻子之间能有更多的爱和热情交流。我常常幻想自己娶的是另一位独特的女性朋友，我和她有亲密的情谊（但是不涉及性）。我一直搞不清楚，为什么当初我会结婚。或许当时我会说因为爱，可是现在我才学会什么是真爱。

“刚结婚时，我是这个城堡的国王，而我太太是奴隶。我的宗教背景让我成为一家之主，造成我和太太之间情感上的隔阂，直到今天仍然无法填平。这不全是我的错，结婚初期，我太太也是相同的想法。我对她很好，但却像对下人一般。我们努力矫正这种情况，也颇有进展。

“虽然在我的生命中有一个女人，我爱她胜过太太，但我永远不能为了她离开太太，因为我太爱我太太了，不愿伤害她。我对这位女人和对我太太的爱，根本上的不同之处在于我对前者怀有更多的罗曼蒂克的爱和激情。我深深坠入爱河之中，但是我们都清醒地选择了不要以罗曼蒂克或涉及性的方式向对方示爱，以免伤害家人。我们停留在‘最好的朋友’的阶段，我不知道事情最后要如何了结——或许如过眼云烟，或许会发展得更认真。

“一夫一妻是上帝为男人设计的最佳道路，如果和你的伴侣出了问题，就要努力去解决，而不是逃跑，去和别人发生肤浅的性关系。

“我从来没有‘婚外情’（但是我不会全然反对这样的经历）。有时我觉得我想跟最亲密的女朋友做爱。并非我想在她身上获得快感，而是我想要尽可能地与她亲近，完全表达出我的柔情蜜意。到目前为止，我甚至不在乎我会不会射精，而只要我能用最最亲昵的方式向她表达爱意。

“‘为什么传统上许多女人不会像男人那样需求性？女人最需要何种形式的性？’

这是我在咨询中（我是传教士兼咨询员）遇到的最艰深的一个问题。例如，目前我正在辅导一对夫妇，他们可能会关系破裂，因为她觉得‘被压迫’。她觉得性在于他不过是自己获得快感的一个方式。对他而言，唯一重要的似乎是在和她交媾过程中能够射精。她觉得被利用了。

“我不认为男人一定比女人需求更多的性，只是女人要求的性和男人不一样，太多男人只想要在阴道内射精（或者更确切一点，在阴道内自慰）。我完全相信这是心理上的问题，因为我能够轻易地调整自己的心态，而以我太太喜欢的方式来享受性爱。

“对大多数女人来说，性是更深刻的经历。它并不是那样高潮导向的，而是寻求亲昵与分享。我相信女人是对的，一名真正的基督徒应该爱别人。为一己之私尽力去攫取，则违反真正的基督教精神。

“总而言之，我目前的生活基本快乐。唯一希望的是，当初能娶到一名可与她建立比目前更深刻情爱关系的女人。”

“下个月我就结婚满 24 年了，我仍然在很多方面爱我的妻子。她现在不喜欢性，或许她从来没有真正喜欢过，但我们仍然一起睡在一张双人床上。在过去的岁月里，我不认为她曾经要求过任何形式的性，可想而知当我不再需要时，她似乎松了一口气。我们之间仍然有温暖的情谊和友伴关系，而且我们深爱孩子，只是爱的火花、爱的魔力早已消逝无踪。她有她的爱好，我有我的爱好，除了日常事宜我们很少沟通。然而我不曾想要离开她，我有很多缺点，但是我很忠实。

“婚姻头 16 年我很快乐地维持一夫一妻。后来我坠入爱河，在两次长期的婚外情中经验了高潮，也尝到了苦果。

“我太太并不知道我有婚外情，但我在心理上很多方面都改变了，情况有好有坏。或许这反而挽救了婚姻。爱情迟早会死亡，慢慢腐朽衰老，然后再度重生。我明白这终究是一场灾难，但是那又如何呢？任何事都会悲哀地收场，只要你等候得够久。恋爱让你注意到蓝天多么美丽，还有云彩。你所有的感官似乎都充满了艺术细胞，异常敏锐。恋爱就是让所有的生命蓄势待发，当然也是无法持久的，慢慢消退成比较正常的光亮……或是坠入情感的深渊里。爬得越高，跌得越重。我了解那种感觉，漫长的自由落体，没有降落伞，等着撞上屁股。你活过来了，但是有时候心灵破碎，你再也不是原来的自己。

“我和我最挚爱的女人两度坠入爱河。第二次是在 20 年之后，我们都结婚了。我第一次爱上她的时候还很年轻，不了解自己会特别思念她。我想很快又会有别人出现，情况还是一样，其实不然。分手的感觉是全然的失落，以及可恨的回忆。

“目前我跟我太太在一起的感觉，就像穿旧鞋子一样舒服，而且我们学会了精打细算，但是我们不再对共同的生活产生任何情感。不过不论我得到的是什么，我感觉自己已是适者生存了。”

“我 33 岁，大学毕业，受过 16 年天主教教育，来自蓝领家庭。我人生最大的困扰是拥有两段关系：一段是建立在习惯和孩子上，另一段是建立在感情和肉体上。拥有两段关系，即便是一段，我都不敢确定是否应付得过来。我害怕的是：我爱的究竟是我的爱人还是她所代表的独立、自由？我搞不清楚。

“我一团乱，不能断定我能否或是否希望成为任何人生命中不可或缺的一部分。听起来像是中年人的陈词滥调，但是我的确需要休息。

“我太太多年来控制着我，在控制的过程中利用的手段是性。我不认为她故意这么做，但是她知道这样有效。我很容易将爱与依赖混淆在一起，我需要她，她也很清楚。她对我的热情（性与非性两方面）是用来逼我就范的。我们从未争吵，我大都顺着她的想法来决定我们的需要。

“现在我认为生命中最最重要的就是我的时间——无牵无挂的时间，周围的人则认为我是工作狂。如果你了解我，就知道我工作是为了自我解闷。目前我正经历的是——可能会影响到十几个人的生活——一场拔河，我不知道是否能应付。”

“我 39 岁，犹太人，中产阶级。我曾就读于一所很好的大学，获得英文博士学位，也在这所大学教授语文。虽然在成长过程中，我不过在名义上是犹太人，但近来我对自己的犹太血缘越来越有兴趣。我学过希伯来文，定期参加传统集会的仪式。我太太不大虔诚，但是她尊重我的宗教情操，我们并不服从犹太律法，也不遵守任何断食（每月一次）的习俗。我们的女儿除了一般的学校之外，也上希伯来文学校。

“我们已经结婚 15 年。我太太是我曾经拥有的最好朋友，也是最棒的情人。我们有两个美丽的女儿，分别是 9 岁和 12 岁。总而言之，这是一桩好得不能再好的婚姻。我们都是教授。我太太恰好也是我曾拥有过的最佳性伴侣。最近三四年我们的性生活又更进一步——因为年岁渐长，烦忧越来越少。

“结婚时，太太 21 岁，我 24 岁。虽然我们情欲高涨，但我却有不能勃起的问题。她非常有耐心，我也知道她在担心，但是她并没有过分焦虑。婚后一年，我的阴茎勃起问题才慢慢消除，我的内忧解除了。口交带来了更大的乐趣，不再只是为了短暂的性行为揭开序幕。我年纪较长，有几次纯粹逢场作戏的外遇。这些经历让我知道了自己最大的性愉悦是太太和我。我不再因为自慰而愧疚，相互自慰的愉悦为我们打开了新的可能性。

“有时我会希望自己拥有比较开放的婚姻——关于自慰和婚外情。近年来，我妻子相当支持女性主义。但她并不好斗，也没有加入任何组织。这样的态度有一阵子反映在她对自己身体渐渐滋长的意识，以及她在教授生涯方面的雄心。还好一切都很好，几乎没有冲突。我们曾经在理论上探讨妇女运动的方向——有几次非常激烈。例如我反对某些好战的观点，而她即使没有直接参与，在理论上仍表示支持，而我们的性生活也很圆满。

“我试着不要对女儿避讳性的观念。当我们在屋内裸身时，我们不会企图掩饰（事实上，每年夏天我们都会在一处天体海滩裸身共浴），我的孩子在性方面的感受并没有受到压抑。我的父母就不会和我谈性，有一次我问父亲关于性的事情，他满脸通红，看起来很生气，然后说改天再讨论，我们从来没有讨论过。我的母亲稍微大胆一点，她微笑着说，我姐姐可以跟我讨论这些事情。然而绝大部分的资讯来自我早年的朋友，以及互相自慰的同伴——有些是正确的，有些是荒诞不经的。

“我有两年没有婚外情了。事情的开始是在几次宴会上和某位女士碰过几次面，她大约大我 10 岁。她主动来接近我，我们共进午餐以便讨论某个学术问题，然后到她住的地方，接着做爱。但是这个外遇吓坏了我，这是一种罪，违反犹太教的戒条，任何性解放都没有理由删掉它的。扰乱家庭的宁静将会是一场大灾难。我非常爱我太太，不希望她伤心，从此以后就不敢再犯了。但是我喜欢自己富有魅力，让别人着迷。我真的很喜欢人家跟我做爱——就古老的意义而言——让女人追求我。

“虽然我有这些韵事，但并没有威胁到我的婚姻。坦白说，我之所以怕再发生任何奸情是因为万一我坠入爱河，势必会对太太和我的生活带来莫大的破坏，我跟太太都不希望这样。万一她因恋爱而离开我，我想我就完蛋了。我不愿去想对孩子的影响，尤其是我们一直与她们如此亲密。我也不认为分居是可行的。我想如果我发现她有情夫，或者她发现我有情妇——那不过是野合，而且纯然是性行为，那么我们都可以破镜重圆。不过终究没有一次外遇是令我满意的，我所有的接触都是非常短暂的，为了寻求刺激。如果在情感上真的无法令人满意，性无能的问题就会出现。我同时觉得外遇好像在做一件见不得人、不应该做的事情，我承认或许这就是主要的刺激。外遇中性的那一部分的确让人兴奋。没有什么比得上观看一个女人脱光衣服的美景来得刺激。但是我可不是那种嗜好在汽车旅馆猎艳的人，拿着一根硬挺的棒槌刺进别人的洞里。

“老实说，我和妻子一直互相深深爱恋着，我祈祷我们会永浴爱河。爱情会茁壮、会褪色，也会有一些琐碎的麻烦。但是爱情似乎不止于绚烂夺目，更令我们生色不少。我和太太已经有两年如神仙眷属一般。我守着婚姻，因为婚姻让我们获得安全感、长久的友谊、抚养孩子、精益求精的性生活、老年时有伴、在危机和生病时互相安慰对方。”

分居及离婚

男人离婚的理由

在被问到“如果你离婚了，理由是什么？感受如何？你喜欢结婚吗？”时，目前处于离婚或分居的男士给了下面的理由：

“我太太是木头人儿。”

“水火不容，我接受现实。”

“不忠。我心情坏透了！我不觉得她需要我。”

“我太太红杏出墙，我失恋了。”

“结婚 35 年，最近分居。婚姻变成对别人沉重而无法卸下的责任，而不是为了自己的快乐。”

“我离婚是因为她不顾家。我不会再结婚，尝试 3 次已经够了。目前有位女士一星期为我煮 5 天饭，剩下的两天我带她下馆子。这种情形维持了将近 6 年。她是个寡妇——迷人、亲切、绝佳伴侣，爱好戏剧、舞蹈，我们相处得很好。在我向她倾诉时，她相当沉默，她是我最亲近的女人。”

“我曾经结婚 10 年，我喜欢结婚。我结婚是因为我爱上了她，她结婚则是为了求保障。虽然我们在床上很恩爱，但她大约有 90% 的时间抗拒我，因为她说我变态，想要对她口交。现在我已经从离婚的阴霾中恢复了十之八九。结婚期间我不曾在外风流，即使她不再是性伴侣时亦然。到了最后我才越轨，不过那时我已经独身了两年。性是生理上的需求，她到后来都不知道。”

“我结婚 5 年。头两年和太太的性爱非常美妙，后来我们有了女儿。我想我太太觉得现在既然她已经得到想要的女儿，丈夫就不重要了，不必担心要讨好我。从此婚姻一直走下坡，最后她终于离去。”

“18岁时，我娶了高中的女友，她已经怀了4个月的身孕。我认为我是在做正确的事，但是经济上的挣扎、婴儿的尿布，以及我必须接受往后的人生都跟她绑在一起的事实，对我却是太沉重的压力。我开始寻找新鲜刺激的乐子，而且我找到了。当她发现时，并没有解决问题。这是痛苦成长经历的开端，4年之后，我和妻小分开了。”

“我离婚是因为性生活不协调。我知道我应该提及我们在知识和人格方面的水乳交融，但是对我而言，缺乏令人满意的性关系，就不可能幸福快乐，而且我不想搞外遇。我很不好意思承认，我将性生活的和谐摆在第一，这就是我的感觉。”

“结婚10年，婚外情让我的婚姻告吹。我一直很爱她，如果她给我补救过失的机会，我会在她面前脱裤子。单身让我获得许多私人享受，例如一个夏季的阳光和欢乐时刻。因为我的孩子在经济上已有保障，我无须在这方面多做努力。我只想和同一个女人再婚。她拥有我的钱、我的孩子和我的梦想，我无法再创造另一种生活方式，我不想再建立另一个家庭，如果我们不能复婚，我会相当满意地维持单身以及父亲的身份（不一定没有性生活），直到我的孩子可以自己做决定的时候，我会继续保持这种家庭关系。”

“我对前妻（结婚6年）最深的敌意在于发觉她之所以跟我做爱，是因为她认为这是一名漂亮、成功、有机能的女士‘该做’的事。我花了几年才想通，一位能做爱的女士不需要使用凡士林来减轻做爱时的痛楚，她的身体结构也不该难以或无法承受一个男人压在她两腿之间的重量。我怀疑她嫁给我，是因为我看起来‘前途似锦’——一名积极向上的年轻男子，有一天终会是个人物。但是我选择投入空军生涯，然后决定延长军旅以便继续发展，她非常失望、怨恨。我没有符合她对我的期望。”

“我结婚7年半，极度热爱家庭，但是我太太认为跟一名比较飘忽、非常浪漫、同时变幻莫测的男士在一起比较有趣，所以她跟别人跑了。我结婚最初是由于来自双方家庭的压力。至于性，我们常常做爱，我觉得棒极了（她曾多次表示也有同样的感觉）。我比较喜欢一夫一妻，但仍未找到一个想要与我维系这种关系的女人。”

曾经结过婚的男人喜欢再度单身吗

大部分曾经结过婚的男人喜欢再度单身，但希望那只是短暂的过渡期。在被问到“你计划再婚吗？”时，大部分男士表示想要再婚，或是和女人

同居：

“我离婚6个星期了。前次婚姻维持了21年。目前是我生平头一遭有机会来反思自己。我想最后我还是会再婚。”

“我已经离婚6个月，我很想念儿子，但是能够远离太太的无理取闹，还是值得的。终究我还是会再婚。”

“我已经单身将近6年，我喜欢，不过有些时候也不喜欢。我感觉有一股莫名的压力要结婚，似乎所有的男人都结婚，所以我应该再婚。但是我发现自个儿生活很有趣，大部分时候我都有女朋友，有时甚至是跟我同居。或许我应该面对不会再婚的事实，只要我快乐那又何妨？我想我还在期待完美的女人出现。”

“我已经单身8年。我喜欢安于现状，至少就目前来看，在面对孤寂与结婚时的性剥夺感之间，我比较能排遣寂寞的情绪。往后几年或许会改变，不是再婚就是同居。我已经感到骚动的欲望，想要获得与人同居所带来的亲昵感。”

“过去两年我一直单身。我享受了这段时光，它们是我最美好的岁月。我离婚的同时获得3个孩子的监护权，所以我的‘单身’状态有点特殊——带着3个的7～12岁孩子。我很喜欢这段时光，因为我脱离了具有毁灭性和压迫感的婚姻关系，我可以自由地成为自己。我已经经历、学习到很多。我希望再婚，只想娶我真正爱恋和喜欢的女人，她就是我目前的伴侣。我计划在一年内结婚。”

“婚姻之中有种美好而温暖的感受，那就是知道有人关心你，而且她会以亲切的态度接纳你的关怀。目前我仍单身，但很满意，除非是和一个女人建立坚固、长久的关系，否则我不会有真正的快乐。”

“我47岁，离婚两次，我不想再发生这种事了。我的个人目标是能够自给自足……能够拥有朋友，过快乐的生活，同时从事高尚的职业。如果有情人进入我的生活，我也能够腾出空间来接纳她。或许在我能肯定自己时，就会有一个自信的女人进入我的生命里，而我也走进她的生活中，然后我们决定为了彼此的幸福，生活在一起，在性方面排除其他人。这是我的希望，但是我也有所准备，即使这一切不会发生，仍然可以满足地过日子。”

“我离婚4年。婚姻生活是做爱少了，争执多了，但我还是喜欢婚姻。大约60%的时间里我不喜欢单身，因为太孤寂了。我喜欢结婚，但是要娶和我能够进行心灵沟通的女人为妻。”

“我2年半前离婚。我已经学会照料自己，无须依靠女人为我打扫房子、煮饭、买药等。我喜欢感觉到自己有能力照顾自己。或许未来我会再婚或和女人同居。我不知道。”

“单身将近 3 年。独立真好。我感觉到结婚时未曾享有的自主性。我喜欢除了自己不必为任何人的性爱负责。这是我婚姻中最沉重的负担。或许我也会再婚。”

“我已经单身 15 年。一开始不习惯，没有人说话，自己吃饭，早晨起床时忧郁，而且诉说无门。当时我还非常年轻，现在，我喜欢这份自由、宁静，能够追求自己的兴趣，而不会影响别人。在我填这份问卷时，我几乎快要看完一本有趣的书了，所以今晚我可能会熬夜看书……去年，由于一些情境的配合，我的爱人能够不定期地搬进来与我同住几个月。对于她的到来我既期待又不免忧虑，这是我一生中最美好的时光，我们相处极为融洽，除了自由之外我重新发现了所有失去的东西，觉得比独自一人更为自由而宽广。我们不需要像一对夫妻那样过日子，然而她的出现增添了生活上的刺激和趣味，同时她开始分享我对音乐和诗歌的爱好。现在我很愿意跟她结婚，在我们有同居经历之前，我可不会真心诚意这么表示。”

少数男士表示他们不会再婚：

“我刚刚恢复单身一个礼拜，我不喜欢，太寂寞了。但是我可能会保持单身，我无法忍受另一桩婚姻的痛苦。”

“我已经单身 4 年。目前我宁可单身，或许我无法再去全心全意地谈恋爱了。经过和我太太那段艰辛的毁灭性的婚姻之后，我已经无法让自己与另一个女人相系一生。”

“我有意维持长时间的单身，才能自在地呼吸。如果我打算再婚，那必然是遇到了一位特殊人物。”

“我结过两次婚，目前是单身，感觉比结婚好。单身和已婚人士分别会进入完全不同的社交圈，我必须放弃大部分的朋友和社交生活来适应这个变化。我强烈地需要隐私，我希望过自己的生活，无须与人协商。我希望用自己的方式过我的生活。”

离婚或分居男士篇幅比较长的答复：

“我 39 岁，刚刚与妻子和孩子分居。离婚是很多因素促成的，而且由来已久。我对另一个女人的感情非常新鲜而强烈，我从她身上以及自己对她的感情中学到了很多，大部分是在 13 年的婚姻中从未经历过的。

“婚姻的最后 3 年，我过得既艰苦又不快乐。我们结婚是因为我们交往了两年，加上怀孕和流产——似乎应该结婚。婚姻使性生活乏味，不断地重复，让人提不起兴致，性变成我越来越想逃避的差事，而太太的性欲却未曾稍减。我一直都有外遇，但是她并不知情，比较长久的私情令我快活，快餐式的外遇只是过眼云烟。在一次较为持久的外遇期间，我对婚姻产生了疑问。

“我离开妻子并非为了新的女人——这是一桩美妙的巧合。我一直很尊重她。我需要她而且发现我的情感得到正面的回应，我的情感仍在炽热发展中，难以精确形容。跟她在一起，我的确感到从许多限制中解放出来。我乐于聊天、握手、亲吻——以我在婚姻中不可能表现的方式传达热情。我也发现自己能够告诉她——而且是生平头一次认真地——我恋爱了。她为爱赋予意义。跟她在一起让我获得解放，她同时教导我了解自我和情感。我很遗憾这段情正巧碰上婚姻的结束，其实没有直接关系，但我太太却如此认为，或许我的爱人也这样想。我们应该避免在这么困窘的情境下相遇。”

“我去年和妻子分居了。结婚 22 年，我喜欢婚姻（或许我们太急于结婚了）。我喜欢那种相许与恒久的感觉，一生都呈现在眼前，由模糊记忆中的早年冒险发展到仍然遥远的未来和老年。

“我深爱两个女子，不过这是一件困难的事，因为我和其中一位结婚多年，她深知我爱的不只她一个人，因此很伤心。过去几年，我看到越来越多的人‘抽身出来’，试着用不同的方式开放地处理他们的情欲，因此，我也想抽身出来，而且确信自己有能力深深涉入同时存在又不互相竞争的爱情关系中。

“然而抽身出来的结果是我太太要求我离开，她觉得我这种分割的情爱对她来说是无法忍受的屈辱和压力。现在我已独自生活，经常短暂地个别会晤两位情人。这并不是我所期望的，相反，我认为人需要安定、恒久的誓约。

“一开始我发现很难习惯独居，接着才开始享受到这种自主性。我高兴什么时候起床、睡觉都可以；爱怎么吃，什么时候吃，都随我高兴。我也独自工作，大部分是在家里，以便安排自己的时间。渐渐地，我发现自己越来越有兴趣保持居所的舒适，或者在烹饪方面显显手艺。但是我并不是真的喜欢这样，我一直希望能与人分享我的思想和情感。最后我可能会和某人长期同居，而且很有可能再婚。”

“我曾娶了‘唯一的女友’。我们交往 6 年，她要我娶她，否则她要去找别人。接着她怀孕了，我决定公平对待她。社会对男性的要求（拥有两个小孩、正确的信仰、乡间的住家、良好的工作、在社群中出人头地）使得我们很难精心去经营这份关系。除了婚姻以外，我在各方面都很成功，后来我有了情妇，我太太不能谅解。回顾过去，完全像一出肥皂剧。

“目前我加入了一个男性团体，希望寻回自己的情感。我也在约会，有时会花一天的时间来打点自己。除了工作，目前我正在重建房子，享受这样的成就感。我长得不错，身体很好，懂得享受单身生活。独自一人阅读，或者不论做任何事都令人兴奋，只是寂寞令人心神俱裂。通常寂寞来袭时，我会沮丧，然后失魂落魄。但是我喜欢能够随心所欲的自由。

“我的确计划再婚，然而必须是一份非常稳固的关系，而且我喜欢的是独立、关怀人、有爱心、自由自在的女人。最近我找到许多能够交谈的人，帮助我解除这些压力，而且提供给我能够再度安顿自己的力量。”

“我结过两次婚，第一次将近 20 年。我似乎有一些并不适合婚姻生活的人格特质，到了某些时候，女人总是会说：‘你不是真的需要我。’这是真的，其实我喜欢她们也需要她们的情感。奇怪的是，她们到头来都会说类似的话：‘对你来说，我不过是个女佣，以及偶尔上床的情妇。’

“回想我的婚姻，在某些方面我一定可以表现得更好。然而，我无法准确地预测到该如何做。例如，在研究生时代以及前两次婚姻里，我包办了所有的清洁工作和一切家事，晚上还起来喂婴孩。两位妻子一开始都为我这些行为着迷，但是到后来，她们都抱怨我逐渐失去了做事的热情。我倾向于掌控所有，这实在是太欠缺体贴了。

“我真心期盼我的前妻仍然像我喜欢她们一样地爱我。现在我非常希望成为我第二任妻子的好友，不过她似乎疑心我很孤寂，却装出愉快的样子。

“目前我是单身，不过我的情人一星期至少两晚会待在我这儿。（我比较喜欢在这儿做爱，因为我喜欢我的房子，这是我设计的，而且确确实实是‘我的’。这里曾让我的两个妻子陷入绝境，但一开始她们都着迷于一位懂得形式和色彩的男性。）我是名独行侠，但是在别人面前，我看起来不像那个样子。”

“我 49 岁，是一名蓝领工人，来自一个 6 个孩子的家庭。我是被收养的，是孤儿院中一名未婚女子的小孩。我 9 年级时辍学，16 岁从军，然后进入就业市场，做过保安、警察、水电工人、卡车司机、屠夫、飞机装配员、伐木工人等。

“我的婚姻是一场永不停止的战争——互相折磨、报复。我们无法相处，没有一件事是彼此同意的，互相坚守立场，互不让步，而我和她一样恶劣。结婚 14 年，我的确很喜欢。我也有外遇，是在分居的头两年，因此并未违反婚姻契约。我极度渴望有小孩，可以付出爱，但她不想要小孩。当她怀孕时，我欣喜若狂，由于爱，一个生命被创造出来了，他是我们的一部分。我提前从军中退伍，以便在家照顾孩子，这样孩子比较有认同感。生了一个孩子之后，她拒绝再生，我提议收养，她说不行。

再加上其他种种问题，我们在 1968 年离婚。”

“独居了 10 年，我更深刻地了解自然、我的宠物，以及音乐和宗教。如果有合适的女人出现，我会立刻放弃这一切。我养了很多宠物，我从不寂寞，因为一直有上帝和耶稣在我身旁。离婚后我从未结交女友，我转向上帝和耶稣基督。

“10 年来，我每周工作 7 天，一天 16 个小时，以负担孩子的抚育费及离婚带来的债务，目前我减少为每天工作 12 个小时，过一阵子就能全部付清了。到时我就可以从年轻女郎身上获得所希望的全部的爱（但我似乎必须找个超过 35 岁的女人）。”

“在经历外遇和离婚的那段时期，我经常哭泣。这样的冲突让人承受不了……和妻子有婚约，深爱 4 个孩子，同时又深深爱恋另一个女人。那是五脏六腑纠结在一块的痛苦经验，我流了好多泪。想到要离开孩子，我内心悲伤而空虚，要我离开我的女人我也无法忍受。离开第一任妻子，并且告诉孩子我即将离去的那一天，是我一生中最悲惨、难过的一天，也是我感到最亲密的时刻。事实上目前我觉得更亲密，这是随着关系增长所带来的亲密感。我和爱人（现在是我第二任妻子）一起去新英格兰旅行，获得无可形容的亲密与喜悦。在枫叶全红的 10 月天，我们朝夕相处了一个礼拜，可以公开出游，不怕被发现。我们做爱，发现了整晚共眠的喜悦。

“在我陷入热恋、无法自拔于外遇时，面对太太我经常会阳痿，即使是勃起而且达到高潮时，也不会觉得愉快，有时更是痛苦。这些插曲令我难堪，因为这显然表示了我不爱她，我不想跟她在一起，也不想跟她做爱。然而我却无法诚实、坦率地告诉她。那段时间非常难熬，我承担着社会和宗教压力以及和孩子分开的沉痛。我的身体揭示婚姻已经结束。

“我想念孩子。我想天天见到他们，看着他们成长，分享他们的喜悦和问题。婴孩时代，我享受抱着他们摇晃和喂食的乐趣，现在虽然他们已经十多岁了，我仍喜欢搂抱和亲吻他们。目前我较常用语言表达，让他们知道我是多么想念和爱他们。

“我从整个经验中学到：不要埋葬自己的情感。第一次婚姻我就是如此，当时我觉得窒息、呆滞，像具机器人。我遵循社会期望，维持固定的行为模式和生活方式。现在我在伤心、愤怒或悲哀时，会想办法表现出来。我的伴侣非常了解我的情感，而且具有直觉的能耐将它们引导出来。这对我大有帮助。”

“我 21 岁时仍是处男，娶了一名在教养上比我更受压抑的女人，我、她的家人和朋友告诉她要嫁给我——而不是让她选择能令她兴奋的男人。结婚 25 年来，我们成功地抚养了一家人。我们全力以赴，但是从未获得完全满足的性生活，只有近乎满意并非美妙、甚至不好的经历。我向往美满的性生活，厌倦了挫败、折磨和诱惑。

我终于在 42 岁有了第一次外遇，美妙极了，一桩接着一桩，太棒了！没有罪恶感！然后是离婚（前妻的选择）。

“我要引用前妻在诉请离婚一个月前写给我的信，基于这段文字我才同意签字。我认为这是一段优美、简洁、坦白而准确的陈述，道出了离婚的真正缘由：

“‘我无法像妻子应该爱她丈夫般爱你和需求你，而且我强烈感觉到我永远无法做到，同时也不想以此度过余生，我确信你也不希望如此。这不是谁造成的后果，也不是能够弥补或重新来过的，只不过是多年以前犯下的错误；而我希望在生命中加以改正，试着让自己的余生尽可能快乐。我终于只想为自己考虑，去发现什么会令我快乐，并且去追求，我就是无法与你一同去追寻快乐。我必须尽最大努力以免伤害到你，我只能做到一定的程度，而在这程度上我会伤害到自己。我反反复复地思索，总是得到相同的答案：我们在一起是不会快乐的。有时候这让我禁不住地悲伤，但是我必须对你和自己诚实。你看，我记得很清楚这么多年来你是多么悲哀、不快乐，而且在我们的谈话中，你是如何向我乞求你该得到的情爱。如果有这些真挚的情感存在，我会毫不保留地付出——我用尽全部的心力想要让它们存在，可是我创造不出来——如果我能够，我现在仍会很高兴这么做。结果是多年以来，我感觉自己不完整，也因为让你不完整而内疚。’

“‘希望你知道我真的爱你，而且非常关心你是否快乐，只是我们在彼此的关系中失去了太重要的东西，而无法继续生活下去。我记得我从来不想去做那些你喜欢的活动，而你只好单独去从事，这是不对的。你需要而且应该有人乐意陪伴你，他会从你及你爱的事物上得到快乐。我没办法成为那个人，而且我确定努力再久，我们还是一样不快乐。相信我，我完全出于至诚说这番话，如果我能拥有继续跟你生活下去所需要的感情，我情愿为你放弃世界上其他任何关系。在应该存在肉体欲望的地方却只有冰冷的硬块，哦！我是多么抱歉。’

“离婚让我非常痛苦、悲伤，整整熬了两年，目前我觉得很好。彼此都是好人，有一份好工作，抚养一家人，但是我们居然在这样的关系中待了 25 年，显示双方都是严重的被虐待狂。

“目前我跟别人同居了 3 年半，我们俩都觉得现在还不是结婚的时机，不过我们双方都做了坚定的承诺，希望拥有长久的一对一关系。”

以下是丧妻的男士对单身的感受：

“结婚 43 年，一夫一妻对我们最适合。我不相信在其他情境中能够存在我们所体会到的全心全意而恒久的爱。3 年前妻子去世了，我仍然爱她，过着孤独的日子，不觉得有什么愉快。再婚的考虑要看是否能找到一位可以共处、相互接纳的配偶。”

“结婚 21 年，妻子去世多年，我不喜欢这桩婚姻，但我怀念她的手艺。现在我有更多的自由寻找性伴侣，我也喜欢这份安静，我喜欢享有这份自由。”

“我是一名鳏夫，35 岁。我喜欢结婚，而且和太太拥有相当开放的性关系，在当时颇不寻常。我不认为一对一可以解决所有问题。拥有开放的关系比较好，有没有婚约都无所谓。太多人声称要一对一，然后在背后互相欺骗。比较好的是拿出诚实的态度，面对真实的人生。我有外遇，但是不曾瞒过太太。我跟女人同居了两次，是在我太太重病住院以及她死后的 5 年期间。感觉很好，但是我无意结婚。我和最后一位同居的女人仍然是非常好的朋友。现在我深谙如何享受单身生活。”

“我结婚 20 年，直到太太去世。她是一位非常可爱但性欲不强的女人，和她做爱好像是在推磨子。我娶她因为她很迷人、身心平衡，适合共同生活。我有婚外情，尤其是在她长期卧病以后，她不知道，至少没抱怨，因为我很小心。那是一段美妙的性生活经历。我独自过了将近 20 年，没有再婚的打算，我喜欢单身，因为有较多的自由。”

“我结婚 65 年，直到她上个月去世。我喜欢婚姻，一直很爱她。结婚后性爱转成上帝造就人生愉悦计划中的一部分。婚姻不是件容易的事，你必须很努力去维护，甚至贬抑自我。我没有固守一夫一妻，但是每一次的‘恋情’都会转化成心灵的成长。我不喜欢过孤单的生活，我真的很怀念她给我的爱。”

从未结婚的单身男人

从未结婚的单身男性对婚姻的看法

“如果你是单身，请问已经多久了？你喜欢单身吗？为什么？单身的优点和缺点是什么？你打算结婚或保持单身？”这里的“单身”是指未结过婚的，大部分单身男性都喜欢单身，不过多数认为这只是暂时的，终究计划要结婚：

“我喜欢单身，可以拥有坦诚相待的密友。但即使我和朋友的关系非常好，可以开诚布公地和他们谈论任何事情，内心深处仍有一道需要填补的空隙。说真的，我想要恋爱、结婚、领养孩子，从此过宁静的生活。”

“我已经单身了22年，我喜欢单身带给我的自由，但是又希望退伍后就尽快结婚。”

“我一直单身，而且喜欢这样的生活，但是我想我会喜欢婚姻生活的保障。”

“如果机会来临，经济上我又负担得起，我会结婚。”

“有时候我会无聊而寂寞，但大体而言，生活仍非常快乐。我喜欢单身生活的多彩多姿，而且发现这样的自由和独立对我而言是很重要的。但是我仍盼望有一天结婚生子。”

许多比较年轻的男士（包括那些喜欢单身的人）对所谓的“自由”失望，他们表示它并不如想象中的有趣——或许这是对近20年来流行的“自由之爱”“花花公子哲学”的浪漫反动：

“我19岁，单身太久了，我不喜欢。我需要表现我的热情让人们快乐，我厌倦自己一个人过日子。我想要一个妻子、一个家，我爱小孩，他们是如此天真，活泼可爱。我会结婚，为爱结婚，而不是为了性或生活上的便利。”

“我已经单身29年，准备好要结婚了。我喜欢恒久的一对一关系，彼此相系。我想要了解她，而不只是‘干她’，然后把她遗忘。我不爱逢场作戏。”

“我认为单身不是人生的目的，我比较喜欢结婚——不过到目前为止，我尚不具备自然而然迈向婚姻的条件。长久以来我感觉寂寞，好像生命中失掉了什么，但是我不想为结婚而结婚。”

“我不是非常热衷于单身，也不鼓吹四处采花的单身汉生活。我当然会享受我的自由和个人生活，不过我喜欢和我爱的人生活在一起，这不是生活被闯入或干扰，而是向外延伸。我希望再度拥有互相信守的关系，学习怎样与人相处。”

单身男子通常很寂寞：

“我23岁，未婚。我喜欢结婚，因为我很寂寞，而且我也想过安定的生活。”

“我与女友分手大约2个月了。大体而言，我不是非常喜欢单身，不过有时我可以享有自己的隐私和自由。我不喜欢与单身有关的社交游戏，或者进入婚姻市场。我该学习的是如何独处而不寂寞。”

“单身的唯一缺憾是你不断感觉到孤单。夜晚你漫步在寂寞的木板路上，脑海里想着罗德·麦肯的诗篇，回忆昨夜的爱情。你学会收音机上倾诉寂寞的歌曲，而且在星期六看很多电视节目，好像你是生长在电视机旁一样。登山成为唯一的逃避，因为在山区里带着我的五弦琴让我心满意足，在爬进睡袋前，我注视着营火，心里想着或许下个礼拜下班后，我会碰到心仪的女人。或者自言自语，下个月我要赴更多的宴会，甚至自己举行一个！我会找到一个爱人，一个永恒的爱人。”

“到目前为止我一直是单身。我喜欢和别人出游时不会内疚的感觉，可以随心所欲。但是我宁愿结婚，这样我就不再孤单。有时我期盼身旁有人，而且我爱小孩，我喜欢每晚回家，回到她身边。单身没什么不好，但是你永远不知道什么时候可以有人相伴。”

一些男士表示，单身也是成长的好时机，使你有精力关照自己：

“我喜欢单身，好处是自由，坏处是需要支持的时候没有人在你身边。你必须去找到那个人，同时有些事是相互献身的两人才能分享的。我或许会结婚，但还不知道，或许我会先和爱人同居一两年。目前我的性生活是来自自慰。”

“目前我无意追求女人。因为我知道不可能拥有既令人满足，又不具压迫性的关系。再者，全心全意投入要求更高的事业发展，这可有得忙了。我没有精力去留意，也没有力气为别人奉献。我正在重新创造自己。”

不少单身男士常常有一段时期没有和别人发生性关系：

“我目前对性没什么兴趣，而且这样的心态已经维持 7 个月了。自从先前的关系破裂后，我就独身。我这样做好让自己有时间思考我是谁、我能付出什么，以及我对生命的需求是什么。我和一位女士同居了 6 年，我深爱那样的生活。她希望我成为她的供应者、保护人和父亲，但是她不想对这份关系负任何责任。她让人神魂颠倒，满嘴的甜言蜜语，会说谎，而且非常懒惰。我还是希望她能够独立自主，不管她如何成熟或改变，我绝不可能再回到她身边。现在我可以静观身边的事物——植物、动物、日落、蓝天、星辰和高山，我觉得和这一切亲近真好。”

“我发现一段日子的独身非常必要，可以帮助我搞清对性关系的期望，同时省下大量漫无头绪又徒劳无功的精力。我写诗、与自然交流、钓鱼、旅行、阅读。”

有少数计划要结婚的男士暗示，结婚似乎是义务或必须完成的事，而不是为了快乐或幸福。事实上，他们害怕结婚或是觉得结婚意味着自由的

终结，不能再探索生命或发展自我了：

“我已单身 27 年，我热爱单身，没有比这更美好的生活了。30 岁以前我不会结婚，到三十五六，或许会考虑。”

“我未婚，享受快乐的单身生活。我不想要对别人有任何承诺，或是担负重责大任。父亲死后，我继承了他的角色，我想要弥补那段失去的时光。我的确计划要结婚，不过时间还早。”

或者认为结婚是必经的生涯与生命抉择：

“我一直保持单身，但是 5 年内会结婚，因为结婚有它的好处——小孩、家庭、伴侣等，而且社会也是这样期待着你。”

如同两位男士指出的，单身可能会妨碍社交生活，或是降低个人的社会阶层：

“单身对我来说，很合适，不过有时我会觉得因此而降低了社会立足点。我觉得要被大众认可为真正重要而且有价值的成员，就必须结婚生子。我希望有一天能结婚，但是理由似乎是有限的。”

“如果社会更乐意接受单身是婚姻以及家庭之外另一种正当的选择，单身生活就好过得多了。最近结婚年龄已经延迟了许多，但是结婚仍然是大部分人最终的命运。我自己期盼在 30 岁左右结婚。”

有些男士担忧婚姻加诸他们身上的重责大任：

“我喜欢一辈子单身，没有束缚。我不认为现在我已经准备好为别人负责，但是将来我真的想要结婚，同时拥有 5 个小孩。我只是还没准备好。我有时需要独处，进入自己的内心世界，与人同居则无法做到这点。”

“我一辈子都是单身，且乐此不疲。在某方面我热爱这样的自由，但事实上我还没风流够，不会考虑结婚。我喜欢花几年时间跟一个女人守在一起，抚养家庭。但是得等我静下心来，而且足够成熟时再说。”

“我一直是单身，没有结婚的意愿。我不认为自己成熟得足以履行这么广泛的合约义务；我也不觉得自己有足够的成熟来承担养育孩子的责任。”

许多人对婚姻有矛盾的感受，这环绕在自由与需求安全感及感情的表

象冲突上：

“我 30 岁，单身，从未结婚。偶尔有婚姻生活的幻想飘过脑际。有时是幸福婚姻的愉快想象，有时是不愉快的画面。问题是：我没有花任何力气去追寻或创造婚姻，我尊重自己这方面的意愿。我真实感觉到我和自我的成长结了婚。和另一个人结婚可以加速我的成长，不过我不认为结婚是成长必经的道路。”

“我是独子，所以独立对我来说既自然又非常重要。我极其需要自由和独立，常常怀疑自己是否能够放弃一切。我无法想象自己会结婚，然而我喜欢与女人为伴。我的问题是，专业心强、成功的女人（我喜欢的典型）不会喜欢太早和一个男人绑在一起。”

“我会喜欢结婚，但是我对女人根本上的不信任使我害怕婚姻。我知道这样的不信任不是相当理性的，但也不无道理。我相信社会鼓励女人戴上面具，掩饰缺点，好让男人掉入婚姻的陷阱。对某些女人而言，这或许是生存的唯一方法，然而这种可能性令人恐惧，不过，如果是真挚的伴侣关系，将会非常美好。”

一些男人期望拥有另一种形态的婚姻：

“我不晓得我要什么。在我看来，婚姻好像是一面高墙，将两个人关在里面吵翻了天。我当然不会想象传统模式的婚姻，但是我想试试与众不同的情况，不要一下子掉入窠穴。我知道我的爱人在这方面跟我观点类似，因此我渴望下半辈子只跟她厮守。我们很早就谈到结婚，但是这个问题异常复杂，牵涉到许多冲动、需求和不可或缺的条件。一想到这些，就让我头晕目眩。”

一些单身男士表示他们喜欢单身，而且永远不会结婚：

“单身 23 年，我喜欢单身——没有责任、烦恼或争执（例如孩子）。我喜欢认识新雏儿，我大概不会结婚。我和一位小姑娘同居了 6 个月，一切都很好，我不喜欢被套牢。”

“我 19 岁，喜欢单身，没有牵挂，来去自如，不必听人抱怨。我会再多保持几年的单身生活。”

不同年龄层都有人保持单身：

“我一辈子单身（71 岁）。目前我真的喜欢单身，没有责任，也没有人为任何理由唠叨或烦我。年轻的时候，我期待有一天会结婚，抚养家庭。目前我宁可单身，我会保持单身。我现在一个人住，拥有一间装潢舒适漂亮的公寓。我在家工作，保持房子的整洁。我也不想跟人同居，尽管我有很多机会。”

“要我一辈子单身，我不喜欢。我希望结婚，但是目前没有对象。到了 52 岁，很难找到合适的女人。”

“我一个人过了 60 年的日子。单身生活有它的好处，目前很难找到能够容忍我的女人。”

“我单身了 30 年，能够独立而且为自己奋斗，感觉很不错，不过我想我会试着与别人共享人生，即使未能如愿，我想我还是会活得很好。”

“63 年来我一直单身，我喜欢单身，因为这样比较独立。如果遇到一位我觉得合适而且相爱的女人，我会结婚。我比较喜欢拥有固定伴侣的性关系，但是逢场作戏总比没有好。有两次我差点结婚，对方都是很棒的女人。但我害怕亲昵（以及在亲密关系中失败），这使我无法继续迈向婚姻必经的亲密关系。知道自己的缺点，至少就成功了一半。”

“为什么单身？别人总是这样问我。我 32 岁，有一份好工作，显然很抢手。我可以给你一堆统计数字、哲学、场面话等，不过这只是合理化的借口。和我同时代的女人（现在还是？）普遍害怕独立，因此纷纷逃避自由，通常是走向婚姻。而我们男人则害怕承诺，这份恐惧源自何处？因为情感的怯懦？软弱的自我？另一方面，我做了比大部分男人坚强而公正的事。当我看到相识的许多男人离婚、二度离婚，看到离婚对这些男人、女人，以及小孩的影响，我就害怕了。

“我不曾结婚或与人同居，还有其他理由。有一次，我想要和一个女人谈恋爱，但是恐惧（我猜一定是恐惧）挡在我面前，窒息了这份情感。这是自动反应，我不够开放，付出不够。我想要付出，但失败了。我不能充分感受，也不能充分表达自己的感受。我无法开放自己，超过某种程度，我就全身紧张，这是不是害怕遭到拒绝或伤害？或者害怕会泄露我的真实面目：只不过是一个空洞的人，甚至什么也不是？我想就是这样吧！‘我的生命中缺乏爱并非来自别人的拒绝，而是害怕将自己完全奉献给别人。’我不记得谁说了这段话，但似乎适用在我身上。”

单身男人对一夫一妻的看法

单身男士（指从未结过婚者）赞成一夫一妻的比率比已婚男士高出很多。事实上，绝大部分单身汉计划在他们的婚姻中维持一夫一妻的关系，

或是在目前的关系上（没有同居在一起）保持专一。这是对“性解放”以及他们父母生活方式的反动，还是年轻人比较理想主义？或两者皆对？

“我认为一夫一妻是婚姻唯一的道路，‘开放式婚姻’全是胡扯。我希望结婚，但是目前我还缺乏信心成为约会的对象，更别说做丈夫了。我试着想象婚姻是什么样子，但是无法减轻恐惧，我害怕不能胜任。我尚未跟人同居过。”

“我已经单身18年。要和别人亲密，赢得她们的信任，就必须让她们觉得你渴望、需要和爱她们胜过一切，而且出自真心诚意。如果你是真心的，你不会想要两个女人。”

“我目前单身，打算结婚，但要先享受自由。我比较喜欢一夫一妻，因为我天性好妒，缺乏安全感，无法处理其他关系带来的烦忧。”

“即使尚未结婚，我仍支持一夫一妻制。我不认为人如果拥有很多伴侣，还能建立一份深厚的关系。一次一个对我已经够难的了，更别说很多个。我认为历史已经证明一个男人加一个女人，会比同时拥有几份感情运作得更好。”

“我喜欢一夫一妻制，这样才有精力去进行生活中其他的活动。一对一在许多方面都很稳固，丰富了生活与工作，让家庭得以维系下去，得到更多的回馈，也才可能拥有小孩。一夫一妻为人生增添了极为可爱的风貌。”

“我喜欢恒久的一夫一妻，因为这可给予我时间去亲近对方，更能了解她，比较自在。在稳定的一对一关系中，我比较有安全感。大部分时间我想要待在家里，喝啤酒，看电视，跟我喜欢的女人在一起。”

“我喜欢一夫一妻。人需要很多时间去营造良好的关系，这段过程对我很重要。我渴望而且需要将自己完全交付给一个人，我必须留意她的需要和感受，还有自己的。我会喜爱别的女人，但是必须只有一位爱人，这样对我最好。我喜欢互相信守的感觉，让我有安全感，觉得被爱、健康、强壮，而且还带点性感，因为我知道我拥有一位伴侣，我可以付出全部，她也可以付出百分之百。或许我是过时的人，但是我从来没办法逢场作戏，而且也不认为将来我会这么做。”

有极少数单身男性不相信或者不履行一对一的关系：

“我深深钟爱我的女友，但是我也喜欢逢场作戏。我关心露水之缘的伴侣一如（或者稍为超过）我的网球伙伴，那是我另一项主要运动。其他人可以去维持一夫一妻，但我认为这不过是因为缺乏安全感、想要占有的表现。”

同居

男人对同居的看法

一些单身（指从未结婚）的男性表示他们喜欢和女人同居，但不要结婚。持这种观念的人只占未婚男性的 2%：

“我喜欢单身。我还没准备好要结婚，但是我正努力让女友搬过来与我同住，我们可以朝这方面努力。如果进行不顺利，我准备去找另一个女孩当我的室友、床上的伴侣和爱人，但是我不要婚姻。”

“我宁可同居，不要结婚，因为婚姻是套在我身上的枷锁，而且意味社会侵入了我的私生活。只有在准备有小孩时，婚姻才行得通，理由再明显也不过了。除此之外，对我来说，婚姻好比社会接纳和鼓励的性交易市场。有太多太多的妻子对丈夫而言其实不过是个妓女，她们为了庇护和金钱结婚。其他的妓女却比较便宜，而且有时更迷人。”

“我单身，而且打算维持单身。我不想要结婚，因为我认为家庭是用来压迫人的经济单位。在典型的家庭中，男人辛苦工作，而得到的报酬少得可怜。但是他必须工作以求生存，供应家人足够的衣食、付房租。只要他结婚，他就得赚够钱，把钱带回家，好养家糊口。这也表示在大部分的情况中，男人必须整天工作，而只得到生存的权利。对妻子而言，辛苦的情境也一样，因为她必须待在家里，必须靠丈夫微薄的收入来维持生计，必须做所有的家事，得不到酬劳。她必须生儿育女，抚育他们，这种责任和义务代代相传。我不想结婚，因为那只是一纸证明，表示你有权利跟这个人在一起；那是契约，你负有义务，她也有她的义务。我想要爱人，想要与人同居，但不想让人生变成一场交易。如果只过了一星期，对方厌倦了我或我厌倦了她，一切就结束吧！我不要一辈子的承诺，也不需要一纸证书来表示我爱谁。”

答题中有 6% 的男士，包括未婚、离婚、分居以及丧妻的男士，目前正与人同居。但是大部分人视同居为迈向结婚的前奏：

“我已和女友同居了 4 个月。我非常喜欢和她住在一起，我们计划在半年内结婚。和她同居真的很好，因为自从她与我同住后，我们变得更为亲密。我们打算结婚，这样会让我们的关系更为永恒。我认为结婚是互相承诺至死不渝爱着对方，而且努力维护双方的关系，不断成长，不论会遇到什么样的困难。”

“虽然手上没有戒指，我们认为我们已经结婚了。4 年的发展，我们才慢慢到达目前的境界，我们希望在近几个月内，让它合法化。这样我们才能住在一起，而不让父母或其他亲友操心。她曾表示结不结婚没什么太大区别，不过我喜欢进入法律，而不是宗教的体制内。再者，我怀疑真正的婚姻是否保留了一些我们目前尚未察觉到的事物，等待我们去发掘！对我来说，一夫一妻是唯一的方式。”

“我喜欢同居，但是我宁愿结婚，我渴望更深入更坚贞的承诺和更多的安全感。”

“我已经与她同居大约两年，但是我希望赶快结婚。我不想一个人过日子，我有太多渴望与需求的事物必须从与别人的互动中获得，在我想到要和她结婚时，内心感到无比温馨，而且有一点性亢奋。这与我渴求的安全感有关。”

有一位男士反对结婚前同居的想法：

“我比较保守，希望先结婚。我不需要试婚，因为在结婚时，我已经肯定了自己。”

离婚男士比较喜欢同居（不必导向结婚），其中有些人发现同居是比结婚进步的形式：

“我先前结婚近 10 年，目前的‘婚姻’是在双方同意下，没有法律，没有教会的祝福。我比较喜欢这样。”

“我结婚 32 年，离婚 11 年了。第二次世界大战时，我在海外期间是我唯一不忠实的时期。目前我是单身，可以随心所欲，但常常感觉孤单，没有伴侣共眠、拥抱，也没有人来拥抱我。在我需要时得不到支持（加强我的信心），更没有人关心我。但是我比较喜欢同居而不结婚。如果我们的感情很好，我们会更关心和体贴对方的感受和需求，明白对方可以随时踏出这道门，会让我们更努力去维系这份情谊。”

“我最好不要再结婚。结婚是幽禁、窒息、荒谬的事物状态。人们应该根据自己的意愿住在一起，同时维系下去，但是如果他们不想如此，应该可以分开，而不必招惹法律上的麻烦，既昂贵又不公平，而且常常伤害到当事人。”

许多鳏夫也觉得同居比再婚方便多了，是令人快乐和满足的安排：

“目前我和一位 72 岁的女人同居。我们在很多方面都能同乐，尤其是在床上。她像我一样很喜欢做爱，但愿我能迎合她的需求。我们不打算结婚，这样的日子跟以往的婚姻生活没什么两样。”

有些男士兴高采烈地描述他们的同居关系：

“我和伴侣在不同的情境下相处了一年，公路旅行、露营、住在毁损程度不同的房子里。过去 6 个月是由我资助她。在这之前，我们用她的存款旅行，而且用她的薪水住旅店。这是我所拥有过最美好的关系，我想维系下去，因为我们心灵相通。”

“我已经和一位女士同居了 5 个月，之前约会了 3 年。我们在一个屋檐下相处得比我原先预估得要好多了。我喜欢和她同居，尤其喜欢每晚与她共眠（不一定是为了性），我喜欢随时有人可以讲话。我爱她主要是因为我很了解她，而且她也很了解我，而我从来没有跟别人体验过这种特殊的一体感。”

“我已经跟女友同居近 7 个月了，我们都非常快乐。我希望她知道，一旦她感到厌倦或不安，她只要搬出去就行了。我们在一起因为我们想这样做，而不是非如此不可。我们在努力地适应对方，在我生命的这个时刻，我会信守一对一的关系。”

“我 33 岁，在最近或不久的将来都不打算结婚，婚姻似乎会改变人们的关系。我同居已经超过一年，我非常喜欢这种方式。虽然我们俩都享有完全的自由去追求其他的关系，目前基本上还是一对一的。一开始纯然是无心插柳，结果竟然发展成我这一生中最浓烈的情爱关系。”

有些男士没有这么如意的同居经历：

“我曾与人同居，有好处，但还是像结婚一样，有很多的占有欲和嫉妒心。同居或许比结婚好一点，不过好不了多少。”

“至今我和人同居了 9 个月。我觉得好像结婚了，因为我已经失去了一大堆的自由。”

“大约 6 个月前我还和一名女人同居，跟她同居有快乐的时光，但是她时常抱怨个不停，令我宛如置身地狱。我很高兴我们不再同居了。我想我不会在意跟一位比较处得来的女士同居。”

“目前我没有跟人同居，我试过一阵子，还不错，但多少会带来负担，例如你想要吃东西，弄杯橘子汁什么的，总得考虑到对方。”

“我和女友一直同居到最近，我很喜欢，不过我们都需要拥有个人隐私的空间，可以独处，因为这个理由我搬出来了。我觉得这有助于我们的关系。”

同居中的男人都保持一对一的关系吗

大部分没有，或者不打算这么做：

“我们已经同居五年半。结婚并不重要或必要，不过双方家庭都希望我们结婚。我喜欢拥有一份非常稳定的关系，但是仍然有空间拥有其他亲密的友谊或同居之外的恋情。自从和我的伴侣同居后，双方都有这样的关系，而且事后对方都会知道（她在事后会告诉我）。我的例子是，和我发生性关系的女人是我的伴侣或非常亲密的朋友，对方事先（在接近我之前）必须征求她的同意！发生的时间极短暂，对我却非常刺激，为我和伴侣带来正面的影响，把我们拉得更近了。然而，在我伴侣事后告诉我一些恋情时（发生在我偷情之前），我有一阵子非常沮丧。对我来说，不忠实是拥有秘密生活，而不只是和别人发生性关系或超越了开放关系的界线，而且会加深彼此的疏离和不友善的感受。在新的关系里，我不会期待双方永远不和别人发生性关系，但是我不希望其中一人频繁地向外发展。偶尔玩玩，我想不会产生不良结果，但是成为常态，爱情就会失色了。”

“同居超过两年，我很喜欢。不过性似乎变得过于熟悉，几乎完全预期得到，必须花费好大的精力来变化。我的确相信一夫一妻，但我倾向于过一阵子就到外面追求新鲜的刺激。尽管男女关系有许多新的趋势，我认为骨子里还是老套。我们讨论过‘开放式婚姻’，主要是因为我的怂恿，我不希望偷偷摸摸。”

“我们同居大约有两年半了，大体来说非常满意。我们互相承诺要长相厮守。我试图发展出婚姻之外合理的选择。我比较喜欢一夫一妻，因为这种关系是在长期的经验累积中成熟和发展的，必须投入时间和精力，才能互相了解、信任和分享。另一方面，偶尔逢场作戏是可以接受的，只要我们双方都很清楚彼此的承诺就行。”

“我 24 岁，对性爱没有罪恶感，目前我和女友开始希望在恒久的基础上相互结合。我不觉得已经准备好跟她白头到老，我想要自个儿过日子。和女友同居令我不自在，我喜欢长时间独处。虽然我爱她胜过爱世界上任何其他人，也改变不了这样的事实。基本上，我和她在一起很快乐，虽然遭遇过许多困难，还是值得珍惜。我们彼此都觉得多年以来发展出的融洽关系和相互了解，即使是最美妙的初恋滋味也比不上，然而，因为我们是注重成长的人，喜欢接触不同个性的人，以增进对人性的了解，丰富个人的历程，所以我们开始和其他人约会。然而，我们所描绘出来的美景，结果却带来激烈的争执，以及背叛和嫉妒的感受。我现在觉得进退两难了。”

有一位男士的感受非常复杂：

“我和一位女士同居了两年半，一直维持一对一的关系，有时我盼望有别的恋曲作为逃避。逃避什么呢？我不知道。是否即使身在天堂我仍然心向他处（或许不会行动）？但即使是夜夜春宵，我依旧不会快乐或满足。”

有些男士维持一对一关系，而且乐在其中：

“目前我喜欢一对一，我和一位女士同居了两年，我很满意。我一直和其他迷人的女士约会，我很快乐，但是没有更进一步的欲望。某种程度上，这种事发生时，我会更欣赏我的伴侣，有点洋洋得意。”

“我喜欢一夫一妻。现在我甚至没有足够的时间给我的女人，或者我自己、我的工作。我真的没办法在另一个人身上下功夫了。但是在目前关系的头两年里，我不顾一切想要外遇，而且我实践了，结果离开我的爱人三四个月。我已经放弃了这样的莽撞和冲动，正视它，但是不认为自己会重蹈覆辙。我想，与其花费精力在逢场作戏上，不如拿来审视自己内在绝望和冲动的情绪根源，我相信这正是逢场作戏的原因。”

6

男女关系

爱恨交织的情感

love

男人对女人的愤怒

看过男人对婚姻的感受——结婚、离婚和单身，现在我们可以回到原来的问题上，为什么男人如此频繁地寻求婚外性关系，并且瞒着自己的太太？在某种意义上，可以这么说，许多男人认为这是他们的“权利”——他们有特权这样做。事实上，有些男性可能还觉得受到压力而必须外遇，因为美国文化暗示所有“真正的男人”都要有外遇。在第 4 章曾探讨过男人外遇的理由，包括：维持个人的自主性或自我的认同，寻求他们需要的情爱以及膨胀自我，或是从他们想要结束的婚姻中脱身。但是大部分男人给予的主要理由是“让婚姻可以维系下去”，若非这些恋情，他们无法继续婚姻生活。而事实上，某些持续良久的婚姻关系似乎正是借此来维系的。

但是为什么这些婚姻也会岌岌可危呢？缺乏性爱或者无趣的性是原因吗？或者男人通常归咎于性生活不协调，只是反映出婚姻关系中更为严重、难以解决的问题？这些未获解决，或是未被指认的问题，每一桩婚姻都不同吗？或者也是某种文化下的共同产物？当然，每对夫妻永远会有个别冲突，或是两人之间的特殊问题一样会带来争执或疏离感。但是仍然有一些普遍存在于夫妻之间的问题，这些问题具有更重大的意义。

在某个层面上，如同早先提及的，许多男人发现他们无法协调心理上的冲突，一方面把妻子当作孩子的母亲来爱（女人就某种意义，扮演了母亲的角色——照顾哺育），一方面视她们为性对象。许多在成长过程中认为母亲是无性或是属于性禁忌的男性发现，他们也开始对妻子产生类似的情愫。而在婚后或是孩子诞生后，他们很快就有了这样的感受。对于那些抱怨与妻子的性爱变得无趣的男士而言，这点或许尤其真切。

另一项或许隐藏得更深或是更根本的原因是：无法宣泄或许是尚未意识到的愤怒。事实上，许多男人瞒着太太有外遇，可以视为秘密或者下意识地宣泄对妻子的愤怒——“扯平了”“给她点颜色”——一种私下的报复，不会在表面上干扰到夫妻关系，却也缓解了怒气，让人重新恢复生机，觉得比以往更爱对方，因为愤怒已经表达出来了。

究竟在一切表象之下，男人为什么愤怒？在男人提出的抱怨中是否有某种基调导致不断重复出现抱怨？哪一种抱怨放在更宽广的视野上来看是这股愤怒的根本原因？或者这股愤怒大都是潜藏的，甚至尚未明白确认？事实上，在许多的问卷答复里，男人对女人所隐藏的愤怒、罪恶感和爱恨交织的情结，会阻碍夫妻关系的进展。长久的关系更是如此，愤恨慢慢滋长凝聚成形。然而，有些男人已察觉到这样的情绪，我们在以下的章节会看到。

男人的愤怒或许有很多理由，但是有两种是非常根本而且直接由文化造成的。第一种牵涉到男性成长过程中被灌输的看待女性的方式，以及与现实的差距。（第二种理由在后面会阐述。）稍早我们看到男人谈论他们对女人的需求，描述女人是他们温暖、亲昵情感的唯一真实来源；但是接着许多男人表现出在用非常局限的眼光来看待女人，认为女人若非潜在的性伴侣，就是（理想上）会哺育、赞同、鼓励他们的“母亲”。他们不会描绘女人是勇敢、胆气十足、独立，或者在心智上能够激励男人的。事实上他们从父亲对母亲的态度上得知，女人是软弱、过分情绪化而且依赖心强，只能借助心理上的控制来攫取“权力”，以获得她们需要的东西的。女人为了经济利益而利用男人。如同一位男士所述：“我父亲教导我（借助暗示）女人是陷阱和负担，但却是排遣寂寞的最佳良方。”在这些观点下，男女之间的关系，如果能够成功就太不寻常了。令人悲伤的是，由于女人承受了文化和经济上的双重压力，这些刻板印象有时反而是正确的。

男人认为女人软弱

为什么男人大多视女人为“性伴侣”或“母亲”，瞧不起她们，认为她们大体上软弱而差劲，却又对女人深表愤怒呢？事实上，在男人描述他们对母亲的感情时，我们也见到了这些交织的感受。第一个理由是，这样的女性形象让男人感到内疚和冲突，而且憎恨女人让他们感到内疚：

“她很爱我，我却没那么爱她，我很内疚。她真的尊敬我，有时我感觉她好像在崇拜我，这让我觉得很好笑。我知道身为男人帮助她是我的责任，不过有时我觉得可笑。然后我会对她恼怒，为什么她不能自立？”

“在我把女人当女人，而不是当人相待时，我觉得内疚，不过对许多女人来说，这样做却容易多了。”

“我时常内疚自己在成长过程中，对待我的姊妹和母亲的行为。我一直有所保留，不愿与她们亲密分享我的一切，尤其是对我两个小妹妹。我想要与她们亲近，却不知道如何在顾及隐私的同时做到这点。”

“我没办法不看轻女人。只要告诉对方她很‘特别’，你就能予取予求了。她们喜欢听人家说她们很‘特别’。”

“我对女人最大的愤怒是她们缺乏自尊、低估自己，而且过分小心翼翼。每次见到一位聪明能干的妇女由于缺乏自信，在生活上扮演被动的角色，就令我懊恼。我会变得苛刻，想要激怒她。有些女人的确会行动，但是态度却卑怯不已，因为她想要‘赢得’并且讨好男人（获得安全感）。”

“我比较喜欢称妇女运动为‘女性权力运动’，这样比较精确。我百分之百支持，而且积极游说。一旦女人获得权力，她们就不需要运用手段来与男性结合，这样世界会变得比较快乐、比较诚实。我坚持平等待女人，同时她们也该平等待我。如果她们不喜欢这样，我会斩断这份关系，因为已经毫无想望了。我不会再从铁轨上救回女士，她们大可自己咬断枷锁。”

造成男女之间莫大的隔阂的另一项原因是男人知道在某种程度上他们比女人优越，他们凌驾在女人之上，这点不言自明。虽然男性比较能够自由表达他们对母亲的感受，指认母亲的地位臣属于父亲之下；但他们常常无法自由地表达，或者甚至承认，他们对自己的妻子和爱人也有类似的感受。

和男人视女人“软弱”因而感到愤怒相关的问题是，他们认为女人“过分情绪化”，在情感上不能自立。大部分男人认为女人对他们几乎像是寄生虫一样的依赖，让他们十分失望。因为他们认为女人渴望融为一体，获得男人绝对的赞同与接纳，或是寄生在男人身上，成为他的附属品。甚至在某种意义上获得他的身份——传统上用“菟丝附女萝”这句贬抑的诗句来形容：

“在结婚16年，有一个孩子之后，我和妻子的关系变成这辈子最糟糕的累赘。但是离婚必定会毁掉她的社交以及私人生活，因为她完完全全依赖我。长久以来，她一直沉浸在我对她忠诚的爱以及支持之中，这赋予她自我、快乐、社交生活及经济保障。她从我身上攫取了这么多，简直是在奴役我。现在我必须拯救自己所剩无儿的部分，去他的爱吧！”

“在我最后一段恋情里，几乎要窒息了，因为我得供给对方无法在自己内心中发展出来的安全感，我常常渴求有更多自己的时间，现在我独自一人，而且快乐多了。将来我会非常小心和女人交往。”

但是这同样也显示了男人自己强烈的恐惧，害怕自己变得情绪化——“像个女人”，在情感中迷失了自己。

一位男士详细地剖析了自己暧昧的感受：

“18岁时我陷入最深的恋情中，那是40多年前的事了，跟一位教养、修养都非常好的女孩。她是一位处女，我们分开时，她几乎每天写信给我，长篇累牍宣称她的爱。在肉体上我们强烈地互相吸引。我想我一辈子最快乐的时光是和她相处的那几年，我陶醉在她对我的爱情里，如痴如狂，她的爱是如此真挚、温馨和热情——非常非常热情，我全部予以回报。

“但是随着时光消逝，她对我的挚爱演变成令我害怕的情感依赖。我开始觉得责任太重了，因为我成为她唯一的幸福来源。这是她的初恋，我想以她的背景她会认定这是长久的关系。她认定这是永恒的，我心里有些疑虑，我想她太过女性化了，她认为男人是情感的守护者，也是唯一的情感支柱。

“最后——这件事令我吃惊，至今还困扰着我——我遇上而且娶了一位跟她比起来既不美丽和女性化，也不是那么温柔、可爱，但是远比她自足、独立、能干、坚强、聪慧的女孩。或许正是这些吸引了我，当时我并不自知。或许我已察觉到这个女人，不像我的母亲那样，在情感上太过依赖我。这就是困扰我的地方，我离开一位美丽可爱的女孩，斩断如此销魂的幸福情缘，去追求一位作为女人或情人都远比不上她的女人。为什么？只是为了逃避责任，或者想要从一位更坚强独立的女性身上得到情感的支持？这么多年来，我仍然隐隐感到悔恨，而且常想着如果我留在她身边结果会如何，我花了一整个下午烧毁她的信件，这是一场令人感到痛楚的秘密仪式。”

男人对女人和金钱的愤怒

已婚、单身、离婚，以及各种年龄层的男士，都表达反对女性经济依赖的心声，或者，如同许多男士陈述的，女人为了经济上的保障或利益而

利用男人，让许多男人愤怒地道出“你不能信任女人”：

“我衷心盼望能够迎接女人变得比较独立和自治的时刻来临。女人认为婚姻可以解决她们一辈子所有情感和经济上的问题，这种过时的观念需要修正。”

“我不喜欢许多女人服从教导，接受次等的地位；我喜欢看到更多女人肯定自己的才智、有尊严和独立。”

“我对‘标准’女人没有兴趣，她们事实上是用叫春的本事来谋取饭票。”

“我发现没有解放的女人颇为无趣，因为我无法为一个女人的一辈子承担‘责任’。当我碰到眨着大眼睛的娇弱女子时，我想吐，她们把我当傻子耍。”

“女人似乎不把男人当人看，总把男人看作机器人，或者‘成功的对象’，甚至视为能带来经济利益的私有财产。”

“女人明白她们身上有男人想要的东西，她们也有想要的东西，用卖春来交换，既舒适又轻松，不会受伤，而且用之不尽。所以如果可以利用女人的本钱好好吃一顿，或是在乡下买一栋三房的别墅，或是一位性感男子，为什么不呢？男人也好不到哪去，他们赠送女人物品或关系来交换性，然后半途开溜。”

“大部分女人为了寻求保障而妥协。通常在最初‘伟大的爱情故事’失败后，她们对爱情失去信心，试图找到一位好男人提供物质保障。大部分女人就这样过了大半辈子，不曾意识到她们已失去人生最宝贵的一样东西——真正的爱情。男人也一样坏，在他们‘伟大的爱情’失败后，试图找一位好妈妈、好管家以及可以了解他们办公室里的问题的女人。他们会到‘别处’（外面）满足真实、完整的刺激。这样妥协几年之后，如果他们足够敏锐，双方都得面对人生的‘黑洞’或是了无意义。或许他们会习惯这样的生活，或许他们会离婚。”

“在婚姻中，我觉得自己是供应房子、子女、衣裳、昂贵汽车以及社交场合护花勤务的工具，她似乎很看重这一切，而不是我个人。或许她可以自己出去把这些东西买回来，但是少了一个丈夫供应，她似乎觉得不太正常。她也依赖我来负担许多家事，照顾小孩，等等。我带给她全面的便利，有点像奴隶。她回报的是少得可怜的性爱。基本上我是个好脾气肯合作的人，不过她太会占我便宜了。”

“我最气女人和她不喜欢的男人出去，然后男人要负担所有约会的花费。我妹妹做过几次这样的事，对我来说真是卑鄙——不诚实而且玩弄手段。我猜女人一定觉得她们必须用性来作为约会的代价。真是差劲透了！”

“我想该是女人大声抗议体制对她们不公平的时候了。但是我发现那些说她们需要更多感性或诸如此类的女人还是围在大男人或超级男性身边打转——比女人更高、更强壮、赚更多钱、成就更大或者更有权力的家伙。如果我（传播系的学生）和一位企管硕士都对同一位女孩感兴趣，我知道谁该知难而退。女人仍然对果断的男性五体投地，甚至急着想和感觉迟钝、自我中心、残忍的男性做爱，只要他们让她感觉到力量。”

还有一位玩世不恭而悲伤的年轻男子描述他与女人交往时的愤怒：

“我24岁，典型的低下阶层，邮政工人，高中毕业，大学被退学，有良好的家教，不过我已经设法改变了。独居，在自己的房子里有完全的自由，不受任何限制，随心所欲。我喜欢单身，没有拘束，没有责任，没有抱怨，最棒的是没有烦人的小孩。

“我曾和一个女人同居了一年，还不错，但是太受限制了，她有太多的要求，而且不断谈到结婚的事情，这是多么猥琐的字眼。我不喜欢回答别人的问题，在家里、在学校、在工作时我已经受够了。最后一位和我同居的女人只维持了一两个月，在她展开大接收之前（她以为这是她的房子、她的车子、她的电话、她的床、她的音响、她的吉他等）被我一脚踢出了门。

“有时我好一阵子不和女人有性接触，甚至超过了4个月。在我需要时，自慰是个方法。大麻也是很好的替代，还有弹吉他、到海边游玩、阅读，或者可以占据心思的任何事情。这世界上还有许多等待你去体验的事，我实在不必浪费时间想我的‘小鸟’。再说，我努力让性变得无关紧要，因为我已经燃烧太多次了。我极为小心地保护自己的情感。

“一开始，女人似乎显得热情洋溢、关心你、爱你，而且完全能够接受我的付出。但是一旦她开始接受，就没完没了，然后是只有接受而无回报。以‘空无换取一切’是不公平的交易，而且对我这颗修修补补、脆弱不堪的心太苛刻了。

“经济上的利益或许是我能够享受性爱的原因。我从来没有感觉有哪位婊子真心要我，因为到头来，她们都变得需索无度。她们希望的是一位老男人、一辆车子、一栋房子、漂亮的装潢。不过我这位老男人可不受人操纵，走这条千疮百孔的老路。

“我18岁的爱人十分甜美。我想当时我真的恋爱了，但不过是预演了后来反复发生的事。我和这位女孩同居，为她活了一年，结果逃不出被抛弃的命运，不过那是我最快乐的时光。分手之后我哭了好多回，我想过自杀，却没成功，人生从来没有这么悲惨过。我不怕死，但是我热爱生命，现在我唯一的爱只剩下一把六弦吉他。

“一对一是我唯一能理解的关系，再多一点对我造成的伤害可能更胜于我过去所受的伤害。一次一个，或者都不要。我已经看过太多的伙伴失去甜蜜的爱人，因为他们无法控制情欲，而且不知满足。我讨厌逢场作戏，除非是和妓女。一个小时的专业服务是我希望的逢场作戏（如果我消费得起，我会喜欢专业服务。我发现，不管对方是不是妓女，我反正是在花钱买性）。

“偶尔，我幻想自己能够恋爱。无法感受到爱与投入情感，让我感觉疏离。但是这种疏离竟带给我幸福、自足与充满力量的感觉，我觉得强壮，因为我不能被束缚或控制。有时，我梦到（白日梦？）跟我无法拥有的狡猾女人在一起，我崇拜的偶像明星很多，禁果似乎特别甜美。

“我是独行侠。朋友对我的情谊胜过我对他们的感情，我可以接纳或离开他们。我喜欢友谊胜过爱情，因为没有情感上的负担。但是，两者都无法令我兴奋或持久，我是非常冷漠的人。”

有些年纪较大的男士愤怒地指出，传统以婚姻和经济支持来交换性爱及家事责任的方式，让他们感觉被占了便宜：

“我不介意妻子是否工作，我鼓励她获得目前的工作。事实上，她并不知情，不过我运用了影响力让她得到这份工作，不是为了让我的生活更舒适，而是我觉得这样会让她更快乐。她把所有的钱都存起来，偶尔送点礼物给我。所有沉重的家计都由我来负担。如果她想要解放，她可以自由离去。如果解放代表男人无须婚姻就可获得性，对我来说那无疑是天堂。”

“在关系即将结束的前一两个月，我开始怀疑和痛恨女人。不只是我前任的伴侣无情且狡诈，同时和我交谈的女士也会吹嘘她们如何伤害了伴侣。我了解到这些女人有些共通点：渴望借助结婚来获得财产、金钱、社会地位以及权势，缺乏教育，缺乏对知识的热诚，而且大体而言自私无情。她们需要男人是为了可以从男人身上攫取利益。”

“我结婚 20 年，我喜欢婚姻，但是希望娶一名有爱心和热情的女人。她觉得我配得上她，不过也常有抱怨，因为我没有 100 万让她花。我没离婚是因为对孩子的义务。一旦结了婚，又有小孩，就注定要当孩子一辈子的奴隶。”

“某种程度上这是真理，当人们看不见改革的希望时，他们就会适应现状，但是当他们开始发现改革的曙光时，就会变得不快乐。这是目前我对妇女运动的看法。她们大部分都是缺乏魅力的女人，还有许多或许是女同性恋（不过我认识一位妇女运动人士，她已婚又迷人，只要有机会就会运用妇女解放的观点，但似乎没有敌意）。我保证我太太是支持妇女解放的，她希望自由地做她想做的事，那肯定不是工作。她从事自己选择的愉悦活动来实现自我。我认为妇女能够自我实现对快乐的婚姻是非常重要的，不管她达成的目标是什么，只要她还有余力来付出爱，而且对丈夫的自我实现也保持兴趣。我近来观察到在女人摆脱许多家庭责任后（比如孩子长大了），男人依旧困在已经失去挑战性的职业里，不妨来一场男人解放运动如何？”

“她的乐趣是花钱、抛弃稍微使用过的东西、维持一尘不染的家，以及打扮时髦。她对性无动于衷，受不了收音机的音乐，憎恶裸体。这些特质都跟我相反，所以我们试着集中精神在少数我们同意的事物上，为了上帝、国家和小孩，忍耐婚姻。”

事实上，许多男人觉得，如果他们对婚姻的责任是维持生计，女人的责任就是随时供应性，不管彼此关系的好坏。许多男人，如前所述，在这种期待落空时非常愤怒，因此觉得外遇是完全正当的，他们不认为这是警告讯号，应该在彼此的关系上下功夫。他们尤其愤怒女人利用性来“牟利”，即使他们自己也是用金钱的眼光来看待性，认为如果他们支付了账单，就“应该得到”性：

“我 20 岁结婚。我喜欢婚姻，也喜欢小孩，喜欢家庭生活。但是婚姻对性有不好的影响，结婚一阵子以后，女人就会善加利用。如果你表现好，今晚就能享受性爱；如果你表现欠佳，滚开一个礼拜。不管怎么说，这就是我们相处的模式。我知道我太太真的很喜欢性，但是她不表现出来，或者不希望我认为她需要。同居而没有婚姻的束缚可能是最好的方式，如此男人或女人不会将对方视为理所当然，而且知道想要离开时，只能光着屁股走，特别是男人想要离开时。这是不公平的，女人几乎任何事都占上风，难怪男人要离去，而且不再付生活费。另一方面，当女人决定要走时，会怎么样？她会有一名律师将你一脚踢到门外，然后法院判给她每个月 1000 元。”

“我从来没有遇见过直接而单纯喜爱性的女人。相反，依我看，对大部分女人来说，性似乎是操纵男人的方法，让男人满足她们的愿望。这破坏了性的喜悦与美好，让性变成悲伤的事。这就是为什么我在外风流而从不觉得内疚的原因。如果我抚养她和小孩，而她居然缺乏热情跟我做爱，那么我对她就一点义务也没有。我想我随时出外猎艳是完全正当的，我履行了我这一方的婚姻合约，但是她却没有履行。”

有时女人的确在婚姻中寻求经济保障，或者利用性来“牟利”，身处在一个她们多少被迫视婚姻为唯一获得经济保障手段的社会里，她们不这样做，又能怎么办呢？既然社会逼迫她们落入这样的处境里，不让她们有平等的机会获得教育或工作，即使与男人同工也得不到相同的酬劳，这又怎么能怪罪她们呢？

有一位男士解释了婚姻中的权力运作：

“我 41 岁，最近和妻子分居。我们有 3 个小孩，轮流与我们同住。在婚姻生活里，我显然支配着太太，即使我不想这么做。她内向，在许多方面消极无为，然而绝不是顺从。事实上，她是非常倔强而顽固的人，不过是用消极的方式，很难弄明白在不同的情境里她想要什么。我会采取主动，然后一点一滴地借着她对我的回应来搞清她的立场。通常她的反应是负面的——在压抑良久终于出现时让我感觉到我故意想要支配她。当然，身为经常采取主动的人，对照她的被动态度，我的行为就成为支配的行为。

“我们经常起冲突。在我特别忙碌时，购物变成她的工作。她会抱怨提重物回家，手臂酸疼。我请她给我一张购物清单，而且答应下班回家途中去采购齐全，但是她永远没办法写出这样一份清单。后来她发现手臂的酸痛是弹钢琴所致。

“在婚姻中，大部分时候我是养家糊口的人，而我太太在念她的博士学位。因为她在家工作的时间很多，照顾孩子和家庭的责任大多落在她身上，然而我也做很多家事，而且花很多时间跟孩子相处。不知怎的，我们总是无法在家庭经济上合作。我试过好多次，想让我太太分担家庭经济的责任，但是她拒绝。或许她觉得这太复杂了。如果我试图节制花费，她就指控我支配她。

“如果我们双方都赚钱而且经济独立，我们的关系就会大为改善。在我们决定分居时，我想金钱是她最大的忧虑。

“一般来说，我不认为经济不平衡本身必定会带来负面的影响，如果赚钱的一方不利用这种优势来压迫对方。然而，男人似乎有强烈的倾向要这么做，因此在今日，如果要维持良好的关系，女人在金钱上的独立似乎是非常重要的。”

事实上，在被问到“你是否曾经和妓女发生性关系？你对花钱买性的感受如何”时，许多男人令人震惊地表示“反正男人总是付钱的”：

“我不喜欢花钱买性，不过有时候比抱着相同的期望来讨一位女人欢心、陪她吃饭，要便宜多了。结果是花了二三十块用餐，然后做爱，这有什么差别呢？”

“女人谈起爱来天花乱坠，全是胡扯。这么多年来我得到的结论是，男人为爱结婚，女人为了现实的方便——一张长期饭票——结婚。”

“我曾经和妓女发生性关系，对于花钱买春我没什么感觉。毕竟婚姻只不过是签订合约来买春。”

“妓女比家里贴着妻子标签的娼妓诚实多了，至少你付了钱就得到你想要的。”

“我觉得男人用不同的方式花钱买性。”

“多年来我和许多妓女发生性关系。我常常觉得这和花 50 元带一位女人出游，再花 50 元吃饭，然后上床享乐没什么两样。前者为了生活，后者为了享乐。”

“我坚决相信所有的女人，一旦超过 18 岁（有些甚至更早）就会变成妓女。所有的妻子都是娼妓，错不了的。如果她们想要一件东西，而男人没有供应，性爱就会迅速被切断，一直到她们如愿为止。”

“我不喜欢花钱买性，但说真的，一个男人花二三十块钱约会，和花相同的钱在街上找妓女有什么区别？”

“所有的性爱都是付钱买来的。”

许多男人在回答“你是否曾经觉得女人和你发生性关系是因为你可以给她一些东西——声望、地位或经济利益”时，给予下列的答案：

“我当然这样觉得，几乎每一次的关系我都试图探测这位女士认为我会为她做什么。活到这把年纪我已习惯被利用了。”

“结婚两年后，我开始了解到我太太利用性来获得家庭和保障。我们分居了，我下定决心不再让这种事发生。”

“我第一任妻子会说：‘如果你做这个或那个（做家事或送她到某个地方），我就会让你爱我。’如果我没做到，只好自己欲火中烧。她利用性来达到她的目的。如果我们吵架，我大概有一个星期不能碰她。她不再是我的妻子了。”

“跟太太做爱，我觉得她只是因应我所提供的保障做回报，这使我们的关系越发疏远。”

“我们不是几乎在任何时刻都用不同的方式花钱来买性吗？在男人受到‘性感小猫’‘动物性’方面的吸引时，这位女士追求的不仅是性行为本身，她要的是形象的建立（虚荣）、家庭和保障、政治、经济或社会利益，报复别的女人或男人。许多与我深谈过的女人都表示无法只为了喜欢某位英俊男士而和他发生性关系，必须有其他理由（合理化过程）：‘我爱他’‘他有钱’‘他很有名’‘他是结婚的好对象’。如果妇女真的解放，社会允许所有的女人（不只是思想解放的少数人）追求性爱的本来面目，那该有多美妙……太有趣了！干净、不玩花样、不用心机、开放、自然、美好而自由的性将随之而来。”[①]

“我 29 岁，单身，黑人。父母是专业人士，我一直上公立学校直到大学，拿到了学士和硕士学位。目前我是妇产科和家庭医学的医生。毫无疑问，一名合格的黑人医生是相当好的结婚对象，不过我可以诚实地说，如果我察觉对方眼里闪着金光，我绝不会和她上床。”

“做爱时，除了性行为本身，还要求真实的感情、心智上的激荡、敏锐的感受力、欣赏与关照。我想如果你企图用商品交换或接受商品，来占有别人，这是买春卖春的行为，而非自由付出与分享的心灵关怀。”

有一名男士认为他只是害怕自己被“利用”，而非真实情境让他有这样的感受：

“我常常感觉对方多少怀有隐秘的动机，想要从我身上攫取某些利益。但是在我仔细分析这些感受时，往往发现这是出自个人的被迫害妄想，而不是对方真正的行为。我发现我有深藏的恐惧，害怕被人利用，这些恐惧使我不信任爱情。我也痛恨必须抚养女人的强制性角色，至少就像许多女人痛恨必须依赖男人的收入一样，通常会使双方都感觉不愉快。我觉得我所对付的大部分是下意识的恐惧，应该揭示出来——真相对我助益良多。我要揪出这些对我深具杀伤力的恐惧，承认它们，将它们转变成爱的能力，而不是害怕自己的感情，或是因为愤怒、失望和自以为是而反应过度。”

许多男士表示，现在他们坚持分摊花费：

“妇女运动影响了我的男女关系，让我觉得女人应该分摊部分费用、责任以及主动权。大部分女人在明了我的期望后，很快地离去。”

“或许我是解放的男性，对目前的关系，我喜欢的模式是，她明白她和我在情感上、心智上是平等的，我也明白这一点。不过我们也坚持付账时各付各的（我相信女人想跟我出游，并不是为了免费的餐点或电影）。但是偶尔我会带她去吃大餐、送她花之类。我不会因为她跟许多男人上过床，或者身为心理学硕士而感受到威胁。我喜欢能与我教学相长、而且互开玩笑的人。”

然而，要达到完美的平等，或许这些费用应该按照双方收入的比例来分摊，因

① 这里混淆了性解放和妇女运动。

为大部分女人赚的钱还是比男人少得多。

一位男士表示：

“我通常不信任女人，我想或许她们只是要我养她们。我认为女人需要有自己的谋生方式，在经济上力求独立。我曾经和妹妹讨论过这个问题，再者，我也下定决心鼓励我的伴侣建立自己的事业。如果她做到了，她就不会为了爱情以外的理由和我发生性关系。”

另一方面，有少数男士表示他们的感受正好相反，他们不喜欢独立的女人。对女人的选择是：

“但愿我能够和具备我称之为女性特质的女人永远相系。要我描述女性特质的定义，我也说不上来。我娶了一个在社交活动上远比在家里快活自在的妻子。不幸的是，她过世之后，我才明白我窒息了人生。她有才华，却得不到充分发挥，部分原因是我表明喜欢她待在家里。”

“我认为女人应该和男人一样得到相同的报酬，拥有相同的权利，但是女人应该努力保持女性特质。即使她能胜任工作，或修理东西，她也应该召唤男人为她工作，这样男人才不会觉得女人比他优越。这是许多婚姻遭逢的难题，或许男方赚钱比女方少。这会让他很难受，觉得她比他优越。所以当屋子需要修葺时，她不必自己去，而是要求丈夫去做，或者协调好看谁有空去做。”

有些男人预言在局势艰难时，女人没有勇气独立自主。持此观点的人数多得令人吃惊：

“在事情对女人有利时，她们是杰出的女性主义者，为运动做任何事情，实践所有的原则，而且的确表现不俗。但是在时局艰难时，女人的解放会是第一件被置诸脑后的事。在不景气的年代里，许多女人会忘记自食其力，而是接受命运，退居男人身后两步，由男人为她们照料一切——她们又恢复女人的角色。大部分女人没有勇气真正独立自主，即使赴汤蹈火在所不辞。真正独立的女人应该获得她们所要求的尊敬和平等。”

“我太太是位解放女性，对妇女解放的理念深信不疑。但是依我看来，女人在某个领域犯了非常严重的错误，那就是妄想两全其美。她们想要拥有自由，想要自由地获得一份能发挥潜能的工作。我同意她们该拥有这些自由，但是，男人从未拥有这份自由，而且将来也不可能有。不管愿不愿意，男人必须工作。他们不能在学到一项技术或专业后，或厌倦时就辞职了事，他们必须一辈子工作下去。

“但是女人想占尽两方面的好处，在发现真实的工作世界实在无聊时，她们想要解职回家，学习别的事物，做做别的事情。但是男人不能这样，男人会因此越来越愤恨不平。在我们的世界里，男人的确控制了大部分的工作。妇女运动也必须小心翼翼，不要自矜自夸，总要面对现实，不能鱼与熊掌兼得。男人做不到，他们也不会让女人成功的。

“真正的女性教育必须让她们知道，年复一年出外谋生是多么的辛苦，如果她们想要这些工作，那么她们必须愿意终生投入，就像男人一样必须永远工作下去。男人爱女人，也希望女人爱男人，如果有一方察觉吃亏了，关系就不会和谐。”

既然社会一直让女人在经济上、社交上、情感上依附男人，男人感觉在婚姻中被困住了，不自由，这有什么好奇怪的？然而大部分男人不会明明白白将他们对婚姻的不满或窒息感以及社会或法律限定的女人角色（或是他们自己“守护者”的角色）联结起来。大部分男人似乎都认为是妻子不讲理或太过苛刻，未能回报足够的热情，更频繁或更自由地与他们做爱。因此，男人觉得有完全充分而正当的理由向外发展，寻求性爱与欢愉，因为他们在婚姻中受骗了。

大多数男士的确认识到受人抚养或依赖别人对个人心灵不良的影响。在问到“你羡慕女人可以选择接受抚养，或者在表面上没有赚钱的压力吗”时，几乎没有男人表示他们羡慕女人：

“我不羡慕女人可以选择由人抚养。在经济上依赖别人并非好的抉择，再说工作或许比待在家里有趣多了，照顾家庭也是无比辛苦的工作。”

“不，我无法忍受让别人来养我。”

“我不仅不羡慕女人可以选择让人养，我既同情又愤怒她们缺乏独立的能力。”

“我不羡慕。女人为她们的丈夫工作，而且得不到酬劳。”

“我不羡慕她们让人抚养，因为她们还是得辛辛苦苦地做家庭主妇或进入就业市场。”

只有少数男士羡慕女人让人抚养，通常他们对家事的本质仍持有不切实际的刻板印象：

“有时我会想象扮演家庭主夫的角色，由女人来养我会是什么样子。在我送妻子上班后一两个小时内，我会迅速做完家事，然后就可以享受剩余的时光。我会跑步和举重，保持良好的身材。如果我太太能分担经济重担，我当然乐意分担家事责任。”

“我觉得如果我是女人我会比较快乐，因为我可以懒洋洋的，而且受到娇宠。”

“我羡慕女人依赖的角色。”

“我羡慕她们没有赚钱的压力。我会喜欢别人养我一阵子。”

有些男士已经了解在经济上依赖别人的不便：

“我曾经羡慕女人可以选择受人抚养，但我现在知道经济上不能独立的缺陷。”

“我曾羡慕女人不必工作，不过我现在发觉她们也受到越来越大的经济压力，必须出外工作，而家事本身又是相当令人筋疲力尽的。”

传统男女角色的不平等，让双方都背负了沉重的压力，而且往往制造出对立、不信任的情境。如果每个人能够自由选择关系中的角色，创造出崭新形态的关系，尤其是较为平等的关系，那么就能减少彼此的不信任，相互的尊重与交流也才可能实现。

不幸的是，美国社会迫使女人在经济以及社交上处于次等地位，因此大部分女人仍然依赖男人。[①] 传统上，有小孩的女人必须依赖丈夫的善意来抚养她和小孩。或许这为她带来微妙的压力，令她畏惧丈夫，迎合丈夫的愿望，而不顾自己的感受，因此压抑了自由与自发的平等关系。这样的压力在很多时候，也迫使女人不敢告诉男人她们需要阴蒂刺激，或是她们用以自慰达到高潮的方式，如同《海蒂性学报告：女人篇》在“性奴隶”一章所讨论的。

显然，在一个女性依赖男性善意以及经济支持才能生存的社会里，男性有理由质疑女人爱他们的动机。因此，女人在经济上的依赖，会让男人不时怀疑对方爱的是自己，还是被当成“一张长期饭票”。这是我们所熟知的体制所带来的悲剧。在许多方面，男女都无法互相信任，这种不信任也会腐蚀较为深刻而执着的情爱关系。

男人应重新界定和女人的关系

许多男人没有察觉妇女运动跟他们的关联，也没有看出自己进退维谷的处境以

① 根据美国劳工局的统计，在 1980 年，同样的工作，女性只获得男性报酬的 59%。

及疏离的感受——表现在婚姻里、工作中和生活上，他们得不到亲密的情感。这之间与妇女运动对社会与男女关系的批评、对改善现状的建议有什么关联？许多男人比较倾向于将妇女运动视为“女人的抱怨，制造骚动”，而不懂得男女双方共同努力来改变和重塑彼此的关系（及家庭），才能带给双方更大的幸福。许多男人愤怒现在女人可能要“占上风”了，因为他们感觉到不受赏识、不能被满足、愤怒以及窒息。

男人对妇女运动的看法

针对“你对妇女运动有什么看法”的问题，许多答复都显示了对女人强烈的愤怒，或是愤怒男人自身的处境、男人在社会上的角色以及无法自我实现。妇女运动不断发展，强调女人应该获得更多的独立自主权，许多男人感觉遭到了毁谤及误解：

“我所听到的都是男人如何残忍，女人永远在性方面任男人宰割，以及女性同胞可以相互扶持，不需要男人。我不喜欢被人归类，就像女人一样，我希望被爱，而且回报以爱。”

“有些男人比女人更坚决地支持女性主义，为什么一竿子打翻所有男人？社会不仅强制女人扮演她们的角色，同样也号令男人。男女都一样，都被制约和奴役，遵循着传统的生活方式。”

“今日的男人似乎受到忽视。妇女运动或许非常必要，而且解放了男人如同解放女人一样，但是目前的焦点过分集中在女人身上。许多女人在性方面遭遇了问题就都归罪于男人，我不认为男人应该负全责，从被生下来，男人被制约成要强硬、收敛情感、不许哭，如果你哭，你就是娘娘腔，以及不能互相碰触，任何想要反抗的男人通常会受到压迫。对女人来说，男人成了替罪羔羊。没错，男人的态度让女人受到很多不平等的待遇，在工作和性方面，女人做的事大都被认为比不上男人，女人被视为劣等，难怪她们怨恨男人。但是必须了解的是我们都被置于同样的处境里，男人必须摆脱许多制约，重新学习。对女人来说，受够了就发泄出来比较容易，因为她们一向获准生气、焦躁和哭泣。男人却被制约成克制自己、冷静、不要焦躁、要讲理。你是否尝试过在面对情感的创伤时讲道理？这是多么荒唐可笑。”

有很多答题的男士混淆了妇女运动和“性爱自由”或是性解放：

"妇女运动是每位妇女的个人选择。如果她希望被解放，她可以选择她所想要的情人。"

"很好。女人应该和男人一样有权利自由享受性爱。"

"我尚未遇到一位概念与我相符合的真正解放女性，她可以像我一样快动作地把我带上车回家，在床上也像我一样积极、富创意，而且精力充沛。"

"我赞成解放，毕竟我们都是人类，虽然性别不同。如果女人能够自由地追求，而不必担心别人认为她太放荡，将会为男女之间带来更美好的性生活。"

"我赞成妇女解放。然而在现实生活里，我还是很难说服一些女人，打电话给我，要求我约会，或是负担花费（或各付各的），没什么不好呀！"

"每个人都在谈论妇女运动，但似乎男人从来不曾从性剥夺、说谎和欺骗中解放出来。我想这大部分是因为女人不了解事实。如果我能对全世界的女性演说，我会这样说：'我们不想压抑你们，撕裂你们的衣服，或者让你们过着悲惨的生活。我们也希望你们欢心，让你们快乐，而且因为你们而快乐。你们抱怨男人不诚实，在宣称爱时其实目的在性。给我们一个机会，接纳男人及女人都是好色之人，享受性，领略这美妙的滋味。'"

"不幸的是，即使是跟解放的女性在一起，我通常必须处处主动，以挑起性反应。即使是跟目前的女友一起，她是性怪胎，我还是得主动挑逗！真令人奇怪，而且令人沮丧。我感到痛恨，不管我如何激烈批评，一切都不会改变。'如果我渴望性接触，我最好主动，否则我们俩的胯下都会结出蜘蛛网了。'这是金科玉律，没有女人会主动做性接触，因为她们害怕被人看成卑微、邪恶、品行不端，像妓女一般。如果我的性欲被挑起，却遭到拒绝，就会伤害到我，令我暴跳如雷。"

少数男士坚持社会并没有压迫女人，要怪就该怪女人自己：

"长久以来女人就拥有她们的权利，但是却不懂得运用。要如何运用权利全看她们自己。"

"从哪里解放出来？我从来不晓得她们受到奴役。"

"妇女运动必须靠个人去实践。立法有所帮助，但绝对不可能因此成功。"

"妇女控制了美国 53% 的选票，以及几乎每一家主要的企业。只要她们想，她们就可以改变现状。但是，绝大部分女人不想改变，因为她们并没有组织或者做出任何值得瞩目的事来。"

极少数男士似乎阅读过或是真正研究过妇女运动，以下是这类少数的回复之一：

“在不同的时候我有不同的感受。我曾经每个星期日晚上收听收音机中激进派女性的声音，很有趣，也获得了很多资讯。”

极少数男士，仍然误解妇女运动，甚至反对妇女解放：

“女人应该女性化，但是拥有相同的权利。美国女人应该让男人感觉像个男子汉，而不是她们的竞争对手。”

“我相信男人和女人天生就不平等，他们有不同的人生任务。例如，女人会生小孩，男人不行，受孕时他甚至不必在场，精子银行可以代劳。女人的骨骼成熟比男人快，女人的反应也比男人快。比较男女差异的清单可以无止境地列下去，他们带着所有的差异性来到这个地球。然而如果男人和女人停止竞争，这会是更美好的世界。”

“妇女运动让女人觉得她们什么都能做，好像不需要男人来维持一个家。我认为受孕应该是女人天生的欲望。”

“女人就是爱聒噪。历史上最伟大的人物是男人，包括耶稣基督在内。从来没有一位女人伟大得足以做上帝的女儿。”

“女同性恋圈子的滑稽闹剧，给我提供了不少笑料。”

“我认为妇女解放是鬼扯淡。我的太太和女儿都陷在里面了。她们想要占尽两个世界的好处。这造成我和妻子之间的紧张。她宣布辞掉家庭主妇的工作，我告诉她，在她为我找到合适的替代人选之前，她不能辞职。”

“我赞同女人应该获得和男人同样的机会，同时在某个意义上，如同男人一样被对待。但是在某些场合也应该像淑女。我也相信女人应该继续履行女人的义务——抚养小孩，做家事。”

占最大比例的男人表示他们赞成妇女解放，但是这些答复仍然误解了妇女运动的理念，或者极其肤浅地诠释妇女运动：

“女人需要平等的权利，但是不能像男人。”

“我不希望让女人来发号施令。”

“我完全赞成男女平等，不过女人和男人却无法改变生理上的不同。当女人‘想要做男人'时就错了，而且我为那些具有这种想法的女人感到难过。如果大部分的男人和女人都不满意他们的现状，这世界会是一个悲惨的地方。我很开明，而且希望公平，所以我不能说我反对妇女解放，但是在妇女解放沦为痛恨一切男性特质时，就让我不愉快了。"

"我很感谢她们告诉我过去我是多么迟钝，没有注意到女人的需求。她们让我察觉自己浮夸的男性自我，这种浮夸的心态让我不止一次出尽洋相。因为我长得英俊，有好几次被利用为性对象，所以我很厌烦听到'女人被当作性对象对待'之类的论调。我不喜欢女人无视于自己的唠叨、埋怨、虚伪、诈欺、肤浅等。"

"我认为妇女运动有许多美好的地方，例如同工同酬，以及堕胎的权利（适度的，不是作为避孕的方式）。但是随着运动产生了一些我认为相当愚蠢的地方，例如控诉剥削女体的事件。那些女人得到相当好的报酬脱光衣服，没有人强迫她们这样做，这是她们的选择。"

"某部分不错，但是做得太过火了，同时有太多的女同性恋和仇视男人的病态女人夹杂其中搅和。她们过分反对母亲的角色，同时阉割了太多的男人。"

"作为一个选民、一名教师，我支持妇女解放。我坚决支持平等的生存机会、平等的竞争、平等的政治权利和平等的参与社会各个层面的机会。但是对于妇女运动倾向于希望男人和女人一样这点，我不敢苟同。或许我喜欢和女人做爱的理由在于她们不是男人，她们并没有比较劣等，只是不一样。如果男人和女人完全一样了，阴阳不再有分别，对我而言，人生的意义就丧失了大半。我会痛恨这样的社会——女人试图变得强悍无情，完全依靠电动按摩器和同性恋的关系来满足她们的性需求。而男人在和女人的关系中，扮演了无高潮、假女性的角色。当男人失去决断力以及支配的意愿，似乎就失去对女人的魅力了。我认为这类事情已经发展过头了，让我们回到基点上，例如经济和政治的平等、比较好的职业、托儿中心，以及比较好的医疗。在这些层面上我完全支持妇女运动。"

"我赞成妇女解放的理念。我真的相信有许多女人受限于传统保守的女性角色无法活出完整的生命。然而我注意到一件事，有许多女人似乎抱着好战的心态从事妇女运动。我了解得非常深刻的爱人曾经告诉我：'我不想要被解放，我喜欢做女人。我喜欢你替我开车门，我喜欢男人去付账。'我的女人一向都非常女性化、可爱、关怀别人，这就是为什么我爱上她们的原因。不过如果女人想要获得解放，我完全赞成，她们有这项权利。"

两名激进倾向的男士表示：

“作为一股社会力量，妇女有极大潜力带来根本的变革。但是，在妇女意识普遍提升之时，大部分的利益由中上阶层白人女性分占，而没有照顾到劳工阶层白人女性以及少数民族的妇女。我支持同性恋和女人主控的工作空间，而且我认为妇女运动或许可以指引出一条明路。”

“我赞成妇女运动，然而，我认为许多雇主歧视女人并非他们想要压抑女人，而是因为他们不愿意花钱去训练终究会离去的员工。所以关键在于女人必须表现出她们是负责的员工。我不认为女人一进入公司后就应该期待所有的生产福利和产假。我认为女人不应该随时随地想生孩子就生孩子，应该考虑到社会其他层面，包括男人在内。”

有些男士表示，如果女人不要变得强梁或想得到特殊待遇，妇女解放是可以接受的。许多男士对于妇女运动开展以来，女人超越了他们或是比他们获得更多（尤其是经济上）而深感愤怒：

“我认为妇女解放是好事，但进展得太快了，让大部分男人来不及调整自己，有时候会变得非常困惑，因为要了解女人的思维方式太难了。她们希望自由和解放，但是她们也希望接受保护和关照。我看到太多朋友的婚姻因为妻子的工作而亮起红灯。妇女解放也严重威胁到男人，威胁到那些必须抚养妻儿的男人的工作机会。我知道这听起来有点陈腐，不过我们真的这么想。”

“我反对所有的宣传，以及表面上似乎努力扫除偏见，骨子里却倒向她们的运动方式。”

“我相信女人的平等权利，但是在女人身上却产生了某些变化。不幸的是，她们倾向于利用妇女解放来达到自己的目的，而非努力谋求大众的幸福。”

其他男士很愤怒，目前女人似乎占尽了“两个世界的好处”：

“女人似乎在利用妇女解放攫取不公平的利益。我为一位女士点烟，她高高在上地接受了我提供的服务，对我嬉皮笑脸然后离去。这位女士用妇女解放来膨胀自我，获得不成比例的尊荣，而且掩饰了她一度以为来自天性，而现在却隐藏起来的被动性格。在真正的麻烦临头时，她会崩溃，因为她缺乏实力去承担责任。我不能也不愿承担过去男人奴役女人的责任。”

“妇女利用妇女解放的问题来达到自己的目的。许多女人接受男人提供的服务：开门、提东西、付账……然后回过身来，说她们如何被视为性对象。她们不戴乳罩，或者穿着透明的内衣到处走动，却抱怨自己被当作性对象。”

许多支持妇女解放的男士表示，他们对“聒噪”或“好战”的女性感到愤怒：

“对妇女运动我的感受很复杂。它似乎只集合了一些不快乐、充满敌意的妇女——邋遢、穿着肮脏的牛仔裤。有些热衷于权力斗争，大部分喜欢和男性当面激战。她们是我的敌人，我们必须阻止她们为了愚蠢的个人利益造成严重的破坏。”

“解放是一个太强烈的词。我认为今日女性是在说她们应该被当作一个人，和男人有相同的欲望和能力。我同意。我很高兴别人为我指出这些事实。通常，我会退让而且感谢这些温和的提醒者。但是好战的女人只是与我敌对。我觉得这些女人一开始就充满敌意，如果她们不是在妇女解放上做文章，也会找到别的题目来泼妇骂街。”

有位男士表示，他喜欢亲近“充满爱心与耐性”的妇女：

“如果那些不满意自己命运的女人仍然充满爱心和耐性地来与我沟通，我会欣赏她们。她们或许因我的所作所为生气，然而她们还是尊敬我是她们的同胞。愤怒的妇女运动人士让我克制不住自己的脾气。我的个性别扭，愤怒的争辩只会让我坚持我原来不想采取的立场。从激烈的争辩中冷静下来后，我会问自己，对方是否给了我忠告。我努力想要尊敬她们，把她们的愤怒看作这个社会出了严重问题的征兆，但是个人并不想去承担这个责任。”

有些男士认为妇女运动的重点应该是女人“重新教育”男人对待她们的态度：

“我 49 岁，医师，白人。我有一位女友也是医生，我们分享一切。她喜欢煮饭，所以我洗碗；她不喜欢打扫房子，所以我协助清理房子；我不喜欢洗衣服，她来做；我们都觉得必须花时间在这上面，而我一点也不在乎。我觉得这是我们相互欣赏的部分。我认为两性之间的战争是非常不幸的事。就我个人而言，我感觉不到战争，没有威胁，我懂得享受女人，我喜欢跟女人在一起，而且我觉得跟她们处得很好，我尽最大努力去理解她们。我同意许多男人需要再教育，但是我不认为这是因为男人恶劣、不甘心、自卑，或天生杂种。我认为这是因为男人尚未得到应有的教育，要来教育他们的是女人，女人应该教育男人，这是革命最应该着力的地方。”

有些男人夸耀自己“带给女人解放”，却不明白他们错误地掠夺了女人的成就：

“我是白人，一名博士。结婚时，我是学士，正在努力攻取硕士，我太太帮了我很大的忙，鼓励我再念博士。我太太只是高中毕业，从我开始念博士起，她也跟着得到学士、硕士学位。她现在已是小学老师。当初她完完全全依赖我，急于在每件事上讨好我，现在她成为独立的女性。我造就了她——我很满足，不过有时候我发现有点‘难受’。”

有1%的男性赞成妇女运动：

“毫无疑问，西方文明没有公平地对待女人。从20世纪60年代后期我就支持妇女解放。事情的开端是在1967年，那时同工同酬的呼声很大，当时我眼见妻子——受过良好教育的聪慧女性，在找工作时，如何受到剥削。我不觉得两性应该对立，不过有时我的确会产生这样的感受。”

“这是好事。妇女解放其实是人类解放，因为男性角色同样拘禁了男人。我不是说男人像女人一样受到压迫，绝非如此。然而我的确感觉到，撤除职业、住所和各方面人为的关卡，会为每一个人带来更健康的社会。女人获利最大，但是男人也跟着受惠。”

“如果我周围的人不自由，我也无法获得自由。”

“妇女解放很了不起。男人的负担已经够重了。随着人类技术的进步，社会越来越复杂，人也越来越孤单。女人也想要来分担这个重担，太好了。女人被压抑得太久了，很高兴看到她们肯定自己。我们必须互相扶持，没有人应该受到压制。我向上帝祈祷，我的曾孙辈能够成长在互相亲爱的社会里，不要误会不同性别的女人，或指称别人‘婊子’‘母狗’或‘杂种’。我希望他们不论对方的性别，以自己希望别人对待他的方式对待别人。”

“妇女运动是开路先锋，让我们发现生命真实的意义，同时选择自己真正想要的人生，而不要去听一大堆无用的说教。”

“认为这很了不起，我完全赞成。我鼓励两个女儿尽最大努力去实现自我。”

许多男士指出妇女运动也为男性带来许多福音：

“我赞成妇女解放。运动提出的许多议题促使我重新思考自己的想法和价值。这样重新评价的结果很好，让我更了解自己。”

“不错。我认为人应该平等地行动，我很高兴肩膀上的压力减轻了。”

“我很高兴，而且受惠于此。如果不是有这个运动，我可能还在接受社会教导我们男人应该是什么样子的无聊玩意。现在我比较有兴趣寻找一个能够与我共同分享及成长的女性。”

“多亏妇女运动的帮忙，我才能认清自己的性别角色。传统的、大男人的、歧视女性的做法已经行不通了，我也不会再走这条路。我拿女性主义运动为评断其他事物的试金石。”

“我喜欢。对女人好，对整个世界好，给我也带来好处。妇女运动影响许多女人离开死气沉沉的生活，迫使她们扮演积极的角色，重新展开人生。”

“了不起！我希望男人也有相同的运动，该是男人审视自己的生活受到多大的束缚、局限和控制的时候了。”

“妇女的解放是人类的解放！意味着男人可以重新检验他们的角色，质疑加诸他们身上的刻板形象（例如男人有泪不轻弹）。因此我们可以和妻子以外的女人做朋友，我太太也可以。”

有些男士表示妇女运动及其所提出的对社会的批评，改善了他们的关系：

“妇女解放是件好事，让女人和男人睁开眼睛正视现实。所有人都拥有基本权利和需求，当人们期求在情爱关系中找到安全感和完整之前，他们必须先自给自足与自爱。我认为人性以及人际关系都将受惠于妇女运动。我认为我太太和我彼此获得新的尊重，是由于我了解到，除了全职的工作外，我期望她负责所有的家事、娱乐，是很不公平的。自从我开始承担责任——很辛苦，我以前从未做过这些家事——她似乎对我更为开放，更喜欢我，我们在一起更快乐！我们比以前更像个团队。”

“我喜欢女性主义者，女性主义没有性别歧视。对我而言，它让我摆脱了坚毅强悍、供应者、冷漠的男性角色。我和一位女性主义者交往了一阵子，我们用争吵解决了许多问题。我发现从此以后我和交往对象的关系就轻松多了，我不会假定她们要什么，我会开口询问，她们以更开放、自然的态度回应我。关键在于把女人视为平等的人，她们并不比我差，或是想要击倒我。”

"妇女解放——太棒了。我的太太变得比较独立、比较积极，相处起来更有趣。"

"带给我更多机会以无关乎性的方式与女人交往。"

"我和妻子以及家人的关系大大改善了。基本上我接受的教养是照顾家庭，做一家之主，满足太太和孩子物质上的需求。现在我正在努力学习如何关怀别人，在小地方表现我的关心，倾听，与他们分享自己。这些对我太太也有相同的重要性。让我感觉更富人性，得到更多的爱。"

"自从我第一次察觉到妇女运动，就一直有意识地努力修正我的思考和感受方式，希望抛弃童年时代（还有成人时代）学到的幽默或不见得有趣的性别歧视，而且努力以对男人的方式对待女人。这一切肇始于某天发生在办公室的事。我是一家大企业影印楼层的主管，来使用机器的大部分是女人（如秘书）。我总是把她们当成'敌人'——会破坏机器，使用不当，而且让我有失职之嫌。有一天，我咆哮地赶走一位女士，她用最大的嗓门回骂我是性别歧视的猪，我注意到其他女人用同意的眼光注视着我，有些似乎很高兴她骂了出来。我气疯了，但是也让我认真思考。事后不久，公司举行了一天的会议来讨论办公技巧，例如如何获得别人的合作。当天的女主持人安排了角色调换的练习，我必须扮演一名女人，在工作时要求男人的合作。后来我读了一两本妹妹给我的书。总而言之，我学到了很多。现在我看待那些女人的眼光大大不同了。"

有一些男士发现与女人的沟通更困难了：

"妇女解放搞砸了一些女人和我的关系。一般而言我很同情女性，在双方解放程度不同时，关系很难开展或维持。妇女解放对我的影响在于改变了双方的期待，所以目前不能再以刻板印象行事，我必须去发现每个人不同的期望。我们必须比以前花费更多的力气来沟通。"

"我赞成妇女解放。我认为自己是名女性主义者，不过我不敢告诉任何人，怕引来别人的嘲笑。目前我的女友是名激进的女性主义者。她在肉体上非常吸引我，她具有超乎寻常的独立性格，对于真实或想象的压制极为敏感。她是我这一生遇到的第二位让我认真考虑结婚的对象。她的心智非常活跃，富幽默感，具有社会意识、宜人的个性、迷人的外表，而且懂得宽容别人。"

有一位男士指出很重要的一点，男女关系的平等并不意味着男人必须不再强壮：

“既然女性主义者关心女人应该坚持自我，我想谈谈自己的想法。我曾经害怕这样的理念，不过我已经克服这样的恐惧了，而且相当喜欢这种观点。我的恐惧（我怀疑其他男人也是如此）来自我从支配的角度来看待这个议题。不是我支配她就是她支配我，而我必定会感觉像是女人般驯服。我的这种想法源自童年，如果妈妈坚持己见，那么小男孩必得服从。父母常常会努力压制男孩或女孩，不让他们存有太多自己的看法。

“但是不要支配女人并不意味着柔弱和软骨头，也不意味着永远要斯斯文文的。意思只是要尊敬她，给予她同样的权利。我不认为女人希望男人‘软弱’，因此她们能够‘强壮’，我认为她们只是不想要被压迫。”

男女关系的新视野

男人不光对男性特质的定义有很大的困惑，同样，他们对于两性的关系也非常困惑。传统上，男人受到的教养是不要把爱看得太认真，不要“让女人控制你的生活”，或是“不要让爱随心所欲主宰你的生活”。但是大部分男人都有坠入爱河的经历，而且领略了所有的狂喜和放纵，领略了爱情的快乐。在这个时候，很不幸地许多男人变得非常迷惑和焦虑。从小到大他们被教导，不要让自己“失去控制”，或者“过分情绪化”，因此许多男人不信任这样的激情，不信任这些感受和冲动，他们认为这样强烈的情感是不好、非理性的，也是不够“有男性气概”和“强壮”的。

大部分男士并非娶他们爱得最深的女人，他们倾向于不信任爱情，而且逃避自己，不愿意在情感面前开放与不设防。再者，大部分男人在成长过程中受到的教养是，只尊敬母亲或是妈妈型的女性，这使得大部分的婚姻非常脆弱，问题丛生。另一个问题是，大部分男人的教养，如第一章所述，是不要谈论情感，也不再借助讨论及表白来解决情绪问题。大部分男人对争执的反应是，保持“男性的”客观，出去散散步，期待他们返家时问题已经云消雾散。而且对这种解决方式颇为得意，因为他们并没有“失去控制”。

大部分男人表示，除了性之外，他们拥有了不起或美满的婚姻。“除了性之外我们相处得很好，我们互相合作而且十分融洽。妻子是我的好朋友，我们很容易谈论除了性以外的任何事情。我想除了性之外，我们拥有绝妙的婚姻”。你如何诠释这种陈述，要看你对婚姻的观念是什么。就传统婚姻而言，这种陈述完全可以接受，因为传统婚姻不那么重视浓厚的情感以及性爱的亲密，而更多是建立在孩子、持家和家庭生活的基础上。比较之下，新的婚姻观会渴望获得更深刻的亲密情感，因此要求更多的平等，如此才可能产生亲昵的情感。

传统的婚姻由男人控制金钱，而女人的领域是在家里，在这种婚姻形式中，男人最容易发生外遇。新式婚姻强调共同奋斗以创造更平等的关系，较容易维持一夫一妻的关系；如果不再亲密，双方也最容易结束婚姻，而不是利用外遇来弥补裂痕。但“新式”婚姻不一定非得存在于比较年轻的夫妇之间，无论如何，比较平等的婚姻可以是各个年龄层的夫妇努力达到的目标。

在这份调查中，最快乐的男人正是那些和女人拥有最亲密、最融洽关系的男人，但这些幸运儿只占极少数（大部分已婚）。努力根据男性准则过生活，在情感和经济方面完全自足，永远提供庇护和食物（或是性和高潮），从来不接受或需求任何事物，绝不会渴望女人的爱超过女人对他们的欲求，这一切都会伤害同时阻碍男人。

有些男人已经开始理解到，他们的幸福系于女人为重新塑造自己更美好的生活与关系的抗争——超越传统“女性特质”的局限来重新定义自己。“男性特质”对男人的压力可能就像强制性的“女性特质”对女人产生的压力一样沉重。

但是许多男人心里普遍存有难以释怀的问题，也就是金钱、性及女人之间的关系问题。大部分男人相信女人多少是可以买卖的。在被问到“你对花钱买性的看法”时（原意是指嫖妓行为），许多男士竟回答：“你反正总是要付钱。”并且加以解释，不论是在婚姻关系里，男人提供经济来源，得到家庭式性爱服务和照顾孩子的回报；或是在约会时，付晚餐账单，期待性回报，他总是在付费。许多男人表示，明明白白与女人交易还比较诚实，比较划算。事实上，大部分男人对女人感到愤怒的头号原因是经济上的资助，他们常常表示无法相信女人，女人往往“利用”男性来获取金钱资助。许多男人觉得他们永远无法确定女人是否为了他们自身而爱他们，如同许多男士所说：“或许她跟我在一起，只是把我当成‘饭票’。”

最不幸的是，大部分男士并不接受能够改变现状的妇女运动。如果女人跟男人一样有平等的权利，有平等的工作和教育机会，而且拥有相同的酬劳（在美国，同样的工作，女人只得到男人报酬的 59%），那么男人就无须担忧女人只是为了他们的金钱或经济资助而爱他们了。许多男人嘴上支持妇女的权利，表示男女应该“平等”，但是不赞成大部分能够实现平等的方式。大部分男士害怕妇女解放或许意味着更少的爱，如果女人获得平等的权利，尤其是在她们经济独立时，她们就不会再爱男人了。大部分男人似乎缺乏安全感，不认为自己值得拥有更深层次的爱情。此外，大部分男人不想要放弃他们所谓的男性特权，即使这些特权（如第一章所见）并不会让他们特别快乐。或许有些男人越是不快乐，就越会矛盾地死守着那些令他们无法圆满的观念和信仰。

7

有关男性性行为

获得身心的真正欢愉

love

性对男人有多么重要？我们已经见识过，而且会再度察觉，性的确关系重大。为什么性如此重要？性对男人的意义是什么？在男人表示他们渴望而且需要性时，那是什么意思？

要回答上述问题，我们必须先看看性交对男人的意义是什么，因为对大多数男性而言，性交是性爱的基本要素，绝大多数男人并不想要没有达到性交目的以及男性高潮的性行为。（然而他们很少试验其他方法来达到和女人在一起的高潮。）

为什么男性性行为的界定是如此的性交导向？为什么我们所了解的“男性性行为”就是指性交这回事？性交是为了肉体的欢愉，或者还有其他更富象征意味的文化力量也产生了作用？

诠释男性性行为的标准说法是性交是男性所能拥有的至高享受。这是真的吗？男性对性交的感受如何？他们希望从中获得什么？他们是否认为性交令他满足？性交时的压力，以及必须性交的压力，是否事实上会压抑男性的性行为？

就像大部分男人既爱女人又需要她们，却常常痛恨自己这方面的需求一样，大部分男性也希望延长性交过程，然而在性交结束时，又感觉松了一口气——同时他们也表示借助自慰，可以在肉体上获得更强烈的高潮。

过去机械论者基本上从能否勃起，进入女性体内，并且达到高潮来界定男性性行为。这种模式大部分是由我们的文化创造出来而且加以维系的，并非“男性性冲动”的必然反应。男人远比这样复杂，而且男性性行为就和女性性行为一样，是跟情感紧密结合的。是否有这样的可能，完全专注于性交，会让男人错失了大部分的性行为和情欲表现，以及性爱的欢愉？究竟男人对性交的感受如何？

男人为什么喜欢而且想要性交

几乎所有回答他们喜欢和女人做爱的男性表示他们喜欢性交。然而原因是什么？几乎所有人都认定男人喜欢以及希望从性交中获得高潮，然而就像男性一再指出的，他们可以从自慰当中轻易达到高潮。事实上，大部分男性表示在自慰中他们的肉体已达到更强烈的高潮。那么究竟为什么男人喜欢性交？

肉体的欢愉

* 高潮

只有 3% 的男性在回答“为什么你喜欢性交”时提到高潮，以下是相当典型的答复：

“简单明白地说，最大的快乐就是将坚挺的阴茎推进美丽而紧缩的阴道内，并且体验随之而来的高潮。”

“性交对我而言是终极的性爱欢愉……性交时的高潮，是其他的性愉悦所比不上的。”

“我享受性交主要是在肉体的层次上。我搞女人来放松自己。刺激阴茎带来美妙的感觉。”

* 阴道包围阴茎的愉悦

或许有人会认为即使不是高潮本身让男性喜欢性交，也可能是阴道刺激阴茎带来的快感。虽然男性非常喜欢阴道的摩擦，但是没有人提出此点作为喜欢性交的理由。无论如何，研读下列这些回答“你的阴茎对阴道的感受”的答复，以帮助我们了解男人对性交以及阴道的感受是很有趣的。

多数男性非常喜欢这种感觉，带着强烈的情感加以描述：

“美丽的拥抱器官。”
“热烈欢迎。”
“令人舒适。”
“可爱、温暖与安全。”
“恰到好处，包围在温柔的挤压里。”
“湿润、柔软、富有弹性和生气。”
“家。”

“亲密而温暖的拥抱感觉。”

“温暖、亲密、性感、美丽、光明、快活，在一切如意时，那是一种难以置信的美妙感觉。”

“像是天鹅绒手套，亲爱的手，安全的毛毯。”

“可口。”

“温暖、湿润，而且是无比安全的地方。”

“紧束、温暖的奶油。”

“引人遐思的柔软、肉感，几乎是巴洛克情调，令人陶然地沉醉在淫荡中。”

“像是温热的天鹅绒，令人无法自拔；我向它投降，完全无力抗拒。”

* 亲密以及全身的搂抱

大部分男人回答，肉体的亲密以及整个身体的接触——全身的搂抱，是他们喜欢性交的最重要生理因素：

“比高潮更重要的是能以手臂、腿和其他任何部位环绕对方。这让你觉得不再孤寂、更有生机。没有任何事比得上。”

“性交非常美妙。两个人在一起，光溜溜的，抚摸、试探、亲吻、吸吮、舔舐、戏弄。噢，为什么我不喜欢性交？”

“当我在她里面时，她用手臂紧紧地抱住我，或是用手抚摸我的头发或我的背，才是真正令我满足的。”

“我喜欢性交带来的亲密感。不论你是否投入情感都会让你感到舒服。靠近裸露的身体，彼此紧紧相扣，感觉很美妙。”

“躺在她身上，感觉到她温热的身体紧靠着我，还有她柔软的腹部顶着我。喔！难以言传，一想到这些就令我心动不已。”

“我喜欢彼此上半身紧靠着的感觉，我的胸部和乳头压着她的胸部和乳头。”

“她的身体散发出来的温暖、气味，她的声音、感觉以及风情，实在巧夺天工。我很确定对她来说我听起来像是一张坏掉的唱片，但是当我在她里面时，我所有的感官浸淫在美妙的感觉里。很多时候，我在她里面一动也不动，这样才不会干扰我，让我完全陶醉在感官传送过来的感觉里。”

“和对方的亲密比高潮更重要。如果一个人想要的只是高潮，他可以借助自慰获得。我知道有些人只能从性交中获得亲密，我觉得他们是在封闭自己。”

情感及心理上的原因

男人表示他们从性交中获得真正的欢愉——肉体上的亲密与被认可为‘男性’，以及心理和情感上的满足（这同时牵涉到接纳、温暖、认可的付出与获得）。此外，许多男人表示，只有在性交时，他们可以完全放肆，释放出其他所有时刻“应该”加以压抑的郁积情绪。

* 感到被爱以及获得接纳

绝大部分男性表示性交带给他们被爱以及获得接纳的感觉：

“和女人做爱以及性交让我重新恢复生机，重新探寻自己以及周围世界的欢愉，让我感觉清爽而且完整——是生命的一部分，而不是流浪汉。”

“我有一百种理由喜欢性交。最重要的是，让我不再寂寞，提升了自我；知道有人爱你，也知道自己可以爱人。”

“性交的时刻是我感觉到她全心全意爱我的时候。”

“对我而言，做爱达到高潮不仅是肉体的历程，也是心灵的药方。性交消除了我和伴侣在日常生活中累积起来的所有紧张和冲突，同时加强我的自我形象，我被人接纳，是可爱的人儿，因此我可以在这个异化的世界里继续生活下去，保持自我的认可。”

“性交是最终的接纳。好像她在说：‘我完全而且无条件地接纳你。’即使她不是长期的爱人，或者不是非常爱我，性交时，她给我的是完全的赞同。我想性交在心理上对我是十分重要的活动，或者对大多数男人都一样，因为它带来终极的安全感以及完全的接纳。如果她已经跟我十分亲密，这些感受会更为丰富。”

“我喜欢接触的感觉，也喜欢那种有人喜欢你愿意付出身体的感觉。我感激我受到的肯定，真是棒极了。”

“当她献出阴道，就代表着我的伴侣渴望爱我和满足我，渴望成为我的一部分，渴望接受我的主宰或宰割我。”

“性交不断地肯定我和配偶的亲密关系。告诉我她爱我，给我信心，尽管我的行为能力越来越弱，但我感觉到有人需要我。”

“我不知道如何解释才好，不过性交是终极经历。性交高潮的感觉并没有那么好，而自慰更好。但是我眷恋和女人的亲密，性交实现了这种渴望。性交是最终的接纳，这对我很重要。”

事实上，在许多答复中，男人表现出来的感觉倾向于需要，有时几乎是不顾一切的渴求，而非享受性交。有时他们会感觉到行为本身的意义——加上热情、手的碰触——接纳、肯定，甚至是几乎无法言传的祝福。

再者，许多男人在性交和高潮之后感受到的爱和接纳不只是来自个别的女人、美好的身体或情绪上的感觉，也来自深深烙印在性交行为上的文化意义。通过性交，男人参与了文化上的象征，获得社会的归属感，具备了“男性”的地位和身份。

＊表达情感，不必自制

有些男人也提到性交中他们可以自然而然地流露情感，这在其他时候是办不到的：

“性交是如此真实的经历，当时我觉得更接近自我。我觉得不受压抑、灵思泉涌。”

“性交证明我还活着，而我全然放松，自然而然地表现自我。其他时候我就像个机器人。”

“性交在生活中的目的是让我有更多的感受。它是人际沟通的工具，我在这方面不太行，只停留在表层。性交让我能够向我所重视的女人表达出热情、温暖、柔情以及欣赏，或许也带给她更丰富的感受。如果不被恶意歪曲，性交是这个冰冷的世界里美好而温暖的慰藉。”

“在我们脱光后，对话绝少谈到天气或琐碎的话题上。情感毫不保留，并且流露出真情。”

“我想我是利用性交来建立关系，性交让我变得自由而开放的程度是其他时候办不到的。性交也很有趣，不能解决生活中的问题，但通常能缓和情势，像是镇静剂。”

＊给予爱

有些男人用言语表达情感，然而有些男人觉得性交的行为以及女人的高潮本身就是一种宣示、交流或“情感表达”——取代了言语的沟通。

有些男人似乎觉得在阴道内获得高潮的行为就是表白爱情或关怀的方式，通常比言语更好：

“高潮是生理和情绪上的双重表现，释放出压抑的性需求和情感。做爱时，我极力控制，因此射精时我能充分感受到无法压抑的付出与获得。”

“做爱时，我能够传达出无法用语言表达的情感。我认为性很重要。我不善言辞，性是我用来表达自己在乎对方的方法。”

“性是用来表达我对一个人强烈情感时干净利落的方式。这大概是我唯一觉得自在的方法。”

“我的感觉是，激烈的身体接触是沟通基本观念的唯一方法。我和男人只能论及公事，无法沟通深层的情感。性交说明了‘我爱你’——除非是基于婚约，而且爱情已经从婚姻中消逝。”

“在我进入她体内时，通常感到极大的喜悦、胜利以及渴望，我好像在对伴侣表达自己。”

男人表示他们通过性交来表达爱意究竟是什么意思？有些男人认为，这可能意味着射精时的美妙感觉，由于挑逗和高潮带来的短暂激情和陶醉，伴随着一腔柔情投注在与他分享及创造性行为的伴侣身上：

“性交在生理基础上最吸引人，可以化解郁积的性冲动，释放‘超载’的精液。然而如果缺乏情感投入，就不那么令人满足了。爱是情感，如果体验不够愉悦，或许永远不会再企图与对方发生性接触。”

或者具有象征意味：

“性交达到高潮就是我对妻子挚爱的终极表现，我想要深入她体内，将我的身体和精液放入她体内。”

不过多数男人的意思是，他们觉得自己提供了女人所需要的刺激，而且“给予了爱”：

“对我来说，性交是生理上和情绪上最令人满足的性行为。这是因为性行为本身的公平性，我们俩同时都得到欢愉和刺激，没有一方为另一方‘服务’的意味。这种公平对我是一大解放。”

“在我将精液射入对方体内时，获得了难以形容的喜悦和难以媲美的满足，特别是在我知道我让她得到相同的快乐时。”

许多男性觉得和女人性交达到高潮，也会带给她高潮，或是让她有机会享有高潮，因此是给她爱。这是我们的文化造成的误区。事实上，大部分女人需要更特别的阴蒂刺激才能达到高潮。另一方面，许多女人在性交时会得到很大的享受，不论她们是否有高潮，尤其是她们对伴侣怀有强烈情感时。因此，就某种意义而言，男人相信他们在性交时给了女人“爱”或许是正确的。也有许多女人达不到高潮，无法坚持自己的需求，她们感觉不到爱，只是觉得被利用了。

总而言之，性和性交几乎是许多男人感觉自由，或是他们获得情感和充分表达的时刻。同样，许多男性觉得要求爱和情感，唯一合宜的方式就是展开性行为和性交。传统的文化教养是，女人感情丰富，并且有权利需要和追求情感。而男人应该客观、理性、自足、不要情绪化。事实上，如果一个男人情感过于丰富或表现在外，或者需要爱的行为会被认为是“娘娘腔”“软弱”“不像男人”。基于这些原因，男人期待性和性交能够提供适当的时机和地点来表达情感。性交几乎是男人唯一能够充分表露情感和“放肆”的时机，这样的事实或许在某种程度上，解释了为什么男人总是觉得无法获得足够的性爱与性交的现象。

许多男人在性交时情感充沛，善于表达，而日常生活却保持不动声色的姿态，常常做得太过火，甚至拿情感开玩笑，或是嘲笑别人的表达。这种文化造成的二元对立会困惑与误导许多女人，她们搞不清楚哪一种才是真实的情感。性行为时的情感，还是日常生活中表露（或是不表达）的情绪？这样的情境常常令女方产生巨大的挫折，然而当事人男性本身却无法了解女人为什么会挫折，于是两人的关系循环出现疏离与问题。这不过是一个例子，说明文化如何把互相对立的价值和心理需求从小就灌输给男人和女人，因而导致后来男女双方缺乏了解。

* 爱情的机会

有些男人表示性交是除了交谈之外，维持关系中亲密情感的重要方式：

“不是为了高潮，因为我完全可以自己达到高潮，而是为了两人做爱时及做爱后能够获得难以置信的亲密感。这种感觉在不做爱时仍有余韵，有助于维系关系的完整与健全。我做爱并不只是为了大约一小时的快乐，而是为了爱、友谊、尊敬、兴趣、关怀等这些让彼此的关系值得珍惜的全部感觉。”

“我喜欢性交，心理上的因素胜过生理因素。如果我只要肉体快感，自慰就够了。在性交完满时，精神与灵魂会相互交融，难以描述，真是棒极了。圆满的性交往往意味着关系良好，我们在一起很快乐。性交不如意，意味着有某些原因让我们在其他方面不亲密，这会令人极度沮丧。”

“性交让我感觉是个人，让我和妻子更加亲密，彼此推心置腹，获得安慰。找不到人交谈会多么令人沮丧！而性交可以让你向她倾诉与别人无关紧要的事，而她也愿意聆听。”

“我对性交的感觉是，我好爱她，我要完完全全融入她体内。对我而言，性交就是进入她的体内，彼此融为一体，甚至呼吸和心跳也同步了。在我们相连时，阴茎成为她身体的一部分。这就是为什么在我完成后仍不想抽出来，想待久一点的原因。”

“我太爱性交了。不过有些改变，过去我只想要发泄性欲，但是现在性成了生理和情感的融合。结婚后我很快学会平等，如今我们共同协调和分享性爱。阴茎仍然感觉兴奋，然而满足来自爱人与被爱。”

意识形态和文化上的原因

* 证明男性气概

男人一直认为性包含性交，其中最重要的原因是传统的压力和性交的传统意义，性交象征了男性气概，证明男性身份。这里的历史原因是为了创造一个生殖力强的社会体系。不过历史原因早就被遗忘了，而象征却持续发扬光大。在父系社会里，性交或勃起的阴茎象征男性气概，而个体的女性和整个文化都认可了这种男性气概。

男人对性交的渴望与认同，有多大程度是因为文化的积淀造成的。

有些人没有回答他们是否喜欢性交，只是表示男人就是要性交——这是男性性冲动时自然而然、无可避免的表现。对于这群男人，性交正是证明男性身份的方法：

“性证明我是男人，性批准我在同类的世界里取得完整的‘国籍’。缺乏性我会认为自己不太像男人，不太像个人。”

“自慰比较满足，但是性交让你成为男人。我喜欢。”

“我认为自己在性事上，大部分的观点都是非常开明和进步的，但是我觉得造物者赋予男性阴茎、女性阴道是有原因的，那就是为了性交。”

“性交是自然的天性，证明你是男人。”

“阴茎对阴道的性交是唯一真正的性行为。其他行为或许有趣，但不是性。”

“性交实现我的自我以及我从大男人文化和男性杂志中拾掇而来的幻想。”

“基本上，我享受性交是为了自私的理由，获得快乐而不是给予快乐，这是自然赋予男性原始性冲动的基本特质。”

“我感觉很棒，感觉强有力，感觉身为男子汉……刺激、没有压抑……感觉成功，男性的完成，将喜悦传送给伴侣，为伴侣所接纳，我们分享了某些东西。”

“性对男人很重要，因为它解除了男性欲望的压力。许多罪犯和举止不检点的人都是因为这些欲望缺乏宣泄渠道造成的。性是正常人体的需求。”

“身为健康的男人，性对我非常重要。性的意义就是人类心灵和身体的正常功能。”

“性的目的是繁殖。性是生物学上的概念，我们的身体原本就被设定需要性。我性交是因为我的身体渴求性，不是因为恋爱或者想亲近某个人，或者因为我期望主宰或贬低别人，或是受人主宰和感到屈辱。我们原本就是动物，因此我们受到动物性需求的束缚和支配。”

“要点是：有些或是大部分女人不了解男人非常容易被小东西勾起情欲，而这样的情欲扩张，在某种意义上是无法控制的。这就是为什么男人总是这副德性，我们真的没办法。这不是借口，而是理由，这是生理上的既成事实。顺便一提，男人只要车开得很快，就会亢奋，从事其他表现男性气概的活动时也相同。如果我在车内脱光衣服，我就会近乎勃起。说真的，不要因此不好意思，我们都是登徒子，每天色眯眯的。”

“男人很单纯，想要软绵绵的东西，而女人身上有。女人比较矜持，因此需要适应、付出代价和交易。”

“我对性和食物的胃口类似：越是狼吞虎咽，往往就越贪得无厌！我的态度很健康，我是健康的男人。”

“我觉得女人想要获得满足和许许多多的爱，因为她们从大量的前戏和爱情中得到的甚于真正的高潮。男人像是雄性动物，对这些爱并没有真正的欲望，因为他是强壮的，想要发泄精力，同时圆满完成。然后她就应该离开，让他清静。”

“我喜欢性交，让我感觉像个男人。我相信我感觉到了心泉深处不断涌出的召唤，要我追逐性生活。我很高兴身为男人，同时去完成这些男人的事。我喜欢勃起的阴茎，我知道我的伴侣也喜欢，在我知道我令她们快活时，我会很开心。”

*性交是男性力量的象征

对某些男人而言，要确认自己是男人不仅是要进行性交，更重要的是

要拥有或征服女人，感觉自己控制一切，比较优越：

“我喜欢性交是因为能从中获得的美好感觉，我觉得比其他任何时候更像个男人。女人的身体永远是一项挑战，你从不知道它会如何回应。好像是精彩的网球比赛，你击出漂亮的一球，弹回的球威力更强。女人的身体是等待攀登的高山，邀人居住的房子。”

“知道有女人对我有性需求，我会通体舒畅。好像是在表示：‘我多么想你，我让自己完全不设防。’这让我飘飘然。”

“性交带给我肉体的欢愉，从性的压力中释放出来，而且是某种程度的占有。那是一种优越感。”

“我喜欢性交，因为可以让女人受孕，我想这有点大男人心态。不过如果一个男人在其他方面失败的话，性会让他像个成功的男人。”

“我必须承认，性交带有操控女人的意味，像是主仆的关系，表示我攻破了她所有的防御。”

“性交意味着我得到了这个女人。我喜欢女人臣服于我。”

“性交好像是在女人身上强力播种，然而平常我对女人并不粗暴。好像是用武器重创她，深入她里面，到达她最深的部位，让她见识到我的雄风。”

“通常我在将阴茎插入阴道时，感觉自己很有力量，像上帝一样。我的男性气概令我醺醺然。这个动作以及接下来的抽送，让我觉得生气勃勃。依我看，大部分的男性冲动是想要在生理上主宰女人。我不想要伤害别人或是受到伤害，所以不会惹上这种麻烦。不过我必须承认，这种念头有时会令人亢奋。”

* 男性性冲动是意识形态的组成部分

男性性冲动是我们社会意识形态的一部分，没有生物学或生理上的证据显示男性有性交的“性冲动”。虽然男女双方不时都有高潮的需求或冲动，却没有证据显示男人在生理结构上“需要”阴道以达到高潮，或是有任何内分泌或“本能”上的因素驱使男人追求女人或阴道。

其他哺乳类动物会享受很多种形式的肉体接触，唯有雌性发情时，它们才会性交。如同许多研究灵长类的专家所描述的，大部分的哺乳动物会花更多的时间在互相照顾和爱抚上，而不是从事特定的性（生殖器官）接触。哺乳类和其他动物也会自慰，同性恋的情形相当普遍。在动物中，被观察记录下这类行为的动物有老鼠、兔子、豪猪、松鼠、雪貂、马、牛、狗、狒狒、猴子、猩猩等。

我们的文化似乎认定既然（理论上）性欲是大自然赋予以确保繁殖的，那么性交就是（或应该是）“本能”行为。然而如果我们观察别的动物，显然其他形式的接触和性行为一样也是“本能”的表现。或许和性交比起来，自慰是更自然的行为，因为隔离成长的猩猩对性交毫无概念，但是几乎一生下来就会自慰。

如果性交真的是出于“本能”，而其他行为都是“不自然”的，为什么我们需要法律和社会制度来推崇和要求性交（尤其是在婚姻关系里），同时制定严格的刑法和禁忌来反对其他形式的性行为？

* 社会制约

少数男性指出对性交的欲求可能是文化教养的影响：

“生理上我热爱性交，那是一种身体紧紧缠在一起的亲密感觉。但是我了解我对性交的反应受到文化相当大的影响和制约，不纯然是追求欢愉。”

“如果是有意义的性交，感觉还不错，也令人满足。不过拥有35年的经验后，我感觉我们的文化过分高估性交了。性交不一定每次都会达到高潮，然而我们的文化强调‘应该如此’。一个人是否喜欢性交取决于许多因素——对象、他们的身体构造和心理状态、意义与目的，以及他是否疲倦、沮丧或是感觉舒适……一对男女可以有其他方法获得完全的满足而不必性交。”

“性交带给我肉体上的欢愉，同时让我觉得和其他人没什么不同。后一个理由纯粹是来自社会，尤其是同事之间的压力。这不是性交的好理由，事后会造成很大的痛苦和焦虑。我努力要摆脱这些压力，但是很难。”

“插入阴道的性交和青少年时代学来的角色扮演有关。多年以来男女双方各自扮演着自己的角色，接受彼此热情的谎言。男人向男人吹嘘，而女人越来越迷惑，搞不清楚性究竟是怎么一回事。我有很多年也陷入这样的愚昧之中，尽己所能在更多的女体内频繁射精。”

* 男孩所受的教育，让他们将性交视同男性气概

“我一直感觉到巨大的压力，要我骑在女人身上来证明自己的男性气概。这种压力阻绝我和女人交往，更别说发生性关系。我必须这么做，否则就是有毛病，大家都认为性交棒极了。这种压力又衍生出可悲的理论，例如：‘女人一直都要的，即使她说不。’因此，我没有借口。如果找不到女人，那是我的错，我是失败者。我觉得

这种压力延迟了我性方面的成长，同时不当地夸大了性交的重要。大学时代那些夜晚，即使我和伴侣彼此爱抚得飘飘欲仙，如果没有性交，我还是不满足。”

“高中时代，有些女孩是人人可以上手的。如果你没有办法和你的约会对象上床，你就应该去找她们，她们会‘服侍任何人’，而男孩子必须‘被服侍’。我不喜欢这样，但是压力很大。说谎是愚蠢的，这种本质上的敌意和竞争使我更加沮丧。但是如果你不加入这种打哑谜的游戏，你的同党就不会再接纳你。如果你不这么做，你就必须装腔作势或说谎。我感觉被迫要‘性交’，人人如此。”

男人所承受的文化压力

男人必须频繁地性交以证明自己的性能力

大部分男性对多久性交一次都很焦虑，觉得他们性交的次数不够。这反映了一些男人的想法：一个“真正的男人”应该非常频繁地性交，如同一位男士所言：“我必须尽力和最多的女人上床，有机会就上床，越频繁越好，这才算真正的男人。我想大部分男人都是如此。”至于其他人，这种感觉反映了需要更多的情爱和亲密。诚如上述，大部分男人基本上不是为了高潮而需要或想要性交，他们可以自己获得高潮，他们是为了肉体和情感上的亲密（或者感觉自己富有男性气概）。或许可以这样说，如果大部分男人的观念中性是他们抒发亲密和情爱的需求，那么，如果彼此的关系越疏远、越冷淡，男人就越有可能抱怨缺乏足够的性。

＊你多久性交一次

大部分男人觉得次数不够，不论真实的次数多少：

“我不好意思说出我多久性交一次。我们较频繁，而且令人满足的时光却是在度假或是没多少家庭压力的时候。”

“最近我很少性交（大约两三个月一次），因为婚姻出了问题。在婚姻幸福时，我们大约一星期一两次。我希望一星期 4～5 次，不过我们从来没办法在这方面取得共识。”

“最近的次数很少，因为我太太不像我这样冲动。在我 30 多岁时，有时一天进行 2～4 次，也有些时候几个月都没有。目前如果我一个月能性交一次，就算频繁了。真令人丧气。”

“我一星期性交 2～7 次。一般而言，我喜欢次数更多一点，不过有时似乎会受到其他事情的干扰。”

“只要有伴我就做爱。和 H 从周一到周五至少 3 次。周末就会有很多很多次。周末时我们在一起，大部分时间都耗在床上。自从她死后，我就无法享受那么多我所渴望的性爱了。”

“如果我和爱人同居，如果她能不压抑自己或不害怕承诺，至少我每天都可以性交一次或是更多。次数多少通常得看她的兴趣而定，或者一星期可以有 2 次。如果没有经济或其他的忧虑，我就能够而且希望和她一星期至少 4 次高潮。”

“我们的婚姻最糟糕的是一星期只能做爱一次，除了蜜月或是目前度假的时候。”

“如果方便的话，我就会做爱。我太太不喜欢比三四天一次更频繁的次数。如果第二天我还向她求欢，她就会不高兴，所以我得等待或是自慰。”

“一般来说，我希望一天至少一次，但是由于生活环境（大学宿舍）的关系，减少到一星期三四次。”

“我希望一天至少性交一次，然而因为太太工作时间的关系，平均一个月一两次而已。”

只有少数男士没有表示他们希望更频繁地性交，而且似乎很满足：

“我多久性交一次？嗯，我的女友星期五下班后会来这儿，我们共进晚餐，然后上床，通常会做爱。如果星期六早上没什么紧迫的事，我们很可能会再做爱一次。如果没有，通常星期六晚上会进行。而且星期日早上几乎一定会做爱，有时如果她喜欢，星期日晚上再来一次。算是一星期 4 次吧！”

“我们通常一星期性交一次，在星期六早上、有闲暇而没有其他事要做的时候。”

“我和目前的伴侣一星期大约性交两三次，但是其他形式的性行为（口交）几乎每天都有。”

“我和女友大约 3 天性交一次，不过在我们会面时，我们尽可能地做爱。有一次一个晚上 13 次。我 29 岁，她 21 岁。”

“我想要时就做爱，不会太频繁，大约一个月两三次。”

许多男性提到他们的性交频率依情况不同变化很大：

“我曾经4个月没有性交，因为我对遇见的任何女人都没兴趣。不过我也曾经和一位关系深厚的女人整整2个礼拜每晚做爱。”

“在有固定伴侣时，做爱次数由双方决定，我的经历是一星期3～5次。在缺乏固定伴侣时，我可能3～9个月都不性交。”

“通常我妻子和我一星期做爱一两次。有时候会延长时间，还有些时候我们会在午餐时间、夜晚以及醒来时做爱，要看心情或工作压力等而定。”

少数男士描述没有和人发生性关系的日子（独身）以及他们的感受：

“我有4个月没有性生活，因为我太太不再那么吸引我了，而且我晚上工作。我一星期至少自慰3次。”

“目前我已经几个礼拜没有性生活了，然而我宁可自慰，也不愿为了满足需要而牵扯上我明知道会很短暂的性关系，这样只会让我更寂寞而不是兴奋。”

“离婚后我独身两年半，就是不想要性。”

“目前我已经过了一段独身的日子，而且我相当喜欢。我有两年没有性生活，不过我会自慰。我是27岁的退伍军人，建筑工人，这段时间（刚退伍时我和一个女人同居）让我有机会思考我是谁，我打算如何过一辈子。我把所有的精力放在自己身上，探索自我。但有时候我觉得，或是社会让你觉得，如果你身边没有女人，如果没有人和你上床，那么你就会不快乐，不算是男人了。我喜欢性，我崇拜性，不过如果没有性，我可以过得相当好，快乐而圆满。我不需要女人和性来赋予价值和男性气概。我的独身绝非对女人不满或失望。再说一个独身男子或女子，有时间去做一些已婚人士无法从事的活动。”

一位一直保持独身的男士描写了他的生活：

“我是教会的神职人员。我很高兴一辈子都和宗教人士生活在一起。我52岁，中产阶级，文学硕士，有良好的教养，目前是中学校长。我觉得我的人际关系非常好，因此我能运用良好的学术背景以及管理技巧来帮助成千上万的人。

“我从来没有性交过，自慰是我唯一的性生活。我有强烈的性交欲望，但是由于害怕与罪恶感，就忍住了。在50岁之前，我怀着罪恶感不定期地自慰，之后我就不再感觉罪恶了。

“我和我的双亲、10位兄弟姊妹还有许多男士和女士‘恋爱’。某些女性朋友对我产生性吸引力，我会将她们想象成性伴侣，我发现，和她们深刻的情感交流与极少的肌肤之亲，颇令人满足，我不认为性交能够增强我们的关系。虽然性交本身是令人愉悦的活动，我觉得远远不及我和某些朋友亲密交心的快乐——男女朋友都有。性很重要但被夸大了，而且真正的快乐并不一定需要性。我和某些女性朋友之间的亲密情谊远超过我所认识的大部分夫妻之间的情感。

“妇女运动让我更注意女性朋友的平等地位，更加尊敬她们，同时改善了我和她们的关系。大约在45岁以前，我有较多的男性朋友（没有一个是真正亲密的），因为我害怕和女人的亲密关系。45岁以后，我扫除了疑虑，用尽心思和不少女人发展长期的友谊，从中获得了很大的快乐。”

没人能断定一个男人“应该”多久性交一次。一个男人感觉到和一个女人亲密或是为她着迷时，想和她性交似乎是合乎逻辑的。男人多久会有或想要高潮与他们多久会或想要性交是两回事。

其实，男人必须频繁性交的文化压力是建筑在纯粹机械的男性气概定义上的，认为性交的欲望和“需求”只是跟假定的男性内分泌有关，或是与其他神秘的“内在”欲求相关。

既然男人是否有“足够”的性交和他是否有足够的高潮没什么太大关联，每一个男士就可以根据他从性交行为中需要或得到什么来自己决定他的性交次数是否足够。当然一个人可以拥有不必性交的性爱。同样，如果他们愿意，男人有权在生活之中完全享有性，或是不和伴侣发生性关系（即保持独身），大部分男人一生之中都有一些这样的时期。男人不应该被迫感觉他们“必须”拥有性或性交，来证明自己是男人。

男孩有“开始第一次性交”的压力

不只男人感受到必须经常性交的压力，许多男孩为了证明他们已经变成“男人”，也感受到必须尽早开始性交的压力。这种论调，常常反复出现在男人描述他们第一次性交的答复里。

许多男人第一次性交后会觉得很高兴他们完成了“这项行为”，不过也感觉到缺乏技巧和知识：

“如果你是指女人的话，我第一次是在21岁。那是失败的经历，我知道的不多。我很自私但是不懂事，她从没有给我机会。我猜她预期我在性方面什么都知道，因为我是男人，而我当时和一个处女没两样。我很难过，她并没有享受到性愉悦。之后我遇见了我目前的爱人（中间大概还有六七位），她让我成为一个男人。她花时间来教我，在她教我之前，我一点儿都不知道如何取悦女人。”

“我第一次性交是和一位大我 4 岁的女人（我 16 岁，她 20 岁），她已经有一些性经验。发生在她住的旅馆房间里，我在那里工作。我充分享受了性，但是在为我开启的女人与性的广大世界面前，我感觉自己非常渺小，有点困窘。这是我第一次认知到女人的‘神秘’与‘差异’。在那之前，我以为女人跟我一模一样，只是性别不同。整个过程由她引导。我非常激动，因为我一直在想我终于做了这件事！我记得我开始非常快速地抽送，因为我以为应该这么做，她用手让我放慢速度。我习惯自慰，突然在她里面，感觉一切如此温柔。我花了一段时间才达到高潮。我不知道她是否有高潮，但是她发出许多欢愉的声音。”

“我的第一次性行为是在 24 岁时。我用伸直的手臂把自己撑得高高的，因为我怕自己瘦削的身体会压扁那女孩。这件事是在我喝了一些酒之后发生的。我花了好久的时间才达到高潮。在这场考验结束过后，我松了一口气。”

一些男士只觉得轻松和骄傲，终于“是个男人”了：

“18 岁。我记得自己在想：‘哇！真是不敢相信，我干了什么事！’那是我拥有过最强烈的情感，让我非常自豪。我甚至带着满溢的保险套到朋友家，让他看看我真的泡上了一个女孩。”

有些男人很惊讶于经历本身不如想象中的美妙：

“我第一次和女人做爱是在 22 岁时。我害怕做爱（我会不会表现很好？她会不会故意怀孕好嫁给我这个前途远大的医科学生），因此尽管和大约 10 个女孩或女人有过很多次爱抚经历和高潮，我都没有性交。在她暗示她想要做爱、带我进卧室时，我吓坏了。在我进入她体内时，我一直在想：‘就是这样了吗？’我不觉得和自慰有多大的不同。我一两分钟就射精了，而且相当茫然，这不是我所以为的奇异的、璀璨的经历（其他男性朋友给我的信息），爱与关怀也不见了。”

“在我 19 岁第一次性交射精时，我想：‘就是这样了吗？那不过是自慰和制造娃娃的性方式。’”

“我在 14 岁第一次性交后觉得非常困惑，因为我不确定在听过这么多关于性的言谈之后，我是否真的能充分享受到。我怀疑性是被过分高估了。”

许多男性的第一次性交是和妓女进行的：

“我第一次和女人性交的经历，是和墨西哥边镇上的一名妓女。我在服役，而且受尽嘲笑，因为我是‘处男’。我和一群人出去，决定‘开戒’，好堵住他们的嘴。他们不知道我和她无法高潮，我一再努力都失败了。最后她说：‘搞太久了，没射精。’于是我放弃了。她只要了我一半的价钱，当时我才 19 岁，不过我证明了（至少在他们面前）现在我是男人了。至于我对这件事的感觉，每一分钟都令我厌恶，因为这个理由，我想我再也不会去找妓女了。”

或者是和一个他们并不特别在意的女人：

“大学某个假期时，可能是大三那年，我下定决心自己去发现，每位男人的头号话题究竟有什么奇妙。我听过家乡一位女孩的传闻，平常我甚至不会和她打招呼。当机会来临时我载着她从镇上回家，我们约好当晚见面。我决定在树林里见面，那是印第安人聚会的场所。在我们到达前，我发现一处充满罗曼蒂克气氛的松树林，铺好印第安毛毯后，我们丝毫不耽搁，就在地上打滚。我们的热情迅速被蜂拥而至的蚊子打断，因此回到车的后座。慌慌张张地套上保险套，颤抖地期盼即将发生的事。我不断地扭动着身体，直到我们找到舒服的姿势。整个过程没有拖很久，不过我已经发现了一个充满欢愉的新世界。”

有些男孩在团体中进行性交：

“在我 17 岁的时候，我受到同伴很大的压力要‘做这码子事’，并且圆满完成。我们 3 人（必须 3 人一起才有足够的勇气）约了那些人尽皆知愿意和我们这样的对象性交的一位女孩。我们开车出去，然后停下来。我们喝酒（像男子汉一样），我们都清楚为什么来到这儿。我们取出保险套（携带保险套是十分有男性气概的），其中一人和那女孩进入后座。其他两人待在前座，假装是事不关己的事故。我最后进行，如果其他两人不在场，我一定会临阵脱逃（我们互相打气，3 人在一起我们就变成一头大沙猪）。令人惊讶的是，我的阴茎硬得像根棒子。17 岁男孩的心灵或许是污臭的沼泽，但是 17 岁男孩的身体是一种神奇。那女孩张开双腿躺着，裙子撩到臂部。她一直在喝酒（很聪明），十分漠然。我丝毫不受影响，我们的内心完全缺乏关怀。她的漠然，我的颤抖，整桩事情明显有敌意，这一点都没有让我泄气。我的阴茎准备好了，天呀，太可怕了，整个过程。我爬上她的双腿之间，压迫它们张开，然后进入。她必须协助，然后我模仿粗暴的肌肉动作，不断地抽送，或许维持了 90 秒，然后射精。她把我推开，一下就出来了。她点了一根香烟，我丢掉保险套。男孩子传酒喝，我向窗外呕吐。这就是我和别人第一次‘真正的’性经历。”

只有少数男士第一次性交是充满浓情蜜意的经历：

“我第一次性交发生在我刚满 19 岁的时候。很幸运，跟我在一起的女孩决定当晚与我在床上共度。一整晚裸睡在一起，相互取暖，真是令人欣喜若狂。”

“我和大学时代的女友发生第一次性交。我们相爱，躺在床上爱抚了一个多小时，然后两人做爱。在我的阴茎进入她阴道时，我产生了逼真的幻想，好像重新回到出生的场景：让柔软、粉红的阴道壁紧紧环绕，而没有出生时的收缩和痛楚。我对女人身体很爱慕，她们恰到好处的构造令我深深陶醉。我相信爱帮助我们放松自己，并且意识到我们正在跨出的新步伐。”

男人对阴茎大小的感受

你认为你的性器官漂亮吗？你认为你的阴茎大小合适吗？

男人被要求必须在性方面表现得活跃，以频率来判定，越常“进行”越好（男孩的压力则是必须尽早开始“进行”）。与此紧密相关的是对阴茎大小的重视，换句话说，男人不仅要有强烈的性欲，还必须有巨大的阴茎。一个男人阴茎越大，他就越像个“男人”；阴茎越小，他就越不像个“男人”。

大部分男士在回答这个问题时，一再企盼如果他们的阴茎再大一点就好了：

“我真的认为它很好看。或许，如果再大一点，就够得上是漂亮了。这是我内心反复挣扎的事，我希望让内在自我接受这项事实，我的阴茎只够得上全国平均数——如果在这个议题上不同的调查结果值得信任的话。再多一寸就令人感激了，不过多年来我已经了解，我所拥有的足足可以应付性交。”

“我不会说我的阴茎漂亮，但是我喜欢注视它。够大了，不过我喜欢它再大一点，这样女人看到时就会透不过气来。”

“我不认为我的阴茎漂亮，它当然会缩得非常短。伸长时，我相信我的阴茎是中等长度，但是相当瘦削。或许它很长，但是够不上我所谓的强而有力。我见识过某些强而有力的阴茎。”

“在我独处时我觉得它大小合宜，但是在其他人面前，我会感觉难为情，似乎他们都有巨大的老二，而我的却发育不良。理智上，我知道我很好看，拥有正常的第二性征；情感上，我觉得自己是男人世界的小孩。”

“还不错，我的睾丸不如我期盼的那么大。”

“嗯，我想每个人都希望很大，所以我猜再大一点也无妨。”

还有许多男士洋洋得意于自己的阴茎，往往是基于尺寸的关系，有些男人还附上了数据：

“我认为我的阴茎大小比例恰到好处，和别人比起来，真是值得观赏的漂亮玩意儿。它割过包皮，平滑而无缺点，同时龟头很大，性交时颇受赞赏（跟一般认为尺寸无关紧要的说法正好相反），口交时，刚好可以让嘴巴舒服地含着，因此我相信它对别人深具魅力。正常勃起时可超过 18 厘米，在充分刺激下会稍微大一点。阴茎轴圆周是 16 厘米，龟头外圈则是 14 厘米。”

“是的，我认为我的阴茎很漂亮。我仔细地照顾它，每天洗它，保持干净舒爽，再洒上古龙水保持表面平滑，同时用痱子粉保持干爽。我的阴茎带给我非常多的喜悦与欢愉，也带给许多女孩同样的快乐。它很少让我失望，因此我以它为荣。我认为它大小适中，只有一些时候，我的女友似乎认为无法容纳它，有一位女友在我即将射精前量了它的尺寸：最宽的部位圆周是 14 厘米，长度为 17 厘米。我在日记上记录下来了。”

一些男士表示喜欢自己的阴茎，因为以美学观点来看，它们很漂亮，或者可以带给他们欢愉：

“我认为我的性器官特别帅气，尤其是和我见识过的阴茎比起来。我拥有我认为这世界上外形最漂亮的龟头，不论是柔软还是硬挺时。”

“我认为阴茎很漂亮，包括我的也是。我仍然很惊奇它是如何在大小和质地上产生变化的。在它硬挺时，我认为它非常有力而且性感。有时我会注视着它。”

“我的阴茎很漂亮，我很自豪。我想在死后将它铸铜。”

“我从我的性器官上得到很大的乐趣，尤其在它勃起时，我特别喜欢在镜子前走动、跑步或跳跃，并且欣赏我的阴茎在身体前晃动、弹跳。我也很喜欢抚摸我的睾丸，掂掂它们的重量，而且总是吃惊它们有这么重。同时我一直在想这样一个小东西居然掌握了人类的未来。”

少数男士指出，只有在兴奋和勃起时，他们才认为男性性器官好看：

“有时它们看起来可笑而丑陋。让我们正视它吧，那些皱巴巴的囊袋和香肠真是愚蠢。”

“我认为男性性器官在勃起时最好看，其他时候它们吊在那儿晃来晃去，相当不雅观。”

不过一位男士的看法并不相同：

“我的阴茎软弱无力时看起来很有魅力，勃起和充血时就不那么迷人了。我不觉得它丑，但是很难称得上漂亮。阴囊随着温度和心情变化，因此魅力也会有所不同。它松垮垮地晃来晃去时，我会很不好意思，当它紧绷着压迫睾丸时，整个外形就好看多了。”

一些男士比较了对男女性器官的感受：

“就像大部分男人一样，我一生下来就被制约了，认为勃起的阴茎是强壮、赏心悦目的象征，代表了尊荣、男性气概，以及所有的陈词滥调。相反的是，我认为女性性器官是更为神秘而深邃的幽径，或许外表上不那么令人印象深刻。”

只有少数男性不关心阴茎的大小，或是觉得刚刚好：

“我认为我的阴茎很漂亮，大小适中。我从来不了解为什么男人会忧虑它多大或多小。谁在乎？反正也改变不了尺寸。”

“我认为我的阴茎很漂亮，不大不小刚刚好，我很满意。”

“从小我就没有量过阴茎的大小，但是我想我的阴茎大小挺合适的，再说谁在乎它的大小呢？”

“是的，我喜欢我的阴茎，因为在我身上它就是个宝贝。我不会说它漂亮，或是特别巨大。至于够不够大，我不在乎。”

还有一些男士，非常不寻常地，不喜欢男性性器官或是自己的阴茎，或者内心爱憎交织：

“我认为我的性器官看起来还不错，不过我想，如果没有阴茎吊在那儿晃荡，男人的身体会更好看。”

“硬挺时，我的小鸟会有一点点弯曲，或许我应该到人体小铺中把它敲掉。”

“我不认为男性性器官特别赏心悦目。阴茎本身还不太坏，但是睾丸松垮垮的样子可不是上帝杰作中最出色的。”

“男性性器官呆呆笨笨的，毫无遮掩，而且容易受伤。”

“男性性器官看起来很荒谬，上帝应该找到更好的方式。”

大部分美国男人都割过包皮[①]，而且似乎很少想过这件事，要不就是觉得割过包皮的阴茎比较容易让人接受，或者是高兴他们割过包皮：

“我割过包皮，没什么概念，我从来没想过喜欢还是不喜欢。”

“我割过包皮。我认为没割过包皮的阴茎很丑。”

“我割过包皮，而且很高兴我动过手术。我认为这样一来，我的小鸟比较好看。”

“在我第一次发现包皮手术时，我相当惊讶而且难以置信，因为我以为一生下来就是这个样子。”

“我喜欢割过包皮的阴茎外貌，没割过包皮的阴茎看起来像是一块肉。”

但是没割过包皮的男性一般而言比较喜欢不割包皮：

“我没割过包皮。我喜欢，或许因为这样我可以感受到更多的刺激。我的儿子割了包皮，根据我过去得到的信息，这样比较‘卫生’。现在我不确定是否有任何资料证明这点，我不会再让其他的儿子去割包皮了。我认为拥有包皮是很快乐的。”

“我没割过包皮，而且认为自己很幸运。我在医院拒绝让我的儿子割包皮时受到猛烈的抨击……别人以为我变态。最后那位小儿科医生非常恼怒地告诉我，非割包皮不可，因为它不会缩回去。我同意了，但是现在我认为他胡说八道。我最小的儿子在没有获得同意之前，就被例行割了包皮。我真是怒气冲天。我不觉得这有多大关系，但是那些医生该死的傲慢真令人吃惊！”

未割过包皮的男士通常表示他们比较敏感：

“不割包皮让我的龟头比较敏感，但是我没办法撑开很久。”

---

① 欧洲、非洲、南美洲，还有中国的男性通常都没有割过，而美国的男人几乎都割过包皮。目前美国有一个组织努力要制止割包皮手术，因为认为这是不必要的，同时会使感觉迟钝。

“我很高兴我没动过手术，因为我相信我有比较敏感的阴茎。我很高兴回绝了他们为我儿子割包皮。”

但是有些割过包皮的男性也说他们比较敏感：有些没割包皮的男性，在男孩时代，曾经希望“像别的男孩一样”：

“我听说割包皮会让阴茎比较敏感，而且增强性欲，这是割包皮的一个理由。是不是真的？”

“我没割过包皮，在成人之前我一直觉得难为情。自认为是个怪胎，好像身上出了什么差错。其他男人的阴茎看起来跟我的大不相同，所以我总是小心翼翼关上房门和厕所门。成人之后，我发现有少数男人跟我一样，而且我在生理上完全没问题，我也知道这不会影响我和女人的关系。”

还有少数割过包皮的男士希望他们没动过手术：

“我但愿没割过包皮。不割包皮的阴茎比较赏心悦目，而且我一直怀疑没有割过包皮的男性感觉比较强烈。”

“我反对没有经过我同意，就割了我的包皮，我也很震惊有这种观念，故意去毁损一个人的身体，这是源自千年以前青春期仪式残存下来的宗教割礼（这样并不会比较干净）。”

8

男人对性解放的看法

并非深入人心

男人赞成性解放吗

在过去20年，特别是在20世纪40年代和第二次世界大战以后，随着男性气概越来越等同于带有侵略性的人格特质，要求男人“好色”以及经常性交的压力尤其强烈。早在维多利亚时代，男人经常被劝说（医生或其他人的忠告）不要太常行房或性高潮，以免他们的“活力之源”枯竭而变得衰弱。如今正好相反，一般认为男性有插入和性交的“生物性需求”，有“动物本能”的旺盛“性冲动”，这样的观念渗入了要求“性自由”的运动里，就是我们所知的性解放。

在被问到对性解放的观感时，许多男人对性解放的某些观念强烈反对，男人应该或是希望随时随地做爱，而不需要亲密关系或是感情来作为性内涵：

“我痛恨将一切事情泛滥化，结果压迫性的性角色便到处招摇。每个人都喜欢表现出风骚的样子，互相干来干去，没有一点儿头脑。贩卖阿司匹林、牙膏等的电视广告也公然影射性。我想这就是所谓的性解放，我深恶痛绝。”

“我认为性解放是很危险的，因为一旦人以性为休闲娱乐，就无法发展出真正的亲密关系。我仍然认为性的欢愉只有建立在长久的关系里，只有在你了解性的意义以及你对未来的发展能够掌握的情况下，性才能丰富人生。今日只是为了眼前满足而发生的性关系，能让人满足，却无法带来喜悦。”

“我是白种男人，23岁。我有过口交以及异于性交的经历，但是我想我有道德上的焦虑。我会高兴地告诉我未来的妻子（不管她是谁），她是第一个（我不会真的期望得到相同的答复）。所以，我确信我不是典型的雄赳赳的美国男性，但是我肯定自己是一部分男性的代表。”

“童贞、纯洁、贞操，在性行为的调查报告里，我从来没看到提及这些品德。为什么？是不是因为读者不想听，因此也不会去购买讨论这些德行的书籍？《圣经·新约》反对通奸、未婚偷情以及其他邪恶的性行为。我认为我这一代和下一代接受那么多的电视节目和电影，贬抑了全能的上帝希望男女之间存在的美好关系，是非常不幸的。我不看这些灌输不纯洁思想和传播错误观念的节目。我是在孤军奋战吗？”

许多男人强调，他们坚持选择有情感内涵的性行为：

“我和女人发生性行为是因为我爱她。除非是在情感发展的巅峰做爱，否则我无法顺利进行或得到任何满足。我不是说我一定得全心全意坠入爱河，排斥其他所有女人，但我必须觉得她是一位非常亲密的朋友，借着性行为，使我们的关系更进一步。”

“我曾经和一些女人交往，她们只是把我当成‘阳物象征’来利用我。彼此来电时，我比较能够深刻享受性爱，也比较容易亢奋。有时，我会讨厌被人当作‘速食品’，只因为对方（大部分是单身女子）需要缓和她的挫折或性幻想。”

有些男人批评当今社会将心灵从性中剥离出来的现象：

“目前存在的许多性爱现象令我困扰和失望。性被物质化，成为商品。每年有成千上万的金钱投入性广告，到处充斥着诱惑和挑逗。性从自然的表达堕落为具有竞争性以及物欲观点（你上了几个马子？）的商品或追求。”

“我希望在目前的关系中，能有更多的心灵交流，而不是专注于性。”

其他男人表示，性解放已经失去人性，因为它让性与情感分离：

“或许性解放提供了更多的资讯，但是我认为大部分的年轻人仍然是用孤注一掷的心态，在欲海中浮沉。我们必须互相扶持，让性戴上人性面具，而非将它变成互相竞争、压力沉重的商品。性不是人生中最重要而且唯一的目标……当然也不能因此加以忽视。我们需要更多元的包容，少一些色情狂和流行文化。”

“我认为太强调性了，而缺乏足够的爱。”

“我不认为更多的性自由会带来更好的社会。那些可以用成熟态度处理性关系的人以及懂得体贴交往对象的人，还是跟从前一样罕见。如果对性的新态度终究不能带来更好的家庭生活，那么它并不比我所接受的不恰当的性教育来得好。”

“就我所认识的人看来，他们经常性交，也常听到、看到和谈论性，但是却发现性越来越空虚，越来越无意义。我玩世不恭吗？或许吧！但是我也发现目前有许多潜在的力量可以改变，只要我们学习去爱。”

“我有个十几岁的女儿，性解放令我忧虑。我想这大概是媒体炒作的结果。长久以来，有好多小孩仍然保持童贞。性有强烈的意义，应该只有相当成熟、了解这是怎么回事的人才能尝试。在人的成长过程中，认识性应该是渐进的，必须偷尝禁果的压力（虽是无可避免的）令人悲叹。这场‘革命’显然带来了这样的压力，而选择的自由反而减少了。清教徒思想老早就不堪一击，现在的重点应该是强调责任，而不是自我中心的态度。”

“这么多年来，我注意到有些事情改变了，包括同性恋在内。在我二十几岁时，单身男女之间弥漫着浪漫情怀，现在事情简化为‘在我的住所，还是你那儿’，真正快乐的感觉似乎消逝无踪。或许这就是为什么我避免和年轻人纠缠在一起的原因。‘小礼物’到哪去了？我似乎是极少数仍会随时送小礼物的人。爱、罗曼蒂克、分享、安慰、奖赏和沟通是必须温柔经营、持之以恒的。”

“我 23 岁，白种人，学院出身的音乐家，目前事业正要起步。我来自一个亲情颇浓的家庭。我的父母对宗教很虔诚，我在某种程度上也是，上帝存在于我内心。性通过肉体行为来延伸情感，对我而言这非常重要。我认为性解放给人类带来了更多的争端而非欢愉，这个时代躺下来做爱就像下棋一般，走对了你就得分。很多人因为先前的伤害而使感情扭曲，很难真心对待别人，这种情况真令我伤心。旅行全美时，我到处看到这样的情况，或许程度不同。有时甚至你向一名陌生人打招呼，例如说声‘哈啰’，他们的反应是‘好啊！你想要干吗，兄弟’。信任在快速消逝之中，如果你不能诚实且信任别人，对自己也保持同样的诚实与信任，你就无法成为真人。”

然而，有些男人对性解放的批评，听起来却像是他们愤怒于女人得到了新的自由，而不是愤怒于男人必须好色的压力，或是男人也获得了性自由：

“回想我还是十几岁的 20 世纪 50 年代，和对方做爱是意义重大的，不像今天这个样子，只为了发泄性欲。我们的国家是因为上帝和信任而建立的，而且相信真理，这就是为什么我们凌驾其他国家之上的原因，上帝、家庭以及自由是生活中最重要的事情。

“但是随着时光流逝，我们偏离了立国精神，我们把女人变成性狂热分子。这就是今日发生的事情。一大堆婊子满街跑，不戴胸罩，不穿内裤，她们说：‘嗨，我准备好了。任何号码，任何时间，不管你是谁或干什么的。’如今人们很难建立良好的关系，因为你只是下一位，请注意，不是第一位，也不是最后一位。有人在你之前，也会有人在你之后。这就是今日的风格，但是我不喜欢，因为现在你已一无所获，完全得不到任何东西。

“明白吧！我们曾经为我们的女人而战，保卫她们的纯洁，维护她们的诚实。对孩子也是一样。现在我们出版了这些猥亵的书，公开贩卖这些玩意，而且我们允许他们印刷这些杂志。嘿，在我小时候，我们并不需要，我们从来没阅读过，我父母也没看过。他们有 4 个小孩，妈妈在世时，他们一直维持着婚姻关系。就像我母亲说的，她从来没有想过要越轨。而你们说要达到高潮，这些女人都必须自慰。今日所有的女人都堕落了，所有猥亵的胡说八道都陈列在街上。我们的国家过去从不允许这样。我们是在宗教氛围下长大的，我们是敬畏上帝的国家。

“我是老派的人，我必须拥有情感，我必须知道她对我有一点儿真情。过去我从来不需要任何书籍，也不觉得有任何人需要，全都是狗屎！”

其他人说，并没有真正的性解放：

“性解放大部分是在纸上发生的。今天每个人似乎都在公开谈论和描述性，每个人都受到媒体的全面攻击，然而我却没有看到性态度和性行为的根本改变。性角色仍然和我年轻时一样：男孩被鼓励去‘得分’，女孩被鼓励以此来交换最大利益。男性杂志仍然贩卖这样的观点，理想的女人是玩伴，她的照片中拥有一对大乳头。女性杂志仍兜售传统的傻话：如何取悦你的丈夫，如何成为性感的女人。完整的实践就是进入童话世界，唯一有点新意的是有证据显示，人们发生性行为的年龄提前了，青少年怀孕和感染性病的几率也增加了。”

有些男人表示，性解放是男人创造出来，以便进一步剥削女人[①]：

“情欲是正常、自然，而且没有恶意的。问题在于所有的拼命三郎都会误以为这是大男人可以运用的新策略，他们会声称‘拒绝’是性‘不正常’的表现，让女人羞惭却上钩。他们会宣称扬弃了双重标准，直到自己满足后又现出原形，带给受害的女人莫大的痛苦。”

---

① 事实上，在《海蒂性学报告：女人篇》中，大部分的女人都表示她们的确感到所谓的性解放带来的压迫和剥削。就像一位女士陈述的：“如果性解放暗示的是，现在女人也‘自由’了，她们可以干陌生人，骑在男性身上，就像男人使用的方式，我想这是令人恶心的。女人并不想获得‘自由’来采用男人的性模式，她们想要自由地追寻自己的模式。”

“如果‘花花公子’诱惑女人的哲学就是性解放的内涵，那就不是革命。它仅意味着女人应该更常和男人做爱，依照男人的要求行事。这不是什么反叛或革命，男人一向用尽各种手段和力量来干女人。”

“对男人而言太棒了，但是女人呢？她们被假定应该在弹指之间屈从，否则就是不上道。每天在我工作的地方有多少单身女孩子告诉我她们的困扰。我很高兴自己是在我的那个时代出生的，至少我们对女人还有些尊敬。今日那些家伙以为女孩就是被利用而且滥用的。”

有些男人表示性解放让男人产生压力：

“整桩事情怪异的一点是，目前我感觉好像受到期待，应该对任何我带出去的女人发动性攻势。然而除非我已经跟她很熟了，否则这么做会让我不自在，结果造成一些令人非常不悦的场面。有一位朋友告诉我：‘没有一件事比得上一个女孩想要上床而你不跟着上更令她难堪的了。’我不相信这是合理的事，然而有时却令场面难堪。我感觉她会认为我不像个男人。”

“如果性解放意味着‘到处尝鲜’，带给我更大的压力去搞女人，这实在是令人害怕。我认为每个人能够自由地表达性欲，而不应该受到逼迫，这是很重要的。”

少数男人表示他们喜欢开放的态度，但是不喜欢非一对一的关系：

“我喜欢这样的开放，但是我是‘忠于一个女人的男人’，而且我期望得到相同的回报。”

“我赞成性启蒙，但不赞成性杂交。对历经艰辛、圆满的漫长的一生，在外自私地追求新刺激、新女人和外遇（而非耕耘自己拥有的）之后，我发现一个事实，那就是一个人如果曾经失败过，无法在一对一的基础上过日子，一旦事有逆转，所得到的回报大过你所能承受或面对的，你会心满意足地享受，等待未来。那些无法达到这种和谐境界的人，我认为是尚未成熟的。关于性的新道德和开放关系以及种种说法，我认为都是胡说八道，完全忽视了某些深植人心的需要：安全感、稳定性以及长久的情感满足。”

不过有些男人表示他们完全赞成性解放：

“我认为性解放是20世纪所发生的最伟大的事情。从性的观点来看，它开始将女人从她们的‘密室’中释放出来，让她们的生活更自由。它让女人可以去追求自己所选择的女人和男人，不必害怕报复或感到羞耻。”

“我想如果一个人能够妥善适应的话，性解放会带给他们更多的性自由。他们可以自由地沉溺在性行为的欢愉里，而不投入情感。有些女人说性解放让她们无法说不，依我之见，这些女人真的没有什么好抱怨的，是她们让革命出了问题。这些女人对自己缺乏信心，缺乏自尊，说：‘不，抱歉，你不能对我做这件事，而且你也没办法改变我的心意。’这有什么困难的？没有人好意思说性解放是自由狩猎女人的季节。”

许多赞成性解放的男人表示，他们觉得被抛在后头了：“性解放令人发狂，因为我依旧得不到性，但是媒体却说其他每个人都拥有性。”

“我发现性解放令人神魂颠倒。例如，我听到目前的流行歌曲已经公开地传播性，这在 20 年前还是禁忌。在某些方面，我感觉自己生得太早，错失良机。”

“我 18 岁的孙子能够拥有情妇，我真想再回到 18 岁。”

男人喜欢逢场作戏的性吗

大部分男士将“逢场作戏的性”“一夜风流”，或纯粹“为性而性”的性，以及短暂无常却仍然包含友谊或情感的关系，作了很大的区分：

“我不再喜欢逢场作戏的关系。年轻时我经历得够多了，当时我觉得必须证明自己。现在，我喜欢关爱别人，也希望有人这样关爱我。如果你只见过她一面也不打紧，只要你们之间仍存有温暖的情谊。”

“我喜欢和女人维持长久关系的感觉，但是我也喜欢逢场作戏。如果对方值得再度约会，拥有某些特质，我就把她从逢场作戏的对象中提升出来，这是最好的结果。”

“如果我和一个人发生性关系，那是因为我爱这个人。即使和某人逢场作戏，我仍然关心她们的幸福。也许这听起来有点过时，不过这是真的。”

令人吃惊的是，所有年龄层的大部分男人，不论是单身、已婚、离婚，不论是否维持一对一关系，基本上都反对“逢场作戏的性”。这和一般刻板印象中，认为男人应该永远准备好发生任何形式的性行为，正好相反。已

婚男士如此说：

“对于逢场作戏的关系，我觉得非常不自在，因为双方的期望（认真到什么的程度）一定不同，结果让一方感觉内疚、被利用，或衍生类似的情绪。”

“我有过逢场作戏，发现没有一次令我或对方满意。”

“我不喜欢逢场作戏的性爱关系，因为它们无法发展成情感或心灵的交流。我已经结婚 34 年，而且比较喜欢现状。”

“我必须认识对方。我从来没有在街上找个女孩带她回家，寻她的乐子。不过我的确有一两次在第一次约会时就上了床，但是在这之前我们已经是朋友了。”

“我认为我唯一随便的一件事就是我的穿着。我不喜欢逢场作戏，我必须先认识对方。”

“我比过去喜欢逢场作戏的关系，但我总是一下子就感受到挫折，渴望更深刻的东西。我需要真诚的热情和关怀，逢场作戏的性关系很少能带来这些。”

“情感内涵比高潮带来的肉体放松珍贵多了。既然我可以用自慰达到高潮，何必去逢场作戏？”

离婚或分居男士：

“我不会到处拈花惹草，但是似乎一个男人离了婚，别人就会这样看他。我尽一切努力让别人失望！逢场作戏令人厌倦，而且很危险。无论我自己还是别人，有这样的作风都令我反感。”

“不，因为逢场作戏的性行为让人堕落到利用别人的身体来满足私欲。对我来说，这如同沉溺于自慰，女人的阴道只是手的替代品。我认为逢场作戏的性交只是机械式的行为。或许我在合理化自己，不过看起来爱与性的确是紧密相连的。”

“我愿意享受逢场作戏的性关系，不过我也发现自己是那种需要有长久或亲密关系，才能和女人真正做爱的人。”

“除了淋病以外，一夜风流还是通向沮丧之路。”

单身男子：

“我没有尝试过逢场作戏，不过有时这种想法会吸引我。要能自然地对女人采取进一步行动，她必须是我的朋友，而且我知道她喜欢我。我猜这不太平常，还有点怪异，我不会尝试。”

“我不太喜欢打野食的事情。”

“我不喜欢逢场作戏。如果一个陌生女人随随便便要接近我，我会拒绝。谈到性，我不是动物，我是人，我不乱干。”

“我曾经有一次逢场作戏的经历，完全是出于好奇，想看看这是什么滋味。我发现在心理上无法让我振奋。我明白自己和女朋友做爱，不只是因为感觉舒服，而且因为我爱她。我曾达到高潮，不过纯粹是肉体上的，没什么更深刻的感觉，真的一点都不好玩。和你爱的人做爱才是最棒的，简直无可比拟。”

有不少男人表示问题在于“逢场作戏的性”不会只停留在这个阶段：

“我觉得很难完成逢场作戏的性关系。过去我有些这类经历，也都还不错，不过常常发现我会太过投入，便不再逢场作戏了。性对我会有这种影响。”

“只要一夜风流后就结束，那还不错。但是我发现随着事情的进展，有一方会比他或她原来计划的陷得更深，结果总有一方受到伤害。”

“我很愿意享受逢场作戏的性，但我总是会变得非常在意和我一起上过床的女人。”

“情感的投入会越来越深，即使你认为不会发生这种事。我想如果我能够在逢场作戏的心态下和朋友上床，我会很喜欢。但是我不喜欢无根的人。而有根的人，即有家庭、丈夫、小孩，会在同一个地方停留至少5～10年的人，不会冒险去尝试逢场作戏的性关系，避免被发现或受到指责。”

很多男人不曾有过任何“逢场作戏的性关系”：

“我不曾逢场作戏，不安全感让我逃避这种尝试。”

“对我来说万万不行。撇开道德不谈，我就是做不出一夜春风、到处留情的事。”

不过某些单身男子的确认为逢场作戏也有可取之处：

“我喜欢一对一的关系，不过，逢场作戏也很有趣，只是很难找到也有同感的女人，她们似乎觉得自己所拥有的不能随随便便被利用。”

“虽然我喜欢认真的关系，不过偶尔一两次跟你的朋友或熟人，而非认真对待或固定的爱人做爱，感觉也蛮好。”

“逢场作戏新鲜而刺激，但是我从其中获利极少。我在这方面比较满意的经历通常是跟朋友——我认识了一阵子，而且喜欢跟她们在一起，但是从来没有深入交往过的女人。一旦我们发现可以在一起享受性爱，无须紧紧依附，但仍然关心对方，就会让我们的友谊更加美好。我们可以一年来几次性约会，或是在我们感觉寂寞的时候，使现有的关系有点儿变化。再强调一次，跟认识的人比较自在——我才容易放松和享乐。"

有些已婚或离婚男士也有相同看法：

"逢场作戏本身并没有什么错，只要双方对这件事的本质都有正确的认识，或是没有受到欺骗。某些逢场作戏只是为了排解（也许排解不了）无聊的情绪，有些会出现短暂的和谐。"

"我喜欢逢场作戏，但必须双方都了解这不是认真的。这样的性总是变化多端、情趣无穷。然而，我是守着一个女人的男人。"

"逢场作戏让人大开眼界。你可以获得很多乐趣，深入了解对方，而不必和她们的麻烦纠缠在一起。整体而言，不是逢场作戏的情谊比较好，但是在选择伴侣时需要比较多的时间和分析，结果比较麻烦。不过我不会和我一点也不喜欢的女人上床。"

"我的确喜欢逢场作戏，令人激动，受益良多，而且颇富冒险性（瞒着我太太）。"

男人对避孕以及堕胎的感受

男人觉得应该为避孕负责吗？以下的问题是：

你觉得有责任在性交前讨论避孕问题吗？如果你即将和一位女士发生性关系，你会保护她不要受孕吗？性交前，你是否会询问对方是否采取了避孕措施？如果她真的怀孕了，谁该负责？

大部分男人，尤其是比较年轻的单身男子，表示避孕是女人的责任：

"如果她不知道这么重要的事情，那是她的事。似乎很多女人不想去了解，或者甚至不在乎。"

"我知道她会，否则我不会跟她出去。"

"我不会跟没有准备好的女人上床。"

"如果她觉得我应该知道，她就会告诉我，反正我能做的不过是使用避孕工具或中断性交。我认为避孕是女人的事。"

“不，那是她的小孩。她应该自己小心。”

“如果一名女孩已经超过 18 岁，她应该保护自己不要怀孕。如果她想要性交，应该知道后果。如果她笨到怀孕了，那不是男人的过错，她应该自己负责。如果那位仁兄爱上这名女孩，他可以娶她，或者替她付堕胎费。”

“通常是由女人来担心会不会受孕。我总是不好意思提起，因为直到我把老二插进去之前，并不能认定我们一定会性交。如果我问她是否吃了避孕药或什么的，我总是害怕她会说这样的话：‘你为什么想要知道？我又不跟你上床。’”

“性交前通常我不会询问避孕的事，平常我会提到，看看我们是不是能达成共识，否则我认定她清楚是否有怀孕的危险。只要我爱她或者我知道我们有机会长相厮守，可能会结婚，我并不会害怕她怀孕。”

“我以前会这样做，但是我发现大部分的女人不希望男人询问或为此担忧。我想要表现绅士风度，我把问题留给她们。”

“我承认有好几次直接开始性交，而没有问避孕的事。在这些时候我没有问是因为我害怕遭到拒绝，一旦我和一个女人建立起感情，我总是小心地保护她不要怀孕。”

大部分已婚男士也一样，虽然他们比较关心避孕的方式，他们还是认为基本上这是女人应该处理的事：

“我们刚结婚时，她根本不管避孕的事。我让她去看医生，准备妥当。如果她爱我，她应该考虑这些事，而不是做到一半时阻止我说：‘我可能会怀孕。’”

“我们结婚几年以后，我开始担心避孕药对她可能产生的副作用，所以我建议她改用子宫膜或子宫内避孕装置。”

“我太太习惯用子宫膜，现在她使用子宫内避孕装置，我比较喜欢这种方式，因为不会受到干扰，想做爱就做爱。”

“我不需要问她，因为我们结婚了，而且我知道她会小心的（我们有 3 个小孩，同时我知道目前她不想再生了，因为她全天工作）。过去几年，她用过不同的避孕方式。我不会为此烦她，这是她的事。”

但是其他人，尤其是已婚男人，或是拥有长期关系的男人觉得责任是双方的，至少在讨论时是这样。不过，真正用来避孕的方法绝大部分是借用女方的身体：

“在上床前应先做好决定，我一向会保护女人，如果她没有服药或使用其他装置，我来负责用保险套。我认为双方应该共同负责。”

“跟一个新伴侣做爱之前，我会讨论避孕。我从来不会和没有避孕的人发生性关系。如果她怀孕，是我们共同的责任。”

“有时谈到避孕显然会干扰气氛，不过这是很重要的。我认为如果男人细心地事先谈论避孕措施，大部分女人在心理上会对他更放心。每个人不是都想依靠负责任的人吗？”

“我觉得有责任先确定是否采取了避孕措施。我有一些伴侣总是忘记，我得在插入之前停下来提醒她，或是戴上保险套。”

“我不会完全将这件事丢给女人，这样太愚蠢了。”

“大部分男人认为避孕应该是女人的责任，我过去也是这样想。现在我觉得应该负起责任，我会询问爱人的生理周期。如果她怀孕了，那是双方的责任。真有趣，有时我知道她月经快要到来，她却忘记了。”

在被问到“你使用什么样的避孕方法？谁来决定使用哪一种避孕法？你比较喜欢哪一种”时，大部分男人比较喜欢避孕药：

“我喜欢避孕药，对我最方便，如果她不介意的话。不过我绝不会要求女人去服用。”

“我曾经跟吃避孕药的女孩子在一起，不过我也得用保险套。通常是女孩决定避孕方式，但是如果她决定什么都不用，那我就用保险套。我比较喜欢万事俱备的方式，首选避孕药，次选子宫内避孕装置。”

“我比较喜欢避孕药，泡沫剂也不错，不过有时候太过润滑了，会丧失和阴道壁接触的舒服感觉。”

“我们一开始用计算安全期的方法，后来用保险套，目前她服用迷你避孕丸。我喜欢避孕药胜过其他方法。”

“我比较喜欢避孕药的方便，性交时戴保险套令人不舒服。”

“我太太吃药。在发现更好的方法之前，我们会一直这样做。我知道避孕药的副作用，但这是唯一的选择，好处远胜过缺点。我向上帝祈祷发明出男人服用的药，然后就可以免除女人的担忧。没有人强迫她们服用，这是她们自己选择的。如果你遵循每一项致癌研究的报告，你最好不要吃任何东西了。”

“我痛恨保险套，它们让性交失去乐趣。我会尽可能提出建议，不过最终是由女人来决定。我比较喜欢避孕药。我会询问，而且如果她说没有预防，我不会做爱。两人都该负责。”

许多男人都听过避孕药可能引起的副作用：

“我宁可戴保险套或自己吃药，也不愿再让她吃药。”

“我不信任女人吃药。我知道有些会发生不同的副作用，包括呕吐、视力模糊、犯困、关节疼痛，而且容易感染疾病。”

“我母亲罹患肺部血栓的疾病，我们相信这是服用动情激素的结果。因此我不希望太太吃避孕药。”

下列是男性提到妇女所使用的其他避孕方法，以及他们的感受：

“我对某种泡沫剂过敏，那玩意会让石头脱皮。”

“所有她用过的方式之中，我比较喜欢子宫膜。我的阴茎曾经被她子宫避孕器上的铁丝戳到，而用泡沫剂会有灼热的感觉，那玩意好烫啊！所有化学避孕剂味道都很糟。”

“我不喜欢一个女人必须起身进入浴室，取出她的子宫膜戴好。这真煞风景，而且有时她好像在办公事一样。至于子宫内避孕器只要一年装一两次就好了，然而我听说它可能会有某些副作用。”

“泡沫剂让阴道变得太滑溜，如果我光溜溜地进去，似乎会灼痛我，这是我们不常使用它的原因；再说我的儿子正是‘泡沫’下的产物。她现在改用子宫内避孕器，不过她并不喜欢。”

少数男人用计算安全周期的方法：

“我正在读大学，找到机会就性交，通常是安全期内隔天一次。她不想吃药，因为她怕我们太频繁地做爱，就不再有意义，但戴上保障套，我的感觉就差多了。所以我们试着不要在她可能怀孕的时间做爱，有时候会情不自禁，结果通常是担惊受怕，不知道她的月经会不会来。如果我们在她可能怀孕的日子做爱，我会试着体外排精（但不是每一次都成功）。”

或者采用计算安全期的新方法：

“我们使用自然避孕法，用体温、黏膜和日历等来计算安全期。我们偶尔也会用保险套，以前的性伴侣则是吃避孕药。”

“目前是基础体温法（非安全期就用保险套），这是我们共同决定的。我比较喜欢这个办法，因为不会危害健康。”

大部分男人都不喜欢保险套：

“我不喜欢保险套，凡是不会造成干扰的任何避孕装置都好。”

“我痛恨保险套，而且会造成疼痛，因为它们是按照一般阴茎大小制造的。碰到较大阴茎的男人怎么办？对我来说它们太小了，触感也不好。”

“保险套在根部的地方太紧，而且它的确让人失去感觉。”

“结婚之前我使用保险套，发现它令人非常不满意，它好像扮演男性角色，必须为一切负责。我了解一个愿意合作的女人可以让戴保险套成为整个过程中非常亢奋而愉悦的一部分，不过当时我可没享受到这点！”

有些男士对使用保险套既不热衷，也不特别嫌恶：

“我们大部分是使用保险套。你知道这好像是穿着雨衣淋浴，但是我觉得我应该分担责任。我戴保险套比我妻子戴子宫膜轻松多了，虽然降低了我的感觉，但是总比没有性生活来得好。”

其他人有复杂的感受：

“我们使用保险套、性交中断法，以及计算安全周期。避孕药是有害的，会扰乱女人整个生理系统。我喜欢保险套，既安全又没有副作用，不会伤害到彼此。保险套并不会不舒服，只是会让感觉迟钝一点，而且在我想要赶快进入她体内时，戴保险套是个麻烦。如果不这么做，我又会担心，因为即使我不在她体内射精，她也可能怀孕。在我担心这件事情的时候，我就不觉得亢奋了。”

“95% 的时候我们使用保险套，其他时候什么都不用，只在她安全期的时候进行性交。有时我们会用杀精子剂，为的只是换换口味。我比较喜欢变换花样，但是保险套比其他任何避孕方式都来得好。大约 14 年前，我太太有一段时间服用避孕药，但有副作用。”

有些男人则喜欢保险套：

“我喜欢保险套，因为通常都会延迟我的高潮。”

“对于20世纪50年代长大的人来说，保险套是跟性相连的，我仍然喜欢女人为我戴上保险套。不过，我也喜欢将我的精液贮存在妻子阴道里。”

“我喜欢保险套的安全，而且用天然皮膜制成的昂贵产品让你几乎感觉不到它的存在。取下它时，看到精液装在底部，感觉蛮有趣的。”

有些男人对目前能够使用的任何方式都不满意：

“绝大部分和我上床的女人不是吃避孕药，就是戴子宫膜。我好长一段时间没有用过保险套，都忘了那是什么感觉，不过我通常随身携带一两个。双方应该共同决定要用什么方法避孕，要有顺利进展而不受干扰的性行为，避孕药当然是最好的选择，但我不敢恭维它对女人身体可能造成的影响。我不信任杀精子剂，也不信任子宫避孕器，不知道它在女人体内会起什么作用。”

“我用过所有的方式。不管选择哪一种方式似乎都不关键，通常就是一直亲热到必须考虑避孕的时候，如果谁提出避孕的方法，就被采用了。我只是提供避孕用品，或者买保险套，或者帮她们拿处方去买避孕药。我比较喜欢计算安全期的方法。”

“我希望有人全身心致力于发明男性避孕药上，似乎改变男人的生理系统不会带来副作用，要比用在女人身上容易多了。同时，避孕是共同的责任，而不只是女人的负担。我见过许多人冒着生命危险做爱，吃避孕药，使用子宫内器避孕，或进行堕胎。”

少数男人动过输精管结扎手术，我们将引述一些受访者的回答。①事实上，令人惊讶的是，所有动过手术的男性都表示，他们感觉非常愉快：

“……我不想再生小孩了，我爱我的孩子，永远记得我们共度的许多美好时光，甚至是不愉快的日子，我觉得现在该是我绝育的时候了。对男人来说，这是重大的抉择（至少应该是如此），虽然我不会劝任何人去动手术，但很愿意告诉任何因为害怕疼痛或降低性欲而踌躇的男士，大可不必担忧。它对我的生理只有一个影响：那就是阻止精子到达贮精液的地方。除此之外，我没有疼痛的感觉，而且性生活焕然一新。手术非常迅速，又相当便宜，而心灵的平静却弥足珍贵。对爱好性却不想要

① 过去5年在美国，每年大约有50万例输精管结扎手术。这些答案是对“你是否动过输精管结扎手术？这对你的性活动有什么影响？你的伴侣感受如何？你是否希望可以再恢复？你会向其他男人推荐吗？”等问题的回答。

小孩的男人来说，这是很重要的。”

“在我们有了4个小孩之后，我结扎了，我们的性活动更为轻松有趣，因此也更频繁。我的伴侣很喜欢我做结扎手术。她认为这绝对是我做过最聪明的一件事。希望恢复吗？绝不！我当然会向其他男人推荐。不过很多人似乎都感到害怕。”

“我们目前的避孕方法是输精管结扎。在我们结婚初期，基于宗教的压力，我们依赖生理周期法。这个方法不仅无效，还带来许多挫折。在我们彼此需要时，强迫自己分开，因而造成了一大堆没有必要的生理和情绪压力，总之这是令人厌恶的避孕方法。其次是用避孕药，这个办法很棒，让我们安心多了，我太太开始享受性爱。在我们服用避孕药几年以后，许多新闻报道涉及避孕药的副作用，所以我们决定结扎，于是我动了输精管结扎手术。棒极了的主意！”

大部分男性在被问到“你是否愿意做输精管结扎手术”时，显然都吓坏了：

“没有人能将我的老二切除，除非我死了。”

“将管道切断、结扎，绝不！！”

“不，我头脑还是清醒的。”

“我到医生的办公室进行面谈，他注意到我的样子是微微害怕的，我的反感与自我本位的哲学观有关，我认为生殖能力完好无损是非常重要的。体内携带着生命的种子，是一股强大的力量，也是尊敬生命的表现。掌握精子终究是明智的。”

“你赞成堕胎吗？你是否曾经让女人受孕，导致她后来堕胎？”大部分回答的男性表现出矛盾复杂的情绪：

“我不赞成普遍的堕胎行为，但我的确相信，如果绝对必要的话就应该堕胎。我不相信法律可以决定这件事情。应该由当事人、她的医生以及她的保护人来共同商量。我早年曾经准备帮助一名有麻烦的年轻朋友，不过问题不是我造成的。另外一名年轻朋友怀了身孕，而那个流氓没有娶她，遗弃了她，她自杀了。这件事让我悲伤了50年，因为直到事发后，我才知道这么回事。应该有人帮助她的。”

“我不认为堕胎是违法的，不过我不确定是否完全赞成，尤其是在双方都有很多避孕装置可以运用的情况下。”

“过去10年，我让两名伴侣堕了胎。当时这都是最好的选择，也是双方仔细考虑过后的决定。我是堕胎与生殖权利的极力鼓吹者和拥护者，同时也参加过抗议游行，然而我多么希望这两次堕胎可以避免。”

少数男士完全赞成女人堕胎的权利：

“我赞成堕胎。每个人都会犯错，不该让问题更复杂。”

“我绝对赞成堕胎。在过去的法律限制下，我常常帮助女人偷偷冒用身份去堕胎。”

“这是个人的决定。无论如何都不该算是违法。”

“我认为堕胎应该合法、安全和干净。要不要堕胎是她的决定。不过，我希望在决定的过程中提出意见，如果我完全被忽略或是置诸脑后，我会感到愤怒。”

“我赞成堕胎。17 年前我帮助过一位同居的女孩堕胎，那时候我们不敢张扬。她怀了另一名男人的孩子，在我们发生关系之后两星期才告诉我。我去借钱，找到一位适合的医生，带她去医生那儿，并且在事后陪伴着她。她很害怕感染，即使医生已经为她注射了盘尼西林。那年夏天我靠赚外快偿还了朋友 300 美元（当时是一笔大数目）。”

有些男士则完全反对堕胎：

“我将堕胎比拟为经济交换。我可以理解它们实际上的利益，然而对我来说这两者无论是在美学还是在道德上都是可悲的。比较合理的解决办法是让一些家庭环境良好、经济富裕的夫妻来收养小孩，除非生母愿意照顾他。交换条件包括由对方支付生产费用，再加上一些报酬，弥补产妇的辛劳。这不仅可护卫胚胎的权利，又让当事人深感欣慰。”

“我 16 岁时让女友怀了孕，我带她去医生那儿证实了这件事。然后我们告诉她父亲，她父亲安排了堕胎。我提议负担费用并且告诉我父母，不过被拒绝了。我真的不希望她堕胎，不过当时我无能为力。我既年轻又愚蠢，我不会让这种事再度发生。只有在母亲的生命受到严重威胁，而且其他医疗方式都尝试过的情况下，我才会赞成堕胎。”

9

性交时的压力

难以启齿的困境

男人在性交时的压力

男人在性交时感受如何？他们是否像大众文化宣扬的那么享受？他们最担心的是什么？男人是否认为在性交时应该为女人的欢愉负责？社会压力使得男人必须借助性交来表现自己，如此是否会限制了他们自身的性欲和兴奋？

虽然男人有很多理由需要或喜欢性交，但是他们也发现性交在许多方面并不愉快。事实上，性交时，男人承受很多压力：

“虽然我喜欢性交，但在心理上，性交对我来说是一项工作，而不是娱乐。当然那是愉快的工作，不过毕竟只是工作。我所得到的高潮永远相同，而且很快就结束了。巨大的压力包括：（1）勃起；（2）保持勃起状态；（3）完全照伴侣喜欢的方式抽送（她不会告诉我她喜欢的方式）；（4）不要太早射精，维持10～15分钟以上；（5）射精时的抽送不要伤到伴侣。这些压力太庞大、太沉重了，无法每次都做得正确。女人不了解男人已承担了所有的工作，还得被期望告知如何让每一步骤顺利进行，而且充分了解伴侣的心思。如果你问我的话，这真是非常非常不公平。太多女人就是躺在那儿沉默地注视着你，好像在说：‘好了，让它发生吧！’”

“虽然男性一开始面对这样的机会和挑战很高兴，后来可能会觉得相当厌烦。性交应该是双向的，如果女人会告诉男人她们想要怎样，她们什么时候需要，而且多增加一些沟通，肉体之爱就不会是男人目前所害怕的行为了。如果男人知道在他犯错时，女人会帮助他，他会很乐意到卧室，但是现在的情况并非如此。我非常害怕性行为，有时会全身发抖。一切完全都要看我的表现，我清楚这点（她也心知肚明）。男人是笨拙的情人，在这方面显然令人不可置信地无能，我从无数女人口中听到这类抱怨。但是老天爷，除非女人负起她们的责任，否则一切都不会改变。和所有的需求比起来，性是一种更为轻松的行为，但是我尚未遇见一名能够让我放松的女孩。当我遇到时，我可能会娶她。如果你知道我对女人的看法，就知道我理想的女人何其稀少。”

“你知道我是什么感觉吗？有时我喜欢性交，有时候不喜欢。我希望知道她想要什么，如果不确定，当时马上可以弄清楚。有时我想躺在一起会很美妙，但是通常总是不如意，因为我不知道她想要什么。我不喜欢被要求像个男人那样反应，我不喜欢感觉被要求去做男人‘应该’做的事——我是男人、你是女人、我干你等。”

“在慢慢到达高潮的阶段，好像是火箭等待发射，充满了悬念。火箭会发射吗？它能顺利升空吗？这样的问题总在脑海里盘旋不去。”

“在达到高潮前，我害怕不能带给伴侣刺激而满足的性经历。我确信这根源于我自己的不安全感，我最在意我的伴侣喜欢什么，我希望从她那儿得到暗示，告诉我‘做对了’。我脑袋里充满这样的心思，毫无疑问导致我无法专心享受。不过在高潮的时刻，我忘记了忧虑，感觉到难以抑制的生理欢愉，它吞噬了一切，通体舒畅的感觉令我感到销魂。但是在事后，我会挑剔自己的行为，希望从她那儿得到某种形式的认可。我常常觉得内疚和羞惭，却感觉到生理上的满足。”

许多男士会有以下的忧虑，尤其是在高潮以后：

“性交后的忧虑：（1）伴侣是否也达到了高潮？如果没有，我是否该负责？（2）害怕束缚（‘现在我们已经发生性行为，关系变得比较认真了’）。（3）失望，特别是因为性的交流仍然无法让我和伴侣产生真正的亲密。”

“有时我会沮丧，而且感觉失败，怨恨自己。我应该可以拖得更久，勃起更大，表现更好，等等。”

“我会惴惴不安。我是否让她开心？我是否够好？真是令我发狂。为什么欢愉的重担总是压在男人身上？”

“我觉得内疚，居然在事后感觉满足。似乎男人身上有个烙印，必须有超级老二，不断地为女人服务。我喜欢付出，然而我也必须为自己做爱。我知道我在自我防卫，或许是面对隐形的敌人，然而压力就在那儿。”

男人对于性交会有爱恨交织的感受，原因之一是性交时男人必须表现正确：“我做得对吗？”更明确地说，代代相传的性爱典范带给男人 4 种压力：勃起（让它硬挺），持续勃起（保持硬挺），让女人高潮，性交越频繁越好。

勃起的压力（性无能）

大部分男性都曾经有无法勃起的经历（39% 很少，17% 偶尔，13% 经常、固定或一直如此）。但是比真正无法勃起以及不能持久更糟的是：害怕无法勃起（以及隐含的耻辱，这是应该被扬弃的观念）。大部分男人终生都有这样的焦虑，几乎所有的男性隐约都表现出这种不必要的恐惧。

大部分男人很少或偶然会发生勃起困难，然而这种恐惧却挥之不去：

“我有一段时间无法硬挺。这些时候性爱仍然会带来快乐（通常是靠口交），如果女人不嫌弃的话，感觉会很愉快。但是我总会有些不安，因为我觉得整件事情本质上是一个失败。男人能够硬挺才称得上是性。不能勃起，多少有点像不穿戏服的排演。”

“我唯一会担心我不够男子汉的时刻是在我不知为何阳痿、无法持续的时候。究竟出了什么毛病？我追问自己。怎么会这样？我是否巧妙地掩饰过去了？我觉得自己是无助的小男孩，内心充满愧疚。我感到羞耻。”

“几个星期以前，有三四次我就是无法勃起。那是发生在我们互相愤怒、我厌倦婚姻的时候。我想要，但是我的阴茎已经厌烦生活在谎言之中了，我们跟以前一样濒临离婚边缘。我每晚遭到拒绝，而在我们做爱时，也无法得到满足，因为她没有任何反应。这是典型的阴道自慰，如果我在浴室中单独自慰，说不定会满意得多。”

“偶尔我会无法勃起或保持勃起的状态，绝大多数是发生在性交时，有时也会发生在自慰时。最近比过去更常发生，而我相信紧张、疲倦及缺乏性欲是重要因素。这种感觉和我在某些竞争中失败的感觉相似，不过更糟糕些，因为我太太也觉得失望和挫折。通常我会放弃尝试，而且希望下次不再发生。”

“我有所谓继发的性无能。有时可以，有时不能。面对这个问题，我需要一个关心我的女人，但是我会觉得自己在欺骗她。我希望能够在一名吸引我的女人的帮助下，改善我的性无能。我最近 5 年来大部分的性交都是口交。”

“无法勃起时，我会感到挫折及愤怒。我觉得每次我‘命令’它的时候，它就应该勃起。而且我担心女人会认为这是我不想要性交的暗示。我的前妻会哭泣，这让我很难过。”

“不能完全勃起是男性普遍的恐惧。事实上，女人觉得必须假装高潮的压力或许是在回应男人的恐惧，包括我在内，由于我高大而强壮，就该是世界上的超级公猪。如果我没准备好，马上就会受到强烈的责难。”

“是的，谁没有呢？为什么？100 万个理由。通常是插进去之前过度亢奋，前戏进行太久、太狂热。通常都是对太太某些表现产生微妙而清楚的敌意。我们吵架了，或为一些事情烦恼，还有些时候似乎就是找不到理由。有几次同性恋经历中，我也有勃起困难，不过无关紧要，因为无须性交。我怎么办？尽可能不要担忧。通常我将之归咎于疲倦或焦躁，或过分性亢奋。”

“发生时令我非常难堪。我从一位女性好友口中得知，这并非我特有的问题，真是让我松了一口气。但是男性仍有性交压力，女人认为男人是风流好色的野兽，为什么不用巨大的阴茎来撕裂我呢？这是一项迷思，永远在我们心头作祟。”

有些男人比较规律地发生这种状况，因此生活中充满着如影随形的焦虑：

“我一直都有勃起困难，即使是在 24 岁我第一次性交时（我目前 69 岁）亦然。或许这是因为大人教导我享乐是不好的，性是原罪。我努力想要消除这种感觉。”

“在青少年时代，我常常必须运用头脑体操（例如想念母亲）来避免在教堂或海滩等地方勃起。现在我的性活动很少，部分原因是我的性器官不会因我太太而亢奋，我不知道跟别人在一起时，它会如何表现。我很沮丧，只好听天由命。我常愤恨太太，好像我是她的俘虏，而且是无能地任她践踏的俘虏。我知道许多女人私下谴责无能的男人，即使她们表现出谅解的态度。”

有一位男人表示，他已经克服了羞耻和难堪的情绪：

“我一生中大部分时候处于性无能状态，因为我喝酒太多了，而且害怕。有一次我和一位我爱恋而且敬重的女士做爱，她几乎达到高潮，我一直在抽送，因为我觉得必须如此。我真的不想要，有时候这种动作对我没什么意义，我可以感觉我的阴茎逐渐疲软，逐渐滑出她的阴道。她正要高潮，怒吼起来，骂我是卑鄙的杂种，还打了我好几拳。我十分震惊，而且愤怒自己是世界上最差劲的人。我因为恐惧和痛苦好几个小时不能言语，何以如此呢？情况没有那么严重，只不过是功能失调，她过了几分钟后就恢复常态。我有这种激烈反应的原因是：我没有符合一名真正男性爱人的形象。我得到的知识是，女人应该哭泣、尖叫、拥有五六次高潮、抓伤我的背，然后因为狂喜晕厥过去。如果没发生这种状况，那是男人的过失。而我甚至无法持久到给她一次高潮，我是粪土，死不足惜，我真的想要自杀。我被迫将女人的欢愉摆在第一位，我的‘任务’是带给她高潮，在她高潮之后，我也可以有高潮。如果她没有高潮，那么这个男人就失败了，她会投入更好的男人怀抱里，他会让她高潮。这种竞争非常激烈，也非常病态。

“现在我已经了解我有权成为我自己，我并没有完全丧失做爱的能力。我喜欢只和我的女朋友上床，只有我和她，让我们用自己需求的方式做爱。对我来说，最美好的性爱并不全然是高潮或性交，而是长时间的亲昵、接吻、搂抱，不断重复来引发双方亢奋。长时间的亢奋，对我最是美妙不过，充满了亲密、舒服和分享的感受。大部分时候，我从前戏中得到的心神激荡远甚于性交。这是真的！而且一切将会无比美好，只要性的焦虑不要出来搅局。关于性无能还要提到一点，它当然也是很有趣的，任何一种性感觉对我们都是神秘的，躺在爱人臂弯的每一刻都是冒险。如果我，所谓的性无能男性，学会原谅自己，我永远不会让对方觉得无聊，还可以创造全新的性行为。”

男人如何解释无法勃起或持久[①]

最常被提到的造成无法勃起的原因是酒精、药物及疲劳：

“在我酩酊大醉时，就会遇到这种麻烦。我努力不让这种事情发生，这是沉重的负担。我觉得非常难堪。”

“我喝酒后会发生这种事，但是我喜欢喝酒。”

“我喝了酒或是抽多了烟就会这样，搞得我七荤八素。所以在我想性交时，就不会喝酒和吸毒。”

“我在一个星期前才发生这种事。我无法勃起，因为我 24 个小时没睡觉了。我道歉，同时告诉她在我勃起前需要一些睡眠。”

第二个最常被举出的理由是情绪困扰或焦虑：

“我有一阵子非常沮丧，面对严重的婚姻问题（我太太不贞）。此后，她不愿意再和我做爱，这种震撼促使我在外寻欢。大约有整整一年我变得性无能，事后两年

① 无法持久可能是血糖问题的早期症状，却无法在例行的血糖检验中发现，需要 4 小时的血糖曲线检验才能得知。另有某些治疗高血压的药物也会降低勃起能力。

我断断续续无法勃起。我已经克服了性无能的难题，目前我用嘴或手满足伴侣。”

“如果我不信任伴侣，或是害怕情感过分投入，就可能会性无能。”

“在觉得缺乏安全感的时候，我不确定她是否很想跟我在一起。在关系即将结束，相互失去吸引力时，常常会发生。”

“在我生对方的气或愤怒时，无法勃起。”

“恐惧、愤怒、屈辱，都会造成无法持久，或根本不勃起。”

“最关键的理由是我因为某些先前发生的事情，内心充满对伴侣挥散不去的愤恨。不一定跟性有关，或者是我认为她太被动了。‘天杀的！为什么她不能更热情一点？’我到底做了什么，无法激起她的热情？”

“想要偷腥时我无法勃起，因为我觉得内疚。”

“如果在外面遭受严重的挫折，我就很难勃起，特别是在我觉得被生活重创的时候。我的解释是我在温柔的女人面前感到强有力，才能展现男性雄风。如果我潜意识里觉得严重挫败，性能力也会消失。”

许多男士提到在面对新伴侣时，这些也会经常发生：

“有一次令人沮丧的性无能是因为过度期待和焦虑造成的，我已经想要那个女孩好几个月，终于上了床。那一次我喝酒过量，真是悲惨，我越想要硬挺，它就越软弱无力。我知道原因何在（过度兴奋），但是却完全束手无策。经过间歇的休息后，到了早上我终于恢复正常，后来又经过几次约会，我们之间的问题才一扫而空。”

“在我和对方第一次发生性关系时会发生，通常是因为我很紧张，而且我非常想要讨好她。我还是会跟她做爱，希望能用其他方法让她得到高潮。”

其他男人表示，在他们不是真的想要性交时也会发生：

“有时候轻轻碰一下，或光是想到性，就会勃起。其他时候全世界的亲吻和搂抱仍然让我松软无力，而且要直接刺激阴茎才能令它勃起。很可能我不会勃起是因为那时我对性没兴趣，或是不想要高潮。”

“如果在性交时我感到无趣，我的阴茎第一个知道，它会勃起但无法持久。”

“去年夏天太热了，我不论做什么都没兴致。我太太辛苦努力了好多次，想让我勃起，但是都失败了。最后我不再假装，告诉她我只是太热了所以没有兴趣，她认为这是她听过的最好笑的事。”

“有时候我会勃起困难，并不是因为我没有那么想要她所以无法勃起，而是我想要的根本就不是性。这样的情境令我内心骚动不安。文化的偏见告诉我男人永远可以勃起，而且性冲动会冲破任何抑制因素。而我从经历中得知，只要我对伴侣有强烈的负面情感，我就无法勃起。我必须先坦诚处理负面情感，然后再进行性交。然而我通常是封闭自己，假装出疲乏状，或是让自己沉浸在幻想中，以压抑真实的感受，敷衍了事地做爱。”

或者发生在他们对伴侣缺乏真正的情感时：

“过去 9 年，勃起与否变得难以预测。情感的因素最重要。即对女性的强烈渴望以及情感投入的程度是最重要的因素，显然单纯为性而性已经是不可能的了。”

“治疗成功之后，我知道：如果我无法硬挺，那么我就不是真的想要这个女孩。”

“如果我对伴侣没有感情，就会勃起困难。”

“我的性器官只有在我对伴侣有相当的情感时才能正常运转。”

或者是因为对方表现出无聊或不感兴趣的样子：

“勃起困难，噢，是的。任何时候都可能发生。每次我觉得对方失去兴趣，或是不想再进行时就会发生。一开始是因为我前妻似乎是在‘忍受丈夫的求欢’。”

有时纯粹是担心自己的表现，就会造成问题：

“有时如果我太过关心她的要求，就举不起来了。当我在情感上稍微收敛一点，对自己多一点关心，就又行了。”

“会抑制勃起的是一种不确定的感觉：对方如何看待我？我该怎么做？最重要的是，担心我到底会不会勃起。”

有些男性认为无法勃起与年龄有关：

“在我担心随着年龄增加会失去勃起能力时，我太太一再安慰我，如果她能理解，忧虑就消失了。从某方面来说，这些时候是最幸福的，因为需要一段时间让它挺起来。女人似乎也喜欢男人用柔软的阴茎摩擦她们的阴蒂。”

“我现年 60 岁，有时可以勃起，但是没有办法持续很久，让伴侣或我达到高潮。”

“我这大半辈子很少勃起困难。不过最近 6 年来（我现在 60 几岁了），偶尔勃起会比较困难或缓慢，而且不像年轻时那么硬挺、饱满了。年龄是主要原因，然而药物（用来维持正常血压）也有影响。”

这个重要主题会在与年龄相关的章节中更充分地讨论，不过事实上，不是所有年纪较大的男性都有勃起的困难。生理上的勃起能力或许与健康状态更有关联，而不是年龄。

有 31% 的答题男士表示，他们从来没有勃起的问题：

“我的朋友告诉我他们喝得大醉或是吸毒时就会遇到困难，但是我从来没有这方面的问题，我真的不知道为什么。”

无法勃起时怎么办

有些男士会进行口交或是性交以外的性行为，让伴侣达到高潮：

“事情发生时，我事先就知道会发生，因此避免期望太高。没有勃起我也能愉快地享受性，例如用口交。”

“我几乎总是需要她的帮助才能勃起和持久。通常我会继续尝试，如果徒劳无功，我会试着让她达到高潮，然后搂抱一会儿。”

“我用舌头让她们达到多次高潮，直到打破僵局为止，通常都能弥补我的难堪，不过对方总是非常谅解，所有女人都给我很大的自由重新开始。”

有些男士继续前戏直到勃起：

“我会努力让伴侣一直有兴致拖长前戏，通常问题终究会解决的。”

许多男人在生理或心理上能让自己感到亢奋：

“当我真正想要时，不能勃起颇令我挫折。我非常努力地运动肌肉，疯狂地幻想，希望会起作用，让我的身体尽量摆出最有魅力的姿势，和伴侣加速用各种方式做爱。这是一项疯狂的努力，我耗尽全身精力来做，大约 90% 会成功。”

“在我觉得无法亢奋，却得为我太太着想时，偶尔在性交前我会先自慰使自己兴奋，我也会用性幻想来让自己亢奋。”

“在我有勃起困难的时候我会偷偷自慰，这样我的伴侣才不会发觉我在做什么。”

或是由女人来刺激他们：

“我的爱人是天才，知道如何处理这种场面。”

“手的刺激会有帮助，紧挨着躺在一起也会有效。在很困难的例子里，无论如何，我努力把它挤进去。我太太知道如何握着它，通常即使在软绵绵的时候也能塞进去。”

有些男性会停下来，述说他们的感受，或者令他们烦恼的事：

“有时我正为某件事生气或烦恼，把心里的话说出来通常会产生惊人的效果，让我的家伙硬起来。如果我生对方的气而且表达出来，似乎是矛盾的做法，但是表白之后，我能感觉到真的爱意（因为我已经说出来了），而且很想做爱。”

少数男性不会为此太苦恼：

“我从来不会太认真看待这件事，如果我累了或是心里有事，身体就会有反应，所以我不能期待我的身体永远都可以性交。”

“勃起当然很好，但并非必要。用这种态度就能以平常心让阴茎自然消长。”

“不能勃起曾经困扰着我，而刚开始时我的伴侣会怪罪她自己。然而我们可以互相沟通，现在彼此都不再烦恼了。”

“男人过分担忧性无能的事了，我相信如果一切顺其自然的话，这只是暂时的现象。举例来说，有一次我和妻子到爱尔兰旅行之前，有一段时间我们的性生活不太协调，我们住进一家豪华旅馆，环境非常舒适，浴室宽敞而奢华，我的老二猛然翘起来，我甚至等不及脱掉衣服。接下来几天几乎都在做爱。”

有一位男士质疑不能勃起究竟算不算是问题：

“为了避免这个问题，我们必须舍弃‘我必须表现’的态度，这种态度会引起焦虑，使情况恶化。这就是为什么我常会在青少年时期发生勃起困难，在我学会不再光想着要追求和表现，开始感觉性只是过程时，这个问题就消失了大半。无论如何，只有我们如此界定，它才成为‘问题’。如果我不需要勃起来引起亢奋和高潮，如果对方不需要我的勃起让她达到兴奋和高潮，为什么这会是问题呢？一根硬挺的阴茎只是用来进入和抽送，如果我们盲目坚持阴道的性交是不可或缺的，无法勃起才会变成问题。”

一些男士表示他们享受无须勃起的性爱：

“搂抱、亲吻以及互相爱抚，令人非常舒服。如果阴茎硬不起来，也不必担忧。没有实质的性交，性仍然无比美好。”

“没有勃起的性行为令人可以更专注地享受，而且不会拖得很久。我一点都不会觉得难为情。我们不可能永远是铁汉。”

“没有勃起的性爱也不错，有些女人不希望总是有一根巨大硬挺的阴茎插入她们体内。”

“即使我没有勃起，我和太太还是可以达到高潮，如果我在插入后疲软下来，我可以继续性交；如果是在插入之前，我的阴茎可以从外面摩擦她的阴蒂。”

“没有勃起很难插入阴道之中，不过我仍然可以享受亲吻及舔舐和吸吮的乐趣，如果她这样对我，我也会很开心。”

还有少数男性指出，性交时的勃起通常会自然消长：

“性交时阴茎勃起会改变大小是很自然的事。”

“在性交过程中，我的勃起会变大或变小，没什么不安的。”

“仔细想想，好几次硬起来又软下去，比光是勃起一次，然后一直维持硬邦邦的有趣多了。”

过着同性恋生活的男子对于性交时勃起状态的变化觉得更自在，然而他们当然也像其他男人一样重视和享受勃起的乐趣：

“如果伴侣富有同情心又聪明，他就不会那么担心你偶尔可能会无能。这是享受触觉快感的时候，拥抱和爱抚。做爱时没有勃起不会令我难为情。有时勃起会使我非常亢奋，即使消失时亦然。”

“有些时候我深深陶醉在性行为里，虽然没有硬挺，阴茎仍然会有敏锐的感觉，同时心里充满激情。”

“抚弄我的阴茎非常有趣，不论有没有勃起。抚弄别人的也很有趣。”

“我通常会感到情欲高涨但不勃起。我能够注视一位极端性感的男子，内心骚动不已，而不会勃起，这不会困扰我，不过有时会令我的爱人苦恼。我必须向他保证一切没问题。”

“有时候如果我想要成为肛交中接受的一方，就不需要勃起。如果没有勃起我不会烦恼，只会困扰着我的新伴侣。”

“我曾经想要做爱而没有勃起。在那种情况下，我会运用身体的其他部位——我的舌头或是十指、脚，来代替勃起的阴茎。到目前为止每个人对软绵绵的阴茎的反应都还好，而且在我找到和运用替代品时都感到吃惊，不过也很享受就是了。”

勃起的迷思

“性无能”这个贬抑的字眼通常是指无法勃起，因此也意味着“失去力量”，即没有能力让女人受孕。这是父系社会的基本“权力”。在一个渴望而且需要增强生育能力的社会结构里，许多美妙的亲密形式被放在了次等地位。即使目前这个观念已经过时，几乎全世界都在提倡节育，我们仍然坚持描述一个无法勃起的男人是“性无能”“失败者”，看不出生理亢奋有许多不同的层次。毕竟阴茎不是机械装置，而是与完整的个体以及情感相结合的，独立于男人的身体以及个人之外。

当然，勃起和性交会为男女双方带来欢愉。然而，男人想要勃起而不能勃起，与他感觉他必须勃起而不能勃起是两回事。事实上，男人并不需要靠勃起才能给女性高潮，因为女人的高潮往往是用手或唇舌刺激阴蒂与阴唇地带而产生的[①]。人们过分强调必须勃起才能满足女人。

而且大部分男人之所以害怕“性无能”，主要是因为他们认为这样就不像个男人，或是成为失败者。并不是因为害怕不能得到欢愉，或是无法（或比较困难）享受高潮。

文化对勃起的重视，导致无所不在的勃起恐惧，迫使大部分男人做爱时专注于获得并保持勃起，结果又迫使性活动围绕着勃起打转，影响了性行为的时间和历程。如果勃起的重要性不再受到重视，肉体的结合可以发展出更为自然的情感。年纪较大的男人，或许很难获得或保持勃起，受尽社会嘲笑，让他们感觉“不够男子汉”。事实上他们往往在经过重新思考并且尝试多样化的性行为之后，变成了比年轻人更好的情人。

不要“太早”高潮的压力（早泄）

插入后你是否曾经太早达到高潮？换句话说，在你还想要的时候，是

① 虽然有极少数女人能在性交中达到高潮，不过如同她们在《海蒂性学报告：女人篇》中解释的，这通常是由于伴随着插入带来的耻骨地带互相摩擦或其他类似的外部接触。

否发现自己无法继续性交？什么时候会发生这种状况？为什么？你觉得困扰吗？

“几年以前，我曾经以为早泄是指在插入以前或刚刚插入时自然发生，无须接受刺激的高潮。然后我慢慢了解，某些作者用早泄这个名词来指涉性交时发生的高潮，不过是发生在女人经历高潮之前。在这些说法中并不包括时间数据，如果男人不能控制（意即延迟）高潮的时间，以及不能继续性交动作，直到女人产生高潮，似乎男人就有过失了。我现在相信，女人在性交时要达到高潮，最平常、最公式化又最可靠的方法是靠她自己或伴侣用手指刺激阴蒂部位。”

男人永远在焦虑他们性交的时间是否够久，是否能一直保持勃起；或者他们是否“太早”高潮。（大部分男人偶尔会使用早泄这个字眼，事实上并非指临床上早泄的标准意义，即插入之前或刚刚插入时就高潮了，而是指长短不一的性交时间。）事实上，大部分表现出早泄焦虑的男人都认为，这或许是女人与他们性交时不一定能高潮的原因。然而这样的想法并不正确，我们在《海蒂性学报告：女人篇》中已经讨论过了。

74% 的答题男士对他们性交时间是否够久显得很忧虑：

“我必须强烈控制自己不要太快高潮，结果往往让我的勃起消退，使我感觉挫败。”

“有时插入后我会太快高潮。通常是在我让自己变得过度亢奋，或是我已经很久没有高潮的情况下发生的。”

“我觉得我在欺骗她。”

“我感到内疚、焦虑。”

“哦，上帝，但愿不是问题。我刚好是只要一点点刺激就会高潮的男人，最多只要一分钟，我就高潮了。因此，我从来无法带给女友真正的高潮，这令我苦恼万分。我的早泄是我们性生活最严重的问题，或许也影响到我们的关系，因为我确信她从来没有满足过，因此我自己也从来没有真正满足过。”

“我最常碰上的问题就是早泄。我很难控制，而且没有那么多的经历或是那么多的伴侣来尝试在射精前停止抽送的技巧，但是我希望将来能够做到。我很难持久超过15分钟，我喜欢永无止境地进行，但是刺激却来得太强烈了，你简直无法想象。这令我非常困扰，因为我能不能帮助伴侣达到高潮，是我在性交时最担心的事。”

“过去20年我从来没有让伴侣达到高潮。很多时候是我的错，抽送50～75次就射精了。但有时候我可以抽送好几百次，她依然无法接近高潮，或许这纯粹是意志力的问题。有趣的是很多次当我们厮缠在一起时，我一点都不想要高潮，然后她稍稍动动身体或是讲讲话，我就很快达到高潮了。这真是令人厌倦的负担。”

“如果我看到对方真的很亢奋，我就会迅速高潮。如果她失去自制，真的感觉‘很舒服’，我也会乐陶陶，同时射精。”

“有时我会早泄。在性关系建立的初期总是会出问题，我想是因为我太过焦虑了。焦虑的根源是我在情感上尚未获得安全感和保证时，就已进入关系中的性爱层面。再者，我认为文化上的偏见促使我在关系稳固前就迫不及待地进行性行为。因为性是亲昵的表现，身为男人则意味着在性方面的饥渴，还要能够胜任愉快。”

“最近（这一辈子头一回）我去看了一部春宫片。除了目睹真实的性爱场面在彩色宽银幕上出现，加上特写镜头的震撼外，我简直不能相信片中男人的持久力。他们硬得像石头，而且持续和两三个女人进行平常以及高速的肛交和阴道性交。如果这是正常的，我太太就没说错，我遇到麻烦了。”

“不幸的是，她越令我兴奋，我越想要她，就越有可能太快射精。我常常思索这个问题，结论似乎是我无法相信她愿意留在我身边，让我完成性交；我觉得她好像快要推开我了，所以我得赶快高潮，这样她就不能在我完成前离去。如果我们性交前花时间互相爱抚就不会发生这种事，例如她吸吮我、亲吻我、调戏我的时间足够长，我似乎就不会焦虑了。”

什么速度会是“太快”？答案从一分钟到半小时不等：

“非常糟糕的‘太快’是在她尚未满足，而我在心理上也尚未满足时，最短可能是10分钟左右，但是通常是半小时。我在生理上满足了，但精神上没有。通常发生在我特别亢奋的时候，这是物质战胜心灵的一个例子，令我困扰，但不至于让我崩溃。”

“不论时间长短（1～15分钟），如果不是在心里想要高潮的时候，大部分身体的正常快感都会消失。”

少数男人抗拒不及格的感觉：

“有一阵子我幻想自己是超人，而且阅读了所有的性爱手册，太早高潮好像是在考试中被淘汰掉。我费好大的劲在女人高潮之后才射精，或是同时达到高潮，不过真的要很专注才行。我觉得这样机械式地专注于技巧其实毫无意义，而且会导致有性而无爱。不过也不应该把女人丢下不管，找到互相协调的方式，才是美好性爱的追求过程。在我已经高潮而对方尚未高潮时，我仍然乐意继续做爱。这并不纯粹是良心问题。我喜欢尽可能延长做爱时间，而且高潮后仍然会感到无比的温暖和充满柔情。”

男人如何控制射精

尽管人们不该假设男人有“义务”进行长时间勃起或性交，但是男人不乏用来控制射精的方法。

有些男人从自慰中学会：

“有时候我将高潮控制得太好了。自慰能让我清楚地意识到自己几乎就要发生不想要的高潮，我知道如何放松，让那种兴奋消退。我不会用任何人工辅助的方法来延长高潮之前的时刻，只是放松，停止强力的抽送，享受宁静的片刻，搂抱、亲吻或是躺在女人的下面。”

“我想我是在青春期自慰的时刻训练出来的。我的目的从来不只是射精了事，而是延长亢奋，享受勃起的感觉以及饥渴的全身。我可以完全控制自己，性交时我通常必须费点劲才能达到高潮和射精。抗拒高潮和沉浸在高潮中也会带来同样的乐趣。”

有些男士表示控制射精的方法就是在性交前自慰达到高潮：

“如果我在性交前自慰三四个小时，我就可以持续更长久的性交。”

“如果我在约会前自慰，就能延长性爱的缠绵，不会急速地射精。”

或是进入第二次的性交或高潮：

“结婚时我一直有这方面的困扰，不能在性交时维持勃起。早泄让她有机会说她已经尽了义务，然后房事就结束了。我很惊喜地发现在我现任性伴侣等待第二次插入时，我能够维持 15～30 分钟的勃起。现在我们正常的程序是，如果在前一天我没有高潮，那么就用口交来达到高潮。大约 10 分钟后再来一次更多的刺激，接着插入，通常会令双方满意。”

有些男士使用软膏，但评价不见得是正面的：

“我过去经常会早泄。让我恨不得钻进地洞里，我真的不知道是什么原因，这等于是拒绝你的伴侣。我曾经使用药物成功地控制了情况。性交前大约一小时，涂一点点药膏在龟头四周，会使龟头不那么敏感，因而延长勃起。如果情绪、气氛也恰到好处的话，可以维持非常久。在性交前用肥皂和热水洗净，才不会有残余进入她体内。这办法颇为有效，不过如果性关系真的很好，就不需要药膏。”

“我使用一种粉红色的软膏，价格很便宜。据说涂了之后会麻痹阴茎，但我什么都感觉不到，因此就不再使用这类东西了。我相信自然的性行为。”

一种普通的方法是停止动作：

“我放慢动作，更自然地呼吸。”

“有经验的男人可以持续几个小时而不射精。在你正要射精时，不妨改变动作，减少施加在龟头上和其他‘引动高潮’部位的压力。”

或是找出较不刺激的姿势：

“我用来延缓高潮的方法是在女人身上抬高一点，放慢速度，同时少一点动作。姿势抬高的抽送会带给她阴蒂更好的刺激（她不会减弱亢奋）同时让我在做动作时，不再那么兴奋。这样的姿势和缓慢的动作会让她比较快达到高潮，而我比较慢完成。”

“我试着不要刺激龟头。深入的抽送会加强感觉，同时加快高潮，然而短促的抽送并不那么敏感。女人在上面时，我可以维持得最久。因为和我的抽送比起来，她进行了比较多的摩擦动作，为她带来愉悦，也可延长我的欢愉。”

“如果她摩擦我的阴茎轴，而不要刺激到龟头，我可以无止境地进行下去，尤其女人在上面则更容易做到。这样的确会降低敏感度，勃起不会消失，但是我会发现很难射精。”

或是完全抽出体外：

“如果我想要继续性交 5 分钟以上，唯一有效的办法是抽出体外，然后集中注意力在她的躯体上，避免刺激到阴茎。这样通常能让我延缓高潮，保持亢奋，然后我们可以继续性交。”

用“心智控制”来延迟高潮：

“这种感觉令人神魂颠倒，很难不达到高潮。怎么办呢？嗯，想想看用铲子清理粪坑是多么煞风景吧！”

然而一位男士陈述道：

“我试着用一些无聊的念头让自己的心神不要那么兴奋，但是这样会令我不安，似乎辜负了美好的情境，同时背叛了伴侣（即使用意良善）；再说这种方式也不会成功，因为女人在怀，很难不心荡神驰。”

有些男士表示，如果他们比较在乎对方，就会持续久一点：

“这似乎和我对她的感觉相关。如果延长久一点的感觉很舒服，那就一点也不困难。但是如果我有点漠不关心，我猜我的潜意识就不会让我尽心尽力，虽然我告诉自己应该如此。”

“几年以前，我有早泄的困扰。读了一些性爱指导手册，一点帮助也没有。后来我恋爱了，问题自然就消失。有时在关系不好时，老毛病又会发生。其他人也像这样吗？没人谈过这件事。”

“如果我没兴趣去爱那女人，就会很快射精。”

“通常在我发现那女人不怎么迷人时，我会很快射精。我担心如果现在不射精，就会没兴致了。”

但是其他男士感觉正好相反：

“如果我不是非常兴奋，我可以无限期地勃起。”

少数男士喜欢“捏挤技巧”：

“我放慢抽送的速度，非常非常地慢，想一些性交以外的事情，有时完全抽出体外几秒钟，用力捏紧龟头，然后再迅速插入，通常这样会延缓高潮几分钟。”

“如果有人遇到太早射精的麻烦，有两种方法可以用来应付，其中一种是捏挤法，女孩子可以用这种技巧帮助男性。她将手圈住阴茎顶端，使用中指、食指和大拇指。把大拇指放在阴茎背后，在他觉得快要高潮时，她可以捏挤阴茎，这样就能阻止他射精。他的阴茎或许也会疲软，但是她可以帮助他再勃起。”

但是大部分男性不喜欢这种技巧：

“性交时如果我不想射精，我会放慢节奏，或是完全抽出，等一会儿（大约 20 秒），直到那种感觉消退，再开始抽送。我很熟悉‘捏挤技巧’，但是我实在并不喜欢。对我来说，这太技术性了，让性爱变得过分机械。”

“不管是哪本性爱手册上提到的捏挤阴茎的方法对我都完全不管用。通常最好的对应方式就是暂停一会儿。”

“我们试过所谓的捏挤技巧，但是这个方法太煞风景，又太麻烦了，而且不会比光是停止动作带来更多延迟的效果。或许我们做得不对。”

有些男士故意收缩他们的肌肉：

“我收缩肌肉，可延迟射精的时间。”

“尽全力压住，好像在憋尿一样会有帮助于延迟高潮。”

“我收紧阴茎的肌肉。”

偶尔也会有人提到药物和酒精：

“对我而言，延迟高潮的最佳办法是在插入前喝大约三盎司的威士忌。我也可以用心智拖延一段时间，不过需要药品帮助。”

“我用药物和酒精来防止太快射精。如果我将腿紧紧靠在一起，让肛门四周的肌肉不那么紧张，会维持得久一点。”

“打吗啡。”

一位男士解释了饮食造成的差异：

“在相当偶然的情况下我解决了早泄的困扰。为了健康理由我改变了饮食习惯，同时开始不吃糖。大约 6 个月之后，我发现在性交时不要全神贯注于对方和自己的感觉上，就可延长时间。从此以后我无须费什么力气就可以随心所欲。或许有别的因素在内，但是我将之归功于饮食。”

许多男士发现保险套会延缓他们的高潮：

“保险套很安全，而且可以帮助我控制高潮。保险套让龟头不会过度敏感。”

有些男人表示年纪大了也会改善：

“年纪越大，射精前勃起的时间越长。而且我相信我变得更有技巧了，可带给她更多的享受。”

“我的早泄曾经是一个大问题，折磨得我半死。但是我太太或是其他跟我一起的女人都不在意。我曾经以为自己性变态、同性恋，或者个性软弱。这个问题越来越无关紧要了，而且反讽得很，现在我已经能持久一些了。”

其他男士提到对性交和性爱发展出新的态度：

“很多次我在意犹未尽时就高潮了，我想关键在于我把性爱当作到达高潮的过程，而不懂得享受性爱本身。现在我了解得更多，知道性就是爱抚，高潮只是性交中相当重要的表现而已。”

虽然我们以为男人想要延迟高潮只是为了讨好女人，有趣的是，男人却能经常在自慰时压制住高潮，以延长欢愉，同时获得更强烈的高潮①：

“在自慰时，我尽可能地延缓高潮，以便好好地享受亢奋的感觉。我蓄势到一触即发，然后停下来或者改变动作，直到高潮的感觉消退，然后再进行下一回合。这样更为刺激，我内心觉得十分舒畅，余韵犹存，最终的高潮会比射精的力道更强。”

“用自慰来延宕高潮真的刺激多了。我借着改变节奏或动作（捏挤、摩擦、抽搐、搔痒）来延缓高潮；或者在我发现自己即将陷入忘我之境时完全停下来，改变节奏及动作总是令人更加陶醉。”

“我可以延迟好一段时间，控制自如。通常我会停止爱抚，光用手指绕着阴茎摩挲，或是摇摆阴茎。这样我就可以蓄积更强的高峰能量。”

“延迟使得一切更加强烈。我会中断一会儿来延迟必然的高潮。太快的高潮毫无乐趣可言。”

不过，为了女性该有的高潮而必须延长性交的焦虑，也会严重干扰男人性交时的欢愉：

“在我们裸身以对之后，通常我会挑逗、爱抚她的全身，不断地亲吻她。我喜欢全神贯注在她的颈项、胸部、腰及大腿上（最后才碰触生殖器官）。在这个时候，但愿我有勇气尝试着幻想新奇、狂野的事物，例如用婴儿油按摩她全身，为了满足窥淫癖而欣赏她的肉体，为她洗澡，或只是跟她嬉戏。这个时候我也会相当紧张和焦

① 有些男人也可以避免射精，却仍有达到高潮的感觉，如此可以使他们拥有不止一次的高潮。

虑。我觉得好像是运动员正常上场比赛一样，心里想着：‘今晚我的表现会如何？’就在我想她已经准备好的时候，通常我会趴在她身上，直到我认为她真的准备好了。这时我会插入她体内，进行性交。然后我会停留在她体内，直到我的阴茎变软，自己从她的阴道内滑出来。我从来不会在射精后抽出来，也无法想象有人会这样做。抽送时，我极尽温柔、舒缓，希望尽可能地深入及抽出，但是不会完全出来。通常在这段时期，对方会颤抖或突然开始有某种感觉，同时全身摇摆，好像我的动作正中下怀。所以我会努力不要更动一丝一毫，照这样继续做下去。然后她突然会变得僵硬或是失去所有的兴趣，好像我置她于不顾或搞砸了一般。这时我通常会试试别的或是将柔和的抽送改变为比较强力的抽送，或是加速，或是放慢，或是绕圈圈，或做点什么‘将她拉回来’。喔，看过《海蒂性学报告：女人篇》之后，我明白我真的是搞砸了。男人以为女孩在高潮时会呻吟，但是《海蒂性学报告：女人篇》说女人通常在高潮时会僵直不动。由于无知，我以为她的僵硬是没兴趣，所以改变了我的技巧，而事实上她可能正要达到高潮，所以我的动作改变也许会破坏她的高潮。我想有很多男人因为无知搞得一团糟，所以让他们知道吧！请启蒙他们。”

有些男人正确地了解到，没有必要压住高潮，至少不必为了传统的理由：

“早泄不是我所在意的，很久很久以前，这就不是问题了。我们俩都知道我的高潮——射精——是我的责任，不管用什么方法射精，她都准备好接受，并且热切欢迎我的高潮。她永远知道，只要她想要更多，至少就能得到两三次高潮，因为我有能力‘弯曲’我的阴茎，给予她更多的阴蒂刺激。我也不会用任何方法来压制或延迟高潮，因为没有必要，这么美好的经历无论如何都不该压抑。”

“在我想要高潮时通常无法控制。我会先用舌头满足她，也可以忍住高潮久而不疲，每次都不一样。由于她已经从口交中得到高潮，通常在性交时我会缓缓地抽送直到自己达到高潮。”

“除了性交之外，既然还有各式各样的方法能让一个女人高潮，太快射精对我似乎没什么要紧。为什么不先用口交让她高潮，然后再性交呢？或者，如果你太快射精，何妨事后为她口交。就我个人来说，这一点并不重要。”

“古老的神话是你必须保持坚挺直到伴侣成功地获得阴道高潮。对于能够通过自慰在一两分钟内射精的人来说，这真是一项艰难的任务。我会试着分散思绪或采用不同的姿势，避免龟头受到太强的刺激。我也会尝试乳霜，那会使神经麻痹，好像去看牙医一样。但是如果她开始扭动、喘息，好像正处于高潮，这样的刺激总会让我不由自主地射精。现在我觉得这一切都是无济于事的。如果我想安度余生，我会认为用舌头或手指更好。”

还有少数男士可以控制不要太快高潮，但是等得太久反而无法射精！

“我常常压制得太久，以至于精疲力竭而无法射精。”

“我可以随自己的意思压抑高潮。然而等我准备好了，我得等待它发生。我可以勃起一个半小时以上。”

一位男士表示：

“多久才算持久——或许 10 分钟吧？不过可能会沦为无聊的动作和持久竞赛。我没有兴趣‘证明’自己的耐力。对许多男人来说，运动员式的较量颇为重要：他们可以跑多远，他们可以举多重，他们可以干多久。这只是大男人传统的一部分。”

是否达到高潮与性交时间无关

大众媒体不断警告男性不要太早高潮，坚持这是大部分女人不能从性交中高潮的原因，因而让大部分男性觉得有义务尽可能延长性交时间，好让女人也有机会达到高潮。然而，高潮与否通常与性交时间无关。大部分女人不能只靠性交就达到高潮，极少数能在性交中获得高潮的女人，也不是由于长时间抽送的关系，而是靠她们个人创造出来在性交时能获得阴蒂刺激的方法。

一旦男人身上背负了沉重的压力，早泄这个字眼就是负面的，暗示男人不论在什么时候高潮，都有可能太早了、不成熟、不受欢迎或是不恰当。男人一直接受混淆的信息：一方面，人们告诉他勃起、亢奋、抽送到高潮，是非常阳刚的；另一方面，人们又说不要太快高潮。因为大部分男人在抽送时都会得到相当好的刺激，这两者说法是互相矛盾的。结果让大部分男人感觉隐约的不安、愧疚和不及格。

虽然延长性交本身会为男女双方带来欢愉，这样的内疚却不必要，重要的是做爱过程中女人的需求能得到实质的关注。性交时女人达到高潮的特殊需求，最好用双方同意的方式得到满足。

“让她达到高潮”的压力

男人背负着传统压力，必须在性交时维持长久的勃起和抽送，与此密切相关的是男人在性交中的角色是“给予”女人高潮。就像传统上男人被视为经济的供应者，男人应该养家糊口或买房子，他也被赋予任务让女人达到性满意。真正的男人应该让她达到高潮。

除了本身的角色压力，这种观念也常常让男人陷入困境，因为得到的情报——性交时的抽送会让女人高潮——是错误的。如此不啻置他于毫无防备的火线上，一旦女人得不到高潮时，他就怀疑自己的男性气概，同时也迫使女人必须假装高潮。结果这种不必要的压力反而疏远了男人与女人的关系，因为双方在无法符合期望时就会交相指责。

在回答“如果女人由性交本身得不到高潮，你是否会觉得自己的性交技巧有问题或是不够敏锐？还是觉得自己不够男子汉？”的问题时，一些男人坚持女人跟他们在一起时永远有高潮：

“你开玩笑吗？我从来没有听过伴侣抱怨。”

“我从不会让女人得不到高潮。”

“从来没有这个问题。”

“经验显示如果一个女人跟我在一起无法高潮，那她跟谁都不会有高潮。我为不少女人带来第一次的高潮。”

不过绝大部分男人明白，性交时女人通常没有高潮，而且觉得这是压力的来源。许多男人感觉错在于他们：

“如果任何事出了差错，都会怪罪到我头上。女孩似乎永远只是躺在那儿表示：‘好了，让它发生吧。’我感觉到很大的表现压力，觉得一切都要仰仗我。”

“性交时我最大的压力是延缓射精，并且刺激伴侣的正确部位，而她却不怎么出力。我觉得女人应该专注于享受刺激，像男人努力表现一样。如果女人不努力，而在失败时怪罪男人，男人就会心怀歉疚并逃避性行为，因为他认为他下次还会失败。”

“性交时她得不到高潮会带给我内心极大的困扰，但是我不会沉溺其中。我曾经觉得不够男子汉，但是我们早就扬弃了这种幼稚心态。没有对或错的问题，这和当时的环境、情绪以及生理状况都有关联。”

“性交时如果她没有高潮，我的确会感到不足。这时我渴望有一根较大的阴茎，似乎这是再清楚不过的答案，然而她告诉我不是。我试着说服自己相信，不过总是又想到这上头去。”

“在这方面的无知和失败困扰了我前 20 年的婚姻生活，在我和妻子身上都留下了永久的伤痕。理智上，现在我们都比较理解了，但内心深处还有一大块溃烂的地方，或许永远愈合不了。”

“如果我不能取悦爱人或是给她高潮，我会感受到威胁，我和妻子在一起的性无能就是例子。不过现在我不会对自己的男性气概担忧，我已经知道而且继续在学习。我是有价值的人，不需要靠征服来证明自己。我喜欢在床上分享，而不是表演。”

“女人没有高潮？我认为原因是她在性交时不想有高潮，否则就是因为我太快射精而无法高潮。我不会为此烦恼，不过，如果这种情况持续下去，我会担心。从我跟太太多年的经验，以及跟其他女人的经验里，还有从《海蒂性学报告：女人篇》当中，我知道女人性交时不一定要有狂野的高潮才能获得欢愉。只要做爱时男人能够很快乐，不需要每 10 分钟射门一次，或是让他们的命根子翘得硬邦邦的。毕竟男性气概还有其他的意义，例如温柔、正直、殷勤等。对男人或女人来说，高潮并不是一切，它的确很美味，好比上等牛肉也很美味，但我并不是每天吃。”

“我一直认为如果女人没有高潮就是男人的错。这并不是说他不够男子汉，而是指他太大男人了。我想如果男人真的关心对方，而她也能信任他，那么她就会比较容易高潮。”

“我会担心自己不够敏感。通常我太自私了，只急着让自己的老二舒服。”

“因为我正遭遇不能持久的难题，我相当理解‘要表现’的压力。女人没有高潮令我自责。但是我已试过一切办法，现在还能怎么样呢？”

“并不是我不够男子汉，而是做得不对。我觉得我应该多做点什么，例如较长的前戏。”

但是有不少男士强烈反对问题本身使用了“够男子汉”的措辞：

“这个问题带有成见。”

“有时我觉得没有给予对方所需要的，或者她并没有尽兴，但是跟够不够男子汉无关！如果她喜欢，我可以继续下去让她拥有多次高潮，直到受不了为止。”

“我不会将男性气概等同于制造女人高潮的任何能力！”

有些男人感觉性交时女人如果没有高潮，是因为他们的阴茎太小了：

“我曾经担心我是否有让她高潮的能力，因为我的阴茎很小。我以为它再大一点，就会使她更容易达到高潮。现在我才知道这跟阴茎无关。”

“如果女人不能从性交本身得到高潮，我会觉得自己不及格。我的阴茎比我所期望的还小，这让我觉得不够男子汉。”

“如果女人相信她不能高潮是因为我的阴茎太小，或是我的体毛不够密，那就太遗憾了。因为我天生如此，而且我也没办法改变。她最好到别的地方寻找她想要的。”

令人高兴的是，阴茎尺寸与女人在性交时是否有高潮没什么关系。然而不幸的是，许多男人仍然持这种错误观念。在回答“你认为你的性器官漂亮吗？你认为你的阴茎大小合宜吗？”的问题时，有些男士仍然基于这个理由而希望他们的阴茎可以大一点：

“有时候在我真正达到亢奋时，我会希望勃起的阴茎大一点、持久一点，而且粗一点。”

“在一起淋浴而没有勃起时，我的阴茎似乎比别人小，不过根据我在医学书籍上读到的，勃起时似乎尚合乎标准。我不担心它的大小，但是如果我知道大一点会让女人更满足的话，我当然会希望它大一点，好让她开心。”

通常男人会觉得如果女人没有从性交中获得高潮，可能是他们的错，因为他们不够敏感：

“我已接受足够的开导，知道或许我什么地方做错了。或许我不够体贴，或许我没有做她喜欢的事却做了她不喜欢的。”

“我的表现没问题，只要我保持敏感，不要太粗鲁或莽撞。”

另一方面，有些男性不会怪罪自己，不过还是相信正常的女人应该从性交中得到高潮。如果她没有，他们觉得这是女人的错，不该怪罪自己：

“这是她的错，我是不折不扣的男子汉。”

“该怪女人心里不知道在想些什么。”

“她不够女性化。”

“自己的高潮自己负责，我在上床时可从来没有宣称自己是完美的。”

“没有什么好责备的，或许她太累了，或是有烦恼。”

“如果她自己无意于此，根本不可能达到高潮。”

“大致说来，是她不够女性化。”

“如果我发现她没有高潮，我不觉得自己有什么不对的地方。我第一个念头是她性冷淡。”

“这是她的责任。”

“如果我犯了明显的错误，我就该负责。不过如果她不想要达到高潮，全世界的浓情蜜意都发挥不了作用。”

“我一点问题都没有，那是她的责任。”

“我相信如果有些女人能够达到高潮，那么所有女人都应该办得到。如果她不能从性交中获得高潮，我们彼此都该负责。”

“我会认为这是她的错。她的生理构造让她得不到足够的阴蒂刺激。或者是她心理上的问题，也可能是因为我们缺乏沟通，不知道如何在性交中让她达到高潮。不过，如果没有一样行得通，那就是她的错。”

“或许她想要做爱，但是心里有其他的事。如果原因在此，那么这是她的事。我或许可以帮助她，不过根本上还是她的问题。”

“这是我得到高潮的方式，她应该也可以。”

“只有通过心灵的力量才能让自己享受高潮。”

“我相信我们都该为自己的高潮负责，如果我们需要对方的帮助，就应该启齿。”①

“如果我的伴侣没有高潮，我会质疑自己的表现，但是我也会质疑她的心灵状态，我不会质疑自己的男性气概。”

“通常我认为这是她的问题，不过我也知道我很容易早泄，应该小心一点。”

“或许她原本就无法从性交中得到高潮。”

这种必须由性交中达到高潮的压力对女人非常沉重，往往导致假装高潮。事实上，虽然男人表示他们不觉得内疚，但听起来却有自我辩驳的味道。期望女人单纯

---

① 当然，社会对性的定义基本上只指性交，往往将阴蒂刺激所达到的高潮排除在外，迫使许多女性必须频频“开口求助”。男人就不会有这种困扰。因为男女双方都认为性交是性的一部分，而女人没有权利在性交时撤退，直到男人得到高潮。另一方面，男人觉得可以自由地中断阴蒂刺激。

由阴茎在阴道里面摩擦而达到高潮的目标，已经带给男女双方不适当的压力，致使彼此容易受伤害与防卫过当，造成敌对的局面。

一些男人清楚地将焦点集中在他们不舒服的情绪上，尤其在他们通常有高潮，而女人却没有时：

“如果她没有高潮，我通常都会有点失望。我知道设定目标的性对双方来说都很辛苦，但却很难排除或忘掉，尤其在你知道你的伴侣想要从你身上获得慰藉时。我常常得到的反应是‘你先来，亲爱的，我太累了’或是‘我没办法’等。这常常让我不安，好像我在利用她。我往往会说：‘没关系，我也可以等。’然后就中断性交。如果她真的很兴奋，或许我们可以尽情享受‘无目标’的性嬉戏。但是通常在她说上述的话时，意思是：‘我不怎么亢奋，而且也兴奋不起来，你自己来吧！’”

“除非我觉得能够为伴侣带来些许满足，否则宁可戒欲。”

“我有这方面的困扰……如果她只是顺应我，并不想要性，我宁可自慰……如果她希望献身给我，因为她在乎我，那么我能够理解，这样也能满足她的需求。因此我会尽情享受，因为她是那么在乎我。”

“我曾经担心自己缺乏经验，会减少她可能的乐趣，但是在发现一般男人表现得极为沉闷时，我开始自以为是地修饰技巧。和别人相比，我觉得我的技巧相当出色。我变得成熟了一点，不需太多花样，只要有深厚的情感，这样就够好了。对方达不到高潮的关键因素非我所能操控。我称得上是男子汉，但是我经常碰到的情况是，和我上床的女人已经受伤太深，没有办法和我玩男女游戏。所以我们就扮演‘老兵’，互相包扎对方的伤口。”

其他男士表示如果这次没有出现高潮，并不是谁的错：

“我不是最棒的，但也不是最差的。我的态度是下一次会更好，她的态度也是如此。”

“如果我的伴侣没有高潮，并不会让我觉得做错了什么，只不过这一次有某种原因让她不想达到高潮。”

“有一次我真的觉得这是我的错，但是交谈之后，我知道我已经恪尽一切努力，如果她没有高潮，我也不会担忧了。”

虽然某些答案暗示着有时候对方并不想要达到高潮，大部分这类回答似乎掩饰了真实情况，即这些女人几乎从来没有得到过高潮。当然，直接面对问题是比较好的，即使愤怒也好，这样才能真正了解问题所在。事实上，面对这个问题最具启发性的反应是，许多男人根本不回答或者用含糊的语气回答，结果答案变得暧昧不明而且毫无意义，再度显示美国文化加诸男人应该在性交时用阴茎“让女人高潮”的沉重压力。

举例来说：

“我以前不太了解女人从性中能得到什么，我知道这不像我在高潮时的感觉。随着时间过去，我变聪明了些，了解到至少一半的问题出在我身上，因为我有毒瘾。”

为什么情况会改善？

“不同的人需要不同的方法，我必须掌握释放出女人热情的钥匙，而且要花时间学会如何正确地和女人做爱。”

“当我在女人身上展开我的性教育历程时，如果对方没有高潮，我会觉得失望和迷惑，但现在我认为获得亲密感更为重要。”

男人是否总是期望得到高潮，如果有落差，他在乎吗？

“要视情境而定。我永远在努力改善技巧，但是我不会觉得有什么不对劲，因为我认定有些女人总是无法从性交中得到高潮。她们需要前戏。”

令人不安的是，有不少男性已经知道大部分女人不会因为性交而高潮，却将它误解为——既然无论如何女人都“不可能”有高潮，以后他们不必再关心这个问题了！[①] 他们不再尝试学习如何让女人获得高潮，或是去了解男女不同的需要意味着性关系的重新定义：

“如果我没有带给女人高潮，我不觉得自己有什么不对劲。男人比女人容易得到满足，而且我知道每一次与男人性交时，女人不一定都有高潮。不过我比较喜欢带给她高潮，那是我的希望，然而并不是每次都能成功。”

“我觉得在我的婚姻里，我的表现不尽如人意，因为她没有获得高潮，我很痛

① 不少男性表示，他们从《海蒂性学报告：女人篇》中“学到”这点时，松了一口气——而且深感挫折。因为该书的重点之一就是要说明只要有足够的刺激，通常是阴蒂刺激，大部分女人多么容易享受高潮。性应该重新被定义（或不要定义），避免将重点完全摆在性交上，而应该包括更多女人需要的刺激。

苦，失去了很多乐趣，让我内疚而不舒服。但是现在我知道女人的高潮大部分得靠她自己，包括她自己的回应、身体、心灵，以及双方的情感。”

有些男人已经知道，许多女人不会纯粹靠抽送而达到高潮，倒是用其他方法很容易达到高潮。而且开始发现这项资讯带给他们的好处，试着运用在做爱过程中：

“读过《海蒂性学报告：女人篇》后，我对女人与性交的想法都有了改变，也证明了我太太比她自认为的正常多了。女人需要阴蒂刺激，真令人难以置信，我们经过一番长谈，她让我相信大部分女人会得到快感。我们结婚以来就会进行阴蒂刺激，我一直很热衷于这样的前戏，所以并不会改变现状。我很惊讶地发现到这么多女人对阴蒂刺激的感觉。”

“我太太很少从阴茎的刺激中得到高潮。我以前会为此难过，但是现在我自诩能用其他方法让她销魂。我喜爱口交，既懂得享受又颇为我的手指工夫得意。”

“如果女人没有从性交中获得高潮，我不认为有什么不对劲。我会问她是否有其他可以让她开心的方法，是否我持续得够久，是否她希望我爱抚某个特定地方，是否我进行得太快。首先我会承认，如果由我来尝试找出令她舒服的方式，可能会失败。所以我告诉她，直接告诉我怎样做才会觉得舒服。这种方式很有效。”

希望越来越多的男性能明白，男人承受这样的压力既不幸也没必要。男人对于性交（阴茎进入阴道中）之外的阴蒂刺激有什么感受，会在下一章中详细地加以讨论。

10

男人的性高潮

戴着枷锁的舞蹈

love

性高潮

虽然刻板印象让我们相信，男人在性交时会得到最强烈的高潮，但对许多男人来说，这是不正确的。

大部分男人最喜欢享受性交时的高潮，但在回答“你是否在口交、自慰、性交或其他性活动中得到最强烈的高潮？你觉得哪一种方式最有趣？”的问题时，大部分男性认为通常是在自慰时得到的高潮最强烈，因为他们能够准确地给予自己所需要的刺激：

“口交很有趣，性交在许多方面都让我有收获。然而最强烈的高潮仍然是来自自慰，因为你能完全控制自己，而且在这个时候最能充分幻想。”

“我最棒的高潮来自自慰，性交紧随其后。这是因为我需要精致的技巧，而大部分女人都缺乏这个耐心、技巧或兴趣。”

“自慰时的快乐比较强烈，因为我更专注于自己的欢愉，小小的刺激就能牵动我。我最棒的高潮一向是私底下得到的。”

“自慰时可以选择不同的愉悦方式，你可以发明技巧，享受所有美妙的感觉。性交时你会射精，进出阴道时，龟头会受到刺激。但是自慰时，你可以用很多不同的方式抓住老二，给予不同的压力，你可以用手滑动龟头得到某种快感，或者你可以移动覆盖在龟头上的表皮，得到另一种快感。自慰让我有机会享受在性交时错过的快感，带来最神奇的高潮。”

“自慰时的刺激更直接，而且自慰时可以幻想。事实上阴道没有带给我很大的刺激。自慰时，我也不必担心要满足她。我也喜欢插入阴道的瞬间，但是就是缺乏足够的摩擦，或许是因为我太习惯自慰了。”①

“我有两种截然不同的高潮，一种是借助阴茎和阴道的性交，另一种是靠自慰。我感觉乳头、大腿内侧以及脚底的快感比较强烈。而且整个过程中都能充分享受，不像在抽送过程中，只能短暂享受，很快就被阴茎的快感淹没了。高潮的感觉会遍及全身，不那么剧烈，感到一种由性器官向外扩散的怡人、奇妙的恍惚。”

“我想要区分我在自慰时感受到的高潮和阴道性交时得到的高潮。在自慰时，我通常会有非常强烈的高潮。同时在我终于想要射精的高潮前，我会有几次小高潮（收缩的高潮，但是没有射精）。在阴道性交时，我很难得有这样的小高潮。我没有办法这么精准地控制。再者，如果是自慰，我可以感觉到所有相关器官（前列腺、尿道）都会收缩。包括阴茎本身，我也能够感觉得到。高潮时，好像是有什么东西由体内涌出，感觉非常舒服。有时候在自慰获得非常强烈的高潮时，好像有一根天鹅绒穿过我的身体和阴茎一般。”

但是那些表示自慰而来的高潮在生理上感受最强烈的男人也常常指出，他们由性交中得到较多的欢愉：

“我最激烈的高潮来自自慰，因为我能用足够的力气来刺激特定的部位。然而最令人满足的高潮是在我造福爱人之后，彼此分享的高潮。”

“自慰既刺激又快乐，更方便的是，我可以根据经验来调适自己，但是比不上性交的温暖和满足。”

极少数男性表示，他们在性交时会获得最强烈的高潮：

“当然，我和女人性交时获得的高潮最强烈。我发现最愉快的活动是我的女伴和我待在黑暗的室内，躺在柔软的床上，探索对方的身体，由口交进行到手指性交，什么都来，最后才是性交，采取后交姿势是我在她上面。”

“如果女人也觉得享受的话，通过吸吮我能得到最强烈的高潮。而圆满性交的高潮最棒，尤其是在我渴望这个女人的时候。”

许多男人一方面能从性交中得到极大的乐趣，一方面又念念不忘性交时要带给女人欢愉，结果却影响了自己的高潮：

① 这段陈述有点类似女人的恐惧，她们怀疑在性交中无法达到高潮是因为过度的自慰。

“我比较喜欢口交的高潮，因为性交时我一心一意要让她达到高潮，结果自己很少有高潮。口交时，我无须关心她的高潮，如果她也能轻松自在地进行口交，我就能享受美妙的高潮。”

“口交和性交时我都有很不错的高潮，但是专心和感觉的程度不同。口交时，所有的注意力完全集中在我的欢愉上（对她口交则相反），我比较能感觉自己的狂喜。性交时，我会察觉太太的热切和升高的激情，只要我有能力，便会创造出双方都喜欢而且满足的巅峰经历。”

最后，有些男士表示如果他们在性交时保持被动，而且专注在自己身上，通常也能获得像自慰时一样强烈的高潮：

“在我专注于自己的高潮时，一定很棒。性交时如果我在下位，能够专注在自己身上，我的高潮在生理上和自慰时一样强烈，甚至更好，因为我接受得到她表达出来的情感。”

“最奇妙的高潮，融合了心理上的兴奋和性交时全身的解脱，以及自慰时性器官的知觉。我一动也不动，由我太太利用阴道内肌肉收缩来按摩我的阴茎以引发高潮。”

性交时如何达到高潮

我们认为性交时男人会自动达到高潮，但是更仔细地思考，为什么男人在性交时会达到高潮？是不是来自“进出抽送”的动作，与传统定义的性交一致？或是来自阴茎顶端和阴道内壁的摩擦？或是在抽送过程中，阴茎顶端或底部受到阴道开口的刺激？或是借助于性幻想？

不同的男人有不同的答案：

“我猜因为我经常自慰，已经习惯相当大的力量压迫阴茎，如果对方不太能控制阴道肌肉，或者是遇到松垮的阴道，我就很难达到高潮。和情妇在一起我就不需要性幻想，只有跟妻子时才会这样。我通常会幻想在上班时我想要触摸的臂部，或是两个女人同时为我口交，等等。”

“对我来说最好的刺激是用阴囊和睾丸拍击女人的鼠蹊部，那是最令她亢奋的地方。我在上面的时候比较容易，因为阴囊和睾丸本身也有重量。”

“通常我必须动个不停，才能感觉阴道口对包皮的压迫。收紧我的腿部肌肉也会有所助益。”

大部分男人表示，虽然阴道通常无法自动提供适当的刺激。但是阴道的开口和进出的动作，的确提供了达到高潮的良好刺激：

“我所能描述的最明显感觉是在后面的阶段，在阴道比较深的部位会产生持久的起伏。接近开口的部位却好像是紧箍的环扣一般拉住我的阴茎，让我想要深入，去感觉完全深入时的束缚感。一旦失去接触时，我就会立刻再插入，因为让阴茎最敏感的部位（龟头附近）在那紧箍环中前后滑动的感觉太美妙了。”

“女人的阴道感觉起来温暖、平滑，而且有时非常舒适，但是除了开口的部位，不一定都会带给我的阴茎快感。如果我快速地抽送，可以感觉到阴道壁牵扯着阴茎的表皮。但是为了让顶端感受到更多的刺激，每一次我都必须将阴茎完全抽出来。”

“大部分的阴道只有在阴唇周围才会让人产生快感，如果我抽送时朝向两边，也能带来一些感觉。对于某些阴道，我在抽送时可以感觉到内壁，或者感觉它的尽头顶着阴茎顶端。阴道的柔软以及阴茎在里面所感受到的爱抚特别令人愉悦。”

“带给我爱人高潮的动作虽然会让我兴奋，却和高潮的动作不同。我的爱人喜欢我深入她里面，这样她可以用阴蒂摩擦我的耻骨和腹部。我发现这样的动作从带给对方幸福的角度来看，令人非常愉快。我也发现如此便能保持长时间的勃起，让爱人得到最多的刺激。但是在我想要高潮时，我必须抽送。”

“阴道开口像是缩紧的护套将我环抱在内，摩擦这个紧缩的部位常常会带来高潮。通常是接近开口的刺激延续得最久。深深的插入比较宁静、舒服，也比较温柔。再深入一点，配合舒缓的动作，也会让我冷静下来，延缓高潮的来临。”

许多男人在描述阴道内的感觉时表示，他们无法用阴茎确实地感觉到阴道：

“阴道仿佛液体般包围着我的阴茎，但是我真的感觉不到明显的压力。好像是在很深很深的水里，四面八方感受到水的恒常压力，这些压力没有集中点。不过，在进出时我的确感觉到阴道口上下滑过我的阴茎时，会有显著、紧迫的压力，像是一个圆箍或环套。”

“阴茎相当不敏感。刚进入的部位压力尤其明显，而且在第一次插入时，随着阴茎逐渐被包围，我感受到美妙与温暖。而在温度平衡后，如果足够润滑的话，只会变成滑动的感觉，如果润滑不足就令人不舒服了……有时她的阴道扩张得太大，我必须改变抽送的角度，重新感受刺激。”

大部分男士用充满情感的字眼描述阴道，而不详细描述生理快感：

“那是温暖、润滑的压迫，带来安全感，使我的血液加速循环到阴茎。阴唇感觉柔软而丰富，阴道的表面像乳液，温暖而包容，我感觉到它的深邃。阴道的温度和环抱是最重要的。”

“对我来说，阴道永远是深邃、美妙、温暖、湿润、神奇而亲密的。”

然而有一些男士表示阴道带来的生理感觉是对阴茎非常好的刺激：

“全世界没有比得上阴茎被包在紧密的阴道中的感觉更美妙的感觉了，绝对是笔墨难以形容的。好像每一寸阴茎都得到最为体贴、细腻的照顾，怪物般的舌头环绕着我的阴茎，在我移动时，施以挤压和吸吮。”

“世界上没有任何感觉比得上女人的阴道包住阴茎时给人的感受，充满肉欲的蛊惑。好像是成千上万湿润的细小折曲，形成无数变化多端的隧道，给予阴茎每一寸肌肤恰到好处的爱抚。在我移动时，阴道表层似乎也随着阴茎轻轻移动。然后逐渐增强刺激，阴道上半部越来越扩张，而下半部变得比较滑溜和结实，因此我感觉好像是插入不可思议的天鹅绒扣环里，然后进到无限的太虚。”

有些男人感觉不佳：

“就我目前所知，把阴茎放入阴道感觉起来就像把你的小鸟放在两条湿毛巾中间。”

一位男士反对这样的问题：

“我感觉的并不是阴道，我是在感受进入另一个人的体内。”

抽送对高潮重要吗

传统定义的性交是指男人居于上位，在阴道内抽送直到高潮为止。但是性交并不一定要以抽送为主要活动，虽然抽送可以是愉悦的一部分。事实上，抽送可能不是一般人所认定的“本能”，对许多男人而言，在生理上也不见得那么有效，可以得到像自慰时用手上下移动所提供的规律刺激。换句话说，既然大部分男人在自慰时并没有或是仅有抽送动作，就不能推论男人的性冲动或男性荷尔蒙会导致男人“骑在女人身上抽送”。事实上，在那些极少数借助性交能够达到高潮的女性中，在努力达到高潮时，大都不喜欢进出的动作，只希望互相贴紧（阴茎在阴道内），如此阴蒂才能得到需要的持续刺激。

提到高潮的男性大部分都表示男性高潮需要抽送动作：

“在阴道内抽送，这是唯一的方法！除非女人在上位，你被动地躺着。但是阴茎必须在阴道内移动，或者说与阴道发生关系，否则就不是性交了！”

但是有一些男士表示抽送是不必要的：

“我一直有这样的印象，为了让女人舒服，我必须像个疯子一样抽送半小时。如果我能不停地做两小时那就更好了，这就是我的目标。有时候我不断地抽送，感觉可以一整夜搞下去。我曾经体验过的最美妙高潮只进行了大约 9 秒钟的抽送动作，其实并不是抽送，倒像是在她阴道内紧紧压迫，在长久的搂抱和亲吻之后带来的高潮。一切是那么合宜，那么自然，在那个时刻，我的阴茎就该在她的阴道内。在相互交流、特别激情的时刻已经消失的时候，你才会去抽送。”

一些男士抱着错误观念，以为抽送是让女人高潮最好、最有效的方法：

“我觉得好像在刺激她的阴蒂。”
“这是让大多数女人高潮的最佳途径。”

其他人形容这是“雄赳赳、气昂昂”的动作：

“感觉很棒。这件事情由我来发号施令。”

一些男人声明他们比较喜欢温柔或缓慢地旋转，而不是抽送：

“我想正是插入和抽送的动作赋予阴道性交征服和虐待的意味，以及控制和占有的那类陈词滥调。”

“有时用力抽送所带来的控制意味，甚至是暴力，总是令人无法抗拒。通常我比较喜欢深入、温柔和文雅的动作。”

“我从来不喜欢抽送，我喜欢让阴茎沉浸在里面，直到骚动或抽送不由自主地来临，这样更舒服。在我能够光是插入、浸淫其中，并且让情绪慢慢增强时，我对性交的感觉比较好。我不喜欢快速进入，然后开始工作，这样就得不到丝毫快感了。”

“我不喜欢变成一台钻孔机，喜欢舒缓、梦幻般的动作。”

不过有一位男士总结说：

“过去我一直是小心翼翼、踌躇不前，因为我以为这样一定很痛。后来我发现许多女人似乎都很喜欢被‘干’，喜欢由我来冲锋‘征服’她们。所以目前大部分做爱的时候，我会采取这样的姿势，让自己占上风而且用力‘抽送’，并陶醉其中。如果做爱过程中弥漫着体恤与亲爱的气氛，这样做似乎能成功。这种做法与我对性角色解放的观点相抵触，但是我不认为这一切只是幻想。事实上，做爱过程越平等，越能够彼此分享。或许是因为这些角色已经通过文化深植在我们内心，彼此越能互相信任，越容易享受性爱，不会丧失信任，也不会固执不变。”

一般说来，抽送本身并无性别歧视的色彩，而是有些男人带着性别歧视的意味使用抽送动作，用以证明男性气概，而且期望女性自动达到高潮。如果抽送是性交中共同享受的一部分，同时女人有真正的自由可以控制一段时间，做自己想要的动作，等等，那么抽送就不是性别歧视。抽送本身无所谓好坏，然而，就像性交一样，抽送也是属于被美化的刻板印象。

男人喜欢什么样的姿势和动作

稍微多过半数的男士回答，他们比较喜欢传统上男性在上位的姿势：

“就在不久以前，我喜欢感觉被动，宁可让女人在我上面。我相信在底下我能够延长勃起。不过我现在比较喜欢在上面。为什么？原因很多。如果对方真的很投入，看到她欢愉的样子，领略征服的力量，以及看到她享受被征服的快感，真是莫大的喜悦。不管‘征服’这个字眼带有什么样的含义，我觉得两个人其实是一样主动的。”

“我喜欢的姿势是我可以用最舒服的方式来抽送阴茎——居于上位。”

“上面。因为我比较能控制，而且显得更加威风。”

“在高潮时我比较喜欢在上面。这种姿势让我最能控制阴茎，控制它的活动及快感。”

“在上面，我不觉得其他方式是自然的。”

“我一直都是在上面，大部分动作由我来完成。”

不过令人吃惊的是，有 35% 的男性比较喜欢在下面：

“她坐在我上面，我喜欢看到她坐在我老二上面自慰的样子。此外，在下面的我通常是接受者——令人非常愉快的位置。”

“我喜欢在下面，这样便解除了我必须为她做什么的明显责任。她也会比较投入，而且能够更适当地回应自身的生理感受。如果我在上面，我会不停地猜疑，我做的是不是她想要的。我在下面的时候，完全由她来做动作。我喜欢。”

“我比较喜欢在下面。有几种理由，其中之一，在上面时我的高潮来得太快了，互相摩擦的感觉也不一样。再者，在上面时，我觉得好像要把伴侣压扁了，必须用手撑住部分的重量，因此较难放松和享受。”

“如果我在下面，大部分由她来动，她会非常投入而且兴奋，我认为这样对彼此最好。”

“我不喜欢在上面有几个理由。首先，我必须抽送。我发现以这种姿势抽送很容易让人分神，既辛苦又劳累，很少达到高潮。第二，我确定我的爱人并不是真的喜欢这个姿势，只是因为她以为这是我最享受的方式才接受的。好长一段时间我以为自己不正常，因为社会期待男人在上面，但我并不喜欢。”

“我比较喜欢在底下，因为在底下我有比较美妙的高潮。”

“在下面比较不激烈，进展比较舒缓，可以带来更加满足的高潮。”

当然，大部分男士喜欢所有的姿势：

“我们喜欢采用不同的姿势来顺应我们的奇想。我们喜欢面对同样方向躺着，让阴茎从背后进入。但是经过长时间千奇百怪的爱情游戏后，我们喜欢坐在椅子上，她跨坐在我身上，或者面对着我，或者背对我。还有我躺着，她骑在我身上，不停地动，费劲地转来转去，这样可以保存我的力气。有时候她站着，靠在椅子上，我从后面进入，抽送的同时，捏挤她的乳房。最激情的征服姿势是：她高跪着，我从后面进入，在高潮时，她将手臂伸到背后，我抓住她的手腕，逼迫她，好像我在强暴她，而她无力反抗，这对我们两人来说都很刺激。或是她躺着，臀部用两个枕头垫高，我进入她体内，她用脚扣住我的脖子，用脚爱抚我，我则亲吻她的脚跟和脚趾。享受阴茎的搏动，我们很容易亲吻到对方的任何部位，享受到双重的亲热快感。”

一位男士提到腿部的姿势：

“我在《海蒂性学报告：女人篇》上读到有好多女人只有在双腿紧紧并拢时才能高潮，我觉得很有意思。我自己只有在双腿张得大大时才能高潮。如果其他男人和女人也有这种情况，那么传统的性交姿势，女人双腿分开，男人双腿紧并，正好和最令人性满足的腿姿势相反。”

难以达到高潮的经历

男人很少提到在自慰时会发生困难，然而，在和伴侣做爱时却会遭遇到。他们提出的基本原因是缺乏情感的投入，有时是女方，有时是男人自己[①]：

“有时我心不在焉，便无法有高潮。如果没有真正的投入，而想达到预期的表现，就会有困难。”

“有时候我很难达到高潮，大部分是在我心神游移，或是对方漠然地躺在那里的时候。在这些时候，阴茎会开始疲软，兴奋也消失了。”

“在我太太不需要我的时候，我感觉她只在‘等时间过去’。”

有些男人在性交时感到必须高潮的巨大压力，所以偶尔他们会假装高潮：

“我曾经好几次假装高潮，主要是因为对方非常可人，是我真正喜欢的对象。她已经有两三次高潮，而我觉得如果她知道我没有高潮的话，她会失望，所以我就假装。我借着深度抽送，而且越来越快速，让她相信射精了，然后我用那个姿势抱着她，我的阴茎仍留在她体内，直到阴茎慢慢软下来。”

“在早泄时我会假装高潮，我会继续在半硬的状态下抽送，终至勃起完全消失。高潮后我仍然继续，是为了让我自己看起来比真实的情况持久一点。”

“有时在性交时，如果进去不久就射精了，我会试着不管它，继续动作一会儿，然后表现出自己好像高潮的样子。”

有些男人表示，他们假装高潮来让伴侣兴奋，或是“让她们高潮”[②]：

---

① 同样，极少女人在自慰时有高潮困难，问题常常是发生在和伴侣做爱时。然而，有极少数男性有器官上的毛病，应该接受医学治疗。

② 令人怀疑这会是女人达到高潮所需要的刺激吗？事实上许多女人在男人高潮后假装高潮，为了“让男人感觉比较舒服”。

“我假装高潮来协助伴侣高潮。”

“有些女人只有在我高潮后才会高潮，为了让她们更常高潮，有时我会假装高潮。”

“在我已经高潮而伴侣尚未高潮时，我会假装高潮。如果她正在高潮，我也会佯装一下，以加强她的高潮。”

有些男人表示在他们感觉无趣因而无法高潮时，就会做出伪装：

“在我厌烦眼前的事，希望停止、让一切结束时，我会假装高潮。”

“在我对伴侣没兴趣时，我就像女人一样假装高潮，表现得充满感情。”

“我跟一位我根本不想要的女人在一起时，我会假装高潮。这些女人反正对性爱一无所知，所以无须用任何特殊技巧来假装。跟一位真正有感情的女人在一起，我将永远不会也不需要假装。这只是用来快速终止难堪场面的好办法。”

将“性”定义为“性交高潮”是一种限制吗

大部分男性仍将性定义为性交，认为性交是男性性行为的最高表现，毫无疑问，传统的性模式绝对是最普通的性形式——前戏，接着性交，男性在阴道内高潮后结束。以下是一些非常典型的描述，不管这些答复表面上有多么不同，都包含了基本程序：

“我太太不喜欢我所喜欢的做爱方式。我喜欢这样和女人做爱：首先我要好好冲个澡，刷刷牙，再抹上乳液和古龙水，然后上床，将她全身每一个部位从头到尾亲吻、舔舐抚弄一番，然后开始口交，直到她感觉舒服和亢奋，再开始性交。我认为每个男人都应该会用我的方式和他的爱侣做爱。”

“我喜欢相当长的前戏，我喜欢罗曼蒂克的环境：烛光、音乐、美酒。最重要的是我从来不会猴急。如果女人不想要性，任何逼迫或催促也改变不了她的心意，做爱会成为愚蠢的行为。那么我们就只是脱掉衣服、上床、游戏相当长的时间，然后我翻上去开始性交。”

“我的做爱模式如下：遇到一位愿意跟我上床的女孩时，我带她到我的工作室或任何其他地方，然后我请她喝点饮料（不含酒精）。此时我播放柔美的拉丁音乐，我称之为热带火焰。我们紧紧搂着跳舞，她扭动屁股，摇摆身体。我吻她的唇，尤其是乳头、胸部、腹部，爱抚她的大腿。这时，她开始一件一件脱衣服，等到我们都脱光了以后，我亲吻她的阴道，吸吮它，伸出我的舌头，慢慢戏弄她的阴蒂，这时她开始呻吟，要求我将阴茎插入她美丽的阴道内。几分钟后，我们都有了美妙的高潮，我已射精，事后稍微休息一下，再为下一回合作准备。”

“大部分一开始都是缠绵悱恻的亲吻，然后我抚摸她的胸部和大腿，亲吻她的脸、眼睛、嘴唇、脖子、耳朵，有时候轻轻咬她的脖子，弄出小小的爱痕。我不停地抚摸她全身（有时我会较粗鲁，因为不是所有女孩都会让我摆弄她们）。她会回吻我，在我耳边吹气，让我好像置身地狱般灼热，她通常会摩挲我的家伙，然后我们开始性交，我在上面。我试着不把全部重量放在她身上（然而有时候我的手臂会很酸）。有时我会从她的脸一直亲到她的阴道，然后回来吸吮她的胸部。有时候由她导引我进入，有时候我自己来。如果她很紧，我一开始会慢慢深入。等到可以抽送时，我会变换不同的方向，上、下、左、右。有时她会抬高来迎合我，随后我进入，感觉太美妙了。我吻遍她整个脸庞，然后往往就是高潮了。”

“通常是裸身上床之后，我大概会靠过去，并且把她拉向我，紧压在她身上（性器官对性器官），一方面热情地想要吞噬她的舌头。我可能保持这种姿势，或者滚下来让她趴在我身上。在足够的刺激、性欲高涨后，我通常会暗示我希望她为我口交——如果她还不懂得要这么做的话。我可以让口交的快感无限延长，不过通常在近乎高潮后就结束，之后我将注意力转向我欢乐的来源。我喜欢一边吸吮她的胸部，一边用手指抚弄阴蒂和阴道。我的伴侣和我都能从中获得莫大的欢愉。我很快就发现自己的脸埋在她的阴部里，如果我能用这种方式将对方带向高潮，我会尽量让她享受多次高潮，抗拒自己也得到高潮的诱惑。在我无法控制自己的激情时，我会爬到她身上。我要不以这种姿势持续到高潮，要不就改变姿势。通常在我引爆高潮之前，我不会让我们的性器官分开太久，哇！多美妙的感觉，你知道我的意思吧！”

“在无休止的亲吻后，通常我会脱下她的衣衫，或者我们各自脱光。脱衣服前，我从来不会爱抚对方。再说，我不喜欢爱抚，因为爱抚以后，对方未必想要继续性交，这样对我就没太大意义了。如果我们想做爱，就做爱。如果我们不做爱，干吗要有预备动作，既浪费时间，又徒劳无功，结果双方都感到挫折。亲吻时，我可以分辨我们会不会做爱，这是我必须弄清楚的。”

“女人是风琴，男人是琴手。如果他缺乏弹奏乐器的技巧，他听不到什么音乐；如果他弹起乐器，既有技巧，又经过训练，他可以用乐器弹出美妙的音乐，也令自己喜悦。即使由男人来主导爱的艺术，女人仍应回应男人的求爱技巧。”

一些例子似乎出现了有新意的模式，由男人首先刺激女人达到高潮，然后插入阴茎，在性交中得到自己的高潮：

“跟我在一起的女孩总是先高潮，因为我通常会为她口交，直到她有高潮，或是一连串高潮为止，然后我在接下来的性交中高潮。”

“我用手指、口舌或按摩器让妻子先有高潮后，我再达到高潮。”

“正常状况，我先让她高潮，因为我在高潮后会有一阵子失去兴趣。”

“我在性交前先用阴蒂刺激带给她高潮，通常都会成功。然后我会觉得更放松，不需要表现，不需要用阴茎带给她高潮。如果勃起得不够久，即使不能让她达到高潮也不会感到难过。”

一些男人陈述的模式是，他们在性交前用手或口舌刺激女人到高潮，然后在性交时再为对方带来二次高潮：

“我喜欢在进入前先刺激对方达到高潮，然后在进入时又带给她们高潮。我必须学习这样的程序，因为有好一阵子，我没办法控制自己的高潮，很快就射精了。”

“通常是在床上做爱，没有任何特别的计划，亲吻、搂抱或谈话，也许就亢奋起来——通常我比太太想做爱——然后我们会越来越狂热。我会开始爱抚她性器官周围，然后集中在阴蒂，直到她的高潮来临，立刻插入我的阴茎，我们会性交直到我高潮。在性交时她会偶尔有第二次高潮，通常发生在她情绪特别高亢时。从她外表的反应，我认为性交时的高潮比较深刻，不过她说感觉并不强烈，有时候会有轻微的眩晕感。”

“通常她在我拥有高潮之后才达到高潮，这意味着要用手去刺激她，但我并不是完全满意。太麻烦了，我觉得很累。”

做爱必须性交吗

这里的重点是，“性”依旧被定义为性交，几乎每个案例仍然以性交为核心。在面临诸多压力，必须认定性交才是真正性行为的情境下，这种结果丝毫不足为奇。因此男人对性交不再感兴趣是可以理解的，因为他们觉得性交压力太大，而且被逼迫要“成功”地有所“表现”。换句话说，如果男人感受到性交压力，但可以从别的活动中享受到同样或更多的欢愉时，男人仍会希望只通过性交来表达自己吗？

在发生性行为时，男人是否感受到必须性交的压力？主动性交是否基于事先设定的行为？

对“开始做爱后，你是否有性交压力？你是否总是想要性交，或者有时是因为事先设定而来？”这个问题的典型答案在于质疑该问题的意义——怎么可能有人做爱时不想要性交？因为性和性交本来就是一回事。大部分男人表示，想要做爱的定义就是想要性交：

“性就是性交，而且我总是渴望着。”

“我认为这个问题颠倒了。如果开始做爱，就已经是准备性交了。”

“对女人来说，这可能是对的，但是我认为性就是性交。所以如果这个问题的意思是‘在开始性挑逗之后……’我可以说我从来没有感觉到被迫做我不想做的事。和我做爱的女人都愿意满足我的需要和欲求。”

“我和女人在一起的时候，我希望最后我能压在她身上，因为那就像在蛋糕上面涂奶油，是当晚的重头戏。”

“似乎我们都准备好了要自然开始。她和我都一样期待阴茎进入的动作。”

“一旦我开始做爱，就是为了性交。”

“开始做爱后，必须相互了解结果是什么。如果我勃起了，那么我期望最终能圆满地性交。到了这阶段可不能回头了，我不会觉得有性交的压力——我要它。”

“性交是性的一部分，对我来说是不可分的。与她结合，爱抚她的身体，由嘴唇到乳头到阴部到脚趾，感觉太美妙了！我喜欢，我想她也喜欢。这只是顺着激情自然表现的性行为，虽然我猜多少是受习惯制约。”

不过有些男性表示有时候他们的确感觉到压力：

“开始做爱后，我觉得非性交不可，在大部分情况下，我也想要，但是偶尔我感觉好像我必须有所表现，因为对方已经亢奋了。”

“主动性交的压力？我尚未发现有女人不希望最终在性交中获得高潮，有些人比较快，有些人比较慢，一旦我们开始做爱，她就在等这个。”

“是的，一旦开始做爱，我就觉得必须‘把它放进去’，而且射精。”

“开始做爱后，我发现自己会主动性交，似乎是因为我想要。事实上，我的确想享受在女人阴道内的高潮。然而，有些时候我想我非得性交不可，因为这是做爱的‘方式’。我努力将性看成范围更广的活动，包括自慰、口舌及手的刺激。”

“做爱时必须性交的唯一压力来自我的良知，因为我觉得在妻子阴道以外的地方射精是有罪的。”

“社会长久以来教导男人（以及女人）：性交是性的全部，而且是总结。我的确觉得有赶快性交的压力，这种心态使我产生相当大的焦虑。我给自己必须性交的压力，往往使对方紧张，或许她并不想要。”

“如果没有性交，我会想什么地方出差错了。主要是因为心理上有压力必须达到高潮，让它‘发泄’出来。”

“我喜欢前戏。我知道会带来什么结果，而且我希望事后会享受得更多。爱抚、亲吻、抚弄带给我的享受和高潮一样。有些女人与我同调，不过多数的女人认为我颇怪异，因为我不急着性交。急什么呢？这就是我感觉到的压力了。”

“我相信我太太认定，在我弹完序曲后，接下来一定是性交。我但愿不必非如此不可，除非自然而然地发生。不管怎么说，人们总期待男人永远都准备好要性交。”

“我自己比较喜欢无止境地亢奋下去，尽可能地延长前戏，但是我不是那么有经验，常常觉得对方已经准备好了，或许她并未如此。我担心对方会狐疑：‘他到底什么时候要开始？’‘他在等什么？’可见我并未将前戏延长到我渴望的程度。我想大部分男人（包括我）觉得，经过相当的前戏后（15～30 分钟），对方就‘准备’好了，我们应该上马了。”

有时候男人感受到的另一种压力是女人希望早点结束：

“开始之后，我的确感到压力要主动性交。她总是说：‘好啦，快一点办完事。’我在上面进进出出、乒乒乓乓结束了。我常常怀疑自己是不是个男人，我做了什么让她这样对待我？她对别的男人也是这样吗？我是始作俑者吗？还是父母？她睡在这栋屋子里，除了洗衣服、熨衣服、煮饭之外，其他一概不做，这样还不满意吗？我该怎么办？我不知道。离婚似乎不是办法。团体治疗？找份工作？她拒绝工作，说她不愿做任何事来帮我。我不是真的想要性，只是既然有机会，而且我又没有其他的亲密关系，那么我就得捞点好处，或者我该说那两分钟内我的忧虑消失了。现在我希望能够再度真正地恋爱。”

“开始做爱以后，我不曾有过主动性交的压力，只有伴侣希望结束的压力。我感到的压力是要延长前戏，让对方可以和我一样达到高潮。大部分时候都是徒劳无功，因为我的伴侣根本不想要有高潮，她只希望我结束。在我们两个礼拜只做爱一次的情况下，真令人难以满足。”

最后，一些男人表示他们有时候会进行没有性交的性行为：

“我曾经觉得性交是事先设定的，大约在两年以前，我一直认为女人和我一样希望享受性交，直到我开始阅读相关报告，并且和女人更为开放地谈论性后，我才了解，大部分女人无法通过性交得到她们高潮所需的刺激。所以，我不再觉得性交是事先设定的，我不再一味地想要性交。”

“性交永远让人舒服，不过有时我觉得只要亲吻和表达爱意，就能满足了。”

为什么男人会觉得如果他们不想性交，就不是“真正的男人”？唯有经过性交，他们才能拥有“真正的性关系”？许多男人痛恨加诸身上必须性交的压力，这种压力让性交在做爱时变得更像是无可逃避的责任，而非自己的选择。

这并不是暗示，性交往往不是美妙而强烈的经历。如同一名男子的叙述：“除非这个女人和我都真的渴望和对方性交，否则做爱的行为就很容易变成无聊的仪式。有时我觉得性交应该为特殊的时刻保留下来。”

若非文化认为“性交就是性”，而且是世界上最令人渴望的活动，特别是男人永远想要性交的偏执观念，性交对性爱而言会有这么重要吗？性交仍会是独占性的行为吗？或者它会变成互相结合的诸多方式的一种？有时候性交，有时候不然？

除性交外，性行为能多样化吗

“性交在性中占什么样的地位？你希望改变性的定义，不再那么执着勃起和性交吗？你是否喜欢有时用其他活动来取代性交？或者你比较喜欢永远将性定义为性交？”

很多男性似乎不理解这个问题。[①] **而在理解题意的男性中，大部分反对将性交变成发生性关系时的唯一选择：**

“我完全赞成让性多样化，以增添趣味。但我也认为任何尝试用其他活动来取代性交的企图都会招致男人的强烈反对。对我而言，性就是性交（包含射精）。可

① 如果男人发现性交具有永无止境的吸引力，为什么男人抱怨，跟相同的人性交越来越无趣？或许不是跟相同对象的“性”变得无趣，而是持续不断地重复一个模式令人失去兴趣。如果“性”可以去掉定义，变成个人的词汇，用来指肉体互相结合的许多方式，包括表示愤怒、温柔、激情、爱意的各项活动，或许就不再“单调无聊”了。

以多加一些，但是不能摒除必要成分。而且我的确感觉到大部分男人都会同意我的观点！”

“建议改变性交观念将是大灾难。性交是自然的行为，你无法用科学理论加以改变，科学只能尝试了解和诠释自然。为了人类的幸福，我们可以在有限的情况中改变自然，但是必须小心谨慎，免得产生无法控制的副作用，干扰了精密复杂的自然结构。”

“不怎么喜欢。性就是性交，我总希望在性交中获得高潮。”

“经过 20 年后，我们似乎已安于这种方式，这些方式的好处是不必担心下一步该做什么。”

“在性接触里，我乐于增加其他活动，例如爱抚和亲吻女孩的胸部和全身。但是我也想要性交。这是做爱的核心部分。”

“如果我很陶醉，就想要享受性交；如果我兴致不高，或许是最容易结束的办法。所以不管是哪种情况，如果涉足性行为，我想要干到高潮。”

“我不知道，目前的定义似乎不错，再多点调剂就更好了。”

“在我阴茎勃起、乞求进入爱之鞘时，我想要性交。我不希望被拒绝。”

“不。性交是性的最高形式，也是肉体的完全结合。”

不过有些男人表示他们会有兴趣改变，或是正在改变：

“我发现，如果我们心中不要老想着性交是最后一步，性爱对我们俩就会美好多了。有些伴侣欣赏我这种心态，她们习惯这份新鲜感，她们的用语是：‘不会将性交认为是无法退让的家伙。’不要先入为主地将性交认定成基本规则，性爱才会变成更自然的情感，更加多彩多姿。我们进行的每个活动都具有相等的分量和意义。或许 10 次之中有 4 次并非性器官对性器官的性行为。”

“插入阴道的性交和青少年时代学来的角色扮演有关。多年以来男女双方各自扮演着自己的角色，接受彼此热情传述的谎言，男人向男人吹嘘，而女人越来越迷惑，或搞不清楚性究竟是怎么一回事。有很多年我也陷入这样的愚昧之中，试着相信，结果成功了，尽可能在更多的女人体内频繁地射精。我不认为我在这方面花的心思和亲密的情感有任何关联。”

“我希望让全世界都知道，进入阴道并不是全部的答案。对男人和女人来说，只有高潮才是真正要紧的。进入阴道可带来亲密、热情、爱意和低语，但是其他的选择也一样，例如躺在对方的臂弯里。”

“我喜欢性交，因为性交的所有阶段都会带来狂喜，但是在喜欢程度上我将性交摆在最末位。我的喜爱顺序先是口交，然后才是性交。”

“有时我宁可不要性交，只要彼此紧挨着，温柔地吻遍对方全身。现在我很高兴地知道女人对性交并不是那么狂热，使我觉得比较放松。但是女人或许会认为我不够男性气概的想法总是挥之不去。真是令人悲哀。”

“在正确时机中，一个再简单不过的手势就能带给我宛如性交的莫大战栗。没错，性交通常是在我拥有高潮的时候，但是我反对把性交当作至高无上的示爱行为——爱，差得远呢！性交通常会变成两具高度分化的器官在表现自然的功能。还有些人仍然相信这种谎言，企图对青少年说：性交是爱的最终‘结果’或‘证明’。无可否认，性交可以是非常强烈而愉悦的做爱方式，但要看当事人是谁，以及如何进行，有时候还得问为什么。行为本身并不能保证心理或生理上的欢愉，因为和你并非真正喜欢的人做爱，所带来的沮丧远超过高潮的欢乐。所以，不要再美化性交了。或许目前我开始会有这样的感受，是因为我和伴侣同居，在某种程度上免除了我们每次做爱必得性交的义务，我们可以自由地享受其他活动。如果我们没兴致，也可以完全不必性交。性交只是人类从事的各项愉悦的性活动之一。虽然在每一次性接触中，最后总会进行这项活动。但它仍然只是广泛的性行为（完整性爱）的一部分。”

“许多人太高估性交的重要性。性应该用全方位的意义来界定。性是一个人或许多人一起进行的、能使自己亢奋、必要的话就达到高潮的任何活动。我想我会喜欢两人都以更多的口交来达到高潮，而不是用性交。”

“我不再对性交（尤其是射精）那么有兴趣了，而且我不认为我曾经认定‘进入’女人阴道内经历高潮是必须的。天晓得，还有许多比性交更有趣的事情！事实上，我已经很久没有和太太完成性交了（跟别的女人是 33 年前）。在我早年的婚姻生活（我们结婚 41 年）中，我总是会在性交中高潮，我太太则是靠我帮她自慰来满足，后来发展成相互自慰。有时候在非常亲密的时刻，我会把阴茎放入阴道内，无意性交，只是想要‘感觉舒服’，有时候就这样睡着了。直到最近我太太才同意为我口交，我很喜欢。我们不断在学习，我们在性爱方面不断地成长。”

“我对于阴茎插入阴道的性交真是爱恨交织，对于性交的感受也曾有所改变。我曾以为自己需要性交，而且接受现实，追求性交，并以此作为结合的基础，直到数年前接触妇女运动，提升了我的意识，才多了一些观念的改变与新视野。”

“心理上，阴茎与阴道性交的唯一可取之处，是它带来的亲密和结合感，但是坦白说，我怀疑是不是这样就够了。它会带来高潮吗？谁的高潮？通常是我的高潮，除非我真的无法专注。在那种情况下，我没有理由期待高潮，那么我到底在想什么？”

“去年，我开始不愿主动性交。如果女人想要，让她们追求一阵子。如果她们不要，我也不要。到底是谁要性交，性交怎么会变成至高无上的性爱？”

“我是个英俊男子，体重 91 公斤，棕发，灰眼。所有和我做过爱的女人都喜欢和我做爱，我在这方面非常敏锐。

“女人最要紧的问题是获得高潮，我愿意在这方面发表一点意见。女人是受到什么样的教育，要她们不能自慰？女人一辈子都有人告诉她，不能玩弄或是爱抚自己的阴道。但是我认为女人或男人在早上起床时，都应该随意爱抚身体每一个部位。他们会发现自己身体上美丽的地方，在各方面爱自己的身体，爱抚自己的身体，让身体觉得舒服，这样一来他们就不会害羞了。一个从小到大都在自慰的女人往往是婚姻良伴——床上做爱时的良伴。女人和男人应该谈论他们的性问题，告诉对方他们喜欢什么地方被爱抚，这将导致美满的婚姻生活。

“另外一点是，双方在做爱、性交时都是自由的，让女人享有自己的乐趣，让女人对男人做她想做的事。男人也是如此，让他做他想对女人做的事，不过双方都要同意接受。彼此告诉对方他们希望如何享受性爱，如果有一方不喜欢对方对他（她）做的事，就应该停止，讨论一番，然后妥协——他们应该永远互相妥协。开始做爱时，男人应该让他的伴侣、他的女人参与，让女人也享有自由，让她支配男性。因为有时候，她并没有真止满足，只留下了亢奋的饥渴。他进行了几分钟，然后高潮了，而女人却没有高潮。他缓解了自己的压力，却留下亢奋而饥渴的她。

“想要拥有美满的婚姻和美好的性生活就要正确地爱抚对方，双方都会非常亢奋，因而拥有神奇、美妙的性关系。另外一件事也很重要，离开孩子去度假，如果你有孩子的话。如果没有孩子，两人单独出游，谈谈话，漫步在海滩、森林以及公园里，因为这会让双方有机会谈论那些令女人也令男人感到困难的小事。经营一桩美好的婚姻，就得一起聊天，一起度假。一有机会就单独外出，这样会造就美好的婚姻生活。我觉得另外还有一件男女结婚后该做的事，即使是年轻男女也该做，他们应该爱抚自己的身体，爱抚全身以了解自己的身体及自我。而且应该喜爱他们的身体，他们绝对不应该受到嘲笑。小孩子在爱抚自己的身体时，不应该受到嘲笑，在父母察觉孩子爱抚自己时绝不可以有任何恶劣的感觉。而且我觉得如果男人和女人都这样做还会有助于拥有美满的婚姻。”

可以不要高潮，只享受性交欢愉吗

男性高潮是性交不可或缺的一部分吗？性交时男人一定想要高潮吗？男人从性交的高潮得到较多的欢愉，或是利用性交来增强自己的亢奋比较愉悦？大部分男人是否曾经尝试将性爱当成追求亢奋与刺激的历程，而不是寻求高潮？

大部分男士认为，男性高潮是性和性交的重点：

“必须要有高潮。开始一件事却不期望完成它是没道理的，我宁可不性交，也不愿冒不能达到高潮的危险。性不就是高潮吗？我从来没有听过其他形式。”

“我从来没有性交而不高潮，如果我想停止高潮，就不如停止性交。”

“身为男人，射精是性交的终极表现。我有时候会没有高潮，这让我紧张而沮丧，我会肯定地说，美妙的性绝对是在伟大的高潮中完成。”

“拥有高潮是我一生中最愉悦的肉体经历，无一例外。怎么可能出现没有高潮的性？高潮是性顺乎逻辑的巅峰表现，性与高潮是无法区分的。”

“除了高潮还有任何其他的结束方式吗？”

有时候男人感觉到女伴给他们必须高潮的压力：

“每次性交时我的确感到必须高潮的压力，因为这被视为理所当然。在我的经验里，让男人在她们体内射精似乎真的会让女人陶然，而且会用声音、动作来显示这样的感觉有多美妙。”

“我常感觉到必须高潮的压力。在我没有高潮的时候，我感觉对方误解为她对我没有吸引力，或者她‘失败’了，不能够取悦我。很难向女人解释即使我没有高潮，我仍然非常享受。通常做爱时我会有高潮，不过有时候高潮与否对我来说无关紧要，而且我不认为必须以此来证明自己，就像女人无须借带给我高潮来证明自己。”

“性交时我都会达到高潮，如果我没有，或许她会自认为魅力不够。听起来很可笑，不过我就是有这样的感觉。”

“我目前的女友希望我每次都陷入‘狂喜的漩涡’之中，有时我必须安慰她，我非常快乐，而且真的感觉美妙。”

一些男人提到了社会压力：

“我的确常常追求高潮，但是我也意识到背后莫名其妙的社会压力，促使我追求高潮以及目标导向的性爱。”

但是有一位男人观察到男人跟女人一样可以享受没有高潮的性：

“我以前会感觉高潮的压力，而且总会达到高潮。但是有时在我疲乏，或是刚做完爱时，会相当乐意在她准备结束时告一段落。这不再是威胁，因为我肯定自己有能力做个好情人。然而，我发现一个非常奇异的现象，似乎女人在年轻时不知从何处得来训诲，因而相信，除非男人有高潮，否则他的健康就亮起了红灯。所以我常常发现女人要绕好大一个圈子才能确定男人没问题。我想说这是胡扯，她们一定是通过社会习俗，接受了男性沙文主义的洗礼。毕竟，这和让女人性亢奋而得不到高潮没什么太大的区别。男人一样可以接受，而且一样享乐。”

无射精的高潮

射精和高潮是同一件事吗？虽然美国文化通常将射精视为高潮，但有些男人会加以区分。这份调查中的许多男人表示，有时候会射精而无高潮，另一小部分男人说有高潮而不射精，还有少数男人表示他们可以有多次所谓的“干潮”，或“小高潮”。

在被问到“你能够不射精而高潮吗？如果能够，你可以有多次高潮吗？”时，一位男人的说法相当典型：

“我看到这个题目相当惊讶。男性高潮意味着射精，除非他们非常年轻（青春期以前）。如果你知道有方法让我们高潮而不射精，住在这星球的每位男人都愿洗耳恭听。”

有极少数男人提到可以高潮而不射精：

“我完全不能肯定，不过我曾经在缓慢而且精心经营的自慰里，在即将射精前停止刺激来延迟射精，因而经历一连串的小收缩。这些收缩比不上射精时的强烈，而且没有东西流泻出来，顶多有数小滴的精液流出。在这种不完全的射精中，我似乎进入新的亢奋期，似乎不管我想要玩多久，阴茎都确定可以维持完全的勃起。我不知道这可不可以算是高潮，或是被阻挠的高潮，因为没有射精。我认为这也算是高潮，而射精是最最强烈的高潮产生的作用。不过我一直听人说男性的射精和高潮是同义词。如今我坚信‘可怜的男人，他只有一次高潮’的说法是错误的。”

以下是许多男人提及的现象，他们在一晚或一天好几次高潮后，不再射出精液：

“如果我在几小时内再度射精，就没有多少精液可供应了，但这并不会妨碍或减轻高潮的强烈程度。”

“我极少达到高潮而不射精，除非是一晚连续 4 次或更多高潮以后。在连续的高潮中，射精的快感犹存，即使精液已经用光。高潮的品质与射出的精液量无关。如果是一连串高潮的最后一次，可能真正释放出来的液体非常少，然而高潮却美妙无比。”

不射精也有医学上的原因，包括前列腺手术，会造成逆向射精（直接射精到膀胱里，在排尿时会看得到，有的像黏稠的液体，有的全是泡沫）。逆向射精的其他原因包括神经受损以及肌肉退化，这是某些糖尿病和低血压的特征。

“有一段时间，我创造出一种技巧来对付早泄，我能够有‘半高潮’，我不晓得自己到底射精没有，但是会让阴茎顶端不那么紧张，也不会失去勃起，而且我可以再继续下去，延长性交时间，逐渐达到高潮。”

“我有两种形式的高潮。第一种是所谓的‘干潮’，这是在骨盆四周一连串愉悦的肌肉痉挛或收缩，主要是在鼠蹊处和阴茎，但是没有射精。第二种形式我称之为‘湿潮’，或是有射精的高潮。在湿潮之后，亢奋通常完全消失。有时在 15～30 分钟后我再度亢奋，但是我不会像在干潮时，想要延长亢奋再来一次。”

“高潮时我几乎一定会射精，但有时和爱人在一起时，我可以在性交时非常专注，达到非常接近高潮的阶段，却没有射精。身体的感觉像要射精一样，但是我会试着控制。这会让我非常激动，但只能有一次，下一次的高潮一定会伴随着射精。”

许多男人提到相反的现象——他们射精了，但是没有体验到圆满或完整的高潮，他们没有真正享受到性交：

“任何人都能射精，只要按照生理动作去做。至于高潮，必须依循情感的发展。高潮令人满足，射精就不一定。高潮时，会出现一道缝隙，那一刹那你失去知觉，时间仿佛中断了。”

“在她想要做爱，而我太过亢奋或是没有兴趣回应时，我会射精但没有高潮。”

“高潮和射精是两回事。我有时候会射精，但没有任何高潮，甚至感受不到过程中的正常愉悦。高潮主要是一种心理状态，通常伴随着身体反应。除非你有心，否则享受不到。”

“没有高潮的射精什么都没有——没有任何感情，除了湿答答的，以及肌肉收缩。通常是发生在我没有好好照顾自己身体需求的情况下。”

但是有些拥有不射精高潮的男人表示，他们可以有多次或连续性的高潮①：

“我有过不同形式的高潮，有点像延长的一连串迷你高潮，没有射精，可以持续1～15分钟，而且在我决定结束时停止，然后进到最后的高潮，同时射精。这只能在自慰时做到，因为需要非常精密的控制。”

“我觉得和伴侣做爱时，我应该可以有多次高潮，因为我很多次自慰时都办到了。达到这个目标的方法是在高潮前一秒停止刺激。如果进行顺利，射出的只有几滴精液，伴随着多次的‘干’收缩，然后几分钟之内又会再度高潮。”

“我只有几次这样的经历，的确妙不可言。并不是我停止射精，重新再开始，而像是酝酿的过程反复发生。在我第一次经历到时，我无法置信，告诉伴侣：‘我又高潮了。’太不寻常了。”

虽然如此，这些男人大部分都表示最棒的高潮是有射精的高潮：

“我不是每次都射精，连续高潮会有不同的强度，有时候比较强烈，有时候则比较弱，最棒的高潮永远是有射精的高潮。”

“有射精的湿潮和没有射精的干潮，我都经历过，这两种形式的高潮都能给我带来愉悦感，但是我更喜欢在达到高潮时能够射精，那种感觉很棒，身体的反应非常强烈，肌肉也会大幅度地收缩，让我觉得很满足。而且，我的伴侣也希望我能够射精。”

但是有一位男人不同意：

“干潮缺乏精液激射出去的喜悦，不过刺激同样强烈，甚至到达令人剧痛的强

---

① 在生理上尚未射精之前，男孩自慰时，常常会在第一次高潮后继续刺激自己数次，以重复高潮经历。当然女人也会这样做。

度。或许正是因为缺乏精液所带来的舒缓作用，才会让你感受如此强烈。”

在古老的梵文作品里，也讨论过这种技巧，指出男人可以通过持续保持在高度亢奋状态，以及在性亢奋的某些阶段避免射精，而得到最大的欢愉。

少数男人描述了他们感受到逐渐增强的快感，有时为了增强欢愉，完全回避高潮：

“我喜欢让性交时所有的感觉更丰富，任何细致的分别，稍稍改变一下角度就会有不同的感觉。看看自己能够多么深入，感觉自己快要为性发狂，不断在高潮边缘逡巡。喔！谁在乎高潮？最好我从来不射精！”

“在酝酿高潮的过程里感觉太奇妙了。狂喜的最高峰是在高潮前，高潮好像爆炸一样，结束了所有的狂喜而且破坏了所有的乐趣。接下来是退潮，欢乐全部结束，直到你可以再度酝酿。除非我想使女人受孕，否则不想射精。不射精有趣多了，而且可以维持得更久。我运用意念来控制身体，久久停留在高潮边缘，不断增强难以形容的欢愉，宛如置身世界的顶端。”

“我想过去几年随着我的人格变化及情感的成熟，我从性交中得到的乐趣也有所变化。早几年，我最主要的目标是为自己和伴侣制造欢愉，我认定最大的愉悦是性器官的高潮。后来几年，我们从实验和探索中发现还有范围更大的性欢愉。现在，共同分享肌肤之亲与爱的表达，以及高潮带来的短暂肉体高峰经历，对我同样重要。事实上，有时候我甚至不想要高潮。”

一位男人描述自己发现了性行为的崭新面貌：

“3 个月前我结束了 9 年的婚姻，跟妻子在一起，我从来无法放松，享受性爱。我根据自己认为应当的行为表现，没什么不好，但基本上是按部就班的例行程序。她说性交时偶尔会高潮，但坦白说，和我做爱没什么乐趣，而且次数越来越少。她学会压抑自己的欲望来防卫自己。

“我第一次在女朋友面前亢奋起来的时候（她是第二个和我做爱的女人），我觉得自己表现得非常‘英勇’，因为我强而有力地进行亲吻、爱抚、性交三部曲。她是一位善解人意的女士，也是很好的朋友，当时她并没有纠正我，或者试图让我缓和下来。但是在她两次高潮后，我想：‘已经够久了，我猜现在该轮到我了。’我的高潮必须通过非常深的插入以及缓慢而规律的摇摆，而这些动作令她喜不自胜，她长声嘶喊、尖叫，完全无法自制，而不是像我以为的她‘应该’躺着不动。结果我失去高潮所需的正确姿势和压迫，但她突然发动攻势，坐在我上面，进行一些非常愉悦的活动，带给我前所未有的快感，我真是欣喜若狂。男人需要高潮来享受性爱吗？天呀，不，不是每一次！我们继续性交、嬉戏、欢笑、尖叫、呻吟、厮打、喘息，超过3小时。她在数到第10次高潮后就忘记数了，直到精疲力竭，我们才停止做爱。她很难过我没有高潮，我说：'一星期的任何一天我都能够在15秒内自己达到高潮，而我刚刚和你经历到的，是我绝对没有办法自己创造出来的，这是我一生当中最强烈的刺激。'过了两晚之后，我们又亲吻、爱抚、舔舐、跳舞、性交、嬉戏、欢笑、尖叫、呻吟、厮打、喘息，超过4个小时，而且我仍然没有高潮，但我毫不在意！

"所以你明白吧，为什么我要对所有的男人说：'觉醒吧！对你们以及你们的女人来说还有更甚于性交和高潮的欢乐。'对我来说，这是我的任务，要告诉男人，这样他们才能真正取悦女人，同时在最完整的意义上享受男性气概。"

到底什么是"男性性行为"

什么是"男性性行为"？性交吗？为什么它的定义狭隘地等同于性交？是因为美国社会教导男人将全部的焦点放在性交上，用带有侵略意味、目标导向的定义来界定他们的性行为吗？

为什么要永远认定性等于前戏，接下来便是阴道插入（为什么不说是"包围阴茎"），然后是在阴道内结束的男性高潮（即使在性交前会包括刺激阴蒂到高潮）。

将性定义为性交，已蒙蔽了男人对自己性行为的理解和欣赏，迫使他们陷入不必要的焦虑，使得许多男人在展开行动之前就丧失了性欲。举例来说，许多男人缩短前戏和身体亲热的过程，因为他们害怕他们的勃起会消失，因为别人一直教导他，要享受性爱必须勃起，否则会"丢脸"。但是男人如果不必焦虑他们在性爱方面"应该"如何表现，不要过分重视达到高潮，就可以到达情感以及亢奋的更高峰。

男人否定自己的性行为将会影响深远，因为这是男人全面否定自己的感受和情绪的一部分。他们说真正的男人应该学会永远控制情绪。因此，男性气概的传统定义在于试图将男人封闭起来，让他们失去感觉喜悦、悲伤、爱情、世界、生命的完整能力。

男人若将古老的"男性性行为"的僵化定义置之脑后，将会带来丰硕的收获，更懂得欣赏自己伟大的性行为，欣赏自己享乐和表达的能力。

性可以卸下定义，成为多彩多姿的活动，不一定要包括性交，甚至高潮。性可以成为个人的词汇，是肉体结合的诸多方式，包括表示愤怒、温柔、激情或是爱意的各项活动，要看两人当时的感受而定。

男人可以创造出男性性行为以及性欲的新概念，而不一定要聚焦在性交或高潮吗？男人是否希望变化、拓展他们的性行为，卸下任何束缚，不需要永远积极行动，有时候比较被动也无妨，以承受更多的感觉和关照？大部分男人是否经历过高潮并不强烈、但情感较为浓烈的性爱？

“性=性交=男性性行为”的源起

从历史发展来看，性的定义并不是我们现今所界定的意义。事实上，目前对性的定义基本上是前戏，接下来是性交，然后结束在阴道内的男性高潮。这是发生性关系的“正确”方法，而非一直是性的定义。我们在这本书上看到的，以及一般人对男性气概的想法，大部分反映了我们所处社会以及西方文化的价值和需求。我们目前所知的性定义约于2500年前便开始流传，目的是增加生育。那时，希伯来人从巴比伦流放回乡，由于人数很少，这些部族通过了一道律法，正是我们所知这类律法中的第一条，规定除了异性恋性交之外，所有性活动都是不合法的。《圣经·旧约》不断警告人们不得从事其他形式的性行为，包括“洒出自己的种子”（自慰）、口交，以及异教徒（四周部落）尤其是巴比伦人的性行为。这种由官方来奖励生育（美化性交）的方式，对小型部族很重要，因为只有增加人口，才有可能变得比较强大，才能巩固领土，耕耘作物，维持较大的军力来防卫自己。

这样的定义也反映出男人社会地位的提升，从此之后，小孩（包括妻子）将要归属于父亲或丈夫，但早先并非如此。希伯来族（可能受到入侵的印欧民族或雅利安人的传统影响）建立了父系社会，由男人统治，女人和小孩归属于（法律上）一个男人（丈夫或父亲），他同样要效忠（法律上）一位男性国王，国王又要效忠男性祭司和男性上帝。但是其他的许多社会，例如迦南人，并不膜拜一位男神，他们膜拜的神祇中有许多是女性，而且是由女人来担任祭司。在这些社会里，女王的权力经常大过男王，或是地位相当。这是早期非父系社会的传统，在当时整个中东地区都非常盛行。

传统的庐山真面目至今犹有争议。但是许多学者同意，根据考古学和书写证据，在历史的最初期，通常称之为史前时代，社会组织的形态完全不同于现代社会。许多学者称这些早期的社会为母系社会，虽然大众对此了解得非常有限。其他女性主义学者反对“母系社会”这个字眼，因为它暗示这些社会不过是“父系社会”的反面，意即女人拥有小孩，并且统治男人，而忽略了它们有自己更为复杂的传统。无论如何，这些族群具有形形色色的社会组织，却是十分明显的，女人得到比男人更多的尊敬，通常掌管寺庙，享有分配食物和货物的权力。女人是否也能成为战士并不清楚，然而许多女神的头衔是战神。这些社会当然不是由男人来统治，“性”与家庭结构在早期的社会组织以及后来的父系结构里，极可能也大不相同。

以下的简述似乎是历经了1000年之久，大约是从公元前8000年～前5000年[①]才完成的巨大变迁的一些假说。

最早期的社会或许膜拜和敬仰女人，因为人们认为只有女人能够孕育新生命。有些学者相信，在远早于巴比伦人或埃及人的早期社会里，人们并不知道性交和怀孕的关系，所以男性在繁衍后代上扮演的角色不为人知。此外，我们所知的最早家庭形态，并不像今日家庭是由母亲、父亲和小孩组成，而是一个由母亲、姊妹、兄弟、阿姨、舅舅以及小孩组成的团体，小孩可能由团体中不同的成员来抚养。母亲可以选择留在家里陪小孩，或是拒绝。换句话说，生物学上的母子不一定永远有像我们今日认为“自然”的亲密联系（父亲与小孩之间也没有）。许多母亲的小孩混在一起，由族群中的许多成员抚养长大。事实上，私有财产的概念这时可能尚未出现，或是非常薄弱，对整个社会没什么重要性，当然小孩也不归属于谁。

目前的理论是，男性对生育小孩的贡献为人所知可能是在大约一万年以前或更早（不同的社会获得这项知识的年代并不一样），后来开始产生缓慢的转变，更多男人参与了宗教事务，逐渐过渡到父系社会，到了现在男人几乎是全面支配。目前学者只能慢慢地拼凑断简残篇，来了解这些早期社会发生的事。无论如何，一些学者认为《圣经·旧约》已呈现了早期父权体制反抗女神崇拜以及女性主导社会，过渡到男性主导、“一神”社会的斗争故事。还有希腊的历史，以及希腊神话的长期演变，也代表了由女神崇拜到男神主导的变迁。在古埃及历史中，长达几世纪之久，也有类似女神优势转变成男性主宰的痕迹。由克里特文化转变成麦锡尼（大陆性质）的希腊文化是另一个例证。无论如何，虽然附和这些诠释的人慢慢增多，但不属于正统。

① 目前我们不知道前父系社会或母系社会更迭的确切年代，但是我们知道这样的斗争已经进行了好多年，甚至几个世纪，而且在许多不同的地区发生。

另一方面，学者大抵同意近年来对全人类（文明）历史涵盖范围的修正：根据最近的估计，复杂的人类社会的出现可以再向前推 4 万年。

在前父系或母系社会里，性交扮演何种角色？即使早期的父系社会或过渡时期，性交并没有被赋予浪漫色彩，基本上性交是为了生育而进行的活动。例如在希腊、罗马历史上的大部分时期。在更早的年代，2 万或 4 万年前，在人们相信女人只要躺在月光下就可以受孕，性交并不是社会上特别显著的象征时，性以及肉体的结合可能的面貌又是什么呢？

性方面的情感是与宗教孕育万物的集体活动，还是与“浪漫”的个人活动联结在一起？或者性方面的情感与高潮是与“浪漫”的个人情感相联结，而孕育万物的活动则与集体或宗教性活动相结合？有一些证据显示后面的说法可能是正确的，但是我们真的不知道当时人类的行为为何。[①]

然而回到当代，我们已经认清，我们所熟知的性和人类历史以及社会组织的关联。性的定义是从早期犹太人的基督律法[②]里流传下来，演变成整个西方世界的民法的，而这些律法基本上仍然是现代民法的基础。除此之外，今日许多教会仍然强调古老的教会律法，例如，罗马教廷表示女人不应该避孕，因为性爱的目的就是生育，因此女人应该永远为这个目的提供她们的身体给丈夫。更进一步来说，父亲将拥有小孩。另外我们要指出的重点是，其他社会例如日本、中国、印度和阿拉伯世界，一旦变成父系社会，对性的定义也是大同小异：意思是，规范肉体的结合，以繁衍子孙，孩子则属于父亲。换句话说，重视生育层面的性定义是父系社会牢不可破的本质。为了让男人控制社会，男人必定得先控制生育，并且拥有小孩。

但是现代的性行为正在改变，或许大部分是由于工业革命带来的根本变革。社会的强大已经不再像以前一样必须依靠增加的人口，因为我们现在的人口已经非常庞大了。更重要的是，机器（以及电脑）可以为我们做许多过去由庞大人口所负担的工作。由于社会不需要像过去那样鼓励生育，避孕逐渐地被接受，同时男人对孩

---

① 无论如何，当时的女人跟现代妇女一样，知道阴蒂的重要性，如同在《海蒂性学报告：女人篇》中讨论过的，20 世纪的女性，在没有获得任何资讯的情况下，很早就开始自慰。对绝大部分妇女而言，自慰代表用手刺激阴蒂。因此我们可以合理地假定，如果现在的女性是“依靠本能”自慰，当时的女人必定也会这样做，而且知道阴蒂是刺激起来很愉悦的部位。这种刺激是不是当时性爱的既定模式或习俗？自慰被认为是隐私吗？还有其他什么活动被视为重要的？

② 这些律法或许衍生自某些印欧或雅利安民族的意识形态，同样的意识形态则影响了伊朗、土耳其和印度的早期宗教。

子（以及婚姻）的所有权，不再那么重要，“同居”也被更多人接受。

然而，这样的转变尚未深刻影响到我们对性是什么或可能是什么的想法，即使我们常常采取避孕措施，但大体上仍然是遵循传统上界定肉体结合为生育的定义，将核心放在性交上。但是，如同在本书中所见，有些男人开始质疑美国社会对“男性性行为”的假设，以及对性的定义。虽然这些议题才刚刚浮现出来，大部分男人都觉得事情不对劲了。性爱带来了许多我们熟知的美妙意境，但多少也引起了不必要的问题。

性交的传统意义： 权力运作

男人对性交的渴望程度，归因于美国文化主张所有男人都应该追求而且想要性交。对男人来说，这是“自然而然”的事。有多少人是因为自己真的渴望和一名特殊的女性性交，或者说进行性交是基于个人的原因？我们永远无法得知。排除如影随形的文化象征以及压力，性交会变成性行为中的一项选择，而非必要条件。这并不是说男性和女性不能再继续享受性交的乐趣，而是说如果性交不是“必要条件”——如果性交是一项选择而不是注定的，对双方而言，性可能带来更大的享受。性不一定永远包括性交。如果性交不一定永远是焦点的话，性爱会变得更加自由。

在美国社会里，性交既是最美丽的行为，又是最富压迫和剥削意味的行为。它象征了男性对女性将近3000年的所有权，它是父系社会的核心象征，少了它，就没有父系体制了。性交的巅峰是阴道内的男性高潮，在这个庄严的时刻，男性完成了他对生殖的贡献。这是人们讴歌性交的原因。因此，男人必须热爱性交：性交是男性父权文化的庆祝仪式。

然而从更宽广的视野来看，我们对性的定义是文化的产物，而非生物学创造出来的。在传统的性爱定义里，并不推崇或尊重女人对高潮的需求，以及为了达到高潮需要特殊的阴蒂刺激。当然女性高潮也不会像男性高潮一样受到体制的重视。然而，就我们所知的，阴道内男性高潮导向的性体制之所以被创造出来，或许并不是因为男性的支配欲，而是因为社会所期待的增强生殖力。然而，男人身为子女以及女人最后的拥有者，在这个仪式尊重他，同时珍视、崇拜他的高潮，必定很有安全感。因此男人觉得他们在性交时的高潮是好的。然而，男性通常不会将这个体制的建立归因于男性创造的社会。他们寻求生物学或宗教上的根源，即“事情本来就是这样”，或者如同一位男士所述：“性交是上帝为男人创造出来的乐园。”

此外，这个文化体系得到女人的协助和关照。如果男性高潮代表圣礼，女人的作用就是祭司。女人不仅在个人层次上让男人感受到被接纳，同时通过参与以及迎合过程的发展，带给他更深层的接纳。或许女人热情的程度不同，但是从来不会在进入“性”（仪式程序）后，尤其是性交后撤退，而是帮助男人达到高潮，获得欢愉。

男女双方都认为这是女性的角色。然而大部分女人仍然不觉得她们有类似的天赋权利，要求阴蒂刺激而达到高潮；她们也不会觉得有权利爱抚或刺激自己到高潮，更不会觉得她们有权利坚持男人迎合她们的需要（尤其是在女人并未迎合男人的需求时）。为什么我们的社会能够毫不迟疑地假定“性”可以定义为从性交到男性高潮，而只是“偶尔”或从来不将阴蒂刺激到女性高潮包括在内？

除此之外，在传统的性交里，男人在女人的上位，更加强了文化赋予男性优越感的象征意味。再者，男人几乎每一次都有高潮，而女人没有，更进一步鼓励男人认为自己是比较优越、健康、性感的。对于“比较软弱”的女人，她们无法拥有相似的高潮，尽管原因在于她往往得不到正确的刺激。换句话说，在传统的性交里，男人在上的古代父权象征意味仍非常显著。男人在上，“攫取”欢愉，背后有整个社会文化的力量在支持他，告诉他所做的是好的、正确的，而且他是强壮的男性。而女人要仰视着他的眼睛，不加抵抗，与他一起赞美这些感受。

还有另外一点：女人接纳精液的象征。由于女人接受了精液，她也接纳了男人最深层的部分，至少是象征性地接受为他生子的想法。父权体制下的性交意味着权力，因为男人可以说：“我拥有这个女人。我可以让她受孕。”这在早期父系社会中等同于权力，因为在更早的社会里，人们并不知道怀孕与性交（精液）之间的关联，他们以为女人靠自己的力量生育。发现这项关联后，勃起的阴茎逐渐成为社会上优势的象征，至今依然。在这之前，女人的身体，尤其是阴阜和乳房（如同我们在挖掘出土的成千上万尊代表“丰饶女神”雕像上所见的）是主要的象征。

当然，这并不是说性交本身不会带给男人和女人快乐，然而，加在这些基本情感之上的是一个庞大的文化象征，这已经深植于所有人的心里，因此我们很难确定究竟为什么喜欢性交。

父权意识形态的另一项暗示是，性交让一名男性在其他男人面前确定他的男性认同，性交是男性互相结合的形式。男孩从小就听人说他们不能性交，只有男人可以，因此性交成为身份资格以及优势地位的测试，男性通过性交证明了他们在男性团体中的会员资格，不只是第一次，而是一次又一次。男人的一个基本定义是“和女人性交的人”。为什么是这样？在一个不将生育视为首要价值的社会里，性交会是男性气概（不管它的内涵）的测验吗？从历史上来看，男性对性交的认同（以及强调“行房表现”）源自希望有更多的战士和农人的社会体系。事实上，有好长一段时间，性交并不与爱或罗曼蒂克的爱情联结在一起，甚至也不会认为性交必定是一个“男人”想要做的重要活动。例如希腊男人，他们往往能够在自己的圈子里享受性爱的快乐，他们认为与太太性交是一项义务，基本上是为繁衍后代。毫无疑问这也是妻子的观点，因为她并不重视自己的高潮（她是否借助自慰获得高潮，或是和与她整天厮混的女性朋友一起来获得高潮，则无从得知）。而在更早的年代里，希伯来男子必须接受《圣经·旧约》的告诫，不要“洒出他们的种子”（意即自慰），或是鸡奸，而应该进行阴道性交。这暗示了他们发现自慰或其他获得高潮的性形式比较愉悦或方便，事实上这或许是他们的风俗习惯。

因此，在父系社会里，男人性交有整个社会赞同的力量在背后支持，他做的是整个社会赞美的事，而女人对他的接纳则代表了整个社会秩序，尤其是其他男人接纳他的象征。无论如何，性交并不会让女人感觉社会接纳了她，对女人来说，性（性交）的意义完全不同。虽然女人身为社会的代理人（履行社会强加在她身上的角色，如抚养者、助人者），带给男人接纳以及赞同（同时带给男人高潮所需要的刺激），但她通常不会获得相同的回馈。此外，社会并不赞美她的性交，她的高潮更不被重视，如果她“自己给予”，男人可能会瞧不起她。我们应该牢记在心的是，美国文化对进行同样活动的两性给予的奖赏是多么的不同。

不过，女人还是喜欢性交，而且女人和男人的确常常在个人生活里超越了这些文化意义。虽然性交一直是男性气概与男人力量的象征，但我们并不需要继续维护这个体制，随着女人获得经济、社会、法律的平等地位，性交可以被除去这些剥削意味，成为美好而自由的单纯活动，最重要的是，出乎自己的一项选择。

我们的主旨并不是指男人喜欢以及想要性交是错误的，而是让人们从一定要性交才能拥有真正的性——成为真正的男人这种感觉中解放出来。责备任何人，不论是男人或女人，都是毫无意义的，因为我们每天都在学习传统以及刻板的态度和行为，而且永无止境地听到这些教诲在周围重复着。现在的要点是重新审视性交在我们生活中所扮演的角色，重新评估我们对性的定义，而且努力创造出更个人、更平等的肉体结合形式。

事实上，在某种层次上，或许正是因为男人在性交时获得文化的支持，反而令男人觉得不舒服、不安，而且爱恨交织。他们希望性伴侣也得到不平等的关照吗？他们希望整个仪式的成功或失败系于自己的表现吗？男性气概的理想一方面在于讴歌男性，一方面又会使他们失去人性。在本书里，见到男人在回答性交以外性活动的问题时，洋溢出来的解放以及真情流露，显示男人的确深深感觉到这些象征性压力的沉重。

11

男性性行为与性欲

和爱人融为一体的欢愉

love

“我从来就没有真正了解过，女人如何让男人进入她体内，直到我自己让人插入。我喜欢这种感觉，这是大部分男人未曾有过的经历或状态，让人插入与插入别人是非常不同的。现在我明白这同样适用于与性无关的事情：让某人进入你的生命、进入你的内心、进入你的恐惧与欲望中，这种特质在女人身上发展得比男人好多了。或许就是这种差异使得男人很难去爱，我知道我对爱的恐惧，就像恐惧让人进入。”

在这份调查里，许多男人表现了强调的渴望，他们希望变化、拓展他们的性生活，在讨论性交以外的活动时，许多回函听起来更加自由，自发性也颇强。几乎像是卸除了重担，压力消失了，充满着开阔而热情的新气氛。无一例外，男人热爱这个章节里他们所提出的每一项活动。

前戏

认为“男性从性中需求的是高潮”是对男人性行为的刻板印象，或认为前戏是女人比较需要的（让女人准备好）而非男人渴求的。这些是真的吗？那么，男人喜欢加诸他们身上的前戏吗？或是他们比较喜欢加诸女人身上的前戏？他们自己喜欢什么样的前戏呢？

男人乐于接受什么样的前戏

在被问到“什么样的前戏对你来说是重要的？你喜欢被拥抱、亲吻、爱抚吗？你的胸部、臀部、睾丸、嘴唇、耳朵敏感吗？”时，男人的答复五花八门，不过几乎都是热情洋溢的。以下的叙述相当细腻：

“如果女人用手滑过我全身，在我耳边吹气，用她的手指穿过我的头发，亲吻我的脖子，用她的指尖搔我，抓我的背。同时我趴着让她躺在我背上，然后她在我耳边嘟嘟哝哝，我真的爱死了。不过大部分女人没办法放松到这样的程度，或者根本没想到这些。”

“特别敏感的地带是从耳根到脖子，胸部、腹部、性器官周围、膝盖内侧、大腿内侧以及脚趾，我的睾丸也非常敏感。嘴唇或许是在前戏中最能令我亢奋的部位，嘴唇互相接触或是法国式热吻等都会令我十分兴奋。但是我讨厌对方将舌头伸进我耳朵或是亲吻它。”

“我喜欢对方亲我的嘴，舔我的耳朵，我的乳头很敏感，我的屁股很敏感，我的大腿也很敏感。”

“我喜欢对方亲吻和轻抚我胸膛，然后爱抚和按摩全身，特别是玩弄我的阴茎。如果对方知道怎么做，抚弄睾丸也很舒服，这需要指导和练习，这个部位十分敏感。”

“我必须承认，我迷恋漂亮的指甲，我喜欢指甲温柔地抚摸、轻搔我的背部。”

“亲吻、互相搔痒、假装摔跤、轻轻拍击、搂抱、爱抚全身，还有，我喜欢她用指甲爱抚我的乳头，或者让她在上面，胸部垂下来，用乳头掠过我的乳头。我最喜欢而得不到的是，两人光溜溜地在房子里嬉戏或走动，不时玩玩性游戏，时常勃起，在这种情境下带给她高潮。”

“除了性器官的抚弄外，我喜欢对方激情地吻我，将舌头伸进我嘴里。我喜欢我的乳头被吸吮到坚挺，我喜欢睾丸被轻咬，臀部被温柔地爱抚。我也喜欢听到或诉说温柔的话语，例如我爱你，你很美丽、温柔、优雅。”

“我喜欢屁股被人爱抚。”

“我喜欢心理上的刺激（色欲的对话），让人爱抚鼠蹊四周、肛门、睾丸、阴茎、下腹部、大腿上侧。我喜欢这些部位得到亲吻和舔舐。”

“有一处非常敏感的性感带是在两腿间的睾丸和臀部中间地带，我也乐于让人亲吻我的脖子、耳朵、胸部、腹部、阴茎、睾丸和大腿，加上按摩、搂抱、爱抚。用手刺激我的阴茎和肛门，为我口交，无休无止地进行。”

“搂抱是最重要的。温柔甜蜜的搂抱转换成强力的挤压，真是妙不可言。我宁可和我深爱的女人如此拥抱，而不是性交。这和男性性行为的神话相反。”

“亲吻、爱抚全身、身体互相摩擦以及舔舐。我比较喜欢温柔的羽毛般的抚摸掠过我的胸膛和腹部，以及大腿内侧。我发现在我知道我是和我热爱的人共享这个空间时，我的全身都会变得很敏感。在我和陌生人做爱时，我会变得非常冷淡和迟钝。”

“在我亢奋、充满激情时，全身都异常敏感，尤其是我的背部和脚。我喜欢在进入正题之前为对方按摩以及接受按摩。”

“全面而完整的爱抚是最重要的。我喜欢女人爱抚我全身。男人会希望接受爱人的‘蹂躏’。”

“只要慢慢地跳舞或搂抱。”

“我喜欢和对方一起淋浴，互相擦洗，为对方擦干，这比性爱更能令人体验到分享与关怀。我喜欢别人帮我脱衣服。”

“光溜溜的身体拥抱光溜溜的身体，我的背部被轻轻爱抚，深情的法国式热吻。”

“我喜欢的前戏是长久的爱抚和按摩。我特别喜欢对方轻轻爱抚我的腹部一直到大腿、肋骨两侧以及颈部。大部分女人太用力抚弄我的阴茎，我喜欢女人在前戏以及性交时快乐地呻吟。”

“我喜欢感觉到情人整个身体压在我身上。”

“我喜欢对方按摩我的背部，有时候感觉背部好像就是一根巨大的阴茎。我能够感觉到背部的任何抚摸，仿佛直接在爱抚我的阴茎。”

“温柔的爱抚、低声诉说当时的想法、相互微笑、交换眼神（表情严肃平板的人我不太喜欢）、嘟哝和呻吟。探索的双手不放过每一寸肌肤，每一根毛发都被爱抚或亲吻过。轻推、拉扯、搔痒以及湿润的亲吻。温柔地搓揉我手臂、臀部、胸膛和肚子的肌肉，温柔抚摸我的脸和手。”

“我喜欢搂抱和摩擦。轻柔、安静、舒缓的亲吻十分浪漫，我永远不会厌倦，这胜过任何享受。胸部是超级敏感的地方。但是就像对待阴茎一样，女人以为这些器官是厚重的木头（我开始在想，男人是比女人敏感的）。我喜欢对方温柔地亲吻这些部位，用舌头爱抚。”

“女人的手碰触我的身体，最轻微的碰触都令我快乐无比，让女人爱抚我的全身吧。眼皮、前额、胸膛、胸部、腿、脚趾——任何部位，亲吻我、抚摸我，轻拍我的臀部，拧我的鼻子，将一根手指放在我的嘴唇上，向我耳朵吹气，抚摸我的后脑勺，拉扯我的头发，拾起我衣服上的头发或丝线，为我穿衣服，帮我脱裤子。用手帕或湿毛巾擦拭我的脸，用一根羽毛搔我痒，搂我、亲我、吸吮我。”

同性恋男人的答复稍微不同：

“我喜欢他抚弄我的屁股，吸吮我的老二，舔我的耳朵，还有缠绵的亲吻。我希望永远这样下去，令人非常兴奋满足。”

“我需要抚摸，如果有人直接向我的老二下手，我会感觉被剥夺了乐趣。”

男人是否觉得得到了足够的前戏

对于“你是否从伴侣身上得到了足够的前戏？你的伴侣是否给了你足够的触摸和爱抚？”这个问题，异性恋男性的最大抱怨是女人没有给予他们足够的爱抚，或者即使她们给予了，方式也不正确。她们不是缺乏兴趣，就是缺乏技巧：

“对我来说前戏似乎是为了女人。如果对方多费点心思来爱抚和戏弄我，我会更加喜欢前戏。”

“我几乎什么都得不到，得到的不过是些讨厌的动作，因为她很少努力学习。有时我正要开始享受快感，她却刚好停止动作了。有一次，她在我胸部引起的快感正要蔓延到阴茎的当儿，她停手了。我希望在前戏上做更多一点的实验，不过需要两人合作。”

“大部分女人期待接受前戏，女人会给予男人前戏是极难得的状况。我喜欢伴侣来刺激我，不过她可能是极为罕见的女性。”

“事实上，即使开口要求，我也无法从伴侣那儿得到前戏，然而她却要求大量的前戏。所有和我发生关系的女人都一样。”

“有太多的女人认为让我触摸她们神圣的身体，是她们在施恩于我。”

“我不是每次都能得到前戏，像以舌逗弄以及亲吻我的耳朵、眼睛、鼻子、脖子、臀部和脚。以上前戏我从来没有从爱人身上享受过，但我喜欢这些行为的程度和性交不相上下。”

“我喜欢女人对我的身体感到自在，希望她如同爱抚自己般爱抚我。我付出的越多，得到的越多。然而有些女人表现得非常压抑。”

“当然我喜欢让人亲吻、搂抱、爱抚。在我想要更多的前戏时，女人似乎很挫折。她们要的更多，可是我却不该享受！”

“我喜欢被亲吻的同时让人爱抚全身，然而不是很多女人知道这点。”

“为什么女人不为我做一些我为她们做的事？答案是她们不知道怎么做，而且就算做了，也无法投入情感。”

“大部分女孩似乎都认为：‘噢，典型的家伙，只要我把舌头伸入他的嘴里，让他亢奋，一切就搞定了。’而我只是想要被人拥抱、爱抚和关爱。”

“女人应该以自己希望的方式来对待男人。”

“在现任爱人的面前，我从来没有得到足够的爱抚以及温柔的身体接触。我总是觉得我付出的远甚于我得到的，因此伤心。”

“我喜欢大量的亲吻和爱抚。我喜欢女性轻柔的肤触，而且我会通过目光和触摸来了解她每一寸肌肤。我希望女人能对我感兴趣就像我对她们一样。没有女人问过我小腿上的伤疤是怎么回事，或者询问我割包皮的疤痕为什么和别人不一样，或者注意到我的前齿长歪了，诸如此类的事情，女人似乎就是不会去注意，而这点很重要。”

一些男士强调，接受前戏带来情感上莫大的满足，而且会带来被人接纳、渴望或需求的美好感觉：

“前戏意味着用身体来表达关爱，保证我的伴侣想要我。”

“照顾到全身的前戏很重要，让我感觉到我是受人喜爱的，而不只是一块肉。”

“亲密的爱抚和接吻会让我有被爱的温暖感觉。在这个世界上很容易找到恨你的人，就好像很容易遇到麻烦一样，这些事情就像空气一样包围着你，但是想要获得爱、关怀、同情就像在干草堆里寻针一样，遍寻不着。”

另一位男人表示女人不会大量爱抚和刺激男人，是因为害怕让男人太快高潮：

“前戏从来不够。我喜欢她多多抚弄我的性器官，但是她不会，因为她害怕会让我高潮，她希望我永远在她体内高潮。我喜欢得到更多的拥抱、爱抚和亲吻，喜欢她把手放在我的手里。”

也有不少男人对被动（或接受）的姿态有矛盾的感受，尤其是非性器官的爱抚，而且质疑自己得不到足够的前戏与爱抚的心态：

“在幻想中我非常喜欢前戏，在现实中则没有这么美好。我总担心她是否能让我勃起，前戏一会儿，我就会觉得无趣和不满足，想要性交。或许我太目标化了。”

“我会开放自己，接受爱抚，然而也感受到自己在这方面的疑虑，我一直被要求在前戏中扮演积极活跃的角色。近几年来，我发现自己想要更多的爱抚和亲吻，但是不太知道如何以自然的方式获得。我希望能找到一个女人，她天生有重度按摩的技巧，而且她足够坚定，会开口要求在互动的性行为中她所渴望的，也不会因为我想实验而惊慌失措，这样的女人我尚未找到。或许因为我自己也不够成熟。”

“做爱时，你是否负担了大部分‘工作’？如果是这样，你是否不喜欢，或者你比较喜欢居于领导地位？在性方面是否有太多的要求加诸你身上？”这些问题得到压倒性的肯定答复，几乎每一位答复的男士都表示他必须完成全部的工作，而且他痛恨这样：

“你问到点儿上了，这是我在性爱方面最大的苦恼。我觉得做爱时我负担了大部分的工作，我命该如此——我是男人——大部分女人如是想。我讨厌做爱时必须负担大部分的爱抚和亲吻。女人通常是心满意足地躺在那儿，让男人在她们身上努力。当他疲乏时，往往就是性交开始时。喔！我已经准备好让女人把我摆平，在我身上工作。我真喜欢有人亲吻同时轻咬我的乳头。前戏并不只是接触我的阴茎，我想要对方抚摸我的阴茎和睾丸，并且搔痒。我想要对方来探索我的性感带，除了亲吻我的耳朵之外，找出令我发狂的方式。这就是关键所在：大约 25 个女人之中会有 3 个问我，我喜欢什么，什么会令我亢奋。嗯，我当然问过她们喜欢什么，这是女人不晓得应该礼尚往来的地方。因此虽然我会继续要求，但我肯定男人终究享受不到他们应得的。”

“很多女人只是躺在那儿，期待男人完成一切，真是太令人遗憾了。”

“在做爱过程中，我的确负担了大部分的工作。有一次我下定决心整整两个礼拜不主动向我的爱人求欢，看看她会怎么样。我们没有谈论这件事，但是每晚她会紧紧地挨着我，看我没有回应似乎非常失望。她不过是静静地躺着就撩拨得我不能自持，于是我又开始为她奉献性。我的确喜欢主导性行为，但是偶尔我希望有机会追随她的引导，而且让她负起较多的责任。”

“是的，我服大部分的‘劳役’，这令我苦恼。让我异常愤怒。似乎大家都认定男人不需要积极的刺激，只需要附带被抚摸一下老二。女人很少爱抚我身体的其他部位，虽然我并不胖，也不丑，不残废。但愿我能够解释：‘我的老二站起来了，但是我还没准备好！’女人常常假装她们来引导我，让我知道她们想要什么，然后躺下去等待。总而言之，在性爱方面有太多的苛求加诸我身上。”

“许多女人似乎认为，她们只要躺在那儿，奇妙的事就会发生了。或许她们害怕表现得太好色，害怕主导，结果却让男人觉得他不过是在操纵一具没有生命的肉体，只是为了让自己发泄。我不喜欢一切由我来，我喜欢女人不时采取主动。而回应不只是偶尔说句‘我很舒服’就可以了。”

“我几乎背负着所有性爱过程的重担。我喜欢双方一样主动，比较尊敬带点攻击性的女人。那种无言的要求最令我困扰。女人想要高潮，但不是不敢告诉你如何进行，就是认定你本来就该知道。”

“在性开始以后，例如，搂抱、爱抚，有时候我会等着瞧，看看需要等多久这位女士才会来抚摸我的性器官。我会根据她的爱抚来判断她是否只是想要引起我的注意，或是真心地喜欢阴茎。噢，有些女人认为被动地躺在那儿就能引起性交。其实我并不是总想要性交。

“我从来没有和主动得很厉害的女孩做过爱，我碰到的女人总是期望我承包一切。有一次一名女孩问我：‘怎样才能成为好爱人？’我真的没有答案，我只能回答我从来没有碰到过。我说，女孩从来不做任何事情，一切由男人包办。她很震惊我对女人在做爱方面的评价这么低。但这是真的，女人从来不采取主动，也不会在床上变得积极活跃。我确信有些女人会很主动，但是我没碰到过。我理解女人为什么会这样：她们常常没有高潮，而男人很容易有高潮，因此觉得不需要做任何事来帮助男人，而男人仍然会得到高潮。”

不过有一些男士对于他们是否在意负担工作——到底要更积极或是更无为——表现出矛盾的情绪：

“我总是负担大部分的工作，但是我很能享受。部分原因是我自动地开始运作，女人很难有机会多插手做些什么。在某种程度上，我难以接受肉体的亲热和爱抚，但在给予时我觉得十分享受，所以很显然该由我来行动。不过，有时候觉得让别人来主控，来创造气氛，设定基调和方向，而我无所作为地接受一切，会很舒服。”

“通常我负担大部分的‘工作’，但是如果对方很积极，我会放松来享受，不过这会让我无所事事——感觉很奇怪，有时候还会不自在。”

事实上，男人一方面痛恨承担责任，完成所有的工作，另一方面又觉得让人爱抚或挑逗不太自在或难为情。因为在美国社会里，这些事通常是男人对女人做的。有些男人觉得让人爱抚不像男子汉：

“说实话，我喜欢阴茎的刺激，温柔地亲吻以及刺激我的臀部、腹部和大腿。但是我不认为我能从女孩身上得到这些乐趣，因为她或许会认为我少了点男性气概。”

“我只需要让妻子亢奋起来就好了。如果她做了什么让我强烈渴望的事，我就会开始发愁。”

“我所有的伴侣都是沉静无为的，所以我不知道我喜欢什么。不过，光是躺在那儿接受别人的刺激和热情我会内疚。”

有一些男士一点都不希望女人主动：

“主控一切会让自我飘飘然……我曾经要求一名女人保持静止不动。”

“身为男人，我觉得……这么说吧，这是我的义务。”

“大体来说，我比较喜欢居于主导地位。女人比男人更容易接受，不管男人做什么，她都能够调整自己来顺应。”

担心接受爱抚可能是缺乏男性气概的忧虑，尤其明显表现在回答“你的胸部敏感吗”的问题上。许多男人觉得不自在，甚或嫌恶被问到他们的胸部：

“我的胸部——你指的是退化的男性乳头？”

“男人没有胸部，我认为目前的形状适合男人。”

“我的胸膛没有性感的地方。”

“曾经有两位女人试图挑起我乳头的情欲，坦白说，从来没有成功，我太专注于自己的阴茎了。她大可爱抚我勃起的阴茎，而忘掉其他部位。”

有些男士表示，他们的确感受到胸部带来的愉悦：

“我的胸部很敏感，但是我的伴侣显然不知道。”

“我的胸部非常敏感，而我的配偶充分加以利用，她懂得抚摸，直到我再也忍受不了。”

一些男士表示，女人分担了“工作”：

“我不会不满意我们目前的安排，因为她并不是被动、无反应的躯体，而是非常积极配合的伴侣。有时她完全主导，而我变成为她提供欢愉的‘性奴隶’，真有趣。”

“我既喜欢主动出击，也喜欢静静躺着，让我的伴侣负责大部分的活动，有时对方会要求我积极一点。我们经常定义积极为男性特质，被动为女性特质。我不遵循这套行为模式，并非常高兴这些刻板印象正在改变。我发现今日有许多女人变得比较积极主动，而且会让我知道她们想要什么并且得到满足。”

当然，角色是会互动交换的：

“我给予女人空间让她们按照愿望行事。许多时候，已经习惯光是躺在那儿不动的女人会不知如何是好。有时候，我感觉自己气势汹汹，希望她让我来完成一切。”

“我比较喜欢和旗鼓相当的对象分享性欢愉，当然我们或许在技术方面有不同的经验技巧，不过在态度上我希望没有绝对的角色。做爱时角色不时依照我们当时的感觉在变化，或许会交换好几次。有时我喜欢静静躺在那儿，什么事都不做，让她来刺激我。有时是相反的情况，或是折中。”

有些男人太习惯把前戏想成是为女人做的事，即使在问及他们想要接受什么样的前戏时，回答却是他们所做的事：

“前戏主要是为了让女人兴奋，我喜欢亲吻她全身。”

“我发现女人喜欢被吸吮，或是在亲热 15～20 分钟后性交。”

“对我而言最重要的前戏是在亲吻女孩身体时获得的刺激，我最喜欢的部位是喉咙、肩膀、脚和大腿。我喜欢用我的阴茎摩擦她身体的每一部位，带有占有的意味，多少证明她属于我。”

有些男士表示他们最喜欢的前戏是刺激他们的伴侣：

“我想我自己最喜欢的前戏是看着女人在前戏中亢奋起来。”

“对我唯一重要的前戏是拥有乐意配合的伴侣，希望任人爱抚和调戏。我的快乐就是给她快乐。”

“我会因为为女人做事而亢奋。只要看到并且抚摸我妻子的裸体，同时触摸她的胸部，我就会强烈勃起。我真的不需要更进一步的刺激了。”

“前戏对我而言是件愉快的事，而且令人兴奋，是我对她或为她做的事。撩拨她令人愉悦而亢奋，她不需要为我服务。”

男人喜欢给予女人前戏吗

尽管男人抱怨在做爱过程中必须担负大部分的工作，但在被问到他们是否喜欢给予女人前戏时，大部分的回答都是热情洋溢的：

“我认为前戏是整个性行为中最愉悦和亲密的部分。在这段时间，我完全专注于对方的满足。我不觉得有义务要延长前戏，但是我会努力让对方满意、舒适，不管要花多长的时间。”

“前戏——非常甜蜜的工作——对我的意义是：与她亲昵、让她亢奋，用尽一切手段，感觉她在回应我。有时要花 10 分钟或是 1 小时，我不在乎。在前戏 10 分钟时，我知道她一直在为我准备。我陶然自得，崇拜她的身体，爱抚她，稍微嘲弄她，直到她赶上我，然后我们并肩驰骋。”

“虽然我要达到高潮并不需要前戏，但在心理和情感上前戏对我极为重要。高潮是非常自我导向的，因为它需要也鼓励专注于自己的性器官。任何形式的前戏都为性爱提供充分的准备。如果我看到我的爱抚让她快乐，我的心也会相当快乐。我已经开始知道前戏活动其实才是做爱的重点。”

许多男人指出他们喜欢前戏，不仅是因为他们带给女人的欢愉，也因为他们享受的肌肤之亲：

“我认为很难，非常非常难得到足够的温暖的肉体接触、爱抚或搂抱。我喜欢做爱，希望有充裕的时间来完成，最好固定每隔一天一次。我需要在前戏时，感受到更多的亲密以及美妙的体温。我希望更容易、更频繁地享受，为了这个原因以及诸多理由，我们准备结婚。”

“爱抚和搂抱对我很重要，这是以不同的方式来表达‘我爱你’‘我认为你很美’或‘你令我兴奋’。做爱时互相爱抚和搂抱是我们沟通的主要方式，因为我不是能说会道的人。”

男人经常提到他们希望在前戏时得到更多的回馈：

“如果我的努力没有得到预期的回应，前戏就令人厌烦了。如果对方无法畅所欲言，告诉我她想要我做什么或不要做什么，就会发生这种情况。举例说，她们希望用多大的力量爱抚身体及阴蒂，用手还是舌头。如果我看不到反应，通常我会问她为什么没有回应。好伴侣会有所解释。如果她们无法或不能帮助我，那么前戏就令人厌恶了。”

“我希望女人更开放。女人似乎喜欢过分表现出‘被误解的女性’角色。我痛恨她们掩掩藏藏的个性。”

“前戏和后戏通常是我遇到的最大问题。我不知道女人什么时候准备好了，或是什么时候可以停止缠绵。我很少知道我是否前戏拖得过久，或者在她尚未舒服时就刹住了。问题是我在这方面得不到信息。”

有极少数男性不喜欢给予前戏，而且表示，他们之所以不喜欢，是因为他们觉得自己不需要，却因为女人的缘故必须经过这个阶段：

“我觉得典型男性面对前戏的态度是轻轻拍一下就搞定了。我知道我给伴侣的前戏很少，而且我痛恨性交时应该给予她更多前戏的想法。”

“我最大的缺点是常常将前戏缩水，而不少伴侣都希望拥有较长的前戏。我不知道她们想要什么，只是努力延长时间。”

“我知道女人需要的比我更多，但是很难不继续向前行。”

“我已经受够了帮我的伴侣自慰到高潮，理想的状况是她自己自慰（在我面前）直到她准备好。”

“我想大部分男人不像女人需要那么多的前戏。实际上我几秒钟内就能准备好，而我太太要花比较久的时间才能进入状态。我想这是男人本色——永远预备好了。”

“对我而言前戏是无聊透顶的麻烦，但是她显然需要这样才能做好让我进入的准备。我也才能搞她、射精，证明自己是男子汉（我故意选用我能找到的最粗鲁、最诚实的字眼来陈述，以反映我现在的态度）。”

“我很抱歉：前戏对我不是很重要。通常在我脱下衣服前就勃起了，所以我不需要太多的嬉戏。这并不是说我不喜欢搂抱和亲吻，我喜欢。但该死的，在我勃起时，我希望别人刺激我的阴茎，而不是在我身上搔痒。”

还有少数男士似乎很生气女人不快点准备好，让男人负担前戏的工作：

“我痛恨女人期待我使她亢奋，如果女人在我的爱抚下，60 秒钟内小妹妹不湿润，我会发脾气，宁可马上停止。”

“我猜我很自私，不喜欢扮演某位女孩的保姆或妈妈。有时候我觉得有义务，因为某些女孩似乎需要前戏使她们足够亢奋才能高潮，否则就没有高潮了。我认为女孩应该快点准备好，5 分钟的前戏已经让男人等待得够久了。”

“我不喜欢，而且从来也没喜欢过拖拖拉拉的前戏。大部分女人常常期待这样，因为她们念了那些破旧的疯狂性书，上面说男人必须花多少时间在这块性感带上，以及多少时间在另一块，好让女人适当地准备好。这可累坏我了。如果是女人来前戏，我可以接受久一点。”

“基于坚定的信念，我拒绝接受前戏的概念：女人如果真的爱我，很快就会为我准备好，有时甚至在我碰触她之前。”

男人喜欢长时间的前戏吗

“你喜欢长时间感到亢奋，还是宁可比较快地进入高潮？”绝大部分男士表示，在进入前戏之前，他们非常喜欢保持（合理的）长时间的亢奋状态：

“如果我想要赶快办完事，我会自慰。在和妻子做爱时，我希望能够持续久一点。在亢奋阶段有太多的欢愉了，所以干吗猴急？触摸、爱抚、关心、互相亲昵都是愉快的经历，但愿大多数男性能花时间好好享受。到最后一定会射精，你应该好好享受享受，并且向对方表达你的爱意，这会让你无比欢欣。此外，如果前戏时间长，最后射精的感觉会更加愉悦，而且维持的时间大约有两倍长。”

少部分男士不喜欢长时间的亢奋，只想赶快高潮：

“在我亢奋时我表现得像动物一样，我不喜欢维持得太久，我很容易感到挫折，而且似乎无法保持冷静，十分迫不及待。我焦虑地渴望高潮，我无法想别的事情，直到我获得满足。”

“我不喜欢长时间的亢奋而得不到缓解，曾经有人说，你将性交拖延得越久，期待的喜悦因而能延续较久。对我来说，那会带来全然悲惨的下场。”

“在我十几岁时，我非常喜欢亢奋的欢愉，因此在即将高潮时，会停止自忍几分钟，这样我可以延续射精前爱抚勃起阴茎的欢愉。现在我最大的享受是射精，希望尽快高潮。”

一些男士认为这个问题暗示他们会受到女人调戏，他们不喜欢：

“我可以等，如果我确定她想要如此，但不要调戏我。”

“我不喜欢被调戏，但是我可以等，在她准备好，我也准备好的时候。”

“我讨厌被人调戏，一旦我亢奋而且准备好的时候，我想要进行性行为，调戏令人愤慨。挑逗的感觉很舒服，同时为你暖身，直到你亢奋起来，这时就应该停止挑逗，进行性行为。”

一些男士表示在长久亢奋而无高潮后，他们觉得不舒服：

“温和的亢奋令人陶醉，但是强烈的亢奋会造成很大的压力，会让睾丸疼痛，而高潮是消除压力的最佳方法。”

“我不喜欢长时间高度亢奋，1小时的前戏还不错，太久之后，我的睾丸会疼痛。”

而有些男士害怕在长久的亢奋中，勃起会消失：

“我宁可比较快达到高潮，因为我怕勃起会消失。”

“女人应该了解，男人的性器官很容易感受刺激，因为它们比女人的性器官出色多了。当男人在性游戏中勃起超过一定时间，生理上就不太可能维持下去了。所有男人维持的时间长短不一，这是为什么男人不能玩得太久的原因。当男人的激情已经到达顶点时，女人应该用手握住他的阴茎导入阴道内，让他获得完全的欢愉，否则他的勃起可能会消失。”

不过大部分男士表示，比较亢奋通常带来更妙的高潮：

“我发现亢奋的时间越长，我的高潮就越强烈，越令人满足。”

“高潮能够带来更多的欢愉。抑制会让射精更强烈，不过超过太久的时间，或许会减少欢愉。”

“越久越好。舒缓而轻松的亢奋是最妙的，起起伏伏经过长时间的酝酿，达到伟大的高潮。”

“挑逗越久越有机会达到高亢的强度。在长时的亢奋后，我发现我的高潮更为强烈。亢奋让我的身体异常敏感。”

“我真的喜欢长时间感觉亢奋。有时候我的爱人会用手和唇舌戏弄好长一段时间，令人欣喜若狂。如果要说的话，我宁可禁欲，也不要快速的高潮。”

还有一些男士非常喜欢长时间的亢奋：

“我希望保持亢奋好几天。我认为进入40岁最美妙的一件事是我能够亢奋，并且带给对方快乐，而不会因为高潮突然结束后昏睡过去，然后说是一夜销魂。”

“跟某位女士在一起时，我会故意回避肉体上的刺激（我不让她碰我），同时一有机会我就为她服务，吸吮她让她高潮。终于，在和她做爱时，我获得好久以来未曾体验到的爆炸性高潮。那是一次美妙的体验，因为我的皮肤起疙瘩，变得异常敏感，我的睾丸一直发疼，我的老二完全勃起，消失又勃起，好像灯光开始闪烁，好戏要上场似的。我的伴侣说她从未见过我这么猛烈的射精。亢奋让你准备好冲刺，雄赳赳气昂昂，为所欲为。”

“我喜欢维持长时间的亢奋，例如用一两个小时亲吻、爱抚、身体接触，太舒服了，同时越来越亲密，让人越来越激动。”

“在心醉神迷的时刻，曾经长达 18 个小时之久，我避免实际的性交，对我来说几乎是高潮迭起。在这种状况下，我拥有几次的小高潮，真是甜蜜的折磨。”

一些男士表示亢奋时，他们拥有这么强烈的刺激，享受这么多的快感，而高潮会结束这一切，所以有时他们选择不要有高潮：

“我喜欢感觉亢奋，只要这份欢愉慢慢渗入我脑海里，我才可以永远继续下去。亢奋让你感觉如梦似幻，飘飘欲仙。”

“高潮会中断亢奋的感觉，至少在最强烈的状态时是如此。就我个人而言，高潮像是猝然从高空坠落，太突然了。”

在被问到“如果不是导向高潮，或者在性行为中不要射精，身体的亲热以及抚摸本身是否会受影响？搂抱、谈话、亲吻很重要吗？”时，有些男士明明白白地回答：“是的，亲热和抚摸即使不导向性也是非常重要和愉悦的。”

“身体的亲热和抚摸对我而言极为重要。搂抱、抚摸背部、亲吻以及爱抚，或者只是碰触都非常重要而且令人愉悦，并不一定要导向性。这是我和对方讨论过，互相了解的事。在某些情境下，和一位我不是非常熟识的女人在一起，我可能会假设，她需要大量的身体接触。”

“身体的亲热，对我而言是情欲关系。抚摸、亲吻以及眼神的交会最为重要，有时会导向性的结合。我无法想象每次亲吻一个我爱的人时，就是想做爱。亲吻本身极为珍贵，抚摸也是一样。希望所有的热情都以高潮或性爱作为终局，是偏执、不可能而且悲哀的。”

“亲吻和抚摸本身可以是目的。我曾经有过 1～3 小时不等的亲吻和爱抚经历，让我好像性交到高潮一样满足、一样疲惫、一样耗费心神。”

“如果必须选择，我宁愿拥有亲密感而非性。”

“是的，我们常亲热，即使在小孩面前。再者，因为我们裸身共眠，晚上上床和早上起床时我们都会搂搂抱抱。这是我们的生活方式，从某方面来说，这有点像安排好的场景，因此如果有一方感觉有欲求、骚动或渴望更多的亲爱（性交和高潮），我们会阅读彼此的身体讯号，然后投入更强烈的欢愉中达到高潮。”

“身体的亲热和爱抚在真正美好的性中绝不可少，在日常生活中更为重要，它们比语言更能达意。”

“身体的亲热不一定会发展成性行为，毕竟，这只是一种表达，而非命令或邀请。搂抱和亲吻真是舒爽，我喜欢。”

“搂搂抱抱是我生活中最重要而且普遍的肢体语言，不论是抱男人、女人、我的女儿，搂抱说明了一切。我从来无法开口要求女人和我上床，我只是在搂抱她时‘倾听’她的身体，然后我就知道了。亲吻也一样，本身就很美妙。爱意味着将自己给予别人，将自己最好的部分给予对方。”

“和我深爱的女人在一起，除了做爱以外，我希望常常耳鬓厮磨。或许一次就连续好几天，看我们的心情而定。”

“我认为想要抚摸的冲动比想要有高潮的冲动强烈多了。”

“有一件事一向对我意义重大，而且令我深深陶醉，却似乎没有受到普遍的赞扬——与女人共眠，我不是指性交，而是单纯一起上床，整夜睡在一起，往往是亲密而放松地靠在一起，而且一起苏醒，在信任、接纳以及共鸣方面，这真是相当特殊的经历。‘一起上床’被解释成性交的特殊用语，真是要命。”

亢奋的感觉

“亢奋使人心灵苏醒，那种开心快活有点像乘坐云霄飞车向下冲时的感觉，这种感觉奔流全身，从你的唇到舌，往下经过五脏六腑到达睾丸、阴茎和前列腺。”

“至高无上的享受，我曾经耗上好几个小时来体验。爱抚、口交，完全沉溺在肉体的刺激上。当我如此亢奋时，其他事都无关紧要了，好像是互相膜拜对方的身体。依我们自己喜欢的方式，我可以善加运用对方的力量，带给自己最大的欢愉，当然是互惠的，我爱死了。”

“亢奋状态如在九霄云外，身体微微发疼，充沛了生气和活力。完整的感觉。我感觉自己性感而有魅力，充满男性气概，十分荣耀。”

“亢奋带给你以及和你在一起的人安全感，那是身体和情感相互交流的感觉，笔墨难以形容，感觉到被爱，同时回报以爱。”

“亢奋让人灼热而紧绷，这是我所能形容的最佳方法：一股热流流窜全身，同时好像弹簧被压紧了那样紧缩。”

“亢奋是令人愉悦、精致的折磨：灼热、肢解的感觉，脑袋一片混沌，几乎是痛苦地意识到我的全身。”

“亢奋是‘情感的欲念’，想要占有对方，占有她的心灵、她的身体、她的亲密，完完全全地进入她。”

“我所有的感官向上飞升，大腿变得不知满足。”

“好像通电般狂喜。”

“我感觉强壮。”

“性亢奋是意识的全新状态：我的伴侣神奇地转换成可口美味的享受，在这一刹那，其他的现实都是次要的，生命的意义就是大胆狂欢。”

男性的肛门刺激和插入

肛门插入对男人的重要性

如同某位男士庄严的陈述，既有宽广的象征意味，又带着非常特定的意义：“我从来没有真正了解过，女人如何让男人进入她体内，直到我自己让人插入，我喜欢这种感觉（这是大部分男人未曾有过的经历）。让人插入与插入别人是非常不同的，现在我明白这同样适用于与性无关的事情。让某人进入你的生命、进入你内心、进入你的恐惧与欲望中，这种特质在女人身上发展得比男人好多了。或许就是这种差异使得男人很难去爱，我知道我对爱的恐惧，就像恐惧让人进入。”

肛门插入和刺激是一个重要的主题，而在研究性的作品中几乎从未触及。其实这是让男人在性方面有全然不同体验的机会。

虽然肛门插入经常被视为同性恋行为，事实上，对许多男人来说，让手指刺激或插入肛门是很重要的活动。大部分男人，不管是同性恋还是异性恋，只要试过被插入（不论是用手指或阴茎），他们都表示喜欢：有深刻的愉悦和满足。许多男士表示，伴随着肛门刺激而来的高潮，生理上的感觉无比精彩。

为什么肛门的插入和刺激让男人感觉舒服？从心理层面来看有两个可能的原因：第一，被插入本身的感觉很好。事实上，许多男士在描述被插入的愉悦时，所用的字眼类似女人在描述阴道被插入的欢愉：感觉“充实”“完整”，还有情感上的满足。插入以及被插入是一个人向另一个人重要的情感宣言。

第二个理由是男性的前列腺正好位于肛门开口内部（大约 5 厘米）。如果正确刺激前列腺，会带给男人高潮。无论如何，大部分的肛门插入并没有直接刺激到前列腺，因为必须在进入肛门后，去压迫肛门前壁，然后稍微向下一点找到它（大约是方圆 2.6 厘米的范围），再继续施压，好带来高潮。大部分的肛门插入，不论是用手指还是用阴茎，往往越过了前列腺，只是稍微间接地刺激到它。这解释了为什么有很多男士表示，肛门被插入的感觉是几乎就要高潮。有趣的是，这种现象跟阴道插入也很雷同，对大部分女人来说，性交时阴蒂受到的刺激也同样是让女人感觉她们几乎就要高潮了。但是这两种情况的感受通常都是美妙得难以形容，而且无与伦比。

在这项调查中，31% 异性恋倾向的男性曾经试过用手指插入肛门（或是自慰，或是由伴侣插入）；其他 12% 曾经试过将阴茎或阴茎大小的物体插入（通常是在青少年时期）。86% 自认为是同性恋的男子尝试过肛门插入，用手指或阴茎。大部分尝试过手指插入的男性，不论是由自己或由别人插入，都表示喜欢。许多尝试过阴茎或阴茎大小物体插入的男性也表示喜欢，然而大部分喜欢阴茎插入的男性（包括同性恋），都表示这并非日常进行的活动。另一方面，手指插入，无论同性恋、异性恋，或是自慰，却可以每日进行。不是所有自认为同性恋的男士都会进行肛门插入，而且有些人试过却不喜欢。在所有回答未曾试过的男性中，有 10% 表示，他们会有兴趣尝试。

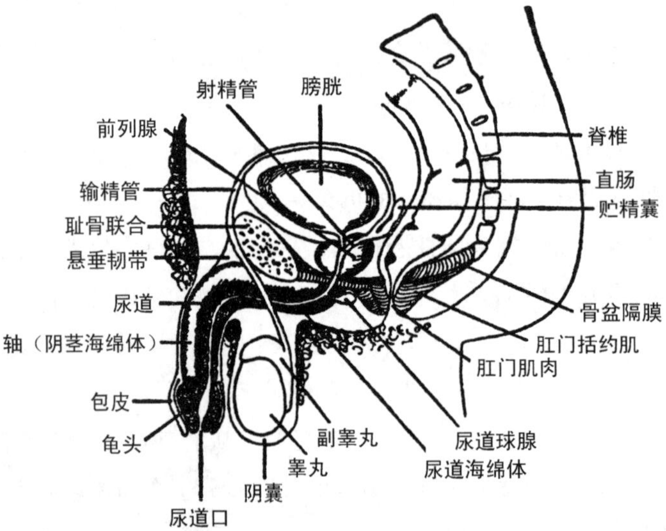

◎阴茎系统局部图

女人的手指插入

许多男人，如同讨论自慰的章节以及他处所见，很喜欢他们的肛门被一根指头或其他小物品插入，同时，形容这是极为欢愉的感觉，下面所述是由女人来插入的：

“性交时，当我的女友移到我的下半身或趴在我身上时，她由上或由下伸出指头深入我的肛门约2.6～5厘米，同时缓缓地转圆圈，让我如痴如醉。我从来没想到我会把这件事告诉别人，不过我努力要尽可能地坦诚。”

“我记忆所及最强烈的高潮是伴随着手指插入的口交式性交，感觉是甜蜜的痛楚，完全的开放，毫不设防，所有的精力与欲望都集中在此。”

“我有一位短暂的伴侣，性交时她偶尔会把手指插入我的肛门内。起初我非常怀疑，但是她似乎能施压在我前列腺上，真的相当刺激，我不好意思承认，也一直不敢要求其他伴侣尝试。”

“肛门插入带给我非常大的乐趣，我也喜欢对她这样做。在她这样做的时候，感觉非常非常的色情；她慢慢地进行而且总是用最富挑逗性，充满了色欲想象的方式移动她的手。有一次她脱下我的衣服，用她的手指对我做爱，似乎持续了几小时之久，她慢慢摸到前列腺，按摩它，直到我高潮——以前我从来没有经历过这样的高潮！我感觉自己焕然一新，变成童男了。这是我永难忘怀的经历。”

“肛门插入奇异地交织着痛楚与非常充实的喜悦。口交再加上涂油的手指插入我的肛门，令我疯狂，括约肌绷得很紧，但是一旦放松，感觉好像被一阵全新的快感侵袭，这时愉悦就会浸没了轻微的痛楚。”

“我的女人为我做，美极了。她征服了我、拥有我、占有我，我喜欢将自己托付给她，没有高潮，但是非常刺激。对我，对我们，都很新鲜。”

“我喜欢，但是我总是会害怕，有时会有罪恶感。她越常做，我需求得就越多。”

“我的女人用她的手指插入我的直肠，非常精致的欢愉。起初感觉好像是便秘，但是我喜欢被她爱的感觉，令人心旷神怡。高潮尚未发生，不过我希望它会到来。”

“用一根手指在我屁股上轻抚，而且吸吮，感觉实在是太了不起了。我像发疯般高潮，完全的高潮。

“我喜欢用一根手指插入。感觉好像是内在的欢愉，发现了一块私密或不熟悉的处女地。”

有些男士只有在自慰时才喜欢：

“我不喜欢任何人插入我肛门内的感觉，除非我用自己的手指，我的屁股很敏感，少数几次我太太试着将她的手指放进去时，感觉很痛。”

有很多男士想要尝试，但是担心如果他们提出这样的要求，不知他们的伴侣会怎么想：

“我从未有过肛门插入的经历。我会喜欢在性交时探索这种轻轻压迫或抚摸的快感。但是到目前为止还未遇到一个我可以充分信任她的爱人，或是可以放轻松地提出这类要求。”

“我很希望扫除我的情人对男人的一些想法！但愿能够冒险透露我对肛门插入的需求（我在自慰时会这么做）。上一次尝试过后，就再也没有见到她或听到她的消息了。”

有些男士担心这会让他们变成同性恋：

“如果我让女人插入我的肛门，这或许是同性恋的倾向。我不想走这条路。”

“这是同性恋的行为，我觉得怪异。”

少数尝试过的男士对手指插入有比较复杂的反应：

“有一次我的伴侣吸吮我的老二，就在我即将在她嘴里射精时，她把手指插入了我的屁股。她问我是否喜欢，我告诉她：是的。但是我担心她的手指闻起来很臭。”

“这么多年的如厕训练和性规范让我无法享受。我的爱人想要尝试手指插入，而我拒绝了。我会喜欢这种经历，但是肌肉的反应似乎是不由自主的。”

“在这方面我的感受差别很大。有时候，女人只用手指插入我的肛门，就会令我疯狂，再加上其他的刺激，很快就带给我高潮。其他时候，比较令人讨厌。这会令我分神，不知道要专注在哪里。在我喜欢的时候，心里的感受是被干了，双向的性爱挺不错。在我不想动时，躺着接受刺激很舒服。”

“有一次，我在淋浴时自慰，我把一根手指插入肛门，看看是什么感觉。我很快得到了高潮，但是我觉得整件事有点滑稽。”

“这个主意曾经令我厌恶。有一次性交时，我突然感觉到对方的小手指在那儿，而且她尽可能想要深入，真把我吓坏了，我无言地忍受了，继续主要的活动，不过我不喜欢。最近，我发现有两位伴侣会用手指爱抚这个部位，我逐渐能够忍受，然而这种方式还是会让我扫兴，而非兴奋。”

少数男士尝试过，发现他们不喜欢：

“我不喜欢，即使是用一根手指，这种想法非常性感，实际上则不然，很痛。”

肛门插入时的生理感觉

“性欲的骚动似乎流窜在肛门四周——愉快的张力。通常集中在阴茎的性经历似乎蔓延到肛门，同时屁股周围甜蜜地发疼。”

“有东西在臀部里非常有趣，一部分原因是这种感觉非常充实，部分是因为极为愉悦的邪恶。最好是用一根手指，充分润滑。我不会真的高潮，但是令我非常亢奋，只需要轻轻碰触一下我的阴茎就会引爆身上每一根神经。”

“肛门是男人身体非常性感的部位，深入的接触感觉很美妙，尤其是加上动作。直接刺激前列腺有时会引我进入狂喜的境界，让我觉得或许我已经超过身体所能忍受的程度了，好像我想要高潮，但是却不能，有点提心吊胆。”

“插入的感觉好像是持续不断想要高潮的冲动。”

“施加在前列腺上的感受让我觉得我将要有一次最久的高潮。感觉太强烈了，我再也无法忍受。”

“非常刺激和充实的感觉，和前列腺以及各种导管的快感比起来，阴茎的快感不算什么。”

肛门插入时的情绪感受

“让我觉得和对方结合在一起。我只允许极少数的人对我这样做，这是我用来表现完全的信任以及和爱人融为一体的方式，而且我能够享受完全被动，这被社会界定为女性的特质。就是这种男性特质与女性特质相结合的感觉，让我觉得身体和心灵内部都很充实。”

“我希望有人在我里面，像是灵魂深处的深入。”

“好像是投降的感觉，不过我知道不会受到爱人的伤害。那是充实的感觉，感觉到我爱人的力量。”

“这是表达内心情感的具体方式。”

“只有在我真心感觉到关怀以及情感投入时，我才喜欢被插入，否则我觉得女人才是被插入的对象。”

“非常满足，让我感到温暖而且着迷。”

“笔墨难以形容被充实的感觉，不只是阴茎，而是由于温暖、愉悦以及某种近似启示的东西，比任何药物更让我飘飘欲仙。”

“我不知道怎样形容那种感觉。情感上，我知道我的伴侣灵魂出窍了，也让我的灵魂出窍。”

“充实、失控的感觉，对我来说这是充满信任的时刻。”

“情感上，它让我感觉得到照顾，我喜欢受人照顾，而不是完全由我来提供给她（或他）刺激。这同时还意味着我得到了某些东西而不只是付出。”

肛门插入的高潮与感受

有些男人有时可以从肛门插入中得到高潮，不过从许多方面来看，肛门插入时是否高潮无关紧要：

“有一次，她让我跨坐在她大腿上，她用手指顶入我屁股里，而且四处摸索，直到她发现我的前列腺，她说她可以摸得到像二角五分的铜板那样大，问我是不是就是这个，或者在施压时有什么感觉。我当然有感觉：我好像随时都要高潮了。她开始用她的手指搓揉它，这是我不习惯的感觉，但非常难以抗拒，但是阴茎没有感觉。过了一会，我终于高潮了，我并没有真正勃起，也没有多少液体流出，不过太棒了。”

大部分男人还是需要用手刺激阴茎才能高潮①：

“我喜欢在女人为我口交或自慰时，让她的手指或按摩器插入我的直肠的感觉，但是单单插入本身不会带给我高潮。”

“最棒的刺激是阴茎在肛门内快速抽出（不要完全抽出，只是部分抽出），同时

① 这和女人的情况有些类似，虽然有些女人可以在性交时高潮，大部分女人还需要用手刺激阴蒂才能高潮。

我用另一只手上上下下摩擦我的阴茎。"

"我喜欢女人将润滑过的手指插入我屁股内，同时温柔而又规律地挤压前列腺的部位。感觉非常满足，而且让我的阴茎悸动，有时会有灼热感。我从来没有单独因此而高潮，不过，我相信我可以。"

"这种方式的高潮完全不一样，是全身的高潮。主要核心在睾丸附近，而且很强烈。"

"前列腺高潮是在身体比较内部而且环绕整个骨盆地带发生的。不一定会让阴茎射精，我喜欢这种高潮，但如果不是伴随着阴茎高潮我仍然无法完全满足。经过 18 年的自慰后，我太习惯阴茎高潮了，其他地方的高潮似乎总是少了点什么。"

"在我太太用跨坐的姿势性交时，她有时会将手指插入我的肛门，按摩我的前列腺。以这种方式高潮时，宛如置身幻境般狂喜，通常会加强高潮的程度，而且有时会让我的高潮收缩持续得比平常久一点。"

男人是否喜欢被插入似乎大部分取决于是否进行得很小心以及正确，还要有充分的润滑。至于肛门插入时要创造出高潮，该注意的一点是肛交时，前列腺的按摩并非自动产生的。如果肛门插入的目的是要按摩前列腺，而不只是刺激和带给对方快乐，你就必须特别去摸索前列腺的位置，而且要求对方予以引导，注意讯号或反应，否则高潮的机会非常渺茫。男人同时也表示，按摩前列腺带来的高潮和刺激阴茎产生的高潮，感受相当不同，前列腺高潮被形容为比较"深刻"而且比较"全面"的。另一方面，如同阴道性交一样，或许在很多例子中，插入的感觉本身就太美妙、太强烈了，高潮根本无关紧要。事实上，大部分男性比较喜欢完全的插入而无高潮（由阴茎或手指插入），而不是为了高潮直接按摩前列腺。

口交

"我第一次这样的体验是在 25 岁时，一位好朋友舔舐我勃起的阴茎。那时房间暗暗的，我不知道她在干吗或者接下来要做什么。非常刺激，我很快就高潮了。这样的情境让我很难为情，我把她的头推开，好掩饰我强烈的反应。那时我还认为高潮应该发生在阴道内，或者即使在阴道外，至少也应该让她看清楚精液射出来，以及阴茎不由自主痉挛的情形。后来，我发现这种'最终的暴露'意味着毫不保留的亲昵，泄露自己的一切，即使是这种最个人而且被认为是'羞耻'的反射动作却非常非常刺激。尤其是让女人的头趴在我胸膛上，倾听我接近以及到达高潮时越来越快的心跳，我想这很像男人被女人强暴却高潮了，一切都逃不出她的手掌、眼睛和耳朵。我完完全全属于她，完完全全被动，完完全全臣服于她。”

男人与女人口交的感觉

在被问到“你喜欢口舌刺激你的阴茎达到高潮吗”时，几乎所有男士都表示他们非常喜欢：

“口交在每一个男人的性经历中都可以拿高分。”

“每一个男人的梦想是拥有一个愿意吸吮他阴茎的女人。”

“在女人嘴里高潮对我是最最强烈而愉悦的性经历，因为我可以完完全全沉迷在感觉里。精子似乎是从我的‘元神’中射出的，将我强力吸干了。而且我喜欢看着自己和她做爱，注视着她脸上的喜悦。”

“这是我最喜欢的性活动。我一定会高潮，而且比性交高潮更强烈。”

“我喜欢口交，而且用各种方式，尽可能地进行。我喜欢感觉自己的老二进入别人的嘴里，还有那美妙的吸吮。”

“口交棒极了！任何时候爱恋而热情的嘴巴都比阴道来得刺激和富于挑逗。”

“依我的看法，男女互相口交，可以完完全全省掉避孕和性交的麻烦了。”

“口交是最棒的。除了生理的快感，我感觉她是真的爱恋和欣赏我的身体——真正的我。同时我不需要表现，我甚至不需要勃起。”

但是大部分男士不能定期或经常口交，尤其是无法达到高潮，都抱怨女人不肯口交或做得不好：

“我非常喜欢别人为我口交。然而我尚未找到一名能够正确进行的女人。我只有一次这样的高潮，另一次是靠自慰的帮忙。许多时候我感觉到能够高潮了，但是她又做了令我扫兴的事，不是太重复，就是我听到叹息声，或是我察觉到她心不在焉。”

“我的印象是，女人不是害怕，而是不知道该怎么做。也有些女人认为它很脏，只肯应我的要求到达那儿，然后就结束了。”

“口交是最好的前戏。口交到高潮可以更为频繁，但是我太太不会在龟头上停留很久，那是我最敏感的部位，虽然近几年来，不必我开口她就为我口交，但她不是真的很投入，或许永远也不会喜欢。她的兴致、好奇创造和技巧应可以更好一点。她可以学一点技巧，不过我不应该再挑剔了。”

再者，大部分男人表示，他们不应该在口交时高潮，因为害怕女人的反应。女人似乎不喜欢口交到高潮，而且不喜欢吞下精液。然而男人希望如此：

“我非常喜欢口交而且能够达到强烈的高潮。我太太只为我口交到高潮两次，我希望更加频繁，这个问题会造成我们之间的焦虑。”

“我喜欢，但同时我也不是真的完全放心。通常我会把她拉开，而内心深处其实不想这样做，我担心在她嘴里高潮的事。再说，也没有女人能做到这一点，我一直觉得她们不是真心喜欢。”

“我喜欢口交，但是女人通常非常害怕，或者她们没有意愿，或是她们害怕你会在她们嘴巴里射精。”

“真正让人不满意的是，射精时女人将她的嘴唇移开了，让我的阴茎暴露在冷空气里。”

“太棒了。这种方式永远让我高度亢奋，但是很少高潮。这是青少年时，和一位女朋友不幸的经历带来的影响，我在她嘴里高潮时，我几乎跟她一样吓坏了。所以现在我比较喜欢这是个序曲，我太太憎恶口交，从蜜月开始就不肯尝试，有一次尝试时还哭起来了呢！”

“我会压抑自己，因为我不想要这种高潮，我从大部分女人那儿得知，她们对精液在嘴巴和喉咙里的感觉不好。我想口交对女人来说当然不好玩，实际上是苦差事。”

“我太太为我口交，但是拒绝用这种方式让我高潮，我不相信她曾经领略过我的高潮，而她认为这样会太强烈，让她呕吐。”

“我喜欢，但是我不愿意要求我的女友，她或许会认为我很脏或是变态。”

“我喜欢我的爱人以口、鼻爱抚我的下体，但是我从来没有这样高潮，因为吞下或吐出精液的问题。看着我的伴侣焦虑令我不安，所以通常远在我到达高潮阶段之前，我就会喊停，请她不要再吸吮我的老二了。”

“我怕的是会在伴侣嘴里高潮，让她窒息，所以我回避这样的场面。”

有些男士讨厌口交，尤其是为女人口交：

“有些女人不喜欢男人在她嘴里高潮，但是她们要你吸吮她们湿答答的小妹妹。女士们，公平一点。”

“她不喜欢我在她嘴巴里高潮，但是女人总是喜欢我啜饮她们的体液。”

有些男士喜欢：

“如果我刚刚为我深深着迷的女人完成口交，并不一定表示现在她必须为我口交。这纯粹是自发性的行为，我口交是因为我觉得享受，而且我喜欢让她感受到高潮的莫大欢愉。如果她也自愿来吸吮我，那真的是难以言传的战栗，尤其在我知道她喜欢这样做，喜欢把我的阴茎和我的精液含在她嘴里，而不只是为了讨好我。但是我很怀疑是否大多数女人真的喜爱为男人口交，就像男人真的喜爱为女人口交一样，有相同的冲动和嗜好。”

“有时我喜欢口交。偶尔来‘吹一吹喇叭’非常刺激，但是我不喜欢变成固定的模式。我可以这样高潮，但是我太太不喜欢精液留在她嘴里。”

有些男人表示，女人不喜欢口交或是他们的精液，让他们觉得不被女人接纳，甚至令她们讨厌：

“在她喜欢将我的阴茎含在她嘴里，同时在我高潮时，带给我完全接纳的感觉。但若跑到浴室把精液吐掉，或是吐在卫生纸里，即使做得很巧妙，也会破坏气氛，令我懊恼，总是会让我感到不被接受。或许是有一点忌讳，因为阴茎是用来排尿的。”

“在我怀疑女人是否想要口交时，有时会出现负面的情绪，尤其是在我射精时，如果我害怕在那里射精，那么就会有不愉快出现，我觉得她不接纳我，而我痛恨她。”

有些男士提到他们喜欢口交，但是被动地接受刺激让他们不自在：

“我喜欢口交的乐趣，但是被动地接受任何刺激，心理上都觉得不太自在。我觉得我必须做点事情而不光是躺在那儿，我很少这样子高潮，不过感觉非常舒服。我会克制自己，然后在克制不住时转向性交。”

“似乎太被动无为了。我想既然勃起总得干点别的事。”

“我喜欢男女一起互相口交，因为我喜欢感觉到我也在为她服务。”

有些男士表示他们觉得这是一种贬低自己的行为，尤其是对女人而言：

“我的确喜欢，但是我不喜欢我的女人做这种事，因为我内心会想，她为了我的欢愉在贬低自己，这令我伤心。她曾经向我解释她真的喜欢，所以我们偶尔会进行，不过我从未要求过。我从来没这样高潮过，在我射精前我会把阴茎拉出来，在任何情况下，我都不喜欢在她嘴里高潮。”

“我曾经接受过口交，但总是感觉不对。女人不该觉得有义务进行口交，这对男人的高潮而言是完全不必要的。我从未遇见过真的喜欢做这种事的女人，不过我曾遇见过一些愿意口交的女人，我只是觉得这样对双方都太不体面。”

“在心理上我一点都不喜欢口交。我不喜欢看到女人在我面前贬低自己，口交似乎就有这个意味。”

“我爱人的确尝试过多次口交，但是我不会因此亢奋。我觉得有点不快，因为似乎她‘屈居下风’了。我非常赞成解放运动，而她的行为不免抵触我的思想。”

“只有妓女和流莺才会趴在男人的下体上，我的太太绝不会这样做。”

有些男士表示这不是贬低自己，而是爱的表示：

“在女人嘴里高潮，并且让她吞下精液是非常特别的滋味。我不会将口交和我曾听过的‘贬低女人’的层面联想在一起。恋爱中的男人爱恋他女人的小妹妹，同时恋爱中的女人爱恋她男人的小弟弟，口舌的爱抚正是爱的表达方式。”

有位男士表示，他只喜欢将口交当作前戏，因为在高潮时他希望亲吻、拥抱他的伴侣，同时也让人拥抱：

“通常我会让她很快停止，进行性交，因为口交不会带来一体感。在我快要高潮时，我希望紧紧抱住对方。我记得（至今犹觉尴尬）有一次在按摩院快要因为口交高潮时，我坐起来，伸出手，想要抱她，她搞不懂究竟发生了什么事。我记得还有一次（至今难忘）在按摩院传达了这项需求，那位善解人意的女人放弃了口交，她抱我，和我法国式热吻，而且纯粹用自慰的方式让我达到高潮。这是我和妓女在一起唯一值得回忆的经历。”

有极少数男士完全不喜欢口交：

“我不是真的喜欢口交，用这种方法我从未高潮。我想我太紧张了，不习惯让那些尖牙在我的阳具上移来移去。”

“口交很容易让勃起消失，我比较喜欢体贴的手。”

“除了新鲜外，口交没啥了不起。”

“我比较喜欢性交。口交是那些啥也不懂的蠢猪吹嘘贩卖的时髦性行为，把它捧上天了。尽管有‘深喉咙’的白痴说法，女人的阴道还是较适合的地方。”

还有一些男士从未尝试过：

“我从来没有口交的经验。我也没有这方面的欲望，对我来说口交令人厌恶。”

“我想我会喜欢，不过还没有尝试过。或许是因为她会期待我回报，而我发现那儿味道不好。”

“我梦想如此，但是还没办法说服我的伴侣。”

“从来没有体验过，但是我很焦急地等待着。”

最后，一位男士详尽地表达了他矛盾的感受：

“口交总是把我吓得半死。如果女人用嘴含住我的阴茎，我就想我最好一直挺着，并且在她嘴里射精。这是应该发生的事，但是从来不是如此。不仅我从来没有高潮，甚至连保持勃起都很困难。神圣的性爱，却变成了酷刑。我喜欢被女人的手摸，我不会勃起，但是这种感觉令我放松，我觉得昏昏欲睡。另一方面我喜欢在女人嘴里高潮，我认为这对我是伟大的解放。这显示我有能力放手，任人摆布，让对方把我吞吃了。这还意味着对方是如此爱我，愿意完完全全接纳我。如果我知道女人想要这么做，想这么做是因为她爱我而且乐意分享这样的欢愉，我就会因口交而高潮了，有一些女人觉得她们为我做了如此奇妙而伟大的事。

“我和一个女人讨论《海蒂性学报告：女人篇》以及口交的章节。她喜欢口交，但是书中大部分女人都表示痛恨：‘好像我的脸被强暴了，好像热热的鼻涕喷进我嘴里。’我觉得很奇怪。为了我以及她们的幸福，我不会跟有这种想法的女人上床。对我来说，口交是爱的行为。哪一天我爱得如此之深，同时也被爱得如此之深，我能够在女人的嘴里高潮（我不是说任何女人，而是与我紧密相系的女人），那将是我流下喜悦眼泪的一天。

“我也很难告诉一名自认为提供这么伟大的服务、做了这么大牺牲的女人，说她做错了。根据我的经验，你绝对不能告诉正在为你口交的女人，她做得不好，那女人很可能会大发雷霆。但事实是在我的经验里，大部分女人不知道口交，因为我们早就被制约成聚精会神在老二上，而忽略了其他部位。天杀的，我怎么面对这样的局面，对方说：‘好吧，我会付出重大的牺牲，为你口交，但是你最好不要射精。’总而言之，就是你不要跟一个不爱你的人上床。如果你上床了，那么你就必须强作欢颜，或许你会觉得你的脸被强暴了，或许你会觉得最好而且唯一能够做的事就是干，然后希望两人同时睡着。女人对她们的阴道逐渐解放——欣赏它的外观、欣赏它们的味道等，我也解放了我对阴茎的观念——它很好，它是宇宙间最富潜力、最值得珍惜、生命力最顽强的物质，所有人类都仰仗它代代相传。我不会为它道歉，我不会把它藏在我体内。如果有人肯花时间去发现，有一个脑袋、一颗心灵和一个心思敏锐情感丰富的人依附在那精液和阴茎上，事情就会好转，压力就能解除了。”

男人喜欢哪种形式的口交

口交时男人喜欢的刺激方式五花八门，这并不令人吃惊。男人描述各种各样的刺激方式：

“最令我亢奋的方式是让我看得到它的进行。不过，我不会保持很久的被动姿态，最后总是我用双腿环绕着她，一边抚摸她的头发和肩膀，一边自己在她嘴里抽送。”

“当舌尖碰到系带时感觉最美妙，令我如痴如狂。”

“通常我仰躺着，双腿张开，她蜷缩在我大腿间。我的膝盖打弯或弓起来。有时她不仅用舌头爱抚，还会上上下下摩擦阴茎轴——尤其是她累了，想要快点让我高潮时——太舒服了！她忙个不停，移动阴茎轴、吸吮，而且用其他的手指爱抚、拨弄、抚摸我的肛门四周。我的肛门极为敏感，而且她也会用舌头快速地逗弄，让我飘飘欲仙。”

“我喜欢她慢慢地舔我的睾丸，同时舔舐、亲吻、吸吮我阴茎的每一寸肌肤。口交的过程中，我喜欢她用脸庞来摩擦我的阴茎。我喜欢感觉到我的阴茎在她的嘴里越来越硬挺，而她只是含着。我比较喜欢前端被用力地吸吮，在我高潮时，我喜欢她只是紧紧地含着我的阴茎。但是大部分女人认为如果她们吸吮得更起劲，感觉会更好。这会令我发狂，让我有点不自在。”

“我喜欢她把我的阴茎含在嘴里，手握住我的睾丸挤压。需要有适当的压力施加在龟头下面的部位，通常用嘴办不到，因此也需要用手帮忙。”

“我喜欢用劲地吸吮，非常艺术。同时如果没有好好照顾到睾丸也称不上是最棒的口交。”

“只是用嘴很难让我高潮，因为我需要整个阴茎轴受到压力。如果对方用手在阴茎底部滑动，嘴放在龟头上，我比较容易达到高潮。”

“口交时，我喜欢她抚弄我的乳头或是握住我屁股两边，将她的嘴放在阴茎上，吸吮和舔舐下侧。在我射精时，我希望她吞下去，并且继续吸吮和舔舐干净。这就是爱！”

“我喜欢她保持被动，躺在我下方，让我‘在她嘴里抽送’，并且尽可能将小弟弟推得越深越好。”

“我喜欢让我的阴茎非常湿润，并被紧紧地含住，在接近高潮时，应该更用劲地吸吮龟头，并且加强舌头动作。如果将一只手放在阴茎底部，为我自慰，也可以增强压力。”

“许多伴侣似乎都不知道如何口交。刻板观念是她们必须吸吮整个阴茎，并且让它伸入喉咙里。其实，关于口交最重要的一点是：要彼此互相享受，而且充满爱意和好奇心，快活地嬉戏，不要管该做些什么。”

12

阴茎刺激

顺应身体的本能

love

用手刺激阴茎

男人对伴侣用手刺激阴茎的感受

许多男人表示他们喜欢别人爱抚逗弄他们的性器官——阴茎和睾丸、大腿和屁股两边——作为前戏或爱抚的一部分：

“在对方抚弄我的阴茎时，我感觉很舒服，感到完全的接纳与自在。这时我已经准备好为她付出更多了。”

“我喜欢轻柔的爱抚，尤其是偶尔将手延伸到我的睾丸。一旦我开始兴奋，所有性器官的周围地带都会变得敏感。”

“我喜欢伴侣用手握住我的阴茎，或是在屋里擦身而过时，抚摸一下它。”

“几年前，我曾经有一位出色的女朋友，她习惯用手掌和手指滑过我的阴茎和睾丸，以及我的大腿，有时候会施压，有时候会调戏。在我们只是漫步、闲聊的时候，我感觉她真的爱我。”

大部分男人觉得女人没兴趣触摸他们的性器官，或是缺乏技巧：

“我喜欢，但每次都得开口要求，她很少有这个念头。”

“我喜欢阴茎接受爱抚，但似乎很少女人知道如何进行或是有这样的念头。”

“当然，我喜欢，但是有时候女人倾向于草草了事，或是握得太紧，造成疼痛。”

“她用手刺激我的阴茎时会让我感觉别扭，我觉得她并不喜欢或是并不想要这么做。”

“我喜欢她抚弄我的阴茎，但是她很少这样做。去年经过性治疗后，她会在爱抚我全身时，温柔地碰触、逗弄我的阴茎。但是现在停止治疗了，她已经超过一年没有碰它。”

“我大部分的伴侣会勉强地抚摸一两分钟，好像她们觉得这是负担。她们很少将手移向龟头下面或是阴茎轴中间。上帝禁止她们伸到下面去，并且握住我那汗淋淋、毛茸茸的睾丸！另外，她们不会起劲地爱抚我，好像她们不想太投入似的。”

用这种方式表达对男人性器官的认可和热情，大多数男人有被接纳的感觉：

“如果她是为了自己的欢愉，从容不迫地爱抚我，我爱极了。在她碰触我的阴茎时，我觉得她接纳我的肉体，而且知道我们生理上的差异。我也感觉她爱我。”

“感觉到不同于自己的抚摸，真是舒服极了，而且让我觉得有人要我。”

“我喜欢她拥抱和抚弄我。如果我们不是真心相爱就做不出这种事来。我无法想象有人为我自慰，而我不喜欢。当她这么做时，我知道她满腔柔情，而且爱我的一切。”

得不到爱抚时，会产生被拒绝或疏远的感受：

“我太太从来不碰我，我猜她不想要。我希望拥有一位伴侣，她喜欢爱抚我的阴茎，让我亢奋不已。毕竟这也是我的一部分。”

“我喜欢我的甜心用她愿意的各种方式来刺激我，但是她不喜欢探索我的性器官四周。它是相当复杂的器官，阴茎轴的根部即使在我体内也会不可思议地充血……为什么她不喜欢它呢？”

有些男人觉得女人抚弄他们的性器官真是太“大胆”了，同时僭越了他们身为“出击者”的男性特权：

“她这样做时，我该做些什么呢？乖乖地躺着，露出甜美的笑容？我觉得这很可笑，说什么女人应该采取主动攻势，她要对我做爱。我从来没有见到在这方面干得和我一样出色的女人。我不想让女人把我推倒在床上，在我身上抚摸。”

“我不介意她把手放在那儿，只是碰碰我，但是我不想要她在我身上下功夫，试图借一己之力让我高潮。我喜欢感觉到我是主控者，是我来表现给她看，她能得到欢愉。”

有一位男士描述了怕让别人控制他身体的恐惧：

“依我看，有些男性在女人抚弄他们的性器官时，无法得到像自慰一样快乐的原因之一是他们有很深（同时是潜藏的）的恐惧，这种恐惧和厌恶阴道的焦虑一样。让别人控制你的阴茎或许在许多方面相当吸引人而且愉悦，但也可能是忌讳，特别是那些对自己潜在的被动性深以为忧的男性。”

非常少的男性表示，女人知道如何刺激他们达到高潮。不过，大部分异性恋男子极少有伴侣用手刺激他们达到高潮的经历：

“我喜欢我太太用手刺激我的阴茎，如果我要求，有时她会这样做，当成前戏。我记得只有两次我用这种方式达到了高潮。”

“少数几次她用手刺激，当时我正在淋浴，在高潮之前，我感觉到痛。”

“我只有两次被手刺激达到高潮。有一次相当意外，那时我住院，我的女友在被单下爱抚我的阴茎，完全没有想到居然射精了。另一次是和一位女友淋浴时，她为我抹香皂，而且一直清洗我的阴茎，直到高潮。”

“我的女性伴侣从来没有把我刺激到高潮。”

“我从来没有这样高潮过。我从来没有真正教导过她们，我觉得解析这种事情有点难为情，因为很像自慰。我不认为她们能学会，即使我试着去讲解。”

“女人通常不知道如何用手给予刺激，就像男人通常不知道拨弄女人阴蒂的最佳方法。”

“很难教她正确的做法，但试试看蛮有趣的。”

“我不太在意别人怎么用手刺激我的阴茎，反正她们都做错了——不是太粗暴，就是握得不正确。我认识的大部分男人都有相同的感觉。”

“我的经验是女人以为男人要求的是闪电般快速地抽搐，然后就停手了，因为她们累了。”

“我太太拒绝这样做，因为她认为在我们回避性交时，我仍然可以用这种方式‘骗到’高潮。”

“通常女孩子在摆弄阴茎时，手移动得不够快速。或许她们害怕弄伤它，或是难为情。事实上阴茎禁得起鞭打——原谅我的用词，女孩子应该坚决一点。”

“大部分女孩把它当成是体育馆的绳索，拼命搓揉，所以通常我不会喜欢。”

“我猜我会喜欢女人用手把我刺激到一个程度。但事实上，我不需要，她越帮越忙，反正我会勃起。或许她会用错误的方式拉扯它、弄痛我、搔我痒，让勃起消失。我宁可调戏她——反正，她才是需要爱抚的人——然后在她体内结束。”

有的男士发现，女人也擅长用手刺激他们达到高潮：

“我的伴侣是我遇到的第一位能帮我自慰的女人。她很美，她的触摸对了，她的爱抚对了，她的时间也抓对了。所以，我每一次都会高潮。”

“我太太做得比我认识的任何女人都出色。她的抚触如此精妙，我以前从未体验过。”

“她躺下，全身蜷靠着我，她的唇吻我的脖子或耳朵，我也回吻她，然后她非常轻柔地抚弄我的睾丸，直到我情欲高涨，然后，她慢慢地碰触我的阴茎顶端，有一滴液体流出来——然后她开始刺激我的阴茎，上上下下，上上下下，握得越来越紧，更用劲地吻我，喃喃地说：‘爱德，爱德，我爱你……我爱你……’于是我高潮了。我们发展出这样的模式，因为我是伤残的退伍军人，而且我能够这样达到最棒的高潮。”

“在我太太第一次为我自慰时，真是疯狂的经历，带来了新的体验，同时加深了我对自慰的喜好。但愿我太太能比现在更常帮我自慰。再者，看着她自慰让我亢奋极了，当我单独自慰时，这是我幻想的基调。实在是销魂蚀骨。”

有伴的自慰

既然别人很难知道如何用手来刺激男人达到高潮，或许男人会喜欢刺激自己时别人也在场。然而大部分男人（尤其是异性恋男子）在被问到“你喜欢自慰时有人在场吗”时表示，他们很少或者从来没有这样做过：

“我自慰时从来没有任何人在场。”

“我从来不在对方面前自慰，我不喜欢这样做。”

“也许这样做的感觉会很好，但我从没在女孩子面前自慰。”

“如果我年轻点，或许偶尔会和其他男孩一起自慰，但是现在不这样做了。”

然而，有些人的确喜欢，而且非常热衷：

“我喜欢我的伴侣看着我玩弄自己的身体，如果她能跟我一起嬉戏，绝对是妙不可言。这样做，让我感觉与她非常亲密，而且满足。”

有一位男士发现在他太太面前自慰，大大地改善了他们的婚姻：

"如果我好几个星期离家去很远的地方，我太太就会怀疑我和别的女人一起出游。但是我可以诚实地说，我从来没有做过这种事，因为我用自慰来代替。有一次她这样指责我，我气极了告诉她坐在床上不要动，静静地看着我。我开始像平常一样自慰，不过这次她看着我，她不知道我每天都这样，即使我们拥有令人满足的性交。她坐在一边看，脸上露出着迷的神情。她从来没有见过男人自慰，而我从来没有让人看过，令我们两人都非常亢奋。旁观着一个男人如何自己享乐，而不需性交，看他是如何兴奋起来，在亢奋的阶段睾丸如何缩小、坚硬，身体上方移动，以及最后的射精。她认为我射得很高，对我来说也是非常刺激的，而且是我一辈子经历过的最强烈的一次射精，我自己都很惊讶。从那时开始，她知道我没有欺骗她。我们的性生活不断改善，她希望当我有欲望时就在她面前自慰，她总是像第一次一样着迷，而我也同样地兴奋，因为能与她共享。"

依循性爱模式的压力是如此强大，赋予性交的地位是如此重要，在伴侣面前自我刺激不为多数人所接受。然而男人（以及女人）可以从自慰中获得如此强烈的高潮，而与人分享又是如此亲昵的举动，似乎这是互相结合的好方法。在我们定义性关系时，与伴侣分享自慰可能会带来最深刻的改变。

自慰

"我可以算是有两种性生活，一是跟我太太，一是跟我自己。我自慰了好多年，现在我能够享受自慰而没有罪恶感。我希望有一天和我太太讨论这件事，虽然我认为跟她在一起很自由，但我还无法做到这一点。我从自慰中得到的欢愉是相当孤独的，和人与人之间的做爱不同，我跟自己做爱，大部分男人不会承认这点。现在我的罪恶感越来越轻了，有的只是比较强烈、绝对的宗教情感，我已经可以平衡了。自慰是我性行为最重要的领域，我发现自慰有助于性生活，因为感觉比较自由，并没有罪恶感，而且能变成更好的爱人。"

大部分男人自慰吗

在被问到"你多久自慰一次"时，几乎所有的男人，不论已婚还是单身，都表示自慰是他们生活中的常态：

“从我有记忆以来我就会自慰——大约 8 或 10 岁开始。目前我 35 岁，我平均一星期自慰 4 次。几乎每次都能达到高潮，因为我坚持要有高潮。”

“我没有固定的自慰次数，通常在我想象骚动或是心痒难抑时。差不多每星期一次。”

“没有伴侣，我通常每天自慰。”

“我喜欢自慰，尤其是生理上的享受。如果我好些天没有和太太做爱，会良心不安，但我仍一星期自慰 5 次。”

“这要看我有多么急，或是她是多么冷淡。在内心深处或许我认为自慰更有趣，因为要冒着被逮到的危险。”

“一星期一到两次。我喜欢这种亲昵的时刻，只有跟我的身体和梦想在一起，才既愉悦又满足。”

“别人告诉我自慰是不好的，而且每个人只分配到 1000 次的高潮，不要随便浪费。我发现这说法是错误的。我一星期平均自慰两三次，而且结婚 20 年来一直是如此。”

“我一天自慰一次，虽然我还有固定的性生活。我把它当作性演习。”

“我不是真的喜欢自慰。真正的性交比较吸引我，但有时由于寂寞、挫败或失败，我发现必须自慰来保持我的清明。这没什么意义，但心理上我厌恶自己缺乏自制力。我从 19 岁开始自慰，第一次是在发生冲浪意外而在医院苦待了 3 个月时。那时我既愧疚，又害怕，因为我不知道怎样自慰而不伤到自己，现在我知道自己多愚蠢了（我现在 25 岁）。目前我一个月或许自慰 12 次，尤其是夏天。”

“我非常喜欢自慰，但是颇有节制，大约每 10 或 12 天一次。自慰帮助我了解自己的性构造，以及怎样会让我兴奋，我总是拥有旺盛的高潮。”

只有 1% 的男性回答没有自慰过：

“这个问题的前提是不能接受的，我知道书本上怎么说，但是我从来没有自慰过，即从来没有让自己达到高潮。我有时会玩弄自己的阴茎，爱抚它、逗弄它，但是没什么乐趣可言。而且我从来不觉得需要以这样的行为来证明自己很行，或许有一天我会。我没有什么顾忌，只不过没兴趣。”

“我从来没有自慰过，除了孩童时代探索性质的触摸和最近几次爱抚它以便发现我喜欢什么，或是怎样可以令我兴奋——因为我以前从来不知道——但是并没有达到高潮。我读过一些这方面的统计报告，注意到男人和女人自慰的程度，但是我从来没有过。或许我就是那么不同，我心里的确有很强的道德抑制力，根植于宗教或宗教教育。我从来没有感受到这样的冲动。”

有两位男士表示他们无法自慰到高潮：

“唉！自慰是我的烦恼。理智上我不认为这有什么不对，不过下意识里感觉到不安。我无法自慰到高潮，所以我不常尝试。感觉虽然很舒服，但是令人挫折。我想只有在每两三个月没有做爱机会又心痒难挨时，才会尝试一次。”

“在我 29 年的生命里，不记得有自慰达到高潮的经历。我当然想要，或许我的方法不对，或许我耐心不够。过去 9 年我拥有一位固定的伴侣，而且性关系良好，我想我真的无此需要。”

男人如何自慰

这些答复提供了详尽而丰富的资料，这是非常重要的素材，因为我们尚未全面了解男人喜欢的是什么。许多男士在自慰时毫无禁忌地以各种方式爱抚自己，但在与伴侣性交时，他们却无法坦然这样做或开口要求。除此之外，许多男人的答案里洋溢着自由、享乐、欢愉的气息。

从这些答复中浮现出来的重要信息是：许多男人有阴茎，或是比阴茎更重要的刺激地带，大部分男人在自慰时同时会刺激他们的睾丸、肛门或更全面的身体。

一项很重要却常常被忽视的事实是：除了阴茎之外，按摩睾丸和整个性器官对男人很重要。37% 的男性提到在自慰时会这么做：

“阴茎底部和袋子（我不喜欢‘阴囊’这刺耳的字眼）相接的地方特别敏感，这个地带在你将阴茎尽可能推送进女人体内时，感觉非常舒服。袋子本身和睾丸的韧带能够回应这份压力。我通常将手放在阴茎底部，沿着袋子左侧，爱抚肛门内的敏感部位，就是由睾丸一直相连到前列腺与体内其他管子的韧带。”

“我喜欢在我的双腿间塞东西（揉成一团的 T 恤），这样可以刺激我的阴茎和大腿内侧。”

“自慰时我通常是以左侧身体躺在床上，我喜欢把睡衣卷起来夹在两腿之间增加对睾丸的压力。”

“有时我会以两只手指（而非手）放在阴囊上，上下摩擦两个睾丸之间的皮肤，用这种动作将两个睾丸分开，或只是在它们之间上下摩擦。”

“将要射精时，我会用左手手掌按住阴囊，用右手上下摩擦阴茎，同时以同样的速度上上下下移动睾丸。”

“快要高潮时，我将床单和毯子塞在阴囊下的两腿间，用力夹挤，好支撑压力。”

“我在双腿间夹一个枕头压住睾丸。”

“我喜欢将一边睾丸夹在大腿间制造一点快感或轻微的压力。”

有些男士提到阴囊和肛门之间也相当敏感：

“我爱抚自己睾丸和双腿交会的缝隙，这样很舒服。”

“我需要压迫阴囊和肛门之间的地带。”

“有时在射精时我会压迫睾丸后面的管子，感觉很舒服。”

“我将左手放在阴茎底部，爱抚阴囊和屁眼之间的皮肤。”

虽然许多男士爱抚他们的睾丸或肛门，但是令人吃惊的是，大部分男人极为害羞去爱抚生殖器官以外的身体部位：

“我几乎每一次都是躺着自慰，用手握住阴茎，上下摩擦。有时我会用另一只手抚摸我的腹部或大腿，非常能挑动情欲，但是这样的自恋倾向令我害怕。”

“除了阴茎之外，我从来没有想过抚摸别的地方。因为我认为自慰的重点就是高潮。停下来逗弄自己会很奇怪，尤其是如果别人知道你这么做的话……其他男人会这么做吗？”

不过有些男士的确会给自己比较多的“前戏”：

“我喜欢玩好几个小时，我喜欢光着身子，然后用各种各样的乳液按摩我的龟头及乳头。这是一个有空间却没固定伴侣的老头能够亢奋的方法。可以肯定的是，当你独自一人时，没有人会来说不行。我喜欢带着我的‘好棒槌’，光溜溜地四处走动。在我住的地方，我随时可以这样走出户外。我喜欢挥舞着它感觉风的流动。如果我已经够亢奋了，我就温柔地抚弄龟头，然后在草地上射精，真是太过瘾了。”

“当我独自一人而且有空间时，我会享受舒缓而色情的自慰。我躺在床上，旁边放一条毛巾，温柔地爱抚自己，从胸部到大腿，绵延不断轻柔地抚触，同时闭上眼睛幻想，在不同的性幻想中游移。我喜欢关上灯，因为这样我就不会分神或是觉得有人在看我。当我亢奋后，我开始轻轻爱抚我的睾丸，缓和而细密，慢慢地沿着我的阴茎移动似乎能让快感更明晰、幻想更生动。”

“一年以前我才开始爱抚自己性器官以外的地方。从那时开始，我已经发现好几处我以前不知道的性感带，例如我的胸部。有时我亲吻自己的肩膀，我用指头刺激自己的嘴和唇，或者用手抱住枕头来得到满足。我爱抚自己如同我希望女人对我的爱抚以及我对她们的爱抚。”

“我脱得精光躺在床上，半闭着眼睛。我想到和女人在一起的情境，然后轻轻地用一只手抚摩胸部，移到腹部、下腹部，在阴毛四周抚摸，一直到阴茎底部、大腿内侧，又回到胯下，然后用指尖如羽毛般轻柔地爱抚睾丸。我用手指摩擦阴茎顶端，直到流出一些液体，然后用手将这些液体抹在阴茎上，进行舒缓而绵密的爱抚，直到射精在我肚子上。”

许多男人常常喜欢在自慰时延缓高潮，借着暂停和重新刺激加强欢愉，延长享受：

“我喜欢舒缓而从容的自慰，在射精之前停止，反复进行好几次，对我而言这是非常愉悦的快感。我让自己尽可能接近高潮，然后停下来。当高峰退潮时，我再慢慢抚弄阴茎顶端，重新恢复并且维持高峰状态，但不让它射精。有时我就在这儿停下来——大约自慰了一个小时后——或者继续达到强烈的高潮。”

“自慰时，我用一只手握住阴茎底部，用另一只手摩擦阴茎顶端，我这样进行一阵子，然后让阴茎回到半软的状态，然后又重新开始摩擦。在高潮前我喜欢一直反复这个过程。”

“有时我喜欢将自己带到高潮边缘，然后停住，在我这样做时，阴茎会因为期待而搏动，接着而来的欢愉，一波高过一波，直到高潮。”

“有时候慢慢酝酿、暂停、又让它退潮，很有趣，这样来挑逗自己，让自己饥渴如野兽。”

一些男士不一定每次都自慰到高潮，有时只是为了愉悦：

“有时候我会拍拍自己的棒槌，只是因为它很硬。”

“有时我在读书或看电视时自慰，我只是想玩一玩。”

“我一向用不同的方式自慰，有时候射精，有时候不会，我喜欢进到林子里爱抚自己，我对树林、植物、动物、天空、泥土做爱。我喜欢感受到性器官自由摆荡！我特别憎恨内衣，所有的衣物都是妨碍，除了非常宽大、松垮的裤子。我喜欢感觉到清风、流水、太阳流泻在我身上。”

有些男人喜欢注视镜子中的自己：

“我最喜欢的自慰方式是在镜子面前，跪在床上。我爱我的身体，而且喜欢欣赏自慰时身体的动作。我喜欢看自慰时的勃起及整个性器的搏动。”

“通常，我会进到浴室，注视着自己自慰。高潮时，我注视着射精，以及身体其他部位的反应。我发现观看自己真的很有趣——十足的刺激。很久以前我曾经有罪恶感，不过现在我懂得享受了。仍然比较喜欢和妻子做爱，那才是真实的。”

很明确，男人最常使用的自慰形式是用手直接刺激阴茎。大部分男人会再加上一些变化或额外的动作，例如刺激睾丸，或者其他全面的身体刺激。这种形式的自慰令人相当吃惊的是几乎不包括抽送动作，与性交大不相同。虽然人们常说抽送是男性的生物本能，然而在自慰中，是手而非身体在移动。因此说性交时的抽送是为了带来阴茎表皮的上下移动，并非什么生物需求。

自慰时的想法

许多男人自慰时，幻想也是很重要的一部分：

“如果我不想一些对女人的色情念头，通常很难兴奋起来。如果我只是意识到我的手在阴茎上上下移动，不会令我亢奋，勃起会慢慢消失。如果我想到过去性交的经历或是女人帮着自慰，那么我会变得比较硬挺，同时阴茎会得到射精必要的张力。”

“对我来说，自慰时绝少不了性幻想。我幻想一个女人的模样，她的臀部、胸部、双腿、阴毛、阴唇、阴道开口。我最喜欢的性幻想是手滑进她的内裤里，爱抚她的小妹妹，直到她湿答答的。”

“自慰时，我通常会在脑袋里想象栩栩如生的画面来刺激自己。通常都是日常生活的情景，有时候是和太太在一起的休闲时光，有时候我想象她穿着片式衣服，风情万种地站在那里，这样就足够把我带向高潮了。在遇到她之前，我习惯梦想自己和别的女人在一起，有些时候是女同事、认识的女人或住在附近的女人。不过，如果我心里突然想到不协调的事情，例如工作的难题，事情就搞砸了，我必须从头开始。”

“图片看一下就无聊了，所以通常我只是闭上眼睛，想象我刚刚在路上遇见的家伙，或是过去做爱的经历。”

比较少的男人利用色情画报：

“有时候同事会递给我一本色情杂志，我带进男厕在翻阅将近一半时，我用手拿着阴茎（龟头），向下做爱抚，感觉美妙极了。接近高潮时，我坐回马桶上，将阴茎朝下，想着书上的图片，我的中指放在洞口，在高潮发生时迅速地拨弄。然后我清洗干净，稍微休息一下，再回到我的工作岗位。”

“我利用色情图片来培养情绪。我或许会安排两三张图片，这样我能够仔仔细细地欣赏。有时候自慰前我会先看色情小说，或各种各样‘妖精打架’的 8 厘米影片，同一部影片会看很多次，或许两三个月之久，或是直到又发现更刺激的影片。”

男人对自慰有什么感受

大部分男人对自慰有罪恶感，而且觉得自己不及格，但又却非常热衷（许多男人在自慰时能得到生理上最强烈的高潮），并且在自慰时享受到极大的自由和乐趣。这些男人似乎觉得自慰比其他时候更能随心所欲地刺激自己、做实验，只是和自己的身体亲热亲热、玩一玩。几乎没有男人会告诉别人，他们在自慰。

大部分男人，虽然在一生中一直是定期地自慰，也拥有其他活跃的性生活，但他们还是觉得自己不应该自慰，认为自慰只是性交的替代方式。许多男人还提到自慰让他们感到孤单或者愧疚：

“如果我无法从妻子身上得到我想要的，我就自慰。结果却让我感到沮丧而孤单。”

“过去 10 年每当我觉得需要自慰时，我就恨自己和我太太，我觉得情感上受骗了，自慰让人产生疏远的感觉。”

“虽然自慰没什么不好，但是一个在性爱方面成功的人，不需要自慰。”

“我不喜欢自慰，那是小孩子的玩意，代表你被三振出局了。”

“我的看法是，如果你外出，而且有好几个礼拜或好几个月见不到女人，那么这是生理上的实际需要。但是在文明世界里，自慰招认了自己的挫败——没有能力与别人共享一些事情。”

“如果我能够和伴侣尽情地做爱，我就不会自慰了。”

“在我特别忙碌、找不出时间和别人享受更为轻松的性爱时，我就自慰。”

“我比较喜欢和伴侣做爱，但如果无法实现时，‘打手枪’也能充数，感觉也很棒，高潮通常比较强烈。”

“令人抱憾的是，自慰仍然是我性生活中的一部分。即使相信自己不需要自慰，我仍然挡不住自慰的需求。自慰行为带来那么多的欢愉，我可以肯定，即使我能和伴侣享有固定的性生活，我仍然会找出时间用手逗弄小鸟。毕竟自慰长久以来是我最好的朋友。”

“自慰感觉很舒服，我完全能控制这份快感，但我觉得这样做多少是在欺骗配偶。”

“自个儿做爱让我产生罪恶感。”

“自慰对我很重要，它让我免于通奸。我太太一星期做爱一次就满足了，不自慰我就活不下去。”

许多男士表示他们虽然享受到自慰的生理欢愉，在情感上却感到沮丧：

“在生理上很快乐，但是却留下情感上的空虚与寂寞。你想要的时候就可自慰，想高潮就高潮，但是缺乏温暖或亲密，没有人与你分享欢愉。”

“自慰或许让我活得下去，而且肯定让我能够保持神志清醒，但是这样的孤单常常令我沮丧，因为我想要跟别人一起做爱。”

“自慰和性交相比，就好像速食和盛宴的区别——迅捷、没有情感，只有短暂的满足。自慰不好，因为你知道这不是你心里最渴望的事情。”

另外一位男士有不同的想法：

“自慰是我的主食，我大概平均一天自慰一次。性交像点心，一周一次或更稀罕的奢侈享受，我不会储备时间和精力来追求。”

有些男人，对于自慰感到内疚，或者需要以男性生理结构或男性的“性”来为自己辩白：

“在前次婚姻里，当我太太不愿做爱，而我的睾丸受到严重伤害时，我就自慰！不过，作为男性，进入我太太体内是最恰当的——这是上帝的旨意。”

“如果你和女人搂抱、爱抚，却得不到发泄，会累积太多的精液，这样会带来痛楚。在这时候，只要有机会，就必须赶快自慰。除非能快速赶回家找太太，要是她缺乏同情心，那么最好赶快冲到妓院，或是浴室里。”

另一方面，男人也担心太频繁地自慰，对健康有不良的影响：

“我喜欢自慰，不过我害怕次数太多会把自己搞垮了。”

“一个人可能自慰太多吗？我可以一天享受两三次，每天都如此！我尝试克制自己，因为我觉得这样对我不好，或许会伤到自己。”

这样的恐惧没有事实根据，男人可以安全地尽情享受所有的高潮。（男人不害怕性交高潮的次数太频繁，相反，大部分男人觉得越多越好。）从生理的角度来看，自慰、性交或其他方法带来的高潮对身体的影响并没有任何区别，因此没有必要担心自慰带来的高潮会伤害身体。

有些男人表示他们只有在年轻时自慰：

“自慰是年轻时的事，现在我可以从女人身上获得满足。”

“年轻时我习惯用自慰来缓解压抑在体内的苦闷。”

“自慰对我曾经极为重要，因为那时没有性交机会。从自慰中我也了解到自己身体的节奏和感觉，以及令我亢奋的方法。现在我不用再自慰了，我比较喜欢性交。我有一次在伴侣前让她知道我是怎么自慰的。”

不过另一位男士质疑自慰：

“我认为自慰是不对的，而且没有人承认他们自慰。男人只承认自己在男孩时代曾经自慰，但不是现在，哈！”

另一位男士的陈述证实了这点，至少就他而言：

“在心理上我并没有困扰，但是我很在意别人的看法。我只让两位女朋友知道我会自慰，而我从来没有告诉男性朋友，除了说我小时候如何自慰。这是没关系的，因为大多数男孩都曾自慰。但是大人还是认为自慰似乎是碰不得的禁忌，所以我没有告诉任何人。”

少数男人明确表示自慰不好，而且令人厌恶：

“我觉得这是罪恶的行为。一定有什么不对劲的地方，我祈祷能够停止自慰。”

“不，自慰对我不好。我 11 岁时第一次干这种事，我认为自己迷失了。我经常想着这回事，太多的罪恶感和禁忌。我现在完全能够控制了，但是我还没有完全停止。我估计我自慰过大约2000次。我不想承认以及陈述这些，不过这是事实，我宁可称它是原罪。我希望我的晚年和下辈子获得尊敬，上帝会原谅的，如果自慰真是必要的。”

许多男人表示，他们越来越能接受自慰这个事情：

“中学时代自慰有罪恶感，我不知道自慰是否会影响跟伴侣的性行为，然而现在我觉得自慰没什么问题。”

“对于自慰，我现在比过去在心理上解放多了。在我发现我太太自慰时，我感到自由多了。”

“我开始了解：自慰对每个人独立的性生活是必要的，我不应该总是依赖配偶来满足或刺激我。我以前从不自慰因为她一向让我很舒服。以前我认为自慰是堕落、自私、浪费时间的行为，而且如果女人可以做得更好，干吗自慰？近来我经常自慰，主要是为了让自己亢奋，感觉太舒服了。”

“从十来岁开始，自慰就是我性行为的重头戏。我一直很好奇书本上关于自慰的说法。多年以前，自慰顶多是被视为年少轻狂的行为，长大后最好扬弃这种习惯。近年来，人们对自慰的看法有所改变。如果你身边没有性伴侣，这倒是一个人性生活正常的一部分。对自慰逐渐改变的态度让我感觉自在多了。我庆幸自己没有因为受到威吓而放弃自慰，不过我曾经尝试戒除，好像人们尝试戒烟一样。现在我知道自慰是健康的，和我太太做爱的方法是不同的。”

“我曾经感到后悔，因为我应该出外追求女孩，并且上床，而非自己自慰。然而我现在明白了，自慰不会对我造成任何伤害，我大可好好享受。”

“在十多岁时，我曾产生罪恶感。但是整个青少年时期，我还是持续自慰，尽管我认为我应该停止，或是节制一点。现在我已中年，在心理上完全能接受，克服了罪恶感。我自慰时，总是伴随着丰富的心灵影像，自慰改善了我和妻子的性生活，原因很简单，在自慰时幻想，然后在她身上尝试，有趣极了。”

不论男人多久自慰一次，或是保持什么样的态度，多数男人都隐藏自慰的事实：

“自慰不像性交那么令人满意，我会觉得羞耻，因为我躲起来自慰。”

“从15岁开始我平均一天自慰两次，我严守秘密，未曾告诉任何人，即使是最亲密的男性朋友也不说。主要原因是我的次数，我相信是比一般人高过太多了。”

“我或许是有一点躲躲藏藏的，但谁不是这样呢？一个礼拜我大约自慰两次，如果白天遇见的女人令我亢奋，我就可能一晚自慰两次。我感觉相当快乐，但偶尔也会觉得丢脸。”

“我偷偷摸摸地做，我太太不可能接受这种事。”

“我一个人做这种事，所以我想你可以说我是躲躲藏藏的。”

“我通常是和伴侣睡在床上时自慰，不过我会略加掩饰，因为不想吵醒我的爱人。或许她会认为这是不正常的，所以我会加快动作，不让她知道发生了什么事，不过如果她真的发现了，我也不打算放弃。”

“每隔一天我就自慰，我很满足，但有点不好意思。我的家人不知情，我父亲总是指责我是同性恋，因为他认为我在自慰。”

只有少数人不是偷偷摸摸的：

“有时候我在情人面前表演自慰。”

“我一星期自慰好几次。一般是每天晚上，在我没有和妻子做爱时。她知道，我们常常讨论这件事，她慢慢理解了，而且赞成。自慰对我们的婚姻大有帮助，因为我对性的欲望和需求远超过我太太，所以我能够在她的赞成与理解下自慰，这消除了她必须满足我的压力。如果某个晚上我们没有一起做爱，我不必那么失望，我太太也不必觉得她必须和我做爱。我非常爱我太太，部分原因是她知道这件事，理解我，理解我的需求和欲望。她是一个了不起的妻子。”

许多男士表示自慰时的高潮在生理上是最强烈的，因为没有压力，而且能够自由地给予自己正确的刺激：

“自慰是获得高潮最好的方法。我对有伴侣的性爱感到失望，因为在生理上的感觉不那么强烈。自慰时，压力和节奏都很理想，性交就办不到了。”

“到目前为止，我带给自己的高潮，好过我和别人做爱得到的高潮，因为我能准确知道我想要什么，我喜欢借助轻轻抚弄我的身体和柔和的动作来延长高潮前的时间。这样会蓄积强大的神经力量，造成几乎魂飞魄散的高潮，但是这个过程需要精心调理，几乎不可能在别人身上获得。”

“我很清楚地意识到自慰与性交的性质不同。在自慰时我允许自己拥有更快的速度和爆发力，似乎也能拥有更多不同形态的高潮。与伴侣做爱时，我所感受到的亲密接触远远胜过射精的快感，似乎整个心神、整个灵魂都融化了。”

“生理上的感觉很强烈，而且毫无疑问是最棒的高潮。但是在心理上，自慰引起的高潮完全比不上我和一位我敬重、着迷，或者至少有一些情感投入的女人做爱所带来的高潮。”

许多男人提到他们感觉更自由，没有压力：

“在某一方面我比较喜欢自慰，我感觉没什么压力，不必害怕受到批评。”

“自慰最大的好处是只需关照自己的欢愉。我几乎任何时间，不论长短（通常是10～20分钟）都能自慰，而且事后我可以直接睡觉，或是进行别的活动，不必担心伴侣的需求或欲望。”

许多男人表示自慰是幻想的好时机：

“谈到联想和幻想，远超过‘黄色潜水艇’和‘星际大战’加起来的总和，这就是自慰的特点。”

“我喜欢自慰，特别是在我利用它来复习我的记忆或幻想时，往往沉溺于自恋。幻想本身或身历幻境令人兴味盎然，我盼望幻想真的会实现，也很高兴挖到了过去记忆里的宝藏。”

“我喜欢在自慰时幻想，而性交时不会。自慰允许你天马行空地幻想，而不必在意你的伴侣。”

有些人喜欢自慰的独立性：

“情感上和心理上我喜欢自慰。我喜欢不必依赖别人而获得高潮，因此我在性方面，不太苛求。我曾经告诉一些女人，不必为了怕伤和气而觉得有义务和我做爱，因为我有一只健全的右手，性必须是两人共同的渴望。自慰时有时我会遗憾没有人与我分享，不过我也喜欢自己，一个人也蛮好的。”

“自慰非常重要，因为可以满足自己的性需求，而不需要将欲望强加在不愿接受的伴侣身上。自慰也让我自得其乐，省掉为了吸引太太必须进行的种种步骤，而这些有将近60%的几率会被拒绝，有时候实在是不必受此挫折。”

有些男人就是单纯地热衷此道，认为非常有趣：

“自慰是情感的出口，感官的升华。我每天至少自慰一次。它让我朝气蓬勃，充满生机，恢复青春活力。”

“有人说如果有性生活就不必自慰——错了。我认为对男人而言，自慰是很好的性方式。”

“这是我满足性欲的方式。做爱时我太忙着照顾她，无法真正地好好享受一番。”

“自慰好过听女人嘶叫，而且我需要强烈的刺激，自慰通常能带来雄壮的终曲。”

“我认为每个男人的初恋是他自己的阴茎！是小男孩的时候就开始玩弄它，而且学会用各种最愉快的方式握住它、挤压它。这一辈子不会有人比你更能撩动自己的性反应。我喜欢和女人做爱，但是一边幻想一边自慰，有无穷的创造力。你可以用自己的速度好好享受一番，绝对不会难为情。如果你喜欢，你可以站在镜子面前自慰，或是你想得出来的任何胆大妄为的举动，而且你不需要放慢步调来配合你的伴侣。每两天我就自慰一次，通常是在浴室准备要上班前，前一晚有没有做爱并不影响，这是一种愉快的苏醒方式。有时候我在淋浴时自慰，右手抹上肥皂或洗发精，然后幻想在淋浴时，有位迷人的女士溜进来跟我一起冲澡，并且要求我干她。我打赌和 22 岁的单身汉比起来，有更多已婚男性在自慰，或许我们更需要这类的幻想。婚后性生活往往变成例行公事。如果我妻子生病或怀孕，我会更频繁自慰。”

“自慰永远是生活里稍稍放纵一下的快乐，好像夕阳和蝴蝶一样。所有男孩都喜欢自慰。我大概从 8 岁就开始自慰了，当然没有射精，到了 13 岁才开始射精。会停止或变得偷偷摸摸的唯一原因是社会压力。我仍然继续自慰，我喜欢，而且我认为我停止我就完了（和过去的传言相反，哈哈）。我希望不要再将自慰和罪恶连在一起。还有人们说起自慰总是带着贬抑的味道，例如‘他是个手淫鬼’，我反对这种说法。”

有些人将自慰描述成自爱的形式：

“在我想要爱抚自己，让自己舒坦一点时，我会自慰。”

“我在生理和情感上都喜欢自慰，因为我是带给一个我喜欢和关怀的人快乐。”

“即使我性生活一天比一天愉悦，我仍然自慰。我喜欢而且会终身热衷，这是自爱之道；你必须先能爱自己，才可能与别人拥有美好的性生活。除非你对自己有了爱，否则你永远不会有美好的爱可以付出。”

“自慰是一种冥想的形式，发自内心深处的诚实。我几乎每晚睡觉前自慰，自慰的时候，我决定许多事情。那时我处在意识与潜意识之间，正是洞察力涌现的状态。对我而言这是一天的特殊时刻。”

男孩子第一次自慰和高潮的感觉

大部分男孩第一次自慰和高潮，都是单独进行的：

“在我尚未意识到任何形式的性爱之前，我就有了第一次高潮，大约是12岁，当时我在爬树。几乎将近两年我‘对树做爱’，爬树是为了获得舒爽的感觉。大约13岁时，才有汁液流出来。为了不要弄脏裤子，我会进到四周无人的树林里，脱掉衣服，在树上爬来爬去，直到汁液流出。我不知道那些汁液是什么，但是我知道不是尿失禁。冬天，我走进浴室，脱掉衣服，攀在柜子的门上假装我在爬树，用阴茎紧压着边缘，几分钟后就会喷出汁液，全身充满了愉悦的快感。”

“第一次自慰经历纯粹是意外。12岁时我将阴茎平压在垫子上，然后压得紧一点，就高潮了，我不了解发生了什么事，只是感觉棒极了。有一段时间，我用阴茎摩擦垫子来自慰，在发现这是怎么回事时，我试图停止。从别人那里听到资讯后，我用手握着阴茎，上上下下滑动表皮来自慰。”

“在十一二岁开始自慰时，我不知道它和性的关联，只是单纯认为自己天赋异常，能够以这种似乎和女人以及飞翔有神秘关联的方式获得欢愉。”

“我第一次自慰是十一二岁时。我的下体勃起，爱抚和摩擦它的感觉很舒服，所以我走进浴室，坐在马桶上，摩擦我勃起的阴茎，感觉很舒服。我不知道这样会带来高潮，但是高潮了，而且感觉太棒了。从那以后，几乎每天放学回家后我就进入浴室坐在马桶上自慰。”

“当时我13岁，在我学会如何自慰前已经梦遗了大约4个月。有一天下午我在做白日梦，心不在焉地按摩勃起的阴茎，然后就高潮了。这时我心花怒放，觉得全身都舒展，美妙极了，而且非常隐秘。那是我第一次感觉到是个大人，好像我已经被赋予了责任。”

“有一次我像平常一样洗我的性器官，我的阴茎感觉好舒服，重复几次摸洗的动作就勃起了。所以我继续爱抚，过了一会儿，那无法承受与不断加强的压力就融入爆射出来的精液里。我认为那种快感是无可比拟的。从此之后，一个礼拜至少3天，我一放学就赶回家，冲入浴室，打开水龙头，脱掉裤子，抓起肥皂，疯狂地自慰。”

“我第一次自慰是12岁时，像大部分男孩一样，我发现摩擦阴茎很愉快。有一天我一边做这动作，一边注视窗外一位身材健美的年轻建筑工人。能意识到的一件事就是开始贪图一波一波的愉悦，然后射精。一开始我以为我有病。但是问过其他几位男孩后，发现他们也这样做。从此之后，我每晚自慰，有时候一天三四次。身为天主教徒，我很快就知道这是罪大恶极的。”

“我在9岁时拥有第一次高潮，当时的事我记得清清楚楚。我坐在教室里，想去厕所小便，而老师不让我去。我把手放在裤袋里，穿过衣服，握住阴茎轴的顶端和上半部。在我移动指尖时，阴茎的感觉很舒服，所以我继续抚弄。最后，我的阴茎硬起来了，感觉真爽，而且开始鼓动。有些湿湿的东西溅出来，一开始，我以为我尿湿裤子了。不过很快就感到，那黏黏的液体和尿液不一样。之后好久我都不明白这是怎么回事，不过我开始越来越频繁这样做，这都是私底下偷偷进行的。”

“我第一次射精，是晚上在床上自慰，感觉棒极了，同时我想要第二天告诉所有的朋友。”

“我12岁时有第一次高潮，是自慰来的，我受到罪恶感的折磨，这种罪恶永远跟着我。父亲曾告诉过我，自慰完全正常，如果我必须自慰也不用烦恼。然而，当它发生时，我还认定这将毁了自己的性生活，或许对自己造成难以复原的伤害。这种恐惧，加上罪恶感，一直折磨着我。”

许多单独经历第一次高潮的男孩，被第一次的高潮和射精吓住了，因为没有人事先为他们做好准备：

“10岁时我自慰而且高潮了，我以为那是血，是上帝对我这种污秽不正常举动的惩罚。在我开灯时，我看到一堆可笑的乳白色玩意。”

“我在16岁时开始自慰，我以为我流血了。”

“14岁，我以为体内有东西爆裂了，但是感觉很棒。”

“12岁，我正在骑脚踏车时射精了。我以为伤到自己了，我去看医生，他的诊断是‘长大了’。”

“14岁时我有一次梦遗。我吓坏了，以为是肠子流出来，我要死了，没人告诉过我会发生什么事，虽然我爸爸是个医生！”

“我听过自慰的事，但是还不很清楚会是什么样。当浓浓的体液从我的阴茎飞溅出来时，我吓呆了，以为伤到了自己，悔恨万分。我觉得自己很邪恶，答应上帝再也不做这种事了，这种誓言，常常承诺，又破戒。”

“男孩时期，我只有梦遗时会射精，我不知道这是怎么回事，没有人解释过，我以为我尿床了！”

“我认为我是破坏了什么身体组织，溅出血或尿来了。我的父母沉默寡言，没有谈过这些事情。事后一个月之久，我甚至不敢正视我父母。”

“在我开始自慰几个月后，我第一次射精，我很怕自己是过度自慰而生病了。我不知道该不该告诉妈妈。”

“我记得有好一阵子我在被单下玩弄、摩擦、爱抚阴茎，直到有一天高潮了。我当时是难以置信的无知和害怕，虽然当时感觉很诡异，事后倒也好端端的没事。”

“在我看到几滴液体从阴茎顶端流出时，我有一点害怕。我靠得很近很近去检查，觉得很惊讶。”

“我认为它很奇妙，记得第一次，我非常震惊，以为我释放出全人类都还不知道的东西。我想当时我是疯了，因此我把这种感觉告诉一位朋友，他认为我在装疯卖傻。”

“我仍然记得第一次自慰射精的情景。我当时 13 岁，完全陶醉在这份快感里，只是无法相信这样就把精液抽取出来了。”

有些男孩，已经知道射精这回事（通常是由其他男孩告知的），感觉他们长大成人了：

“在我 13 岁终于射精时，我感觉太棒了！万岁，我是个男人了！我的世界是完整的。”

“11 岁时，我在自慰后射精。我感觉我已经是个男人，可以做任何事了。”

“在我 15 岁第一次射精时，我认为那是一件了不起的事，充满了大男人气概，值得向同伴吹嘘一番。”

“最初几次高潮没有射精，必须等久一点才能射出精液（当时 16 岁）。拥有高潮提升了我的自尊，我的青春期来得很晚，在上完体育课冲澡时，不能像同学一样拥有阴毛令人烦恼。”

“起初我很吃惊有东西射出来，然后就很高兴自己成为男人了。”

“有一天我在自慰时，注意到了阴茎旁边的阴毛。除了高潮之外，我射出一团东西，这对一个 14 岁男孩而言是全新的经历。我跟你说，我觉得像个男人，嘿嘿。”

许多男孩在生理上能够射精之前，就有了第一次自慰高潮的经历，通常早 6～12 个月，也有更早的：

“高潮和射精目前对我是同义词，不过在青春期以前，我固定会高潮而不射精。那种快感稍微不同，不过相当强烈。小时候在我跟朋友谈论这件事时，我们说是

‘可爱的感觉’……而且我们常常试着要获得那种感觉。”

“我常常一整晚逗弄自己的身体，而且洗澡时用水柱冲击。过一会儿，我就会高潮而不射精，令人难以置信的前所未有的感觉。后来在开始射精时，我非常惊讶，那情景真是干净利落。”

不过有许多令人意外的男孩，他们的第一次高潮是有其他男孩在场的，也就是从旁观看别的男孩而学会自慰：

“有位同学，13 岁，表演如何坐在学校的马桶上自慰。他坐在那儿搓揉阴茎（他的阴茎比我的大多了）直到射精。那天晚上在家里的浴室，我照着做。直到两个月后我才能自慰到高潮。我欢喜自己长大了，能够射精。”

“我开始自慰是在 12 岁时。学校的一群同学，大约有 6～12 人，习惯在放学后到一位男孩家里，他的父母亲都在工作，大约 6 点才会到家。我们比赛自慰，例如：谁射得最远，谁最持久，谁可以在宽口玻璃瓶中射入最多的精液，在一定时间内谁可以最多次高潮。还有略带同性恋倾向的接触，抚摸别人，不过从来没有真正爱抚别人到高潮，并检查对方的命根子，集体裸露，观看对方的屁股。”

“在我大约 10 岁的时候，一位 14 岁的男孩表演如何自慰给我看。我记得我很惊讶于他浓密的阴毛和巨大的阴茎，同时在他射精时也非常吃惊。然而他没有形容高潮的感觉，或是说明这跟排尿有什么不一样的感觉。当时我只是在旁观看，当天回家后，我把自己关在浴室里，观看我的阴茎——我很失望地发现没有阴毛——然后我试着用我看到的方法自慰。感觉很舒服，因此我继续下去，当高潮来临时，我既震撼，又惊慌，同时非常满足，那时还没有精液。从那以后，我一个礼拜自慰好几次。”

“大约 13 岁，参加童子军营。熄灯号之后，一些大男孩会谈到自慰的事，我不知道他们在说些什么。有一天下午写信回家或休息的时候（指导员不在），两位男孩乘机比赛谁可以射得更远。他们脱下裤子，开始努力将小鸟弄得硬邦邦的（他们称之为‘打手枪’）。嗯，那是我第一次看到勃起的阴茎以及别人射精。从那以后，我也开始逗弄自己的身体。”

“一名比我大 2 岁的男孩表演如何自慰给我看，他要我抚弄他的阴茎直到他射精。我吓坏了，不久，我自己尝试，有点害羞，但充满了好奇。”

阴茎的哪个部位最敏感

大部分男人觉得阴茎顶端，或者龟头是达到高潮最重要的部位：

“阴茎最顶端两寸是我身上最敏感的性感带，要达到高潮必须直接刺激龟头或阴茎的末梢部位。龟头的冠状脊是其中感受最剧烈、最奇特的部位，然而龟头正下方，阴茎轴的前侧部位也是敏感地带。阴茎下半部接近身体的部位，并不会比阴囊表皮敏感——能够强烈感受到爱抚的快感，但是无法产生冲向高潮临门一脚的作用。”

许多男人提到最敏感的部位是阴茎顶端龟头底下的部位：

“在我阴茎顶端底下有一个部位是最敏感的，我猜想这个部位的感觉相当类似女人的阴蒂（不晓得是不是也有一个名称）。直接刺激这个部位会造成不舒服，所以最好是用阴茎的外皮（我没割包皮）盖住这个部位来回移动。”

“最重要的接触部位是顶端，尤其是下方凸起来圆圆的地方（我割过包皮）。”

“如果只刺激龟头，会获得极为猛烈的、近乎疼痛的高潮。事实上，几乎很难维持不动的姿势，但是如果你能支撑下去，有一种别具风味的高潮等着你。那不仅是平地一声雷，所以我想最好将它形容为巨星的爆炸。”

不过有少数男士表示阴茎底部刺激起来比较舒服，尤其是要延长高潮前酝酿的快感：

“我用一手紧握住阴茎底部，而且通常用另一只手刺激睾丸。刺激阴茎底部，回避敏感的顶端，可以延长亢奋的过程。然后在接近高潮时，我加快速度，紧握到高潮临界点，然后握住阴茎顶端，这时候它异常敏感，引爆了高潮和射精。”

“我阴茎最敏感的部位是阴茎轴前面底下部分。我割过包皮，常怀疑医生是否割掉了一根神经或什么的。我听说，大部分人的龟头最敏感，我的龟头没什么感觉，除非摩擦很久。”

“我阴茎底部接近全长 1/2 的地方是最能带来快感的部位，我会用两根指头加以抚弄。顶端超级敏感，但是如果给予太多的刺激会让人不舒服。如果我想要延长勃起，加强我的亢奋，或许我会将手移到阴茎底部，摩擦睾丸或肛门。”

这些男士中有人表示，虽然刺激阴茎底部要花比较久的时间，但是会

带来更为深刻而强烈的高潮：

“通常我刺激阴茎的上半部及尖端，这里是最敏感的。但是为了变化，有时在坚硬勃起后，我用一两根手指摩擦下半部（阴茎底部）。这样要花比较多的时间达到高潮，但是比较强烈。”

“如果不赶时间，纯粹要好好享受，我大部分是刺激阴茎轴下半部。这要花比较久的时间，但是这样的高潮比较接近真正的高潮。如果时间不多，而且只是想要射精，我大部分是刺激龟头，这样很快就会高潮。”

有很多男人表示，虽然需要刺激阴茎顶端才能带来高潮，但他们真的感觉到高潮和收缩不只集中在阴茎顶端，从阴茎底部深处以及从睾丸延伸到身体内部的各种部位都感受得到：

“感觉似乎从阴茎顶端开始，扩散到前列腺，然后蔓延全身。”

“开始是龟头美妙的感觉，不断蔓延，直到整个阴茎陶醉其中，然后集中在睾丸下方。”

“我感觉到整个性器范围的强烈快感，高潮的感受大部分集中在阴茎底部，从睾丸延伸到身体内部。”

“高潮向下到大腿后侧及膝盖，向上从肛门四周到体内深处。阴茎是这一切的核心、枢纽。”

“感觉我的阴茎好像是有根的，一直延伸到大腿后侧，而射精是从那儿吸取汁液。”

“随着高潮蓄势待发，阴茎上面和两腿之间会产生一股压力，我开始伸直双腿，紧紧闭合。我需要对阴茎施加相当的压力，不论是自慰或性交，用最愉悦的方式持续压迫，一切感觉集中在我鼠蹊部，同时心跳和呼吸变得非常急促，肌肉紧绷。然后在高潮的时刻，龟头的感觉很轻微，所有的压力从两腿之间冲出，好像我的内脏将从阴茎射出来似的，不过是愉悦的。就在收缩开始之前，有些许的踌躇，然后那种感觉，喔！奇妙。高潮时的力道和长短要看前戏的时间有多久，在它持续时你绝不会希望它停止，但是在它结束后，很奇怪感觉也不错。退潮也是非常愉快的，逐渐减弱的收缩犹有余韵，速度比较慢，不过还是很有力，而且停留在阴茎根部的深处。龟头仍然相当敏感，这同样要看前戏时间的长短。全身浸淫在祥和、宁静、温柔的气氛里，心满意足。最美妙的时刻是在迟疑的那一刹那以及收缩开始时，高潮的快感是在直肠连通到睾丸上方这个地带感受到的。”

身体的姿势对男性高潮不像对女性高潮那么关键（因为性器官构造在体内和体外的不同），但有些男人却发现身体姿势会造成一些差异：

“在我挺直时，高潮的欢愉，似乎和脊椎底部的姿势多少有点关联。我也喜欢紧靠双腿。”

“站着或躺着的姿势我都会高潮，甚至在开车时，不过跪着是最强烈的。”

“我喜欢躺着，而且在高潮时我弯曲膝盖打开双腿。我已经发现这种姿势的高潮会更完整，更令人满足。”

“在知道腿的姿势对女人多么重要后，我试着将脚抬离床面，同时伸直双腿。这样很累，所以我只有在相当亢奋时才这么做。毫无疑问这样的姿势能带来最棒的高潮，因为高潮前阴茎底部的肌肉能保持完全的放松，而同时腿、臀及腹部的肌肉绷得紧紧的。”

男人对射精有什么感受

许多男人非常喜爱：

“我喜欢精液飞溅全身或是射向四周的感觉。”

“我喜欢这种湿润。在射精之前，我的龟头就开始流出精液了，我用手擦拭它，然后吸吮我的指头。”

“湿湿黏黏的玩起来很有趣，让精液滑过阴茎，感觉鼠蹊部暖洋洋的。有时我试着瞄准嘴巴，不过从来没有正中靶心。”

“我喜欢摸它，然后将指头放到嘴里品尝。它是我的一部分，我觉得很好，这样做是在接纳自己。”

“或许我不正常，不过我喜欢看着我的精液喷溅出来，注视同时感觉精液流过我的手指。”

“我热爱射精，我认为很美。我喜欢将精液涂抹在皮肤上，或者在一些奇怪的地方留下一点痕迹。然而，我不常吞下去，因为我发现味道会让人起鸡皮疙瘩，不过我已经不怕了。”

有些男士把精液吞下：

“偶尔我会吃掉精液，因为它非常可口、滑腻，它是从我体内射出来的。”

“我比较喜欢躺着，将腿高举过头，因此精液会洒在我脸上，我可以把它吞掉。这让我很兴奋。”

“我喜欢摸精液，将它涂抹在老二和睾丸上面，同时放一些在嘴巴里，或涂在脸上和鼻子上。”

有些男士提到，他们曾经吃过，但是不喜欢那个味道：

“如果我把腿举过头，阴茎的顶端离我的嘴巴只有半寸而已。大概有 8 次用这种姿势射精，因为我对精液的味道很好奇，但我从来没办法把它吞下去。”

“在我热衷瑜伽的时候，有一次成功地射进嘴巴里。我这样做，是想领略我的爱人在吸吮它时体会到的滋味。我不喜欢自己精液的味道，我告诉她我做的事，以及我不期望她吞下我的精液，但是她坚持喜欢我的味道。”

有些男人对湿润的感觉有所保留：

“射精时湿润的感觉是小小的麻烦，黏稠的感觉更令人讨厌。男孩时期，我总以为妈妈会因为床单上的精液污痕让我困窘（她从来没这么做过）。服役时我也担心床单上的污痕，因此会射精在裤子里，希望干掉的精液不会引起任何人的注意。”

“我通常会避免这种湿滑的感觉，这种感觉会提醒我注意到高潮后的孤单。”

“高潮时，我轻轻捏住阴茎顶端，让精液留在里面。然后我到浴室，将它排入马桶。”

有些男人认为精液是男性气概的证明：

“我认为我的精液是了不起的生理表现，令人激动。”

“我的纪录，每个男人记忆里都会有这样一份纪录，是 13 次射击成功。别人都知道我射得很远，可以从 1.5 米～1.8 米之遥击中我性伴侣的眼睛。其他时候，不比距离，我可以爆发一次，再射第二次，力道就没那么强了。精液可能会渗出来，流过我的手，流到阴毛上。我不介意湿答答的，毕竟这是我男性气概的象征，而且我的身体也是费了一番功夫才将它制造出来的。”

“湿润的精液是男性雄风不容抹杀的证明。”

一些男士对精液没什么兴趣：

“我不喜欢精液，有股怪味道，黏糊糊的。”

“我不喜欢湿润的精液，我希望它是粉末状。”

“湿答答的似乎很脏，令人厌恶，我讨厌死了。”

“好像该死的粘胶，必须小心将它擦干净，然后丢掉。”

“我发现自己的精液相当难闻，令人不愉快。”

“黏糊糊的，好像蛋白，也像早餐煎黏的荷包蛋。”

迈入男性性行为的新境界

男人热爱所有的活动，而且觉得意犹未尽——包括口交、刺激和爱抚他们的阴茎、睾丸和肛门，或许还包括在伴侣面前自慰，以及全身的前戏和爱抚。为什么这些活动得不到充分的探索？或许有许多男性会希望不再将性行为的焦点集中在性交上，但是文化的压力如此沉重，他们觉得身为男人必须这样做。

在我们对性的定义里，男人永远是行动者，而女人是承受者。虽然在某些方面男人喜欢这样，在其他方面他们常常痛恨如此。如同一位男士所述：“负担全部的工作让我深深觉得我要她甚于她要我。”男人在希望感觉到对方需要他们，采取较主动的态度，并且接受对方的付出——好像对方真心想要与他们做爱的同时，许多男人酸溜溜地防卫他们在男女关系中主控与支配的特权，痛恨女人在性方面任何比较果断或积极的企图。

在这份调查中，不论在情感还是生理层面上，大部分男人不喜欢被插入，然而在心理上又十分渴望。就像在爱情和婚姻关系中，男人相信掌握主导权他们会快乐，而不敢冒险去建立比较平等、互相协调的关系，如同传统性关系中，男人表示他们希望穿透对方，抽送、主控、支配，而且定义性行为的结束和目标是他们的高潮，然而他们也渴望相反的情况，不再控制一切，而是由对方来主导。由此看来，不管是支配性行为或是男女关系，到最后都会变得无聊单调，大部分男人的确想要更深刻的接触、更多的感情，而不只是征服；也希望被插入、被征服。

这样的性行为会是什么？我们所知的性行为向来是以高潮为目的。但是，没有目的的性行为，允许我们超越日常存在的限制，进入理性泯灭、自我丧失的领域，去感觉、沉浸在纯粹的状态里，更新自己，达到最强烈的阶段，让感觉一层一层深入，直到我们觉得自己改头换面了。好像歌词里所唱的："生生死死在永恒的夜里，在漫天的波涛里，在清澈的回声里，在宇宙的气息里，浮沉、淹没、失去意识，在无边无际的狂喜里。"

激情是所有性欲中最美的一部分，渴望拥有、征服、蹂躏以及被蹂躏、插入以及被插入。然而生理的爱是真正的爱吗？爱是关怀，是激情和欲望、渴望归属、融为一体、进入对方体内。爱有一部分纯粹是肉体的感觉，不仅是渴望高潮或性，同时渴望相拥而眠，吸入对方的鼻息，以及灵魂紧紧靠在一起没有任何间隙，静静地躺着感受对方沉睡的气息，对方的呼吸拂过面颊，融入自己的气息里，嗅着他们的体香，用舌头爱抚对方的唇，宛如那是自己的唇，熟悉对方性器官的气味，用手指在他们体内摸索，爱抚臀部的缝隙。什么是爱？爱是沟通和了解，互相信赖，爱也是肉体最深刻的融合。从某方面来说，肉体的记忆远比其他任何记忆来得强烈和持久。

13

男人对女人高潮的感觉

爱，就要去了解

love

男人希望性生活有什么改变

男人希望女人对性事感兴趣

由于男人对女人的高潮所知太少，所以他们总认为女人对性这档事不像他们那么感兴趣。

大部分的男人说，女人对于性，似乎不像他们需要的那么多，那么频繁。当他们被问及“希望性生活有什么改变”时，我们最常听到的答案就是：“不要什么改变，只要更多一些。”而且似乎结婚越久的男人越常发出这样的抱怨。事实上，问遍各年龄层和各种婚姻状态的男人，不管是已婚、单身还是同居，在所有的答案中，这仍然是我们最常听到的抱怨——我对性的需求量比她大，我总是觉得不够。

到底是什么原因使女人“性趣”缺乏？又为什么很多男人都说女人在做爱时总是比较被动？这当然不是因为男人在先天上对高潮、亲密或爱抚的欲望和女人有什么不同，也不是大部分人所认为的传统教育的束缚（男人常把原因归咎于此）。至于年纪大一点的女人，更年期会不会影响她的性欲呢？答案是否定的，因为更年期既不会减低，也不会妨碍女人对性的感觉。

现在，让我们看看最明显的解释之一。这个解释在过去 10 年来已经慢慢显示出来了，那就是绝大多数女人，需要通过对阴蒂的刺激（不是通过性交）才有办法达到高潮。但是往往由于男人没能察觉到这件事，因此使得很多女人在跟男人性交时从来不曾达到高潮，或者时有时无。

这种对女人性需求的否定，在文化层面上反映出来的现象是：女人在社会中，几百年来一直居于第二性的地位，而这也是社会问题中，两性问题永远无法解决的一部分。

从这个观点出发便产生了下面的诸多疑问：女人必须通过阴蒂刺激才能达到高

潮，这件事对男人有什么影响？对于女人不来高潮或时有时无，男人有什么感觉？这会不会提高男女之间的关系的紧张程度？男人能不能接受这项新知，能不能接受女人可能扮演主动的角色？这会不会让性生活更圆满呢？男人对于用手或嘴刺激女人的阴蒂帮助她们达到高潮的感觉如何？对于女人自己刺激阴蒂又觉得如何？是不是大多数男人都熟悉女人的高潮，而且知道怎么做呢？

面对“你希望以什么方式改变你的性生活？你的性生活是否样样如你所愿，还是你希望多加点什么”的问题，男人总是说，女人对性的需求似乎不像他们要的那么多、那么频繁，他们只想再多来一点：

“再多做几次，我只想再多做几次。”

“夜深人静，小孩睡着之后，我们俩待在房间里，情况常常像这样——我问：‘你今晚想不想做爱？’她回答：‘不是很想，你不介意吧？’我说：‘喔！不！没关系，只是随便问问。’”

“我今年 25 岁，是个吉他手，有一个女儿和一个性感的老婆，我很爱老婆，我们的性生活也很棒，只是她对性的胃口不像我这么大，我觉得自己像只猪。”

“我始终不明白，为什么一个我如此深爱的人，竟然可以就这样径自上床睡觉而完全忽略我的感受？我太太就是这样，她伤害了我整整 15 年，到后来我就有点放弃了。以前我总是尽力求她、说尽好话、赔尽笑脸，只希望她对我更热情一些，但是都不管用。我想这可能要归咎于她的家庭，我们好像在重演她父母的故事，只是还不到她父母那种程度，因为我跟她父亲不同，她父亲对性关系放弃得很早，大概在结婚 10 年之后，他们在同一个屋檐下分房睡了 40 年。我太太（45 岁）现在在她母亲面前还像个十几岁的小女孩，她母亲一直痛恨我娶了她女儿。”

“我想我在性方面可能有点毛病，我性欲很强，因为我脑袋里总是充满了性幻想。可是我老婆却不喜欢做我想做的事，她总是说太累啦、头痛啦、天花板要刷啦、时间不对啦，要不然就是小孩在哭、不要弄乱我的头发之类的话。”

“有一位男作家说得对极了，男人的幸福全依赖女人的好心情。没有一个男人敢在早上起床的时候肯定地说：我今天要做那档事。但女人——只要她不是个怪物——不管哪天都能做这档事。如果让我重新出生一次，我想做一只漂亮的红头啄木鸟，随时随地想干就干，不用像只狗跪地哀求：‘给我一根骨头吧！’”

“我想有个对性‘感兴趣’的老婆，做起爱来次数多、花样新、时间久，我不断这样提醒我老婆，还得威胁说要离开她，才能在这方面得到一点点满足。只要我对她客气，她在性事上就视我如粪土，一旦我开始生气或把她当作奴婢般对待，她就卖力多了（虽然还是不够）。我发现让女人害怕被抛弃实在好处多多。”

“很多女人把性看作一份讨厌的零工，它不但会制造一些像鼻涕般恶心的排泄物，还伴随着痉挛及不少痛苦的扭动。”

“在结婚26年之后，我发觉婚姻其实是件蛮好的事。我一直很爱我太太，到现在还是一样。我们的婚姻曾经出现过一些严重的问题，分居过一年半后，我们又住在了一起，情况比以前改善了一些。我们的婚姻问题出在性生活上，简单说来就是，我总是‘性致勃勃’，她却常常‘性趣缺缺’。过去这些年来，我总觉得我不可能得到最完整的性体验，为此我曾经感到沮丧。现在我却觉得我们的关系已经够好了，我所要求的已经超过任何女人所能付出的。现在我的健康状况并不很好，譬如血糖太低会让我产生忧郁、消化不良、疲倦、胃痛之类的症状。”

“下个月我就结婚满24年了，整体说来我的婚姻还不错。但我的性生活却是一个挥之不去的阴影，它不但无趣，没有生气，而且每况愈下。在很多方面，我仍然爱我的妻子。她不喜欢做爱——或许她从来就没喜欢过——我曾经试过各种方法，给予耐心、温柔和克制自己的欲望等，希望她能有所改变，但还是一点用都没有，这真令我难过。我们的性生活从来就没有很好过，我也从来没敢奢求过什么。我只想保有一些基本的快乐，多上上床，如此而已。我们虽然一直睡在同一张双人床上，但她从来没有以任何方式主动要求跟我做爱，如果是我不想做，她就好像得到了解脱。我们之间还存在一份关怀和夫妻之情，我们也都爱我们的孩子。但是激情和那种彼此吸引的感觉却已经消失了。她有她的嗜好，我有我的兴趣，除了一些日常琐事之外，我们很少沟通。吃早餐时，如果报纸还没有送来，我们在餐桌上几乎无话可说。她在很多方面还是有许多优点的，我只是希望我们的性生活能有所改善，可惜没办法。尽管如此，我从来没想过要离开她，我虽然缺点不少，但我对婚姻是从一而终的（不过我有过两次婚外情，而且都维持了很久，现在已经结束了）。”

“我这个人是为了性而活的，只要有机会我就想做爱，我老婆却刚好相反。婚姻虽然是挺麻烦的，但是，就算老婆做起爱来不情愿，也比一个人到酒吧里找女人来得好，这就是为什么我愿意待在婚姻里守着一个女人将近28年的原因。没错，她不是最好的，但他妈的谁又是最好的呢？只是有时候我的确性欲过于旺盛，像个疯子，满脑子净是做爱、做爱、做爱。”

“我结婚20年了，觉得结婚挺好，不过遗憾的是我过着一种无性的生活。或许这是我的错，但我不这么想。我觉得一切要怪我太太的家庭和她自己，她对于自己以及性爱保持着否定的、负面的态度，而且从来不试着去修正。在我们的性生活中，几乎都是我采取主动，她非常压抑自己而且厌恶身体的接触，我得试着先抚摸她、拥抱她、亲吻她。如果那天她可以接受，她就会勉强自己温柔地对我，努力让自己喜欢拥抱，然后我才能爱抚她。但很不幸，我进一步的行动通常会被一句‘别碰我’冷酷而严厉地拒绝。尽管如此，我还是试着接近她，努力讨好她（这实在是件苦差事）。现在是 4 月中旬，我们上一次做爱是去年 11 月时的事。”

“我拥有博士学位，是一位大学教授，结婚 14 年。大多数时候，我觉得结婚比单身好。我当初结婚是因为觉得时候到了，我 31 岁，而且也爱着我太太。最近几年，我们的性生活已经变得公式化而缺乏热情。事实上，这 14 年来，我一直都跟别的女人有性关系，我也不曾告诉我太太我从手淫中得到乐趣，我想她对那没兴趣。”

“我不知道她到底有多喜欢和我做爱，因为在所有做爱的次数里，她有高潮的次数还不到 1/3。以前我比较喜欢跟可以在性交时达到高潮的女人做爱，然而 14 年的婚姻生活中，我太太从来不曾通过性交达到高潮，她只能通过自己刺激阴蒂来达到高潮。有很长的一段时间，我相当痛恨她的这种行为，我总觉得只要她再努力一些，她也可以通过我的阴茎刺激她的阴道而达到高潮。但是读了《海蒂性学报告》之后我才相信，刺激阴蒂才能达到高潮。了解这点之后，我们的生活也就改善了。”

“尽管婚姻有它不好的地方，我可能还是已婚者中的快乐一族，我们的婚姻中最好的一点就是我和我太太的关系相当稳定，但另一方面我也很害怕我们正在营造晚年离婚的环境，一旦有一天孩子大了，离开我们，我们也退休了的时候，会有许多时间做我们一直想做而没有做的事，我怕到那个时候我们会发现其实彼此之间并不真的合适。目前我们的婚姻中，最大的问题在于我太太对性的需求量只有我的一半，有时候甚至不到一半。”

“我和我太太结婚 21 年，结婚时我 22 岁，她 21 岁，都是处子之身，刚开始那几年一切都很好，有了孩子之后，养育孩子、买房子以及追求成功所带来的种种压力使我们停止了沟通，她除了带小孩之外，对其他事都不感兴趣，我觉得那是我的错。除此之外，我太太在做爱时很难达到高潮，她说高潮对她来说并不很必要。”

“我们的婚姻已经到了我觉得自己是个性爱狂的地步。我太太在性方面是个容易满足的人，我始终不明白为什么她在生理上还没有到达一个满足点就觉得够了，而这成了我的一大问题，因为我无法接受她不像我这么好色、这么常想做爱，不像我需要这么多肉体的快感，为此我常难过得掉眼泪，哭着想自己在性生活上并不适合她，觉得自己既无用又无能。我甚至还打算离开她，让她去找一个能够让她更快乐的人。这个问题我们谈了好几次，我老婆总说她觉得很好、很满足、没有问题，这不正是两个人在一起生活最希望达到的吗？既然她觉得很满足，我还挑剔什么呢？我也应该觉得满足才对呀！可是我没办法这么想，每当我的欲求得不到满足时，我就会变得紧张而暴躁，如果我老婆对做爱意兴阑珊时，我就会十分不安。

“后来，我和一个有夫之妇发生了暧昧的关系，她有 3 个小孩，是我同事的太太。我的婚姻算是完了，过去我很爱我太太，但她似乎不在乎我，每次我一提起跟性有关的话题，她就说我过于重视这类事情，我想我一直没能唤起她本身对性的需求以及启发她这方面的潜力，每当我们沟通这个问题时，常常是她认为一切都很好，而我还一再向她解释我的感觉，我们的沟通就会陷入僵局。虽然我们婚姻的其他部分都很好，比如说我们喜欢的东西一样，喜欢的人也一样，我们没有经济问题，我太太一直是个好太太、好妈妈等，但我们的床铺实在不是个快乐的地方。

“我碰到的这个女人跟我有同样的问题，因此我们很自然地被对方吸引，在一起差不多有两年的时间。我们在另一半身上得不到的东西，从对方那里可以完全得到满足。如果要问这对我的婚姻有什么好处的话，只能说在这段时间里我对我太太的爱又滋生了一些。对于有外遇这件事，我并不觉得愧疚。我们两人都不希望自己的另一半知道这件事，但我内心深处其实很希望我太太发现这件事，我并不是想伤害我太太，只是希望她能了解我们之间的确有问题。至于我的外遇恋情，可以说是完全的令人满意，我们的性生活幸福快乐，充满了幻想。遇见她之后我才发现，原来我在床上并没有特别的怪异之处，我的‘性趣’也没有不正常，我是有本事让女人满足的，那种感觉就好像获得了新生。

“这段时间，我努力跟太太沟通，试着让她明白我的感觉，我也努力去了解她的感觉和需求。孩子们一天天大了，我建议她不要老待在屋子里，应该多出去做一些她想做的事，我指的不是打桥牌、喝咖啡之类的事，而是一些能够让她更清楚自己、更独立自主，让她得以实现自我的事。我是一个习惯大量阅读书籍的人，但后来我开始喜欢读一些色情书刊，所以像性爱欢愉、人类性行为之生理反应之类的书开始出现在我家，这些书当然是我带回来的，也当然是我在看，我太太偶尔也看一看，但她看的时候一定是这副样子：撅着嘴，眼睛快速地扫过那些文字。有时候我会读一些文章给她听，她也会表示赞同，但仅此而已。有一次我带了一个振动按摩器回家，那玩意儿的声音大得像卡车，为这事，我在她心中成了色情狂，不过我们至少交谈了。

“有一天晚上，做完爱之后，我告诉她，她实在棒极了。她说：‘你怎么知道，你只是随便说说。’我说我真的知道，因为我曾经跟别的女人做过爱，所以我了解女人的反应。那天我们一夜没睡，一直聊到天亮，而且从那以后，我们便时常讨论这类的话题。我太太现在在大学读书，快毕业了，我这个做老公的在家就常做家事，而且比以前做得更多，我们的孩子对家庭的向心力也更强了，我觉得我拥有一个幸福的家庭，而且充满了欢乐。”

“我跟我太太之间最大问题是我太太对性爱的要求少之又少。情形总是如此，我因为期待上床时间，总是帮她忙这忙那，好让我们有一点空闲的时间在一起——只是表达爱意也好——可是我太太就会一屁股坐在电视机前，直到很晚才上床，然后她会说：‘你如果想来的话，就自己把它放进去，我累了，不想动。’我心想：‘见鬼！这是什么话？’我深深觉得受到伤害，我想她永远不会因为我的挑逗而进入情况，这对我来说简直是一种羞辱。同样的事情发生在日常生活的小事上，像抚摸和亲吻等。当她用‘孩子们会看到’这种理由拒绝我时，我觉得我们之间真的出了问题，那同时也正是我想要寻求婚外情的时候。我就是这样屡战屡败、遍体鳞伤，而当我表现得特别温柔而且充满爱意的时候，我就会被伤得更重。”

为什么女人——或者说大部分的女人——做爱的欲望不像男人那么强、出现得那么频繁？正确的问法应该不只问“为什么女人不想跟男人多做几次爱”？还应该问“男人为什么那么想跟女人做爱”？我们大体上已经讨论过这个问题，答案前面也提过，这个问题牵涉到性对男人有什么意义，如果没有这些意义（很多是文化所赋予的），男人对于性的需求（像时下所界定的）可能会少一些。不管怎么说，在这一章里，我们将要讨论男人所断言的——女人经常缺乏“性趣”及其原因何在。

一个相关的抱怨是：女人在做爱时很少煽风助兴，并且常常浇熄男人的满腔欲火。

男人希望不要经常扮演主动角色

男人不只抱怨女人不像他们那样想做爱，还抱怨女人对于做爱很少采取主动，在异性恋的关系中，几乎所有的男人都说，在做爱的过程中，他们永远是先开始的那个人，而且几乎每个男人都对这个事实十分不悦，他们对此表现出强烈的情绪反应：

“我常常先采取行动，这种感觉很不好，如果对方不想做，我就会觉得受伤，这种事让我的自尊心受损。”

“做爱的时候我会先开始，可是我不喜欢这样，因为如果对方并不想跟我做爱，我就会很生气，就算这时候眼泪已经在眼眶里打转，我还是得把它们强忍回去。”

“我不喜欢做爱的时候总是由我率先行动，凭什么每次都是我要去冒那种被打回的危险？如果她先开始，或许我就能够顺利办完事去睡觉，否则可能就是吃闭门羹的命运。”

“我痛恨做爱时采取主动，它让我觉得自己低俗又粗鲁。”

“被拒绝的时候，我就觉得自己像个白痴，只想道歉然后赶快逃走躲到角落去，心想她一定把我当成一个好色的人渣。”

“我常常在做爱时扮演发起人的角色，但这事 20 年来一直困扰着我，这个角色让我在维护自己的形象和表达性需求之间徘徊，时常感到焦虑，我一方面要想办法得到我想要的，一方面还要让对方觉得我是个‘好男人’。”

“在我的性关系中，我几乎永远是那个先表达做爱意愿的人，我恨透了这样，我觉得自己像是在偷什么东西，或者是在强迫她去做一件她不想做的事。”

“如果对方不想和我做爱，我就会觉得孤单和遭受到了挫折。”

“通常是我先主动求欢，如果哪个女人不像我想要她一样地那么想要我，而且感觉上好像我在逼她似的，那么做爱的感觉真是糟透了。可是如果是哪个女人先采取行动，我的感觉就会很好。我很希望当我先开端时，对方也有这样的感觉，可惜事与愿违。如果她表示不想跟我做爱，我就停止，可是我又会感到受伤和难堪，我知道这样的反应是不公平也不理性的，可是我忍不住。”

大部分男人在求欢不成时会感觉被拒绝、失望、烦恼或生气。以下就是一些男人的回答：

“这很丢脸，我觉得我再也不敢看那个人的眼睛。”

“我还是面对现实吧！我说的现实就是：我没有女人缘，对女人一点吸引力都没有。否则为什么每次我主动求欢都显得一厢情愿，而且似乎完全出乎对方意料？这和一般正常的情形相差太远啦！当然啦，如果是骑士型的男人求爱就会无往不胜，他们那种人永远知道怎样在女人堆里吃得开。而我呢？我一定是从别的星球掉下来的。”

“理智上，这种事不会伤害我的感情，因为我可以理解她拒绝的理由，可是我的身体却往往跟不上我的脑袋。所以一旦在床上遭到拒绝，我就会整夜失眠，可想而知第二天也不好过。所幸基本上她是爱我的，而且也喜欢做爱，虽然也有消极被动的时候，不过那并不常发生。”

“第一次她说她不想做，我只是稍微觉得扫兴，如果接二连三都这样，那感觉就不太舒服了，我有时会生气，然后要求她，告诉她这么久不做爱是不人道的。”

“好几次那个女孩的反应是激烈地说‘不’，她的表情让我觉得自己像个野蛮的强奸犯。当我求欢却遭到拒绝时，通常我会相当生气，因为我不是一个轻易开口或者随便跟人上床的人。”

只有一小部分男人说他们比较喜欢一直扮演主动的角色：

“我的思想比较守旧，我喜欢男人穷追不舍，而女人则害羞矜持。我喜欢那种追逐、示爱，然后胜利的过程，我希望自己是攻击的那一方，然后偶尔让她掳获我。”

“我喜欢主动，我需要那种阳刚的方式。”

“我比较喜欢这样，因为如果女孩子主动追求我，我马上就会开始担心会被套牢、被控制等。”

有些男人说，男人天生注定要扮演主动求爱的角色：

“这本来就是由身为男人来决定的，因为男人的性欲比较强。”

“这样很好，一个女人到手之后，我就再找下一个。就像一只狩猎的狼，猎捕一次就得到一次满足。”

“上帝就把男人造成这个样子了呀！”

尽管多数男人认为必须顶着被拒绝的难堪而采取主动对他们是不公平的，但是男人还是接受了，因为他们觉得男女之间就是这么回事：

“我想大部分的女人在做爱的时候宁愿表现出羞于采取行动的样子，而传统的伦理道德也教导男人应该扮演主动的角色，这虽然不公平，但事情本来就是这样。”

“我在做爱的时候往往先采取行动，因为我觉得女孩子希望我这样，而且从很多方面来讲，这是最节省时间的方法。”

“几乎永远是我主动，我并不介意，而且已经习惯了。”

在这里，我们又听到许多男人抱怨他们必须主动，而女人对性的需求不是那么大：

“妇女运动强调一个事实，那就是我们的社会告诉女性她们是没有性需求的。就像是硬币的正反两面，同样的这一套教条和观念又告诉男人说，女人对他们没有性需求。他们想要跟女人发生的亲密行为和种种接触，对女人来说，都是些讨厌、可耻的事，因此男人如果想要达到目的，恐怕得使用一些贿赂和诱骗的手段。反正不管怎么样，女人是绝对不可能只单单因为想做爱而做爱的。这样的观念使得男人变成了女人的敌人，也导致男人必须认同他自己扮演这个敌人的角色，然后出去征战求取胜利。”

“我发觉在性生活中，我通常必须先采取做爱的步骤，因为她可以连续很长的一段时间不需要性爱，有时候我很怀疑她是不是强迫自己接受我的行为，因为她总觉得性爱是一件刻意表演的事。我希望她会说：‘我在性爱的领域里有一个自我，我要去探究、发展、享受这个自我，我还没试过这个，所以我们一起来做做看。’我想，她如果会这样，我就好过多了，我希望她是因为想跟我做爱而做爱，这样当我在她里面的时候，她就会和我一样是为了自己的满足而满足，而且真的满足。”

此外还有更多愤怒的感觉：

“这个问题的答案我已经等待很久了。没错，我通常都会主动求欢——我不但主动踏出做爱的第一步，我还得继续接下来的每一步——我他妈的厌倦透了。什么都得由我来主动，我先打电话给她，我先约她，我亲她，我摸她，然后干她。难怪我们长大之后会觉得女人是物品，因为很多女人的确把自己弄得像个东西，她们几乎很少透露出跟我们一样，被相同的动机、欲念、渴求所驱使。我什么时候在做爱上也能够像个东西一样，我一定很高兴。”

对于社会规范下男性和女性所扮演的角色，一些男人有他的看法：

“通常我会先发起做爱，社会规范造成我必须如此，我并不会觉得恐惧，因为女人本来就被教导不可以主动求爱，于是男人就必须怀着无助的心情猜测她们，冒着可能被拒绝的危险向前迈进，而且还得设计出机巧的方法来传达这样的信息：‘我想要你，但我不会强暴你，如果你不想要请告诉我。’”

“我太太以前房事比较主动积极，但自从有了小孩之后，情形就不同了，她好像觉得，因为她是个妈妈，所以她不能做出挑逗我或让我兴奋的事。我猜一旦有一两个孩子出生，我们就会被迫要扮演传统的角色。有时候我不太确定她是真的想要，还是因为那是跟我在一起必须做的事。这种感觉让我很沮丧。”

“在性爱中不但要主动积极还要能够控制全局，这一切莫不对我造成巨大的压力，我觉得那是社会期望我表现出来的行为。”

只有少数男人说他们通常不是那个主动挑起做爱的人：

“很早以前我们就说好一切顺其自然，不管是谁春心大动还是觉得快乐的时候都要让对方知道，当然最好的情形是对方也准备好并且愿意配合发起的一方。由于我们没住在一起，使得我们常常处于两个人都准备好的情况。遇到她不想做或心情不好的时候，我通常只是抱抱她，对我来说，让她觉得舒服一点比满足我的生理需求更重要，我想这足以证明我有多在乎她了。如果仅仅为了解决我的性冲动，我只要在她身边手淫就好了。她是那么的吸引我，让我不停地想要她。我希望她在我身边，和我做爱的次数越多越好，我爱她。”

男人希望女人主动求欢

我们发现，男人说他们希望女人主动要求做爱：

“我曾经读过一些文章说男人不希望他们的太太主动求爱，但那可不包括我。记得大概 20 年前（那时我们已经结婚 3 年），我和老婆去度假，一个午后我们进了一间汽车旅馆，一走进房间，我老婆就把我推到床上，并且爬到我身上来，那次我们做得既狂野又热情，我真希望她能对我再做一次那样的事。”

“我希望我老婆想做那件事的时候直接来要求我，要不然就直接走过来紧紧地抓住我，抚摸我、拥抱我、亲吻我，或者把我从睡梦中弄醒，或者当我们晚上单独在一起的时候到我身边跟我玩。可是这些她一样也没做过，让我觉得我们的婚姻有点差劲，不够美满。”

“我真希望最起码能有一两次让我觉得自己是个性玩具。如果有个女人走过来对我说：‘你把我弄得好兴奋，我想跟你做爱。’我大概会如上云霄。”

然而有很多男人——有时候正是那些希望女人主动的男人——对于女人在做爱方面的主动积极，会产生喜忧参半或不好的感觉：

“我曾经建议我的伴侣，表现得更主动一点，可是当她试着那样做时，我却退缩了。我发现在那方面表现得积极主动的女人，会让我的生理反应完全消失。”

“当一个我没兴趣的女人主动要求做爱时，我会觉得不舒服，因为女人主动求欢的情形很罕见，如果我没有反应而让她觉得气馁，那不是很残忍吗？”

“我太太在性这方面很被动，也许女人被动是智慧的表现，因为当她积极主动的时候我常常没办法接受。”

“当女人在性方面的表达变得比较直接的时候，我想多数的男人会感到害怕。当一个我很亲近的女人提出性爱活动的邀请，而我必须婉拒的时候，我真的觉得很苦恼。首先，我会以没有生理上的反应来告诉她我没兴趣，当她直截了当问你‘到底怎么样’的时候，我就必须向她道歉并且委婉地拒绝她。我不喜欢必须道歉的感觉，尤其我不认为我真的有必要道歉，并且不是因为我身为男人就应该随时在备战状态，要勃起就勃起。”

“说到女人对我频送秋波这件事，那是我的梦想之一，可是每当我意识到有个人可能在对我抛媚眼时，我就会紧张得说不出话来，那种感觉就像你遇到没有办法掌握的情况，尽管我很希望被‘钓上’，可是那种情况就是会让我觉得不舒服。此外我也会觉得迷惑，不能确定她到底是认真的，还是在开玩笑。她那一眼到底是别有用心还是我自己自作多情。”

“女人在性爱方面主动求欢或太具有侵略性都会让我退缩，我不能忍受被一个妓女或一个不爱的女人像拉客一般对待。”

“想象中女人对我眉目传情是件令人向往的事，但事实却可能是——当美梦成真时，我却吓得半死。有一次我真的经历了这样的事情：我遇到一位淑女，在一阵深长的热吻之后，当天晚上她打电话给我，问我第二天想不想跟她做爱，我说好，可是那天我整晚睡不着。”

“我并不希望自己永远是主动挑起性爱的那个人，但同时我也发现自己比较喜欢‘被邀请’的感觉，而不是被勾引或者玩弄。当我的爱人突然握住我的生殖器时，我整个人都呆了。如果她采取一种强烈的方式来接近我，我会被吓得退避三舍。”

当男人说他们“希望女人在做爱时更主动积极”的时候，他们真正的意思是什么？他们是希望女人在做爱时保有自我和独特性，以一种新的方式创造性爱，从中获得更多的乐趣？或者他们指的是，在这场文化认同下以男性为主体的性爱仪式中，女人在参与时应投入更多的热情？就像一位男士说的：“我不喜欢女人做爱时被动呆滞，那会让我觉得她没什么特别，无足轻重，而且也会影响我的性能力。如果换一个活跃的女人，对我所做的表现出愉快兴奋的反应，我就会觉得很兴奋。但话又说回来，如果我不想做的时候，她就不应该要求或挑逗我。”

男人对女人的高潮缺乏了解

男人通常不知道女人何时或如何达到高潮

对于“你的伴侣通常何时或如何达到高潮”这个问题，我们得到的答案很多都是模糊而不确定的：

“我想大概是在性交的过程中吧！我的性伴侣，不曾用言语或动作告诉我她们的高潮来了。”

“她因为小孩和一些琐事，通常都是又累又烦。”

“我判断她是在性交时达到高潮，有时候她自己摩擦阴蒂也会来高潮——不过我很怀疑她用这种方式是否可以达到高潮。我的阴茎在她里面缓慢地进出会让她的高潮达到顶点。”

“通常只要她们很愉快，我就不会去问她们这个问题。”

“我想它通常是刺激和兴奋的混合体，我得问问看。”

“我想她是因为我干她而得到高潮。”

“女人的高潮是由对阴蒂施以一种令人愉快的摩擦而产生刺激所致，即使是阴道深处的高潮也是来自对阴蒂的刺激。一个好伴侣，可以帮助一个心理性性冷淡而痛苦的女人融化在一次最愉悦的高潮中。”

“坦白说，我以前从来没有十分注意她的反应，不过现在我要开始改变了。我并不知道她有没有高潮，因为每次在我完美演出之后，跟我谈恋爱的这个女孩就会对我说：‘喔！谢谢你。’所以我想她大概有过高潮，或者不止一次。现在开始我要认真地去了解这件事，通常我在射精之后就累得什么也不能做，只觉得全身松弛得像要死了似的。”

“我不确定我太太有没有高潮，就算她有，我也没有注意到有什么不同，而且她也不会跟我讨论这件事。”

“通常我喜欢把她带入一种极度兴奋的状态才进入她的身体，如果她不是跟我一样享受的话，那她就是太会做戏了，对于这件事我心里有一点点怀疑，可是我不会问她，因为那会破坏原有的神秘感。我们之间似乎不需要言语就能沟通得很好，而且从做爱后的反应可以看出，我们都很满足。”

“对于这个问题我想得不多，不过我猜她都是跟我一起来吧！”

“她不能忍受任何对阴蒂的刺激，或许她是从性交中得到高潮吧！她不曾表示过。”

“我对我伴侣的高潮相当不确定，她们会紧抓着你痉挛，但那也可能是故意装出来的。”

在所有表达正面观点的答案中，下面两个相当具有代表性，但是让人怀疑他们究竟知不知道女人何时达到高潮：

“我不像大部分的男人。我觉得自己在做爱时非常顾及伴侣的感觉，我常常想着：怎么样做会让她的感觉更好，我是个体贴的情人，我尊重我情人的感觉也尊重我自己的感觉，我总是不快不慢，让每一个动作都能发挥它的作用。我喜欢前戏，在性交的时候我通常会温柔而缓慢地进行，我觉得自己是个感觉敏锐，知道对方需要什么的情人。”

“有些男人只顾自己的快乐，一个劲儿蛮干，完全不理会女人准备好了没有，也不知道想办法取悦他们的伴侣——大部分男人真的不知道怎么样去取悦一个女人。”

“如果不问的话，你能判断你的伴侣来过高潮吗？你是怎么判断的？你曾经怀疑过吗？如果你怀疑的话，你会问她吗？”大部分的男人在设法了解女人什么时候（或者有没有）来高潮这件事上，经历了相当多的不安和迷惑。他们对于女人到底有没有高潮、高潮的频繁程度这类问题充满了怀疑。61%的男人回答，他们通常不能判断，或者不能确定女人什么时候来高潮：

“我无法分辨。她总是发出一大堆叫声，但是没有明显的讯号可以让我分辨出她那种激烈的快感是有高潮还是没有高潮。”

“我从来没有真的知道过，以前我会看看她们的乳头有没有变硬，可是我并不喜欢这样做。如果要我问她，我又觉得很为难，因为要是问了，就表示你很在乎，她如果怕你对自己（或对她）失望，就会骗你说来过。”

“某些女人的高潮是可以伪装的，通常我会尽量从对方呼吸的快慢、呻吟、收缩、手指紧握、爱意的表露、接吻等动作来判断。不过多数时候我并不能肯定。”

“有时候我问太太这个问题，她就会大笑，然后说‘你看不出来吗’或者‘那有什么差别’之类的话。她的高潮变化颇大，如果她来的是一次强烈高潮，我大概可以从她阴道收缩的幅度来判断，如果我是对她口交或者手淫，可以感觉到她阴部的收缩，身体其他部分的动作会更加剧烈。”

“我没有办法真正看出来。在跟某些女人做爱时，通常动作比语言更能说明，但是对某些人来讲，高潮又完全不是那么回事。我一般是不问的，除非在一场愉快的经历之后，当这名女子还想再看到我，我就知道自己做得还不错。”

“最好的方法就是由她来告诉我，否则我必须承认我只能猜。当她达到高潮的时候，我可以从她的动作和呻吟的声音中感觉出来，可是我曾经遇到很多女人会伪装高潮，所以要知道女人有没有来高潮，光是这些还不够。”

“我从来不能完全确定自己的判断，这对我来说实在不是件容易的事，我总是觉得怀疑。有次我问了一个女的之后，觉得自己这样做不但没有技巧，而且愚蠢无知。她给我的似乎是一个诚实的答案，而我也相信了她，可是另外一个女人又说，如果男人够敏感的话，他们就会知道。妈的！我已经很努力在培养我的敏感度了，可是到目前为止，每个女人好像都不一样，我真的完全被搞糊涂了。”

很多男人说，只有跟固定的伴侣在一起一些日子之后，才能判断出来：

“如果我们已经很熟悉彼此的身体，我就能感觉出她的高潮，否则就不太容易。我可以看出来是因为我了解她来高潮的时候是什么样子，她的肌肉会怎么收缩，等等。”

“我太太的高潮很明显，她会有剧烈持久的收缩和呻吟，她的呼吸和姿势也会突然改变。”

“刚开始我无法判断，现在很容易就知道，她全身肌肉会紧绷（尤其是腿部和下腹），而且浑身颤抖。”

“我现任的伴侣来高潮的时候我能看得出来，她有一种奇妙的整体反应：首先她会绷紧她的腿和身体，然后屏住呼吸、等它过去，最后放松。这过程简直棒极了！”

“她来高潮的时候，我通常可以从她的动作或是她阴道的收缩察觉出来，我们谈论这件事的时候是百无禁忌的。多年婚姻生活的一项优点就是良好的沟通，在谈话中，一些细微的音调变化，各种语气和动作对彼此来说都是如此熟悉，并且彼此深深了解其中蕴含的意义。”

大部分的男人说，很多时候他们得问了才会知道：

“我通常必须问问我的伴侣她有没有来高潮，她在做爱时很安静也很少动，顶多是将身体弓起再放下，不过那也不一定代表她有高潮。其实我很想知道答案，我想知道我应该怎么做，继续？换个姿势？还是慢一点？快一点？或甚至她想不想做爱？”

“要判断一个女人有没有来高潮对我是件困难的事，不过我还是尽量让自己在这方面敏锐一点，同时我也会问问她。”

“我永远没办法判断我的伴侣有没有来过高潮，唯一可以确定的方法就是直接问她，她会诚实地告诉我，我们可以无拘无束地谈论性和高潮这类的话题。”

有些男人不喜欢问，他们觉得那会让女人不得不说“有”，要不然就是会碰到一些负面的反应：

“我觉得疑惑时，我就会问，可是有些女人会生气地说‘你看不出来吗？’所以有时候我什么也不问。让她自己告诉我她有没有达到高潮，这种情况很尴尬，要看那个女人怎么想。”

“以前我会问，因为我不确定。现在我很后悔那样做，因为那让她很不好意思。我也知道她的高潮是装出来的，她却骗我说是真的。”

“有时候我会怀疑，怀疑的时候我就会问问看。可是我恨透了她们认为我这样问是男性自大的表现，然后开始安抚我，所以我只有在跟对方的关系很轻松的时候才问。”

有些男人强调问的重要性：

“问这种事听起来很粗鲁，而且有点唐突，可是站在诚实的层面就是承认你并不知道她有没有高潮。这也是你表示在乎的一种方式，像我就真的在乎，我会问她并且让她了解我为什么问她。”

“对于女人，唯一真正让我生气的事是，当别人问她是不是来过高潮或者快要高潮这种问题时，她们的反应过于愤慨。她们不知道当一个男人关心这个问题的时候，并不代表他们是在埋怨你或是在你身上增加什么责任。相反，这代表他是真体贴你，顾虑你的感受。通常男人的那根宝贝急乎乎地一心想释放精子，但它的主人却又极力挽留那些液体并且让它维持坚挺。在此痛苦挣扎之际，女人如果指望那根宝贝能感觉到阴道里轻微的收缩，那么她就是在指望一个奇迹。”

有些男人强调，要营造一种开放的气氛，让双方在进行之前和进行过

程当中可以无拘无束地谈这些事：

“我觉得怀疑的时候，有时候我会问。但这种体恤和尊重的行为经常被视为一种要求。通常要在女人觉得很自在，并且愿意表达她的感受时，你提出的问题才会得到满意的答案。”

“我很赞成在性交时尽量沟通，尤其是在我和那个女人不太熟的时候，了解什么会让她觉得舒服，比事后问她来过高潮没有重要多了。”

“我会先问她喜欢怎么做，然后操作时再实际去寻求答案。”

也有男人说他们是不问的，因为女人有没有高潮不那么重要：

“要辨别女人有没有高潮很困难，我不会去问，因为没那么重要。”

“一般来讲，我可以从性伴侣的生理反应来判断她是否达到了高潮。有时候我也不太确定，但我很少问，除非她的反应和我预期中的反应有很大的不同——那会引起我的好奇，否则照例我是不问的，我觉得女人的高潮只有她自己觉得重要才重要。”

有些男人认为，既然女人可能会伪装或说谎，那就没什么好问的了：

“我以前很容易受骗，现在不了。当然啦，一个好的女演员可以骗过每个男人。我觉得疑惑而问她，可是，万一她就是个一流的女演员，那……”

“过去，我只要觉得不很确定我就问，但那不过是浪费时间罢了，因为我从来不知道该不该相信我所听到的答案。”

“没有任何一种方法能让男人判断出一个女人是否有高潮，至于这个女人愿不愿意告诉他就不关他的事了。正常女性的高潮从几乎无法察觉到极富戏剧性的痉挛都有，装出来的高潮也是一样。”

“我没有办法感觉有什么不同，所以我怎么知道呢？我认为没有必要去问她，因为她可能不会说实话。她有作假的自由，可是一旦被我发现，我们的关系就到此为止。但话又说回来，我猜想女孩会一而再，再而三地假装高潮，一定是她们非常非常寂寞，只想在这段恋情中得到一些亲密感。”

有些男人就比较了解为什么女人会伪装高潮：

“当心里不确定的时候，如果两个人都很愉快，我就会问她。当她说有的时候，我也从不怀疑，即使她作假骗我。我不想玩猜谜游戏，我一向诚实对人，也希望别人对我诚实。虽然我这样讲，却觉得自己有点虚伪，因为我也做过两次假，所以我想我能了解那种可能造成她假装高潮的压力。不过，我还是比较喜欢她对我诚实，如果她真的假装高潮，我不会当场揭穿。其实我很希望跟她讨论怎么样才会使她的感觉比较好，她比较喜欢我怎么做（比如用手刺激的方式，性交时的位置和姿势等）。"

一个男人发现他的伴侣曾经假装达到高潮的时候，他的心情很不好：

"看过《海蒂性学报告：女人篇》之后，我问我的伴侣假装高潮的事，她承认跟我做爱的时候曾经有几次假装高潮。我当时哭得像个孩子，并且觉得深深受到伤害，我们的关系在那之后很快就结束了。"

有些男人指出，要让女人达到高潮，刺激阴蒂比性交要容易得多：

"阴蒂高潮我几乎每次都知道，从脸部扭曲的表情、全身发热发红、乳头变硬以及身体痉挛等种种现象可以判断，但是阴道的高潮就比较困难了。"

"我太太从我的高潮中得到许多快乐，我高潮的时候，她所发出的轻微呼喊，跟她自己来高潮时发出的呻吟一样（她不是装的，即使她自己并没有达到高潮，但当我高潮的时候，她也会很快乐）。当然，当我对她口交时，她的快乐更是毫无疑问的。"

对于女人在高潮时传达出来的信息，很多男人的观念并不很正确：

"我太太来高潮的时候会大声地叫，偶尔会在高潮退去后哭泣。在我所认识的女人中，所有的女人在达到高潮最顶点的时候，乳头都会不由自主地变硬。大部分的女人都说她在高潮时会失去控制。"

"跟女人做爱的时候，我发现她们大部分在高潮来临时身体就会失去控制，或者做出她们平常觉得不该做的事。她会对我说的话听而不闻，会发出很大的声音，还有些女人会哭得像心碎了似的。"

"当我太太正欲火焚身，而我也持续勃起硬挺时，她的呼吸会变得急促，而且好几次她的指甲紧扣住我的肩膀，那时候我就会很高兴，因为我知道她正在享受高潮的快感。"

"她会快速抖动臀部，从喉咙深处发出一种声音，并且绽放微笑。"

"她每次高潮我都看得出来，她的呼吸会变得很急促，并且不时地喘气、呻吟，有时甚至大喊出来。"

一部分男人有比较实际的方法来改善情况，他们也比较倾向于问出来：

"问女人'我怎么做才能让你达到高潮'几乎比问'你高潮了吗'要来得高明。而当你怀疑的时候，这样的问法也比较能让你愉快地进行下去。"

"以前我也曾经遇到搞不清楚的时候，那时真的很难鼓起勇气问她。碰到这种情况我就会用手或口刺激她，使她达到高潮，这样做比较容易看出来。"

"如果我不确定，我就会想办法让她再来一次。我始终觉得她总是可以再来一次，我会继续给她，直到她告诉我她够了，我才射出来。"

"最初那几年，当她想要却又无法达到高潮的时候，她就会大哭一场来发泄。那时我觉得自己像个废人，心想一定是我太快，或者是技巧运用得不够熟练、耐心不够，要不就是没有给她足够的前戏，等等。现在，这种情形发生的时候，我们就用按摩器（或者她自己用手）来帮助她达到高潮。"

大部分男人察觉不到女人在阴道性交时的高潮

对大多数男人而言，在性交时辨认女人的高潮的确很困难。男人说，即使阴道的收缩是可以察觉的，但信息都非常微弱。阴道性交时，女性似乎不容易达到高潮，也不容易辨认。

多数男人说他们无法在阴道里感觉出女人有没有高潮：

"我没办法判断，感觉不出有什么不一样的地方。"

"我真的从来没有察觉过，难道我从来没有让一个女人来过阴道高潮吗？"

"感觉不出来。"

"我从来不觉得有什么不同。"

"我不能判断。我想有时候阴道会变得比较潮湿，或者有些许的收缩吧！"

"我想我从来没有注意过当她高潮来临时，我在她阴道里有什么感觉，不过现在我已经知道她的确是有高潮的。我想男人面对女人的性需求就好像陷入十里云雾一般，以前我是瞎子摸象，现在就清楚多了，至少现在我会努力让自己敏感一点，尽量去了解她的需要。我觉得能够知道自己在做什么，知道怎么做能让她快乐和满足是件蛮好的事。”

“说老实话，我老婆高潮时，我很少感觉到什么特别的收缩或痉挛。”

“她的高潮，很难在性交时发生。即使有了高潮，我也很难从她阴道里发觉什么异样。”

有些男人提到，当他们不是在抽动阴茎或者致力于让自己达到高潮的时候，他们就比较容易感觉到女人的高潮：

“当我不是抽动得很猛烈的时候，我可以在她高潮时感觉到她阴道肌肉的收缩。”

“说实在的，我没办法判断我的伴侣有没有高潮，毕竟我太专注于营造自己的高潮了。不过，如果我专心去感觉的话，我相信可以察觉出来。”

“有时候我可以感觉到她的收缩，这种变化会随着我插入的深度和硬度而有所不同。当我的阴茎只插入一部分的时候，感觉就会比较强烈。”

很多能够确定女性高潮，并且清楚描述女性高潮的男性，他们所描述的高潮都不是在性交时发生的，而是以某种方式刺激阴蒂时发生的：

“我没办法在阴道性交时感觉出女人的高潮，不过有时候用手指就可以。”

“如果是用阴茎，我感觉不出高潮的收缩，但是当我的手指在适当的时间插入阴道，就可以明显地感觉出来。那种感觉像是在阴道口四周发生一种间歇性的收缩。”

“我从来不曾察觉任何一个女人和我性交时达到高潮。不过在口交或用手刺激女人的时候，我就会时常感觉到收缩。”

部分男人对女人在性交时到底有没有高潮，明确地表达了他们的怀疑：

“到今天为止，我从来不知道一个女孩什么时候会高潮。女孩会呻吟、呓语之类的，还有她们的骨盆会有间歇性的动作和戏剧性的反应，那就是高潮吗？从没有女孩告诉我她高潮了。”

“大家都知道阴蒂的刺激能够使女人兴奋而达到高潮，但是我必须承认，过去我只会把阴茎插入阴道抽动，现在我了解那对女性的高潮可能毫无帮助，而且可能造成女性的痛苦和对她的伤害。以前我都是持续不断地抽动直到她央求我停止为止，而且我会误解成她高潮已经来过了，所以她累了。从来没有一个女人敢于抱怨或澄清，或许是怕伤我的自尊吧！似乎很多女人还蛮沉醉于性交（被插入）的，她们发出的呻吟及低喊不知跟高潮有没有关系。”

有些男人形容阴道在各种不同兴奋程度时给他们的感觉，而且把这个感觉跟高潮相提并论：

“越来越热，越来越湿。”

“我想我可以发现，当她高潮来的时候，阴道会变得比较烫。这或许是一种想象，也或许不是。不过可以确定的是，当她高潮的时候，阴道绝对会变得更湿。”

“我不知道，可能比较紧一点吧！我从来没有仔细观察过，只知道她玩得高兴我就很快乐了。”

“她的阴道内壁会呈现出一种令人兴奋的滑溜状态。一种可爱的液体会从我的阴茎四周缓缓流出，而且随着阴茎一进一出的动作流遍阴道口。”

有一些男人说不同女人的高潮会带给他们不同的感觉。这或许反映出，不同的女人高潮时会有不同的反应，也可能反映出一个事实，那就是有些女人有高潮，有些则没有：

“有些女人有强烈的收缩，有些好像比较弱。”

“有些女人高潮的时候，阴道感觉起来没有什么不同，有些就会产生收缩并且伴随着规律的搏动，不知道女人对于这样的反应可以控制多少，是自主还是不自主的？”

“有些只是挤压得比较用力，有些却好像紧紧抓着你的阴茎，每个人的情形都不一样。”

“当一个女人高潮的情绪达到最高点的时候，很多例子都显示，她的阴道会紧密地包住阴茎。没有两个女人的反应是完全相同的。有些会叫，有些会笑，有些会哭，有些还会抓人。”

有些答案相当夸张：

“阴道似乎活了起来，像一条蠕动的蛇，包围着我的阴茎。”

“整个阴道感觉起来像座火山。”

“一个装满蜂蜜的热桶子，有一群兴奋嘶吼的蛇。”

“阴道的肌肉嚼着我的宝贝，而她的子宫则不断敲打我宝贝的头，这种感觉美妙极了。”

“某个像甜甜圈的东西开始像钳子一般，有节奏地紧紧夹住我那巨大的引擎。

如果收缩的地带接近我伟大的震动器末端，有时候就像有一股力量要把我推出来似的。”

有些男人很清楚地描述阴道收缩是什么感觉：

“它先张开，接着后面跟着变空，然后围着阴茎压缩。”

“她的阴道开始以一种搏动挤压我的阴茎，让我想到我自己高潮时的搏动。”

“我的阴茎感受到一种高温、潮湿和紧握。”

“当高潮到达顶点的时候，阴道口会跟着突然而来的搏动紧缩起来，有如钩子一般钩住我的阴茎，像是处于一种极度兴奋的状态（我觉得她大腿的紧绷比阴道内壁更能传达那种感觉），持续一会儿之后，她的阴道就慢慢松弛下来，感觉非常柔弱，有时候还会微微地搏动。我真希望我能表达出那种叫人停止心跳的美感。”

阴道收缩的微弱程度叫许多男人吃惊：

“跟你说句老实话，女人来高潮的时候，我丝毫感觉不出有什么不同，我的阴茎只感受到一点点微波。为什么我所读到有关性爱的文字里，作者都会说他觉得自己被女人阴道的肌肉像挤牛奶一般地挤压呢？我从来没有那样的经历。”

大部分的男人发现身体外部发出的信息更有帮助：

“当一个女人达到高潮时，我无法从阴道里感觉到明显的收缩。但她的身体会变硬，全身会出现一种暂时性的僵硬，就好像她正在发一种什么病似的。”

有关女性高潮的其他描述：

“她会出现某种我也会有的肌肉紧绷，她的两腿会硬得像铁棒，而且她的手臂会使出一股惊人的力气。”

“我嗅到一丝屏住气息的紧张，那种感觉跟我自己快要高潮的感觉一模一样。然后我会感受到她那狂野的失控、那愉悦的暂时性癫痫症，全身突然变得僵硬，一语不发。”

“她全身的肌肉都会绷得很紧（尤其是腿和下腹），而且浑身战栗。”

“口交的时候，她的身体会抬起来或变硬。”

“她会浑身僵硬痉挛。”

“她全身绷紧，脸上带着一种极度狂喜的表情。”

男人认为的“阴道高潮”与“阴蒂高潮”

绝大多数男人还是认定女人应该从性交中得到高潮，对阴蒂的知识也相当贫乏：

“我认为，女人如果在不刺激阴蒂的性交中无法达到高潮的话，一定是她们自己出了什么问题。这样的偏见一直很难从我心中除去，即使现在我已经知道真相，但在理性的认知下，还是存在些许怀疑。”

“有一个周末，我老婆把孩子们送去爷爷奶奶家，然后她说有事要告诉我。原来，她要告诉我她不是以我所想的方式达到高潮，她说她并不是故意伤害我，而且这些年来她真的很喜欢跟我做爱，只是对我并不是完全的诚实。我听了之后目瞪口呆，不知道该说些什么，随后我们讨论这件事，她告诉我她如何达到高潮，而且马上做给我看，我简直不敢相信自己的眼睛。从那时起，我改变了，我是说变得更好了。我重新爱上她，反正，我对她充满了情欲，而且那股热情足足6个月都没有退去，而她的‘性趣’也比以前浓厚了许多，我学会用手让她达到高潮，而我们也开始在周末的时候不分昼夜地尽情做爱，那段时光真是有点纵欲过度，但也爽毙了！老天爷，我真的死而无憾了。”

我们发现，当女人高潮的时候，大部分的男人不是不知道，就是不确定。而这个不确定，很多是肇因于男人被灌输的错误观念，认为女人应该通过阴茎的抽送达到高潮。他们很少被告知有关阴蒂刺激的知识，以至于他们在寻找女性性高潮的时候总是弄错了。事实上，大约只有30%的女人能从性交中得到高潮（通常是因为接触到整个阴部，而不是因为阴茎的抽送动作）；另一方面，大多数女性很容易通过对阴蒂更直接的刺激而达到高潮。

甚至到今天，还是有很多男人认定女人应该通过性交时阴茎的抽送达到高潮，而且希望她们的高潮是这样来的。

大部分的男人在回答“你会不会比较喜欢跟一个可以从性交中达到高潮的女人做爱，而不喜欢跟一个必须通过阴蒂刺激才能达到高潮的女人做爱呢？你的伴侣通常是什么时候达到高潮？”时，还是认定女人应该会单纯地通过性交达到高潮：

“有些女人性交时没有高潮。如果不是她们不知道怎样让自己达到高潮，就是她们根本不想要高潮。我觉得一个女人在性交时应该要有高潮才对，她应该要去尝试各种不同的姿势和体位，直到找到一种最佳方式为止。如果一个女人在性交时能有性幻想并且学着去享受每一个动作，她就可以有高潮。我曾经这样教过很多女人，而且效果也都不错。当然，男人也该知道怎么抽动自己的宝贝来帮助女人。”

“很多女人对于来高潮感到困难，我建议她们去动手术或者看看心理医生。我接连交往的4个女人都要用手刺激才能达到高潮，这让我觉得有点疑惑，难道完整的性爱这么难求吗？”

“我相信女人的感情在她有没有高潮这件事上扮演了决定性的角色，如果在性交时我对她温柔体贴、殷勤关切而她仍然没有高潮的话，那么问题一定出在她的脑袋，要不是她不够爱我，就是有什么事让她烦心或者其他原因。我相信只要女人想来高潮，她一定做得到。”

偏爱女性从性交中达到高潮的男性占多数：

“我喜欢跟一个能从性交中达到高潮的女人做爱，而不喜欢跟一个只能通过阴蒂刺激达到高潮的女人做爱。”

“因为我是通过性交达到高潮的，我非常享受性交的感觉，它对我意义重大，如果她们不是通过性交得到高潮，我会觉得她们错失了什么东西。”

“我的伴侣在性交时达到高潮对我是一件很重要的事。我很确定它证明了我的男性气概，同时也让我兴奋。如果她不是以性交，而是以其他方法达到高潮，我会觉得自己有点没用。”

“我比较愿意跟会在性交时来高潮的女人做爱，如果不能用我的阴茎使她达到高潮，我会深深觉得挫折和受伤。”

“我想要我的阴茎感受到她的高潮，而且，我想阴道的高潮会比较激烈，把我团团包住。”

“性交，因为不是这样的话，不就像在唱独角戏吗？”

在这项研究中，大部分的男性都没有对女性做特殊的阴蒂刺激使女性达到高潮的经验，所以他们只能就理论来回答。

回答“随便哪一种”或者“两种都好”的男人几乎一样多。他们的回答经常带有类似这样的句子：“我不在乎她怎样达到高潮，哪一种都好”“她怎么来我都无所谓”，以及“任何她想用的方式”，等等。这些陈述似乎指出，对于女人的高潮，男人努力的意愿低落，比缺乏了解或者因为问题产生挫折感的情形还要严重，他们也没有兴趣去了解。

对这些男人来讲，要他们真的分辨出伴侣到底有什么特殊的需求，他们情愿说一句“只要她能从中得到乐趣，用什么方式我都愿意”，这样可能比较容易：

“对我来说没有什么差别。”

“我只跟太太性交过，至于她如何达到高潮我并不在意，她可以用任何她想要的方式达到高潮，即使她想用一列运货的火车来刺激自己，我也会祝福她，甚至愿去担任那列火车的车长。如果我太太没有在性交时来高潮，我也不觉得有什么不好。其实我反而喜欢她没有高潮，这么一来，下次她就会更热情啦！”

“我喜欢做爱的时候无拘无束，想怎么做就怎么做，任何方式的刺激，只要高兴就好，我不喜欢有任何限制。”

“我并不偏好任何特定的方式让女人来高潮，我也不去多想她有没有高潮，但我总是尽可能地做到让我们两人都觉得这是一次最愉快的经历。”

“对我来说，我比较喜欢做爱的时候无拘无束，懂得尽情享受，有着开放的心灵，清楚自己和自己性需求的女人。”

“只要她从我身上得到的快乐，跟我从她身上得到的快乐一样多，那个问题就不重要了。”

有些男人说，他们比较喜欢两种高潮都有，只要她最后最棒的那次是在性交时发生就好：

“我比较喜欢一个女人能有两种高潮。最理想的次数是，在我们开始性交之前，我能先让她来几次阴蒂的高潮，然后在性交时再让她从阴道达到三四次高潮。”

“如果一个女人能够先有阴蒂的高潮，然后在性交时再跟我一起达到高潮，那就是最棒的状况。”

不过，有些以“两种都可以”为答案的男人表示，他们对这两种选择都完全了解：

“有时候我比较喜欢她从性交达到高潮，而不是阴蒂，不过也并不都是如此，那是两种不同的快乐。当她是通过性交达到高潮的时候，我的动作就必须更加克制一些，不过阴道的高潮的确会引起阴道的收缩，这点带给我很大的快感，在她高潮来临之前，身体的动作也带给我很大的快感。当她通过阴蒂的刺激达到高潮的时候，因为知道她并不依赖我，我就可以依我自己的速度持续抽动阴茎。如果她在还没有进入之前达到高潮，她会变得更为放松、湿滑，也更为淫荡，那是我喜欢的情景。”

“我不在乎这个女人是通过阴蒂还是通过性交达到高潮，只要她肯跟我沟通，告诉我她的需要，并且让我参与就好。到目前为止，只有一个女人肯让我看她手淫，我发现那是件相当刺激的事。”

“我并不特别偏爱哪一种，每个人都有不同之处，她们看起来不同，感觉也不一样。只要我能让她快乐，其他的都不重要。我并没有跟很多女人性交的经验，不过在我的经验里，她们多数喜欢用手刺激阴蒂的方式，有些则两种都喜欢。”

“我觉得女人是从性交还是从刺激阴蒂达到高潮并不十分重要。我所认识的女人当中，大部分在刺激阴蒂的时候比较容易达到高潮，而且可以明显地看出那带给她们极大的快感。我自己也从用手刺激女人使她们来高潮中得到了很多乐趣。至于通过性交达到的高潮感觉也不错，和女人做爱的时候，如果我会用手去刺激她，多半是这个女人可以达到一次以上的高潮。而如果只能从性交达到高潮，那么她达到多重高潮的机会就比较少了。”

很多男人避免直接回答这个问题，他们多半讨论感觉的重要性，而回避女人到底如何达到高潮的问题：

“对伴侣刺激的方式，不如从彼此身上获得爱和生理的满足来得重要。”

“研究她如何达到高潮，还不如了解她是否在做爱的过程中感受到爱来得重要。”

“这个问题很难回答，这样说吧：只要能让我的伴侣达到高潮，她要我做任何事我都愿意，我是那种尽可能把性和爱结合在一起的傻瓜。换句话说，我只跟我很在乎的女人做爱，所以，确实带给一个女人高潮比做这件事的过程来得重要。”

“我比较喜欢跟懂得怎么样挑逗我、刺激我的女人做爱，而且她最好对自己身体的每一个部位都很开放，没有心理上或情绪上的问题。”

“问题在于她跟我上床到底有没有得到快乐，而不在于她有没有来高潮。”

还有一些男人表示，对于性交是否会带给女人的阴蒂间接的刺激，他们觉得很困惑：

“为什么要把从性交达到的高潮跟刺激阴蒂达到的高潮分开呢？难道性交时不能刺激阴蒂？不管怎样，我没有任何偏好，只想做到她想要的。以我的观察，我无法分辨两者之间有什么不同。几乎所有的女人都可以通过手指或舌头对阴蒂的直接刺激而达到高潮，有些女人则很难直接从性交中达到高潮。”

“我尽量让我的女人先在前戏时达到高潮，然后在性交时再达到高潮。两者都是刺激阴蒂，只是方式不同。不过假如她们两种方式都可以达到高潮，我就觉得很快乐了。”

有些人坚持错误的观念，认为性交的确会间接刺激阴蒂①：

“我相信唯有刺激阴蒂才能让一个女人达到高潮，大多数人感觉到的性交刺激其实是很轻微而间接的阴蒂刺激。”

“性交时，除了用我插入的阴茎摩擦她的阴蒂之外，我从来没有让一个女人自己动过手。”

“我相信性交的高潮比阴蒂刺激的高潮容易达到，因为阴茎的位置就在阴道里。”

“靠墙壁站着做可以让女人的阴蒂得到更多的刺激。每当阴茎进入阴道时，就会同时向下和向内拉扯外面的阴唇。这样也可以让肿胀的阴蒂接触到阴茎的顶端而受到刺激。不过，如果女人比较矮的话，男的得稍微蹲下来一点，要不就是女的得垫个东西站得高一点。”

“所有的高潮都是从阴蒂来的。我的阴茎进去之后，因为接触到我太太的阴蒂，所以她得到的阴蒂刺激是我们性交的一部分。”

有些男人则认定，一个女人只要在性交的前戏中得到足够的阴蒂刺激，最后就能在性交时达到高潮：

“这完全是定义的问题。理论上，如果一个男人在一个女人润滑的阴道里抽动他勃起的阴茎，而这个女人还没有被其他任何方式挑逗得兴奋起来时，或许她不能来高潮。但我相信如果我们把性交或者性行为定义成包括前戏、戏中和后戏的话，那么一个女人就可以从性交中得到高潮了。”

“我知道阴茎在阴道中反复抽送时，这个动作不一定能让女人达到高潮；我也知道如果要她达到高潮，通常得刺激她的阴蒂。不过，前戏之后，她表示已经准备好让我的阴茎进入，却依旧没办法在性交时达到高潮的话，我就不觉得失败了。如果

---

① 有些男人会说出这样的话：“她从我的阴茎得到阴蒂的刺激。”但没有解释这话，也没有说明他是如何做到的。这种答案说明男人对女性生理构造有误解。

我们两个都尽了全力，她仍然不能来高潮，那也不是我的错。因为女人的确会因为过度神经质以及某种障碍而不能高潮。这些事情是在所难免的，男人在这个时候应该用任何可能的方法帮助女人，就像男人无法达到高潮时，也会希望女人给予发自同情的帮助。这次很糟，没关系，下次有进步就好了。在多数情况下，我想女人可以试着训练她们自己更有共鸣、更敏感一点，但是在任何情况之下，男人都应该扮演支持者的角色。”

有些男人描述了一些方法，可以使女人在性交中得到足够的阴蒂刺激而达到高潮：

“她来高潮多半是因为在性交时，我同时用手指刺激她的阴蒂。”

“我比较喜欢在下方，因为这样我就有机会，也更容易用手抚弄她的阴蒂，当我这样做时，她的动作会变得更加狂野。”

“做爱的时候，如果我在上面就用手臂把上半身抬高到足以让她用手指刺激自己，这个方法会让她达到高潮，也会让我的高潮延迟到她快来的时候，甚至于让我们同时达到高潮。”

“性交的时候，我会同时刺激她的阴蒂，效果好极了。”

“我们共同达到高潮的一个方法是：她躺下来，我从她后面进入阴道，再使用一个按摩器刺激阴蒂，用这个方法我太太比较容易达到高潮。我会调整自己的时间，等她来高潮的时候两人一起来。”

通过男人的耻骨和女人阴蒂的接触，尤其是女人在上的姿势：

“我在性交时发现，女人会把她们的腿张开，用力抱紧我，好让她们阴蒂的部位可以摩擦到我的耻骨，并且以此帮助她们达到高潮。这些年来我渐渐地改变了我的性交技巧，如今我在性交时会将阴茎全部插入，然后用我的耻骨紧紧贴着她阴蒂的部位，规律而缓慢地前后摇动，让我的伴侣想来几次就来几次，等到她完全满足之后，我才让自己达到高潮。”

“她喜欢在上方，一边让我的阴茎在她阴道里，一边在我的耻骨上摩擦，那种方式她的高潮来得最快。”

“最近跟我维持性关系的这个女人，通常她在上面的时候，就能来高潮，所以，在我看来，她的高潮是同时通过性交和阴蒂刺激而来，尽管她的阴蒂好像没有直接（用手指）受到刺激，而比较像是在摩擦我阴茎上方的耻骨。”

“性交的时候，我的阴茎会做出一进一出抽送的动作，或者回旋转动摩擦的动作。有时候我们躺着几乎动也不动，只是把两人的耻骨紧紧贴在一起。如果她在上位时，这种方式最有效、也最能够刺激她。”

“我目前的性伴侣通常都是用同样的方法达到高潮：我用我的阴茎压着她的阴部（外面）来刺激她的阴蒂。我自己也很喜欢这样，因为这样也可以让我来高潮（其实我阴茎最适当的位置和她所想要的位置有大概 2～6 厘米的差距）。通常我会尽可能拖后我自己的高潮直到她来过以后。反正既然我哪种方式都能来，就以对她最好的位置进行。”

“每次她想要的时候，她就用手按在我的屁股上，让我的耻骨贴着她阴蒂的部位用力摩擦，接着她的肌肉会绷得很紧，并且发出阵阵呻吟，她的舌头不停卷着我的，我爱死她这样子了。”

这些方法对某些女人在某些情况下有用，但并不意味着所有的女人都适用。比方说，有相当多的女人一定要把双腿靠在一起才能来高潮：

“读《海蒂性学报告：女人篇》前，我们大都以传统的正常体位行房。这本书让我对女性的高潮有了更深的了解。后来我们尝试一种新的体位，也就是她在上面，双腿并拢放在我的两腿之间，这样我们两个都能达到高潮，也让她尝到以前不曾有过的感觉。”

许多曾经让女人从阴蒂达到高潮的男人，很明显把阴蒂看成是其他方法都不管用时，一个退而求其次的方法：

“如果她那天过得很辛苦，很累，通常在前戏时，会需要来一点阴蒂的刺激。如果她还是觉得不行，那么性交的时候也需要阴蒂的刺激。”

“我做爱时表现良好，而她却没有高潮的时候，通常我会试着用口交，或是用手帮助她达到高潮。”

“我只有在阴茎不能维持勃起的时候，才使用刺激阴蒂的方法。”

“如果我是跟一个通常在性交时没有高潮的女人做爱，我会谨慎地先刺激她达到高潮之后，才去管我自己的快感。不过，这有点像是一种机械化的动作，而且我自己的高潮也变成一件孤单寂寞的事。”

“性交时来高潮要容易得多，不过，如果她们要通过刺激阴蒂达到高潮我也不介意。”

“我比较喜欢用性交的方式，如果那不管用，再用刺激阴蒂的方式。”

令人惊讶的是，尽管很多男人遇到的女人不能通过性交达到高潮，他们还是非常希望女人从性交中得到高潮：

“跟一个能够从性交中体验高潮的女人发生关系，是一件很不错的事，因为肉体的感觉会更一致、彼此分享得更多，伴侣之间的裂痕也会比较小。无论如何，通过一些交谈，已经让我相信从性交获得高潮是稀有的，而且经常是假的。我现在相信的高潮是从阴蒂来的，而且常常跟我自己的高潮分得很开（那要在性交前或性交后用手或口去引发）。”

“目前跟我同居的女友，无法从性交中获得高潮，所以她必须使用其他的方法来达到高潮，那就是对阴蒂的刺激。不管是美感上或心理上我都不介意，但如果我来高潮的时候她也能来的话，事情当然就简单多了，或许这样性交会比较像一首交响曲，而不是一项刻意进行的技艺。”

“多数女人似乎对手和口的刺激最容易起反应，阴茎的摩擦则可怜地排名在后。这真是可惜，因为我真的比较喜欢跟通过性交达到高潮的女人上床。这主要是基于生理上的因素：性交当中看到一个女人达到高潮时那种狂喜挣扎的模样，是全世界最令人兴奋的事，而它通常也会引起我的高潮。”

“我比较喜欢女人从性交中获得高潮，但这怎么可能呢？阴蒂的刺激仍然是必须的。如果我是上帝，我会把女人创造成每天都需要阴茎反复插入阴道才能达到高潮。”

“我比较喜欢性交高潮，可是我老婆得从口交中获得高潮。”

有的男人对于“必须刺激阴蒂”这件事深恶痛绝：

“如果一个女人事先告诉我，她很难达到高潮，以及她的需要，我会很感激。如果那听起来工作量太大，我会为了避免自己痛恨她而根本不去尝试。”

“我受够了她用手淫的方式达到高潮。”

“如果所有的女人都可以轻易地通过性交达到高潮，那么问题就会少得多了。”

“我非常偏爱跟能直接通过性交达到高潮的女人上床。阴蒂的刺激在性交前或性交后都还好，但是在性交时，总让人分心，搞不清楚到底是我自己的手还是她的手引起的高潮。然而，如果它的确会带给女人快感，就算你再讨厌它，也没有理由说它是错的。此外，它对我来说似乎是件困难的工作，如果一定要这么做，我宁愿女人自己来，女人更能掌握和控制技巧的部分，当然效果会更好。”

有些男人说，他们对于刺激阴蒂经验不足，所以他们并不了解：

“我比较喜欢从性交中获得高潮，我对阴蒂的刺激一无所知，结婚15年来我从来没有找到阴蒂在哪里。”

“直到最近我才慢慢了解阴蒂的重要性，现在我正努力使自己对它更熟悉。”

有些则认为，既然我们不可能改变女人的生理构造（她也不想），那么，不是男人，而是女人自己才有权选择她比较喜欢的方式：

“不管是什么，只要我太太想要的就是最好的，‘她’就是我想要的。”

“不管她喜欢什么我都喜爱，我爱的是她这个人，不是以‘哪一种’方法达到高潮的女人。”

“我希望她得到最好的，也希望自己对她达到高潮的过程敏感而有所反应，因为这样做的同时，我自己的高潮也会被营造得更加高昂、更充满乐趣。”

“我没有比较喜欢哪一种，试验出新点子代表更多的乐趣。”

“我的目的是取悦她，谁管她是从哪里来的高潮！”

“女人想用什么方法达到高潮都是女人的权利。长久以来，男人规定了什么是女人应该表现出来的正确方式，但是性应该是相互的取悦和彼此的分享。两人都应尽可能地从中获取最多的快乐。如果女人比较喜欢阴蒂的刺激，那么她就有权利选择它。”

有一些男人说，他们刺激女人的阴蒂不只因为这是必须的，而是因为他们自己也乐在其中：

“刺激阴蒂让人感到很快活，因为我可以百分之百地知道她的身体正在发生的变化，包括高潮之前、之中和之后，不会因为我自己要来高潮而分散了对她的注意力。”

“我享受刺激阴蒂和用手弄出高潮的快感。”

“观看性伴侣营造快感是件有趣的事，我很喜欢刺激阴蒂带来的快乐。”

“阴蒂的刺激是很有趣的，因为它提供给男性更多种刺激女性的方法。”

“我喜欢为女人口交和手淫是因为它带给我的感觉，它让我觉得我是在付出，而不是从她身上猎取什么。当我用口舌和手指让一个女人达到高潮（或者有时候出现多次高潮）的时候，她会觉得我对她做了件很棒的事，而我也得到了她的情爱和赞赏。换句话说，她把我看成是一个真正的男人，这让我更加肯定自我。《圣经》上说，‘施比受更有福’，我发现它真有道理。”

当男人第一次了解到大部分女人的高潮是来自阴蒂刺激，而非性交，也就是说，性交并不能让大部分的女人达到高潮时，男人有何感想：

“以我个人经验来看，我想阴蒂才是让女人兴奋的地方。好几次我发现我的阴茎在女性的阴道里冲刺却只得到一点点反应的时候，心里就有数了。当我的怀疑得到证实——阴茎在阴道中的抽动，并不是男人原本所想的那样——我必须承认，当时我很沮丧。”（28 岁）

“当我听说这件事的时候，我的感觉并不好，那种感觉就好像一部有缺陷的车子，它的问题车行没办法修，你就被它卡在那里，要不然就是等待，要不然只好放弃。”（30 岁）

“一个朋友告诉我，指望女人在性交的时候来高潮是错误的，他说应该试着用一些其他的方法去刺激她们。这对我来说完全是新闻。而且跟一个男人来讨论这件事，也很奇怪。我从来不曾跟别的男人谈论真正的性心情，除了一些普通的经历之外。我很好奇，他对我的反应有何感想，还是他认为我早该知道。无论如何，我还是很高兴他告诉我这件事。”（31 岁）

“在将近 11 年的婚姻生活中，我一直相信从性交中获得高潮是常规而不是例外。以前我只知道阴蒂是女性高潮过程的一部分，仅此而已。直到去年我的生命中出现了一个情人（我的婚姻还在），因为跟她在一起，并且读了《海蒂性学报告：女人篇》之后，我才了解到阴蒂的功能和用手刺激的重要。它为我的性生活开启了新页，也充实了我的性生活。”（40 岁）

不少男人接收到这个信息之后，松了一口气，因为他们知道问题不是出在他们身上：

“我太太从来没有从性交中获得高潮。以前我总觉得要不是我的技巧有问题，就是她的心理有毛病，现在这些都可以抛在脑后了。目前她可以从阴蒂的刺激中达到高潮，所以我们再也不觉得缺少什么么了。”（46 岁）

“我简直不敢相信我们被阴道高潮蒙蔽了这么久，如果我们早在 25 年前知道阴蒂高潮这个事实，我确信我太太和我的性生活一定会好得多。以前我时常为她在性

交时不能高潮感到伤心和困惑，现在解脱了，因为我发现这是正常的。”（57岁）

有一个男士对“不知道女人对性交有何感受，他自己又该作何感受”这项信息在内心交战。在这过程中，他对性的定义重新做了一番思考：

“本来，我太太在性交时从来没来高潮，然而几乎每次性交我都会达到高潮并且射精。这就是我对性交的感受。在性交的过程中，我除了期待高潮来临之外，也为了我能够高潮而感到快活。我把手淫带来的高潮和性交时的高潮视为两种不同形式的高潮：手淫而来的高潮，对我来说是一种自娱的高潮，一种自我陶醉的高潮，是完全属于我自己一个人的。而性交时达到的高潮，是一种互动的高潮，也就是说，我不但感觉到我使自己达到高潮，也感觉到我太太帮助我达到高潮，在其中我享受着跟她之间肉体的接触和亲密，她允许我进入她的身体，与她做爱，这一切在内心交织成一种错综复杂的感觉，觉得我的高潮就某方面来讲，是一份从她那里得来的礼物。对我而言，不管在生理上或心理上，这都是最重要的，这种高潮比我自己手淫而来的高潮意义更为重大。

“但我也因为不能在两人做爱的经历中使她达到高潮而烦恼。由于我和她性交而达到高潮时是那样的狂喜，我希望也应该为她带来并帮助她达到高潮。当我来高潮而她没有，我觉得那高潮的狂喜是单方面的，那使我在狂喜中觉得孤单，有时更觉得寂寞。我渴望我的身体及做爱过程中我对她所做的事，是给她的一件礼物。

“自从我们两个都读过《海蒂性学报告：女人篇》之后，我太太不再因为没办法跟我达到高潮而觉得有压力或困扰。我对于女性真正的高潮也有所了解，并且知道自己在其中扮演的角色。

“至于在我自己高潮之前或之后帮我太太达到高潮（如果她想要），我觉得很有趣也很愿意参与其中，只是她会觉得在我面前自己抚弄自己有点不好意思，我觉得那没什么，只希望她能明白我十分愿意帮助她达到高潮，不管是用什么方法。

“目前我觉得自己太过强调一些机械式的技巧和操作，无论如何，这只是一个阶段，在这阶段里，我们学习如何使两人的性行为到达彼此释放的境界，我相信我们深厚的感情一定会成功的。”

对于女人如何达到高潮、是否达到高潮的质疑，经常使得男人在性关系中觉得不舒服、内疚、不胜任，或者带有防御性。尽管有些男人说，他们并不在乎女人来过高潮没有，因为女人的高潮没那么重要。

女人未达高潮，男人的情绪反应

大部分的男人依然认定女人应该在性交时有高潮，所以最终他们不是感到遗憾，就是责怪自己或是对方。男人以各种不同的方式来表达这种不舒服的感觉：

“觉得自己不行，是个糟糕的情人，一个失败者。”

“沮丧、失望，痛恨自己。”

“她说没关系，但我还是很烦恼。”

“失望，因为其中没有共同的互动关系。”

“生气。”

“被打败了。”

“对她失望。”

“好像我是跟一条冰冷的死鱼躺在床上。”

“一只自私的猪。”

“我觉得自己寄生于她，这件事一点也不令人兴奋。”

“我会对她失去兴趣。”

“为她感到遗憾，我会问她下次想怎么做。”

女性高潮之所以少见，主要肇因于文化规则坚持女性应该在男性来高潮的时候达到高潮，这也是多年来，两性之间有隔膜的一个不言而喻的缘由。就像一位男士说：“如果我不觉得自己在向她骗取高潮的话，我会更尊重她和我自己——或许我该说‘使用她’才对吧！因我有高潮而她没有。如果双方平等的话，我会觉得很轻松。”另外一位男士说：“我结婚16年，我太太要达到高潮有些许困难，我一直尝试各种方法帮助她在性交时建立信心和放松自己。”

这是男人的错

很多男人觉得那是他们的错：

“我觉得我要负一部分责任。”

“我会觉得自己有欠于她。”

“我做得不够，要不然就是我没做对。”

“我让她失望了。”

有些男人觉得女人没有高潮都要归咎于他们：

“如果跟我在一起的女人没有高潮，我会觉得自己不称职，好像我还不够格做一个男人，这大大地粉碎了我的信心。”

“没有高潮这件事多半暗示着失败，有时候我会掉入这种陷阱而觉得自己不够称职，尤其是当这个女人想要有高潮的时候。”

“我的伴侣有没有高潮对我极为重要。因为它能证明我的男性气概，也会让我觉得兴奋。我不介意她是不是以性交之外的方式达到高潮，但是如果她完全不来，我会觉得有点失望。我很担心太早射精，也不喜欢自己没有完美地完成任务。”

“在内心深处我觉得一定是我哪里做错了，但我也感觉有些女人要花很长的时间才能达到高潮，我想，跟她们说说话是很重要的。问问她喜欢什么，喜欢怎么做，这样一来，即使这个女人没有高潮，我也尽力了。”

“以前如果跟我在一起的人完全没有高潮，我会觉得糟糕透了，因为我已经尽了力，但就是不够好。不过，近来跟几个伴侣讨论之后，我发现她们对这种事并不像我那么难过，她们觉得情感获得满足的快乐，虽然不及高潮，但对她们来讲也是很重要的。知道她们是这么想之后，我的难过就减少了大半，然而在内心深处我还是希望自己能再多做一点。”

很多男人觉得有罪恶感——“好像我在利用她”：

“我觉得自己有点自私，好像我得到的比她多。”

“女人的高潮对我很重要，如果没达到的话，我就觉得我在利用这个女人，而不是在爱她。”

“我会觉得她被忽略了，很不公平，我不该这样。”

“它让我觉得自己很自私，尤其当我所做的一切都没有效果的时候，那时我会质疑自己取悦女人的能力，怀疑自己是不是哪里做错了；是做得不够，还是做得太多。”

“我觉得好像是我的个人秀，不公平。”

“如果她完全没有高潮，我就觉得我只是在利用她，利用她的阴道让我在里面摩擦我的宝贝以达到高潮，除非她告诉我她很享受，而且获得了满足。”

有些男人说，他们的确曾经（或可能）会因为一个女人不能正常地达到高潮而不再和她见面：

“如果跟同一个人在一起的时候，一再出现这样的情形，我很可能就不再对她感兴趣，也不太愿意再和她发生性关系。”

“如果我跟一个完全不能达到高潮的女人在一起，而且不管我怎么做都没有用，那么我对于和她维持长远的关系是不会抱什么希望的，因为很显然我们彼此并不适合对方。”

“除非我们非常相爱，否则我可能会离开这样的伴侣，我相信没有高潮的女人也有能力爱人，所以如果两人相爱，没有高潮也没有关系，当然那份爱得非常强烈才行。”

在这些答案中有很多潜藏的挫折感和愤怒，只有一些男人直接用言语表达出来：

“唯一和我有过性关系的人是我太太，我们结婚最初几年她对性真的完全不开窍，她从来没有过高潮，而我也常因为她的不投入感到挫折和障碍。现在已经没有那种情形了，所以很难回忆起当时的感觉。不过，我还记得的部分是：愤怒、咒骂、迷惑，还有一种感觉是‘就只能这样吗’？”

“女人到底出了什么问题？她们达到高潮怎么会如此困难？我曾经搞过35～50个不同的女人，但是她们大部分都不知道该怎么做才对，只有一个好像来了一次高潮。”

有些男人把这件事想象成一种“性的挑战”，把他们自己想象成技术指导员：

“我会很高兴陪她一起度过一段时光，帮助她学习如何达到高潮——不管是用手淫的方式，还是性道具。我一般还是假定她们应该会有高潮，但如果始终不成功的话，我就会觉得很失望，而且可能会因为我没有扮演好我的角色，而必须想办法解决这个问题。”

那不是问题——女人的高潮没那么重要

许多男人说，高潮不是女人在性方面的重点：

“对我来说，如果这个女人能感到完全的快乐和满足，懂得享受也能有所回应，那么我不会把高潮算上去，我不会太在意这个问题，只要她是快乐的就行。”

“计算爱人的高潮就像数星星一样不自然，数字一点也不好玩。充实、满足、睡眠、放松、缓解紧张、取悦、拥抱、亲吻以及快乐的感觉才是我们该追求的，而不是追求数字的累积。算算术是很笨的，我的高潮跟接吻一样都不是用来算的。”

“女人并不一定要像个疯子似的来高潮才算快乐。”

很多男人觉得男人的高潮比女人的高潮重要得多：

“高潮似乎是身体和心理幸福的一部分，那对男人来讲或许比对女人来说更重要。”

“高潮很重要，没有它很难觉得满足。至于我伴侣的高潮则不像我的那么重要，不过我还是尽量取悦我的伴侣。”

“高潮对男人不仅仅是重要，而且是根本而必要的。男人必须泄出他的精液，否则没办法满足，没办法认定他把差事‘搞定了’，这很难对女人解释，这样说好了——男人对性的需求比较肉体，女人对性的需求比较感性。”

很多男人说，自己如果不能达到高潮的话，就不能享受性爱；但如果伴侣没有高潮，她们还是能获得乐趣。对于“没有高潮你能享受性爱吗”这个问题，38% 的男人都回答“不能”，但他们也表示，女人如果没有高潮，她们还是可以自己找到性爱的乐趣：

“即使我的伴侣不能享受性爱，我还是可以。我喜欢用最快的速度达到高潮。射精之后，躺在那里和她玩乐。”

“如果我的伴侣有很多很多次高潮，那的确很好，但我不会因为另一个人神经系统的无能，就让自己的快乐延迟发生。”

有些男人警告说，女人不该坚持每一次都要达到高潮：

“我觉得女人是文化造成的‘性残障’，如果她们试图赶上男人，那只会使事情更糟。”

其他男人说，除非女人抱怨，否则不是问题：

“如果这个女人没有高潮也一样愉快而充实，那很好。但如果她苦于没有高潮，那么两人的关系就需要做一些改变。”

“如果女人抱怨，我就会觉得可怕。否则是没事的。”

“有一次我太太告诉我，她在性交时从来没有高潮，而这件事她也从没告诉别人。从那以后，她再也不觉得束缚，也不必再假装高潮或者证明什么了，她变得比以前更能享受性交。尽管她还是有高潮的问题，但她显然变得对性较感兴趣，否则她要求做爱的次数不会那么频繁。她并不怎么在意高潮这件事，我也是。其实性就是如此，从中感觉自由和亲密，其中包含了各种美好的肉体乐趣。”

“我原先以为女人应该很容易达到高潮，而当她们没有高潮的时候我就会觉得自己很没用。现在我的认知已经不同了，不管我的女伴能不能达到高潮，我都会尽我所能去取悦她，我现在慢慢了解到高潮对女人并不是那么重要，她们没有高潮也能享受性爱。我必须承认，如此一来我就更容易放松自己，并且享受我自己的兴奋和高潮，而不必仔细观察对方是不是也有高潮。有时候，单方面享受的性也蛮有趣的。譬如说，完全不必费劲儿去取悦女人，只享受对方给予的口交或手淫也很令人兴奋。两个人反过来也同样很好，我可以刺激一个女人而不需要回馈。”

有的男人说，有时候他们并不在意女人是否来高潮：

“有时候当我处于一种痛恨女人的心情中时，我只想要纯肉体的性，只想一夜风流，我想那跟强暴是一样的。在那种痛恨女人的心情下，我比较不在乎她是否享受到了性爱。”

“如果她渴望达到高潮，那么她有没有高潮对我才重要；如果她只喜欢爱抚和亲吻，那也很好。”

尽管“高潮不一定是性的重点”这个观点很容易被大家所接受，然而，还是有超过97%的男性指出，他们在性交时几乎每次都有高潮。而大多数男性也指出，女性的高潮就比他们不规律得多，就像《海蒂性学报告：女人篇》中的女人所说，她们多半不愿意把性变成一种“高潮比赛”。可是，如果男人总是有高潮而她们没有的话，也会产生一种被欺骗的感觉。尽管她们知道如何通过手淫达到高潮，但太多女人对手淫感到不自在，也不认为自己有权利在和男人发生性关系时，明确地示范或陈述这件事，这使得女人在感觉受骗之外，还混杂着愤怒和挫折感。对男性而言，问题不仅仅是接受女性无法从性交中获得高潮这个事实，还必须去找出使她达到高潮的方法，好让我们所谓的“性”趋于完整。

这是女人的错

如我们所见，有些男人觉得那是“自己的错”，但也有男人觉得那是“女人的错”：

“对不起，我真的不明白我的伴侣为什么没有高潮，就时间来看，她已经接近性冷淡了。”

“我会建议她去看看妇产科或心理医生。”

“我认为她已经做了她想做的，得到了她想要的，没有高潮是她的问题。”

“那种情形只发生过一次，也是我的第一次，后来我才知道她有些问题。”

“对不起！或许她该把她阴蒂上的‘包皮’割掉吧！”

“我能享受每一次的性行为，所以当女人不能享受的时候，我也不会觉得失望，但我真的奇怪她的脑袋长到哪里去了？她不是有心理上的问题就是不自觉地想要泼我冷水，我听说妓女很少、甚至从来没有高潮。我更相信一个女人如果像妓女一样出卖自己的身体，绝对不会有健康的性生活，我同情她们。”

“我从来不会因为伴侣无法达到高潮而觉得内疚，虽然我希望她能体会那种快感，而且我也尽我所能地帮助她，但在我射精之后就爱莫能助了。”

我们再度发现，很多答案还是针对性交而论的，因为他们大多数引用“心理方面的问题”或“心理障碍”来作答，其背后的理论是过去我们用来解释为什么女性在性交时没有高潮的标准理论（像“性冷淡”这种词汇，就常常被当作专有名词来使用）。

一位男士说：

“我太太无法达到高潮的原因是她的心思不能投入在做爱的过程中，她母亲教导她‘性肮脏’的错误观念，这些观念也害了她的 3 个女儿。”

另一位男士说：

“如果一个男人的阴茎最愉快的环境是女人的阴道，那么这个假设应等同于另一个假设，那就是女人在性爱中最大的快乐是阴道里放着男人的阴茎。否则，就是老天爷搞错了。所以如果有些女人，不管是多少的百分比，在高潮跟满足这方面发生问题，一定是这些女人在成长过程中受到了污染，要不然就是受到社会过分的压抑。”

目前流行的一种观点是，女人的高潮是她自己的责任：

“我什么都做了，如果她不受用，那就不是我的责任了。”

“这个问题是她的而不是我的，她必须知道什么能让她兴奋。”

“我认为我该为自己的高潮负责，所以我也认为女人该为她自己的高潮负责。在我和女人的关系中，从来不曾缺乏尊重、温柔和交际的手腕而只是为了高潮的问题起争执。不过，如果真的发生这种事，而我被指责没有尽到做男人的责任，我会公正地把账算在两个人头上，而且更可能是因为她没有尽到做女人的责任。”

这些略带防御性或敌意的答案就某方面来讲当然是正确的，每个人的确要设法使自己达到高潮。然而，女人的立场和男人不同，在言词中暗示女人该为她们没有高潮负责是不公平的，这种指责忽略了大部分的“性”还是遵循着老规矩在做，即女人应该从性交中得到高潮。男人有整个社会在背后支持他，鼓励他去获得他的高潮。而女人呢？社会也规范了女人的需要，那就是，通过口或手的刺激而来的阴蒂高潮是“不正常”的，她们也无权去维护自己的权利。换句话说，社会规范下的性形态使男人不必开口要求就能得到他们所需要的刺激，因为摆明了性本来就该结束于性交和男人的高潮，而女人却必须要求“特殊的”（额外的）的刺激，或者跟性交无关的刺激。

总之，很多男人对于女人在性行为中不能更频繁或者更容易达到高潮觉得困扰，他们觉得“为什么这对女人会这么困难呢？只要她们真的想要，只要她们再努力一点，或者，只要她们别那么感情用事，一定可以达到高潮的嘛！她们何必一定要让男人感觉那么糟呢”？这些男人不了解，大部分的女人难以达到高潮是因为在传统的性关系中，缺乏足够而适当的阴蒂刺激，而不是有什么奥秘的原因。然而这些答案中充满了烦恼、生气和敌意的情绪，一再质疑为什么高潮对女人而言就是这么难呢？

女人应该告诉男人她的需要

有些男人觉得这种情形是女人的错，因为女人应该告诉男人她的需要，尤其应该说她需要性交以外的阴蒂刺激。如果女人不愿意告诉他们自己想要什么，男人就会更生气：

“我喜欢她直接告诉我她想怎么样。”

“那是她的错！我又不是她肚子里的蛔虫，她得告诉我要我做什么。”

“只要她肯告诉我，我会愿意帮忙的，如果一个女孩明明没有高潮，也很想来高潮，却告诉我她来过了，我真的会气死。天杀的，她以为我是做什么用的！”

“如果她不满足，她就该告诉我，但要找到一个这么开放的女人，几乎是不可能的，这就是为什么我讨厌那些妇女运动者到处说男人‘爱过她们之后又离开她们’的原因。这真是一派胡言，事实上，是女人把自己弄得莫测高深，以避免被男人控制。”

同样，在回答很多其他的问题时，男人多半还是会有类似的意见，问题在于女人不讲出来：

“在性行为中，我觉得太多的需求是出自于我采取主导地位的需求、发起性爱的需求、决定持续多久的需求，以及不用她告诉我我就知道她要什么的需求。很显然，她们都认为我习惯和聋哑人士做爱。”

“很少有女人愿意坦然地讨论什么东西能让她兴奋。这在我看来是最主要的问题，因为这意味着这些女人，或许在路上的某个地方，会抱怨她们的男人只对上床有兴趣，性交结束就睡着了。至于我老婆，情形是这样的：当我试着和她讨论我们的性生活怎么样会比较好的时候，她先是一副保护自己的态度，然后就沮丧得稀里哗啦哭个没完，因为这个缘故，我只好趁她不在的时候写下这一切，这里面写的很多事情我永远也不会告诉她。”

“不曾有女人让我看过她的阴蒂，或者在我面前示范她如何自慰，我所认识的很多女人都会在性交时让人觉得好像已经很进入状态，其实却还在理智的阶段。”

“如果我的伴侣在行房的时候呻吟不断，当我来高潮的时候她也假装高潮，然后又什么也不说地紧拥着我，我除了认定她也很满足之外，怎么可能有第二种想法呢？我不认为男人对于女人何时或者是否来高潮，或者女人从性交中鲜有高潮这些事了解得很透彻。可是男人往往是因为不知道而不是愚笨，所以假装来高潮根本于事无补！当女人需要更多满足的时候，男人是必须要被告知的。只要方法正确，这并不会伤到他们的自尊。她可以对他说：‘请再爱我更多一点，而且永远不要停止，不是你不能满足我，而是因为我们彼此还不够了解对方，还没有探索到对方的需求。’如果我的伴侣要我一直对她做爱，我不能想象自己会因此而感到难过。

“男人在成长的过程中所受的教育，使他们对女人无知的程度跟女人自己是一样的，因此要求他们什么都知道，也有点困难。很多女人达到高潮的需求虽然和男人有明显的差异（也就是必须通过阴蒂刺激，而不只是性交），但是男人所受的教育使他们坚信只要他们够男人味（有时候这件事跟‘够大’画等号），女人就能从性交中获得满足。女人自己偶尔也会传达出这样的信息。双方似乎都没有想到：或许男人和女人其实需要的是不同的东西，而不一定是因为男人做得不够好。我想一定有不少不善沟通、沉默寡言的男人真的相信问题出在他们的男性气概不足，不能像个真正的男子汉那样取悦女人，而不知道他们应该做的是放弃那种成见。如果男人和女人双方都能放弃成见，那么我们或许还可以克服一些别的事情。譬如，大部分跟男人在一起得不到高潮的女人会责怪男人，或对男人产生诸多怨恨或一些过分激烈的言辞，像手淫如何让人释放，如何让一个人完全掌控他自己的生活和拥有自主性等。”

女人跟男人上床的时候，能不能带着一点“男人不必为你的高潮负完全责任”的态度，上了床就要主动寻找快乐，而不是等着接受男人给你的快乐。要抛开下列的成见：

——只要男人够像个男人，女人自然就会从性交中获得满足；

——女人的高潮是男人的责任，如果女人不来高潮，那一定是男人在某方面欺骗了她，要不就是男人不够强壮；

——男性的阳刚就是要去填补女性的阴柔，如果女人跟男人在床上很愉快，那男人才算是个男人。

有些男人对女人不肯坦白说出自己的需要比较同情：

“我渐渐知道，大部分的男人似乎觉得：如果一个女人能通过他们对她的刺激而达到高潮，那是最好；如果不能的话，那就看看她下次的运气会不会好一点。这根本是放屁！我想女人多少会埋怨这种情形，我也不相信我们的社会允许一个女人开口要求那种能让她得到性满足的刺激。当你问男人是不是个好情人时，他一定会投以一个淫秽的眼色，然后眨眨眼，好像在说‘从来没有女人抱怨过我’。为什么？因为他所遇到的女人都太胆怯、太害羞，以至于不敢告诉他，她需要的是什么。小姐们，请让他了解：他根本不知道自己在做些什么。别担心会伤他的自尊，如果一个女人那么在乎跟她上床的男人，那么，她更应该在乎自己的需求有没有得到满足，如果得不到满足，那就不要跟他上床，也不用再见这个家伙了。我认为女人有些行动已经在改善这种情况了，只是速度慢了一点。”

“我认为男人应该时时提醒自己：不能去相信女人没有高潮这回事。我们真的得逼着女人说出她们喜欢什么，并且做给我们看？而且不能满足于她们刚开始说的几件事，要继续挖！但对她们来讲，经过几个世纪的压抑之后，要一下子敞开心胸不是件容易的事。还有，我们自己也必须是真的想知道她们所需要的。”

“我的感觉是受骗、受伤。我曾经有个情人，我非常在乎她，她好像对于没法在性交时达到高潮感到很不好意思，可是她不坦白告诉我应该怎样帮她达到高潮。我觉得我永远也不能给她我想给的快乐。坦白说，虽然到目前为止，她是我最喜欢的情人，但我还是觉得受伤和受挫。”

有些男人赞成多运用对话的方式：

“以前，女人没有高潮我就觉得是我的错，现在我会问她：‘这样感觉好吗？怎么做会更好？你会对我这样做吗？’所以，即使女人觉得不快乐，我也不接受指责。”

“我会想知道是什么原因，我想知道是不是有什么事我没有做，还是有什么事使她烦恼。”

“我会马上跟她讨论，免得大家不高兴，并且努力解决问题。我真的很愿意帮她。”

“如果我的伴侣没办法达到高潮。我会要她告诉我怎么样才能让她达到高潮，一旦知道了，我就用一种挑逗的方式照她所说的去做，让她知道我尊重她的感觉，而且让她觉得那是很自然的事。”

“如果一个女人渴望高潮而我所做的不能帮她达到这个愿望，我会要求她引导我，告诉我怎么样刺激她才是最好的方法。”

“是的，我希望她达到高潮，我努力去找出她最喜欢的是什么姿势、什么样的刺激。我不但不会羞于问她我做得好不好，甚至还会问她有没有什么特别的事希望我做，例如她喜欢我的嘴巴、阴茎，或手怎么抚弄她。如果一个女人愿意告诉我，不用我去猜，我会很感激。”

一位男士对于拥有一个坦白而主动的伴侣感到喜悦：

“大部分的女人都太压抑自己，又太重视我的需要了。今年，我曾经交了一个很棒的女朋友，她常常手淫，不怕羞，做爱的时候她会告诉我她要什么。她最喜欢的姿势是在我上面，她说这样子她最能控制性交，而且更能感觉到我。如果我用手刺激她的阴蒂，她就会不停地来高潮，那种感觉真是既温暖又神奇。”

14

男人对阴蒂刺激的看法

爱与尊重

男人对阴蒂的感觉

男人对阴蒂保持什么态度？当男人被问到“你对阴蒂是什么感觉”时，很多答案包括了嘲笑和讥讽：

“我敬畏那个小东西，它现在赫赫有名，让我看到它的时候急着想向它敬礼。”

“女人的阴蒂，是发明拖把以来最好的东西，其他的东西都是多余。”

在很多答案中，由于经常出现昵称之类的形容词，所以从答案中看不出阴蒂的重要性：

“女人的阴蒂是个神奇的小东西。”

“阴蒂是个神秘又娇小的‘爱的纽扣’。”

“当它从藏身的地方探出头来，我觉得它很可爱，有时候女孩们叫它‘开心纽扣’。”

“小包裹带来大惊奇。”

不过也有一些热情而正面的回答，有些优美而严肃，有些就像前面所提到的，带着亲昵而幽默的词句：

“那是她身体上性感带的中心点，柔软而敏感，你必须用极大的关注和情感对待它。”

“和阴茎一样好玩。”

“美丽、可人，是一个女人全身上下最引人遐想的地方。”

“我喜欢舔它、吻它、跟它说话，她觉得我做得好极了。”

“阴蒂就好像一整排炸药的引信，它所引起的连锁效应会带动其他的部分。”

“阴蒂是挑动她性欲的核心，一旦它臣服在我的手指或舌头之下，我就知道她是我的啦！”

“那是她阴部最重要的部位，男人如果爱一个女人并且关心她，就会知道这些事情。”

“我觉得那个地带最能接触到她对性的感觉。”

“一种不可思议的东西，它虽然如此隐秘，对女人却具有无比大的影响力。”

有些男人对于阴蒂的位置感到很遗憾：

“我觉得它应该在阴道的底部，这样性交的时候它就可以见到我的龟头了。”

“女人需要两个阴蒂，一个长在它现在的位置，另一个应该长在距离阴道口 10～13 厘米深的地方。”

有些男人对它的大小感到遗憾：

“可惜它不长大一点好让我找起来容易些，她也会比较容易来高潮。”

有些男人不曾跟它接触，有些男人则有着负面的经历：

“她不让我碰它。”

“我太太说我的手指弄痛了它。”

“阴蒂是个奇怪的东西，它是凸出来的。”

“我从来找不到我太太的阴蒂，她好像没有。”

“我不确定阴蒂是什么。”

还有的男人说：

“我对它没有感觉，她不应该有那个东西。”

当男人被问及“阴蒂看起来像什么”时，答案涵盖了很大的范围，其中很多包含了不愉快和不熟悉，有些还带有敌意，还有很多人用“小”来形容阴蒂：

“软肉。”

“形状和颜色像是铅笔上的橡皮，不过只有它的一半，通常因为潮湿而泛光。”

“有点像是扩大的乳头。”

“像是附在她的皮肤上的一粒豌豆。”

“我叫它小尿口。”

“一片粉红色地区，不十分显眼。”

“有点尖尖的，带点白色，很柔软。”

“很可爱。”

“亮亮的小肉瘤。尽管书上叫它小阴茎，但我从没看过大于 1.9 厘米的阴蒂。”

“缩小的阴茎。”

“一根小手指头。”

“粉红色的魔术纽扣。”

“看起来像是狂风暴雨中的蛋卷冰淇淋。”

“有罩子的粉红色小肉瘤，兴奋的时候会变大。”

“看起来很好吃。”

“在丝绒袋里的一颗珍珠。”

“看起来像是裹着包皮的乳头。”

“一块有皱褶的皮或是发育不全的阴茎。”

“小小的软糖（我喜欢红色的）。”

“一个小乳头，所以我才这么喜欢吸它。”

“小小的、圆圆的、粉红色，而且很敏感。”

但是大多数男人说他不曾实际看过阴蒂：

“没有在真实生活中看过。”

“只有在书上看过。”

“我不曾真的看过，因为不是关着灯，就是我的眼睛闭着。”

“女人的阴蒂对我来说有种神秘感，因为它不容易看见，它的位置在开口处的上方，覆盖着一些皱褶的皮，我不知道它看起来像什么，也不知道如何形容它。”

“阴蒂对我来说还是有点神秘。我从图片上和生物课里知道它是什么以及位置在哪里，但我从来没有看过一个女人的阴蒂，如果一定要我找的话，我不确定我找得到。”

“很久以前我就知道女人被挑逗的时候，阴部上面对于手和舌头的抚触很敏感，但在我读到有关它的文字之前，我完全不知道它在哪里，也没听过阴蒂这个名字，我从来没看过阴蒂。”

“我不记得第一次听到阴蒂是什么时候，不过我一直有个感觉它就在那儿。从来没有一个女人亮出她的阴蒂跟我说‘嗨！老兄，这就是阴蒂’。”

“我看过图片和照片，但没看过我伴侣的阴蒂，她叫我不要玩‘扮医生’的游戏，不过我们倒是常常玩‘老师说’的游戏，像是‘再上面一点……右边一点’。这似乎也很有用。”

“女人兴奋的时候阴蒂会肿大，比较好找。但我从来没开着灯仔细看过，所以我没办法很清楚地描述。”

不管哪个年龄，大部分的男人都说他们对阴蒂的知识多半来自书本：

“我所知道有关阴蒂的事都是从书籍上得来的。不曾有女人跟我分享有关阴蒂的知识或者手淫的方法。”（25 岁）

“我在大学时修的一门课，教了我一些关于婚姻里的亲密行为，但直到最近我偶然读到一本关于阴蒂的书，才真的知道这个东西。从来没有女人主动给我看她的阴蒂，不过有一次，我甚至没有事先征求我太太的同意，就贸然地探索了她的身体。”（55 岁）

“我是从黄色书刊上学到有关阴蒂的事。”（30 岁）

“起先我在黄色笑话里听过它，并不真的知道它的功能和位置，直到我在一本书里读到了关于它的事。”（28 岁）

“我最近才在一些解剖书上读到它。”（74 岁）

“第一次听到是在收音机里，后来又在一些书上看到。我很惊讶在解剖学和性学上那么重要的部位却那样被忽略。”（28 岁）

“我读到一本书，它说阴蒂是满足女人性欲的核心，用手弄它才能让女人达到高潮。”（30 岁）

“直到最近读到一本有关阴蒂的书，我才了解了阴蒂的重要性，我以前只以为女人喜欢阴茎强有力地抽送。”（62 岁）

“在大学里读到的一本书说，阴蒂在解剖学上来讲相当于男人的龟头，我所得到的印象让我以为它应该长得像个阴茎，而不是它现在那个样子，我以为它比实际的样子大一点。”（33 岁）

当被问到“阴蒂在哪里”这个问题时，虽然大部分的男人基本上知道它在哪里，但很多答案还是相当模糊。最普遍的一个答案是“在阴道上

面”。这似乎跟大多数男人认为阴蒂在阴道里面又不大一样了：

“就在阴道上端。”
“在阴道口上方的两片阴唇之间。”
“在外阴唇的上端，靠近耻骨的地方。”
“它在阴道前方的 V 型罩子底下。”
“尿道口的上方。”

值得注意的是，有些男人对这个问题产生情绪性的反应：

“我可以告诉你它的位置在阴道以上几厘米，但是还有很多问题等着我去想。”
“我宁愿做给你看。”
“在三年级性教育课本第 6 页的图解上。”
“当然不在她的鼻子里。”

阴蒂和阴茎的相似之处

人们对于女性生殖器的构造普遍存在着误解。我们通常认为是阴蒂的东西，其实只是整个阴蒂内部构造的外围部分（而且阴蒂内部比外围要大很多）。跟男性的阴茎和睾丸比较起来，阴蒂内部的网状组织涵盖的范围是相当大的。阴茎里有两条海绵体，海绵体充血就是阴茎勃起的原因。在女性生殖器里也有同样的两条海绵体，只不过它们是分开的。位于阴户的两边，起自耻骨一带（外阴蒂），分两路回到阴

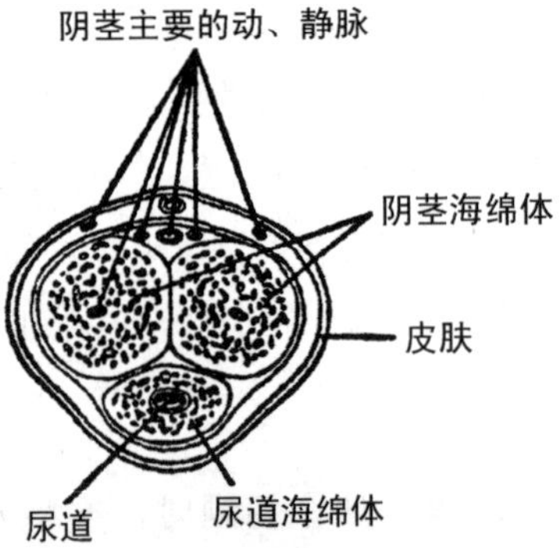

◎阴茎的横切面图

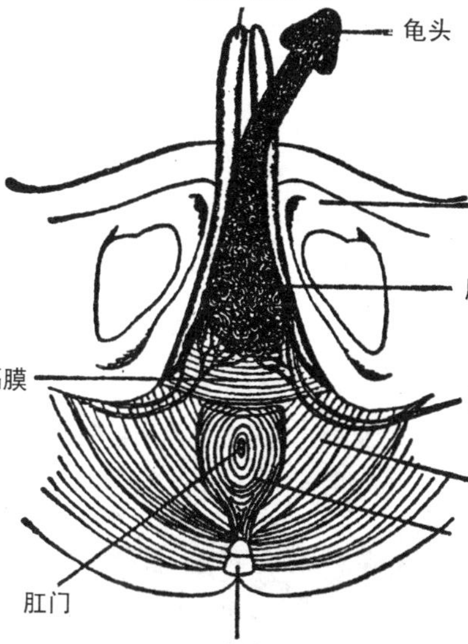

◎阴茎系统横切面图

道。兴奋的时候，海绵体就会充血膨胀，也使得女人的阴户变得较大、较鼓，对于触摸特别敏感且容易产生快感。高潮来临时，肌肉的收缩会带动血液一阵阵地从这些组织中输送出来。换句话说，阴蒂系统和阴茎系统在某种程度上极为类似，只不过阴蒂系统在体内，阴茎系统在体外。

如果男人能了解到他们和女人在生殖器的构造上是如此相似，他们就有可能了解阴蒂刺激。譬如，大部分的男人都必须通过对阴茎顶端的刺激来达到高潮，而高潮的感觉来自阴茎的底部和身体里面。因为刺激顶端和周围一带，会使身体内的兴奋感更深。所以，相同的道理，刺激阴蒂和外围地带，引起全身和整体阴道的兴奋感也会更深、更强，终至达到高潮。

男人对于用手刺激阴蒂的感觉如何

“我太太达到高潮的方式真的让我很不高兴，她总是把两腿并得紧紧的，有时候还交叉扭在一起，这样我就不能摩擦到她的阴蒂。而且我听说，女人张开双腿表示

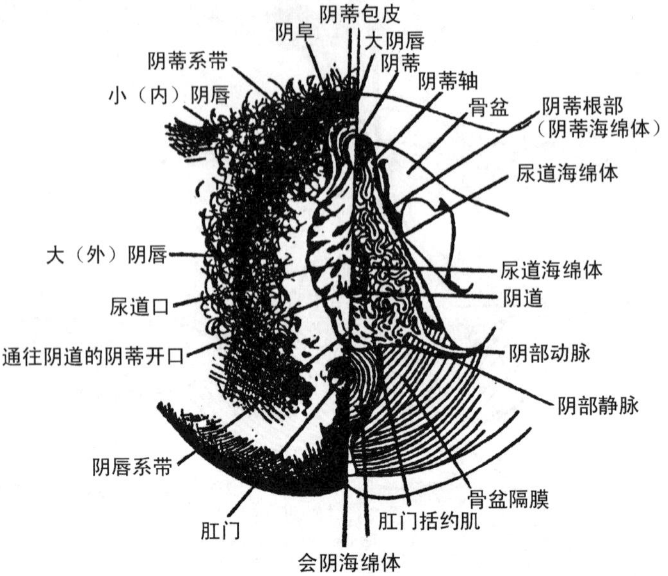

◎阴蒂系统横切面图

她需要你，所以她那样做让我觉得她在拒绝我。起先，我还是照她希望的方式去做，可是我心里真的很痛恨这件事，后来，我做的次数越来越少，也越来越不热情。最后，我们大吵了一架，她说我痛恨她来高潮，我说她达到高潮的方法很自私，因为她根本不需要我，我完全没有参与感，我没有在她阴道里，也不觉得兴奋（其实我必须承认，当她呻吟、蠕动、满身大汗，还有一场热吻之后，她紧抱着我说她爱我，那真是让人热血沸腾的场面）。她很伤心我不喜欢她来高潮，有好一阵子不想做爱。这件事让我开始思考，到底性的重点是什么？刺激阴蒂？我知道，但它的神秘感还是埋藏在我心里。”

大部分曾经用手刺激过阴蒂的男人，表达了他们对于这方面的知识或技巧上的疑问。当被问到“刺激女人阴蒂的时候，你知道该怎么做才会舒服吗？当你用手刺激阴蒂的时候感觉如何？”时，大部分男人提到感觉不舒服、女人的回应很重要：

“面对阴蒂我并不是很有信心，女人的高潮似乎很挑剔，喜欢就是喜欢，不喜欢就是不喜欢，要合她的胃口很难，除非你跟她很熟，才知道怎样做才对。如果我的

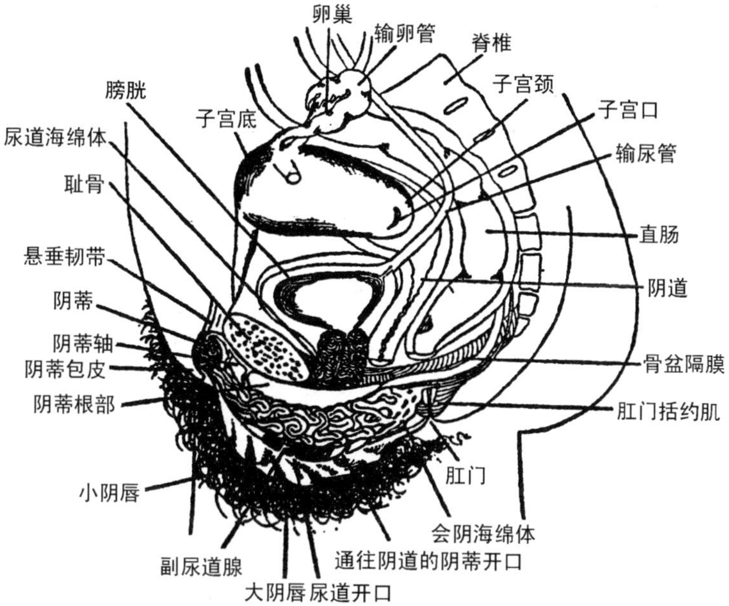

◎阴蒂系统纵切面图

伴侣愿意引导我做让她觉得舒服，我的感觉会好很多。”

“我觉得自己很需要知道怎么抚摸阴蒂让她达到高潮；也希望她跟我沟通，告诉我她喜欢我怎么做。我不懂读心术，而且每个女人喜欢的力道大小和动作也不一样，不过我发现只要对她的‘快乐钮’施以刺激，她们多半都很喜欢。”

“刺激女人的阴蒂，看她被挑逗得兴奋起来是件过瘾的事，我女朋友告诉我，有时我太粗鲁，但她从来不曾说我太轻柔。”

“我渐渐知道怎么样抚摸它了，不过不同的人喜欢的方式完全不同，所以你永远没办法确定。跟大多数人一样，我在抚摸的时候也常弄错，我想，男人对女人往往比较粗鲁，而女人对男人又太温柔了。”

“每个女人阴蒂的大小和形状都不尽相同，所以要用多大力量我也不太清楚。不过，我总是尽力去做，很多时候要跟伴侣沟通。基本上，我的做法是持续进行我的动作，等我的伴侣指正我。我很喜欢用手制造高潮，尤其是在电影院里看电影的时候，把手伸进她裙子里，她就会像颗糖似的融化在我手里。”

“我妈曾经告诉我：女人有一样东西跟男人的阴茎很像，那是女人的高敏感地带。有很长一段时间我根本不了解阴蒂是什么，即使后来慢慢地从书上看来，从别人的嘴里听来，再加上我自己的经验，我还是不清楚它在哪里，或者它感觉起来像什么。”

初探阴蒂很多男人会觉得不舒服：

“第一次，光是找阴蒂就令我满头大汗，然后我又担心会不会太用力而弄痛她。”

“我花了一段时间才体会到该怎么做，那真是棒极了！我记得第一次是在 28 岁，刚开始笨拙得要命，但我还是不断尝试，而且慢慢地爱上它。”

“成功不是一蹴而就的，要试好几次才行。起先我觉得自己像在玷污她的圣洁，后来我又开始在想：这到底要弄多久？到底我做得对不对？我那时觉得很累。”

“这件事需要集中注意力，甚至手的动作也要有节奏感，最初几次我不能很有把握，因为她一直告诉我，我做得不对。但是当我使她达到高潮时，我觉得棒极了。”

“我跟第一个和我上床的女人做过这件事，因为据我所知那似乎是件该做的事，那也是我第一次经历到女人的高潮，它让我发现女人的身体跟我的一样可以感受到相同的快感。”

有一位男士详细地描述了他第一次刺激阴蒂的经历：

“有一天下午我去她那里，我们蜷曲在沙发里。她的背靠着我的胸，我的手臂环抱着她，两只手放在她肚子上，感觉两人很亲密。她说：‘我想来一次高潮，我会教你怎么做。’接着她把我的一只手放在她的阴部上。她的手放在我手上，开始轻轻地压着我的手移动，慢慢地，她的身体开始挺直变硬，两腿也向前伸直，然后她开始快速移动我们的手，身体变得更僵硬，接着她突然起了一阵痉挛。结束之后她笑着说这实在太棒了，问我愿不愿意再做一次，我觉得这真是美妙极了，包括她呼吸的样子，还有她发出的声音。

“这件事让我觉得跟她很亲密，可是对于我所扮演的角色我有点困惑，当时我根本没来高潮（虽然后来回家之后用手淫的方式达到了高潮）。她似乎对于我有没有高潮一点兴趣也没有，这件事就我的快感来讲毫无意义，所以我不禁对这件事做了一番思考，不过我想得最多的一件事是，她那两次高潮都来得奇快无比。我一方面觉得自己做得相当成功，能够帮她手淫，使她达到高潮；另一方面，和我自己相较，她的高潮似乎比我曾有过的更棒，这真让我感到惊讶。

“对于她的高潮，我觉得很得意，不管我跟这件事情是什么关系，我都觉得很棒，因为她达到高潮的时候我在她身边，感觉我们很亲密。”

有些男人说他们好像在做某种“不正常”的事，而他们不应该这样做：

“我很高兴从《海蒂性学报告：女人篇》中得知阴蒂刺激的需求是正常的，这样，我在做的时候就不会觉得怪怪的了！这种束手束脚的感觉其实很可笑，但我就是没办法克服。”

“每次我这样做的时候，心里就觉得很困惑。我是说，我知道这是为女人带来高潮的方法，但是其他的男人真的也这样做吗？我从来没有在电影或照片上看过男人这样做，所以它一定不很普遍，说不定还有点怪。一个真正的男人应该不用这么做吧？我知道事实并非如此，但这就是我的感觉，我当然更不会把这种事拿来炫耀。”

有些男人把用手刺激阴蒂这件事跟“青少年”联结在一起，称之为“中学生活动”，或甚至叫它“青春期行为”，也就是说，这是在还不能性交时做的事：

“刺激阴蒂是我以前做的事，在我们的年龄大到可以干女人之前，那是一种替代方法。”

“我只有在高中的时候才这么做，我女朋友很喜欢，不过现在它似乎不适宜了。”

有一个男人在学校的时候就觉得自己不喜欢这件事：

“我第一次刺激阴蒂是在大学里约会的时候，我让那个女人达到了高潮，虽然我在一旁看得很高兴，但是有种置身事外的感觉。现在我还是喜欢刺激女人的阴蒂，但我会在她达到高潮之前进入她的身体。”

有些男人对于主动刺激阴蒂觉得困惑，不晓得这样做好不好，女人想不想要：

“通常我的性行为会包括刺激阴蒂使对方达到高潮，除非我的伴侣特别要求我不要做，因为我主动给她总是比较好，反正她有拒绝的权利。”

“做爱的时候，只要那个女孩想，我一定会刺激阴蒂或者口交，我会先征求她的同意。如果她反对，我就绝对不会做。我从来没有被拒绝过，总是持续到那个女孩叫我停下来为止，我让她决定要不要达到高潮。”

“我从来没办法决定要不要刺激阴蒂。有一次我才一开始，那个女孩就急忙往后退，看着我说：‘你在做什么？’那时我觉得自己像个怪物。现在跟女朋友在一起我都会做，不过对新认识的女孩，我情愿不和她上床也不要再面对那种情况。”

“是的，我听过阴蒂刺激，我想我应该做，可我并不确定，因为没有女孩要求过我。万一我做得不对或者她不希望我这么做怎么办？”

应该中途停止还是继续到女人达到高潮，是件很难决定的事：

“我会观察她的呼吸，还有她对我做的动作。如果她的手抚摸我的身体、背或屁股，那表示她还很兴奋而且想要以这个方式达到高潮，如果她把我拉到她身上，她就是想要性交。总之，我会继续做，看看她还要不要。”

“大多数女人不会直截了当地说清楚，所以我总是持续到她来高潮为止，这样她就不必开口了。”

刺激阴蒂达到高潮

从来不曾用手刺激女人的阴蒂使她达到高潮的男人占绝大多数。当我们问到“你是否曾经以手刺激女人的阴蒂使她达到高潮”时，只有 20% 的男人说有，而且这件事在他们性关系中很平常；39% 的男人回答很少、几乎不曾或不曾；22% 的回答相当模糊，无法探知他们真正的意思；剩下的 19% 没有回答。

有些男人提到用手刺激阴蒂使女人达到高潮遇到的一些困难：

“我把手握成一个拳头在她阴毛上滚动，她把膝盖并拢，我的手要动得很快，保持节奏并且不能改变动作。如果我的手臂处于比较困难的姿势，做久了就会累。所以有时候我就改用左手做，不过用左手比较难，因为我惯用右手。”

“这件事持续 15 分钟或更久的时候，它就变得很累人、很无聊。”

“如果我的努力得不到回应，刺激阴蒂就会变成一件令人讨厌的事。比如一个女人过于矜持，不肯告诉我她要我做什么或不要做什么，这种情形就会发生。因为不同的阴蒂需要用手指或舌头施以各种不同程度的压力，它们有各种不同的需求。如果我努力了半天却得不到结果，我多半会问她高潮为什么不来，好的伴侣就会解释她为什么不来。如果她们不能或不肯以这种方式帮助我，刺激阴蒂就会变成一件讨厌的事。”

“当我们对彼此的状况和感情都很确定时，我才会做这件事，不过我还是觉得自己很笨拙。我的做法是先在阴蒂四周下点功夫，然后用手指刺激阴蒂，可是有时候阴蒂很难找。”

有些男人描述了他们刺激阴蒂使伴侣达到高潮时的一些有趣而详细的情形和大家分享。因为没有“标准方法”可以适用于每一个女人的阴蒂，所以他们的感觉也因人而异：

“我会温柔地拉拉她的阴毛，带有节奏感地轻抚她的阴蒂。我喜欢先用大拇指在阴蒂上做画圈的动作。当我感到她的兴奋感更高了时，我就用食指和中指沾上她自己的润滑液轻轻地摩擦阴蒂一带。每次做这件事我都会持续摩擦，我也鼓励我太太抚摸自己的胸部（如果我没能吸她乳头的话）。”

“我的伴侣喜欢我用手很快、很轻地摩擦她的阴蒂，而她则用手把阴唇拨开。她来高潮的时候，会紧抓着我的手，用力压在她身上不动，高潮过了之后她会想再来一次。一直做到我再也忍不住的时候，我就爬到她的身上狂野地性交，直到我来高潮为止。”

“我刺激阴蒂主要的方法是轻轻地上下移动我的手指，动作要轻柔，但不是搔痒。我曾经要我太太引导我的手让我知道她希望我怎么做，我发现这是最有效的方法。我总是先维持一定的压力和节奏，当高潮快来的时候，再慢慢增加压力，同时加快速度，直到她达到高潮为止，一旦我开始刺激阴蒂，我一定会持续到她来高潮为止。”

“我先把手向下伸进她的阴毛里，找到阴蒂之后，通常会用食指尖轻弹阴蒂。有时我把一两根手指放进阴道里，小指摆在一边，食指则摩擦着阴蒂。”

“我用两根手指头，以画圆圈的动作抚摸阴蒂，有节奏而规律地进行，放松之后再多加一点压力。我不觉得困难，可是如果一直收不到这个女人接近高潮的信息，它就会变得很累人。”

“首先我轻轻地抚摸整个阴部，慢慢地增加压力直到阴道开始变得潮湿，接着我用阴道的润滑液润滑我的手指。以下的步骤就不定了，要依伴侣的反应来进行。最普遍的情形是持续抚摸的动作，一边慢慢增加力量，一边接近阴蒂，当手指接触到阴蒂时就要改以快速而直接地刺激。当她接近高潮时，我会给她更直接的压力，抚摸的速度也更快，拇指和食指同时在阴蒂上滚动。高潮之后，再将整个过程倒着进行，所以最后我会回到轻抚阴部和屁股的动作。这些都会因为伴侣的要求或反应不同而有所改变。”

“她比较喜欢我用手掌对阴蒂（或者阴蒂周围）施压，她说她需要比较广泛的刺激。我通常会用手抚弄包裹着阴蒂构造的皮肉，有时候则会向她的肚脐方向推动（这样也会令整个阴户紧绷），如果我同时用另一只手从后面逗弄她的阴道口，似乎更能令她疯狂，那时她就会把手按在我的手上，抚弄阴蒂直到高潮来临为止。她的身体会先变得僵硬，接着愉快地蠕动，同时告诉我那种滋味有多么美妙，以及她有多么爱我。”

有些男人以阴茎抵着女人的阴蒂：

“我非常喜欢躺在我女朋友的身边拥抱着她，长久而温柔地亲吻她，这时她的胸部就会紧贴着我，我的手可以摸到她的屁股，阴茎则深陷入她的阴毛中。有时候我会用手握着阴茎用龟头刺激她的阴蒂，她会因此而呻吟。”

有一位男士提到，他在刺激女人的时候也同时刺激自己：

“通常我在刺激她的时候也会同时刺激我自己，好让自己精力更为充沛。帮她手淫的时候，我也必须处于非常亢奋而激动的状态。我没有办法光躺在那里机械地做动作。我多半在整个过程中维持勃起，但是如果持续勃起很久，譬如好几个小时，而我还在刺激她的阴蒂，我的阴茎可能就会因为疲倦而垂下来，所以我会同时刺激我自己，我喜欢这样，因为我喜欢阴茎保持饥渴、勇往直前的状态。”

当我们问“你因为刺激你的伴侣而感到兴奋吗？你在生理上享受她的高潮吗？心理上呢？”时，有些男人满怀热情地回答他们喜欢用这种方式刺激他们的伴侣：

“我做过许多次，我觉得那真是妙不可言，看着一个女人因为你的刺激而达到高潮简直太美了，而且你根本不用担心你底下的宝贝表现得好不好。替她手淫的同时如果能够伴随着亲吻和抚摸，那就更具有挑逗性了，这件事对我来说是一种美好的经历。”

“如果是以前，我会说她跟我在一起很少有高潮，性交的时候几乎没有。这个问题一半因为她的胆怯，一半归咎于我的愚蠢。但是现在，我只要用手指或舌头玩弄她的阴蒂，就总能让她达到高潮。我很高兴发现了阴蒂和它所代表的意义，我完全陶醉在她的兴奋中了。”

“我觉得很兴奋，当她达到高潮时我觉得很棒，我女朋友会有多重高潮，那真是太神奇了，她的呼吸会变得深长而有节奏，让人以为她可能会因为体力不支而崩溃，我甚至以为她会发疯，她来高潮时会紧抱着我，那种感觉是最棒的。”

“起初我有些笨拙粗鲁，但我女朋友会从旁指导我，教我怎么做，因为她已经学会如何从手淫中达到高潮。当我也学会如何刺激阴蒂时，我们快乐得不得了。我喜欢看着她的脸因为充血而变得潮红，看着她双唇微张，双眼紧闭，她的阴唇一边挪动一边紧抵着我的手，最后当她登上愉悦的高峰时，她的双手就紧抱着我。我喜欢带给她快感。当她恢复过来之后，她的反应通常是紧抓着我报以热烈的亲吻。”

“当我替她手淫的时候，知道她是真的兴奋会让我很高兴，那让我觉得我们的交流是双向的，不再永远是我被她挑逗之后，我来高潮，而她却并不因为我的挑逗感到兴奋，也没有高潮。有时候她会在床上连续来五六次高潮，那种情形之下她很激动，我也很激动，我甚至觉得濒临疯狂的边缘。我很爱她身上的味道，还有帮她手淫的感觉。”

有些男人更热衷于刺激他们的伴侣，使她们达到多重高潮。当被问到感觉如何时，他们表示好极了：

“骄傲！”

“一段实现自我的旅程。”

“第一次的高潮类似一种突破，引导出更多的高潮，我觉得有点嫉妒，但同时也很惊讶为什么男人直到最近才知道一点点关于女人在这方面的天赋。”

“我喜欢这样，这样感情会更好。”

“增加我的自信。”

“如果她的高潮成打成打地来，我会有种被需要、被渴望的感觉，那会让我很快乐。我一直希望女人能从性关系中得到更多，这样我也就可以得到更多。”

“我致力于满足她，使她到达极度幸福而且精疲力竭的地步，这有助于提高我的男性自尊。”

“多次而复合的高潮是视觉上极大的享受，我们在20年后才发现我太太可以来多重高潮，那是何等的突破！对我们来说又是何等的转变啊！”

“有时我太太有两三次高潮，有时候甚至更多，当我的阴茎射精变软之后，我就用手或嘴继续做。你问我会不会嫉妒？我会嫉妒大象有长鼻子或者乌龟有壳吗？上帝赐给她多次高潮的能力，而我希望上帝保佑她，因为我也从中获得许多乐趣。我不嫉妒她，我只知道她的多重高潮往往刺激我再度勃起，再度达到高潮，尤其当我们有大把时间的时候。”

“我喜欢她有不止一次的高潮，那是一种完全解放的感觉，我总是尽量做到让她想来几次就来几次，直到她阻止我为止。”

“我认为理想的状态是，前戏的时候，我的伴侣能够有一次以上，最好是多次高潮，一直到她精疲力竭，央求我也来一次高潮为止。”

男人对女人自我刺激的感受

当一个女人跟男人在一起的时候，她也可以用手刺激自己的阴蒂吗？男人常说女人没办法很正确地用手刺激他们的阴茎，同样的情形也发生在女人的身上。是不是两性之间本来就很难知道如何去刺激另外一个人？虽然学习做好这件事，在特定的伴侣之间是件甜蜜而令人兴奋的事，但是对男人或女人而言，在性行为中认为自己可以手淫的观念也同样重要。它不但是两个人之间极度亲密的活动，还能够避免双方的挫折感和压力。

“如果一个女人跟你在一起的时候，通过自我刺激而达到高潮，你觉得如何？如果发生在性交时你又会有什么感觉？”

大部分的男人不曾有过女人在他身边用手刺激自己的阴蒂的经历。对大多数男性而言，让女人自己弄出高潮是一个新的观念。就如一名男士所说：“从来没有女人手淫给我看，或是承认她有这个习惯。”

事实上，当男人得知他们的伴侣可能以手淫的方式达到高潮，很多男人都相当震惊，即使他们的伴侣只是在独处的时候这样做，也不能减弱他们的感觉。大部分的男人并不知道她们如何（或有没有）做。

当我们问“你的伴侣是否用手淫的方式达到高潮？她是怎么做的？如果你不知道，你会不会希望她告诉你？”时，很多人的回答如下：

“我想没有。”

“有，在独处时。”

“我想她不曾。”

“没办法回答。”

“我不知道也不在意，可能很少吧。”

“我们尽可能一起达到高潮，不过我比较难忍住。”

很多男人不喜欢女人跟他们在一起时自我手淫：

“还好，如果她坚持的话。但我会因为不能让她快乐而觉得失望。”

“如果她这么做，我会觉得是自己做得不够好。”

“会有一点失败的感觉。”

“我会痛恨这件事。”

“我希望它永远不要发生，否则我会起身离开。”

“当她手淫的时候我在旁观看，这会让我觉得很不舒服。好像自己是个局外人，只是她的一个附属品。我喜欢享受生理上的快感，包括接受和付出，我并不真的介意用手或舌头还是阴茎，我也不在乎阴道是不是她来高潮的地方。此外，当我的伴侣享受不止一次的高潮时，我的感觉也不好，那让我觉得我比她差劲，也同时造成我在情感上有种性无能的感觉，因为很明显的，我的身体和我的性经验在她面前都不算什么。”

“我的男性尊严会受到伤害。”

“那她要我干吗？”

另有些男人则有复杂的感觉：

“我觉得还好，只要它不会造成我们俩之间的隔阂，或者让我背上不能胜任的罪名。”

“很好呀！不过那会令我有种工作不力和受伤的感觉。”

“可以接受，只要她用的是我的棒槌。”

“被置之事外，不怎么有趣，但我并不介意专家指点迷津，而谁又会比她自己更在行呢？”

“这件事无损我的颜面，但如果这是她达到高潮唯一的途径就真的伤脑筋了。”

“如果她要把这个秘密泄露给我，那真是太好了。不过那种感觉很奇怪，一方面为她达到高潮而高兴，一方面又为自己没有投其所好而感到难过。”

“感觉还不坏，只要她在精神上的确被我逗起来就好了。”

“我可能会觉得置身事外，觉得自己不被需要，不具吸引力，或甚至有点不中用。但是，如果这个女人告诉我，她之所以这样做并不是因为我有什么不对，而是因为她的确需要如此才能满足她的需要，我就会觉得好过些。”

“我不希望自己是个局外人，我希望分享她的经历。如果她只是坐在那里自得其乐而我只不过是个替代品，我会很失望。但是从另一个角度来讲，她很清楚她需要的是一种我做不到的方式，而她为了达到高潮必须手淫，我可以接受。”

有些男人认为性交时用手刺激阴蒂没关系，但是要由他的手来执行：

“如果一定要做的话，还是让我助她一臂之力吧！”

“我希望由我来做这件事。”

“新婚时因为我笨手笨脚，我太太得自己来。”

“既然我也喜欢做这件事，就由我动手吧！”

有些男人以一种开放的心态乐于尝试这件事：

“我会觉得如释重负，这对我们来说会有很大的帮助。”

“没有遇到过，但是如果她这样做也没什么不应该呀！”

“我一直在努力让她做这件事。”

“她有权利这么做。”

“我希望更多女人在做爱的过程中，任何时间都能随心所欲刺激自己达到高潮——尤其是在事后，当我们俩做的并不成功，或者我做的不对以至于没能给她带来高潮的时候。”

“如果一个女人跟我在一起能够自在地在我面前手淫，我会觉得受宠若惊，而把它视为一种最大的赞美。”

“从很多女人兴奋的反应，我知道她们有多喜欢对阴蒂直接刺激。但是很不幸的是，在别人面前手淫对她们来说，仍然是一项禁忌。”

“尽管我老婆是个绝佳的伴侣，但我从来没看过她手淫。希望有一天能有这个机会，那会让我觉得飘飘欲仙，美梦成真。”

有一位男士的答案也是很多人曾经认为的：

“听起来很邪恶，不过我赞成。”

有些人说他们非常喜欢：

“那让我觉得和她很亲近，手淫比性交更能彼此分享，因为那表示你和你的爱人分享了更多不可与外人言说的隐私。”

“那是一种很棒的经历，它让我觉得更自由。”

“我喜欢，也觉得这件事值得鼓励，大部分的女人不会这么做，但我希望她们能改变。”

“好极了，有时候我会同时抚弄自己的睾丸。”

“那真是件赏心悦目的事，至于我呢，负责一路陪她做完这件事。”

“这种方式让我觉得跟她十分亲近，可以彼此分享，让我觉得有参与感。”

“妇女运动释放出一种信息，即性是一件好事，你可以用任何你喜欢的方式去做爱，你应该把真情表达出来。我太太似乎因此变得比较热情，也比较有反应。就这样，结婚 30 年之后，她突然觉得可以自在地在我面前手淫，那对我们的关系具有正面的意义，而且拉近了我们的距离。”

“我太太会用我的龟头手淫。我觉得那真是棒极了，我喜欢她手淫，尤其是我忘情地爱抚她的时候。”

“我对这件事的感觉很好，她一定比我更清楚她自己的身体，如果这样能带给她快感，那就去做吧！很多男人会觉得很下流。为什么要这样想呢？难道女人为一个男人手淫的时候能像男人自己做得那么好吗？”

“当她手淫时我抚摸她的胸部，她就会有‘胸部高潮’，那真是太美妙了，因为我喜欢女人的胸部。”

“我今年 29 岁，和一个美丽的女子结婚 5 年，我们的性生活一向非常开放活跃。大约一年前，我跟太太谈起手淫的事，基于对彼此的体贴和本来就有的常识，我们很快就达成共识。现在我们会一起享受手淫的乐趣，有时候我帮她，有时候她帮我。这真是个奇妙的开始，有时候我们还会同时互相手淫。我真的很高兴知道我太太能够在任何时候，只要她想就能达到高潮。我们用这种方式分享两人奇异的幻想，也因此感到兴奋，我不能想象一个做丈夫的会不愿意分享他妻子所有的欲望。我个人很喜欢性，也喜欢手淫，因而不希望我太太错过任何性的乐趣。”

“当她刺激自己的时候，显得十分妩媚。”

“我很高兴我太太在我们做爱的过程中手淫，因为看她达到高潮的样子令我欲火高涨。我时常要求她这么做，好让我可以欣赏她的动作和她高潮的样子。如果她在性交时手淫，表示她想要更激烈的快感，这种喜欢在性行为中享受快感的女人会刺激我不断地想得到她。有时候当她还残留一点高潮没有出来的时候，她会要求我用腿或手帮她引出来，那对我来说是一种额外的乐趣。”

“女人刺激自己达到高潮对我具有高度的挑逗性。女人自我刺激时，第一，我能借此了解她需要的刺激、形态和速度；第二，她能借此获得更强烈而持久的高潮；

第三，我们在性交时负责自己的高潮，使我们在性活动中更容易彼此配合，例如，她希望来好几次高潮，或者我们希望同时达到高潮，等等。尽管我很赞同女性自慰，但我发现大部分的女人做起来十分勉强。尤其令人惊讶的是，这种情形在独立而信心十足的女性身上也屡见不鲜。”

“让我觉得欲火焚身的情形是，某些傍晚我们在期待做爱的心情下早早上床，我可能会在走进卧室的时候，发现她躺在床上狂野地手淫。这种景象每一次都会让我兴奋异常！偶尔如果我先在卧房里，我也会这样做。”

“我帮我太太达到高潮的方法是，把大腿伸到她的两腿之间，当她摩擦我的时候，我一边爱抚她的胸部，一边对她说些性感的话。我不讨厌这件事，而且觉得很高兴自己能参与其中。”

男人对按摩器的看法

“如果一个女人跟你在一起的时候用按摩器刺激自己达到高潮你觉得如何？在性行为中使用按摩器你的感觉如何？”

大部分的男人似乎没有跟女人在一起的时候使用按摩器的经验，包括对方和自己使用的情况。然而，尽管用按摩器这类的事常遭人讪笑，但按摩器的确可以扮演一个有用的角色。当女人可能因为害羞和拘谨，不好意思让伴侣直接刺激她的阴蒂，或者男人由于缺乏经验，在刺激阴蒂的时候可能觉得不舒服才力不从心，这时候按摩器就能发挥很大的功能。按摩器可以用来作为一种过渡时期的代替品，因为它可以很快带来高潮，不必担心自己的技巧不熟练，而且很好玩。撇开它在过渡时期所扮演的角色不说，按摩器也可以为房事增添许多乐趣。

其实，用来刺激阴蒂最好的按摩器不是形状像阴茎、内装电池的那种，而是一种传统式，可以套在手上用来按摩身体的按摩器，以及另一种专门用在阴蒂或其他小地方（像脸部）的按摩器，形状很简单，有一个把手和一个小号或中号的按摩头。这两种都是插电池的。

大部分的男人完全不能接受按摩器：

“用按摩器就像得了不治之症。”

“我很高兴她不使用按摩器。”

“关于按摩器，有些事情让我十分困扰，但我不会埋怨别人在性行为中使用它。

那种穿过耻骨的辅助式按摩器似乎很厉害，它们很快就能在女人身上制造高潮，使我觉得很诡异——我永远也赶不上它的速度。”

“如果一个女人跟我在一起的时候刺激自己达到高潮，我会有受骗的感觉。我希望由我带给她高潮，否则，我还算是她的情人吗？按摩器使男人和女人以机器代替彼此来达到高潮，而彼此在对方眼中也成了废物。”

有些男人表现出一种开放的态度，愿意试试看：

“我很想买一个按摩器来试试看，看看是否能够增进我们的性生活，听说用起来很不错。”

“我不曾用过，不过我应该会喜欢看她用按摩器。”

“我不会介意我的伴侣使用按摩器，只要我也能加入，譬如说，我一边亲吻爱抚她的胸部一边操纵按摩器，或者帮助她控制按摩器，等等。”

有些男人很喜欢女人用按摩器：

“我喜欢看她用按摩器之后，全身因为高潮而痉挛的样子。”

“我非常喜欢对我的伴侣使用按摩器，因为这个方式能让我带给她强烈的高潮。”

“好啊！随时。如果她要用，也欢迎用在我身上，那种感觉好好。它并不会让我觉得丧失男性的尊严。”

“我有个女友会在性交时使用按摩器。坦白说，这让我很吃惊，因为她是那么地投入。她对这件事感到抱歉，所以我必须不断支持她、鼓励她。”

有一位男士形容他第一次碰到女人及和她在一起使用按摩器的感觉：

“在认识她之前，我对按摩器并不熟悉，我不知道按摩器真正的用途何在，我以为那应该是要放进去的，所以我不懂既然要放进去为什么还要振动呢？应该是进进出出的动作，而不是振动才对呀。反正我只知道那是个看起来像阴茎的玩意儿。

“当我的情人第一次跟我说她想要用按摩器的时候，我真的很担心，因为我完全不知道怎么使用，我也不懂为什么它会让人觉得快活，或者它能制造什么效果。当她把按摩器打开，开始按摩她的阴蒂时，我觉得自己有点没用，有点排斥它。其实我并不想表现出不友善的样子，只是我真的觉得很别扭，好像自己是个生手。我一方面觉得好奇，想学会怎么用它，一方面又很紧张、害怕。当时我并不晓得它用起来带来的感觉跟用手刺激阴蒂的感觉差不多，现在我就知道了。

“第一次用按摩器的时候，我被冷落在一旁，所以我一点也不喜欢那玩意儿。她用按摩器可以很快达到高潮，使我在一旁不知道要干吗！过了一阵子，我开始在使用按摩器的时候做各种尝试，才发现当一个人在手淫的时候（不管有没有用按摩器），你跟她说些具挑逗性的话是一件很刺激的事。当我准备来高潮的时候，如果她跟我讲一些挑逗的事，就会让我更加疯狂，好想赶快达到高潮。我发现我对她说的那些话相当能挑逗她的情欲，而她也十分喜欢我这么做。现在我有时候还真喜欢按摩器这玩意儿，因为它提供了多元化的性爱方式——你知道，就是一种不同的做爱方法，而且它很快。不过有时候不用会比较自然，因为不必抓着一样东西，也安静多了。”

男人喜欢为女人口交吗

尽管大部分的男人都喜欢口交，而且对口交的熟悉度胜过用手刺激的方式，但它依然不是男人刺激女人的阴蒂使她们达到高潮最主要的方式。只有 32% 的男人说他们会不停地口交，直到对方达到高潮为止，其他男人则忽略这个问题。

然而，大部分的男人对口交是十分狂热的。因为有超过半数的男人回答口交是他们第二喜欢的性爱活动，仅次于性交。但也有相当多的男性觉得口交不洁或对口交过于拘谨。即使是喜爱口交的男人，其中有些也这么觉得。很少有介于两者之间的意见，而且这些回答所显示出来的情绪性反应大大地强过其他问题。

尽管大多数男人把口交视为前戏，但他们还是觉得这种刺激阴蒂的方式比用手要来得舒服。当被问到有关阴蒂刺激的问题时，大部分的男人开始讨论的是口交，而完全没有提到用手的刺激，除非是问题里特别提到。此外，大部分实行口交的男性也不特别针对阴蒂，而是集中在阴户或阴道口的部位。不过这样也会让人感到愉快，包括生理和心理两方面，很多女人偏爱此道。

大部分男人对口交有百分之百的狂热：

“我对口交的喜爱胜过一切，只要我的性伴侣需要。它让我觉得非常快乐、满足、安心，而且喜欢这么做，我喜爱那种肤质、感觉、口味，以及女人对这件事可爱的反应，我目前的性伴侣在口交时似乎特别放松和享受，我们俩之间存在一种对彼此无拘无束的感觉。”

“口交是我的最爱。把脸埋在那阴暗神秘的地方，让我感受到男女之间一种极度的亲密，感受到她对我是完全的信任。我喜欢抬头看她闭着眼睛的样子，看她的脸因为狂喜而扭曲。我喜欢把脸浸在她的淫水里直到湿透为止。品尝她在我舌头底下舞动的阴蒂，看她手背因为兴奋而弓起。我尤其喜欢她的呻吟、她的嘶吼以及当她高举双臂时露出来的胳肢窝。我喜欢她达到高潮时全身痉挛的动作，结束之后，我喜欢继续把脸留在她的两腿之间等它变得干干黏黏的，等分开的时候，就会有一层皮剥落下来。我自己时常在口交时达到高潮，通常比她来得快。口交就是我让伴侣达到高潮的方式。”

“当我凑上前去仔细察看女人生殖器的细部构造时，我觉得自己真喜欢女人生殖器的长相。当一个女人开始对口交起反应的时候，她的阴道就会像张开的花瓣一样，而她的阴蒂则会膨胀变大，就像男人阴茎的反应。它的味道尝起来美若珍馐，而且只有女人的身体才能分泌出那样的东西。”

“即使已经 61 岁，她仍然有一双美腿。通常我会先开始，虽然我很盼望她会要求我，叫我品尝她的阴部，可惜她太害羞了。我会用舌头按摩她，她则会指正我。我们已经做了 41 年了，最近这两年做得比较频繁。”

“我觉得男人亲吻女人的生殖器是最亲密的爱意表达，我经常会做一些春梦，大部分不会引起高潮或射精，但都会包含一长段亲吻女性阴部的梦境。”

“我喜欢把脸贴着她的皮肉，喜欢我的嘴唇感觉着她的潮湿。我可以感觉我正带给她强烈的快感，我就是喜欢把脸埋进她的身体里。女性的生殖器是我平生所见最有魅力、最美丽的东西，那味道闻起来绝对具有挑逗性、吃起来滑滑软软的像奶油一般。”

“我喜欢在半梦半醒之间把嘴唇和舌头放在她全身最柔软的部位上，那时候环绕着我的竟是她散发出来那股诱人的气味。她的大腿骨紧贴着我的耳朵，让我能够听到她身体里面流动的声音，那是一种自成一片天地的感觉，其实我做的并不多，我只不过舔遍了里里外外每一寸我所能探及的地方。”

“我喜欢把自己的脸埋进她里面，我喜欢感觉到她越来越湿，开口张得越来越大，以及准备好让我的阴茎进入。有几次在我亲吻、吸吮她的同时，她在用手指头自慰，我发现那是相当具有挑逗性的动作。”

“口交是我们生命中一份美好的甜点，我很喜欢它。她的阴户美极了，我喜欢闭上眼睛，把脸颊紧靠着它，让时间一分一秒过去，什么也不做，只用心去想、去感觉，然后才是一段长久、缓慢、温柔的亲吻。”

“口交带给人一种优美、剧烈而细腻的感觉。我喜欢它的每一个方面——包括那股麝香的味道、甜甜厚厚性感的味道。我也喜欢阴部的组织纹理，凸起的、凹陷的地方，裂缝处，还有感觉着我的手和阴茎所不能给她的一种特别的快乐。女人的阴部真是诱人——美丽而引人遐思。跟一个女人在一起的时候，品尝她比做任何事都让我觉得接近她。”

有些男人提到，他们觉得他们的舌头和脸埋进女人身体的强度不够深：

“我曾经有过几次经历，在口交的时候，怎么做都觉得贴得不够近，那时我几乎狂暴地想要完全进入她的身体，幻想她的阴部张大到让我整个头（身体）钻进去。”

然而几乎有一半男人对于口交的感觉很复杂，而且回答的时候经常出现“是的，但是”这样的模式：

“口交的确有助于刺激我，使我射精。我也很喜欢她的阴部，但是我只能为我所爱的女人，以及我确定她是个干净的女人（没有尿味）做口交。不过似乎只有婴儿可以让你一目了然她干不干净。”

“我很赞同口交这个观念——一种用肉体表达亲密的方式，也是我用肉体对她宣誓爱情的方式。我也喜欢她对口交的正面回应，但是那里的气味有时候并不好闻，而且那味道在每个伴侣身上闻起来都一样。我怀疑那是个人卫生习惯的问题，不过在某些特别激情的状况里，我会完全忽略掉那股味道。”

“就心理层面来讲，口交是件令人兴奋的事。首先，外阴部的形状就十分诱人、引人遐思，它的色泽美丽并且互成对比，你看，粉红色带有皱褶的嫩皮被烘托在粗黑的阴毛之中。还有股刺鼻的味道和湿滑的黏稠物分泌出来。面对这幅景象，还有什么比用柔软潮湿的舌头按摩她那敏感的部位更能满足色欲的呢？但是在生理上我就不那么喜欢口交了，因为总是会有阴毛跑到嘴巴里，还有那股浓烈的碱酸味也叫人受不了。总之口交时那种欲火中烧的感觉，绝对不是来自身体上的接触，而我的敏感带也绝对不止舌头。”

“我喜欢口交，因为我知道如果我取悦了这个女人，她就会觉得有义务取悦我。我喜欢我为她口交时她全身蠕动的样子。不过，我并不喜欢女人生殖器的口味和气味，她们永远没办法把那里弄得很干净，即使是用香皂洗。近看女人的阴道口是件令人厌恶的事，当阴道口映入眼帘时，我总是把眼睛闭上。”

有些男人只是为了让他们的伴侣高兴才这么做，他们自己并不那么喜欢做这件事：

“我是为了我太太才口交的，我也只跟她做这件事，其实我并不喜欢。当我觉得自己的性欲太高昂而她太低落的时候，我会用口刺激她，起先她很排斥，我在最初几次强迫她进行这件事，当震撼过去之后，她发现在这件诡异的事情背后，竟然是源源不断的高潮——所以后来她就不再拒绝了。”

“一旦习惯了之后，口交也能够成为一件愉快的事，只不过它所带来的快乐跟想象中的有些不成比例。我做这件事主要是因为它能使女人快乐。但如果她不事先清洗，就会让人产生障碍。面对一个兴奋潮湿的阴道刚开始需要一点时间去适应，才能把嘴唇凑上去。如果不是在情感上体恤我的伴侣，我是做不下去的。”

“我自己做不做无所谓，但我女朋友喜欢（她会像个疯子似的呻吟，而一旦她达到高潮，就会拿我的头去撞车门），光看她那个样子就让我好想达到高潮。虽然有时候味道不好闻，但人类可以习惯任何事。不过，当一个女人不事先询问我的意思，只是一个劲儿地要把我的头按下去，这种情形下我就会拒绝她的要求。如果她是充满热情地告诉我她想要我这么做，我就会十分乐意为她做这件事。”

有些男人会把这件事跟谄媚女人联想在一起：

“这对很多女人来讲极具挑逗性，因为这件事意味着她们是如此强烈地被需要，使得她们的男人愿意表现出这种几近牺牲奉献、卑躬屈膝的行为。这同时也显示出男人对她们的真实情感，以及男人是如此需要她们。”

“在性交之前，这是最让我感到兴奋的事，因为这代表她对我和我的感情有了足够的信心，才会露出她的私处给我看，而这对大部分的女人来说是有点勉强的事，除非她是一个相当开放的人。我对这件事有两种感觉，一种是权力和优越感，另一种则是服从和牺牲的感觉。”

“舔食阴部让我觉得自己十分的阿谀谄媚。我喜欢以这种方式服侍女人，我愿意伏在她下面两个小时，如果她必须要花那么多时间才能达到高潮的话。我喜欢让她抚摸我的肩膀，让她的手指穿过我的头发在里面搅动，让她的脚放在我的身上和头上。我讨厌迅速的高潮反应，因为那一定是假的。我喜欢伏在女人的阴部，因为我喜欢侍候她们。”

有些男人提到，口交暗示两人之间的亲密，唯有在亲密的关系中女人

才会让男人看她的阴部：

“我非常非常热爱口交，它是我第二喜欢的性爱活动，我对它喜欢的程度仅次于阴道性交。我喜欢口交，因为那里面包含了某种叫人难以置信的亲密感。一个女人必须在对男人极度信任的情况下才会躺下来张开双腿、露出阴部给他看。我喜欢用口交的方式让我的伴侣达到高潮，同时观看并且体验她的高潮，因为这个时候相对于她，我是平静的，所以我能够欣赏、享受她的高潮，巨细无遗地看清楚当她到达高潮时身上的各种反应。”

少数男性说他们的妻子或情人不喜欢口交，或者觉得口交令她们很不好意思：

“我从来没有做过这件事，因为这个想法让我太太觉得很羞赧。9年前，在一个似乎很适当的机会、一个温馨的时刻，我终于尝试亲吻她的阴部，她竟然大哭了起来。从那一刻开始我觉得有些东西在我生命里结束了——不是指婚姻。此后我再也没有提起过这件事，也丝毫不想讨论这件事，或者其他她认为反常变态的事。在那之后我曾经有过两个情人，交往的时间不同，但都维持了很久的关系，她们两个对口交似乎也没有兴趣。”

“有一次我太太抱怨没有高潮的时候，我想对她口交，她竟然愤愤不平地拒绝我，而且认为我是同性恋。”

“我有一个情人总是勉为其难地允许我为她口交，她不喜欢口交的理由是：她的生殖器既难看又难闻，而且不可能吸引任何男人。然而事实上，和她口交是一剂强有力的兴奋剂，是让我重新勃起的最快方法，它能让我在射精之后以最短的时间再次射精。然而她却不理解这一点，而且拒绝相信我说的是实话。”

“每当我想对太太口交时，她就会很生气，她如果不让我这么做，我就会把阴茎戳进她的身体里不停地抽动，直到累了为止。”

有些男人从来不曾做过：

“我想一个裸体的女人看起来是很美的，如果要仔细看进她的阴户里，那就很恐怖了。我从来不曾，也永远不会跟任何女人口交。”

“我从来不曾跟女人口交，没有欲望这么做，或许我尝试了之后会喜欢。我没有仔细看过女人的生殖器，但是从那些春宫照看来，口交应该是件相当刺激的事。我太太总是在浴室里换衣服而且总是穿着胸罩和内裤上床。”

“我没有试过，但做过这种白日梦。”

“我不曾做过这件事。在生理上我想它是很令人厌恶的，因为那里有一股倒人胃口的味道。不过我还是幻想过口交很多次。”

有些男人说那简直糟透了，他们不喜欢口交：

“那太可怕了，我试过一次，结果吐了我太太一身。”

“没有人会在正常的心智下做这件事，除非这个人是条狗，或者是个低等动物。人类是高等动物，不是野兽。”

“我只喜欢别人对我口交。”

“除非这个女人年轻、诱人，而且坚持要我做。”

“它让我觉得恶心。”

“我不喜欢口交，因为女人的生殖器很臭。但有时候为了让她兴奋，我会亲吻她的阴蒂或阴道。就像流传在男人中的一句老笑话：‘你永远不会在干了女人之后才品尝她们，因为那味道既难吃又难闻。’我也不喜欢把脸弄得湿答答的。”

“我很排斥口交，女性的生殖器对我一点也没有吸引力，我对它似乎有种巨大的恐惧感，我正在想办法克服。”

“口交会闻到恶臭，那种味道太可怕了！”

“女人的生殖器闻起来像是不新鲜的鱼，而且看起来也恶心。”

“跟女人口交是件令人作呕的事。但是为了让她快乐，我愿意做这样的牺牲，只为了表示我对她的爱和奉献。虽然我必须承认把她的生殖器放在嘴里让我非常兴奋，但是在生理上的感觉，它真的很恶心。我会把舌头伸进她的阴道里吸吮舔食，但是吞下去的东西的味道就像是温温的血或者其他什么恶心的黏液。”

虽然很多男人非常喜欢口交，但是这些男人有一半在回答问题的时候，会先想到这个女人的生殖器干不干净：

“我现在越来越能享受口交了，它曾经是件困难的事：我对于不断流出的分泌物没有好感，不停地要把它弄干净，行房之后我也喜欢冲个澡。”

“如果我想跟某个女孩口交，那就等于对她说‘你很干净’。”

“我对口交有点顾忌，我会觉得女人的生殖器很脏。因为在我早期的性经历里，大部分女人的阴部都不干净，而且有恶臭。”

“我的伴侣通常会事前清洗，使它没有味道或者闻起来香香的。没有洗过而带有腥味的生殖器口感和气味都很糟。”

“怎样才能很有礼貌地要求女人清洗一下？”

“我太太一直保持得很干净。”

“干净最重要。我不是逐臭之夫，我对腥味没有特殊的癖好，同样也不喜欢狐臭味。”

“我喜欢跟我的太太口交，只要她先冲洗一下。”

“我只喜欢在洗澡之后口交。我不喜欢尿味或者腥臭的分泌物。不过，一个清洁的阴部倒是挺好吃的！”

有些男人强调他们非常喜欢阴部的口感：

“女人的生殖器味道甜美无比。不用添加任何东西，只要稍加清洗，味道就很好了。”

“那是一种很淡的味道，带着一点我喜欢而且令我亢奋的特殊气味。”

“大多数是甜甜的，像奶酪一样。”

“我很喜欢我太太阴道的口味和气味，也喜欢她阴部的模样和触感，还有那里的温热、柔软和湿滑。”

“我喜欢（事实上是迷恋）女人阴道的味道，换句话说，它好吃极了，像是男人的汗水味。”

“很多男人觉得女人的生殖器在某些方面来讲不是很干净，我却要大声地告诉我的女人，我不但不觉得她的生殖器脏，而且觉得它可爱极了，我喜欢它的口味、气味以及它的长相。”

“你相信吗？有些女人竟然对于进行这项性爱活动感到十分勉强，因为她们还存在着史前时代的观念，觉得自己阴部味道不好而有心理障碍。通常我的伴侣会在口交之前淋浴，而当她分泌出女性特有的‘琼浆玉液’的时候，不但闻起来很清洁，吃起来滋味更棒。”

“对我而言，口交是件美妙绝伦的事，但必须在那个女人也喜欢的情况下。有些女人就不喜欢这件事。那里的气味和口感是如此诱人，我喜欢把整张嘴埋进她的阴唇里，而且我一定吞下每一滴蜜汁。虽然有时候有点呛人，但话说回来，完全擦洗干净的阴部也会因为没有味道而失去很多吸引力。”

提到“妇女卫生喷剂”或者芳香冷霜，大部分男人都说他们不喜欢这些东西：

“女人的味道很棒（只要她们洗干净，以及不要使用那些清洁卫生喷剂）。她们的气味十足地引人遐思，尝起来更棒。”

“所有跟我来往过的女人都很干净，也都事先清洗。我喜欢女人自然的味道，不喜欢她们听信广告使用‘阴道冲洗剂’。”

男人对女人生殖器的观感

对于阴道和阴户，男人最常提出的就是那里干不干净、她最近有没有洗她的生殖器。其实只要是人的身体就应该常常清洗，这似乎是无须强调的事。而且也没有男人会特别提到为了让接吻愉快，必须常常刷牙。男人在谈到女人的生殖器时一再强调这一点，可能是受到了老一辈观念的影响。老一辈的人认为女性以及女性的性需求是肮脏的、污秽的或者不太好的。现在每一个小孩仍旧会读到《圣经》里亚当和夏娃的故事：夏娃对性和肉欲的需求，不但毁了伊甸园，也使男人和女人至今依然受到神的惩罚。尤其是女人，她们必须从那时起忍受生产之苦。所以那些对性持公开态度的女人当然会受到社会价值观的质疑和歧视，因为大家仍然以此来区别所谓的好女人和坏女人。

说来可悲，我们的社会在经历了那么多个世纪之后，女人的性特质仍然被认定是“肮脏的”：一个表现出她肉欲和性需求的女人就是“下贱的”“肮脏的”“污秽的”等。相反，一个这样的男人就会被认为男人味十足，值得称羡。对于自己的生殖器，女人也被灌输应该自惭形秽的观念（女性的生殖器在医学上称为“pudendum”，是拉丁词，意思是应该引以为耻的东西）。就因为女性的生殖器躲躲藏藏了这么久，所以很少人真的知道它的长相。很多男人只有个概略的印象：一个阴暗潮湿的地方，带着一股不熟悉的气味，一个阴茎鼓起勇气去探险的不明地带。妇女运动早期的一种观点，纠正了一个错误的观念：告诉女人，女性身体的美丽、强壮、高贵是为她们自己存在的，强调是女人拥有自己的身体，而不是男人。那个时候是女人第一次觉得她们有权力暴露自己的身体，并且审视自己的身体。只要一面镜子、一盏灯和一个塑胶的子宫镜，女人就可以看见自己的身体内部——她们猛然发觉那里呈现出美丽光滑的粉红色，干净而且灿烂——跟她们以为会看到的阴暗和令人不快的地方完全相反。

那些对女人生殖器仍然持刻板印象的男人，只需要看过阴道内部一次就会改变，尤其是对一个他们心爱的人。有些男人曾经在一项由妇产科医师或性治疗师指导的联合体检中，看过他们妻子或伴侣的阴道，成效良好。

除了在乎女人的生殖器是否干净，很多男人对于女人阴部的长相有着矛盾的情感。然而，有些男人却非常喜欢它的样子，用十分优美的字句来形容：

“客观说来很难看，但它让我兴奋。”

“一个熟透的桃子被刀切成了两半。”

“像嘴唇。”

“比男人的生殖器好。”

“一片大而湿的沼泽。”

“那里的潮湿让我很苦恼，它看起来像是年轻女子披着老女人的皮肤。”

“它们闻起来和看起来都像三明治。”

“模样还可以，我想。至少不会比阴茎可笑。”

“它们看起来很神秘。”

“像在对你发出邀请。”

“它们看起来毛茸茸的，饱满而肥胖，有肉感而令人兴奋。”

“一只可爱的长毛小动物。”

“它们的样子令我着迷，像一个小小的阴茎从底部被切开。”

“丑陋的半成品。”

“像一朵带着露珠的玫瑰，绽放着美丽的花瓣。”

“奇怪又让人蠢蠢欲动，诱人而成熟，让人想进去一探究竟。”

“阴部看起来纤美、危险而又奇异，令人垂涎，叫人难忘，却也吓人，不吉祥而又有无穷威力。”

有些男人用比较长的回答来描述他们喜欢阴部的原因：

“我喜欢我太太的生殖器，它看起来大大的、湿湿的，呈粉红色，很热情，愿意跟我取乐、合作性高、神秘、有威力，是值得探险的地方。哇！太棒了！”

“女人的生殖器就像地球上其他可爱的东西一样。我喜欢尝它的味道，还有它散发的气息，它跟我深爱的女人紧紧相连，它的每一个皱褶都格外美丽。”

“女人的生殖器十分吸引我，它们像许多片鲜嫩欲滴的嘴唇等着我去亲吻。”

“我喜欢女人的生殖器，那些皱皱的皮就好像是身体在保护某个纤细而珍贵的东西。”

“每一个人都是通过阴道来到这个世界的，所以除了美丽之外，你还能用什么形容词来形容它呢？它的气味、结构、复杂性都令我惊异。对我来说，它具备了世界上最优秀的神经，我是个工程师，有时候那些构造会为我带来许多灵感。总之，一个女人的身体比世界上任何一个电脑系统都要高明。”

“我喜欢它的一切，它的形状、气味和口感都让我联想到一种香味四溢的水果。从那毛茸茸的柔软阴毛到纤美的阴唇，再到里面玫瑰色的嫩肉和阴蒂，我无一不爱。那股味道令我为之疯狂，心中升起无穷的欲望，世界上再也没有比它更能散发神圣香味的东西了，而它的口感更是一种无法形容的带着碱味的好感觉。”

有些人则强调不喜欢：

“女人的生殖器长得平凡无奇，看起来又老又粗鄙，而且有味道，像是有只狗在上面乱咬过似的。”

“我不喜欢女人生殖器的阴唇掩在外面，那就好像星期一早上家家户户把洗好的衣服像万国旗似的晾出来。”

“它们看起来着实吓人，像个暴露的肛门，味道也太差了。”

“以外形来说，它是个受到一半祝福的东西。因为它一方面是最令人垂涎的东西，另一方面它又相当难看。当它因为阴毛太多使得女人穿比基尼不得不露出一些的时候，我并不喜欢它，但是当外面的阴唇盖住里面的阴唇时，我就蛮喜欢它的。另外我还喜欢阴蒂露出来的样子。”

“女人的生殖器看起来像是一根阴茎被切掉之后，在两腿分开的地方留下一个永远不会愈合的裂缝。”

“如果女人只能依靠她的生殖器吸引男人的话，人类早就绝种了。”

“就像我的朋友所说的：‘一个让人感觉那么舒服的东西，怎么会长得那么可怕？’”

有些男人提到，他们不喜欢男性杂志出现的女性生殖器的照片：

“我不喜欢女人生殖器的外形，当它出现在《花花公子》那种杂志上时，尤其令我厌恶，阴毛很美，但我痛恨看到照片上女人把两腿张得开开的，露出生殖器里面的部分。”

“女人的生殖器看来十分有趣：引人遐思的形状，可爱的颜色，不过并不美丽。我喜欢私下观赏女人的生殖器，但我不认为它们被放在男性杂志上展示时，会特别吸引人或者挑逗人的情欲。它们应该属于私人，是留在非常私人的关系中才用的（阴茎也是）。”

“我喜欢女人生殖器是因为那个女人是我的伴侣。在大部分男性杂志里，他们似乎试图使女人生殖器看起来……猥琐。可是当我看着我伴侣生殖器的时候我的感觉并不是这样，我的反应是我爱我的伴侣，所以我也爱她的生殖器。”

有些男人从来没有仔细看过女人的生殖器，很多人对杂志上的照片可能比对他们伴侣的生殖器的外形还要熟悉：

“说来令人难以置信，35 年的口交经历中，我竟然不曾看过女人生殖器的长相。通常我会用鼻子和舌头拨开她的阴毛，尽管我已经把脸埋进里面，却没有看过她的阴道，整个过程全凭感觉。”

“我发现如果你太过仔细地审视女人的阴部，她们大都会觉得不好意思。”

“我太太的生殖器看起来清新、漂亮、完美无缺。我不常看它，但如果我记得不错，它看起来什么也不像，实实在在就是一个我爱的人的生殖器：它是一间庙宇、一处圣地、一个祭坛。”

一位妇产科医生写出他的想法：

“身为一个妇产科医生，我想我可以写一本书，说说我站在诊疗台前是如何看这个世界的。在我的经历中，有些令人十分愉悦，有些因视觉或嗅觉上的原因而感觉不是很好。虽然有时候我会发现某些阴道本身就具有吸引力和诱惑力，但一般来说，我还是必须先觉得那个人整体的感觉很吸引人，然后我才会觉得她阴部的长相、触感、气味、口感很好。”

有些男人拿阴户和阴茎做比较，多数男人说阴茎比较好看：

“说到女人的生殖器，我必须承认俗话说女人那里像个‘没有愈合的伤口’是对的。我觉得我的阴茎是件艺术品，但我从来不想去看阴部的特写镜头。”

“我喜欢男人的小鸟，我也喜欢我的：它们很有个性。而阴部不过是毛发覆盖的两片厚嘴唇。”

“我觉得女人的生殖器不如男人的美（包括我太太的在内），它们总是不能令我的视觉愉快。”

少数男人比较喜欢女人的阴部：

“我觉得女性的生殖器非常吸引人，甚至可以说很优雅。但是阴茎看起来就有点像卡通了，尤其是当它勃起的时候，蹦蹦跳跳地活像只笨狗。女人的阴部就高贵多了，看起来也比较实在。你永远也不会用美丽去形容阴茎，但是阴部有着匀称的构造和美丽的颜色，相当具有美感。”

以口交让女人达到高潮的技巧

绝大多数男人将口交视为前戏，很多男人将女人的兴奋误认为是高潮。只有少数男人详细描述以口交刺激阴蒂获得高潮的方法。通常这样的刺激会因人而异，在女人当中存在相当高的个别性和差异性：

“当我吸吮我太太的生殖器时，我差不多做尽了所有我所能想到的事。开始我用手拨弄她的阴唇，然后轻轻地吻遍阴部。我也会用舌头模拟阴茎的动作，在她的洞里进进出出，同时用手指头稍微摩擦她的阴蒂。我太太的阴部很棒，带有麝香味，很令人兴奋。我喜欢她那里的口感和气味。有时候她会在我吸吮她的同时伸手过来自慰，然后我就会舔她的手指并且亲吻它们，我能够如此享受她的身体，又带给她这么多的快感，实在令我觉得太美妙了。”

“我喜欢口交的主要原因是，这个方法比其他任何方法都更能刺激她的阴蒂。我发现最能令她兴奋的方法是，尽可能地把她阴蒂附近的部位吸进嘴里，然后用舌头快速移动，按摩她的阴蒂、阴蒂包皮和阴唇。不过我多半是用指尖逗弄她，轻柔快速的弹击动作总是能够让她达到高潮。偶尔我也会把舌头伸进阴道里，不过那只是为了多一点变化罢了。我喜欢她用手把我的头挪到她希望的点上，而如果她给我‘轻一点、用力一点、快一点、慢一点’之类的指令，我也觉得不错（尤其是当我施力的位置不对，或太用力的时候）。反正不管她想怎么样我都尽可能让她如愿，我觉得这样做很棒，因为这是一种更亲密的、更隐私的方法，让我可以带给我的女人更深更强烈的高潮。”

“我比较喜欢在底下，这样我的女人就可以控制她阴蒂确实需要的压力，如果她能够控制好压力的大小，就更容易达到高潮。”

“我喜欢跟我老婆口交时的一切，我喜欢她的味道，喜欢把头挤在她可爱的大腿中间，然后舔食她美丽的阴部。我总是尽可能地把舌头伸进她的阴道里，慢慢地、轻轻地舔她的阴部，以嘴唇和舌头温柔地吸吮它。当她把阴部向前推，紧抵住我的嘴时，我就知道她的高潮快来了，接着我便稍微用力地吸吮她的阴蒂，直到她全身因高潮而起反应。她的反应包括了骨盆收缩，头部左右晃动不停，喘息，呻吟并且用手紧抓着我的头压在她的阴部下，这些反应会持续到她的收缩和痉挛消失为止。以这种方式带给她高潮令我觉得棒极了，而且我真的觉得通过口交而来的高潮让她最过瘾，不过她说阴茎抽送所带来的高潮让她在情感上比较满足，我相信她这么说是因为她所受的教育和她的宗教背景，使她对口交还不能完全接受。”

有些男人指出，他们并不是每次都很容易为女人制造出高潮：

“对于口交，令我讨厌的是，我从来没有办法持续而有节奏地刺激她使她达到高潮，有时候当她已经兴奋到某一个程度之后我就比较容易做到，但是大多时候她会失去耐性，也可能是因为我无法维持一种不间断的刺激，我的舌头会因疲倦而停顿。”

“我并不常在口交的时候让我的情人达到高潮，但我心里其实很希望她高潮的次数能多一些。一方面因为我动得不够快，一方面摩擦的方法也不对。虽然我真的希望我们彼此口交的时候她能感受到像我一样的强烈高潮，但我不会过分忧虑。”

“当我俯身下去的时候，女人似乎就会变得十分压抑，我几乎不曾得到任何引导，当我不能以口交让女人达到高潮的时候，我就会觉得自己枉为男人，我知道一部分责任在于她没有给我有效的指引。听说女人都会提供一些细微的暗示，或许是我忽略了这点，如果真是这样，也只能怪她们太拐弯抹角了。因为大部分男人都不擅长读心术，尤其是在激情的热劲上，哪个男人听完话之后，还会去分析它背后有什么别的意思呢？”

有些男人强调刺激的方式千变万化，完全要看那个女人的需求：

“口交的方法要看女人的喜好，有些喜欢用力吸吮，有些喜欢直接接触到阴蒂，有的则喜欢间接，所以你真的得先问清楚或去摸索。”

“到底该怎么做才好呢？这得看个人需求。有些女人喜欢我的嘴紧含着阴蒂，舌头在阴蒂上前后伸缩；有些则比较喜欢上上下下的动作；还有些希望我的动作能遍及那一带而不要直接地刺激阴蒂。”

有些男人强调在刺激的同时，要不断细心地注意女人的反应，并且了解她的需要：

“我总是鼓励我的伴侣不时给我建议和指引。当我得到正面的回应，也就是我以正确的方式碰触到正确的位置时，我就知道该怎么做了。”

“通常我太太会把两腿张开，膝盖提起，让我做起来更容易正确地刺激到她希望的位置。有时候她自己会上下左右移动使某一点得到特别的刺激。有时候她会喃喃地说：‘这样子很好！这样子很好！’或者‘我喜欢你这样弄我，就这样继续弄，不要停’。”

“当我努力的时候，我喜欢被鼓励、被指引，甚至被鞭策。虽然她的敏感度似乎每一次都会改变，但她总是让我知道要重一点还是轻一点。”

“我看着她肚子的起伏努力配合她的节奏，试着通过注意她的动作，让我的感觉越来越接近她的。”

“我只和太太一人发生过性关系，她在性爱方面非常聪明，她知道怎样享受阴蒂刺激带来的愉悦，也能够直接说出需求，这让我觉得很轻松，我会很快找到她的敏感点和控制力道的轻重。当然，我也会观察她的反应，随时进行调整。我觉得我和太太的性生活相当和谐。”

有一些男人表示，以这种方式观看并且感觉女人的高潮，让他们得到很大的乐趣：

“我爱死口交了。看着一个女人达到高潮的样子简直棒极了，你可以一边看一边感觉着她嘴唇的蠕动、听着她因狂喜而喘息的声音，还有她身体的起伏和收缩，全世界除了我自己的高潮之外，找不出比这更好的事。我喜欢口交也是因为我可以清清楚楚地看见我所带给她的快乐，它也更加让我确信我们在这件事情上同样强烈地需要对方。”

“这样看一个女人真是一大启发，我觉得我好像能够完全掌控她的高潮和她的身体，尤其是当她的双腿紧紧夹住我，双手牢牢地抓着我，在剧烈而痉挛的动作中达到高潮的时候。知道自己带给她这么大的快乐让我感到无比的兴奋，接着我自己很快就能达到高潮。”

历史对阴蒂刺激的否认

很多男人说他们对于和女人性交感到失望与不满，甚或有着爱恨交织的复杂情绪，他们同时也想要更多的性。男人有这样的感觉是因为人们受困于基本的社会结构：社会对两性的角色赋予不平等且不同的分类，这样的设计原先是为了有利于繁衍后代，但随之而生的观念和态度却也反映在男女性关系的每一个面上。这些观念和态度虽然行之久远且深入人心，但并非不能改变，事实上，现在已经开始改变了，只是速度相当缓慢。

女人对性交的观点

为什么女人一直不曾更加热衷于和男人性交？并不是因为女人不喜欢性交或性这档事，而是因为女人觉得在性方面受到了剥削和利用：她们必须帮助男人达到高潮，但是却不允许得到或营造她们自己所需要的性刺激。事实上，按照我们的社会对性所下的定义，男人会比女人想要更多的性并不值得大惊小怪，因为性交提供给男人的高潮十分便利，但是女人要从中得到高潮就不那么容易。被赋予一定意义的性使得女人期望每次都帮助男人达到高潮，但是男人并不相对地被教导如何实际地帮助女人达到高潮，而且女人还被告知刺激自己是错误的。所以，对于男人比女人想多来点性，我们还会感到惊讶吗？如我们所知，性已经被定义为一种以男性为中心的活动，而女人对于性在各方面都表现得不热衷，其实正是对这种不平等关系的消极抗议。

大部分的男人相信，和女人从事性交的行为，就已经是做了一个男人该做的事，女人也应该从他们抽动阴茎的动作中得到高潮，他们所受的教导让他们以为：和女人性交、加长时间并且连续的性交行为，就能满足女人的需求。不过，现在男人在某种程度上已经多多少少知道事情并不像他们所想的那样，而这一层了解在他们的心底产生一种不可言喻的感觉，带有疏远、内疚和不舒服。这种感觉表现于外，就成为不信任女人做爱的动机，以及生气女人为什么对性不诚实、不肯直言不讳地挑明来讲。

女人应该在性交中达到高潮的观念到底是从何而来的呢？如同我们在前面讨论过的，性最初在律法上规定的存在形式是：从前戏到性交，最后终止于男性的性高潮。那是大约2500年前的事，也是当时唯一被认可的性表达形式，或许这是为了提高繁衍后代的机会。直到很久以后，性的定义才增加了我们今天对性所赋予的内涵，即性交并不一定每次都让人觉得浪漫，女人也不一定能从中获得高潮。事实上，19世纪末，女人达到高潮还被视为一种粗鄙的表现。不过，从本世纪初开始，随着对女性权利这类话题的讨论越来越多，女性的高潮也慢慢开始受到重视。人们起初会假定女性应该和男性一样从性交当中得到高潮，或许也是合逻辑的，更何况这项活动是如此合乎自然法则。

除此之外，那时人们对女性阴蒂的内部构造还没有研究，只是知道女人会以手刺激阴蒂的方法达到高潮，而且手淫时并不同时伴随插入阴道的动作。过去，以男性为主导的社会，拒绝接受女性的表白（表白她们如何刺激自己），将女性视为第二性。女性在那样的社会中被劝导要用“正确的方法”来达到高潮，所谓“正确的方法”也就是阴茎对阴道的插入，如此一来也能够顺应被认为是理所当然的“男性性需求”，女性的角色说穿了只不过是个帮手。可是，当这样的观念落实到经验上的时候，往往不能尽如人意。这该怪谁呢？女人？还是男人？还是两者都有责任？当女人没有高潮的时候，是男人或他们的阴茎出了什么问题了吗？这种令人窒息的压力紧接着就会在男人和女人之间制造出不必要的痛苦、反省和责难。

令人感到悲哀的是，尽管大多数女人知道如何轻易地在手淫时刺激自己达到高潮，但她们觉得无法坦白地对男人解释她们所需要的刺激，也很难在跟男人做爱时刺激自己。由于在经济、社会、政治各方面依赖男人，使得女人一直保持沉默：女人还没有感觉到她们有权挑战社会对性所下的定义，以及争取她们自身的需求和对性的表达方式。

性交对女人来说是可以选择的吗

在另一个层面上，女人一直在抗拒性交，因为性交对她们来说从来不是可以选择的。过去，妇女在法律的体系中，隶属于她们的父亲或丈夫，法律明文规定（很多国家现在还存在这样的规定）：当男人有需要的时候，他就有权和他的妻子性交。也就是说，过去（甚至现在），在婚姻中没有所谓“强暴”这回事。再者，过去（甚至现在），当避孕违反国家或教会的规定时，很多女人无法用避孕的方式保护自己免于怀孕。在这种情况之下，过去的妇女强烈地觉得对自己的身体没有支配权，而她们的丈夫控制着她们的身体。所以，很多女人因为觉得丈夫可以随心所欲地使用她的身体，任何抵抗或影响都是徒劳无功，以至于她们对性关系慢慢形成了被动并且（或者）带有敌意的态度。她们还会参与性活动，只是她们不会付出更多非必要的积极和主动。

就这样，性交便成了一点也不令人愉快的活动。几世纪以来，性交已经成为男人支配和拥有女人、小孩和社会的一种象征。另一方面，它也同样象征着女性的屈从和不自主。一个女人在性交的时候，尤其当她是以女性在下的传统体位性交，而且在帮助男人达到高潮之余，自己却没有高潮的话，她很难不联想到和这个男人的相对地位。就这点，我们也可以很明显地看出，男人为什么在这种情况下比女人更热衷于性交了。

很多女人对性的排斥——并不纯然是对性本身的否定——也可以说是女性对于被男性支配和拥有的强烈抵制。对许多女人而言，对性说“不”已经成为她们维护尊严和完整的一种方法，也让她们多少能扳回一些对自身的掌控权。

性交和情感的疏远

女人抗拒性或性交的一个可能原因是情感的疏远。如果女人感觉男人把她们视为第二性，并且认为她们的价值仅止于帮手或者性伴侣的时候，可能就会使她们和男人之间产生情感的疏远，甚至给女人更多的理由消极地抵抗性。一位男士就具体表达了这个观点：“我太太或许不是男人梦寐以求的类型，但是她稳定、可靠、而且始终如一。她是我4个孩子的母亲，我是爱她的，尽管她不太喜欢性爱。她说那是因为我对她不够温柔和关爱，她说如果我做到的话，她对性就会更主动一些。其实她说的这些还不至于让我觉得不能忍受，只是在27年的婚姻生活之后，我一不小心还是会忽略掉这些事。”另一位男士则指出：“大部分的男人只在他们想要的时候才对女人殷勤，女人也知道这点。我做牧师听到女人诉说她们的性问题，我发现，男人总是把他们的时间、精力、兴趣花在别的地方，然后又希望女人在上床的时候需要他们。这深深刺伤了女人。”

这种情感上的疏远，原因可以直接追溯到社会在两性间制造的不平等。由于社会赋予男人的特权和权力超过女人，所以造成了这种不平等，也产生了男女在情感上的疏远。又因为男人和女人在成长过程中受到不同的心理导引，要求他们表现出不同的行为模式，使得问题越加恶化。在男人这方面，当他们希望显示自己比其他男人更有价值的时候，为了拥有女人，男人会去屈就女人。但是在女人这方面，如果一个女人的价值仅仅在于性方面，性可能就是她唯一的武器。当一个男人想要女人跟他上床的时候，如果只把时间花在表现他的欲望上，怎么还能怪女人动不动就拒绝性呢？在一个依赖男人、男人只需要偶尔满足女人性欲的社会里，对性说“不”成为女人唯一使自己被认可为一个个体的机会，或者在两性关系中拥有一些主控权。其实，部分女人还是会因为性交本身或一些其他的原因喜欢性交。

男人对女人被动的看法

男人经常不满女人对性的不主动以及缺乏兴趣，在这股愤怒的声浪下还藏有一些小小的声音，其中包括疏远、内疚和不安。男人直觉认为，在某种程度上，性活动似乎不大公平，尤其是当男人自己达到高潮而女人没有的时候，这也使他们产生防卫的心理。正如一位男士所提到的，“当我有高潮而她没有的情况下，如果我还能觉得自己不是在向她骗取高潮，或者我该说‘利用她’的话，我将会更加尊重她和我自己。唯有公平的关系才能让我感到自在”。不过很多男人会以别的想法来掩饰他们心中的这种感觉，譬如他们接受并且强烈地认同主动是男人的天性，坚持他们的所作所为是受天性所驱使。

尽管许多男人对女人生气，为女人对性的被动忍受着锥心的痛苦，也有可能是把对女人的歉疚和防卫心埋藏起来，又尽量不去想女人被剥削的事实。大多数男人不会明显地把这些问题和女人想要提升地位的需求联想在一起，他们还是宁愿相信女人被动纯粹是“维多利亚时代道德观”延续下来的产物；而且他们更宁愿相信，假使女人没有政治上和经济上的自由，她们还是可以有性爱上的自由。

男人被鼓励去接受男女之间的这种差异性，而不是去质疑它。虽然大多数男人对于这样的情况多多少少在直觉上感到不安，但是社会还是不断地告诉他们“事情本来就是如此，没什么好奇怪的”。尽管很多男人在自己有高潮而女人没有的时候，会觉得他们在剥削女人，觉得这不公平，或者女人的地位不该如此卑下，等等。然而他们又会再度被告知：对性交和高潮永不厌倦是男人的天性，女人有没有高潮是她自己的问题。男人遵循指示的结果往往导致女人对他们的疏远，也使他们和女人在一起时感到“不同”、优越、不舒服、敌意、不安等。不过他们还是会暗暗怀疑，女人真的接受这种次等地位吗？她们不会生气吗？

这个时候，男人面临进退两难的局面，他们必须要选择：相信老天把女人造得跟男人不一样，她们不必每次都有高潮才能满足，女人并不介意只是在一旁观看或帮助男人达到高潮，而自己却没有高潮；或者相信女人其实可以达到高潮（例如通过手淫的方法），但是由于她们在经济上和社会上处于一种被压抑的地位，所以她们被迫去满足男人在性方面的需要，女人因此对男人有一股潜藏的愤怒。换句话说，女人若非先天上就和男人不平等，就是女人一直被迫顺从这种不平等。这两种选择对男人来讲都不怎么愉快。如果他选择相信前者，那么他就必须接受一个观念，那就是女人的基本属性和男人是不同的。这个观点曾经在弗洛伊德一个有名的问句“女人想要什么”里被暗示出来，那似乎意味着女人想要的东西和男人有根本上的差异，而且是神秘又深不可测的。如果男人接受的是这个观点，那么他接近女人的能力就会受到限制，因为当他觉得自己和她是如此不同的时候，他们的关系可能十分疏远或者形式化。相反，如果一个男人选择相信后者，那么他就处于一个较佳的地位，容易和女人建立起亲密而完满的关系，这么一来他必须重新审视性的定义，重新思考两性关系的基本原则。这样的过程能够让一个男人的性爱和生活更完整更快乐。

阴蒂刺激带给男人什么快感

阴蒂刺激（不管用手还是用嘴）是一件女人需要它、要求它，所以男人应该学习它的事；抑或是一项和性交同样刺激、同样美妙的性爱活动？男人觉得它有趣吗？

大部分的男人知道女人跟他们在一起的时候，并不常通过性交达到高潮，使他们觉得不安、有敌意，或感觉自己不行。在很多这类的回答中还包含着愤怒和失望。例如“女人到底怎么回事？为什么她们难以达到高潮？”或者“当她在性交中没有达到高潮时，我觉得自己好像活生生地把她撕开，我很怀疑到底该不该把自己戳进她身体里？”

如我们所知，尽管大多数男人知道女人在跟他们性交时不一定会有高潮，但是他们还是认定女人“应该”单单从性交中就能获得高潮。大部分男人对于女人需要性交以外的阴蒂刺激所知十分有限。一些老掉牙的说法认为女人很难达到高潮是不对的。事实上并不是女人难以达到高潮，而是社会难以接受女人达到高潮的方式。

几乎所有女人都能刺激自己达到高潮，她们不但做得又快又容易，而且在生理上也会有强烈的快感。这个事实的意义是，女性的阴蒂刺激应该被列为男女性行为中的一部分。

其实，因为不了解女人的性特质或性欲，以及女人对阴蒂刺激的需求，使得男人的性特质和乐趣也受到限制。比方说，男人如果能够接受用手刺激阴蒂这件事，他们就再也不必为女人有没有达到高潮而感到焦虑。因为只要刺激得法，每次都会成功，不管是男人做还是女人自己做都一样。而且如此一来，男人在性交的时候就可以放任自己，爱怎么做就怎么做，不用担心有没有帮助女人达到高潮。他可以自由自在地享受自己的快感和高潮。

对许多男人来说，要他们放弃长久以来的观念是蛮困难的，他们所受的教育告诉他们，性交时抽动阴茎的动作能够带给女人高潮，现在却告诉他们这是不对的，还要他们相信这对女人来讲是难受的事，对男人而言，这样的改变的确不容易。至于学习或者承认他们想学习让女人达到高潮的新方法也许就更难了。

阴蒂刺激对男人的好处在于，它是一项很有趣的活动，但是不熟悉阴蒂刺激的男人对这个想法不感兴趣。其实他们错了，哪个男人不想看女人高潮的样子呢？哪个男人不喜欢去感觉女人在高潮时身体呈现的紧绷和狂喜的状态呢？又有哪个男人不想让他的女人越兴奋越好？刺激性伴侣使其到达兴奋的顶点本来就是一件快乐的事，在一旁观看也是一样。

当然，这不单只是高潮的问题，虽然这个问题在本章被重点讨论，它还包括如何让男人的平等落实在性关系上的问题。如果女人跟男人在一起的时候能够自由自在地做她自己，那将会提升彼此间的爱和尊重，增加彼此的信任和快乐。

15

强暴、色情产品及控制

隐匿的罪恶感

我们文化里对“性”和“男女关系”的基本定义有根本的不同吗？在真实生活里，男人和色情书刊（及录像带）里的强迫女人就范、各式各样的强暴以及用金钱收买女人的人有什么差别？这些行为，只有“不正常”的男人才牵涉在内呢，还是它已经渗透到整个社会结构里，以某种方式影响着所有男人的生活以及他们和女人的关系呢？

在前面几章，我们看到性交绝大多数是指男人控制和拥有女人的基本象征。色情书刊（录像带）里的强暴和收买女人，基本上就是这个意识形态的延伸，而非生物性的本能或性冲动。是性对男人的意义使得他们想去强暴一个女人，而不是为了达到高潮。

有极少数的男人可能超越这个定义，但在电影、书籍、笑话和大众言谈间流传的通俗文化，却加强了男人从女人那儿获得性满足，男人征服女人、拥有女人，女人说“不”其实是说“好”，女人应屈服于男人等既有的观念，而插入就是这个胜利的象征。男人从小就被灌输了一个观念：在阴道内获得高潮是作为一个男人不可或缺的部分。所以他们痛恨女人拒绝此项男性的需求，却不了解就许多方面来说，这是很多女人剩下的唯一武器。有鉴于此，男人有时会说，女人比他们更有力量。

要是我们的文化能改变男女关系的基本观念，包括改变男女在法律、社会和经济上的不平等，那么性的定义就能随之改变；强迫女人性交便失去了吸引力，因为它从根本上失去了意义。这个改变可能要花上几百年的时间。目前，在我们的文化中，不论是肉体、情绪还是精神上，强暴在整个性别上有强烈的隐喻意味。

强暴

男人想要强暴女人吗

“有时候，剧里演着某男人正计划要强暴女人，我看着看着就兴奋起来。但是这样的勃起令我困扰，我不知道原因何在。”

“我常常想强暴女人，而且对这件事有很多幻想。可是我也感到困扰，因为它和我观念里的互相尊重、人道主义、女性主义等大相违背。我真的很想知道别的男人对强暴有什么想法。”

肉体上强暴一个女人，对男人到底意味着什么？强暴女人的欲望和性欲有关吗？是一种敌意和愤怒的形式，还是为了让受伤的“男性骄傲”重获肯定？强暴，仅仅是直接的肉体胁迫，还是在肉体上或经济上胁迫女人就范的形式？

有多少男人想过要强暴女人？又有多少人真的做了？男人对迫使女人性交有什么感觉？在什么时候，他们觉得强暴具有肉体之外的意义？或者说，大多数男人相信，强迫女人和他性交是一种“必要的角色扮演”，或是他们的“权利”？又有多少男人，是彻头彻尾反对以任何形式压迫、胁迫女人性交的？

大多数男人说他们从未真正强暴过女人，但在某些情况下可能想这么做，通常和遭受拒绝的愤怒以及“她有什么权利拒绝我”这种想法有关：

“我想强暴那些假正经的娘儿们，好让她们知道自己有多蠢。”

“有时候，要是女人在我玩味强暴她的念头之前，就主动表示想和我做爱的话，我会觉得很泄气。可是，想到强暴会对彼此的友情造成困扰，就会令我裹足不前。”

“强暴的定义是，完全不顾及女人的感受而与之性交。当某个女人既性感又随便，我会对她产生强暴的欲望。”

“是的，我很想强暴女人，但不是任何女人。因为我痛恨对任何有生命的东西施以残暴，除非是她们自找的。”

“有些女人身材窈窕，脸蛋又漂亮，可是却很傲慢。这一类就是我想强暴的对象。”

“我曾经想过强暴几个女人，特别是一个把性当作商品来交易的女人。我曾想把她挤在衣柜一角，掀起她裙子，把她两腿叉开围在我屁股上，直到她无法动弹，不能言语。她想用性来交换种种好处，我偏要反其道而行，把她当成真正的商品。”

“我曾幻想绑架一个女同事。我会戴上面具，让人分辨不出来，她一定很害怕。我会先击昏她，或用麻药使她失去知觉；再把她带到树林深处，即使尖叫也没有人听到的地方；接着，把她手腕绑起来，吊在树上。我将她的两腿分开，足踝绑在板子上，两脚刚好能碰到地。然后我会把刀刃朝向她的阴道，刀柄插在她两腿间的树干上。把她弄醒后，再慢慢把绳子降下来，她得尽量用足尖着地，免得被刀划开。

然后我就留她一个人在我身后尖叫……央求我把她放下来。我幻想这个绑架的时间，婚姻正好亮起红灯，没多久，我就和太太分居了。那个幻想的受害者，我相信是一个取代妻子的‘安全的’女人。过了好几年后，我才化解那几个月里所潜藏的敌意、恶毒和发泄不出的怒火。以前我并不了解自己强压下来的愤怒，更找不到安全的渠道来发泄它。”

“我只有一次想要强暴某个女人，我对她迷恋不已。我知道希望很渺茫，但是每天在工作场合都会见到她，有时候也看到她的男朋友。我记得有一次我十分生气，在盛怒中想要强暴她。不过，我的愤怒大多转为‘希望别人毁了她’这种形式。”

“我想我内心有一种需要：要完全驾驭一个女人，对她为所欲为。从撕烂她的衣服，到压着她性交，甚至咬下她乳房的一块肉，只要我想的话。我个性里有好的一面，也有坏的一面，我知道我得控制自己那可怕的部分。”

许多男人认为强暴是“让女人安分点”的一种方式，并认为这是男人的权利：

“我想强暴的女人是求学时的一个女老师。她严厉、冷淡、残酷、自虐。我们常谈论要强暴她，让她颜面扫地，甚至想要轮奸她。说实在的，她到现在还安然无恙，真是令人惊讶！”

“我常想强暴一个很贱、很霸道的女上司。其他同事也表达过同样的想法，有两个家伙说，她要的就是被好好干一场！”

“目前为止，我有的只是偶尔的幻想，尤其是被女人搞得灰心丧气之后，就想利用老二好好教训一下那些贱人。”

“我曾经有几次想使用暴力去强奸一个女人。也许是出于挫折感，也许是因为愤怒，也许是为了报复，反正就是要击溃她那种自负的态度。”

“不曾做过，但我想过。尤其是那些自以为高高在上、别人碰不得的女人，我想强暴她们，好叫她们明白自己比街上那些荡妇好不到哪里去！”

另一些男人说女人被强暴是“自找的”，言外之意是说女人如果不想跟男人做爱，就没有权利表现得很性感，而且男人有权控制女人的性感：

“我看过很多女人似乎等着被强暴的样子……就好像一个两手抓满钞票，刻意炫耀财富的人等着被抢劫一样，尤其是在死角或暗巷处。但我也同情女人，毕竟如果你的钱不想被抢的话，不妨存在银行里。但女人怎样才能不让她的身体被强暴呢？

也许必须谨慎一点。我很庆幸自己是个男人。”

“有一个原因是挑逗。挑逗是指让别人以为可以上手，然后再拒绝他。在公共场所不戴胸罩的女人就是在挑逗，没戴胸罩的模样令人想入非非，女人应该知道这点，这也是引来强暴的原因。”

“女人为什么那么关心强暴的问题？她们不断地撰写相关话题的书，又以压抑不住的兴奋来读，并且成为聊天中最能娱乐大家的话题。她们似乎喜欢这样。”

有些男人说，女人说“不”时，并不真的表示“不”：

“我曾想强暴那些心里真的很想，表面上却装作不愿意的女人。”

“我这辈子遇过几个玩家型的女人，把我搞得接近高潮，又撒手不干了。有几次在这种情形下，我就顺势下去，不顾她的反抗而强暴了她。但这算强暴吗？”

少数男人说他们害怕被发现：

“我常想这么做，并幻想会是什么情形。我大概会蛮喜欢的，因为有一种征服女人的快感。但其实不可能真的这么做，因为怕被抓到，毁了我一世英名。”

“我从来不曾强暴过女人，但有时确实有这种欲望，向往其间的挣扎和最后的胜利。但我是个行动前会考虑后果的人，这种事不值得。此外，我不想被别人指为‘变态’。”

有些男人则用“性冲动”把强暴合理化了，声称面对女人的“失败”使他有这种“需要”：

“我从未强暴过女人，可是常常想这么做。女人不明白男人的性冲动是怎么回事，对许多男人来说，性的渴求是那么强烈，就像人活着不能没有食物一样。要是你饥肠辘辘时，有人叫你跳火圈、爬高台，说要给你一块肉，结果却只给了面包屑，那时你会如何？没有女人能了解‘忧郁的睾丸’的滋味（一种勃起却不能射精的痛苦状态），女人不会在早晨醒来时睾丸肿胀得穿不上裤子。事实上，女人要是挑起男人的兴致却不满足他，就有如在他睾丸上踢了一脚。要是有人踢我，我当然也会回以暴力。”

“我从来没强暴过女人，不过曾幻想过，尤其在性欲无法满足的愤怒之下。最令人愤怒的是那些摆明用性魅力赚钱，却不会真的给你什么的女人。”

从以上这些回答，可以看出在我们的文化及所有父权文化中根深蒂固的观念——男人拥有女人的身体。诚如一个受访者所说：“她是我的，我有权利通过性交达到高潮。上帝在为男人制造女人时便给予我这项权利。”根据这个观点，即使不是两相情愿，男人也不该由自慰来获得高潮，他应该都是从女人身上获得高潮，而且女人每次都有义务帮他这么做。

在许多回答里也隐含着一个女人若拒绝男人的求欢，便是某种程度地否定了他的男性气概，而借着强暴，才可以重新获得肯定——不只是对女人，也是对自己：

“我从来没有强暴过女人，也不打算这么做，但是，我曾幻想过。那种把你挑逗到某个程度，又突然不要，而且经常如此的女人，根本没把你当作一个男人——一个活生生的人。在这种情况下，我可能故意地强暴她，而且不会有罪恶感。”

“高中时我交过一个女朋友，她不让我做到最后一步。可是我的朋友全都上过他们的女朋友，有时一起出去，车子停在路旁就做起来。这让我气得真想强暴她。最后，在没有任何人知道的情形下，我找了一个路人，和她发生性关系。这增强我对自己的男性气概的信心。没多久，我就和原来的女朋友分手了，而和愿意跟我做爱的女人交往。此后我就可以跟那帮朋友吹嘘，觉得自己又回到了他们的行列。”

少数男人把他们强暴女人的欲望，归因于文化的教导：

“我在心理上曾强暴过许多女人，任由歧视的心态把女人物化，否定她们的人格。”

有些男人说，他们想强暴女人是基于一种被拒的感觉，觉得其他人都在享受，或其他男人都能拥有，唯独自己吃了闭门羹：

“我当然想。这个欲望通常在我被一个很有吸引力的女人拒绝后，就会冒出来。然后我就幻想跟踪她，用枪对着她脑袋（我有一把左轮），问她‘你想跟谁上床’？最近几个月来，我变得比较同情强暴者，因为我在自己身上看到性解放的另一面。有些美女愿意把性生活的欢乐告诉大众，但是日复一日看着这些美女却不可得，真是一种折磨。显然她们每一个人都经历过最狂野的性乐趣和满足，因为媒体都这么说。”

“我从来没有强暴过女人。不过在她们让我气不过时，也动过这种念头。引发男人强暴行为的原因，不一定来自受害者本身的刺激，也可能是累积的挫折感或觉得自己无能促成的。媒体上说每个人都应享有性生活，如果你没有性生活，就是个十足的可怜虫。大家都知道宣传是一种谎言，可是谎言听多了就仿佛是真理。要是你信以为真，就会开始怀疑自己：‘我是怎么搞的？为什么我一点性生活也没有？’”

“我不相信强暴有什么好处，可是我常常想这么做，我只是想知道和女人发生性关系是什么滋味。也许那是我得到性满足的唯一方法，我已经22岁了，连一次性经历都没有。我发现自己每星期至少哭泣3次，天哪！我简直绝望得想自杀。我只和一个女孩约会过，那是4年前了。我被拒绝的次数多得自己都不敢去算，我生命里没有做对过一件事……其他人好像都可以轻易地和女孩聊天，载她们上车，可是我却做不到。”

只有少数男人提到，强暴女人是和性的快乐或欲望有关：

“当我看到女人的身体及感觉自己勃起时，就想强暴她。但是我也可以很容易地控制自己。不过，玲珑有致的身材裹在紧身牛仔裤里，仍然令我骚动，很想把这个女人弄上床。”

“我敬畏法律，不过如果我触犯了法律，仍以强暴的可能性居高。因为我喜欢性爱，有时想强占一个女人来满足我。”

“有一次我看到一个真的很吸引我的女孩，那是一个外卖餐厅的柜台小姐，我心里便这么想着：两手抓着她胸部，把她压倒，两腿分开，然后占有她。从头到尾冷冷的、不讲情面。你知道，这只是个冲动，大家心里都有的。”

强暴者的形象似乎颇吸引某些男人，他们视之为雄赳赳、孔武有力又热情的人。以下的回答虽然来自对强暴有兴趣和没兴趣的两种人，但他们都把施暴者视为强壮、有能力的人：

“我不认为我会这么做，不过我对那种人印象蛮深刻的，他们能干出很聪明又大胆的强暴案。”

“我从来不想强暴女人。不过设法不被逮到以及过程中的暴力很刺激，也可以让我觉得自己很强悍。”

“我曾经想过。因为那种主宰和有力的感觉吸引着我，强占那个脆弱的东西，看她瑟缩发抖，令我觉得痛快。我想我骨子里有混蛋的本性！”

“我幻想着真的去做，好向女人证明我是个真正的男人，能勃起并持续，不管她想不想要我，我都可以要她。”

有些男人说，“真正的”男人都想要强暴女人，因为那是男性先天结构中一种“自然的”动物本能：

“为什么我想强暴女人？因为我是雄性、掠夺者，而女人在男人眼里看来都像猎物。我幻想着当我‘捕获’一个女人，而她知道自己跑不掉时脸上的表情。就好像我胜利了，我拥有她。”

“是的，我想强暴女人，我认为每个男人都曾有过强暴女人的欲望。”

“我的欲望很小，或许所有男人多少都有吧！也许是从文化里学来的，或是遗传的。不论男人是不是天生就有这个欲望，我觉得它是个坏东西，会毁了自己。”

少数男人怀疑他们对强暴没兴趣，是不是“不正常”：

“我从来不曾强暴女人，也不想这么做。对于这点，我想自己是有点古怪。我的一些朋友都会兴致高昂地谈论强暴，幻想着怎么去进行。可是我对这些毫无兴趣。”

有些男人说，“强暴不是男子汉的行为”：

“我从来没强暴过女人。强迫女人性交的想法令人觉得不悦。以此来证明自己是男人，简直是蠢人和懦夫才会用的方法。”

“当然，我想过——大部分男人都曾动过这个念头——但是，强暴女人犹如在桶里叉鱼，已经失去运动精神了嘛！”

“我没有强暴过女人，也没有欲望要这么做。我想，强迫女人性交的男人一定是非常小心眼、对自己没有信心的人。”

“我觉得强暴是虐待狂的行为，那种人大概对生活和性都缺乏能力。”

一般人对强暴者私下怀着一种羡慕的心态，认为他们强壮有力，但事实正好相反，最有可能强暴女人、逼迫女人性交的是对自己评价最低的男人，他们一点儿也不觉得自己强壮、有力，经常遭到拒绝，是个“失败者”：

“打从度蜜月后，我太太对房事的兴趣就明显冷淡下来。除非她自己想要，要不然跟我做爱只是略尽义务，以免我借故到别的地方寻欢。大多时候她都恹恹然无兴趣可言。我确信我在事业上的不顺，是肇因于这种经常性的挫折和压力。我无法跟共事的人好好相处，这都得归因于她拒绝了我。我对我太太的愤怒越积越深，直到我辞去工作那天，我决定要强暴她。要不是我父母的杰出表现带给我自信，我可能真的这么做了。现在我不知道该怎么办，情况一点也没有好转，这已经是两个月前的事了。”

“我单身，不曾结婚，从未跟女人同居，我寂寞得快发疯了。我的体重超过标准上限约 22.4 公斤，白天在失业救济处担任职员，晚上当警卫。我发现自己外出都钓不到马子，去舞会也没人愿意跟我跳舞，我很生气，变得很沮丧，有反社会倾向。想象那种在公共场所射杀无辜者的人，令我感到一种变态的刺激。大学时，我曾想对校园里那些面貌姣好的女同学开枪。她们从不看我一眼，不承认我的存在，也许是我配不上她们。我想，她们大概怕我会强暴她们。我不会强暴女人的，因为无法让她们相信我是认真的，结果她们会尖叫，我则落荒而逃。拿枪扫射的策略是比较直接、充满敌意、报复性的，但我欣赏这样的行为。”

大部分男人会有强暴女人的幻想吗？许多男人说他们并不想真的强暴女人，不过仍然认为这是个刺激的幻想：

“我不曾做过，也不想做。但是我幻想过很多次，有个漂亮女人很对不起我，所以我幻想强暴她。”

“强暴的念头有时是活力的来源，我有过强暴的幻想。性是一种力量——非常强有力的兴奋。”

“对我而言，大发兽性地强占一个有性吸引力的女人是很刺激的幻想。尽管在现实生活中，我并不想在身体上或心灵上伤害任何人。”

“我有过一个幻想，当某个女人弯身要进入车子时，从后面无声无息地扑上去抱住她，撩起她的裙子，脱下她的内裤，告诉她不要乱回头因为我有枪，然后和她性交，而她永远也不知道是谁做的。”

“有时候我幻想某个女人完全在我的掌控之中，我不想造成任何痛苦，只要她能照着我的吩咐去做。”

典型的强暴幻想会以女人“开始兴致勃勃地想要做爱”来收尾，算是一种浪漫的征服吧：

“在我的幻想中，经过了必要的粗鲁和暴力，当我终于插入那可怜的少女时，她会突然双手双脚紧紧缠着我，爽到最后一刻。不过在真实世界里，我可不敢期待这种事情发生。”

“我幻想过强暴一个起初不愿意（或害怕）的女人，但插入一点点后她变得很饥渴、很热情，和我一同享受性爱之欢。”

少数男人对强暴有激烈的幻想：

“是的，我有性幻想。我的幻想几近虐待狂——在做爱时肢解那个女人的四肢。虽然我怀疑自己是否真能做到那个地步，不过强暴一个女人倒不是件难事。”

“我心里有点不喜欢女人，曾试着要去化解。那里有绳索、权力、威胁、恐怖、折磨、羞辱、屈服、傲慢、不平等、缺少沟通、耐性、礼貌、合作、包容和关心。我想，特别触怒我的是女人的道德优越感，以及她们思考时对性的不理解。”

“我总是幻想做个主宰者，我希望拥有一个性奴隶。事实上，有个女人因关心我而成为我的奴隶的感觉是最吸引人的。”

“一个特别刺激的场面是，我在某位欢场女子的同意下绑住她，事实上，是由于她对这种刺激的着迷而愿意合作，我想象这个被绑的女子被我当马骑、用皮带牵着走等。”

“我像其他男人一样，幻想能完全主宰一个女人。我觉得男人对他轻视的女人，如他太太、前妻、爱人等，都有一股潜藏的主宰欲和虐待欲。”

曾经强暴过女人的男人

小部分男人确曾强暴过女人。通常这些人所说的理由，和那些想做却未做的人一样，尤其是针对愤怒的情绪：

“是的，我强暴过女人，不过那是有点令我控制不了的情况。我女朋友总是拒绝我，直到有一天我受不了了才这么做。表面上，我觉得羞愧，做了可怕的事，可是骨子里我却很喜欢。我很惊讶这是我这辈子勃起最久的一次。”

“我强暴过一个女人。她经常嘲弄别人，不过这并非我爱做的事。”

“有一次我喝醉酒，又对一个女人很生气，于是强暴了另一个女人。由于当时酒醉，事后记忆很模糊，但我道了歉，她也因为我喝醉而原谅我。可是我觉得糟透了，发誓不再干这种事。”

“我太太去世后我的日子很凄凉，既寂寞又脆弱。有个女人挑逗我，明显地玩弄我的脆弱，又在最后关头拒绝了我。她并不是到最后一分钟才明白自己不想要，而是从头到尾精心设计地玩弄我，拿我寻开心。我的性欲转成暴怒，然后两人扭打起来，我真想剥了她的皮。但我突然意识到自己在做什么，于是跑了出去。我感到恶心、惊骇，恨她引诱我做出这样丑陋的事。”

“我的第一个女朋友和我之间有种怪现象，她会跑来表现出很想要的样子，但有时又不是真想。有一次，我昏了头，以为她想被强占。后来，我了解到自己真的在强迫她，因而感到非常难过。从此以后，我们彼此会比较坦诚地沟通。”

“是的，我做过，为的是想知道那是什么滋味。结果很吓人，事后我花了很长时间才让她平静下来。我们两人都哭了，我一直到她开始生气才走开，因为我知道那表示她没事了。她并没有向我要遮羞费，我们以后也不再碰面。”

“有一晚我气极了，把我伴侣的头压到我的阴茎附近。我叫她做吹箫的动作，否则要把她打得鼻青脸肿。我叫她吸吮直到我射精，然后要她全吞下去。我一直压着她的头，把我的老二直插到她喉头，不管她舒不舒服。我获得了高潮，事后也没有罪恶感，这是她应得的教训。”

其他曾强暴过女人的男人则叙述了不同的理由：

“我不能说没强暴过女人。我的所作所为，是因为不知道如何取悦她，也没有意识到她在这件事上的权利。我一用蛮力，她就躺在那儿不动，毫无反应，这使我抽动几下就疲软了（没射精），她失去兴致。从某方面来说，这真是奇怪。”

“我有过，但不是强暴犯罪那种。我不是逼迫完全不想要的女人就范，而是强迫了一个否认自己有性需要的女人，唤醒她性欢愉的潜能。我想这是一种浪漫的强暴，和真正用暴力胁迫的强暴不同。”

“我强暴过一个醉倒在沙发上的女人。我脱下她的裤子，干了她，然后离开，从未对她提过半个字。这样算强暴吗？”

“有过一次。我在酒吧里挑了一个女人，然后强迫她就范，她喜欢这样。下个周末我们就要约会了，但是我很害怕，她可能还不满 18 岁。”

“有一次我在酒吧里选了一个‘业余的’，然后带她去开房间。我们喝了很多酒，倒在床上——已经衣衫不整，显然事情会进一步发展。忽然间，她拿起床边的酒瓶，朝我头侧猛击，快把我打昏了。我也勃然大怒，打了她几巴掌，然后强暴了她。这大概不是她希望发生的吧！当我放开她，她马上啜泣着离开。对于这个举动，我一点也不引以为荣，还担心了好一段时间。那时我在军队里，部队很快就迁走了。我不曾忘记这档事，仍然觉得很难堪。”

“我让她明白，如果她想跟我维持关系的话，我想做的时候她就要做。有时我想而她不想，如果在床上，我就会翻到她身上，强行施暴。”

以下是一名狱中强暴犯的长篇回答：

“我 23 岁，因强暴罪关在州立医院的监狱里将近 4 年了。

“我是在第 4 次成功（如果可以这么形容的话）强暴女人后向警方自首的，因为我受不了那种压力和忧虑——我可能会严重伤害甚至杀了下一个受害人。此后我一直在看心理医生，试着把我的想法、感情调整到一个我自己和社会都能接受的方向。

“我诚挚地希望，你们能了解我的感情是真诚的。在回答问题之前我必须先声明，一个强暴犯常常被贴上‘心理失常型性攻击者’的标签，它不像一般疾病，倒可以比喻成盖房子的砖。我们从孩童时代，就开始学习建立一个正确的基础，有如排列一道井然有序的砖墙。但如果发生了意外，摧毁了原先排好的砖，只得再放回去。我相信，当我的‘砖块’被弄翻，我是用一种错误的方式把它们放回去的。我花了 20 年的时间，希望有足够的信心和自尊重新排列我的‘砖块’。一个心理失常型性攻击者不是有病的畜生，但是需要有人帮他把脑袋和生活理出头绪，才能再度被社会所接受。

“我生长在一个破碎的家庭里，母亲再嫁。我是 5 个孩子中的老大。自从 5 岁目睹父母离婚后，我一直瞧不起自己，具有很深的罪恶感和无助感。此后，我不断用欺骗的手段来赢得别人注意。

“我强暴女人主要有两个原因：一是对于感觉曾拒绝我的女人，我用强暴她来获得绝对的控制感；二是证明我给自己的评价——一无是处，社会渣滓。当然还有其他的因素，不过这两项是我行动的主因。其实强暴别人，我自己和受害者都同样震惊。我觉得我只是想被人接纳，希望她说她理解我，而我缺乏足够的胆量和信心去开口，或者尝试建立关系，因为我的脑袋里充满了会被拒绝的可恨念头。

“以前我向女人求欢被拒，通常会觉得受挫，然后转为愤怒，当生气到某种地步，我会觉得自己应该强暴她、羞辱她。现在如果遇到这种情况，我仍会感到挫折，但要试着理解她们像我一样，也有自己的喜恶爱恨。

“当我强暴女人时，会有一种要完成这次性交的使命感，因为我已经做了，可是我并不是真的想要（我只是追求完全控制、主宰另一个人的感觉）。在平常的性爱关系里，和一个落花有意的伴侣相处，我会想做爱；对于那些我觉得亲近的女人，我只喜欢拥抱、爱抚，不一定非要做爱不可。

“如果对方是被强迫的，通常我很快就射精了（插入后3～5秒）。这种情况下，我并非真的想做爱，只是要证明我能控制那个受害者，但是同时也加深了我的自卑感。过去这种混淆的感觉经常困扰着我，使我四度做出强暴的行为，最后向外求援。现在我已渐渐搞清自己缺乏的是什么，知道我不用再骗人，这增加了我的自信，使我的人际关系开放多了。

“当我强暴人的时候我觉得很自卑、很无助。在我感觉自己有力量的时候，做爱也会带着感情。在非强迫的性爱里，我觉得自己最得意的是高明的技巧，经过前戏阶段，那些女人都会要求我进入她们体内，这时我便觉得自己控制着一切。

“我也喜欢性幻想。我会假想有个起初不情愿的伴侣（年轻，15～26岁），但很快就被我的舌头挑起兴致，要求我做阴茎摩擦。

“第一次性经历让我了解什么是高潮。那年我9岁，对方13岁。她先央求我吻她，然后引导我做这做那，直到我们进行性交的动作。我记得当我高潮来临时，感觉自己的某部分跑出体外，进入她的身体。我很怕母亲发现我少了什么而责怪我，我完全困惑了，觉得很害怕。

“有一次我找了一个妓女，那次经历很差。我们在一家汽车旅馆做爱，她的4个小孩在相距不到1.8米远的地方看电视。我感到虚弱、害怕及罪恶，加上我事先没有说好价钱。那时我15岁，是进入高中前的第三次性经历。

“后来我认识了我太太。那时我还住在家里，我带她回家、上床，好像是被默许的事。我们没有认真讨论过，交往两年后就循一般惯例结婚、生小孩。我们的关系维持了7年，直到我奉召入伍及现在4年的监禁。我太太对我意义非凡，我感激她能包容我的错误，至今仍然爱我，我深以她为傲。我们的性爱活动多变化，并能互相取悦，我们知道彼此要的是什么，也能表达自己的性需求。

“我有婚外性关系，我太太也有两次出轨行为。我的事她全知道了，那都发生在短暂分离、旅行或在军中的时候。从前我自以为很狡猾，根本没顾虑到她的感觉。有时还希望她发现，跟我吵嚷着离婚。当她知道我的外遇和强暴案之后，确实受到很大伤害，也很困惑，甚至以为她的出轨是我强暴的动机。

“我从不相信爱，或者被爱所感动，直到最近3年才有了改变。结婚的前5年，我只是在利用我太太，我怀疑她为什么爱我。直到两年前，我们开始谈论自己的恐惧和压抑，以及逃避关心自己的原因。经过沟通之后，我似乎真的接受她了。我不再怀疑她的动机，而是彼此尊重。我并不担心她会离开我，如果真的发生了，也希望她找到一个能令她快乐的男人。有了这样的经历，我对家人和朋友的感情更自在地表达出来了，也更爱他们。

“最近这 3 年，我才能在别人面前毫无顾忌地哭出来，以前我的情绪常像塞住的瓶子，没有出口。我从来没想过自杀，觉得那是懦弱、自私的行为。我自首是因为不想再伤害别人，不想让我和太太的关系恶化下去，所以才向外求援。

“以前我和她的性生活还算满意，但是彼此并未真正了解。自从我自己的情况改善后，我们更能开放地谈论事情，谈彼此的感觉，而不只限于柴米油盐等日常小事。

“我想，第一次的强暴经历能带给我性满足的原因在于这是我的幻想之一，结果终于实现了。那个对象是路上偶遇的，我不必和她多说什么，也不必信任她，只要性交而不必负其他责任。

“现在我对太太信心十足，我信任她，愿意把我的感想毫无保留地告诉她，而不担心她会拒绝（我最大的恐惧是被拒绝）或嘲笑。有时候，我觉得她不如我期望的那么坦白，在表达她觉得我可能不懂的事情时，也有所保留。由于我过去的行为，她还不能完全信任我。我只希望，她会学着相信、尊重我这 4 年努力所做的改变。

“我相信往后的性生活会跟 6 年前完全不同，我不再只是随自己高兴插入，直到射精，我还必须照顾到性伴侣的满足。我不再有欲望强占我的伴侣，必须征求她的同意，我们才有快乐可言。我不再觉得女人只是生来取悦我的，她们也是独立的个体，是我可以共事、尊重的对象。过去 4 年的监禁使我成长、成熟，也对自己比较满意，这似乎也反映在我所爱的人身上。现在我觉得有好多可以付出，只是还没找到机会而已。

“这 4 年来，我的性生活仅止于幻想和自慰而已。如果孩童期的 9 年不算在内，这是我最长的禁欲时期。

“我如此冗长地回答这些问题，是因为现在我有一种表达的欲望，借此看看能不能对自己诚实一些。我希望用一种不被嘲笑或误解的方式表达出来。另外，我希望得到一点鼓励，希望大家了解，强暴犯并不是禽兽，只是在他们的幻想世界里昏了头。总之，一个人如果有勇气诚实坦白地回答问题，他会得到一些惊喜和回馈。我发现这么做才能敞开我的心扉，让我的情绪有了出口，从别的角度看以前我视为理所当然的事。”

有些帮派中的年轻人曾以强暴（或试图强暴）来获得男性结社中的成员资格：

“我从未强暴过女人。不过在学校时，有一次我和一群帮派的朋友夜闯一个女孩的房间，轮到我进去已是第六七个了。那女孩哭个不停，直叫：‘你们到底有几个人？’她从床上起来，打开灯，然后啜泣。我试着说服她我是最后一个，要她留下来。她拒绝了，哭着离开，只剩我穿着短裤坐在床上。当其他人进来时，我不得不告诉他们我被拒绝了。事实上，如果我不说的话，他们也永远不会知道。”

“是的，我曾数度强暴了两个不同的女孩，虽然那不算真正的性交。我这么做是为了遵从老大的意思。这件事发生在我读高中时，我们都很喜欢两个13岁的邻居女孩，也和她们很熟。在一个夏天，我们抓住那两个女孩，把她们压倒在地上，剥下她们的衣服。然后轮流爱抚她们的胸部，并把指头插进她们的阴道。她们挣扎、尖叫，但我们不是真的要伤害她们。我想她们私底下非常喜欢这样，却不想让别人知道。”

“我快15岁了。住在郊区，父母是中产阶级，白种人。我不曾和女孩做爱，除了有一晚和那个靠自慰达到高潮的女孩共处。我们大约十个男孩趁机上她，包括我在内。我摸了她的乳头和下体。她大概不讨厌吧！因为她没有奋力挣扎。”

只有少数男人说，他们真的是为了性而强暴女人：

“是的。因为我欲火焚身，那种感觉并不好受。”

“我强暴过一个女人，这么做是为了性，它既省时又刺激。”

另一些男人也答称他们强暴过一个女人——他们的太太：

“只强暴过我太太一次。那是结婚15年后，在她不肯跟我口交的愤怒和挫折之下做的。一次已经太多了。”

“不，我不曾强暴过女人，也许我太太那次算是吧！我不想伤害她，可是我觉得她是属于我的。事后她非常沮丧，我也是。不过没多久我们就言归于好了。”

“有时我太太不想做时，我会强迫她做。我想这也算是一种强暴吧！”

“没有，除非把那种事也算在内——我太太有好长时间都拒绝我，最后我终于忍不住了。也许我该在婚姻之外寻求满足。”

“我喝醉的时候强迫过我太太几次，但是没有很暴力，她可以随时停下来。这是一场毁灭性的游戏，我们两人都是受害者。”

“我想那也算是强暴。那时我们已经结婚了，我想要，而她不想，她甚至不想知道我的感觉，然后我强暴了她。”

“我唯一强暴过的女人是我太太，而我觉得那是一种她也喜欢的奴隶游戏。”

“我从没想过用强迫的方式，除了对我太太。我不认为在强暴的情况下我能勃起。那太吓人了，我做不来。我对我太太用强，那是因为她不断拒绝我，并且让我以为，强迫一下没关系。这种事只发生过几次，事后我也不太好受。要我再这样做，倒不如离婚算了。”

有些男人强暴自己的妻子，但发觉那是很不愉快的经验：

“有次我差点做了，羞愧得想砍掉我的双手。那时候，她没心情做爱，我却把她压倒在床上，开始吻她，爬到她身上，而她却低声饮泣，于是我所有的欲望都消失了。我想那时如果有把枪，我会杀了自己。她哭了一会儿，后来我拥抱了她一下，不过那整晚我都没有再碰她。直到 3 天后，她主动要求时我才碰她。她告诉我为什么哭，其实我也理解。”

“婚后，有一次我试图强暴我太太。我们发生争执，后来我扯掉她的长裤，骑到她身上。经过短暂的打斗之后——对我而言很刺激——她屈服了。她躺在那儿，张开两腿，却闭上眼睛。我看着她，勃起消失了，我把头靠在她胸前哭了。如果她不想要，我也没有乐趣。”

有些男人说，和太太性交常常像是强暴：

“那全看你如何定义强暴，我和前妻做爱时，有时是和强暴差不多的。她很不喜欢做爱，大概一个月或两个月才想来一次。每次我都觉得自己是在强迫她，跟现在的美满婚姻比起来，我只能不带感情地形容说，以前那是某种程度的‘强暴’。感谢上帝，那些都过去了。”

“和我老婆做爱之后，我常想着这件事，有一种好像我强暴了她似的罪恶感，因为她对我从来没反应。”

“我从来不想强暴女人。和我太太做爱却像强暴她似的，她只当作这是义务，而不是真心想要。”

有些男人利用职位上的权力迫使女人和他们发生关系：

“她是职员，我是老板。我不认为这是她和我上床的唯一原因，不过却是个重要因素。也许她以为和我发生关系可以巩固她的饭碗，但这只是我的揣测。”

“我和一名学生有过短暂外遇，显然我对她主掌大权，在某些方面曾影响了她和我上床的决定。”

"我强暴过一个女人，但不是用殴打或暴力方式，而是威胁开除她，或暗示不给她好职位。"

男人不强暴女人的理由

为数不少的男人说，他们压根都不会想去强暴女人，因为他们希望女人主动参与性事，强暴并不能满足他们被接受、被渴望的需要：

"不，强暴使我觉得恶心。如果女人不想要，我也没有兴趣。"

"我认为性是双方享受的事，如果她没有反应，我也得不到乐趣。我曾有一次召妓的经历，那比强暴好不到哪去。她躺在那儿，就像一块毫无动静的旧抹布，一手握着钱叫我赶快完事。"

"对一个女人施以暴力，对我来说一点也不能得到自我肯定。我要的是女人的感情，不只是她的身体。没有感情的性，还不如自慰。"

"性最大的乐趣是看到我的伴侣达到高潮那一刻享受、快乐的样子。一旦我知道带给她这种快感，我就很欣慰也很兴奋，而且有一种被需要的感觉。我不相信在强暴的情况下，任何一方会有以上的快感。一个会强暴女人的人，一定是情绪极不稳定、心理有病的人，完全忽视了另一个人的权利和感情。我觉得这种人是人渣，该受严厉的谴责。"

"强暴这件事，我觉得很糟，而且很蠢；即使没有女人要我，那又怎样？打死我也不会这么做的。"

"我不能理解强暴。为什么一个人能跟不想和他做爱的人性交？简直愚蠢而疯狂。这个行为只有两个人共享时才会觉得甜美。"

"男人的强暴欲望，来自女人可以选择男人进入她们体内。这个选择无可避免地导致某些男人遭受拒绝，因而使强烈恐惧被拒绝的男人升起强暴的欲望。当我被拒绝的时候，确实有受伤的感觉，可是我从来不想强暴任何人。对不喜欢我的人，通常不去理会她就好了。"

"如果一个女人冷冷地拒绝我，别说真的和她发生肢体上的拉扯，就连想到这主意都令我难受，比她还难受。"

不少男人说，他们不懂强暴在肉体上为什么可行：

“对于一个抵抗的人，我甚至连勃起都做不到。”

“你怎么能强暴女人？要是她不想要，阴道会很干，我的阴茎和她的阴道都很痛，而且她也会被吓到。”

“对我而言，做爱的刺激来自回应：我喜欢让女人达到兴奋。强暴的回应，似乎并不值得。坦白说，我怀疑我能不能维持勃起。另一件事就是：进入一个干干的阴道既困难又痛苦。是不是一般强暴犯都得随时携带软膏？要不然，他们怎么进得去？”

“我一直认为，强暴会使男人的阴茎很痛，因为欠缺润滑，我觉得那会痛得要命。”

“要是我攻击一个贱货，那种感觉应该是生气，而不是春情荡漾，所以我根本无法在那时勃起，更别说是强暴了。”

“在我愤怒或受挫时，曾想过要强暴女人，但是我不知道强使一个弱小身体屈服过后，我能不能勃起。”

一些男人说他们绝不会实施强暴，因为那会伤害别人：

“这个念头令我想吐。因为我见过强暴的后果，知道它对女人所造成的伤害。我有几个曾被强暴的女性朋友，让我看到强暴给她们情绪和心理带来创伤，这很令我难受。”

“性行为应当是很美、很细致、很温柔的，所以当它被暴力、痛苦和羞辱玷污时，尤其可恨。”

有些男人说，他们绝不会这么做，因为那会侵犯到一个女人对她身体的自主权：

“我从不曾也不想强暴女人，因为我觉得侵犯别人是一件荒谬的事。我哪来的权利去决定另一个人要不要跟我发生性关系？我不可能有那种权利。”

“强暴是一种侵犯别人的暴力犯罪、有病的行为。我理想中的性爱是在尊重个人自由意愿下进行的。”

“强暴是对另一个人的权利和身体最大的侵犯和虐待。”

“我简直不敢相信有人做得出来，因为强暴造成的心理伤痕永难愈合。一个女人的身体是她珍贵的财产，如果她愿意与我分享，那很好。如果她不愿意，我也只是丧气罢了，绝不会强把我的快乐建筑在她的痛苦之上。”

有些男人说不，因为女人不会喜欢：

“我强暴女人的唯一可能是我知道她喜欢性爱。不过，如果你强暴一个女人，她吓都吓死了，何来性爱上的愉快？”

少数男人说不，因为他们的太太或爱人曾遭受强暴，他们了解强暴的伤害：

“7 年前，我太太被一个熟识的人强暴，他就住在我们同一栋大楼里。她把这件事闷在心里 1 年，因为怕说出来我会不要她，或在其他方面责怪她。幸运的是，当时我虽然怒火中烧，却没有把我的愤怒指向她。当我了解这个经历让她受了多深的伤害和产生了多深的困惑后，我甚至比以前更爱她、疼惜她。我气的是，一个男人竟可以为了手淫即能做到的事去胁迫另一个无辜的人，而她为了不受到更大的肉体伤害，只有屈服。我看不出我太太毫无意愿的身体如何能满足他。我理解她的恐惧和感受，她也知道我的谅解，这使我们彼此更亲近，比以前更相爱。因为这样，我们有了比过去更美满的性生活。”

“我太太 19 岁时被强暴过。我们结婚之后一起努力弥补这个遗憾。强暴这个念头对我是不可思议的，即使是 X 级电影里的强暴剧情，都令我充满憎恶。我十分相信，再有任何人以这种肮脏手段对付我太太，我会毫不犹豫地杀了他。目前我们没有正常的性生活，我认为那是强暴的后遗症，我太太也是如此认为。”

“她是个美丽、聪慧的女孩，我痛恨任何使她的人格受到扭曲的事物。她害怕独处，即使是在我们自己的屋子里，而且她尽可能地隐藏自己、不出风头。色情刊物里对强暴的偏好在我们两人心中投下了巨大的阴影……我真怀疑，为什么要在男性杂志里一再强调女人对强暴的幻想？这是什么心态？”

一些男人说，他们自己也被强暴过：

“我从未强暴过女人，我怀疑我是否做得来。我曾经亲身体验到男人从彬彬君子转变成强暴犯只是一瞬间，也深切了解女人面对孔武有力的施暴者时，显得多么无助。我理解被抓得紧紧的、双脚抬离地面的滋味，那时你的挣扎都无效。他们还试图对我做进一步的举动，事后我告到警察局，他们辩称只是开玩笑。我坚称他们是认真的，警察却说，一定是我做了什么不当的举动。他们还警告我，我必须有证据证明自己曾抵抗过，口头的自卫不算是抵抗。这种屈辱、偏颇的对待，使我下定决心，有朝一日，我要是进了陪审团，绝不放过任何一个有强暴嫌疑的男人。”

“1970 年我在军中监牢里被打得半死，然后受到一群男人的鸡奸。我是个倒霉的牢友之一，在此之前，他们进行这档事已有一周了。我算相当幸运的，只有三个人对我性攻击，强迫我做肛交。还有其他两名受害者，他们被迫穿上女人的衣服，受尽羞辱，还要做口交，这两个受害士兵中的一人后来自杀了。”

“我不曾强暴过女人，但是想过。十几岁身为庞克族的时候，有一天我在洛城街上闲逛，结果被捕，送进监狱。在那些面目可怖的囚犯中，我才知道自己的生活是多么纯真无邪。我是白人，却进入一个完全陌生的丛林，没有朋友（每三个囚犯中有一个白人，其他都是黑人，黑人是里面的老大）。我是新来的，尚未从前几周的放荡生活中恢复过来，加上前 15 个小时被关在过于拥挤的牢房，因而四肢发麻，并且生了病。总而言之，我是如此脆弱，成了他们侵犯的绝佳对象。

“第一晚，由于牢房客满，我们许多人睡在走道上，我知道著名的扒窃集团就在身边。黑暗中，我隐约感觉到两名体重和年纪大概都是我两倍大的黑人摸索前来，其中一人手里握着刮胡刀。突然间，刀子抵住了我的喉咙。我被翻过身来，脱掉了内裤，他们骑上来，告诉我‘刀子已在你蛋蛋旁，宝贝’。他们把我的屁股翘起，膝盖分开，立刻就插了进去。此刻的原始反应是：毫不了解、不能置信，且无法动弹。回忆起来，这样已算是幸运了。后来，警卫到时那两人逃逸了。

“更令我记忆鲜明的是强暴之后的感觉——羞耻。除了羞耻、愤恨、痛苦之外，伴随而来的是罪恶感，渴望彻底遗忘，钻到一个洞里，抹去这一切，只当它从未发生、不可能发生。

“事后，这事件的施暴者、受害者、黑暗中沉默的目击者及裁判，都卷进一种‘湮灭事实的阴谋’中，否认它曾经发生过。每个人都各怀鬼胎，却不像我这么迫切地想追根究底。攻击者必然暗自窃喜，受害者则充满罪恶感及羞耻感（即使过了这么多年，我从来不提这档事），连当时渴望冲个澡都不可得。

“它对身体造成的伤害——皮破、流血——与心灵的伤害比起来，显得微不足道。事实上，这就是男人所不了解的‘没受伤的’被强暴妇女。作为一个人，没有比这件事伤害更深、破坏人格更剧烈的事了。比起强暴来，脑震荡、骨折、刀砍，都算不得什么。我永远也不会忘记也永远不会做这种事。”

强暴与控制

男人为什么要强暴女人？既然男人可以通过手淫达到高潮，那么强暴的意义何在？诚如我们在本章所看到的，大部分男人并非基于性欲而施暴，而是因为愤怒的情绪、缺乏自我肯定，以及为了男性气概或男性的控制欲。对一些男人来说，男性气概等同于控制女人。控制女人可以让生活不如意的男人获得较多的成就感。一位男士说："我最常幻想强暴女人是在我感到被排挤的时候，强暴某个人是一种象征性地强使某个人承认我的方法。"

这个研究中典型的男人强暴幻想显示："我幻想强暴一个本来不愿意或害怕的女人，但一会儿后她变得渴望，最后和我共享鱼水之欢。"许多男人甚至认为女人无权拒绝他们，男人应该比女人优越，让一个不如你的人拒绝你，将是一种侮辱。而且男人应该是做选择的人："挑"一个新娘，"找"一个太太。

此外，我们的社会也告诉男人，女人应该爱他们，这是她们的基本义务之一：不爱男人的女人，就是坏女人。因此，如果女人不与男人性交，男人便有权要求她。换句话说，和女人性交是社会对男人的定义中的一部分，如果一个女人在性方面拒绝男人，就会有损男人做一个男人的权利，而她没有这种权利，因此他可以在性方面强迫她。

以上情形在美国大多数州的相关婚姻法律里仍没有改变。所以，性交的定义常被戏称为强暴的定义，因为传统上妻子要应丈夫的要求而性交，且不得以节育做借口。这完全剥夺了女人对自己身体的控制权。直到今天这种现象仍然十分普遍，而且有许多男人仍然认为他们拥有女人的身体。

强暴并不是自古而然的道理，在远古时代，性交并不被视为富有象征性或别具意义的举动。神话里洞穴男人拖着他的女人的头发回家只是一则神话。强暴并不是生理冲动的满足，而是文化上的。如果我们生活在一个男人并不觉得他们可以控制女人的社会，和女人性交也不是最基本的文化象征，男人还会把迫使女人交媾当作有意义的举止吗？是什么赋予了强暴在情绪上的动力？因为在许多男人心目中，强暴象征了被接纳，也象征了男性地位。

在大部分情况下，身为"男人"的压力，加上这个意图（强暴）所产生的隔膜和孤寂，迫使女人对男人的"生物性"（是"男人的"而非"弱者的"）点头。许多男人试图让性行为取代情感的联系（譬如通过交谈）。一个男人越发现性交是他和别人唯一能建立的私人关系、情感关系，越有可能埋怨性生活不够多。这种思维模式最后导致某些男人觉得，强暴女人是完全可以获得谅解的。

在另一层面上，更重要的是指出有各种不同形式的强暴存在，不仅是指强行进入女人的阴道，还包括日常生活中对女人自尊的侵害，剥夺她们和男人同等的权利和地位。在女人承受压力的情况下，不论是运用身体、心理、法律或金钱上的压力，都反映了我们文化中对女性态度的冰山一角。

其他形式的强暴

强暴仅是直接使用暴力来达成性交呢，还是其他形式的心理压力和强制也算是强暴的一种？发生性关系和迫使女人进入性关系之间的界限在哪里？

当问到“你如何定义强暴”[①]时，有些男人指出，强暴不仅是直接的身体暴力，还包括引诱和迫使女人进入性关系：

“强暴是指和一个不想要做爱的女人发生性交。任何口头、身体或感情上的诡计，只要会使女人陷于违反她意愿的性交，都算是强暴。”

“强暴不一定是指使用暴力，握有经济主控权的男人，可以利用这一点来达到亲近女人的目的。”

“强暴是包括引诱在内的强迫性性交。小男人（指心理上或社会地位上尚未成熟的男人）常以此显示他们轻视或能驾驭女人。”

被问到“你曾胁迫不想和你上床的女人发生性关系吗？你会怎么做？成功了吗？”时，大部分男人回答他们曾胁迫女人以达到性交目的。下面这些答案在于反映出男人和女人被教导去扮演某种角色[②]呢，还是他们有时也构成了另一种形式的强暴而不自知呢？

---

① 在我们所做的调查中，大部分男人并不是为了性的乐趣而强暴，事实上，很多强暴者在插入后就挺不起来了，而且根本没射精。而高潮的需要毕竟可以用手淫来满足。

② 对于侵略部队中的男人，强暴似乎是在显示主宰、占有，而不是出于性需要，因为无论在何种情形下，他们都可以靠自慰达到高潮。

“有很多次我不过是花言巧语，视情况而定。如果我没带保险套，就说等一下我会在射精前抽出，或改用口交。我会告诉她，绝不跟任何人说她和我做爱。告诉她我多么爱她，喜欢她，她是最棒的，我的阴茎已经勃起，不做会很难受。说她以那副娇滴滴的样子和我这么一个易冲动的人相处，是她的错。通常都会成功。”

“是人就免不了。书里所谈的方法我都用上了：以退为进，然后一举成功；装出受伤的样子让她内疚，激起她的同情心；这对你是好的，或不这样对我不好；我痛苦，我的阴茎胀起。或用酒灌醉，或以亲吻、爱抚等直接刺激她的性欲。有些会成功，有些则告以失败。”

“当我想说服一个女人和我做爱时，就会用尽方法。当然，我也想诚恳点，我能告诉她最真实的事就是，我不知着了什么魔，要是她不答应，我恐怕就要发疯了。”

“只要引起女人的内疚感，你就能从她那儿予取予求。”

“一句说得又快又多的话最有效——爱你！爱你！爱你——其实全是狗屁！”

“语言上的恫吓。譬如：‘我们好几个星期没进度了，怎么回事？告诉我问题出在哪里，我们谈谈，好吗？’结果成功率并不高，因为我通常又打退堂鼓了（觉得自己不够诚实）。”

“我会用一些情感上的计策，譬如告诉她，她对我有多重要。此外，如果她不能满足我的需要，我只好去找别人。这些计策大多会成功。”

“我会威胁她，要是不给我，以后就不来找她了。这是真的，我又不是和尚。这招通常很管用，我会装出一副无辜的表情。”

“我哀求，然后就成功了。”

“我会装得像个小男孩，不然就是让她知道我生气了。不过最有效的一招还是经济上的胁迫。”

“我曾在女朋友不想做的时候胁迫她。我会低声啜泣，告诉她我很饥渴，需要性爱。或是说，在我们分手前没剩多少时间了。这几招都很管用。”

“我的方法是不去满足她迫切的需要或生意上的利益，也不多做服务。我知道有时她会觉得有罪恶感，但我告诉她，这些都是关着门做的。通常我会成功。”

“我利用她的同情心，告诉她由于上一次情感经历的失败，我对自己有所怀疑，并迫切地需要一个女人来帮助我。”

“我威胁要告诉她丈夫她在外面胡来的事。我成功了。”

“我利用她的‘爱’。会不会成功，视她爱的深浅而定。”

“我曾迫使一个女孩跟我上床。我们先是聊天，彼此爱抚，虽然她有点不情愿，可是并未真的阻止我。我发现她宁愿继续下去，也不敢冒险触怒我。”

“女人并不是一本打开的书。有时你需要加点压力来改变她的心意，或使她们了解自己真的也想要（很可能她们自己并不了解）。但我不曾用酒精来诱使她们走上这条路。我使用那些老套的甜言蜜语，拥抱、触摸、护送、哀求、显示男性气概等来追求一个女人。有时我用坦白和直接的要求，有时候，我简直有点难为情地说出来……我乞求她们好心点，不要留我一人孤孤单单，大多数女人都有柔软的心肠，不希望她们是造成伤害的根源。”

“不算真正的强暴。不过有时我会一步步推进，因为我想她的确需要性爱，只是教养使她们觉得应该拒绝。”

“我从未用传统定义的暴力去强暴女人，不过我想我曾使用过心理战术使女人和我发生性关系。我以争执作为手段和她们上床。男人安抚女人，给予安全感，是整个性活动中的一部分。”

有些男人谈到婚姻关系里如何进行强迫的性行为：

“结婚之后，我经历过最差的性生活。如果妻子只是在尽义务的话，对彼此都没有好处。这也形成了我现今的处世哲学：双方都有权说不，如果我觉得她并不真的想要，我也会说不。”

“过去，我曾在太太并不想做爱时，说服她跟我做爱。有时是她正忙于家事的时候，我只是告诉她，我想要。这种感觉并不坏，也许是因为我太太对于强暴以外的事，都很能容忍。”

“这是我太太离开我的原因之一。”

“通常我虽成功，却让我觉得自己不被爱，也不被需要。”

“我想有很多次我太太并不乐意，但还是跟我做爱了。我不能确定这算不算施压。很可能她觉得这只是尽义务。”

“我希望自己能回答没有，可是我还是得回答有。有时我太太不想，我还是会施压让她答应。我想，你可以把它称之为一种威胁。我特别记得一个例子：我太太很想参加她公司办的宴会，如果我不去，就会显得很奇怪。宴会前几晚，我很想做爱而她不想，于是我就用不陪她去作为威胁。我成功了，可是从另一方面说就是强暴了。她和我做爱，可是我并未得到乐趣，因为她不是真的想做。我觉得我在利用她，而她也在利用我，因为我并不想去参加那个宴会。”

“如果我对我太太做出疯狂、着迷的样子，她就会软化。结果每次都奏效。”

有些男人说，他们相信女人喜欢这一套：

“我会这么做，是从我太太那里学来的，而且她喜欢这一套。有好几年，她说‘不’时我都当真，因而觉得不快乐，她也同样不快乐。可是最近几年，我们学会让对方知道自己的欲望，情况就好多了。她喜欢被强迫，她说这样让她觉得我真的要她，像催化剂般有效。”

“我发现有些女人期待被强迫，然后她们可以告诉自己，这不完全是自己的事。另外有些女人装作很难到手的样子，其实只想看看自己值得对方花多少力气去追求。女人越是被追得紧，越觉得高兴。女人很狡猾，男人却爱追，这真是一个美妙的组合。”

“谁没有过？我会对她厚颜无耻地撒谎。但是话说回来，女人似乎喜欢听谎话。告诉她你爱她以至于做事都分神，没有一天不想到她，你的身体因她而痛苦，等等，结果是很有效的。妇女运动人士批评男人为了得逞不惜贬低自我，谄媚讨好。不过我发现没有一个女人不喜欢听好话。你越恭维她，她越喜欢，所以这一招会成功。”

“施压是我早期约会、游戏的手段。大家都这么做，有何不可？‘我不会再约你了。’‘你不爱我吗？’‘要是你不肯，我会告诉大家你和我上床了。’……要是那个女孩也有意思，这招就很管用。有点像是为她找理由，她可以说‘是你要我这么做的’，来减轻自己的罪恶感。”

不少男人说，这似乎是男女角色扮演中必有的活动，不过他们希望它不是必须的：

“我曾强迫女人跟我做爱，大多时候，我是以温和的坚持和相当的耐性来达到目的。当然，我讨厌那样。和大多数女人第一次做爱的时候，都要施加一些强迫的手段。也许她们觉得太容易就范会被想成坏女人。不过我对这种忸怩作态感到厌烦。”

“我似乎强迫过每一个和我做爱的女人。要是我等待她们想做时才做，可能至今还是一个处男。这真令我倒尽胃口，使我再也不想去骚扰任何女人了。”

“大多时候，我并不了解是不是在强迫。我前一个情人觉得她应该跟我做爱，因为我对她很好。可是，女人为什么不在事情发生之前就表明呢？我想她是很想跟我上床的。”

“我曾引诱一个女人和我上床，那时她说她真的不想，只因为我欲火炽烈，非做不可。我觉得她是愿意的，只是嘴上说不。不过我并不是经常这样，我也不喜欢勉强的性爱。”

有些男人表示事后觉得难过：

“我曾在我太太一点也不想要时和她做爱。性交的时候我也没有多少感觉，只是很机械地把体内的性压力释放出来了。”

“我曾使用胁迫的手段得到性关系，不过是以拐弯抹角的方式得逞的，通常是诉诸心理学。最好的利器是诉诸微妙的同情心，这种方法总是奏效。不过，这种性爱有点缺乏感情。我很少这么做，也不曾运用在交往中的女孩身上，因为我觉得那样会让性丧失了对我的意义。”

“想做时我会格外卖力地引诱她，不断亲吻、爱抚，说些挑逗的话，有时是先脱下我的衣服。成功的时候居多，可是事后我自己常常感到沮丧。我会做这种事，都是有点酒醉的时候。”

有个男人因为强迫女人上床而感到羞愧，可是他认为这是女人的错：

“这是唯一令我羞愧的问题。是的，我曾有几次强迫女孩跟我发生性关系。这种情形通常发生在我独处一段时间后，遇到一个跟我约会的女孩，她愿意让我抚摸全身，却不想发生性关系的时候。我相信女人有权决定这种事，却会压抑我的意志。”

有些男人说他们曾做过，过程不太愉快：

“近来没有。从前，当我偶尔用油腔滑调诱拐一个女孩跟我上床时，总发现性爱结果并不令人满足，所以我后来很少再犯。”

“近来没有，除了对我太太。我曾试图强迫她，有时我赢，有时则输。操纵人的方法有上千种，你可以玩关于罪恶感、恐惧、弱点的游戏，但如果这么做，你能赢得什么？”

一些男人说，他们不会这么做：

“不，找个新的更简单。”

“不，如果一个女人不能享受性爱，强迫并没有意义。”

“不，我觉得那样跟强暴差不多。”

“如果不是出于自愿，便毫无意义。能让你愉快的是互相给予。”

“在性关系上，我们的社会把女人放在弱势的位置，我更得小心不能滥用我的优势，做强迫性的事情。对我而言，性是相互的努力，我希望在进行下一步时得到她的许可，或者让她得到我的许可。”

色情产品

越来越多的人阅读色情刊物，阅读人口的年纪也越来越小。在回答“你最早是从何处学习有关性的事情”时，现今二三十岁的男人表示自己很早就接触过色情刊物：

“我父亲总是把《花花公子》带回家来，有时还有类似的杂志和图片。我抱着无限好奇的态度翻阅。我很喜欢看，并对其中的男女模特儿印象深刻。”

“我爸爸有一本藏着色情照片和诗的速写簿，我会偷偷拿到楼梯下观看，并一边手淫。另外一个同性的朋友也带书到那儿看，我们一起手淫，不过各玩各的。那时我大约十一二岁。”

“我是高中在杂货店打工时，第一次看到男性杂志的。已婚的两个老板和两三个有家室的员工，每天都谈论着前一夜老婆有没有让他们‘爽’。其中几个人时常带一些色情小说到店里，并鼓励我看。这些书是纯故事，没图片的，不过讲得非常清楚。”

“我爸爸在书架的《圣经》下面藏了一本《花花公子》，我发现时大概是 10 岁。”

“《好色客》是我最喜欢的刊物。不过我爸爸在我 15 岁时抓到我订的第一本《花花公子》。”

“约 11 岁时，在朋友家第一次看到，我眼睛为之一亮，不过马上就失望了，那是一本性教育的图画书。”

“我第一次看男性杂志是在理发店。他们总有《花花公子》摆在那儿，等着剪发时，我津津有味地看着。幸好，我爸爸还有一本《金赛性学报告》藏在床下，我看过之后，才免于被那些杂志上的错误观点所误导。”

“我第一次看到色情刊物是 16 岁在夏令营打工时。此外，高中校园里也有一些色情小说流传。”

“我父亲订有《真相》和《花花公子》。我找鞋油时，在他衣柜最下层发现了《花花公子》，那时大概是十一二岁。我知道这是不妥的书，所以当时很惊惶。”

“我在八九岁时看到第一本男性杂志，那是某些客人住宿后留在旅馆里的。我发现了就翻着看，不过，现在看就觉得无聊透了。”

色情刊物除了造成感官刺激外，一起阅读也能达到男性结盟的效果：

“理发店似乎是一个男人可以凑在一起放松、沉迷的男人世界。上次我进去时，理发师正帮一位客人剪发，于是我坐了下来。前面有一些杂志，最上面一本是《花花公子》。我察觉到其他顾客都期待我拿起来，沉浸其中，因为这是一个我们男人可以凑在一起欣赏裸女图片的地方。我感觉得到他们的期待，我也表示出赞同和对杂志女郎的欲望，他们期待我活出书上男人的样子。这是男人间的互相了解，即使是个陌生人——我们也都可以眼睛盯着图片，了解彼此在想什么。不喜欢《花花公子》的人，就不是真正的男人，而是个怪物。”

男人也在独处时阅读，或借以手淫：

“我的性幻想常因看了色情刊物而升高、沸腾，我大约收集了 100 本杂志和 15 部色情影片。”

“如果我一个人手淫，通常需要视觉的刺激（性感女郎裸体的照片、性交的照片），或者阅读一本写得很露骨的小说。”

“男性杂志上的裸照令我兴奋，当我最后射精时，我会对准她们的胸部、阴毛或乳头，以及任何我最喜欢的部位。我射的量越多，越能令我满足。”

“要是身边偶尔有一本，我就会溜到厕所（当我太太外出买东西或加班时）好好享用一番，在射精前让自己好好兴奋一下。但通常我没有时间，要不就是手边没有书。有些男人说，他们只是不定期地翻阅色情杂志，因为他们更喜欢自己的性幻想。”

“要是我们瞄到一眼，目光自然会被吸引，可是我不会购买或借阅。我比较喜欢幻想我所认识的女人。”

“我看过色情刊物，逛过上空酒吧、三级戏院和情趣商店。这些事都不能让我兴奋，所以我现在很少去。我只用想象。”

“大多数色情刊物都不会令我兴奋，我从未买过。我太太比较让我兴奋。”

“以前很露骨的色情杂志会让我兴奋，但近来我已能放能收。它们再怎样也比不上我的幻想。”

“电影、卡通、图片、小说里的色情，似乎是针对头脑低度开发的人而设计的，太露骨了，不能让观赏者得到想象的乐趣。所以，色情刊物通常不能令我兴奋，我宁可自己来。”

少数男人说他们从来不看：

“我消受不了，即使面前就摆着，我也不看。我比较期待我太太，以及真实的事物。”

“即使活到27岁，我还没看过一本《花花公子》，也不打算看。如你所猜想的，我也不会去看辅导级以上的电影。”

不过有些男人对色情刊物、成人影片却很喜欢，直说看得很爽，也有助于增进男性的自我：

“是的，我看成人杂志，像《好色客》《时尚》等，也去看成人秀和黄色电影。在看现场脱衣秀时，我喜欢那些女孩对我抛媚眼。”

“看这些东西，我是永远不嫌多的。我想它显示了我们体内都有的动物性。色情刊物应该合法化，而且包含在高中性教育课程里。”

“对我来说很棒。它给我做爱的新灵感，而且总会带给我性兴奋。”

“我喜欢色情产品，不论是影像还是文字的。我所能想象的最美妙影像就是一位性感女郎用她的嘴含住一根老二并乐在其中的样子。我希望所有女人都能看看这种表演。还有一些电影里不时示范了边口交边性交的绝活，我希望见到更多这一类的电影。一个女人肯定能以这些表现增进我的男性自我。”

男人喜欢什么样的色情刊物

以照片而论，能刺激男人的要素，似乎是眼光的接触：

“女模特儿必须直视镜头（我的眼睛），这种照片才有用。她的眼光越大胆挑逗，越受欢迎。封面女郎都是摆这种姿势看人，男人普遍具有同样的欲望，而出版者也深深了解我们的喜好。模特儿越年轻、越大胆，对我越有吸引力。”

“从过去到现在我都有看色情刊物的习惯，像《花花公子》《好色客》等。但封面上似乎少了一个我，我似乎应该是她们的性伴侣。”

“我最喜欢的照片是封面上的女人盯着我看，微笑着，露出她的阴部，并抚摸着。让我认为她要我，很过瘾。”

大部分男人希望这些照片“点到为止”：

“摄影品质良好的杂志，我还可以接受。我不常看《花花公子》，不过他们把女人拍得不错，令人流口水。他们不会有残忍镜头，有的色情刊物就令人倒胃，一个女人把阴唇贴在地板上是性感吗？有些影片更是不堪入目。当然，摄影技巧很棒，那些动作也极俏，不过演员可就声名狼藉了。这些影片通常都太机械化，缺乏人性。看了色情电影能兴奋固然不错，可是我更喜爱没有性场面的浪漫片。也许我是个无可救药的浪漫派吧！”

“我喜欢有品位的异性恋色情刊物，图片上的女人在精心设计的背景前摆出撩人的姿势，更添美色，我把它视为一种艺术。摄影师的目的不仅是拍女人的生殖器，而且是要创造一件艺术品。我喜欢看表情无邪、动作又有点诱人的女人，无邪的睡美人是我最喜欢的。而像《好色客》或《阁楼》杂志，则把女人拍得像妓女，两腿叉开露出阴毛，主要目的是显露女人的生殖器，好让某些男人能对着手淫。我不喜欢这样的色情刊物。”

少数男人则喜欢较露骨的性：

“我有色情产品，包括影像和文字的。我所能想象最美妙的景象就是女人用嘴吸吮男人的老二，那个模特儿也似乎乐在其中。我希望所有女人都能看看这个表演。”

大多数男人抱怨露骨的色情刊物看来太低俗，令他们难以认同，不过在手边有更好的替代品之前，他们仍会看它：

“以前我喜欢看拍得很好的性感女人，但我不能认同露骨的色情刊物。看那种东西似乎使我变成一个讨人厌、没人要的男人。”

“大部分的色情刊物和X级电影一样，是粗制滥造的，通常几分钟后我就会有一种憎恶的感觉。那些女人看起来不是你会在意去结交的，她们显得无趣。”

“有些色情刊物做得很精致，有些则像垃圾，我说垃圾的意思是指让观众觉得降格、丑陋。”

“大多数刊物做得低俗不堪。缺乏想象力、重复、无聊又不美，不过有时候也会看到超水准的，令人心情为之振奋。”

“色情电影也可以拍得有品位，但它们大多只是一堆垃圾。所有内容几乎循着这个简短的公式对话：‘嗨！我叫马克。’‘我叫玛西雅，咱们来做吧！’然后是叫床的声音。以前我曾看过一部令人‘性’趣盎然的A片，但现在市面上大多是垃圾。”

很多男人说他们对自己的反应感到困惑与矛盾，虽觉得色情产品低俗、下流，仍会感到兴奋：

“我对色情刊物感到气愤、恶心和着迷。我确实发觉它们有许多地方令人不舒服。我不喜欢看人像肉一样展示着，或被弄得像个妓女。不过另一方面，我又不能否认被它撩起一股情欲。这是双重的困扰，既觉得它不入流，又被它吸引着。”

“我觉得他们把美的动作转变成一些很本能、很动物性的动作，令人难过、恶心，不幸的是它又能使我的身体兴奋。我发现自己出于好奇会看它，并会勃起，我讨厌自己这种反应。”

“我曾借那种杂志上的裸女图片来达到高潮，可是我也知道自己不会喜欢那种层次的女人。”

“我偶尔会看一些色情刊物。我的感受很矛盾，其中一些图片确实会令我勃起，不过大部分令人无动于衷，因为没有感情的性是冷冰冰、不太刺激的。我觉得它侮辱了女人，想到这点我就会兴趣全失，而且很生气。”

男人对色情产品的感觉是什么

一些男人说色情产品很刺激，但他们不该喜欢；另一些人则觉得虽不刺激，他们却应该喜欢，因为所有男人都会喜欢。还有些抱怨他们所看到的色情刊物很无聊，不过他们相信，只要品质有所改进，还是会令人兴奋的：

“在我看来，我所看过的色情电影都很糟糕。通常在前面的5分钟我会勃起，之后则无聊到结束。剧情总是很老套，表演惨不忍睹，最不可原谅的是女主角不好看，做爱场面平淡无奇。男性杂志稍微好一点。较好的色情杂志至少找到了美丽的女郎，而且配合了有品位、有技巧的摄影。”

“我希望他们在拍X级电影时至少有个好故事，配合一些温柔但清楚的性爱场面。我看过的一些色情片很快就让人觉得无聊了。事实上，我和我太太看过之后，那晚都没有性欲，这对我来说是很少见的事！”

“要是我有一段时间没看，就会觉得刺激。任何情况下它都是开头有趣，结局无聊。我想这是因为他们没有把材料用艺术手法好好处理。”

有些男人坚决反对色情产品，认为不论是含蓄还是露骨的，都是对男人和女人的侮辱：

“我对色情刊物和电影非常反感，因我相信它贬低了男人和女人，甚至是全人类。我又不赞成审查制度，最好是要求制作者有较高的品位。”

“对男人和女人而言，色情产品都是很幼稚、很下流的。”

“我看过一部A片之后，从此不想做爱了，我觉得和银幕上的人属于同一物种真是可耻的事。”

即使是歧视女性的男人，对色情产品也不以为然：

“我在书店或报摊还是会刻意寻找，偶尔也去3级电影院看个片子。不过我一下就没劲了，因为那里的性是那么缺乏温暖和温柔，它完全是反人性、商品化的。唯一诚恳的高潮是男人的。换句话说，这也是一个女人自贬身价的状况。色情产品真是一种性剥削。”

另一些人（包括喜欢色情产品的人）指出大部分色情产品太暴力了：

“大多数色情产品令我扫兴，因为他们缺乏感情、关心或温柔。它们在我眼中大多是性暴力。”

“我喜欢看A片，如果他们做一些我也曾做过的动作，会更有意思。不过通常是无聊的，而且太暴力。”

“我觉得色情片有点无聊，因为它已降到最低层次的暴力、施虐和受虐倾向。”

“我反对男性杂志中偶尔加入的虐待主题，我觉得这种刊物该反映的是欢乐、愉快，而不是痛苦、暴力。我怕这些扭曲的东西无形中把人引向错误的方向。”

“大部分美国色情片似乎是黑手党制作的，很暴力、很变态，而且缺乏想象力。我看过一些私人拍的，就有感情得多。”

“我去看过一些X级电影，想学学做爱的动作，结果看到的却是暴力，我一点也不欣赏。以前我可以借着《花花公子》去发掘，现在却连这点机会也没有了。因为它们全被暴力污染了，令人兴致索然。”

或者他们厌倦了其中“恶意的”企图：

“想到色情产品就会让我生气。里面太强调乖僻的性、自虐、受虐和恋物癖。我已经受够了那种对性的恶意嘲弄态度和黄色笑话。它们是性压抑、性贫乏的反映。”

令人惊讶的是，有些男人为色情产品的残暴性责怪女人。他们似乎不了解色情刊物是男人经营、设计、发行，用来吸引男人的：

“低俗的刺激只会令人倒胃口，看到那些扭曲、残暴的画面，我怀疑对一个女人这样做之后她还能否兴奋，还能否把她当一个人而非一团肉来看？”

“《好色客》和我所看过的病态书籍没有两样。女人何时才够格做‘人’？我怎么能爱一个不是‘人’的女人？”

男人认为色情产品有教育性吗

有些男人指出了色情刊物可能有的优点：

“我认为多看看不同的阴道、阴蒂、内外阴唇等是有教育意义的。我借着看色情影片、书籍，提升一些技巧。”

“我深信色情产品对成人性教育大有帮助，在许多情况下，它满足了观看异性身体的需要，帮助了手淫的达成，也满足了世上许多独身者的性幻想。共同欣赏色情片的夫妻，可以享受一个更美满的性生活。”

“一旦你发现一个真的很棒的细节，仿佛就掌握了进入另一个世界的钥匙。有些特写镜头给了我们平常少有的机会去进行仔细观察，并且把女人的生殖器官改造成一件艺术品。”

但是，当被问到“你认为色情产品代表了男人、女人心理上和性关系上的某些真实吗”时，只有少数男人的回答是肯定的：

“我喜欢色情片和杂志。我觉得它很真实，接近实况。我仍然不懂为什么大多数女人看了色情杂志都说脏、低俗，而事实上她们做爱时表现得就和那些照片一样。”

部分男人说它只表现了男人方面的真实，因为绝大多数色情产品是男人制作、男人购买的：

“我觉得所有色情产品都是以男人为导向，而贬抑女人的。我实在不喜欢。它无疑表现了大多数男人对女人所做或想做的。”

“我看过的大部分色情片都倾向于男人的幻想，女人只等着被做而已。”

“我认为色情片表现了男人想对女人做，但在现实中却不敢开口的幻想。”

“我觉得制作男人和女人都觉得刺激的杂志、电影是有可能的。另一方面，我清楚男人（包括我自己）在看到女人被糟蹋时特别兴奋。这就是大部分色情产品会被扣上反女性的帽子的原因。”

“它表现了某些隐藏的欲望，某些男人和女人（尤其是男人）在性爱和心理上的真实层面。我太太和我在另一对夫妻的怂恿下看了《深喉咙》这部录像带，我们只看了一半就离开了。我觉得它很有趣，甚至有教育价值。但我太太说它是抄袭之作，而且非常歧视女性，我同意这个说法。剧的核心是一个性饥渴的女人渴望吸吮男人的阴茎，不过，我仍然爱看。”

几个男人指出，色情影片或刊物呈现出一种非常不真实的性关系，它不但不是性教育，反而提供了错误的资讯：

“里面的人物都很典型化，且迎合‘性超人’的幻想。好像只要插进去，女人就能疯狂地达到多次高潮。”

“要是我照着电影里的方法做爱，每个我认识的女人都会在跟我第一次上床后弃我而去。比如，他们从未示范阴蒂刺激，或者你怎么和一个陌生对象互相调适，等等。事实上，真实故事就和色情小说一样，他们为什么还要表演肌肉的神话？”

“男性杂志上充斥的想法离真正的男人女人很远，它们基本上只刊出了幻想。”

“我看过一些含蓄的色情电影，其中一个普遍的主题就是，女人似乎喜欢被强暴，而且性意识会因此被唤醒。这真是幼稚，而且很危险，因为它提供了强暴的动机：‘这是她们想要的，无论如何，我算帮了她们一个忙。’”

“它强迫男人把自己比作唐璜，强迫女人把自己想象成性饥渴的寡妇。我喜欢成熟、有启发性的性资讯杂志，但我相信一个有健康性生活的人，不会浪费金钱去买市面上的色情书刊。”

“我所看过的 A 片，和我过去、现在或期待中的性经历，没有一点共通的地方。我观看的主要原因，只是不想孤陋寡闻。”

“色情片里的女人通常已准备要大干一番，比发情的猫还热切地想要找一个男人来满足她。但我不相信这套。在我有限的经验里，得花上一整晚的时间相处、试探，才能感觉出她是不是准备要做。而且不论是什么情况，都不会像那种扯开衣服般露骨。反而可能是迎向我的眼神，一声放松的轻叹，握着手时低声的赞美。我不相信有女人会有像 A 片皇后那样的反应。”

“色情片把性描绘成生活中的大事。虽然它可能是大事之一，但绝不是最重要的。生活中最重要的是去爱别人，并从他们那里得到爱，这当中可能包含性，也可能无性。”

“我不赞成审查制度，可是我觉得有人该负责把市面上那些淫秽无益的色情刊物毁掉。这种垃圾所制造的性神话对我们社会的伤害，可能要好几代才能消除。好的色情刊物是健康、有教育性的，若能配合正确的性教育，对社会大众培养健康的性态度帮助颇大。如果把目前的色情刊物转交给女人经营，男人很快便明白会变成怎么回事了。”

有些人强烈反对色情产品中的性别歧视态度：

“他们总是把女人描绘成渴望性交的样子，其实就是性别歧视的态度。”

“大部分的色情杂志是青少年时期出于好奇看的。从那时起，我就发现它们非常歧视女性，是自我腐化的刊物。”

“我不喜欢《花花公子》《阁楼》之类的色情杂志，我认为它们强化了社会对女性的恶劣态度。内容相当无聊，而且绝对是性别歧视的。”

“我看粗制滥造的色情电影，当然是兴奋不起来的，里面一对对无名无姓、只有单一的人做来做去；假的女同性恋者把巨大的性道具塞进彼此体内，然后假装高潮；胸部像西瓜般大的女郎，穿着黑色吊带袜，斜着眼、舌头转来转去的被性虐待场面。我反对任何把人当作性玩物的描绘。人是有性欲的，如果抹杀其他层面和属性，人就成了怪物。我认为色情产品最该批评的一点是它们持续灌输‘性是男人对女人所做的事’的观念。”

有些男人仍然有非常复杂的感觉，虽发现色情产品充满了错误信息和性别歧视，他们仍然兴奋：

“就引发设计中的性反应而言，大部分色情刊物或电影对我是很有效的。至于整个设计和它引起的兴奋是不是一件好事，又另当别论了。近来我发现它和我所想象的大有距离，它只是一再耍诡计，把我困在谎言的网里。它代表了男人、女人该如何的某种真理：谨记他们分内的角色，绝不去思考或怀疑，他们在做的其实是别人指定的规范或扮演。显然色情产品告诉我们的是，男人很有力，而且永远是坚挺的，渴望从女人那里得到快乐；也在表示，性即力量，也许它永远不正当，但整件事不过就是一直朝向那个设定的终点进行，不管它是正面的还是负面的。那些色情产品现在对我已经毫无意义了，可是我体内的机制还在，勃起还是会发生，而且仍然觉得有快感。”

色情产品和男性性欲的定义

色情产品在我们社会中的重要性日渐增加，原因何在？根据《福布斯》杂志1978年的统计，色情产品比唱片业和电影业两者加起来的营业额还高，每年可达40亿美金。男人为什么使用、观赏色情产品？是为了性刺激还是为了男性结盟与认同？色情产品有什么力量让男人兴奋？是观看女性裸体？还是看到性活动？或是因为伴随观看而起的男性权力的幻想？

当然，男人和女人都有权观看或欣赏人与人之间的亲密关系，借此增进我们对自己生活和情感的了解。但是，我们所知道的色情产品，并不是为上述的目的而制作的。大部分的色情影片或刊物所表现的，是女人屈服于一个比她强壮、具威胁性甚至有敌意和暴力倾向的男性。即使是“含蓄”的色情杂志，照片上只出现女人（而无性交），她们的眼神勾引着男人，几乎都摆出“过来、占有我”的姿势，这个女人仍然被男性读者所控制，以他们所喜欢的方式加以使用。

色情产品也强化了男人心中“女人是可以用钱买到”的观念。如一位男士所言：“色情刊物就是一种便宜买女人的方式。”色情刊物一点也不能提高女人的身价，大部分男人对画报上的女人不管多漂亮都表示轻蔑。色情刊物通常被一群凑在一起的男人评头论足，这是一种男性结盟的形成，同时加强了女人为男人所拥有的观念。色情产品令我们想起了奴隶拍卖市场：每个男人都可以出价、挑选、购买适合他的女人。做细活的选年轻、漂亮的女人；做粗活的则选女佣、仆妇。促使女人（尤其是贫穷女人）以这种方式出卖身体，最大的原因来自经济压力。

色情产品的持续扩张会使既存的两性关系改变缓慢，因为色情产品强化了过去男人对女人的占有态度，而这种态度已经对双方造成了莫大的伤害。有些A片刻意拍摄女人占有男人的画面，但只是角色调换而已，观念仍在同样的定义里打转。色情产品让男人相信，女人就是他们看到的那个样子，或他们听说的那个样子（都“很贱”），并且加强了男人对他们性别角色的认定。男人在阅读或观看色情产品时，知道他们分享了其他男人所看到的，因此假设了这是所有“真正的男人”所要、所认同的东西。

男人想被占有、被控制的欲望

下列的陈述主要是关于男人被支配的体验和欲望。有些男人曾被人主宰过，他们被捆绑、殴打，并且乐在其中。这些人还提到，他们和女人玩过“假强暴”的游戏。

有些男人说，他们幻想被女人强暴，但是他们的幻想不是强暴，而是被女人（通常是多个）所企求、爱慕：

“我时常想被强暴，不是在街上，而是被我的性伴侣。这样的性攻击会令人兴奋，并让我觉得被伴侣需求着。同时我怀有虔诚的宗教观念，认为婚前性行为是禁止的，强暴则能消除这种罪恶感，把我带到‘狂喜的痛苦’中。”

“我常幻想被女人强暴。一群激进的女性主义者在楼梯口把我堵住，手沿着我胯间抚摸，并挤捏我屁股，说：‘被当作性玩物，你感觉如何！’私底下，我认为女性强暴犯应该得到政府的许可。但是，我绝不愿被男人强暴。”

“很不幸，我还没有被女人强暴过。但我耐心地等待这一刻，因为如果能让一个女人为了色欲而攻击我，会增强我的自信心。女飙车族很令我着迷，我住在有女性帮派的大城市里，我会很乐意搔首弄姿好让自己被强暴。我从来没有在性方面攻击过女人，也永远不打算这么做。”

许多男人说，他们喜欢女人有攻击性并支配他们：

“在激情的状况下，我产生过一些狂野的念头。例如被女人攻击，被她用手指或假阳具强暴。”

“当我心情好时，我希望我太太随她所要地摆布我的身体，不论是把我绑起来，还是把我压在下方，使多大力揍我都可以。这念头的确使我兴奋，而且我曾借此达到高潮。或者让她骑到我身上，强暴我，这会让我觉得无助，但不害怕，光是幻想就令我性兴奋。此外，当我把太太弄痛，让她尖叫、孤立无援时，也让我觉得自己性感、勇猛。当她说痛时，我觉得自己很英勇，不想让她起来。”

“我和一个定期碰面的妓女玩我的幻想。她走进我坐着的客厅‘逮捕’我，叫我脱掉鞋袜，然后上手铐。接着她拉我进‘监狱’。通常我是个不太守规矩的囚犯，那意味着她会给我一巴掌。如果我真的太过分了，就会被罚跪在床前，翘起屁股挨打。我不想受折磨，所以得乖乖顺从她。然后她把我锁进衣柜里，里面得大得够做一间牢房。如果她心情好，会倒一杯水给我。我躺在地板上，很无助。从牢房里放出来时，我的手铐还在，我必须听话，否则就得吃苦头，通常我得舔她的阴部或亲她的脚趾。游戏的最后一步是她骑在我身上，干我，我的高潮就像火花般爆开。一旦射精，我们的对话就恢复愉快和正常状况，因为游戏结束了。”

或是幻想服从于女人：

“我有许多性幻想。其中一些是我被绑起来抽打，被女人玩弄、虐待。我是她们的奴隶，最后她们还为了好玩把我杀了。其他一些包括我被火烧或受折磨，或是由我虐待一个年轻漂亮的女人。我希望自己消灭掉这些念头。当我觉得自己一无是处的时候，受虐会让我感到刺激；当有女人对不起我，虐待她也令我痛快。不过，要是我真的这么做，是会惹上麻烦的。”

“施虐与受虐对我并没有吸引力，但被女人支配则是我所渴望的。我很想尝试做女人的性奴隶。她们穿着传统的黑色吊带袜、腰系宽皮带，像个风流寡妇，我不知道自己会如何反应。这个幻想还包括被她强迫穿上女人的衣服，并做出女人的动作。”

“我的幻想里有个很具主宰性的女人，孔武有力且漂亮，穿着非常性感的衣服，挥鞭和捆绑的技术一流，懂得许多施虐的手法。我被绑起来，被迫穿上女装，而她则戴上假阳具来干我。她插入振动器，帮助我手淫直到高潮，而且持续数小时之久。”

另外有些男人说他们玩“假强暴”：

“我太太和我的性爱游戏之一，就是假装发生强暴。”

“我从来没做过任何类似强暴的事，也不想去做。只和我爱人做些类似强暴的动作，没有强暴那种仇恨情绪。”

“我曾假装强暴我太太。不过，我知道她是愿意的，只是假意挣扎。我们从中得到乐趣，不是因为它的残暴，而是让她感觉我对她有一种无法控制的激情。那只是好玩，装作粗暴的样子，却很小心地避免弄痛她。如果事先不告诉她，且偶一为之的话，她会觉得很刺激。”

“我和我爱人很喜欢玩一种游戏，就是我先对她粗暴，把她四肢张开压在我下面，借以说明她已被我虏获，从现在起是我的俘虏，接下来我会对她很温柔。这种一张一弛似乎更能增进我们的情趣。”

“我从未真的强暴过女人，不过我曾撕下某些女友的衣服，那很有趣。”

有些人喜欢被绑：

“有时我对捆绑和殴打感兴趣。我喜欢被绑住，一切听凭女人发号命令的感觉。我喜欢温和的殴打，然后出乎意料地突然爱抚我的老二。我们总是让绳子松松的，所以不至于血液不流通，也可以自己松绑，当高潮来临想抱紧对方时，绳子可以在瞬间挣脱。臣服于某人的幻想是一种兴奋剂，并不是真的弄痛。如果真痛的话，我太太是不会屈服的。我喜欢设法阻止她（当她太兴奋时）的感觉。当我把她绑在桌上或床上，我喜欢黏着她直到她高潮，因为除非被绑，否则她是不会让我这么做的。我也喜欢挑逗她，把我的阴茎插入她的阴道里，让她逐渐进入情况，然后突然抽出，让她若有所失，再慢慢地进去……直到一个超级大高潮来临。”

有些人想尝试被绑的滋味，或捆绑他们的伴侣：

“我希望我和我太太都能直接地表达想要怎么做。我们现有的性生活不错，只不过总是重复做同样的事，即使有变化，也是微小的。坦白说，我想做一点怪异的事，譬如偶尔被绑起来，或扮演一个特别的角色。”

“我绝对不想弄痛我的爱人，可是我常以这个幻想为乐。我想把她绑起来，于是一切就在我的掌握之中。我不太肯定能让她兴奋到白热化的程度，不过我很想看她兴奋的模样。我想两个人玩这种游戏，一定要彼此完全信任，才能放手让对方去做。”

“我很想实验做爱时捆绑对方或被绑，看看这种全然的无助和对伴侣全然的信任能达到何种程度的性兴奋。重重地被殴打可能也很有趣，目前为止我还没尝试过，也许是没有开口吧！”

有些男人喜欢被殴打，或想尝试这种滋味：

“我肚子朝下趴着，我的爱人一只手打我、另一只手则伸过来捏我的睾丸，我发现自己能从中得到奇特的快感。她知道那是我最脆弱的地方，当她的手抚摸它，我几乎会融化。她揍我屁股时，我觉得完全屈服。她也喜欢被殴打，有几次我用蛮力强暴她、揍她，她也挺乐的。我们一直谈到互相捆绑、支配对方，可是并没有实行。”

“我对殴打很着迷，不管是打人还是被打。一顿真实的殴打能给人一种灼热的刺激，使性爱更热烈、更有快感。”

“被痛打真是一种无上乐趣。它很能刺激性乐趣，即使是想到殴打这个念头都令我兴奋。”

“说老实话，我对暴力的性有兴趣。我喜欢被鞭打，当然不要太重，最好是用一条宽皮带。”

有些男人说，极端的肉体感觉对他们是莫大的满足：

“我喜欢在干她的时候屁股被重打一顿，越大力越好，我还希望能打到我的睾丸，甚至打在屁眼上。我可以感觉那力道直通阴茎，或是皮肤的里层，感觉那儿仿佛有火在燃烧。”

“自慰时，有时候我会用别针去刺我的乳头（有时也刺阴囊），那种感觉非常棒。”

“我用刺激性的软膏擦在身体的敏感部位，特别像阴囊或胳肢窝，那种灼烧的痛有时让我忍不住大叫，但是，我还是爱。”

以下是男人所喜欢或感兴趣的其他类型：

“我太太和我是比较无拘无束的人。譬如，我觉得在她小便时和她做爱很刺激。有时她坐在我腿上随我怎么玩，那样子我很快就会勃起。有时我也喜欢小便时由她握住我的阴茎，或者在她高潮时把手放在她的两腿间，让指头感觉那股湿热。我喜欢百无禁忌，去知道我实际上是怎样的人，以及我真正喜欢的方式。我不怕接受我发现的真实情况，我会不断地探索我的性世界。”

“我喜欢我太太丝质内衣的光滑感觉，它们很能激起我的性欲。有时我会在手淫时，拿来摩擦我的阴茎。”

一个男人怀疑他为什么有如此感觉：

“我怀疑我为什么有这种想法，也许是挫折感。我并不是对所有的人都有这种幻想，只是对我所爱的人，特别是觉得软弱无助时。有时我怕她爱我不像我爱她那么深，我幻想她强迫我跟她做爱，因为这表示她爱我、需要我。我也幻想她羞辱我、打我、对我很粗暴，因为我没有安全感，我怕她对我的欲望不够强烈。被羞辱可以让我兴奋，这听起来很疯狂，但确实如此。”

有些男人为性关系中的主宰和顺从提出辩解，认为对他们是有意义而认真的交换：

“我的幻想常包含我有能力让伴侣达到忘我的地步，而我也希望她能让我这样做。互相顺从对我而言是很重要的，它表示完全地给予和开放，一起分享和扮演不同的角色。在电影《广岛之恋》里，女主角在床上说：‘摧毁我！’对我而言，那意味着摧毁压抑、摧毁礼教，改造我，让我变成动物性的人。”

“我认为色情书刊里的强暴镜头令人反胃。唯一有意义的暴力是一种互相分享的暴力方式。也就是说：双方同意、互相分享。强暴是强迫别人让你霸王硬上弓，以暴力威胁她们屈服，或迫使她们做不想做的事。做爱和强暴的差别，在于强暴犯并不在乎对方是否要他，他是用蛮力，迫使被攻击的对象产生恐惧，这是一种怀有敌意的举动。而互相有欲求的暴力是不同的，我们通过彼此信任的激烈举动，超越了某种限制而达到更深的契合。”

“我读过有关捆绑幻想的解释，它能去除女人任何有威胁性的倾向。由于她不能拒绝，所以只好被动地接受所有加诸身上的举动。被绑和绑人各有乐趣，被绑的人可以在这个过程中接受平常羞于接受的事，而且完全不必负责。有时带来一种神奇的感受。”

“有一种温柔的捆绑，其中主导情绪是崇拜，而不是伤害。从另一方面来说，一个人可能想被捆绑，但不想被变态地对待。施虐、受虐和支配、顺从其实是异曲同工的，它们有共同的出发点，但方式却不同，甚至是完全不同的两个世界。支配、顺从的角色扮演，羞辱、捆绑，以及真正的折磨、虐待、残害是相差十万八千里的，可以用疼痛和伤害作为衡量标准。后者扮演的意义则在于情绪的内容。”

大部分男人从未实验过身体的施虐、受虐、暴力、捆绑和惩罚，而且表明没有兴趣尝试，有些人说明了他们的理由：

“整个施虐、受虐过程，在我看来是控制、独裁、支配欲望的另一面，任何一面我都不喜欢。”

“几年前我突然有个想法：在某个点上，快乐和痛苦是难以区分的。于是我决定在她快达到高潮，或正高潮时狠狠地给她一巴掌。经过一两次后，我放弃了这个想法。对我来说，伤害别人（即使是很刺激的感觉）不算是性爱。性爱是温柔的，为了做爱而引起痛苦，甚至伤害，是我无法接受的。”

“我不认为暴力能给性爱带来刺激，一般说来，暴力和痛苦只会令我反感。有时候我也会想痛揍某人，但那是出于气愤。我看不出痛苦或支配能引起性欲。”

这是真的吗？或者，色情产品是由制造它的少部分人，放出的“男人应该对女人做”的信息？

色情产品绝大多数都是呈现女人（而非男人）被主宰、被蹂躏、被羞辱。反女人的虐待狂是西方的一个文化主题，可追溯到中世纪的火烧女巫，有几百万女人因此丧命。

大部分的男人不会和女人一起欣赏色情刊物和影片，因为女人不会喜欢他（她）们在其中的形象。同时，男人聚在一起观看色情产品也是一种宣示男性气概的方式，一方面他们共同拥有了性欲高涨的感觉，一方面这又是个不折不扣的异性恋产物。

男人被女人强暴，同女人被男人强暴或男人被男人强暴不是一回事，因为文化象征并不会让女性的性攻击对男人造成羞辱。

16

男人间的爱与性

禁忌与诱惑

love

“我第一次热恋时，已经快 17 岁了，那种强而深的感觉淹没了我。当时我在一个大型超级市场当出纳员，我相当喜欢那份工作，也喜欢和人们密切接触，尤其是和超市里的同事。我们下班之后经常聚在一起，去打保龄球或是撞球。其中有一个家伙特别吸引我，我们常常一起约女孩子出去玩。

“有一次我们和两个女孩一起约会时，我对他产生性幻想。他和其中一位女孩在后座做爱，我在前座亲吻另一个女孩，那时我开始想他，想象和他做爱会是什么滋味。约会完后，我邀他在我家过夜，他接受了。我知道发生了一些事，但我不确定是什么。当他睡着之后，我就起身穿衣，走到附近的一家教堂。

“我跪在那儿祈祷，请上帝指引。我哭了，泪干之后就回家睡觉。我生命中最奇怪最长久的关系就此展开了。当他在性方面回应我的时候，我觉得很惊讶，我终于知道和他亲吻是什么滋味。当我意识到自己已经坠入爱河时，我对自己的境遇感到惊讶！

“我们两个都很有罪恶感，在这样的关系中挣扎不已。我们不再一起约女孩子，并且像逃避瘟疫般地躲着对方。有一两次我会到他常去的地方，躲在不起眼的角落偷看他。在克制了一阵子之后，有一天晚上我们又在一起了。虽然以往的那种感觉还在，但是我比较能自制，所以我们只是爱抚和亲吻对方而已。之后的几年，我们每隔一两个月就会聚一次，但是并没有碰触对方。我永远记得当他和我在一起时，他的肉体对我的莫大的吸引力。”

对同性恋的态度

自古以来，人们对同性恋的态度是不是发生了什么改变呢？虽然从大家的答案上来看，仍然有很多人对同性恋持着恐惧的看法，不过也有许多人开始理解：这种看法只不过是一种偏见，而且每个个体都有权利选择自己在性上的偏好。

人们对于同性恋的中伤由来已久，金赛对此曾做过相当完整的整理：

在我们文化传统中对于同性恋的责难，可以明显地追溯出一连串的历史背景，而这些背景和对于个体的保护以及社会组织的保全，是丝毫没有关系的。

在西台、迦勒底以及早期的犹太法典中，对于社会关系中特别是有血缘关系或一些特别情形，尤其是牵涉到暴力胁迫的同性恋行为，设有处罚的规定，但是对于同性恋并没有断然的谴责。在巴比伦和被放逐的犹太历史中，有对同性恋关系的一般性谴责。口交以及同性恋行为原本和某些宗教仪式相关，大部分亚洲民族的宗教也都有这样的仪式，世界各地区的许多文化也都一样。

对于民族性很强的犹太人而言，他们始终想要通过打破一些固有的习俗，来把自己和其他邻近的民族区分开来，而这些习俗原先是他们所共有的。许多犹太法典上谴责同性恋，理由在于这种行为是属于异教徒的，他们因为崇拜偶像而加以责难，而不是性罪恶。在整个中古世纪中，同性恋始终和异端息息相关。这种习俗上的改革，很快就转换成道德上的问题，终于演变成一种犯罪法上所讨论的行为了。

金赛也是一位生物学家，他还告诉我们，“动物经常也会出现同性恋的关系”：

把人类及哺乳动物归类为异性恋的印象，是对于事实的扭曲，它的根据是人为的哲学，而不是对哺乳动物行为的观察。接受以繁殖为性的唯一功能的生物学家和心理学家，根本就忽略了不以繁殖为目的的性行为的存在。

他们已经假设：异性恋的反应是动物天性的一部分，一种本能的反应，而其他形态的性行为，只是代表一种道德本能上的变态。然而这项解释的神秘色彩极浓，这种看法并不是来自我们对于性的生理知识，而且只有当我们假设性机能和控制动物身体机能的生理过程是分开的时候才能成立。也许对绝大多数物种而言，异性性行为比同性性行为多得多，但却很难证明：动物的异性性行为是基于道德上的理由，而同性性行为则是由于不道德所引起的。

事实上，就连异性性行为（把异性性行为当作性的唯一自然形式）是家族形成的基础的理由，从历史上的观点来看也值得质疑。就我们所知，最早的异性家庭的家人并不是核心制的，而是结合母亲、兄弟姊妹、姨母、舅舅等亲戚，以一种松散的方式所形成的族群。其中并不包括父亲这一角色，而且母亲和子女之间的关系，也不如我们今天所认为的那么密切。事实上，有时候子女、母亲和姊妹之间的关系也会混淆不清，搞不清楚谁是谁的小孩。然而，这并不是最重要的事，因为每个小孩都会得到来自族群中不同分子的养育，或者某些分子会对某些小孩特别有感情而抚育他们。不过千真万确的是：在早期一段很长的时间里，到底是谁通过性交而使女人怀孕，是不可知的。差不多在公元前8000年～前5000年这段长远的世代中，家族的社会组织因为父权制度和子女转移归属于男方而消失。

然而，即使最近常出现正视同性恋者权利的宣传，但仍然存在着许多偏见，使得多数同性恋者必须隐藏他们的感情。在这一章里，我们将要审视一下，一般人对于同性恋者，以及对他们私生活和性生活的看法。

"在这个社会里，你可以在战争中杀死一个男人，但是如果你被逮到和男人上床你就完了，只有老天能救得了你。"

"很久以前我就知道自己有同性恋倾向，一直到我真的和一个男人谈了一阵子恋爱之后，我才不再担心。就是这样，我并不是真的同性恋者，也不是可笑的人妖，只是我和某人相爱，而他刚好是个男性。"

"我实在不懂同性恋被视为禁忌的原因。但是像其他很多事情一样，它就是不能存在于这个我们生来就隶属的社会。我记得第二次世界大战前，当时有智力障碍的孩子都会被大众隔离开来收容，到他们长大，会被送到疯人院，而且很多小孩被送进去之后，就没有人再看过他们了。同性恋者在以前，甚至被视为比弱智更可怕的存在。"

在我们社会里，仍然存在着很多反对同性恋，而且害怕成为同性恋的偏见。在回答"为什么同性恋是一种禁忌？你相信同性恋者的婚姻吗？如果你从来没有和另一个男人发生过肉体上的关系，你会想要吗？"的问题时，此种情况屡见不鲜：

"同性恋是病态而且令人感到恶心的，它违背了大自然的法则。"

"它是不自然而且不洁净的。"

"同性恋者都是心理不正常的人，而且只有他们自己赞成，而被社会排斥。我反对同性恋婚姻、同性恋者当教师，反对这些怪胎公开地吹嘘他们的不正常，也不容许他们影响别人去接受同性恋的事。"

"这是违反大自然和上帝法则的，更是一种对被赋予神圣使命的性器官的滥用。"

“它是两个同样性别的人之间的一种不自然的行为。大多数同性恋者除了外貌之外，他们的动作也很低俗、恶心。”

“我是一个退休警员，以前我最喜欢对同性恋者做的事就是痛打他们。我不会，也不想去同情、了解或是容忍那些怪胎、娘娘腔，他们都是很变态而危险的人。”

“同性恋都是逃避者，就像酗酒的人一样，而这两者都是可以治疗的。了解同性恋和他们的经历，就能感受到他们从一开始就是逃避现实的。我知道，因为我自己有很长的一段时间，在心理上逃避现实（酗酒），唯有同是天涯沦落人才能了解他们。”

“同性恋是一种禁忌，因为多数人都排斥他们。我同情同性恋者，就像同情其他有病的人一样，而且我觉得应该鼓励他们改变。要是谈到性的问题，他们对多数人来说仍然是可悲的。同性恋者的婚姻其实是个闹剧。”

有些男人用“如果是两个男人，那挺恶心的；但如果是两个女人，那会让我很兴奋”来批评、取笑男同性恋者[①]：

“同性恋根本就是一种与生俱来的遗传缺陷，由于遗传性的同性恋和靠后天学习而来或情况特殊的同性恋情况正好相反，因此在遗传工程真正实现之前，都会存在于社会之中。”

“同性恋一直被视为禁忌，因为它是一种心理上的偏差，这种偏差也威胁着家庭的生存。最近美国精神病学会宣称同性恋并不是缺陷，因而说明了今日精神病理学发展的状况。据我了解，这份声明是会内少数人为了他们的名声所做的，多数人想重新投票表决一次！”

“同性恋者都是怪人。男人不可能变成妈妈，扁平的胸部也不是乳房；搞屁股和玩女人的感觉更是不一样，他们应该去接受治疗。”

“同性恋和王国的衰退有密切而积极的关系，看看今天的美国就知道了。”

其他人表示他们对同性恋没有兴趣，同时为自己的“异性恋行为”辩护：

“老实说，我是完全的异性恋者。我连最轻微的同性恋的想法或倾向都没有，更不要谈经历了。而且我也从来没有想要成为同性恋的念头。如果要由我来判断，我

---

① 事实上，就如金赛所指出的：“同性恋”和“异性恋”这两个词，被当作形容词形容活动要比形容人来得更恰当。

会说：‘同性恋者是曾经在感情或是心理上被误导过的人’。”

“我认为自己是一个心胸开阔的人，而且对有关性方面的看法相当开放。但是我觉得，造物主之所以给男人阴茎、给女人阴道，就是为了让他们能够性交，而男同性恋让我反胃。”

“我是一个百分之百爱女人的男人。如果有哪个男人胆敢碰我，我会揍他一顿！”

虽有许多人认为每个个体都有选择的权力，但仍觉得同性恋总是有些“不对劲”：

“我个人认为，同性恋是违反自然的，但是如果在一起的一群人都喜欢，不去强迫别人也得接受，那就是他们自己的事了。”

“如果你喜欢同性恋，或者有这种倾向的话，那么同性恋也没什么不好。不过我觉得这两者好像不太容易分得清楚。”

“虽然我也蛮尊重每个人的权利，不管是他还是她，但是我从来就不是同性恋，以后大概也不会是。我甚至觉得，这种事在某种程度上有点违反自然，而且也不正常。听起来有点好笑，但我绝对不会因为一个女人在性方面的癖好而对她有所歧视。”

有些男同性恋者指出，部分自认为是异性恋者的男人，偶尔也会被其他男人所吸引，而且他们对这种感觉很害怕：

“我认为所有的男人，有时都会有同性恋的感觉，而他们被这种感觉吓坏了。在这个性欲横流的社会中，任何足以威胁到个人性事的事，好像不可避免地令人感到害怕。”

“想到两个男人发生性行为的念头，就叫人觉得很恶心。我认为男人会对这种感觉心生恐惧，是因为他们怕自己会偷偷地产生这种念头。男人不应该彼此相爱，他们应该是对立的。”

“同性恋成为一种禁忌，是因为它本身就是一种诱惑。”

有些人的确感觉到自己有同性恋的倾向，或者曾经排斥过这种经历。为此他们深感苦恼，因为他们自己也很蔑视同性恋：

“在我的性生活中，让我最感到不快的就是我自己的双性恋倾向，然而我最后还是得解决这个问题，因为我沉迷在一种道德上应该被谴责的肉欲里。”

“我蛮喜欢和男人发生性关系的感觉，但是从小到大的教养，让我有一种挫败的罪恶感。虽然我已经快走投无路了，每个月大概还是有两次会到外头解决一下。即使在这种小地方，同性恋也不会太难找。”

一个男同性恋者（gayman[①]）长谈了他试图改变自己的历程：

“我最讨厌的事情之一，就是大家用‘好吧，如果你们自己选择要那样的话’这样的口气来指责同性恋者，我并非想要变成这样，而是我们刚好如此。我们并没有选择要成为同性恋者，就像异性恋者也没有刻意要‘正常’，我们天生就是这个样子。

“在我们之中有很多人渴望着、祈祷着能够有所改变，但是就我所知，我们是无法改变的。即使借助心理医生、精神科医生或是宗教都一样。许多原先认为他们自己可以借着这些方法改变的人，不久就会发现自己还是一样没变。

“我要告诉你一个我自己长期试图想让自己变得‘正常’的经历，虽然它没有成功。我去看了一些异性恋的色情电影，看着那些裸女，并且用‘看看那个又热、又紧、又湿的阴部，喔！我真想把我这根又热、又硬的阳具凑上去，好好地搞她一下！’之类的话说服自己。我真的是看着那些女人，自言自语地说这些话，但是我立刻明白：这只不过是欺骗自己罢了，因为当那些勃起的男人走进银幕，我马上就觉得很亢奋，一点也不费力气。

“当我学着接受自己之后，才明白身为一个同性恋者，既不是什么坏事，也不是什么悲哀，更不是应该努力去逃避或改变的事。我们唯一的理由，或者说我自己想要改变的唯一理由，就是因为这个社会不容许同性恋。而且我也知道，我的朋友们不会接受它或是我，甚至连我都不能接受自己。后来我终于学会接受自己，接受自己是谁或是怎么样的人。我想要说：‘我是同性恋者，而且我以自己为荣。’我现在几乎可以这样做了。”

事实上，很多的男同性恋者都表示，大多时候，他们仍然必须在其他人面前隐藏自己对性的感觉：

---

① 多数喜欢和男人发生性关系的男人都接受“gay”这个称呼，不过也有人表示：“虽然我不否认喜欢和同性的人发生性行为，但是我不喜欢‘gay’这个词，因为我并不认同它本来的含意。”（按：“gay”有淫荡、轻浮的意思。）

“就我所知，在我的同事之中，没有人知道我是同性恋者。我和一个一起共事的人正在发展一段‘罗曼史’，但是在现实生活中，我们并没有表现得很明显。我的父母应该开始起疑了，但是他们没有说什么，而我也不曾对他们提过，因为我觉得，不需要去提起一个没有必要提起的问题。我并不是很想隐瞒这件事，即使他们发现了，也没什么大不了的，但是为什么要冒那种破坏感觉的险？”

“除了我最亲近的朋友之外，我并没有公开表态自己是同性恋者。通常，我扮演的角色是一个正常的男人，我刚好有一个 28 岁的室友，我已经和他同居 4 年了。”

“办公室里没有人知道这件事，我也不觉得他们有必要知道。我的父母都快 80 岁了，告诉他们也没有什么意义。我很想在现实世界里表现得十分正常，因为这样才能得到一些好处。诸如薪水、津贴、升迁和约会等。我没必要告诉别人自己是同性恋这件事，因为当我看到主教要求同性恋教士不能参与教堂的活动，或是教会表示同性恋者不能担任侍奉工作，或是听到年轻人对同性恋者喊着‘变态’的时候，我就学聪明了。”

“我的行为表现得非常含蓄而羞涩，因而有少数人会猜想我是不是同性恋者。我的羞涩并不是因为我是同性恋，只是现在我已经习惯这样了。”

“24 岁那年，我的伴侣就在我的身边被杀，那时我们在越南。成为伴侣（爱人）已经有 6 年之久了，我从未曾被一个人如此深深吸引。当时我觉得自己好像快要被一种来自内心的巨大压力所挤破，但是 10 年来，我没有哭出声或是掉过一滴眼泪，因为我怕别人知道。”

少数的异性恋者会表现出一种正反两面或是矛盾的态度：

“我相信同性恋者的感情和性接触的感觉并非罪恶，而且他们应该更公开些，但是我不认为同性恋的世界应该自我膨胀。一些由同性恋者所发起，宣扬他们新自由的游行活动，几乎令人讨厌。我对于同性恋者并没有意见，但我对于他们希望不受干扰的声明有些意见，因为他们自己常常表现出相反的言行。”

“对我而言，同性恋者是一个十足的男人，只不过他对别的男人有情感或性方面的需求。我有两个女儿，以后她们会怎样我不知道，我希望她们现在在感情生活上能够快乐、满足而幸福。如果她们过着同性恋生活的话，那么我愿意谅解且接纳。我自己的婚姻生活相当悲惨，所以我懂得让自己所爱的人快乐的重要性。”

只有少数人的态度比较适中：

“我和男人之间的经历很有限，然而这些经历在现在或以后都不会有趣。我有几个同性恋友人，成为朋友之后，我才发现他们是同性恋者。不过这件事情本身并不会改变我们的友谊，我不会因此而不喜欢他们。”

有些人试着发展出更开放的看法：

“我曾经和别的男人有过肉体关系。在高中和大学时期，当我们的友谊变得过分亲密时，就会让人很不舒服，我们也不知道该怎么处理彼此的感觉，只好让友情溜走。那种禁忌还是紧跟着我，因为我总会被某个英俊的男人吸引，这种感觉把我吓坏了。我想要尽快熬过这段时期，否则我没办法和其他男人做朋友。”

有几个异性恋者表示他们支持同性恋者的权利：

“我不觉得自己的同性恋情结特别强烈，但是我相信有人需要这种权利来表现肉体上的喜好，而完全不具有报复的心态。”

“我认为男人应该可以表达任何他们想要的友谊和情感，包括性方面。”

有几个人表示他们愿意和其他男人发生亲密的肉体关系：

“这个问题让我不得不坦白。在我 20 出头的时候出现了一位朋友，我们曾经彼此手淫过两三次，我很喜欢这种肉体上的亲密关系。虽然我们都很焦虑，但却不曾讨论过这件事。”

“偶尔有一两次我感受到深厚的友谊也需要某种制高点，但是我从来没有想到要去完成它。”

“对此，我感到十分焦躁，但是我爱我最要好的男性朋友，有朝一日，我会用性来表达。”

“我喜欢迷人的男性身体。当我渐渐年长之后，对男人更感亲切。现在我对男人的看法，仿佛沉浸于一种复杂的感觉之中，我好像在寻找一位父亲，又好像在寻找一个手足。我真怀疑自己是不是也有同性恋的问题。我不知道，第一次这么想的时候，自己也觉得害怕，现在倒是觉得蛮好奇的。”

“我真的不觉得自己是个同性恋者，然而有时候，我会去想别的男人的阳具，希望自己能在一个合适的场合，碰到一个合适的男人。但是，我又不想随便和一个男人做爱。我认为自己实际上渴望的是一份异性的关系，对于男人，只是停留在幻想而已，因为对我而言，要找一份同性恋的关系蛮容易，但是异性关系却很难。就像我所说的一样，我真的不知该何去何从，我觉得很困惑。”

男人情谊及同性恋

什么是同性恋？男人之间可以多亲近而不是同性恋？什么是亲密的男性关系？在语言之中，没有任何字眼能够表现出男人和男人之间也有像女人和女人之间那么亲密的感情，唯一能够形容男人之间强烈感情的词是同性恋。然而这个词，已经被过时的世俗观念局限于用来定义某些人在性爱上的偏好。

如果我们生活在一个非父系或是不重视繁衍后代的社会里，异性恋和同性恋这两个语词的差别将会更加模糊，很少被人提起。金赛在关于男人和女人性生活的著作中都曾经指出："异性恋"和"同性恋"这两个语词都应该被当作形容词而不是名词，对象应该是活动而不是人。金赛同时也提到，在父系社会之前，社会上根本没有反对同性恋的禁忌。即使作为形容词来形容活动，这两个语词在意义上也相当模糊，就像我们所了解的，很多事情都可以和同性一起做，不单单限于性行为。此外，有些人也无法被归类到这两个种类之中，因为他们既喜欢和男人做爱，也喜欢和女人做爱。双性恋这个语词，就是为该类型的人而设定的。但是这个语词其实是令人非常难以认同的，因为性这个字本身不就已经可以涵盖所有的类别了吗？

同性恋基本上是异性恋的反义词。但是很少有人会用异性恋这个词形容一个人，每个男人基本上都被预设为异性恋者，除非他已经被贴上同性恋者的标签。这种对性的迷信其实是不合潮流的，它使性的定义变成只是一种繁衍后代的活动。

看过本书之后就可以了解，我们的文化中，其实应该多几个比较巧妙、比较私人的语词。到底什么是同性恋行为？就某方面来说，男人一起看色情书刊，讨论如何和女人性交，或是一起到上空酒吧去，都可以算是和对方发生性行为。因为他们一起分享性这件事，而且都参与了和性有关联的活动。关心某个男人算是同性恋吗？如同我们稍早知道的，就某方面来说，只要稍微非男性化的拥抱或是亲吻，即使没有做爱，也会被视为同性恋。为什么男人和男人不能亲密一些呢？事实上，在多数情形下，男人不仅不能和同性亲密接触，而且社会习俗也不容许他们私下分享真正的感情。男人真正盼望的是一些新的尺度，让他们可以用新的方式来看待彼此的关怀，而且可以越来越开放，更亲近更真诚地来对待彼此。

男人之间的性行为

有 11% 回答问卷的男人表示：他们比较喜欢和男人发生性行为。男人之间的性行为到底是什么样子？是身心两方面的交融吗？同性恋性行为和异性恋性行为有什么差别？在这类的性行为中，是不是也像男女之间的性行为一样，有一些特定的行为模式？男人和男人发生性行为时，最喜欢的动作有哪些？

虽然男人和男人的性，也是从前戏开始，止于高潮，但是这些模式比男女之间的性行为模式要顺利得多。而且因为两个人通常同时达到高潮，多数男人之间的性行为都是不分彼此的。

当你和男人发生性行为时，都会做些什么：

“当我和我的爱人在一起的时候，我们的性活动包括谈话、亲密的亲吻和拥抱。另外有很多嘴部的动作，如深深的吻，吻耳边、脖子、全身上下，特别是阳具。彼此用手按摩、手淫，用乳液润滑。通常都以互相肛交收场，也常采用‘69’的姿势。”

“同性恋的男人之间会表现出一种特别的温柔：包括各种不同的爱抚方式及亲吻方式，如亲吻身体，深深的法国式接吻——亲吻嘴唇、鼻子、眼睛和额头，像蝴蝶一样轻柔。当然，赤裸地躺在一起也是其中的一种，我们会尽情地抚弄阳具，有时会彼此手淫，而且在肛交和口交中做抽送的动作。总之就是尽情地融入如胶似漆的感情之中。在进行这些动作一两个小时之后，我们就会在性交之中达到高潮。”

“在正常的情况下，我喜欢有前戏，也喜欢口交。有时候不管我的伴侣要不要，我都会先洗个澡，然后用手指在又圆又有很多毛的屁股上绕圈圈。我的乳头是身体中最敏感的部位。我喜欢轻轻地抓打他的屁股。但是有时候我也会直接在阳具上抹油，然后插进去，一直搞到我觉得满意为止。”

有一个男人描述了他和别的男人在一起的特殊经历：

“有两年时间，我很难达到高潮。在我成为同性恋之后，这种障碍又出现了大约两年之久，最根本的原因是我对自己的性倾向有罪恶感。我有一个爱人，我们一起读了很多性学方面的书。他在床上很有耐性，我们共同努力解决我在床上的问题。后来我可以在他面前自慰，开始喜欢为彼此手淫。有一个月的时间，我也看医生。直到心理障碍逐渐消失，我才开始和他一起享受口交的高潮。最后，我终于能在性交时达到高潮。”

和男人做爱时，你最喜欢的是什么

男人的偏好是多样的，多数人的回答都很热情：

“和男人做爱时，我喜欢和他们赤裸裸地躺在一起。”

“我最喜欢抱着男人，同时也被男人拥抱。口交的时候虽然也很亲密，但是我最需要的是心灵上的接触。”

“当我的朋友在搞我的时候，那种感觉很好。我要他的身体接近我，那种温暖的感觉真棒。如果他在我上面，我喜欢他的头靠着我的肩膀。有时候我真的很想要的时候，我会要他吻我。我会要他的精液深深地射在我的身体里面。”

“我就是喜欢和一个很有男人味的家伙亲密地在一起，而且挑起彼此的性欲。”

“我最喜欢的性事就是肛交，尤其是搞那种既坚挺又有很多毛的屁股。”

“我喜欢慢慢地脱下他的衣服，看他渐渐勃起变骚。”

“亲昵（拥抱和亲吻）是最好的部分。”

“爱抚可以让我觉得彼此好像在沟通，我的身体是可以被接受的，而不只是会兴奋。这样会让我觉得自己也在获得，不完全是在付出。”

“私通的感觉！它同时也是一种自我心理的成长历程，让我看到自己能够吸引另一个十足的男人。”

“我最喜欢的动作是搂抱在一起，但没有勃起和高潮的念头。”

“我很喜欢和他一起互相摩擦身体。”

“我喜欢感受我的爱人在我体内和骑在我身上的感觉，因为这样可以让我享受被爱的感觉。”

和男人发生性行为有什么好处和坏处

多数男人都强调同性恋的社会和心理的因素，关于缺点最常见的答案就是不被社会认同：

“能够去发觉男人隐私的一面，这会拉近你和另一个男人之间的距离。缺点则是大家害怕这样做会被社会所排斥，所以爱一个男人会变成很危险的事。我发现最保险的做法是和那些一旦东窗事发就会失去很多既得利益的男人在一起。唯有如此，这段恋曲才可以保持得很隐秘、很神圣而且安全。”

“同性恋的优点有：不必担心怀孕，而且因为它是‘不法的’‘禁忌的’，会带来更多的乐趣。我们可以用更有弹性、更具启发性的态度来面对‘忠实’‘单一配偶’和‘乱性’。由于肉体和感情上的相似，也许更有机会可以深入沟通、互相了解。缺点是：即使到今日，社会风气较为开放，我们仍然必须冒着失去工作、失去住所、被发现、被监禁甚至被杀害的危险。”

“好处是：方便、可以结交很多朋友。最主要的缺点是：如果被家人和朋友发现，我会很尴尬。”

“最棒的是可以去爱自己之外的另一个男人。而唯一的缺点是，社会上的陈旧思想对同性恋者仍然迫害如昔。但是这只会让同性恋者更加意识到自己受到压迫，而且更加团结。”

“好处是不必担心他会怀孕！坏处是没办法共组家庭。”

和男人性交与和女人性交有什么不同

有些人强调，和男人性交在肉体上的感觉较好：

“和男人性交是很不同的，因为男人在性这方面比较放得开。他们会主动地想要性，而女人则会和你推拉半天。另外，男人也比较懂得怎样‘吹喇叭’，大概是因为他们都有老二，知道男人会喜欢怎么做。而且搞男人的感觉比搞女人累，从这方面说，是一件比较刺激、比较能够引起我性欲的事。我也能够因此产生一些情感上的感觉，这些感觉是和女人在一起的时候所没有的。我老婆觉得我是一个很棒的性伴侣，但是对我而言，和她或是其他 3 个与我有染的女人性交，还不如自慰来得满足。”

“我发现和男人性交是一件比较愉悦的事，因为我知道自己喜欢什么，也知道怎样去取悦另一个男人。和女人在一起的时候，我发现她们常假装喜欢我所做的事，而且除了躺着让我搞之外，什么也不敢做。”

“更紧凑！更能够分享！更充实！唯一比较麻烦的是决定谁当零号、谁当一号。”

“男人是比较刺激的伴侣，他们少有禁忌，喜欢在性方面做实验。另外我也发现，对于性这件事来说，男人不会故作姿态，也不会害羞。”

“比较干净，我们知道该怎样对待彼此。”

“我发现我的男性伴侣比女性伴侣还要热情些，而且他们在爱抚身体这件事上，比起女人的禁忌少些。当我和男人在一起的时候，很容易感受到平等的感觉。”

其他人强调情感和心理上的优点，特别没有“演出表现”的压力，或是比较有彼此平等的感觉：

“同性恋性行为对我来说还是一件蛮新鲜的事，可我已经觉得和男人性交比和女人要来得容易。其中没有‘演出表现’的问题，因为大家都蛮希望能够好好乐一下，在这个过程中是彼此平等的。不过老实说，我在同性恋酒吧中，脑袋里想的和平常酒吧里泡妞的时候没两样，无非是‘他是不是被我吸引了？他想不想和我上床？’等问题。”

“到现在为止，我和女人在感情和性方面的经历，只让我感受到屈辱和敌意。我觉得大多数女人都很无聊，而且很迟钝，男人就好多了。”

“我认为两个同性别的人谈恋爱，在本质上和一男一女谈恋爱差异颇大，同性间相互了解的共同基础比较宽广，因为他们在根本上是相同的。”

“男人不会像女人一样给你罪受，我不喜欢被女人玩弄和操纵。你明明知道自己想要搞她，但是还得经过一个很长的仪式。和男人在一起就不一样了，如果他愿意，你随时都可以得到。”

“男人比较诚实，我喜欢相爱时彼此坦诚以对。”

“男人之间的性是平等的，我知道而且也很喜欢，因为我就是一个同性恋者。那永远是相互的，彼此都能够得到满足。”

“我可以把女人当成性伴侣，身为一个男人，我也喜欢她们。不过我不会也不能容许她们像男人一般在感情上接近我。对我来说，我可以和女人很亲密而没有性关系，只有和男人做爱时，才能够让我感受到最亲密的情感。也只有在这个时候，男人才变得脆弱，解除了一切防御，变成可以亲近的人。”

有一个男人详细描述了与男人发生性关系和与女人发生性关系的不同之处：

“与男人发生性关系和与女人发生性关系到底有什么不同呢？

“搞男人的确是比搞女人紧，也许这是一种好处；而那种情感和情绪上的差异是很难形容的。其中的乐趣或许在于一个男人会在你的面前展示他的弱点，虽然违反了男人的正常反应，但他这么做是为了取悦你。另外，让自己被男人的肌肉包围着，也有一种安全感。因为他们的肉体就和你一样，没有威胁和危险。男人本来会因为性方面的竞争而相互排挤，但是如果一个男人允许你和他发生性关系，那么他对你来说就不再是威胁了。”

男人之间的爱情关系及一对一关系

最深刻的一段恋情

“描述一下你爱得最深的一次，感觉如何，发生了什么事”：

“谈恋爱是我生命里最投入、最天翻地覆的经历：当我和他在一起的时候，一起做事，或一起待在家中，我就觉得非常快乐。对我而言，他比全世界还重要。那一次，当他告诉我，他觉得我们花太多时间在一起，应该暂时分开，体验不同的经历（包括找寻不同的性经历）时，我伤心地哭着睡着了。那时不管是不是和他在一起，我都相当不快乐，只能眼睁睁地看着他对我日渐冷淡，变得不再爱我。我承认，我们的生活比较闭塞，那是因为我不愿意因为外界事物而影响我们的关系。后来，我们解决了这个问题。去年是我有生以来最快乐的一年，我们到外地去度假，远离工作，做了些新鲜而刺激的事。上一次我见到他的时候，也是我们最亲近的时候，我们都因为必须暂时分离而难过地在彼此的肩上哭泣，那些眼泪胜过任何语言文字的表达。”

“我曾经深深爱过两次，对象都是正常的男人，他们也很爱我，却不能完全地对我表白。我仍然爱着他们，彼此保持联络，一个已经 17 年，另一个 14 年。这两次恋爱对我来说，都有触电的感觉。我能预知‘那个人’即将出现。当时我比较沉默，言语笨拙，为此困扰不已。虽然没有勃起，但是我在性方面仍然得到了很大的鼓舞。当他第一次碰到我的手的时候（不是故意的），我好紧张，有一种接近痛苦的感觉。”

有很多男同性恋者在被问到“你最期盼的是什么？”时，都用很真诚和温暖的口气，表达了他们对于长期关系的渴望：

“我最期望的是能够找到一个可以相爱一生的人，彼此信任、友爱及体谅。那应该是一种肉体和感情都很充实的关系。”

“我想要和一个始终在我身边的人建立永久性的关系。生活中最让我难受的，就是独自度过漫漫长夜。我在白天和工作的时候，可以在传统的生活方式里过得很好。等到独自一人回家，我希望回到家里能有个人在那里，在夜里陪我睡觉，真正地关心我，并不一定要性交。”

“我希望找到一个有吸引力、脾气好、快乐而且只喜欢我一个人的人，可以和我轻松地在一起，共同付出，并能满足我的性生活。”

同性恋者喜欢杂交吗

在回答“同性恋者的‘杂交’是传言还是事实？你喜欢情感上的亲密，还是随意的性行为，或者两者都喜欢？你是不是正在恋爱，正在一段稳定的关系中？你和多少男人发生过性行为？你喜欢单一配偶吗？”的问题时，很多男人表示，“杂交”是一个包含许多负面意义的字眼，他们不喜欢这个语词。有一个男人回答：“‘杂交’是一个很荒谬的词。”

还有一位男士指出，这个语词不适合用来形容一个人的性偏好。同样，把“同性恋”和“杂交”两个语词并用并不恰当：

“男人在本质上似乎更具有杂交的特性，所以他们有需求时，即使是一点点情感上的吸引，他们也会经常换爱人。然而，我不认为同性恋者的杂交倾向会比异性恋者来得严重。”

很多男人喜欢拥有性方面的自由（非单一配偶）：

“我恋爱了，目前我有一个同性的爱人。我大概和100个男人发生过性关系，说不定更多。我不相信单一配偶制，那只是基督教式的道德罢了。”

“我不喜欢一直被一个人绑住，现在我觉得我有满腔的爱情可以和一个以上的人分享。如果我希望我的爱更有意义的话，我会只对一个人好。如今我比较喜欢随意的关系，这样我可以有机会多看一些人，多喜欢一些人，这对我将来决定和什么样的人定下来是很有帮助的。”

少数人正处于或是比较喜欢长期的单一配偶关系：

“我有一个固定的男性爱人。我真的很爱他，我们不会只把爱挂在嘴上。我们喜欢彼此做伴，聊天的话题通常是关于事业方面的，这样的关系已经维持一年了。我今年 44 岁，只和 4 个男人发生过性关系。我经常在寻寻觅觅，觉得混乱的关系并不安全。我所认识的同性恋者都是单一配偶，他们不会杂交，杂交通常是年轻人才会做的事。我从来不会去勾引年轻人，也不曾和我的大学学生乱搞性关系。我只和有职业的人发生关系，而他们常常是我的同事。我真的很喜欢多数和我一起工作的人，觉得和他们很亲近，而且是情感上的亲近。”

“我正在发展一段稳定的关系。我曾和很多男人在一起，多得数不清。现在我喜欢单一配偶，因为不必费心去找别的爱人。”

“目前我只有一个配偶。那是一段稳定发展 6 个月的关系，是我所经历过最为满足的感情。”

“我今年 27 岁，有同时和数个男人交往的经历，那是一段置身地狱般的日子。我想，一次只要拥有一份很好的关系就够了。”

有一个男人说，年纪越大，越喜欢单一配偶：

“我早年在性方面的信条是越多越好，重量不重质。经过这些年，我自己对性的态度已经改变。我现年 50 岁，喜欢把性当作一种深情的表达，而不是自我的发泄。我想这是一种成熟的象征。”

多数同性恋者认同的生活方式既不是“单一配偶”也不是“杂交乱性”，他们认为最理想的状况是非单一配偶，但是又有一个比较固定的关系：

“我有一个爱人，我们已经在一起 8 年了。有时候我会和其他男人发生关系，为的只是性的满足而已，很少牵涉到感情，我的爱人也一样。我们有很多同性恋友人，他们只是同志和知己。我们的爱并不是以一时的迷恋为基础，而是多年来一起建立起来的。我们也经历过一些美好时光和危机。这些危机（包括情感、财务及性方面的）可以帮助我们成长，并且更加了解对方。”

“我 41 岁，同性恋，结婚 13 年，为了小孩及别人的认同而结婚。在其他方面我很爱我妻子，但是做爱，我还是喜欢男人，我在外面也和很多男人发生过性关系。我喜欢小孩，目前有两个，另外还认养了两个。我非常疼爱我的子女。目前我和我的一个爱人同居，偶尔也会在外面打野食。现在这种关系是最快乐最亲密的。我们从不争吵，也不考虑我们的关系会不会长久。接受我们所拥有的，是一件很好的事。”

“我不喜欢长时间保持单一配偶，因为不管在性还是感情上都会带来很多压力。当我已经有固定情感的时候，我还是会喜欢随意的性。但是随意的性又会让我觉得好像是在海上，漂浮不定、迷惑，会很需要感情。”

“同性恋的杂交是事实。我喜欢和某个人特别亲密，但是还有些小外遇。”

“我比较喜欢开放的单一配偶方式，在这种方式下，我们原则上是单一配偶，但是，身边偶尔会出现一些有吸引力的人，而这些人可能是你很想约会的对象。”

有一个人指出，绝大多数同性恋者都是独身主义者：

“所谓同性恋的乱性杂交，只不过是根据大多数人的生活相当悲惨而来的传说。他们好像是独身者。因为过度封闭，甚至害怕外出或是和别人发生性关系。”

一个同性恋者的生活

为了对男人之间的关系有更深层的了解，关于男人在肉体和情感上和另一个男人发生关系有什么样的感觉，听取更多完整的描述是很重要的。以下是一个较长的回答：

23岁的大学生

“我今年 23 岁，就读普林斯顿大学一年级，白种人，目前在一家电话公司中当接线生。我自认在一般眼光中，长相还算好看。

“我在一个超过 200 人的办公室里工作，最要好的同事知道我是同性恋者，我确信所有的主管和人力资源部也知道。有一位经理甚至是公开的同性恋者。公司里有一对女同性恋伴侣、几个“非惯性的”女同性恋者、爱人不在办公室里的女同性恋者，还有几个男同性恋者（惯性和非惯性都有）。我的父母也知道这件事。我在性方面是如此困惑与痛苦，我觉得他们必须要知道，我一向不喜欢偷偷摸摸。不管怎样，他们对我的接受，让我觉得自己是一个完整的人，因为他们对我的评价还是一样高。谁能够过那种双重身份的生活，就好像有些同性恋者被迫要担负某些责任一样，谁要这种额外的负担呢？生活本来就已经够艰苦的了。

“我从幼儿园一直到9年级都念同一所学校，我认识学校里的每一个人，他们总是嘲笑我，因为我不去玩足球，所以可能是同性恋。我当然觉得这是胡说八道，但是我也不会加以反驳，因为我不想挨揍。我妈妈有时也会嫌我娘娘腔，这使我很困扰。我想连最开明的母亲也会偶尔这么说，而每个人都会不时地犯点小过错。到了9年级，我开始变得很孤僻，和大家都离得远远的。我的父母了解到这一点，所以他们送我到大约2000千米以外的地方，让我和姐姐住在一起，上公立学校。这个决定改变了我的想法。

“我和我妈妈相处得很好，在她的生活发生一段插曲期间，我们相当亲近：她是个教会学校的老师，由于性别歧视而遭遇差别待遇。虽然她比较资深，学历比较高，但是有个资历不如她的男人被录用，而且薪水比她高，只因为他是个男人。我母亲向学校当局提出抗议，希望他们公平地处理这件事。他们的回答是：因为他是男人，有妻小要抚养。我妈就说：‘你们以为我有什么？是只会说话的猴子吗？我也有孩子呀！’从那时开始，我就比较同情我妈和一般女人。

“我在16～21岁期间常常自慰，并且深感罪恶。学校常常教育我：如果你和自己玩，就会下地狱。我想把我的性爱留给别人，所以我一直到22岁还是个处男。到目前为止，我只有过短暂的恋情，也没什么好说的。我从来不曾有过性关系，但我很想要。

“我喜欢男人的身体：胡子、肌肉、大腿、臀部和多变的脸。我也喜欢亲吻男人。我有过一次和女人在一起的经历，但是我还是爱和男人性交。我喜欢坚硬、有格调的身体，还有男人那种粗犷的温柔。我也许可以在情感上和女人谈恋爱，但是肉体上就不可能了。我就是没办法硬起来，而且我知道自己在做爱的时候，对男人的身体格外着迷。我喜欢和女人做朋友，但是喜欢和男人上床，尤其是既温柔又坚定的男人。因为我喜欢那种一个坚硬的身体抵着另一个坚硬身体的感觉。

“至于性方面我喜欢怎样……我还是会在觉得需要的时候自慰，我认为这似乎是很正常的事。

“如果总统要求我自慰，我会大声回答说：‘好！’过去我对这件事感觉一直很糟，但是随着年龄的增加，想法也会改变。我喜欢自慰，偶尔也喜欢和一个伴侣在一起，分享彼此的快乐。

“我最喜欢前戏。一开始先穿着衣服，摩擦鼠蹊部，轻轻地亲吻，让灵魂接触，前后摇摆，很亲密地拥抱，让全身上下都很敏感。通常我都会遇到也很喜欢前戏的人，只要有很久的前戏，即使我没有达到高潮，也不会觉得有什么遗憾。另外，我也喜欢只是和别人睡在一起。如果是很喜欢和我在一起的人，我就不会很在意我们有没有真的‘性交’。我只会抱着他，爱抚他，和他接吻，尤其是法国式的接吻。

“我曾经试过两三次肛交，但是我想找一个肯花时间慢慢了解我的人，而且对我要很温柔才行。我很怕有人会用阳具乱搞我的肛门，让我受到内伤，或是弄坏我的前列腺。目前为止我并没有很多这样的经历，但是我希望有一天，会有一个人（希望是我第一个真正的爱人）能够教我怎样享受。

“我很喜欢口交，而且每次都能达到高潮。在口交的时候大家要小心点，如果有人用牙齿用力地咬，可能会伤害阳具。

“我是不是担心我的男性气概？男性气概所代表的不外乎就是‘男孩子不能哭’这套谬论，我很感谢老天没有让我的父母叫我不要哭。有时候，哭泣对我来说是一种大大的发泄，而且我也觉得自己宁愿把感情表现出来，而不是把它关在心里，因为这样会带来很大的压力和紧张，让心灵受伤，并且影响到对别人的态度。我觉得自己是够男子气的了，但是我也觉得就某方面来说，我是雌雄同体的。不管怎么说，我们本来就是兼具男性和女性荷尔蒙的。如果男人不太喜欢对其他的男人展现自己的男性气概的话，他们就会比较放松，自然表现出情感中所谓‘女性化’的那一面。我们生活在一个太过于男性导向的社会，实在令人生气。在我看来，有很多正常的男人在找老婆的时候，根本就是在找自己的妈。他们要找一个能够照顾他们、呵护他们、服务他们、在事情不顺利的时候能够支持他们的女人。难怪女人纷纷想离开男人，谁会愿意被这套规矩套牢？

“所谓真正有男性气概，是天生而来的。当一个人觉得他自己不够像男人的时候，就想营造一点男子的形象。正常的男人似乎认为女性化的男人就是同性恋。有肌肉的正常的男人，就是喜欢欺负比较女性化的男人。我认为很多肌肉发达的男人都有一些性别认同的问题，而且他们的内心都在交战，只有他们自己可以停止这样的交战。

“我并不怕被说成娘娘腔、女性化、像女人，我不太在乎这些，我才不管别人怎么想。只要我自己的男性气概能够很自如地表现出来，我就完成了我想做的事。不靠我的父母，只靠我自己来完成，我会觉得自己是完全独立的。

“最后，我认为如果男同性恋者能够再多一点，这个世界可能会比较坦诚一些。我认为很多男人都有隐秘的同性恋倾向，只是他们没有表现出来。当一个人把这些感觉闷在心里的时候，这些感觉可能会转变成暴力，也许这可以说明男人对于妻子和女友的虐待？我不能不确认这一点。我不希望‘正常的男人’发现我的秘密，我喜欢与众不同。”

双性恋

喜欢同男人和女人都发生性关系的人，发现很少有人会同情或谅解他们的观点：

“双性恋在这个社会上，不可能被视为一种公开、有效以及可以被接受的选择。当我‘正常’的时候，我的同性恋朋友觉得很困扰，而我的正常朋友们，又时时在等我‘想开’，我好像个异类。”

“因为我同男人和女人都发生过性关系，人们坚持要把我归类成某一种人。对于有些人来说，我是个见不得人的同性恋者，我和女人发生关系，只是为了掩饰自己的本性。而对其他人而言，我又是个异性恋者，但是被某种童年的经历所困扰。事实上，我只是一个人，喜欢和其他能让我感受到友情、爱情或怜悯的人分享亲密。如果因此而被贴上双性恋的标签，我会相当失望。”

“我认为同性恋组织的工作，是相当英勇而必要的。但是我也觉得，他们不应该因为别人有异性恋倾向就加以排斥。现在，好像每个人都应该被分类，一定要合乎某些人的陈词滥调，否则你就不算是他们的一分子。我认为我们社会真正需要的，是双性恋的自由。”

“我拒绝被归类成同性恋或异性恋者，我希望被当成一个人来对待。”

在本研究中，有 4% 的男人既喜欢和男人性交，也喜欢和女人性交。他们大多数在和女人交往的时候，就很少和男人发生性关系。

极少数人会有规律地同男人和女人发生性关系，并且把这种情形当作正常生活的一部分：

“我一直是双性恋者，但我并不认同这种标签，不过为了便于沟通，我可以暂时忍受。我有好长一段时间，大约 40 年，一直耻于承认自己喜欢男人。后来年纪渐渐大了之后，我的神经过敏越来越严重，和妻子的性生活也越来越少，我的妻子因此非常痛苦。我是个很成功的生意人，但是有一天我突然放弃了这样的生活，在同性恋运动越来越被接受的时候，我觉得自己也该或多或少地站出来。尽管我有 4 个女儿，而且热爱家庭。

“我太太怀疑我有同性恋倾向，并且要我证实这件事，让我开始采取一些行动。

我去接受治疗，这也是我第一次可以面对社会、父母和来自我太太的压力。我足足花了 3 年的时间，才为自己找到出路，摆脱掉所有迷思、期望和压力。其间我们有几度几乎就要分手，但是我们之间始终存在着一种很深、很真实的承诺。现在我们仍然住在一起，彼此喜欢对方，她接受了我这样的一个人，我也学会了体谅她的需要。我不会变成完全的同性恋者，而且我也很高兴有一个像我太太这样的性伴侣。

“我对性爱的感觉随着时间而改变。年轻的时候，我认为性交就是进去然后高潮，丝毫不在乎我自己、我太太或是和我上床的男人的感觉，好像性交只是为了让你的阳具活动一下，证明自己还是个男人而已。但是现在，我自己和伴侣都可以感觉到有所不同。我想要性爱，想要性交，想要和另一个人共同到达感觉的极点……那是一种爱和情感的状态。

“我已经学会不射精而达到高潮，我太太也感觉到并不是每一次我都会射精。就某种角度来说，那是心灵的扩张。每一次高潮之后，那种感觉棒极了！我想继续和我的伴侣温存下去。问题是我太太总是在办完事之后就想睡觉，而我则想在性爱的活动之中入睡，那种感觉是很亲密而且令人感动的。

“我喜欢花很长的时间调情，我太太也是。并不是因为那是性爱中最好的部分，而是因为调情在整个性爱活动中，是一个很令人兴奋、很有意义的时刻。因为在那种状态之下，你会很想要你的伴侣，会很欣赏你的伴侣。

“我喜欢口交……那给我一种不只是通过阳具才能表达情感的感觉。我把舌头放进她的阴道里去……尝起来咸咸的，我的喉咙好像打开了，而我的伴侣也会在她想要的时候告诉我怎么做。

“有时候我也喜欢肛交，不过那会有点痛。需要被男人挑逗得很厉害才能进行。我不仅不会达到高潮，甚至会失去勃起。

“我喜欢男人的身体和他们的气味，喜欢感觉他们的力量以及和他们在一起的感觉，也喜欢他们的阳具。但是比较起来，我还是觉得和女人性交比较有意义。我不知道这是不是因为从小到大都被教导同性恋是一种禁忌的缘故，但是我一直有种很深的感觉，应该和女人在一起，而不是和男人……不过事实上，我并不信任婚姻制度，我相信两个人在一起并不需要婚姻的形式，只是这种形式已经被我们变成一种迷信。”

“我今年 31 岁，我太太 26 岁，我们有一个 14 个月大的小女儿。我过去曾经和两性发生多次性行为。在我 8 岁的时候，有一个 15 岁的男孩，他对我为所欲为，从亲我到要我脱掉衣服，玩弄我的生殖器，然后他也要我对他做同样的事。他叫我不能告诉任何人，否则他就会用我不喜欢的方式来对付我。这种情形持续了好一段时间，一直到我 12 岁左右，我们搬家了。我没有再见过那个男孩，但是我一直记得他让我感觉好舒服，每当我自慰的时候就会想到他。

“上了中学以后，我找到了一个好朋友，一个男孩。我们开始到对方家中过夜。我们一直在做那种事，而且我也很喜欢。我们会假装有一个人是女孩，轮流当女的。然后我们开始做爱，一直到两个人都满足为止，这种情况维持了 3 年。我们也会和其他男生胡搞瞎搞一番。有天夜里，当我父母出去度周末的时候，这个男生和其他 6 个男生到我家里来，我们看了几本色情杂志后，就开始配对，脱衣服，找伴玩，只要你想得到的名堂，我们都做了。接着我们开始彼此口交，然后肛交，就这样一直搞到早上 4 点钟才睡去。

“这样胡搞几次之后，我们的俱乐部开始瓦解，因为我们都开始和女孩子约会了。我也会约女孩子出去，和她们乱搞，但是我心里仍然很期盼能找到一个男性的伴侣。

“20 岁的时候，我开始和更多的女孩子约会，并且和她们上床。我们会彼此口交，做爱，然后离开。后来我遇到一个大我 5 岁的女人，有 3 个小孩、一个丈夫。她是第一个要我对她做某些事的女人，这些事都是我在色情书刊里没见过的，而她也会对我做同样的事。在我们交往期间，我也和其他的女孩外出约会，有时候是男孩。

“大约在五六个星期之后，我就遇到我太太了。我们在婚前曾经发生过性行为，而且也知道对方并不是第一次。我们的性欲很高，一直到怀了宝宝为止。事后有 8 个月左右，她变得很没有兴趣，我们做爱的频率也降到了一星期两次。所以我们就做了一次深谈，把心里的感受说出来让对方知道。此后的几个星期内，我们做爱的次数升高到了一星期三四次。不久，她故态复萌，一个星期会有三四天和她的祖母或朋友一起出去玩游戏，把我留在家里看小孩。所以我又和她长谈了一次，情况又有一阵子变得比较好。当这种情况一再发生时，我开始把她留在家里看小孩，自己跑出去胡搞。后来因为我无法面对她，在行房的时候，我会觉得很难过，所以我不再到外面去乱搞。情况又回到当初。

“她怪我满脑子都是性，满脑子都是那些稀奇古怪的招式。她不介意我对她口交，甚至有时候她还蛮喜欢的。但是当我很想要的时候，只要我耗费的时间太久，她就开始生气，我也不高兴，就停住不做了。她翻身睡觉，我只好自慰。

“我需要帮助吗？难道只因为我想找人做那种事，就是一个色鬼吗？但是我并不会真的找人做，只是自己想想，然后自己解决。难道我是唯一会有这样想法的男人吗？我希望不是。有件事请你一定要相信，那就是我很爱我太太，而且我知道她也很爱我。她是个好妈妈，总是把自己打理得很整洁。我们会在周末一起做事。但是在性生活方面，只有在她想要的时候她才会全力以赴，通常是一个月一两次而已，其他的时候，她显得很冷淡。你能够帮助我吗？”

17

老年人的性生活

被忽视的需求

love

在男人的刻板印象中最残酷的一个传说是，男人性能力的巅峰期在 19 或 20 岁，过了这个阶段以后便逐渐衰退。[1]

大部分的年轻人听过并相信这个“事实”：

“我想，我现在的性价值是挺高的。”（23 岁）

“大家说，我现在是性能力的巅峰期。能不能告诉我，它为什么会减退？”（17 岁）

“我听到的说法是过了 30 岁，别人就不认为你还有活力。不过我还没走下坡路。”（27 岁）

从各年龄层得到的回答显示，大部分男人难免对衰老存有恐惧：

“每当看到老头子，心里就害怕将来我也会变成那样。虽然现代的说法是，性生活不因年老而停止。性是这么美好的事，岂能欠缺？”（21 岁）

“性的目的之一是自我的宣示，是一种说‘我享受，且带给别人享受’的方式。由于这个原因，做爱是我生活中最有活力的事，我很怕变老。”（50 岁）

“如果哪天我不能勃起了，我仍会继续做，无论用口还是用手，如果我的伴侣希望插入的话，就用阳具替代物。我很想知道大部分女人对性无能的男人用以上的方式会有什么感觉。当然，现在的外科手术更发达了。”（35 岁）

“我的一个医生朋友告诉我：‘多多使用你的阴茎！让它保持活力！’现在它是没有什么问题，可是我怕哪天它就不管用了。我不希望有这么一天！”（40 岁）

“如果我变成性无能，或不能找到伴侣的话，我怀疑我会在乎爱与不爱。”（28 岁）

虽然担心年老和它对性活动的影响，但是男人的回答是，年纪和成熟只会增加

---

① 多大算老？也许我们都算是“老年人”，因为我们都很担心变老。此处我并没有为“老”下一个明确的定义。肉体、心灵和精神各有不同的成熟度，因此，这章所谈的“老”涉及不同的年龄。

性活动和性的乐趣。事实上，几乎所有男人都认为，他们的性生活比以前更好，只有那些很难维持关系的人持异议，但和年老无关。其中很多人经过这么多年后，已重新为性下了定义，他们的回答很有趣。

男人的性生活每10年会有什么变化

“年龄如何影响性生活？岁月使性欲增加还是减退？不同年龄对性爱的享受程度如何？你的性生活和以往有什么不同？”

男人对他自己每10年的生活有什么感觉？一个人对于他在不同年龄层的生活会有什么期盼吗？以下是不同年龄层的男性所做的回答。

20～29岁

许多二十几岁的男人认为他们比以前更能享受性生活，因为他们把实际的乐趣和对于伴侣的情感结合在了一起。有些人还提到自己的性欲更强了：

“以我自己来说，每多过一个生日，我就觉得自己的性生活比以前更好，我的性欲也更强烈。重要的是现在我和别人做爱，别人也和我做爱，而以前我只不过是在打炮罢了。”（27岁）

“年纪越大，越想要性，越想让自己更能体会性爱的感觉，这会让自己更舒服，现在我已清楚窍门在哪里了。”（25岁）

“比起以前，我变得更敏感了，而且我要让自己一直保持这种敏感度。”（20岁）

“年纪越大，我在情感上所得到的就比肉体上所得到的越多。”（24岁）

“年纪越大性生活越好，我在成长，比以前更有自信、更敏感、更有感情，很少有大男子主义。”（24岁）

“我很乐意澄清一个说法，即男人的性能力在19岁时最好。我可以告诉你，我在19岁的时候，女人认为我是差劲的爱人。和现在比起来，19岁的时候，我既缺乏耐心，又不了解女人心灵和肉体上的需要，并且对于复杂的性生理知识一无所知。现在，我才开始了解：性爱并没有公式可言。”（27岁）

30～39岁

三十多岁的男人，认为他们更能够享受性爱，因为他们在性行为中感觉更舒服，也更了解自己和伴侣的性能力，并且在性方面的沟通更加自在。同时，大部分的男人也强调感情执着的重要。少数人提到了身体上的改变，但是多数人则觉得自己在这方面并没有什么变化：

“现在我可以享受到更多的乐趣，因为我和我太太在性关系上，比年轻的时候更能够开放地沟通。我们也愿意在婚姻生活更趋成熟的时候，尝试各种不同的做爱技巧和方法。”（32 岁）

“我变得更好，因为现在我已不用压抑自己了。”（32 岁）

“当你结婚以后，你就不再像以前那么闲适了。你必须负担一个家庭，还有一些以前所没有的心理压力。我相信这些都会随着年龄而改变你的性生活。对于性的喜爱我从未改变，现在我比较注意是否能给对方乐趣，而不是一味地接受。总而言之，我的乐趣有一半是来自我太太也能获得同样的乐趣。”（30 岁）

“我发现一个人年纪越大、思想越成熟时，性也会变得越有趣、越愉悦。对于品质较佳的性生活，我变得更渴望，做的次数也更多。我怀疑它是否会持续进步，或是达到一个高峰之后就停住了。”（38 岁）

“主要是情绪上的改变。对于随意的性行为，我变得蛮厌烦的，因为已经没什么刺激了。”（37 岁）

“我还没注意到身体有什么变化，虽然每个人都说有差别，但是我反而觉得自己在这方面变得更好、更具冒险性了。”（37 岁）

“年纪越大，性生活方面越美满，知道得越多，越想发掘它。比起十几岁体力最好的时候，做爱并不那么密集，但是却更有感情了。”（36 岁）

“以我为例，我觉得更有意思了。在今年之前，我真的不知道如何使女人满足。我读了很多书，学习更多关于女性身体的知识，再加上耐心，使女方更能够享受性爱了。”（34 岁）

“我想年龄似乎稍稍降低了性欲，但是经验所带来的乐趣却大大地增加了。时间和经验带给我控制高潮、体验各种性经历的能力，这更胜于纯粹的性交。”（32 岁）

“我今年 35 岁，在性方面似乎变得比 21 岁时更得心应手、更有趣、更优雅。不再那么猴急，更注重彼此的关系。更能欣赏身体的美，个性也更开朗。”（35 岁）

“年纪越大，越能够享受性的乐趣。如今性行为的次数虽然减少了，但是品质却提高了，感官上的性已经不那么重要。我现在寻求的是更多的爱情和谅解，工作、家事和养育子女等事务也使我从事性活动的时间和精力不足。”（34 岁）

“我十几岁的时候挺自我的，而且欲求很多，一心只想要上床。但是现在我已经比较懂得取舍，把性视为一种和女人沟通的附属品，或者是增进友谊的工具，而不纯粹是肉体上的需求。”（37 岁）

“年纪越大，我越希望和我的伴侣在精神上结合，而不只是在性爱上结合。我们之间的友谊和共同的爱好变得比以前重要，而情欲则相对地减少了。我发现自己已经把性伴侣视为朋友，而不是爱人。”（33 岁）

有一部分人说：

“从 19 岁到 22 岁这段时间，我逐渐从工作或是自我发展上得到乐趣，而性也变得不那么重要了。”（32 岁）

“长大之后，我了解到性并不是生活中最重要的事，可以把它暂时抛在脑后，尤其当它变成问题的时候。”（37 岁）

40～49岁

四十几岁是最担心工作和年纪的阶段，但是一提到做爱的频率和高潮的次数，除了那些本来就和伴侣关系不好的人，大多数男人几乎都认为他们比以前更快乐。这些四十几岁的男人都强调，在完美的性爱关系中，乐趣以及伴侣互动的重要：

“当我的年纪渐长时，花在让自己勃起的时间似乎更长了，产生性欲的次数也减少了一些，但比起其他的活动，性活动似乎还是比较有趣。不过对方必须是我所爱的人，而她也爱我。就像是我太太，她喜欢性，能够开放地讨论或实验，不必担心会破坏性生活。”（44 岁）

“这些年来，由于道德水准的提高和沟通上的放松，再加上对于感情需要更多的了解，我在性生活方面进步很多。尤其在结扎之后，去除了可能怀孕的恐惧，也使我增加了做爱的次数。我的性爱变得更进步，更没有禁忌，态度上也更放松。虽然活动的范围比以前更广，但性生活方面很令我满意。”（49 岁）

“我今年 49 岁，唯一不同的感受就是做爱次数减少，但是乐趣增加。有时候我和伴侣躺在床上，心里想‘做爱吧’，但是我的身体却没有什么反应。可是如果把伴侣的手放在我的阳具上，让她把玩一下，立刻就可以勃起。一旦由我扮演积极主动的角色，就能够享受到当国王的乐趣。”（49 岁）

“我看不出有什么退步，因为有更丰富的经验和控制高潮的能力。像大部分男人一样，这些是我年轻时所不懂的。”（46 岁）

“我没有注意到 45 岁时的性生活有什么改变，除了有些年轻的女人会认为我像个爸爸之外。”（45 岁）

“无疑，年龄当然会降低身体各方面的活动能力。但是做爱又不是参加奥运，沟通远比其他的事更重要。”（40 岁）

“大约一个星期前，我突然发现，由于长期坐着工作，我没有注意到自己体力日渐衰退，我几乎成了半个病人。早上起来我发现自己连穿过屋子都得停下来扶着东西，无法站直。于是我开始做一些伸展操，每个小时沿着大楼绕一圈。刚开始的时候我很痛苦，但是过了一段时间之后，却出现了戏剧性的效果。我的性欲和性能力迅速恢复，呼吸也变得更顺畅。我才开始了解到，自己在性方面的问题，是体力所造成的。”（40 岁）

“目前我没有结婚，也没有固定的性伴侣，但是每天自慰。在做了 15 年的重量运动之后，我觉得目前的体能最好。我每天运动和慢跑一个小时，注意三餐饮食，结果性能力达到了有生以来的最高峰。”（45 岁）

“在我这个年龄，做爱比二十多岁时更有趣。在 15 年的婚姻里，性一直是我太太不太感兴趣的项目。我试着找别人，但是发现欺骗并不能带给我快乐。我时常自慰。如今我的第二次婚姻在情感、心理以及肉体上，好比一首田园诗一样美好。”（47 岁）

“高潮的感觉比以前更好，做爱的时候更有感情、更俏皮、更持久。也就是说，欲望和以前一样，但是强迫的成分却少了。当我得不到满足的时候，我就会疯狂地去争取。目前我已经得到了一切。”（42 岁）

“我想我的欲望还是跟以前一样，只是和同一个伴侣生活了 20 年，实在让我觉得无聊和挫折。”（46 岁）

“年龄除了会影响性生活之外，也会影响其他事。假如你有心注意，而且能够在生活中学习的话，性会越来越好。我没办法笼统地形容欲望，因为我的爱人对我的影响好比烈火一般，她使我对她有着近乎不变的欲望。现在我的性欲和以前不同，它变成是一种持续的，而且以爱为基础的东西。在 5 年前，它只是一种自然而短暂的关系，但目前不管是生理还是心理方面，我都是处于最好的状态。我比起 10 年前三十几岁的时候，要好上两倍；也比二十几岁的时候，更懂得关怀、给予和爱。这一方面是因为自己更成熟，更有自知之明，最重要的因素则是幸运地遇到一位适合我的女人。”（42 岁）

“我认为性欲不会随年龄降低，但是能力，譬如耐力等，就会影响到性的成功与否。如果成功了，那么获得的乐趣和 20 岁时并没有两样。我的性生活只有在同性恋倾向浮现时，才会有所不同，这一直是以前我认为不存在，而且极力想要隐瞒的事。现在的我比以前拥有更多的爱人，只要我力所能及，我会提供他们任何想要的东西。”（45 岁）

50～59岁

在五十几岁的时候，大部分的男人都愿意努力去重建他们的性生活，不管是制造更多长久以来所期盼的乐趣，还是调整他们的体能和反应。大部分的人都认为，他们仍然能够享受性爱，性关系也比以前更好：

“随着年龄的增长，我更了解自己和爱人的需求，不再一味地只求做爱和射精。我已经学到如何享受性，也学到了用一些方法使心情在各种情况下保持一致。我比以前更爱我的性生活，我知道如何借着抚摸胸部、阴蒂、阴道，使我的爱人达到高潮。在学习上，我很幸运能得到爱人的帮助，借着她的动作和反应，了解她在各个阶段的感觉，这使我避免了很多猜测和焦虑。我知道如何力所能及地配合她的需求，比方说在她真的很需要性的时候，我会利用事前的爱抚，让她达到多次高潮。”（57 岁）

“我今年 50 岁，驾驭性的能力比以往还要好。我想这是教育的结果，让我能够接受自己的性欲，不再羞于面对，以往我对这些事会觉得害怕和丢脸。我的性生活之所以不同，是因为我一直要求在婚姻上有进步，否则就退出。我们有 5 年的时间，参加了各种团体，像团体治疗、研究治疗、爱与学习、性治疗团体等。大部分与性无关，却能使我们的婚姻更完整，性只是其中的一小部分。”（50 岁）

“对我而言，年龄增加，性在我生活中的重要性也跟着提高。孩子们长大离开了，退休的时间慢慢接近，我也增加了智慧，知道事情的轻重缓急。我对环境的包容力降低，欲望却增加，都是为了获得乐趣。我的性生活有了彻底的改变，不再只是身体一时的冲动。我现在变得更自在、没有罪恶感、不紧张，对我的伴侣也再没

有探索的感觉，可是却更有乐趣，我们更能沉醉其中。”（55 岁）

“我的性生活非常的不同，因为我正在做我想要做的事，并且不避讳公开地讨论性，我也发现很多女人的想法和我一样。”（57 岁）

“我的性欲是随着年龄而增加的，它越来越有情趣。我的性生活已有所改变，变得比以前更好，因为我和别人的关系更好了，我爱惜现在自己所有的一切。比起以前，真的是很好。”（56 岁）

这是一个五十多岁的男人所做的回答，对于男人如何在他们的生活中获得全面的性经历，有比较完整的描述：

“我今年 52 岁，矮个子，体重过重，有灰头发。以前别人认为我是很英俊的，但是现在只有丑陋能形容。我在消防队行政部门工作了 28 年，最近 12 年升上主管的职位。我出生在一个天主教家庭，但是我本身没什么宗教信仰。我高中肄业，因为我在 1944 年加入海军。

“以前我最大的担忧是最小的 4 个孩子和日常生活中所遭遇的一些问题。我目前的职位与政治有关，时常被一些行政责任、政客、新闻媒体和一般的公共事务压得喘不过气来，有时候这些事又会全部积压在一起。我已经升职到这一行的顶点，薪水也不低；一旦失去工作的话，我一定会觉得自己一无是处。

“我结婚 22 年，很喜欢我的婚姻，而且我拥有最好的两个世界——平常我是单身汉，周末变成已婚者。我上班的地方离家有 201 千米远，所以我和我太太在周末的见面就成了一种乐趣，也许这是最适合我们的生活方式。当初结婚是因为我太太已经怀孕，不过那时我们已经订婚。在这 32 年当中，我们的性关系有几次起落，而我认为目前和她的性关系极佳。她似乎也随着年龄增加在性方面有更好的表现，更有吸引力，现在我们也比较放松。这些都是最近 10～12 年发生的改变。

“我相信单一配偶制，谁愿意有两个老婆呢？不过我曾经有三四次婚外情的经历，有一个维持了一年半。现在我没有外遇了，以后大概也不会再发生。那一次的外遇差点就毁了我的生活，我太太也知道这件事。

“我们有 11 个小孩，原来并没有打算生那么多，可是我太太一直怀孕。起初我不觉得生气，因为我们本来就已经订婚。我爱我的孩子们，但是有时候真恨不得能宰几个。为了小孩，我们放弃了很多事，幸好没有影响到我的整个生涯。有些人不相信会有人笨到去当 11 个孩子的爸爸，但是我觉得自己很幸运。也许我们本来可以过更好的生活，但是管他呢，每个人都有他自己的生活方式，不是吗？”

这位男士提出了五十几岁的男人都会遭遇的问题，也就是即使他们还是像以前一样喜欢性，太太却不愿意经常行房，而且这种反对的模式会随着年龄越演越烈：

“我今年57岁，是一家铁工厂的技工。我出生在犹他州一个有良好道德观念的摩门教家庭里，二次大战期间，我曾经在非洲和意大利服过4年兵役。

“结婚时，我完全陶醉在爱情里，那是一种前所未有的满足。每天晚上睡得很好，醒来时更是精力充沛。不过这并没维持多久，从那以后，我不再认为我太太或其他的女人认同我是她们生命中很重要的一部分。

“大约在结婚两年之后，我太太就不再理我。我觉得自己被伤害了，不管我多么努力，再也无法安然入睡。

“刚结婚时，我很喜欢和太太做爱，后来在书上发现，我不曾享受过很好的性爱。在我们之间它只是一件有需要才做的事，她从来不跟我沟通她觉得怎样做最好。当我提起这个问题，她会说：‘不要做最好。’最后她只把睡衣和内裤拉到正好可以做爱的程度，我觉得和穿衣服的女人做爱，比穿衣服洗澡更难受。

“我们结婚已经20年了，我宁愿和一个觉得我够好的更热情的女人结婚。现在的婚姻只是维持我对孩子的义务，假如我现在没有这些责任，我会尽快找一个更合适的女人重新生活。原本我结婚的目的，是为了得到一个有小孩的家庭，但是这个美梦曾几何时已经变成噩梦。性欲也是让我想结婚的原因之一，生活中没有性，简直让我活不下去。

“我希望我太太能够热情一些。当男人抚养这个家庭的时候，太太也应该对婚姻负一些责任。

“我在读《海蒂性学报告：女人篇》之前，并不会担心我太太高潮的情况，而她根本不跟我讨论这方面的问题。假如她借着自慰能够达到高潮，而且感觉更好的话，我并不觉得不妥。只要她肯跟我说，我甚至还会帮她。每次当我要爱抚她的时候，她会说：‘快点做，然后睡回你那边去。’我不确定她是不是有高潮，或是有而我没注意到，她从不跟我讨论。我只和我太太做过爱，她小我一岁，不能满足我的欲望。她是个差劲的厨师，不会缝纫、不会做家务，也是个差劲的性伴侣，并且总是在抱怨。我觉得一个女人婚后如果不在乎丈夫的需要以及对家庭的义务，便是侵犯了男人的权利。如果没办法顾及婚姻的义务，她就应该保持单身，一旦有了小孩，再改变心意就太难了。”

60～69岁

虽然体能状况不像二十几岁那么好，性行为和高潮也显著减少，但是多数人仍像年轻的时候一样喜欢性的乐趣，常常连他们自己也觉得惊讶：

“对于老年人不喜欢性的说法，实在是一种误解。以我的经历而言，我高潮的频率比以前少，但是在最近几年，当其他限制减少之后，性活动的次数却增加了。”（64 岁）

“人老了之后，性会变得更美好。在 16 岁的时候，我几乎没有性欲，到了 26 岁，就相当有活力了，36 岁感觉不错，46 岁觉得很好，56 岁是最棒的。现在我已经 60 岁，性也变成了我生活中最重要的一件事。”（60 岁）

“我的性生活曾出现高峰和谷底。在 18 ~ 22 岁期间，我喜欢和伴侣做爱时那种巅峰的享受，而那个伴侣也是我生命中的最爱。在分手之后的五六年间，发生过断断续续的小插曲，其余的时间都是单身。随着结婚而来的是一个全新的生活，并且维持了大约 20 年的时间，一直到复杂的妇女病使我太太疼痛不适，我也等于过了 15 年的单身生活。在 63 岁的时候，我遇到了现在的性伴侣，她比我小 25 岁，从此之后我又开始恢复生机。我已 69 岁，但是在性欲和性活动方面却丝毫没有衰退。”（69 岁）

“我认为性欲会随年龄而增长，老年人再也不需要性的说法实在是错误的，他们应该根据年龄来安排性活动。不过我现在的性生活和年轻的时候比起来却贫乏许多，除了操控的能力之外，应该归咎于贫穷。我很愿意和另一个人共享我的生活，却又认为这是不可能的。”（60 岁）

“我喜欢性的程度和以前一样，也许比以前还要多，因为我太太变得更聪明了。她不再像 44 年前刚结婚时那样，由于惊吓而抗拒。我们目前的性生活和以前不同，而且更有意思，不再害臊，比较主动，而接受力也较强，和以前绝对不同。”（68 岁）

“我比年轻的时候更喜欢性。那时我们有太多的争吵、太多的不确定、太多的恐惧和期待。现在我已经知道该怎么做，一切变得更美好了。”（60 岁）

“年龄增长是衰退的过程，这也包括性。我发现年纪越大，性欲越弱；但是情感成分却越浓，情感也就变得比肉欲重要了。肉体上的快乐也许减少了，但是情绪上却变得更加欢愉。现在我们很少做爱，但是有较多的时间使用肢体语言，用抚摸、亲吻、挑逗等方式来享受对方的身体。”（63 岁）

“做爱是我主要的欲望和兴趣，就像健行不等于慢跑一样，是一种想象的满足，而不是目的。”（60 岁）

“当我老了以后，我发现：第一，很难找到女人；第二，很难找到一个有趣，并且乐意交往的女性。不过我仍然喜欢高潮的感觉。”（65 岁）

“我喜欢性交，尽管已经 65 岁，我仍然每次都能达到高潮。只不过现在花的时间比较久，精液不像以前那么多，勃起也不像 15 年前那么有力，而这也表示高潮的感觉变得比较温和。我现在一个星期和我太太做爱两三次，有时候 4 次。本可以做得更多，但是我太太老化得比我快，虽然她比我小 4 岁。”（65 岁）

“太多人以为只有年轻的身体、美丽的人们才可以享受性，但是事实不然。对于胸部垂垮、肌肉松弛、皮肤老皱、有个大肚子的人而言，性也是很美好的。人们应该了解到这一点：欲望会减少，但是乐趣却不会。”（63 岁）

“和一个老头子睡在一起，对许多人而言似乎有点猥亵，但是这些高龄者却比年轻人所想象的还要性感呢！”（66 岁）

还有一些比较长的回答：

“我今年 60 岁，有宗教信仰，并且在教堂里服务。我热爱我的工作（我是一个工程顾问）、朋友和性。我特别喜欢为新教友举办欢迎会。我喜欢一早醒来就期待着晚上上床睡觉的感觉。我的母亲告诉我：‘你不英俊，可能也不会富有，但是你却没有理由不守时。’

“我爸爸告诉我，女人是这个世界上最珍贵的伴侣，我将经历到和一个女人共享生活的喜悦，照顾她和我们的子女。我长大以后就急着想结婚，但是我母亲却觉得我可能一辈子都不会结婚，而且应该要学会怎样照顾自己。总之，我是一个优秀的厨师兼有活力的管家。

“我和我的新伴侣同居只有两个月，但是我们已经认识 20 年了。我们两家的小孩是高中同学，她守寡已经两年。有一年夏天，我太太出外旅行。我向她借了一本书，她顺口问了我一下：‘你一定很想念你太太。’而我竟然诚实地回答：‘一点也不。’那时电话正好响起，她就去接电话，我也拿着借的书离开。几天之后，我邀她共进晚餐，讨论这本书。那年夏天，我们约会数次。当我太太回来的时候，我告诉她所发生的事，她说：‘我一点也不惊讶，因为你一直对她很好。’我们讨论了彼此的婚姻，并且作了最后的努力去请教专家，结果却失败了。不久之后，我就搬了出去。我渐渐和现在的伴侣建立起一种常态的关系，早先我还会偶尔和别人约会，不过情况常常是很单调无趣的。

“我们喜欢一起生活，做我们想做的事。我们爱我们的孩子和孙子。人们认为性欲在年龄增长的过程中应该会自然衰退，但是我们却调适得很好。我们每天讨论生活，觉得很快乐、很满足。也许过几年我们会结婚，只要不影响她领社会救济金。”

“我只和 3 个女人性交过，第二个是我的太太。我们的性生活并不美满，但维持 1/4 个世纪之久。在我们婚姻生活的末期，我们曾经接受过一连串的心理治疗，结果我太太退出了，她说不需要治疗。治疗师很惊讶我竟然不曾打算离婚，他说如果我选择离婚的话，他愿意帮助我。6 个月之后，我又找到了另一个婚姻治疗师，但是我太太拒绝和我一起去。那年夏天，她一个人去度假，由我自己去接受治疗。第一堂课，他就一针见血地问我：‘为什么你曾经想过自杀，却没有考虑过离婚呢？’一年之后，离婚成为事实。

“一直到 5 年以前，我还必须从孩子们和几个朋友身上得到我所需要的温暖和亲密。但是这 5 年来，我的生活有了相当大的变化，我和一个愿意亲近我的女人在一起，她并没有因为我不断地表现热情和欲望就离我而去。我们的性生活很美满，在精神、欲望、情绪、灵魂或是任何你能想得到的各方面，我们都很合适，也处得来。

“现在我的伴侣会和我讨论她在性方面的感觉，告诉我她喜欢什么、不喜欢什么，和我分享情绪，描述一下发生了什么事，获得前所未有的舒适感。她也很惊讶自己会告诉我该怎么做，而不必被动地由我来问她。

“和一个对性没有兴趣的女人在一起生活了三十几年之后，我很高兴能遇到一个喜欢性的女人，而且尽力去找出一些能够使我们两人都觉得快乐的事。

“性也许不是世上最重要的事，但是没有了它，其他的事也会失去吸引力。就像勃朗宁所说的一样，当工作、友谊、学习、劳动和性以一种全力以赴的模式一起出现的时候，上帝才会留在天堂，万物才能各得其所。”

“我今年 66 岁，已经退休，以前是制造企业的主管，毕业于常春藤联盟大学。我在一个道德标准很高的家庭中长大，童贞必须为婚姻而保留。我是基督徒，结婚 43 年，我的婚姻是一件美好的事，性也是其中之一。我没有其他经历，我是和初恋情人结婚的。我在 13 岁的时候认识她，18 岁开始认真交往，当她从七姊妹女子学院毕业后，我就娶了她。我们的性经历完全得自对方，并且在肉体、精神以及其他方面都喜欢对方。我们的孩子都长大了，每个日子都很喜悦，真是生命中的美好时光。我只和对方发生性行为，我想这对婚姻也有正面的影响。

“在年轻的时候，我可以毫无困难、随心所欲地勃起，但是现在要花比较久的时间，而且也不如以前坚硬。可是我们用了更多手和嘴的刺激，这样能让我太太达到高潮，即使我没办法勃起，我太太也能用阴蒂摩擦阴茎达到高潮，而我也能随之达到高潮。

“以前我们做爱，大部分只是以阴茎碰触阴蒂，在达到高潮之前，即使已经进入她的体内，也会抽出来。我们发现这种方式相当刺激，而且可以避孕。到了现在这个年纪，只要能够硬得起来，我还是会进入她的体内。

“在大多数时间中，都是由我来起头。关键就在两天前的晚上，我看书看得睡着了，醒过来的时候已经半夜，却发现自己正被床边的这位老淑女引诱着。

“我仍然会被年轻的女人所吸引，年轻女人对一个健康的老男人来说是很有吸引力的。但是我绝对不会傻到认为她们想和一个老头子上床，虽然我和 25 年前体重一样，长相也没变。我将会紧守着我所知道的和拥有的事物，除非有年轻的女人来勾引我，那我也许会和她私奔吧！”

虽然性的乐趣和以往一样，但有些男人仍然发现，他们的伴侣或妻子，对于做爱这件事兴趣不大：

“我太太和我已经超过 60 岁，而且我们结婚 35 年了。一开始我对婚姻存有恐惧，并不是因为我不喜欢家庭和性生活，而是婚后的花费和责任远远超过我所预期的，不过不管怎样，有一件事我是确定的，那就是我喜欢这个女人，而且要和她在一起。

“在性生活方面，刚结婚时要习惯对方，找出比较有乐趣的姿势。光是这点就花了我们几个月、甚至一整年的时间。最主要的问题是她从来不跟我说她喜欢怎样，或不喜欢怎样，只留下一个很大的猜测空间。我总是搞不清楚她是不是还太干所以不能性交。刚结婚时，我也不知道事前的爱抚是必要的，直到有一个药剂师问我需不需要用乳液的时候，向我解释，我才明白。有很长一段时间，我们都太早结束，我已经达到高潮，而她却还没有。

“目前我们固定每个星期做爱一次，而且只用一种男上女下的姿势。这些年来，子女问题和不同的作息时间，使我们很少有时间单独在一起，我太太也坚持不肯采用新花样。有时候我们的兄弟姊妹会搬来同住一段时间，我妈妈也来过一次，却造成我们很大的紧张和压力。我也同意只在晚上关了灯以后才做爱，但是如果能在早上或是傍晚的话，我会更愉快。

“我们现在大多是在孩子外出，并且知道他们会晚归的时候做爱。我曾经建议去汽车旅馆，却让我太太很生气。当孩子们就在我们隔壁房间的时候，我喜欢弄出一些声音来，而且希望能够弄出更大的声音。

“有一件很有趣的事情是，这10年来，在达到高潮之后，我的勃起不会迅速消退，特别是在足够的前戏过后，我甚至可以在我太太的体内再次勃起，再次达到高潮，而不必分开。这让我很惊讶，因为我以为年纪会使高潮衰退。现在我也可以保持比较久的勃起状态，除非我有心事或者感到忧虑，才会和年轻的时候一样快，我想这也是导致夫妻会离婚的原因之一。

“但是不管怎样，和我太太在一起的时光是美好的。我喜欢抱着她睡觉，或是搭着她的肩膀。当夜里醒过来的时候，我也喜欢靠近她、碰碰她。虽然大多数夜里她对我的爱抚都没有回应，不管怎样，我爱我的太太。”

如同我们所看到的，当男人和女人的关系之中施以爱的情感并不足够，或者是他们还没有发展出比传统观念更高层的性态度，让女人有足够的刺激来达到高潮；或者是没有给女人在性方面表达意愿的自由空间时，男人很容易会抱怨这个女人缺乏性方面的乐趣。

最后，年龄作用对于对抗年龄歧视和性别歧视的观念，没有什么保证可言：

“我个人觉得和我同年纪的女人，不管在精神还是在肉体上都无法像年轻女孩一样吸引我。这是一个年轻人的社会，很少有年轻女人愿意和老人家做爱。”（62岁）

“就算是68岁的老男人，也仍然喜欢坚挺的屁股、胸部、皮肤有弹性的女人。但他自己可能已经肌肉松弛，满口假牙，有点气喘。通常他都会去找妓女——一个比手淫高级不到哪去的方式。”（68岁）

70~79岁

大多数男人（并非全部）在七十几岁的时候，虽然很少有勃起或是高潮，但仍然能够享受性爱，不论性交与否。有些人提到对于性的兴趣正在减少，大多数人都发现，情感关系在性生活中扮演着相当重要而且与日俱增的角色。当然，健康的身体是继续享受性生活的关键。整体看来，多数的男人在七十多岁的时候，生活中都会出现一种平和安详的快乐：

“这些日子来，我的勃起状态似乎更难预料，不过这也不是什么大不了的事。如果能够继续刺激，它通常还是会很快恢复的。不管怎样，这只会影响到插入，还有其他的方式和技巧，仍然能够使性爱相当美好。”（79 岁）

“虽然速度变得比较慢，但是 74 岁的我们，做起爱来仍然相当激情。”（74 岁）

“我注意到，年龄让性越来越美好，持续较久的时间才射精，也会延长一些乐趣。年轻的时候，我通常只想到如何满足自己，现在我发现，从满足伴侣之中，可以得到更多的乐趣。许多人认为在 60～65 岁的时候，他们的性生活就会结束，任由性器官逐渐老化。但是持续使用性器官，会让它们更有活力。”（71 岁）

“年龄会影响性，我从 60 岁开始就无法顺利勃起，而且不再性交。我现在已经 71 岁，每个星期自慰 2～3 次。我在两个部门里负责会计工作，非常忙碌，但是很快乐。每个人都需要有工作，有一个爱人。我有一个女朋友，60 多岁了，已婚，我们有很美好的亲密关系。”（71 岁）

“我发现年龄对性的影响不大，我还是和以前一样喜欢性，甚至更喜欢。我现在达到高潮的速度较慢，但是这反而增加了乐趣，而不是困扰。”（70 岁）

“我观察到，一开始是性冲动减少，然后是精液减少。但是我对性的欲望仍然和 30 岁的时候一样，乐趣也相同。我的性生活改变了，因为我现在是鳏夫，不再有女人强迫我禁欲，而我把自慰视为最后的乐趣。”（71 岁）

“年纪使性变得更好，因为我现在不会很快就达到高潮，这也使得需求的频率降低了。我们平均一个星期做爱一次，不过我希望能够有两次。比起年轻的时候，我们的性生活变得更美好了，彼此更相爱了。”（70 岁）

“现在我的欲望越来越低，除非有我太太的刺激。但是每次欲望来的时候，仍然非常冲动。动作比以前更久，达到高潮所消耗的体力也越多，但是却觉得非常满足和轻松。”（74 岁）

“我的欲望和以前一样，没有增减，但是性无能却让所有的性交消失了。”（79 岁）

“许多时候我变硬了，但是在射精之前又软了下去。这虽然不是最愉悦的性经历，但是我仍然很喜欢。”（72 岁）

“我仍然期待，但是自从无法持续很久之后，需求也减少了。裸女的身体，仍然让我血脉偾张、心跳加速。现在我的性生活不一样了，欠缺有趣的性伴侣，只好尽量适应那样的生活，尽量照顾好自己。当我自己一个人，或是和我太太在一起的时候，也许是在看电视，在车上或是床上，我会自慰，我不会对她隐瞒我的需要。我

也喜欢绕着屋子和后院裸奔，让微风吹拂着性器官的感觉真棒。有时候我会停下来，然后在草地上射精。”（70 岁）

有一些更长的回答：

“我们已经迈入 70 岁，而且结婚 5 年了。我怀疑世界上还有没有其他夫妻，每天的拥抱与亲吻次数像我们这么多，我们尽可能地待在一起。这是我太太的第三次婚姻，我则是第二次，因为上一任的妻子过世。我不会到处风流，都是和太太发生性行为。我喜欢和她躺在一起，喜欢她靠在我肩膀上，把手围在我的脖子上，感觉很舒服。

“我在保持完全勃起方面有困难，这并不是我太太的错。她一直愿意，甚至是喜欢做爱。我没办法持续更久的时间，当我勃起之后，必须加快动作，否则就什么也做不成。当我太太很想要，而我又能够保持坚挺的时候，她就会开始喘气，有时候把手指掐进我的手臂肉里，我就知道她已经达到高潮了。这时候她会出现一阵真空状态，或者说，我觉得她的阴道好像正在吸着我的阳具，那种感觉真是棒极了。能够在太太高潮的时候射精，是一种最高的享受。

“有好几次我告诉我太太，我没办法等到她培养好情绪，而她也告诉我尽量做，达到高潮，射精，射在她的体内，即使她尚未达到高潮也没关系。

“为什么我无法保持勃起？这需要一些解释，主要是因为我的前妻拒绝和我行房达 8 年之久，一直到她过世为止。除了要处罚我之外，没有其他理由，这个故事说来话长。

“但是我从来没有想过要和别人性交。

“我很想知道自己为什么没有办法保持勃起，我的身体并没有任何问题。每当我爱抚着我太太，却又无法勃起，我就会以冷水冲浇我的阳具，结果似乎稍有起色，然后趁着变软之前赶快进入她的体内。我的欲望真的沸腾到了极点。”

“我今年 72 岁，高中毕业，新教徒，白种人，在公共运输公司上班，工作 45 年之后，现在已经退休，但是我不太喜欢退休。

“我太太已经病了一阵子，而我们能够做的也只有等待，因为社会保险和小公司的退休金实在不够支付医药费。现在我很快乐，因为她的身体正在恢复，对我而言，那简直就是天堂。

“在我太太生病期间，我曾经到外面去打野食，她并不知道。我觉得这样可以缓解一些紧张的感觉，不过也有罪恶感。一般来说，我们每个星期都会行房，但那是不够的。可是我太太希望一个月两三次就可以了。

“如果说我不喜欢随意的性行为，那是骗人的。但是我认为，上帝有意让我们每个人只和一个女人在一起。婚姻是美好的，是爱的契约，没有人能够改变或抹杀，这个约定比死亡更长久。每次遇到问题的时候，我们会争吵，然后在心里把它抚平，彼此亲吻，就像 50 年前一样和好如初。”

“我是一个单身男子，今年 72 岁。我从 14 岁开始，就一直有很活跃的性生活。但是在 1970 年，我因为发生意外而切除了一条腿，突然间我结交女性的机会没有了，从此我再也没有性生活。基于突然被剥夺性生活的事实，我只能靠自慰来解决。我独自生活在一栋很好的公寓里，而且有很多爱好。每两个星期我会花一两个小时来享受我的身体，彻底地测试我的性器官，欣赏慢慢变大的阳具，然后爱抚它，一直到它射精为止，延长这种刺激，享受每一刻的兴奋。而花的时间越长，享受到的乐趣越大。”

“我已经快 73 岁了，目前对于同性恋相当热衷，在过去的 3 年里特别活跃。我是一个单身汉，住在大城市里，具有顶尖大学的博士学位，虽然已经是半退休状态，但是在专业领域中仍然相当活跃，深得同僚的推崇。我的个性很随和、有活力。虽然疾病缠身，但是以我的年纪而言，还算是相当健康，看起来也很年轻。

“我所有的近亲和朋友都是异性恋，所以我不曾在他们面前显露出我的同性恋倾向。有些人会怀疑我的性取向，虽然我和女人相处得很好，而且不定期地和她们约会。大部分同性恋者所遭遇的轻视或不便，我都因为自己的封闭状态而得以幸免。

“最能满足我，也是我爱得最深的一次经历，发生在我和我的一个朋友之间。我们第一次发生性关系的时候，他 18 岁。我们常常不定期地做爱，一直到他中年去世为止。他外表是一个异性恋者，我们的关系在他家人的眼中，只不过是兄弟之情，并不会对他的生活造成困扰，也不会影响到他的幸福婚姻，以及他太太对他的崇拜。

“我只有过这么一次让我感到满足的性关系，它是我的友谊的证明。我和人们相处得很好，因为我很随和而幽默。我只有对少数人表露过内心真正的感觉。假如不深入要求的话，我和我的家人、兄弟、姊妹，以及他们的子女也都相处得很好。

“我希望在一个能够平等对待同性恋者的环境中公开工作，因为对我而言，同性恋最大的缺点是不被社会认可，因而抵消了一些让我自己觉得满意的因素。我在专业上的名望，建立在我有准确判断能力的名声上，但是社会大众看待同性恋的眼光总是太过神经质、不可靠而且情绪化。如果我将同性恋身份曝光，势必会让大家对我的专业判断产生怀疑，甚至连朋友、亲戚以及年轻的晚辈，也不容易和我维持良好的情谊。

“毫无疑问，某些同性恋团体的行动家，一定不喜欢我的论点，认为我在破坏他们的主张。但是我相信事实是经得起时间考验的，我的生活也许在将来可以提供给社会学者探讨。”

“我今年 70 岁了，我和结发逾 30 年的妻子仍然在恋爱中。我很确定双方彼此仍然各有所求。这大体上就是我曾经拥有过的最美好的一段感情。它掺和着足够的兴奋，可以让感觉持续成长下去。除了偶尔出现的低潮之外，多半很稳定，而且我们的爱情相当扎实。对我而言，最糟的是我太太没有办法接受我真正的面目，她尤其反对我对性的热衷，例如我的自慰，以及曾使用一些性玩具。也许她会觉得有威胁感，事实上，这些东西只会增加我对她的兴趣。无论如何，她对这件事的反应颇有敌意，甚至有些吹毛求疵。以前我会在她面前公开地展示这些东西，例如色情书刊，但是现在为了保持和平，我只能自己私下持有，否则就会招来一些指责，说我应该引以为耻，骂我是‘老不羞’。我不喜欢这样，我很希望她也能够分享我的兴趣，至少试着去接受。不过我知道这是不可能的，尽管我偶尔还是会提出这样的建议，但是结果只是引起更大的恐慌。把自己赤裸裸地呈现在另一个人尤其是你最亲爱的人面前，并不是愉快的经历。然而我必须强调，我太太绝对不是一个泼妇，她是一个很体贴而且很慷慨的人，我们唯一的困扰只有这一件事。我可能会将一些我太太所讨厌的事，从我生活中排除掉，这完全是因为她不喜欢的缘故，至于我自己的想法和感觉，是不会改变的。

“我喜欢性交，通常我们一周会做一次，不过如果有客人同住的话，也许不会那么频繁。因为我们的房子很小，做爱的时候要注意降低音量，以免吵到别人。在做爱和高潮的反应上，我太太通常要比我少很多。她的欲望似乎比我还少，大约一个月，甚至两个月，她才会有一次做爱的欲望。

“我会自慰，而且很喜欢自慰，虽然事后会产生一丝罪恶感。我一个月自慰三四次，如果哪个星期没有做爱，次数就更多。除此之外，每当我心血来潮，就会抚摸我的性器官。

“目前的性生活中，有许多事情是我很想要改变的。我太太也知道，但是由于她对这件事的感觉不同，所以我也不打算提出来。我并不害怕告诉她这些事，然而每当我试着和她沟通的时候，总是遭到她的抗争和拒绝，这种要求她改变方式的事会让她害羞。总而言之，我会自己保留性方面的兴趣。我是一个精力充沛的男人，兴趣广泛，过着有活力的生活。我爱我的太太，也不想离开她，我喜欢任何她加诸于我的事情，如果我要求得太多，反而什么都得不到，这也是一种人生哲学吧！她会继续当她自己，并且继续做她觉得最好的事。”

80岁及80岁以上

80 岁及 80 岁以上的男人，更少有勃起和高潮，这完全是基于身体状况的改变。但是大多数人仍然觉得乐趣不减，许多人也在和他人发生性关系的方式中，发现了很多新鲜有趣的事。这个年龄层的男人表示，他们快乐与否，决定于彼此的关系，甚于生理机能：

“年龄会降低你的能力，同时勃起和高潮也越来越少。但是精神上的欲望增加，乐趣也会跟着增加。是的，我仍然很喜欢那种事。”（83 岁）

“只要你的健康状况良好，年龄会给性增加更多的乐趣，只要身体健康，你对性的欲望也会随着年龄增加。如果你一直保持精神和生理的活动，不压抑自己的感觉，退休之后其实更有时间享受美好的性。”（80 岁）

“我最近刚读过我的孙子从大学带回来的性教育书，觉得相当有趣。等他回去之后，我把书里面讲的一些事，拿来和我太太做实验。”（80 岁）

“感觉和以前一样好，只是次数比不上从前。性生活也没有什么不同。”（86 岁）

“我仍然会有欲望，只是程度变得较低了。”（82 岁）

“时间遗弃了我，让我成为热带欲海里一座小岛上的流浪者。在这里，陪伴着我的，是美人鱼的记忆，以及在那片洒遍月光的沙滩上对浪花的旖思。我的心与我的手，仍然发现了欢度周末夜，迎接星期天的方式。真的，上帝实在很眷顾我。”（92 岁）

下面是几个比较长的答案：

“我今年 80 岁，仍然在和我太太热恋。我们已经结婚 59 年了，生活很快乐。我比较喜欢和我太太做爱，因为没有人能够让我这么舒服，我们之所以结婚是因为从 8 岁开始就喜欢对方。单一配偶是最好的制度，我没有婚外情的经历，也没有办法从别人那里得到我太太所能给我的另一半乐趣。

“年龄并不会影响我的性欲，我们现在做的事和年轻的时候不一样，但是我认为彼此更喜爱对方。我第一次性行为就是和我太太发生的，那时候我们都超过 20 岁了，此后不曾和别人发生过性行为。因为没有长辈的指导，我学习的过程也就颇为艰辛。

“高潮对我来说是很重要的，我不喜欢做爱时无法达到高潮，不过我形容不出这种感觉。我可以不必勃起就能够享受性，达到高潮。另外，做爱之后的亲热，一起休息、爱抚和讨论性也是很重要的。

“我喜欢自慰，大约每天一次，但是不会达到高潮。通常每个星期之中，只有一次可以顺利达到高潮。

“我们年轻的时候常常性交，现在比较少了。以我现在的年纪来说，要勃起并不是一件容易的事。但是勃起之后，却不会太早射精，我可以性交 45 分钟至一个小时而不射精。

“我们的性生活是很满足的，因为沟通良好。通常我会事先提出，如果她不愿意的话，我就不会勉强她。这种方式在我们之间运作得很好。”

“我太太约在 3 年前过世，我们结婚有 52 年了。我不觉得自己目前正在谈恋爱，不过确实有个 72 岁的女士和我住在一起。她很性感，我也正在经历自己生命中的关键阶段，我很喜欢和她发生性行为。我没有办法像以前一样勃起，但是我们每个星期性交四五次，她几乎每次都会达到高潮，我通常也至少会有一次，而且时常是两次射精。

“高潮或射精会带来一种通过全身的喜悦快感，不过年轻的时候，这种感觉要强烈得多。当我年轻的时候，高潮和射精似乎是同一件事，但是现在即使我没有射精，也同样能够享受性的感觉。在此之后，我必须休息一天或更久，才有办法勃起。

“对于性的欲望，我并没有随年龄增加或减少，只是勃起以及保持勃起的能力有所下降，另外射精的量也少了很多，高潮的快感似乎比较淡了。年轻的时候，我很喜欢自慰，因为这样能够放松我的睾丸。如今我只有在性交的时候，才能够达到高潮。

“我已经单身将近 3 年，我不喜欢独自生活，却也不希望再婚。现在我和同居女友相互喜欢，尤其是在床上。她跟我一样喜欢做爱，我希望自己能做得像她所想要的一样多。我喜欢睡在一起，她是个好伴侣、好厨师，而且在床上的表现也很棒。另外我也和一个 85 岁的女人做爱，而且她很喜欢性。”

“我结婚 65 年了，当初结婚是因为恋爱，想要结婚和生小孩，而婚姻是把性转变成一种上帝创造生命的愉快过程。但是婚姻并不是件容易的事，必须努力经营，努力去爱，把自我放在次要的地位以达到和谐，并且希望你的妻子和上帝能够体会到你所做的一切。

“高潮是很重要的，但是延长前面所说的那种快乐更重要，我相信让我的伴侣快乐是最重要的事。我也曾经在实际的性行为中没有达到高潮，而这种快乐之所以激烈是因为我的伴侣告诉我，如果不必担心怀孕，她很希望享受性交。

“提笔至此，我很难相信她已经在 4 个星期前死于心脏病。即使在记忆中，她的碰触还是这么温柔，令人兴奋。当她采取主动的时候，我的快乐会达到顶点。她的拥抱、叹息和骨盆的碰撞，以及她的长吻；她拉起睡衣，把我的手放在她的性器上，喃喃地说：‘亲爱的，她想要你和她玩！’——这一切都让我热血沸腾，阳具渐渐坚挺，一直到她的手滑入我们之间，给它一个简短而舒服的抚拍，那种感觉就像围绕着蜂鸟巢玩耍弹跳的春风。”

老年人的热情浪漫

在我们对性的了解之中，老年人有相当重要的贡献。然而因为社会对性的偏见，使老年人被视为“次等人”，甚至没有性别。本研究显示，老年人常常可以超越年轻时期所学习到的固定模式，发展出一种开放的、可以接受的方式，来和他们的伴侣取乐。至于年轻人比较喜欢性、比较能够享受性的假设，则是建立在“勃起状况越好或者性交越多就等于性生活越好”的想法上。

“性无能”是否伴随着年龄而来，不可避免呢？不！很多老年人的经验说明，勃起能力的丧失，是由身体状况决定的，可能在任何年纪发生。事实上多数人在 60 岁的时候，还是可以勃起，只是并不频繁。在 70 岁的时候，勃起会比较困难，老人通常需要更多直接的身体刺激来达到勃起。

老年人所必须面对的老套误解之一是他们不应该谈恋爱，不管是长期还是新的恋情，都不应该对伴侣感到热情浪漫，因为性和浪漫是属于年轻人的。但是在本研究中，大部分老人表示，单就性本身而言，它已经不是那么有趣，而是把性当作一种和其他人相互吸引，或是表达情感的重要附属。

目前有很多组织都致力于扭转这些偏见，以改善老年人的生活状况。其中一个就是宾州费城的灰豹组织，他们在全美各地都有分支机构，基本上是为老年人成立的，但是也会对抗任何年龄歧视，不仅是针对老人，小孩和青少年同样受到重视。

18

9个男人的生活故事

男人心事

love

下面选取了9个男人的长篇回答。选择这9份男性问卷的理由，不全是为了代表性，还因为它们是其中最有趣、情绪起伏最大的回答，表达了大量的奇异的观点。

第1个男人：在亲密关系中学会平等对待女人

我今年29岁，断断续续地和女友住在一起。我的职业是电工。我与女友的关系好像在打仗，但是我爱她，我们的性生活是我的经历中最棒的。近来我对自己的人生思考了很多，和我女朋友的关系如此密切，也让我反省了很多事，可是我和同性朋友之间却不曾谈论这个话题。所以我回答了这份问卷。我真的很想知道其他男人是怎么想的，同时我也想谈谈自己的情况。

对我来说，恋爱并不像电影小说里所描述的那么幸福快乐。有时候它是痛苦的，更多时候我不确定到底怎么回事，也不清楚我在其中的角色。

青少年时我以为相爱就是稳定下来，结婚，生小孩，养活小孩，像我父亲、祖父一样。它意味着牺牲个人的真实感觉，只摆出快乐生活的表象。同时我以为婚姻是无可避免的，就像每个人最后总要结婚，而把真正想做的事摆在一边。这种婚姻观念是安全感的考量胜于真正的热情。我真的不喜欢传统的婚姻，可是如果我不结婚，又会觉得自己是个怪物。我想我真的有什么地方不对劲，才会不喜欢一般夫妻的“正常”生活。

我和现在的女友在一起后，有了很多新的感触。刚认识她时，我就决定再也不陷入任何感情里，因为以往的经历都像噩梦，包括最后以灾难收场的一般关系。但是她对我的吸引力，却是不可抑制般强烈。我真的非常害怕又陷进去，因为我觉得很痛苦，而且不会持久。但是，她是这么性感，这么不可抗拒，我不曾渴望别人的身体像渴望她这般强烈，我们做爱的滋味，激情无比，简直难以形容。

当我和她展开热恋时，我以为这次发现了自己真正的感情，但我立刻又陷入水深火热当中。虽然她让我生机勃勃，让我比以前更性感，体验到各种以前我不了解的情绪，但这“伟大的爱”也让我开始害怕承担义务。当她告诉我她需要我时，我害怕了，我怕变成一个像我父亲那样的丈夫，和她紧紧绑在一起。结果我们的关系变得不稳定，因为我不知何去何从。我觉得自己即将和什么认真的事牵扯在一起，要求我做很多牺牲。它似乎是很大的负担，所以我会做一些事或说一些话来伤害她，以反抗这种被限制的感觉。我认为她需要我，而且只有我能满足她的需求，我被套牢了，因为她说她爱我。

我同时以为即使我伤害了她，她也不会伤害我。我拒绝相信没有我她也能掌握自己的生活、解决自己的困难，或是如果我害她伤心难过，她就会离开我。我这么想是很滑稽的，因为她很独立、很杰出，甚至比我还成功。我不愿相信她可以伤害我或离开我。我不想把她视为平起平坐的对象（情绪上的），也不希望自己表现得脆弱（但我希望她脆弱一点）。如果你真的想和某个人接近，就不应该隐藏脆弱的一面。

男人以为讨女人欢心的方法就是出现在她们身边，但是他们并非真的懂得如何去爱女人，只是把她高高地捧在掌心，要不就是待她如缺乏判断力的小孩。不管你怎么看，总是贬低了她们。我从小所受到的教育，便是认为自己正是上帝赐给女人的礼物。男人总以为自己既风趣又健谈，别人会喜欢听他们说话。但谁喜欢听女人说话？甚至结了婚的男人都不知道——他们所了解的女人，只是他们愿意接受的女人，而非女人真正的面貌。

大部分男人都被母亲娇生惯养带大，一旦女人要求平等的关系时，他就很难调适自己。他会想，大不了换一个愿意服侍我的女人！至少，我以前是这么想的。和女朋友的争执，有助于我人格的成熟。即使那些争执很可怕，我仍然觉得自己在某些方面有了长进。

每次我想放弃她，就会有生理上的不适出现，吃不下东西，胃绞痛，一阵阵头痛。最后，我了解到我需要她的爱，她让我觉得快乐、有朝气、温暖。我需要她，我想向她表白，我愿以一切可能的方式爱她，因为再度孤独是最糟的一件事。矛盾的是，在遇到她之前，我还以为自己过着快乐的单身生活。

认识她之前我并不知道什么是阴蒂刺激。以前我以为除非自己达到高潮，否则就不算正常表现。我认为她应该感觉得到我的高潮。如果我没有高潮将会令她沮丧，就不算是男人。我觉得做爱会让我流汗，让我胡子长得更快。此外，我觉得最爽的事是两人同时达到高潮，我会算准时间，先让她达到高潮。我认为任何阴道的痉挛都是女性高潮的反应，这让我感觉很棒。我可以肯定（这是对我前任女友而言）她知道我的高潮，我也知道她何时会有高潮，虽然我们不常询问对方。我从未替她手淫来达到高潮，我不知道怎么做，也没有问过她，只以为插一根指头到她阴道里就是帮她手淫。有时，在性交的过程里我知道她没有高潮，我会觉得自己那次做得不够好也不够久，我相信性交是女人得到高潮的唯一正确方法！所以我觉得让她失望了，但我们从未加以讨论，就这样各自睡去。自从我们分手，我一直回想，她的高潮频率是不是我所认为的那么高？或是如《海蒂性学报告：女人篇》中某些女人说的，她们经常假装高潮？如果是那样，我的男性气概一定立即萎缩，并且导致心病。

当我读到女人通常不会通过性交达到高潮，真是难以置信。向来我所相信的女人因为我而达到高潮的观念已经发生动摇了，我怀疑她们是不是一直在假装。了解到这点，我觉得很无助，也很羞赧。我一直得意于带给女人高潮，却不是这么回事！现在看起来很滑稽，可是当时对我的确是一个危机。不仅伤了我的自尊，而且还得面对如何给我爱人高潮这件事。

我的现任女友第一次叫我帮她手淫时，她要求我握着拳头，然后放在她阴部揉动。我不觉得这是一个很舒服的姿势，不过那时我已经读过《海蒂性学报告：女人篇》，我想试试看。即使你读过那些书，自以为懂了很多，实际做起来又是另一回事，因为我不曾那样触摸过别人的身体。她示范给我看要怎么做，讲得很直接，突然间我真的开窍了。

不过我也觉得紧张，因为我一直改变节奏，并没有照着她所要求的去做。我会忽快忽慢，或是改变方向。然后她叫我不要那样做。我开始感到不安，因为我想，天哪，我到底要怎么做才对？我不能预期她什么时候会有高潮，也不知道还要持续多久，是不是做对了，是不是有人做得比我好。我的信心快崩溃了。我怕如果我不能做好，如果我失败了……她可以轻易地羞辱我，用一些冷言冷语批评我："嘿，老兄，你以前没做过吗？"或"你根本没做对！"当然，她并没有说什么，只是把我的手放回那儿，叫我朝一个方向搓揉，不要乱动。尽管我有点担心，但可别误会，我是很喜欢这么做的！因为这是我第一次帮她手淫，所以我要确定是不是做对了。令人高兴的是，她很仔细地告诉我该怎么做，表示她也很渴望、很需要我这么做。这让我觉得和她很亲近，因为以前没有人要我这样做——真的很亲近，因为我认为自慰是一件私事，如果她要我帮她手淫，便意味着我们的关系真的亲密到了某种地步。

男人从来不谈怎么帮女人手淫，至少我没听身边人谈过。他们只谈女人怎么帮他们手淫，而不知道女人有32种不同的自慰方式！我竟连一种都不知道。我以为女人的自慰就是把道具插进阴道，我对它的观感不太好，总觉得那不是真的阴茎，缺少男人的女人才会这么做。我想，一个有挫折感的女人会插根棒子进去，可它总是比不上男人的老二。也许这就是为什么男人认定女人需要他们的关键，因为手淫的效果一定比不上真正的老二，这种说法我听过好几次了。说真的，女人只消把一个振动器或她的手放进阴道，就可以一次又一次地达到高潮。

我第一次帮她刺激阴蒂时，先试了一会儿，她真的开始兴奋，呼吸沉重，整个身体都紧绷起来，两腿夹得紧紧的，并且呻吟——这样持续了好几分钟。她告诉我她达到高潮了。我算是开了眼界。而后来我们所做的，都没有这次来得刺激。在她高潮时我真的爽极了，我可以感觉到她的力气，似乎她体内蕴藏的火山都爆发了。如果她有了高潮而我没有，我会觉得很渺小。

以前我认为做到两个人一起达到高潮，是最美妙不过的事了。现在我了解到能以别人的高潮为乐更是一件绝妙的事，即使我自己没有也无妨。此外，发现她这样就能达到高潮真令我羡慕，更别提一分钟后接着再来一次。我真是大开眼界！当我们做的次数多了，我便真的乐在其中。她在高潮时觉得自己精力无穷而且独立，让我觉得很舒服。

你知道身边躺着一个被动的女人或一个真正兴奋的女人，有什么差别吗？达到性兴奋的伴侣会让我觉得兴致勃勃，并且有用不完的精力，让我像动物般自在，可以随着本能而舞动。

帮她手淫是我们的正课之一，我不认为那只是暖身。如果不做的话，还会觉得怅然若失呢。有时我会一面说些性感的话，那让我觉得很棒，而且很兴奋。通常我会做得流汗，贴近她的身体，用身体摩擦她，或摩擦床。当她高潮时我真的感到身心狂野，她也一样，好像挣脱了所有肉体的束缚。

我不曾跟任何人、任何朋友说过这件事，也不知道他们的反应会如何。由于我认识的家伙总在大吹大擂他们的探险，而我从未如此，所以他们吹得更厉害了，把我当个老实人。如果我跟他们提起刺激女人阴蒂的事，他们大概会说我怪异，或会问："她不能用别的方法吗？"男人最爱夸说他们如何性交。譬如，和同事吃中饭时，常常冒出来的话题就是："哇，我昨晚干得真爽！"有人就会开始吹嘘他做了什么，并且期望你说出同样勇猛的故事，越有画面感的越好。当然，他们大部分谈的不是自己的老婆而是吹嘘自己有外遇，并不只和一个女人约会。如果有人说："我要回去抱老婆！"我会为他感到高兴，并衷心祝福他快乐。大部分男人似乎都认为性交以外的性是不正常的，或不是真正的性爱。在我看来，这是一种狭隘的眼光。

另一种常有的说法是，女人月经来潮时是不能做爱的。女人似乎想隐藏这件事，不让任何人知道她们来月经了，男人似乎也不该知道这件事。

有一次我们躺在床上，她没穿衣服，我们想着做爱的事，可是她仍塞着卫生棉条。我想帮她拿出来，她要去浴室自己拿，然后清洗一番。我想看它抽出来的样子，想看那上面的颜色。我认为那是一件很棒的事——棉条上有她的血，我就是想看。当我把它抽出来，却不想扔掉，而想保存下来。

有时候胡搞一通是很刺激的。我喜欢亲她、挤压她，叫她玩我的老二、舔我，在我颈上和背上爱抚，咬我的胸腔。我喜欢她吸吮我。我们两个都会采取主动。如果我想让她兴奋，我就先上。如果她采取主动，也会让我觉得非常兴奋。

我喜欢帮她手淫直到高潮时全身颤抖的感觉。纯粹的爱抚也很有快感，我喜欢帮她洗澡。我小时所受的教育可不是这样的，恰好相反，从小我听到的教导是：和别人的身体保持距离。

和我女朋友做爱，有时我有高潮，有时没有。做爱不一定要达到高潮才算圆满。我喜欢被搞得越来越亢奋，然后就保持那样子。为什么要结束它？感觉的增强比达到高潮之后熟睡更刺激。我的女友经常让我疯狂，达到欲火焚身、不可控制的地步。我爱她能让我如此亢奋，我需要她、渴求她，能让一个人达到这种程度是很棒的事。我喜欢让我的欲望增强到一种狂乱的地步，狂乱中的高潮是最棒的——它们无法控制。这和“计算时间以便和她同时高潮”是不一样的，那是多无聊的举动！尽管我的女友不能通过性交达到高潮，但她是个做爱高手，因为她让我渴望她。我想干她身体的每一个部分，舔遍她的全身，这种感觉是全世界最棒的。

我喜欢做爱，它让我浑身畅快，情绪上非常满足。我们一周做爱数次，我很快就进去，如果这是不自觉的举动，感觉会更好，不过我宁愿逐渐兴奋。由于我不需要从做爱中给她高潮我也不勉强自己要有高潮，因而减轻了做爱的负担。我能忍受在她里面不同长度的时间，或出来后再进去。

只有一次口交，口交曾使我达到高潮。它很舒服，可是太轻柔以致难以高潮。我需要较强的摩擦才能高潮，或在事前大力刺激阴茎，我喜欢这种手淫的方式，可是要花很久时间才能高潮。我喜欢她摩擦我的睾丸。

单身时，通常我每天至少从手淫得到两次高潮。有时候我一天手淫 5 次，通常是 2～3 次。我喜欢做，可是不喜欢谈这件事。手淫可以消除紧张的情绪，可是做完后又让我有点沮丧，因为它是一种使人迅速达到高潮的方法，并不能像做爱那样真正地满足我，令我快乐。

第 2 个男人：从分享中维持男女关系平衡

做男人意味着要出人头地，就像我妈挂在嘴边的“我不在乎你做哪一行，只要成为顶尖人物。”在幼儿园时，竞争就开始了，小孩子做什么事都想赢过其他小孩。当然，男孩有男孩的游戏，女孩有女孩的游戏。人们所强调的是胜过别人：谁能跑得最快、赢得最多。我对这点总是觉得不安，因为我不具有攻击性，也不想成为这样的人，尤其是在体能方面。要是和别人打架，我会怕得要死。如果有人跟我单挑，我会惊惶失措。为了适应环境，我得在某方面发挥长处，赢过人家才行。入学以后我很用功，至少让同学对我的脑袋存有敬意，大家似乎很喜欢把气出在一个团体中的弱势者身上。尤其在高中，举凡穿得可笑、动作太慢、太安静、太内向、太丑、太胖、太老实、太小心的人……随便你说一个，都会被大伙嘲笑、排挤。我受够了这种揶揄，似乎也学会了如何在团体中立足，得到尊敬，但是这种骚扰和压力却无处不在，令人难受。我亲眼看过有人因为受不了同学的嘲弄而休学。

男人性格中的“残忍”似乎是男性气概之中的重要部分，而让弱势者感到痛苦正是显示自己勇猛、优越的方法。男人强调“因为他输了，活该受这个待遇”，以此来合理化他们的残酷。这个心态同时也暗示着：“为什么不呢？所有我得到的都是我应得的、我赚来的，那些无赖受的罪也是应得的。”我并不完全理解这些竞争，只知道它们充斥在我生活里，我自己也会把别人践踏在脚底下。但我痛恨它，只要有其他男人在场，我就处于戒备状态。

我的工作里只有男同事。近来我们做的是修理危险的电话线和其他电线，最像男人的那些家伙，都是些最卑鄙、臭汗淋漓、大口喝啤酒、烟抽得凶、满嘴黄色笑话且对女人很粗暴的男人。有女人经过时，每个人都对自己的男性形象自豪起来。我们会点起一支烟，停下工作，盯着她看，在心里把她的衣服剥光，而且清楚别人也在做同样的事。她性感，就对同伴点点头；如果不，就扮个鬼脸。凑成一堆的男人是带敌意、可恶的，而且喜欢表现出没有感情的样子——没有温柔、关怀，也没有友谊，不论在感情上还是肉体上，都没有“痛”的感觉。男人会彼此炫耀自己痛苦时决不退缩。我们的工作经常暴露在危险的通电电线之中，或是置身高处，自认有男性气概的人都不穿戴安全装备，除非状况极为危险，因为他们总喜欢表现出

“一点也不痛”的样子。

他们喜欢为路过的女人打分数，如果你装作不以为然的话，他们会觉得你：第一，是个同性恋；第二，还没长大；第三，畏首畏尾；第四，是个笨蛋；第五，性无能。于是你就成了他们下一个攻击的目标，听到一堆侮辱、带敌意的话。这项举动是很幼稚的，好比小孩子嘲笑戴眼镜、口吃或身体有残疾的同学。这种男人结盟排外的观念大多成形于中小学，他们一面学习水电工、木工的技术，一面得应付课堂里永不会停止的集体骚扰和嘲笑。甚至连老师也这么做，无意间羞辱了反应迟钝的学生：“要进水电工会，得是个真正的男人！”为了保住饭碗，人人必须面对这个可怕的社会系统。我们的工头是个最粗犷、最易怒的男人。对于表现良好的人，他永远不夸赞，可是要是做砸了、慢了，就劈头一顿责骂。男人从不承认他在工作上的无知，就像他从不承认对女人也有束手无策的时候，要是这么做的话，无异于自毁名声、自取其辱。

和我共事的男人大多有丰厚的薪水，而且讨厌女人和他们平起平坐。他们认为女人是性伴侣、老妈子或可爱俏皮的女儿。他们想保护“可怜兮兮的人”，希望自己永远是个大英雄，而且能比女人赚更多薪水回家。男人在群体或独处时，对于女人的态度也有显著的不同。他们在同性间不会把女人当作平等的人看待，只会讲些“她喜欢老二”“她太僵硬”的话，尤其是“她喜欢我的屁股”。他们不会说“我爱她”“我尊敬她”“我需要她”或“我希望她觉得舒服”。最糟的是，我也不曾努力改变这个事实，只会摆出和他们一样的态度，因为我需要钱，而且说实话，我也需要被接纳、尊重。

我父亲期望家里的女人承担一些日常的家事，譬如打扫房子、煮饭、照顾小孩；而期望男孩做些特殊的事，比如铲雪、修车、打扫车库和地下室。我敢肯定他一定希望我比我太太更知道外面世界的事，带更多的薪水回家。他相信他的角色是养活家人和老婆。他一周工作 7 天，一天 14 小时，从我有记忆开始就是这样。他很少和家人相处，我不太了解他，直到和他一起工作。他是个工作狂，不懂得人是有感情的动物，可是我也爱他。我母亲会听我倾吐，而且相信我作的任何决定，虽然我们从来不讲什么知心话，在肢体上也不亲近。

我真正亲近的人是我姐姐，她大我一岁，是我儿时最好的朋友，我们一起玩，一点也不受性别的限制。我记得小时候男孩有男孩的玩具，女孩有女孩的游戏。女孩玩的是扮家家酒、洋娃娃、逛街购物，男孩玩的是士兵玩具、堡垒、雪球仗和其他激烈的游戏。还有一些男生和女生可以一起玩的游戏，像纸牌和骑单车。我姐姐和我们男生一起玩，有时我会输给她，尤其是溜冰，通常女生都自己溜，男生都玩冰球。当然，加入冰球队是很光荣的事，我还记得到了溜冰场边就不再和她玩的那种背叛的感觉。我不想被人当作娘娘腔，所以我让她和其他女生玩，而我则和男生一起。

从此以后我们就没那么要好了，两人各自扮演不同的性别角色。成人以后，男人几乎不可能把女人当作朋友，我们被认定角色不允许这样。男人有他的老婆和朋友（其他男人），并不把女人视为平起平坐的对象。也许在小时候，他们开始照着性别角色去做时，对于被抛弃在后面的女生会有点罪恶感，事后就渐渐轻视绝非他们对手的女人，他们也不会让女人成为对手。男人因为自认比较优越，无法用尊重和诚实来对待女人。

我的女友是个女性主义者，我为这点尊敬她。她很诚实，很有勇气，不能忍受被当作次等人看待。过去我总以为妇女运动只是少数激进派女性的声音，她们是很尖锐的人，对社会现状批评得十分严厉，通常是过于激进而无法令人接受。我从未想过如果我是一个女人会怎样，那种被盯着看的滋味，在工作、教育上都受到歧视，甚至在谈话中也会。女性主义者令我紧张，我觉得我是无辜的，我从未故意对女人不公平，我对她们很和善，为什么她们还生我的气？

当然，我不懂。最奇怪的是，虽然我们不满意社会对“男人”的定义，但是这群反抗被定义为“女人”的人，也不能带给我更多的启发。

我发现，维持男女关系平衡最重要的事，是每天分享彼此的感觉，交流对事情的看法。我以前从来不认为这是重要的事。我以为我应该客观，所以我该压抑其他感觉，把它们表达出来是弱者的行为。这么做的结果之一就是，有时她对于我的沉默非常生气。其他时候，例如她告诉我对发生的事有什么感觉，我只是闷不吭声地听，她也会生气。当她气我时，我感到很紧张、害怕、愤怒、困惑。但我从未说出这些话，也没有问她为何如此生气。我的基本反应只是想解除这种状况。我只想处在被爱、被需要、自信、快乐、稳定的状况中。我觉得她的生气只是在浪费时间。我自己这么想：“我爱她，难道她不明白吗？她为什么不让我爱她？”

后来我终于理解，感觉和心情的沟通是需要每天持续的。现在，如果我们不能真实地彼此沟通，我就会觉得迷惘、疏远。

我回答这份问卷，因为我想知道其他男人的想法。我没有办法跟任何人谈这些事，而它却对我很重要。同时，我想告诉其他男人我所经历过的事。有时我发现某些朋友真令人讨厌，但我开不了口。我经历的这些事很疯狂，可是我一点也不后悔。

第 3 个男人：关心与温情胜于性高潮

70 岁的我，知道自己离死亡和遗忘越来越近了，我变得更了解人类寂寞的本质，也更渴望和另一个人有温暖亲近的关系。我认为，性是这个关系的基本要素。性快感和高潮仍旧是愉快的，但已不像我过去的性生活中那般重要，而表现在拥抱、亲吻、爱抚中的心理慰藉，则比过去重要多了。退休以来，我无须为工作分神，但对性的需求似乎越来越强烈。

我太太和我结婚 39 年，由于我们两人对女性性活动的无知，大半生的时间都因性生活的不协调而冲突不断。

从青少年开始，我太太就对一个观念深信不疑，那大概是从浪漫小说里得知的，认为阴道高潮是女人在性交中所能得到的最大的快感。一个女人要是没经历过，就算是白活了。长久以来她却无法体验这个美妙的经历，因为我不能维持长久的勃起并持续“工作”。由于我的阴茎比常人小，一直就有不如人的感觉，对我太太的假设便无法驳斥，《海蒂性学报告：女人篇》迟来了 35 年，对挽救我们的性生活为时已晚！于是我们的性爱活动变成挫折、互相抱怨的场面，变成带有敌意、极不愉快的活动，最后我变成性无能，两人再也不做爱了。由于我的建议，近来我们采取开放式的婚姻，她以 65 岁的高龄交了一个 40 几岁的男友，一了她未偿的夙愿——阴道高潮，而我也找到一个温暖的情人，可以拥抱、亲吻、爱抚，和她口交使我的性生活又恢复活力，并陷入热恋中。

婚前和婚后我也谈过几次恋爱，但没有一次像现在这么狂热。我们的背景不同，年纪也差了 16 岁，但品位、兴趣简直如出一辙。我们在一起时，我快乐得如上天堂，分开时，则思念不已。我当然没料到这把年纪居然会陷入热恋，也不去想在一起的欢乐是否超过别离的痛苦，以及以我们的年纪长相厮守是否有希望……我知道这些都是蠢问题。但是，我发现我们的关系在情感上带给了我莫大的满足，为我的生命增添了一个新面向。此外，如她所说，我们共处的快乐时光就如永恒的蜜月，分离的时候更可以增加对彼此的迷恋。我和她的关系，在我这方面是完全单一的，而她那边则不是，她还和她丈夫有性关系。

我是白人，身体硬朗，有 3 个已成年的孩子。我父母属于中低阶层，只受过小学教育。他们很爱我。我有化学硕士学位，在一家大型石油公司做技术分析员，那是我喜爱的工作，做了 36 年。退休后，我又在学校里教化学，教了几年，也退休了。在宗教上我算是人道主义者，在22岁前没有性经历，我父母不断告诉我要洁身自爱，否则会有很多不良后果……直到有一天我终于摒弃了他们的说教，开始定期自慰。

我太太是个性态度很保守的女人，结婚后，我们做爱的过程大约如下：（1）先喝两三杯鸡尾酒，放松心情；（2）我太太戴上子宫帽；（3）我对她身体的敏感部位亲吻、爱抚，作为前戏；（4）以手指或舌头（通常是前者，否则她会不好意思）按摩她的阴蒂，到达一种近乎高潮的状况；（5）快速爬到她身上，完成任务似地急急抽送阴茎，但通常是徒劳无功，39年来始终未达到我太太坚信是女人快乐顶峰的状态——阴道高潮；（6）我太太接近高潮的性兴奋快速冷却下来，变成强烈的沮丧和挫折感，而我则在她体外继续动作以达到高潮，但心中却笼罩着再次失败的阴影——我无法带给她女人最大的快乐；（7）以手指刺激她阴蒂达到完全的（有时候只是类似的）高潮；（8）这个悲喜剧的最后一幕通常是这样子的，我太太对她又一次无法得到阴道高潮耿耿于怀，有时噙着泪，归因于她自己一定是欠缺什么，有时则怪罪我不能持续抽送的动作，否则她说不定有机会达到那个梦寐以求的境界。渐渐地，这些总是以沮丧收场的性接触使我有了罪恶感，负面的情绪累积得越来越多，对这件事感到憎恶，并且越来越不能维持勃起，经过39年的婚姻，最后我成了性无能。

虽然和我太太的性生活对我们而言并没有满足感，但是，如果抛开性难题，我们的婚姻生活可算是相当和谐的，现在尤其如此，因为我们不必再为性问题伤和气了。我想我可以实话实说，我们仍然以一种“不涉及性”的方式相爱并彼此尊重。

年纪越大，我越觉得性爱中最大乐趣是从中得到亲密，以及和所爱的人合而为一的感觉。我喜欢被触摸、亲吻、爱抚的感觉胜于生殖器官的性爱，因为前者的感官快感和亲密的感觉更能持久。虽然现在70岁的我，性爱是否达到高潮不像年轻时那么重要，但它仍然是重要的。如果隔几天我的伴侣不帮我达到高潮，我还是会觉得权利受剥夺。至少那是一种显示她关心我的方式。

和所爱的人不在一起时我喜欢自慰。但在心理上那会导致寂寞和后悔，因为爱人不在身边，不能使这一刻更欢愉。我们分开时，我可以每周自慰两三次。每次自慰我都能达到高潮。我通常在洗澡时自慰，用热水冲阴茎下半部。我还会幻想成口交的方式。

我也非常喜欢女人帮我吹箫，而且总能从中获得高潮。即使在70岁这把年纪，我还是肯定：只要有机会，我天天都能借这个方式得到高潮。不过，因为我爱人每周只能和我见两三次面，而且都在白天，所以她帮我吹箫的次数也限定为每周两三次。以这种方式来进行，我达到高潮便不成问题。如果我是和我爱的人在一起，高潮过后我仍希望肉体的亲近一直持续。要是我不想的话，可能就是彼此关系降温的信号。和我的伴侣一起，射精只是更亲密的序曲。在比较肤浅的、生理的层次上，我可能因射精得到片刻的满足，但是以更深的感受而言，我觉得除非和伴侣合而为一，否则不能感到完全满足。对我而言，亲吻、拥抱、爱抚似乎比射精更能带给我这种亲近的感觉。要是没有人能分享温暖、亲密和爱，这个世界就是一个寂寞的星球，对我来说，互相关怀、分享温暖，比起高潮重要得多。

第 4 个男人：在同性恋情中全然放松

大概 12 岁的时候，一个我已经记不起来的原因，使得我大部分的幻想都是关于肛交的。我有一些早期的《国家地理杂志》，并把它们视为珍宝，因为我饥渴地在里面搜寻原居民的图片。我对裸露的乳房不感兴趣，可是偶尔出现的阳具却令我极为着迷。以那些照片为基础，我幻想自己被他们的战士进行仪式性的性虐待，一个接一个。这个幻想是被一个我不明白也不想明白的渴望所引燃的。它是不断出现、强而有力的幻想。加上我喜欢科幻小说，便想象其他星球上可能发生的性爱。我画了一些粗糙的图画，上面有长着怪异性器官的野兽。我记得其中一幅，里面的野兽拥有长达 3.7 米的“生殖管”，在插入女体之前是卷在身上的。至于女的长什么样子，由于我不感兴趣，根本没画出来。

我不停地幻想那些我在泳池更衣间看到却永远摸不着的男性身体，那些俊美的十七八岁的阿多尼斯（希腊神话中的美少年）。他们又浓又密的阴毛、懒洋洋的举止和健硕的身体始终萦绕在我的脑海，尤其折磨我的是他们彼此不经意的友好和亲昵。我很确定我——一个 12 岁的小子——根本打不进他们的圈子。自慰时，我常将他们其中之一作为假想的对象。

14 岁时，我有一个重大发现。我母亲有一套未删节的《一千零一夜》，我迫不及待地翻阅其中提到性虐待的部分，并且咒骂其中看不懂的拉丁文和法文。我吃力地翻译出部分内容，不过看这些书主要还得伴随手淫的进行，通常不用多久就可以高潮。受到这些书的影响，我脑海中出现了一个新画面：一个阿拉伯男孩，只比我大一点，但很有经验，成为我的性启蒙者。他和我一起做着各种事，他是一个王子，熟悉宫里的一切，对于低阶层的仆役十分和善。他有一个癖好，就是打人。通常，他会虐待我，但有几次他也让我打他，令我感动非凡。我多么爱他……我想象和他一起做着男孩们会做的事，不论是否和性有关。我最常幻想的画面，就是他赤裸裸地坐在豪华的大床上，窗外的风景是异国风味的沙漠，他半勃起，朝着我微笑。

16岁时，基于疯狂的渴望，我开车到市区一个地方——完全凭着本能——是一个我认为能碰到同性恋男人的地方。那是一个海滩。我站在停车场和沙滩中间的人行道上，看着健康的年轻男人慵懒地卧着或玩沙滩排球，我却充满了渴望和性欲。没多久，一个看来娘娘腔、有点邋遢的男人上前和我搭讪，没讲几句便邀我去喝咖啡。我答应了，他坐上了我的车。在路上，我套问他对我感兴趣的真正理由，在惊慌失措中，他捏了我的屁股，并提议我们直接到他家去。在些微眩晕中，我答应了，并偷瞄了他胯下几眼。

其实我十分害怕。万一他有病怎么办？我眼前浮现自己的老二从根部溃烂的情景。我不知胡乱问了他什么，并说我想回去，他向我保证一切没事。不久就到了他家，这是一栋两棵棕榈树后没有门牌的小屋，里面的陈设很简单，家徒四壁。他的室友在客厅小桌上打字，我们直接进到他房间，甚至连原先说好的咖啡都没喝。

卧室一样空荡荡的，令人泄气，看起来有如一个淫窟。我想象这个男人是个性奴隶，正如我最怕成为的一种人（事实上，在那一刻我已经是了）。地板正中央放了一块床垫，旁边散落着烂毛巾：完全是一幅堕落的景象。

他甚至连友好的拥抱都没有，就直接拉下我裤子的拉链，抽出我的老二，喷上一点药，然后搜寻着小洞。我想，这个动作和15分钟前车上所讨论的怕得病有关。接着，我们脱掉了衣服，我避免注视他的身体，只偷瞄了几眼他的阴茎，但实在不足为奇，比起我在体育馆每天看到的那些俊男和引我遐想的壮硕躯体，眼前的阳物并不出色。它小小的，覆盖着许多黑毛，没有我喜欢的线条。我很想夺门而逃，可是知道没有退路了。

我们面对面交叉着腿坐在床上，他直接伸手来摸我的生殖器，并抚弄它。我很快硬起来，基于我的需要，在惊恐中他朝我微笑，露出白痴般的表情。我问他是否要吸吮我的老二，那样我就可以躺下去，闭起眼睛，不必碰触即可达到高潮。但是，他不愿吸。

他移到我身旁来，一只手臂环抱着我，开始让我进入状态。我很快就来了，并立刻摆脱他的接触。在整个过程中，我尽量少碰他的身体。他似乎不介意，还对我微笑。我抱歉地说我来得太快，又加了一句："不过我这么年轻，你还能期待我怎样。"我告诉他我的年纪，并觉得他钓到我根本是走了狗屎运——一件可以大吹大擂的事，我想象他会在公厕的墙上涂写这个胜利事迹。

我尽快地离开了那里，一回家就冲进浴室，在里面足足待了一小时。我用肥皂至少洗了全身 3 次，生殖器更不下十几次。我决定再也不做这种事，并自我反省，虽然幻想和男性做爱很刺激，但事实却不然。

以后两年我不再和别人发生性关系，虽然我时常欲火焚身。18 岁时，我和一个朋友介绍的男孩认识。我们很快发展出情欲暗流的友谊，但我并不愿承认，我对自己说，他不够吸引人。他似乎非常想了解我，我开始就怀疑他是否和我有类似的欲望。认识几个月后，我们终于一起在我的住处过夜。但什么事也没发生，我们几乎熬了通宵聊天，他只穿着短裤，我则脱掉衬衫。第二晚我们还是一起共度。脱得光溜溜地跳进泳池，起身擦干时，他抓住我。还没来得及搞清楚怎么回事，我们早已抱在一起了，热吻、爱抚、吸吮，并很快有了高潮。那是甜美的经历，我了解自己并不讨厌，而且还蛮喜欢的。那男孩成为我的朋友，我们共同守住了这个秘密。后来当我渴望其他男孩时，就会想起这个经历。我记不得我们多久做一次爱，或者那次以后有没有再做爱，因为不久后我离开了那个城市，很少再见到他。几年后再找他时，我们已成了截然不同的人，但彼此间仍有美好的感觉。

我记得另外一次——发生在我年满 18 岁的夏天——我第一次打工时的经历。我在比利时搭便车，一个年轻男子载了我，每次帮我点烟时都有意地把手放在我屁股上。我笨拙地暗示他，对他的动作并无异议（我们之间有相当的语言障碍必须克服），他几乎立刻就把探索的手放到了我的阴茎上。他很快把车开下高速公路，停在田野间，两手一得空，就解开我的拉链掏出那玩意儿，然后拉开自己的拉链。他热烈的爱抚我。我再次对触摸感到厌恶，但他坚持把我的手放到他的老二上，我试探性地摸了一会，想驱散那股陌生的感觉。我发现他涨大的红色阴茎像一个讨厌的信号灯，但同时我又对它着迷。我很快缩回手来，要是我能好好抚摸他的阴茎而不必管他的人，那该多好。然后，他毫无预警地弯下身来吸我的老二，我吓了一跳，没料到会发生这种事。我记得自己当时被那种罕有而难以置信的快感震住了。他再度把我的手放在他的阴茎上，然后把头抬上抬下使我的阴茎在他嘴里滑进滑出，就好像那是一个阴道。我快高潮时，万分急迫地要让他知道，因为我“绝不能”射精在他嘴里。我呻吟着，想用两手把他的头扳开。那时我真是愣住了，他吞了下去，抬起头来，脸色苍白，神情犹疑。我怀疑他是个变态者（我当然不是），他没有获得高潮，至少就我记忆所及，没有。他真的长得蛮好看的，二十几岁。我们很快开车上路，因为他已经迟到了，本来要去帮人拍结婚照的。

我对这次经历有着很复杂的感受。我已经比 16 岁时世故了很多，并不觉得发生的事有什么可怕。但是我很困惑，怀疑是不是这一次我也堕落了。但我喜欢做，我想到一些我渴望了两年的男人，我怀疑自己能在同性恋或“异类”的漩涡里全身而退。那时，我不断地为自己否认体内那股渴望其他男性的冲动。

19 岁时，一个高中时认识的女孩，到我大学所在的城市来玩，我们共度了几天。有天下午，我们在公园里找到一处僻静的角落。我感到很奇怪，好像被带领着做了很多事情，她似乎期待着我。她既天真又世故，也很聪慧，我觉得自己似乎早有预谋，却又因为这个半强迫的状况而感到不舒服。我想，要是我和她发生性关系的话，别人就会把我评为“还可以”（整个青少年期我都意识到自己的“迟缓”发展。我诅咒我所置身的封闭环境，并且怀疑自己是否有缺陷）。整个过程我都很紧张，可是当我们彼此爱抚时我还是勃起了。我相信那是我们两人第一次抚摸异性的生殖器，我们下手很小心，我的阴茎胀大时比她想象中要大得多。她轻轻地抚摸，我一直渴望她挤捏，但她没有。她几乎没有碰我的“蛋蛋”，那却是我最想被碰触的地方。当我把手放在她的阴部时，一股气味令我震惊，此后我从未闻过类似的气味，我想是因出门在外她很少洗澡。我不知道当时她的感觉如何，我没劲了，之后我们喃喃说了些我记不得的话。我们接吻，但没有触及对方的舌头，然后就离开了。

那个经历令我开倒车，因为那股气味确实让我反胃。相较之下，阴茎显得干净多了，我开始肯定我还是比较喜欢后者。

我第一次和女孩发生性关系，是在 19 岁念大学的时候。我在宿舍附近的咖啡厅认识了她。我之所以想接近她，是因为她缺少自信，内在有点冷冰冰的。有自信而温暖的年轻女孩会吓退我，但是我觉得她很安全，不会“看穿我”。也许我模糊地希望遇到一个和我一样迷失的人，从这方面来讲我比她世故。我刻意引起她的注意，然后成了朋友，每隔一段时间就约她出去。不过她对我的戒心和我一样重，我们的进展缓慢，有时会笨拙而试探性地接吻。她是个处女，我不记得清楚的细节，不过经过一段时间后，有一晚我强迫她留下来过夜。她默不作声，然后用一种惊吓后勉强的口气说好。我告诉她，她不确定的话我就不想做了，所以她挣扎地用一种较高兴的口气说好。我模糊地觉得，这样也不对，可是，我们还是做了。我记得的很少，除了觉得感官上类似的刺激。我们两个一点也没有探险的精神，事前也没有多少前戏。我省略了她的胸部，她觉得有点痛，我则在脑海里拼命回想以前在黄色书刊上看过的技巧。我对自己的一抽一送几乎记不起来，她则根本不动。我想我很快就有了高潮，然后抽出来。呃，就这样，那有什么好玩的？

比起我对男人炽烈的欲望，和女孩做爱显得多么无聊。但是我几乎忘了十二三岁时对情欲和浪漫的那股渴望。这个被认可的活动，有许多“能做”和“不能做”的礼仪加以规范，对我来说是个负担。我们的关系持续了6个月，但很少做爱，而且我什么也记不起来了。最后她回家过暑假，我们就失去了联络，甚至连封信都没写。

我第一次肛交是和在一家酒吧里搭上的陌生人。他是黑人（我是白人），他轻松自信的态度让我比平常更放松。我们像朋友一样交谈，那时我已经二十一二岁了，也承认自己的同性恋倾向（十八九岁那段时期的困惑，终于累积成一个危机，我决定休学，以做工为生，并且混入那个城市的同性恋场所）。所以当我置身于这个年轻英俊的黑人家里时，自己一点也不惊讶，我是甘于被引诱的。到了半夜，他搔弄我的肛门附近，弄得我很舒服，所以我决定让他进去。他非常敏感，花了很长时间把抹了油的阴茎插入。然后他等了更久，只轻轻地抽动，直到我觉得舒服了，才开始急促的动作，但以不弄痛我为原则。我非常喜欢那种感觉，不过他越来越热情，且无法满足。他要求再来一次，又一次，我只能讨饶，他立刻放弃了。这是一个难忘的经历。我在想，要是我妈知道了会说什么，老天！

我无法确切记得我是在什么时候把阴茎插入另一个男体内的。想必没有留给我太深的印象，或者其他重要的事分散了注意力。此外，被动的经历似乎比主动的经历更令我印象深刻。

往后几年，我有很多不固定的性关系。它们对我很有用，而且我几乎对每一桩事都不后悔。我学会如何和脾气最坏的人相处，也适应了不同背景的伴侣。和近100个男孩或男人上床的经历，使我对男人的本质和男人的性有了清楚的认识（我听过一个故事：一个在芝加哥大学念博士班的29岁男子，宣称他希望在30岁前达到他的既定目标——和男人做爱）。不论如何，我心里已累积了许多男孩、男人在深夜里吐露的心思——有些人很难开口，但更多的人渴望倾吐，而且很高兴能在另一个男人面前真正放松下来。就某些方面而言，我觉得似乎已和所有的男人做过爱，我已超越了个别的界线。这可能是我探索自己男性本质的方式。

我爱得最深的一次是在去年夏天，那时我和我爱人处得很好。正在放暑假，我们在乡间有个小屋，我种了一畦青翠的菜。一切都那么美好、甜蜜，我心里时时想着他。乡间的劳动使我健康、放松。我唯一想做爱的对象就是他，喜欢想到有他参与的未来计划。不论如何，我花了很多时间才和他达成了这种默契，但3年后，他的耐性消失了。我们的兴趣仍然不甚投合，譬如，他认为花园只是我的东西，这深深地伤害了我。我不是他想要的那种把一切料理得有条不紊的居家型伴侣（而他在偶然情况下遇到一个正合他意的男人）。他要百分之一百的服侍和投入，所以我们常常起争执，暑假结束搬回城里时，事态已不可收拾，我们经常吵架，有时还拳脚相向。我发现内心最柔软的部分已碎成一片。谁知道为什么……我已经埋葬了自己的感情，不想再搅动它们。我现在在哪？只是漂泊罢了。

我最近的幻想是我有个儿子——我没有小孩，但我想象有个正值青春期的儿子。我会带他乘拖车去东北部旅行，庆祝他进入成人领域，我们可以在那儿吸点迷幻药，给他一点神秘世界的启蒙。我会把我的经验、喜悦、痛苦分享给他，让他对面前的人生不致太过彷徨。我们会一起爬到山顶，攀上最高的树，黎明时把手编的护身符挂在树梢，在日出的金光灿烂中，我们的男性情谊更稳固了。或者让他在那一轮金环从地平线升起时体会高潮的感觉。于是我儿子将会知道何谓性的隔代遗传，进而体验到虚饰的理性之外，还有一个广阔的领域。

第5个男人：我始终坚持老式的观念

我93岁。1885年3月15日生于一个农场，1905～1960年曾在黄石当过马车夫。后来我拥有大片的土地，变成了资本家。我上过两个专科学校和一所州立大学，受的教育比当时的一般人好。我是美以美教派的基督徒，但不是犹太人。我们家族的每个成员都很杰出，是领袖型的人物。

我的相貌普通，不算英俊但也不丑。认识我的人都惊讶于我的活力，到了这把年纪声音不会发抖，牙齿也在，头也不秃，而且还能照管我的400多亩地产。

我不算高大，不过，像我父亲一样，十分有男性气概。通常我是主宰别人的人，不过在家里我太太也争着要做主。我是个成功的男人，在这点上，女人没帮什么忙。

我父亲直到40岁才结婚，娶了20岁的太太。他71岁过世，而我们家族两百年来几乎没有人离婚。父亲是一个严厉的人，会教训儿子，不过不常开口。我想他认为真正重要的，是给子女树立一个好榜样。他的两个女儿好得没话说，7个儿子全身每一寸都是男人。父亲对女人很尊重，就我所知，他是100年前在北伊利诺伊州唯一会对经过的女人脱帽致敬的农夫。是的，他极为殷勤有礼，可是我们都知道，他绝不会被女人主宰。

（以下是这位男士针对男性问卷所做的回答。“男性问卷”请参看本书附录）：

1. 我 20 岁，她是个 19 岁的高中女生。

2. 我很惭愧地说，一个人独处时，我偶尔会手淫，大概从 9 岁或 10 岁开始。没有人教我，是我自己学来的。

3. 过了一段时间，大概 12 岁吧，我射出一些液状的精液，但量很少。是的，在射精前我会感受到高潮。不，并不喜欢抚摸我自己，直到十七八岁才有梦遗。

4. 我们在伊利诺伊州的一个农场出生、长大。我父母是很严厉的人，他们从未跟子女谈论有关性的话题，但总是知道孩子的动向。由于我是 7 个儿子里最小的，哥哥们会跟我说一大堆和性有关的事，如妓女、淋病、梅毒、女人的月经等。7 岁时我就听过这些了。

5. 我总是很热情，没有勃起的困扰，可是从小的教养让我们非常害怕使一个女孩怀孕或是自己得了性病。那些害怕遏止了不正常的性关系，而且我母亲非常严格。

6. 应该禁止。父母们有十足的理由不让子女早婚或发生婚前性行为。除了性病的危险外，未满 30 岁的年轻人其实还不懂得选择终生的伴侣。我那一代很少有离婚的人，大多厮守到八九十岁。

7. 不，我的性生活到 93 岁也没有太明显的改变，我仍像 40 出头那般活跃。不过，我的阴茎不再像我希望的那么有反应，充血也没有那么快。

8. 有趣的是，我并没有特别喜欢的运动。我是在农场长大的，得从清晨 4 点工作到晚上八九点，我唯一的消遣是看书和园艺。园艺我可是常得奖呢！当然，我是热心公益的，参与了不少公众事务，也长期赞助共和党里的保守派。

9. 我结婚超过 60 年了，当然不需要手淫，也不会让性干预到我的正事。

10. 我从未告诉我的朋友我有多爱他们，他们也不会跟我讲这样的事。我是个比较守旧的人，很少对我太太说我有多爱她。我想有几千个人会说他们尊敬我，但会说爱我的大概没有。

11. 家庭生活对我来说是重要的，我晚上总是在家，不会去酒吧鬼混。我是居家型的男人，我大半辈子是个农夫。

12. 我不喜欢照顾孩子。

13. 必须承认，我从不渴望当母亲。上帝命令我做男人，在这方面我并没有任何不如人之处。甚至我该说，我是心怀感激的。

14. 我认为，父亲是一个重要的角色，尤其男孩更需要一个父亲。我兄弟和我都做了父亲，是称职的父亲。女孩也需要父亲，我想，那些同性恋都是受到母亲过度的溺爱所致！

17. 我是 7 个弟兄里最小的，9 个孩子里只有一个妹妹比我小。我不曾被训练去照顾弟妹或老人。我想我也做不来。

18. 我从未渴求爱或太多的温暖，现有的已令我满足。

19. 我有足够自己运用的时间，对于这点我也满足了。

20. 我认为浴室是个隐私的地方，我会关门并上锁。我的教养当然不容许我有一个偷窥的太太，我也不想看我太太或任何女人如厕，因为这会令我想起小时候在田野间看到母牛撒尿。

25. 父亲常念书给母亲听，因为他们两人都受过教育。他很尊重她的判断，而且我必须承认，有时因为他没有注意我母亲的警告而做了错事。不过大体来说，我知道他并没有把女人视为平起平坐的对象。

29. 成功当然是重要的，40 岁时我已是个百万富翁。我努力求学，获得大学学位。我从未被控告，也不曾被人瞧不起。我因为热心市政而接受了 3 面以上的荣誉奖牌。

31. 年轻时，我想追求的女孩子和别的男生约会，或在舞会里被拒，都会使我受伤。

32. 年轻时那样会伤到我，现在当然不会了。还有很多聪明的女人，对于这样的比较，我不介意。

33. 我不记得被人叫作娘娘腔。我母亲和妹妹都很杰出，但一般女人并不灵光，常爱碎嘴。

34～35. 我对女人普遍来讲一点怨恨也没有。

36. 我的第一任太太和我结婚 42 年，于 75 岁过世。有时候我觉得对她不够体贴、和善。如果我预知她会使我致富，当初就会为她多花点钱。她是个好女人，也非常爱我。

37. 我从没有订过有裸体男女的杂志，在办公室等人的时候我看过这些照片。我有一间很大的书房，堆满了各类书籍杂志，不过买那种书刊我觉得是浪费钱。我父亲没有《花花公子》一类的杂志。

38. 我恐怕不够格回答。我并不觉得它们有何重要性，这个世界没有色情刊物仍然能运转得很好。

39. 我认为性解放是该受谴责的。住在我朋友隔壁的寡妇花 30 万买了间大屋子，好让她的 3 个女儿同住，可是等她们年满 18 岁，个个都迫不及待地搬到外面住，最后这个女人只好卖了房子，换一间小公寓。我可以肯定现代人的道德是败坏了。

40. 我现在的太太和我相处 22 年了，我认为所谓的女性解放从过去到现在都是个错误。男人因此不再尊重她们。将来，要是有个女总统的话，我看会是个大灾难。

41. 我不欣赏，也不会被有男性气概的女人所吸引，我从未见过办事能力比我强的女人。

42. 我和我太太的朋友都处得不错，不过我终究是个男人，男人待我是尊重的。我会说，和男人交朋友更容易些。

43. 想性交的时候，我会去找我太太。当然也会想找其他女人，不过碍于有得性病的可能，始终没有付诸行动。没有男人勾引过我，我也不想找他们。

44. 我觉得性交对雄性是必要的，不论人类还是动物皆然。不过生活中仍有其他重要的事，最好别成为性的俘虏，不要嫖妓、强暴或把每个女人都当作目标。

45. 我不够虔诚，而且我承认，生活在现代信仰中已不像过去那么重要了。

46. 我结婚 67 年了。婚姻有它的好处，例如安全感和性生活。你会有个女人帮你生小孩，她可能还是个好厨子，又会洗衣服。不过重要的是婚姻使你免于罹患性病。我爱我第一任太太，因为她爱我，也尽了一切人妻的职责。当我满足她时，她非常快乐。我没有婚外性关系，她也没有。我不认为有太太和几个孩子对我是妨碍。我的 9 个孩子也没有离婚。我不是同性恋，并且耻于和这样的人来往。

48.20 岁时我和一个 16 岁的女孩子谈恋爱。那时我念专科，她读高中。没有发生特别的事情。因为我知道最好别和她发生关系，否则我父母会逼我娶她。

49. 我从来没有因为和爱人发生冲突而哭着入睡或想自杀。

50～53. 我是个很糟糕的情人。我不曾极度快乐过，也不渴望和任何人维持关系。但是我的家庭观念很重，因为父母的熏陶，叫我们不可吵架，一家人要守在一起。我不喝酒，所以没有酒肉朋友。

54. 当然，我想每个男人都希望让他太太或伴侣达到高潮。我的第二个太太是比较热情的，可是她要花好长时间才能有高潮，我得等她准备好才能动作。不过当她真的来了，会兴奋地叫得一条街外都听得到。休息片刻后她又准备好了，想再要，抽动几下后她便有了第二次高潮。

55. 一个打过内战的伯父，曾生动地而略带粗鲁地形容他高潮的经历。他是这么说的："当你的枪（阴茎）射出去时，就好像一群鹌鹑从你屁股里飞出来一样。"我现任太太对高潮比较自私，坚持要照她的方式。我要是不想有口角的话，就得等她准备好再射精。

56. 我第一任太太可能只有半数时候达到高潮，或者更少也说不定。

57. 当然，现在我不像年轻时那么有劲，不过即使年轻时高潮后我也很少再动，而且一夜也不可能来两次。我射精的量很多，事后我就准备转身而睡。

58. 如果我做爱，当然会射精。50 岁时，我能维持勃起一小时不高潮，直到女人高潮来了。不过一旦射精了，我那晚就“玩完了”。

59. 结婚的头两年我们每两天做一次爱，除了我太太月经来的那 4 天。

60. 性兴奋不一定要勃起，不过假如你想和你太太玩点有趣的，那玩意儿最好能硬一点。虽然我自己一样地有兴致，但软软的总是令我第二任太太勃然而怒。

61. 无法勃起当然很难为情，不过我会试试看。以我现在的年龄大概不会有精液了。

62. 是的，当我勃起时我总是兴奋的。

63. 不，我不喜欢任何时候都兴奋，除非是兴奋后能立刻做爱。

64. 我年轻的时候会自慰，现在我不喜欢这种幼稚的行为。当然，我不会让别人知道我曾经做过这样的事。

65. 自慰当然不能够满足我，而且我认为每一个做过的男人都会觉得很丢脸，我认为很少有人会承认自己做过。在我小时候，大人总是告诉我们，染上这种习惯会让人发疯的。

68. 年轻的时候，我只要自己玩一下阳具，它就会勃起，然后再把它插入女人的体内。不过年老之后，男人的阳具就没办法像以前那样。即使如此，我还是觉得，以自慰来取代性交，是一种很可怜的办法。

69. 自慰在我的生活里，从未占有一席之地。

70. 我不觉得自己的生殖器有什么魅力，我不曾尝过，更没有闻过它的味道。我的阳具比我期待的要小，而且我的睾丸有一边比另一边小很多。

71. 我在 27 岁那年，因为包皮太长而动过手术，顺便割掉长在阴囊上的静脉肿瘤。

72. 有人告诉我，割包皮是一种犹太教的仪式，因为在龟头附近会长一种乳酪状的东西，所以有人相信最好把包皮割了，这样才不会得淋病。

73. 我是 10 岁左右听到有关割包皮的事，有人告诉我这是一种犹太风俗，我不记得当时有什么反应。我只想割掉我的静脉肿瘤，而且想了很久才去动手术。我想要割掉太长的包皮，而且我想这可以让我在性交的时候享受更多的乐趣。

74～76. 割包皮并未影响到我的性能力，我也没有听到女人抱怨过。

77. 我从来没有试过口交，也没有女人对我做过这种事。

78. 我从来没有和别人肛交过。

79. 我没有碰过喜欢用手刺激生殖器官的伴侣，我的两个妻子也反对这样做。

80. 我不曾在任何人面前自慰过，也没有人在我面前这样做过，甚至对我承认他们这样做过。

81. 我当然不曾想过要尝试肛交，更不会用手指去刺激肛门，除非是医生在做检查。我不喜欢，也不能容忍这种事。我自己会觉得很丢脸，如果我的伴侣做这种事，我也会觉得很丢脸。

82. 被爱抚的时候，我不会觉得紧张，因为我的胸部、臀部和耳朵都不敏感。

85. 差不多都是我采取主动，因为我是男人，我的妻子很少主动。我也不觉得爱和性有什么关系。

86. 我被拒绝过很多次，但是我不会因此生气或责怪对方。我也曾经拒绝过妓女，因为那样会对不起我的太太，就算她远在天边也是一样，当然我也害怕染上性病。我曾经拒绝过 10～13 岁的小女生，因为我不想污染小孩子的心灵。

87. 我不曾发生过缺乏性趣之类的事，过去 70 年来始终如一，除了有一次我的老二“力不从心”。

88. 男人除了比女人更强壮、更聪明、更真实之外，没什么特别的地方。

89. 我会是个很差的同性恋者，因为我实在对男人的身体不感兴趣。

90. 我不喜欢体育活动，不会浪费钱去看比赛，也不会去打高尔夫球、下棋或是冲浪，而且我不喜欢接触到男人的身体。我喜欢上图书馆、看书报杂志，旅行的时候，我会去参观博物馆、艺术馆和动物园。

91. 我不喜欢男性团体，很少和他们在一起，我的一个侄子除外。我通常在我自己的浴室洗澡。

92. 我很以自己的身体为自豪，因为我的身上没有什么胎记、伤痕、成长的痕迹或是什么丑陋的事物。我没有 O 型腿、没有秃头、没有过低的前额。我喜欢干净，但不算是有洁癖，而且坚持天天洗澡。

93. 我从没有吻过男人，除了我父亲去世的时候，我曾亲吻他的额头。如果我看到两个男人拥吻，我会觉得很奇怪。

94. 我没有看过别的男人性交或是自慰，我也不喜欢看男人射精。

95. 我认识几个同性恋者，他们知道我对这种玩意儿很反感，所以不会来烦我。我绝对没有想过要发展同性恋关系。

96. 我不曾和某个男人特别亲近。

97. 我从来没有和男人有过不正常关系，除了小时候父亲曾经鞭打过我，也不曾和男人发生肉体上的接触。我从小在伊利诺伊州的乡下长大，我的亲友都是农夫。我们那里没有同性恋，因为在这种小地方彼此都认识，而且把同性恋看成毒蛇猛兽。

98～99. 我不知道任何有关男人之间性爱的事，也不想浪费时间去知道。

100. 我个人对这种事一无所知，不过好像真的有人疯到会去搞小男生，我很同情这些傻瓜，并且希望他们被吊死。

101. 我想是因为在我年轻的时候，没有搞过这些变态的事。

103. 我爱过女人，但是从来没有爱过男人。对我来说，和男人性交这件事让我觉得恶心。

104. 我和男人在一起会做些有格调的事。

105. 没有，都 93 岁了。

106～107. 我猜现在的同性恋者已被允许在学校里教书，和孩子们有所接触，所以我才会投身安塔妮布莱恩的组织。

108. 我有两个姊妹，而且和我太太的一些朋友交情也很好，但是我不曾和她们发生性关系。

109. 我妈妈是个坚强的女人，20 岁结婚，80 岁过世。她很清楚怎样给男人留面子，她无法忍受愚蠢，但是很有幽默感。

110. 我喜欢的女人是贤妻良母，煮一手好菜，能把家里整理得很好，相信教育，经常参加园艺俱乐部、教堂和医院义工等活动。我不喜欢女人家虐待她们的老公，和别的男人开车到处鬼混，或是忽略她们的子女。我想这一切应该怪罪于男女平权组织，它让我们的国家走下坡。我承认有些女人很聪明，但是我对职业妇女有一种很深的成见。一个女人最神圣的天职应该是当个好妻子、好母亲、好厨师和好家庭主妇。

112. 我现在和第二任妻子住在一起，而且没有和其他女人有见不得人的关系。

113. 我有时候会和女人讨论她们的性偏好，而且对这个问题很感兴趣。有时候她们会老实地回答，不过我从来不认为她们会说真话。多数的女人都很愚蠢，而且会骗人。

114. 当我看到女人的性器官时，并没有什么深刻的印象，更不会去亵渎它们。如果常常清洗的话，它们倒不会有什么怪味道。不管我的性伴侣是谁，女人的生殖器官都一样。

115. 我当然知道女人的阴蒂在哪里，而且我也认识那种宁愿用我的手指头代替阳具的女人，她们喜欢一直用手去刺激阴蒂，有时候得持续好几个小时，我也弄不清楚她们到底是否达到高潮。她们对高潮这种事通常不老实，没有人告诉过我到底太粗鲁还是太温柔。她们只喜欢做，不喜欢讲。

116. 我在前面已经回答过，没有女人为我吹过喇叭，我也没有做过这种事。

117. 尽管有些女人怕得性病，有些怕怀孕，但是她们似乎都很喜欢你用手指头去搞她们。当然，这样做很难让男人满足，如果她们拒绝了你，而你又很爱那个女人的话，你只好顺着她，她是老大。

118. 你当然希望看到喜欢的女人达到高潮。她们也都知道男人希望她们达到高潮，所以当你问她们时，她们就会骗你。

119. 如果我事先知道的话，我是从来不会和女人在生理期时性交的。我不曾做过口交，甚至和我太太也没有过。

120. 我当然喜欢女人的身体，喜欢亲吻她们的嘴唇、胸部，但是我对品尝她们却是一无所知。我喜欢有一点性的味道，却不喜欢很浓的尿骚味。

121. 金钱对多数女人而言，比性来得重要。不过如果一个女人的性行为过度频繁的话，就会要求男人跟她上床，她会喜欢比较雄壮的男人。

122. 我们从来没有试过奇怪的姿势。我既不肥也不重，所以在性交的时候，我通常在上面。不过有时候我老婆猴急了，她也会爬到我身上，扮演主动的角色，然后她就会达到高潮。

123. 我太太所决定的方式都很棒。

124. 我喜欢性交，因为这样才能让我满足，而且这也是一件很正常的事。

125. 在办完事之后，我觉得很舒服，而且能够获得很大的满足感。

126. 当两个人心情都不错，而且都不会疲乏的时候，自然水到渠成。不过如果你的太太很爱你的话，即使她自己不想要，也会和你性交的。

127. 我会把性定义为性交，当我看到两个人亲热了半天，却没有进展的时候，我会觉得蛮恶心的。我的格言是：尽情享受性生活，然后尽力做其他事。

128. 我的第一任老婆，在她又忙又累时，很少会达到高潮。我的第二任太太每次都想达到高潮，但是那对我来说要求太高了。如果我在她高潮之前就射精，她会很生气。除非一切依她。

129. 和我的第一任太太在一起的时候，我会怀疑她到底有没有高潮。而我的第二任太太却激情多了，她每一次都想要达到高潮，她会兴奋地大喊大叫。

130. 我当然希望在性交的时候能让女人达到高潮。如果用手指头去搞，也就无法知道她到底高潮了没有。

131. 我们从来不用电动按摩棒，而且我也不曾看过女人用这种方法达到高潮。如果她们没有达到高潮的话，我不会觉得这是我的错，因为我常常听别的男人述说他们的经验，而且我也看了一些书。

133. 我从不认为一个女人有没有高潮对我的生活而言是一件重要的事。而且我和我的两任太太，也没有尝试过什么特别的方法来让她们达到高潮。性交虽然很重要，但是它不会在我的生活里扮演主要的角色。

135. 当我太太离开将近一年时，我认识了一个女人，每次我和她性交的时候，差不多可以维持一个钟头不射精。那段日子里，我的阳具总是硬邦邦的。

136. 我不能总是让这种事情困扰着我，所以我会干一个小时之后再射精，这样就算是办完事了。

137. 一直到我 60 岁为止，我还能够控制自己达到高潮的时间长短。但是现在，我只能维持短暂的勃起，这当然是一件很烦人的事。

139. 我年轻的时候，有时会太早结束。如果我是在一个女人的体内射精的话，我会觉得很舒服，即使她没有达到高潮。如果是梦遗弄湿了床，我就会觉得懊恼。

140. 不，我没有利用任何的方法来推迟达到高潮的时间，也没有察觉到时间的长短对阳具的敏感度有任何影响。

141～142. 我的第二任妻子已经过了生育年龄。她喜欢性交，但是她会坚持要我在她达到高潮之前，好好地搞她一番。当她达到高潮的那一点，就会要我一起达到高潮。我想她是喜欢热热的精液射进她的体内，然后进入忘我的呻吟。但是现在我年纪已经大了，我的阳具太软，她没有耐心，也不会帮我让它硬起来，她决定结束我们的性生活。但是过去在我 40～50 岁这段巅峰时期，情况的确都是由我在控制。

143. 这在我 80 岁之前并不会造成什么困扰，因为只要有热水，就可以让我勃起。

144. 我觉得性本身并不是个下流的字眼，而很多人会认为“打炮”或是“搞”这样的字是很肮脏的。

145. 女人对性的需求不像男人那么频繁是很自然的，因为所有的动物都一样，雌性只有在她想要的时候，才允许雄性和她交配。所有的动物交配都是为了繁殖后代，只有人类的情形有些不同，他们会为了乐趣而性交。女人不想每次都怀孕，所以她们不会在排卵期性交。雄性动物都扮演主动的角色，但是根据我对农场里动物的观察，雄性动物只有在雌性发情的时候才会去打扰她。女人很少达到高潮，而性交对她们而言，也不像对男人那么重要，她们常常只是为了取悦男人而性交。

146. 我和我的第一任妻子没有避孕，因为她想要小孩，而我们就生了两个儿子，但是她到 35 岁的时候就已经完全停经了，我的第二任妻子则是在我们结婚一个月前停经的。我从来没有让其他的女人怀孕过，也从来不避孕。

149. 如果我和一个可能很容易受孕的女人性交，我当然会保护她，不让她怀孕。

150. 我差不多都只是和我的妻子性交，而她已经过了生育的年纪了。

152. 只有当她的生命有危险的时候，我才会赞成堕胎。我不曾让我太太之外的女人怀孕过。我也从来没有在这种手术上花过钱，或是去请教医生。

153. 从来没有做过输精管切除手术，我已有两个儿子，所以并不担心。

154. 我不赞成堕胎，而且我也不希望年轻人那样做。

155. 我没有亲眼见过生产过程，也反对这种事情。

156. 我觉得性暴力是一种很可怕的变态，事实上我不理解，也不会宽恕这样的行为。

157. 我是个和平主义者，从来没有和别人打过架。

158. 如果我打了我爱的人，当然会很后悔。

159. 我从没有打过人，这样的行为不会让我有什么快感。

160. 我不会因为强迫他人就范而感到快乐。

161. 我从来没有亲吻过任何人的脚，也没有洗过什么泰国浴，更不打算去体验其中的乐趣。

162. 女人告诉我强暴是一件很可怕的事。很多女人被强暴的时候都还是处女，她们受到了严重的伤害。对年纪比较大的非处女来说，强暴也很容易使她们受到伤害。因为强暴犯并不会在乎女人的感觉，对他们而言，感到满足的并不是性，而是惩罚了一个女人。

163. 我不曾和年轻人发生过性关系。

164. 我当然没有强暴过女人，也从来没有这样的欲望。如果她不想上床，我绝对不会强迫。我觉得这种事应该要有爱意和一点亲密，当我达到高潮的时候，她也应该达到高潮。

165. 我觉得所有的男人都会强迫女人性交，我曾经试过，也常常被拒绝。如果女人主动表示需要性，我会有一种被接受的满足感。

166. 我不觉得粗鲁或是强迫别人有什么乐趣。我的第一任妻子在性生活方面是完全被动的，而我的第二任妻子则是采取主动，事情一定要按照她的方式来做，要不然就什么都免谈。除非她也准备好要达到高潮，要不然我就不敢先办完事。

168. 性并不是政治，因为不分党派的人都喜欢这件事。

我已经认真地回答了这份问卷，希望能给你们一份诚实的摘要。我没读过《海蒂性学报告：女人篇》，不过倒是读过《金赛性学报告》和其他的相关著作。这份问卷涵盖范围极为完整，我也没有其他要补充的。我认为我们家的7个兄弟对于两性互动，都像我一样持老式的观念。

第6个男人：残障者能够拥有性爱吗

我今年28岁，是一个电视制作人。我一出生就因为脑性麻痹而瘫痪，这影响了我的语言、双手和行走能力。目前我都使用轮椅。

我最大的问题是：我根本就没有感情生活。自从我与别人取消婚约，甚至连约会都没有过。和一个我所爱的人解除婚约，是我感情生活中最大的困扰。我在去年的5月遇到她，她35岁，也是个小儿麻痹患者。我们整个夏天都在一起约会，然后就订婚。虽然我们之间也有一些问题，但是我觉得应该能够解决，这些问题主要是因为她的不成熟。她是一个犹豫不决的人，而有几次我也逮到她对我撒谎，或是没有完全坦白。由于这是一生当中第一次有人真心爱我，所以我并不打算就这么放弃。

性是引起我们争执的导火线。她告诉过我许多次，说她想要等到结婚之后再行周公之礼。到了12月，有一天晚上她觉得身体不适，我又重弹旧调，她终于答应了。而就在我衣服差不多脱了一半，心情也培养得差不多的时候，她又开始嘟哝，然后说："我一直被教导要等到结婚之后。"我简直快疯了，我告诉她如果她那样觉得的话也没关系，但是她不应该在这个节骨眼儿才告诉我。结果还是一样，我爱她，不愿意放弃。

圣诞节的前一天，我爹和我去散步。我告诉了他这件事，我不想就此结束，也许理由之一是因为我不想重新找寻一个爱我的人。我告诉他，问题并不是因为我们不爱对方。我爹也同意我的看法，但是他问我，她对我的爱是否成熟，我说不知道。

当我在圣诞节到巴尔的摩拜访她家人的时候，我的未婚妻和我继续讨论我们之间的问题。1月2日那一天，她打电话给我，问我有没有看到她留在我住处的一些文件。那天早上她正好要去面试一份工作，而且时间相当急迫。我告诉她前一天晚上我已经找过，并没有看见那份文件。她要我再找找看，如果找到的话就寄给她。

我正要告诉她，如果那份文件在我这里的话，应该是她在周末来看我的时候直接拿给她会比较快，她就把电话挂掉了。我很生气，立刻又打回去，并且对她大吼大叫，然后我也把电话挂了。我的表现其实也不怎么成熟！那一整天我都在找理由，我不想解除婚约。到了晚上，当我拿起话筒打电话给她的时候，我还希望她会说些什么，让我觉得可以继续保持这段婚约。我一开始就为了挂她电话的事向她道歉，然后我就停下来，希望她能够有一些反应。但是话筒里有的只是可怕的沉默。于是我就说："如果事情已经发展到这种地步，我想我们应该……"

"取消婚约？"她接着问。

"是的。"我说。她说她想想之后也得到同样的结论，如果那天晚上我没有打电话给她，她隔天也会打给我，告诉我同样的话。我觉得事情发展到这步，彼此之间已经没有挽回的余地了。

事后的几个星期，我的心情非常的沮丧。虽然我们通过很多电话，但是我似乎还是继续说着不该说的话。最后，我写了一封信给她，告诉她我还是很在乎她的。她要我给她一段时间想一些事，我告诉她如果需要我的话，我随时会赶到她身边，不过我不会再主动找她了。这封信就好像是压力阀一样，我觉得自己轻松多了，也开始慢慢重拾生活信心。

在我们解除婚约 3 个月之后，我又回到原点——想要重觅伴侣，但是却遍寻不着。回想起来，对于父亲问我的问题，我想她对我的爱虽然很真诚，但却不够成熟。有时候她没有办法把我摆在生活中最重要的地方，也不愿意为我做任何的牺牲。她是个很美丽、聪明又迷人的女子，但是却不够成熟。如果她再成熟一点的话，将是很棒的女人，也会是个很棒的太太。

不过，我并不怪她，因为在她十几岁的时候，有几年的时间都在动手术；一旦错过了结交同年龄朋友的时机，加上家人凡事都为她做好决定，这种情形是容易阻碍一个人正常成长的。

至于我，我仍然想念她，记得有她在身边的那些夜晚，可以有人躺在身边，感觉到那种温暖和柔软。有时候我还是会打电话给她，希望事情能够恢复以往的样子，但是我也了解到很多事情都变了。我想即使我和别人结婚，还是会很关心她的。我从其中学到了很多宝贵的经验，只是代价似乎太大了。

我自己的成长过程其实并不正常。因为残障的缘故，我在青少年时期无法行动自如。例如，学校老师计划带全班去旅游，就会要求我的父母同行，因为他们不想负责照顾一个坐在轮椅上的孩子。我的父母总是满口答应，因为老师的话里总是暗示着："如果你们不来，他也不必来了！"所以我一直没有办法摆脱他们，就像他们也摆脱不了我一样。终于我很高兴能够离家去读大学，而他们也很赞同我这么做。那种感觉就像是毕业了，因为在前一年，他们告诉我：除非我能够独立地照顾自己的生活起居，否则就别想离家去念大学。在这一年里，我学会了自己吃饭、洗头、刷牙、洗澡，以及大部分的生存活动。当你必须在18岁的时候，去学习别人在童年时期早就学会的简单动作，是一件既花时间又令人受挫的事。我的离家对于我认识的人，以及我即将要认识的人而言，都是一种能够独立生活的宣言，那是一种胜利。

虽然我的父母很想念我，但是他们也为我感到高兴。这种感觉在我离家时，在机场里表现得最明显。我妈跟我吻别，我爹送我上飞机。后来有个人对我说："他们怎么可以让你单飞？"

"你不会知道有多少次我祈祷着他能够靠自己的力量走出去。"这是我妈的回答。那个人看起来很难过，而且很为难，所以我妈又加了一句："不要以为我不想他，我想死他了！但是他一定要自己去！"

"我的天！"那个人边说边走开，因为他也不理解这一切。我会不会对我的离家感到罪恶呢？不会，因为那代表着一种成就和完全的自由。

现在我有一个很好的男性朋友，他自己也有残疾和眼盲。他在媒体工作，是一个广播记者。我们曾经在许多残障团体的媒体活动中合作过，例如准备参考资料或是展览等。我们有时候会一起吃晚餐，一起喝饮料或是做一些事情。

身为残障人，常常要面对很多争执。最让我生气的并不是别人把我当正常人和我吵架，而是在很多情况下，总会听到有人在电话里跟我说："等你清醒一点再打电话给我！"还有很多人在还没搞清楚我的用意之前就挂了电话。当我到外面去的时候，有些人会问我，我妈妈知不知道我人在哪里；还有人会问我知不知道自己住在哪里！有些人会把车子停在人行道缺口前，使得我们没有办法上下人行道。假使我在外面待得比较晚，有时会有人问我这么晚还待在外面做什么，而问我这种问题的人常常是喜欢晚上在外面游荡的人。如果我到一个单身酒吧去，我会变得好像隐形人一样。如果我和一个女人说话，她就会说她已经有男朋友了。既然一个女人有了男朋友，她还到单身酒吧里去做什么？还有很多例子显示很多正常人无法平等对待残障人士。

我真的很想念我的未婚妻，爱情可以为我的生活增添一些温暖的感觉，让生活不会那么紧张。爱情让我觉得自己被需要，让我觉得自己有一些责任。

我认真地考虑过"爱情对生活而言，真的比工作重要吗？什么是你生活中最重要的事？”之类的问题，老实说，我也不知道。这些年来我逐渐长大，培养出独立自主的能力，现在我的工作表现还不错，要我放弃工作也是一件很难的事。另一方面，我又不想自己孤独地过一生。最感恐惧的是10年之后，当我接近40的中年，头发已经灰白脱落，却仍在找寻合适的伴侣。

我试着以一个单身、残障男人的身份来回答问题，让我告诉你们：肉体上的性爱对于残障者而言，当然是一个很大的难题，但是多数的残障者仍然卡在更基本的问题上，那就是我们根本找不到人约会，其实这是社会对残障者的负面态度所造成的。有些人认为我们是性无能者。我觉得所有的正常人都应该自问：“也许你愿意雇用一个残障人士，但是你会和他约会吗？把你的残障爱人介绍给朋友和家人认识时，你会觉得坦然吗？你会觉得当身有残疾的男人，像其他正常男人一样向女人要电话，只是想做个朋友吗？”请记住，有17%的残障者是天生如此的，我们并不真的了解正常人对于残障的看法和感觉，而残障只是我天生的许多特点之一。我不了解其他人为什么没有办法做到这一点。

第7个男人：走出“性爱”和“男性气概”的迷思

我的第一次婚姻是个典型的梦想，只持续了两年。现在的婚姻则比较适合双方，我爱我现在的太太。我们刚认识时，就希望假期结束后还能再碰面，因为我们在不同的地方工作，最后她搬到我住的城市来另起炉灶。如果不是因为某些原因，我们大概还会同居而不考虑结婚。我们的关系是过一天算一天的，每过半年就会分开一段时间重新评估这段感情。

我知道这听起来既没弹性也很痴呆。事实上，这个评估好玩的成分居多，不过的确有助于反省两人是否快乐。我喜欢结婚，也喜欢和这个女人住在一起。我不要任何形式的安全感或女佣，我真的想知道两个人如何长期相处住在一起。除了澄清外界的看法之外，我不认为婚姻对性生活或其他事情会有任何实质上的帮助。大家都迫不及待地想把我们两人凑成对，只要结成夫妇，凡事就好解决。如果你是一个人，总有人想帮你找个伴。

当第一次的婚姻热情消退时，我的性生活也随之停止，我想这段关系一定是出了什么问题。但是当这种情形再度发生在另一个合适的伴侣身上时，我想一定是我的个性、我整个人有什么不对劲的地方，使我不想和一个女性伴侣上床。我想，它是从一种性爱模式缓慢演变到另一种吧！有一种声音嘶喊着：“让它去吧！请让一种新的性行为填补这个空虚吧！”

我爱我太太，因为她是我遇到的第一个也是唯一一个能用我看待事情的方式来看世界的女人，她是我见过第一个能用崭新眼光看事情的人。我爱她，因为她能带给我惊喜，让我开心。

我不相信单一配偶制，因为人不可能期待另一个人满足你所有的需求。至今我不曾有过婚外性关系，可我并未把我们的关系视为一对一的关系。我有许多亲密而互相依赖的朋友。在婚前，我曾卷入其中一对夫妻的生活中，但仅限于性关系，而且为时短暂。这的确使我们的关系紧张，我们两人都得很快地调整自己。后来，我太太和我一个朋友有染，最后演变成共享性生活。那对我的确造成一种压力，因为我们夫妻的性生活已降至谷底，而我对身边复杂的状况又理不出头绪。

我不认为结婚对我会造成限制。相反，让我对感情和想法体验更多。要是我第一次婚姻后一直保持单身，整个生命就会朝着完全不同的方向进行，不过我喜欢现在这样，我确信它比较接近我想过的生活。

和现在的老婆陷入爱河，是我第一次学会用爱这个字眼放在我所着迷的人和事物上。至于着迷，那是很棒的感觉，没有别的言语可以替代。总之，我们在一起经历了许多甘苦，却从未撕破脸。我仍在学习我们称之为“爱”的东西。

我曾经哭喊着想从痛苦里解脱出来，即使得不到爱，也能给我关注和同情，因为我知道我得改变才可能和一个人长久相处。也许伤害我最深的，是我对爱和婚姻不切实际的期望。我希望有人告诉我真相，即使没有永远不变的真相，也该告诉我发现真相的方法。

在我早年的性生活中，与大众传播所散布的“迷思”几乎一致。第一个转变是我没办法持续地勃起。我把它归结到情绪上的问题，因为有一个特定的女人不愿和我做爱。回首过去，我把它视为一个自然的发展，但在当时，我却因为陷入性爱的迷思而忽略自己感官体验的事实，转而专注于我“应该”如何去感觉，把我搞得一团糟。第二个转变是迷思和事实间的冲突，因为我发现我所认识的女人越来越像单独的个体，而不遵循指定的角色去扮演。第三个改变，是我对伴侣的需要开始有了高度的了解和注意。紧接着的转变，则是放弃迷思，寻找另一种新的事实。这就是我现在的状况。

现在我们做爱时，高潮并不像以往那么重要了。我记得刚交第一个女朋友时，我们会花很多时间亲吻、爱抚而没有高潮。那些活动自有它们的刺激性，主要是对新经验的探险。接下来几年，伴侣的高潮则在性爱活动中占很大的比重。直到性解放疾呼互相的满足之前，我从未把对方的高潮视为我所关切的事情或责任。接着我获得了一大堆关于女人高潮的资讯，因而变得过分在意对方的反应。我的基本看法是：我的高潮是她的责任，而她的高潮也是我的责任。

我试着超越那些迷思（女人要的是浪漫，男人要的永远是色欲和勃起），找出两个成熟男女可能共处的方式。所以高潮是远远附属于政治、心理和感情后面的东西。这样刻意轻视高潮是有目的的：为了探索性活动中其他被忽略的领域。我发现，即使没有高潮和插入，我一样可以享受性爱。

我已经从"身为男人，就得为做爱成功与否负责"的观念里解放出来。我也从"性就是勃起的男人要插入一个女体"的定义中解放出来。这让我觉得和新伴侣第一次做爱时难以勃起，并不那么严重。既然我不必为成败负责，非插入不可，那还有什么问题呢？这个解脱并不能使我挺得更久，却使我的忧虑减少。不幸的是，它却帮不了因缺乏插入而沮丧的女人。多奇怪呀！她不会因为自己没有高潮而沮丧，却为了我没有插入而沮丧。而能够耸耸肩膀说"别担心，时机对了就成"又是多自在呀！

虽然我喜欢性交，但我现在处于重新评估期，所以不太确定情感上的态度。我们花了一段时间才找到插入时最能刺激她阴蒂的位置。当她跨在我身上，最能控制我的阴茎对她施压的大小（她最喜欢的高潮方式是我对她口交）。除非她跨在我身上，否则无法控制我们生殖器接触的压力和范围。她能以这个姿势让我的耻骨摩擦到阴蒂。事实上，只有和目前这个伴侣在一起，性交才是有趣的事。

我们同居后，花了两星期的试验和讨论才总结出目前的方法，就是我用手或口来使她达到高潮。后来很长一段时间，我们的性生活几乎停止。直到最近，我们不做爱时，她会通过我对她口交来达到高潮。

当她自慰时，我喜欢抱着她，爱抚、亲吻她，我并不觉得她在我面前自慰有何不妥。这样，情况完全在她的掌握之中。至于她对我做口交，我总是喜欢的，最近我常以这种方式达到高潮。我也喜欢她抚摸我的阴囊、大腿顶端的肌肉及阴茎一带。

5 岁时，我和一大堆洋娃娃、布偶、填充玩具一起睡。大约 9 岁时，我父母认为我该长大了，不让我再跟这些玩偶睡在一起。我父亲给了我一席要"像个男人样"的谈话。失去那些玩具令我很伤心，一点也不理解他们这么做的目的在哪里。它只是"大谜团"的一部分——成人必须遵守强加在孩子身上的无意义规则。

11 岁时我第一次手淫。那时我以为它完全是我自己的发现，但是显然受到了同伴的指点。我又从朋友那里得到一个观念：性就是男人把他的阴茎插入女人体内。当时我觉得这是一件多可怕的事！也许我对性交（插入）的概念就是起源于想知道“性是怎么一回事”。

12岁时，我有一个住同一条街的朋友，我们常假扮成一个家庭，有时他是爸爸，有时他是妈妈，我们还会拥抱。有一晚我要睡了，我妈走进我的房间。她告诉我，不应该再拥抱、亲吻这个朋友了。我问她为什么？她说，这世上有些人是精灵变的，一刹那间，世界可能充满魔法。我问，精灵会拐走互相拥抱的小男孩吗？它们有翅膀和角吗？然后她开始担忧而语无伦次地解释，有些男人喜欢的是男人而非女人。她说这是不对的。为什么？妈妈，为什么？魔法一下就消失了，只剩下另一堆陈腐的规则。

我第一次听到月经是来自妈妈。她只简单地说，女孩长大后两腿中间有时会流血。我把它当作秘密记在心里。

这期间我习惯在手淫时看色情书刊，也会把班上的女孩加入幻想中。高中时我开始和女孩子交往，但机会不多，我是个害羞的人。我第一个正式的女朋友是和我初吻的女孩子，我们在一起5年，互相探索性经验。有个惊人的发现，就是我们做爱时一点“不对”的感觉都没有。我们试遍了一男一女可以扮演的角色。

说到男性气概，我就想到冷冷的权力。男性气概就是过一种和生命本身对立的生活，男性气概是蛮牛般的力气。不过，还是有一种不那么吓人的男性气概。在生命之舞中，暂时处于一个和女性角色相对的位置，那就是男性气概的角色。这时，男性气概是态度、姿势、装扮、行为共同组成的一件戏服，穿上它去演一出戏、跳一场舞。要是你懂我的意思，性别游戏就不会那么神秘而适用了。剩下的只是沉默的生命之力不具引诱性的纯洁动作。

至于“肌肉发达”，则是一个笨拙的男性舞者所作出来的姿态或举动，他甚至不知道自己只是在扮演一个角色。我也曾有沉溺其中、看不清自己真正是谁的时候。那时，要是有女人拒绝我的求救，我就会勃然大怒。我会拼命推着被大雪覆盖的车子，直到筋疲力尽。

我父亲告诉我，不要哭。我在我父亲身上看到“父亲”是个吃力不讨好、莫名其妙的工作。愚蠢的独裁态度、痛苦地抑制感情发泄，似乎是他生活的缩影。我想，真正的问题在于他很难逃脱大众所认同的父亲行为标准。我从没见过一个能合理教导孩子的父亲楷模。但是，我确信一定有。

我喜欢安慰心情陷入低潮的女人，那是令人满足的事。但是我父母从小就没有教我怎么照顾自己，更别提他人了。我猜，他们设想将来总有一个女人会代替我妈来照顾我。我喜欢从生活中学习照顾自己的技能，虽然那不是男人的事。

我学的是工业工程。虽然我不曾将学校里学到的东西派上用场，不过这个学历让我有很多工作机会。所有工作都在工业领域里，没有任何重要性。我是一个系统工程师，告诉别人这个职衔很好玩，因为它究竟在做什么，我也不清楚。

我成功吗？我的收入足以满足我的物质所需。在工作方面，我的建议和想法也很受重视。我唯一感到挫折的是跟创作有关的事。我觉得自己有话要说，也有很好的方式可以表达，但是还没做出什么成绩来。我的潜能远远超过做一个男人、丈夫、工程师这些角色。不过换个角度来说，这样也很好。没有人知道我的失败，除了我自己，因为我在追寻梦想时态度太软弱了。

我很少和朋友聊天，因为我很难找到够聪明又够了解我的人，能让我清楚地讲出自己的事，或者聆听我要讲的事。因为缺少这样的朋友，所以我习惯写日记。我想，经历的记录关系着我的幸福，不过我仍在找寻一个听见男人对他说“我爱你”时不会被吓跑的男人。

我回答了这些问题，因为它对我是一个很好的学习。同时我知道你们提供的是一个我迫切需要的沟通机会。我的最大阻碍，就是在黑暗中的独自摸索。我可以挣扎着开拓我所需要的想法和行为，可是能和别人一起分享经验，事情会容易得多。

我非常希望其他男人能提供他们的经验和想法，相信他们会很诚实地回答。很高兴你们要求回答时的诚实，这是我从中得到的最大益处之一。我常常审视自己是否以夸大的言辞作答，或者被带离主题。然后我怀疑我描述的那个人是不是自己，或只是理想中的我。我了解诚实是我成长的基本要素，我可以借此评估、舍弃某些想法和行为。在真正付诸实践之前，我得先把新的概念在脑中整理一遍。

谢谢你们给我这次机会！

第 8 个男人：女人让男人思考更多、了解更多

我今年 42 岁，是个工厂工人，受过高中教育。我是个黑人，浸信会教徒。长得还算英俊。结婚 10 年，有时想来还不错。我结婚，是因为我对太太有深厚的爱意，而且想和她生小孩。我们的性生活离我的期望还有一段距离，不过还过得去。

我的太太漂亮、聪明而倔强，有时候很体贴，有时候很懒惰。我喜欢她，因为

我们可以沟通，我们在物质和心灵上的喜好很相近，而且她不会唠叨不休。我也喜欢当父亲，不仅因为我可以从中学习、体验，而且有人喊你爸爸也是一种很棒的感觉。我最大的忧虑是，万一有一天我死了，这个家怎么过下去。

运动在我的生活中也很重要。我在某个项目中越是活跃就越觉得健康。我喜欢足球、篮球和高尔夫，不过棒球是我的最爱。

我父亲告诉我，性交是生命中很自然的一件事，年纪越大我越会懂得多。母亲也告诉我，将来我会有很多性经历，因为我是个有侵略性的人。那时我不理解他们的意思。我和母亲很亲近，父亲打我时，她常从中阻止。她感情充沛而体贴，我认为她是最好的母亲，虽然她宠坏了我和弟弟，我们是12个小孩里最小的两个。我和其他姐姐们也很亲近。

我的玩伴经常和我谈女生的事，那也是我第一次学到手淫，当时大概10岁。我们一致同意，手淫能让人愉快。我第一次在高潮时射出精液是14岁。主控我们的大人会压抑小孩的性行为，他们的理由很多，而我认为这么做是为了把他们的信仰强加在每个年轻人身上。我觉得做父母的应该尽量坦诚地和孩子讨论性的问题，因为小孩总有许多疑问与好奇，要是在父母那里得不到答案，就会转向同伴，可是在那里却可能被误导。

我对恋爱陷得最深是在高中时代。和我的女友走在一起是很高兴的事，和她通电话或见面也是。那年我要暑修，她和她的男朋友到我们学校吃午饭。那男孩不在时，我就取代了他的位子。

年轻时，我对女人的了解不像现在这么多，当时可能用了错误的态度对待她们，不过我并不感到内疚。今天，我更能享受性爱了，因为我学了更多、体验了更多。我的态度和技巧都变得更好。我认为性是重要的，但它并不具有精神意义。

我喜欢前戏。我喜欢身体的摩擦、亲吻嘴唇、亲吻乳头及紧密的拥抱。但是我太太并没有给我足够的前戏，而且我似乎总是主动的。要是我太太也能主动，感觉一定很棒。

我们一周做爱3次。我喜欢从后面进入她体内，她并不介意。如果她做爱时没有热情，我就会觉得无聊。她有时会有高潮，我可以从她身体的反应感觉出来，而且她会呻吟。我知道她的阴蒂在哪里，所以我觉得自己很有知识。女人都说我太粗鲁，没人说过我很温柔。有时候，我太太会对太久才达到高潮感到抱歉。没有高潮时我一样能享受性爱，不过我想要满足她。

有时我无法勃起，但不知道原因何在，只不过它不常发生。我会尽力试试，没用也就睡了。

我喜欢女人对我口交，但是不曾有过高潮。我已记不得上次手淫是什么时候了。

我看《花花公子》《好色客》《阁楼》等色情杂志。女人在这些杂志里往往成为被剥削的对象和卖点。

如果我被形容为“像个女人”，我会感到很沮丧，进而要求对方说明他的意思。我欣赏女人的优雅、智慧、做爱时的表现、表达与解决问题的能力等。我不喜欢女人说谎，或是不懂装懂。我也不喜欢无法放开来享受性爱和丝毫不愿主动的女人。女人对社会贡献良多，主要在教育、发明、科技、医药等方面，并且让我们对宇宙整体思考更多、了解更多。

第 9 个男人：在双性恋中认清自己对性的态度

我 22 岁，法裔加拿大人，天主教徒，是家中 12 个孩子中的老小。我父母是穷困的农人，我在乡下长大。当我出生时，我父亲 50 岁，母亲 42 岁。我的兄姐必须辍学工作来帮助家计，只有最小的两个孩子接受了正规教育。在我们严厉的天主教教养中，性是罪恶的，除此之外没有告诉我们别的，却在家中给予其他罪恶生存的空间：乱伦、强暴等。

我父母都已过世，我老早以前就在盼望他们死，我以他们为耻，只有他们死了，我才能以自己的方式过我的新生活。我尊敬他们胜于爱他们，因为他们给我带来了太多的困扰。我比较把大哥大姐当父母看。

记得在小时候，我用双手摩擦身体时，不论哪一个部位都会令我兴奋。即使把床单掀起再落下，都会让我有强烈的感觉。我时常梦遗。四五岁时，我曾在谷仓里和邻居小孩互摸屁股和阴茎。

我父母从未提过跟性有关的事，我第一次知道性，是同学告诉我阴茎插到阴道里的事。我被搞糊涂了，好长一段时间都拒绝相信。我第一次学会手淫，是看到较大的男孩这么做，决定自己试试看，竟然也成功了，那时是 12 岁。我第一次看男人杂志是在马厩里，约 13 岁，搜到我哥哥藏在那里的宝物。第一次听说月经时，想必也有十四五岁了，我对这些事情知道得很晚。

我很容易被男人吸引，他们总是拿性开玩笑，在外面撒尿时，故意制造机会让我偷看他们。听男人讲黄色笑话，最能刺激我的性欲；而女人讲黄色笑话，则容易被人看轻。

高中时，我的性幻想里包括了两个体育老师，一男一女，我常以他们为对象进行手淫。男的是金发，有结实的肌肉、漂亮的眼睛和一张性感的嘴；苗条的女老师则有发育良好的胸部，大眼睛，长发梳成各种形式。我很少和他们交谈，因为我的英文不太好。但他们始终出现在我的性活动里（自慰时）。

我 18 岁离家，渐渐离开了过去的阴影和压力。我花了两年时间才改正了神经紧张的毛病：咬指甲，到 14 岁还偶尔尿床。我母亲在我 18 岁时去世，过两年我父亲也死了。后来我去了欧洲一年，非洲一年。在家里我不能做我自己，因为和环境的冲突太大。不过后来我知道不是环境的关系，而是人。

18 岁前我的性生活只有手淫，第一次异性恋关系发生在 20 岁，同性恋关系也是。对于女人，首先我得除去她们的神秘感，以及萦绕在我脑海的母亲形象。我怎能和我母亲做爱呢？那是很难超越的，我始终没有彻底做到。我和女孩在一起总是很快射精，所以无法满足她们。而且这种事情实在很难开口讨论。现在我有进步了，不过仍然不理想。

和男人的肉体关系比较容易，因为我从手淫之中了解了男人的身体，但在感情上并不容易。我觉得永远得不到他们的感情，不知道他们在想些什么。我仍然排斥肛交，对这件事无法放轻松。我只能跟我现在的爱人做，至于那些一夜风流的伴侣，压根儿也没办法。那样子做爱对我是一种折磨。

我身边同性和异性的朋友，数目差不多，最要好的有两个：一个男的，一个女的。

过去 4 年有不少女人肯对我说知心话。我博得了她们的信任，因为她们觉得我既不会引诱她们，也不会压迫她们。我从不过问别人的隐私，可是也有不少男人对我吐露心事，多到令我负荷不了的地步。这使我长期提不起劲，现在我决定不做垃圾桶了。

我比较喜欢和男人做爱，因为两人的身体相似，彼此更了解、更轻松，也因为我们的器官在外面，所以容易些。我也喜欢和女人做爱，可是要花一段时间来调整彼此的心态。阴蒂常常让我困惑，因为它很难找。初次做爱的女人尤其令我紧张，往往进行多次以后我才能达到高潮，跟女人做爱是比较需要技术的。我也喜欢自己打手枪，对我而言，感觉美妙极了。

我不会把自己定义为同性恋，我父母也不知道我和男人有性关系。只有一个哥哥知道，但我们从没谈过。他有同性恋的朋友，所以能接受这样的事。

我好像永远得不到足够的性爱。现在我和一男一女谈着恋爱，可是即使有两个爱人，我还是无法满足。我有时会出去打野食，甚至自慰。我有病？也许吧！但我只是跟着感觉走。也许是我的动物性特别强烈，在这个世界上，没有什么比和我爱的人上床更重要的事。

我即将和现在的女友一起去进行为期 6 周的自行车旅行，届时就得暂别我的男友。女人对我来说和男人一样重要，我需要两者让我达到感情上的平衡。在身体上，有时我可以两者都不需要，找个炮灰就行，但在感情上却没办法。

我的女友很漂亮、有吸引力、聪明、有艺术天分。我爱她，因为她也爱我，而且让我保有完整的自己，能够接受我原来的样子。我爱她，因为她很开放，脑袋里的点子不停地转，也给了我成长的机会。我们在一起没有嫉妒，没有过分的保护，谁也不会牵着谁的鼻子走。

我喜欢维持单身，好处是没有束缚。即使我结婚了，还是有可能不忠实，因为我不相信依靠一个人就能满足我全部需要（至少在性方面）。我也学会了不必期望自己也能满足另一个人的全部，留点空间给对方。反正我不相信婚姻，那是女人对她拥有的少数权力说不的制度。坏处则是无法领养小孩。我不打算结婚，我的性生活已经相当忙碌。

高潮并不是最重要的事，最重要的是给对方快乐、自由自在地享受性，不要总是把焦点放在高潮上，因而紧张兮兮。我常常做爱而没有高潮，却觉得很愉悦，高潮似乎只是个句点，让很多人做到了就可以翻身睡去。即使我的伴侣没有高潮，我也一样能够享受性爱。幸运的是他们在这点上和我的观念一致。

我时常自慰，一周 2～3 次，有时更多。自慰会带来满足，但也有挫折感，好像跟抽雪茄一样戒不掉，我随时准备再来一次。在肉体上我喜欢它，在情感上，想必我是因为缺乏了什么。

大多数情况下我会对女人采取主动，对男人则未必。假如对方采取主动而我愿意接受，就能减轻我“性欲太强”的压力。通常当我不确定一个男人是否为圈内人时，我会希望他采取第一步，但我经常忽略他们发出的信息，又怕自己过于主动。对于女人，我是从来不期望她们主动的，但我很怕成为她们眼中的色狼，只想得到她们的身体却不顾及她们的快乐。要怎样才能让她们知道，我想付出更多，也想得到更多回馈呢？

我喜欢男人的一切，包括他们的身体，他们的动作、穿着、吃饭方式。阴茎是女人缺乏的宝物，真正困扰我的，正是过度发展、充斥在四周的女性特质，并不是真正的女性化，而是我们社会所称的女性化。简而言之，女性化的男人令我受不了。

我喜欢肛门被插入，不过只能在极温柔的情况下进行。我的直肠得先润滑，而且动作要慢慢地来。如果不是温柔地去做，就会觉得很痛，好比遭人强暴。在不确定的关系里，我是不会让人这么做的。可以先由一根手指或是不太粗的阴茎开始。这种感觉非常怪异，不过当别人在我体内时，真的令我很兴奋。

插入别的男人又是另一回事了，那对我来说相当困难。肛门比阴道干涩得多，而且润滑和肌肉的控制也大不相同。这种紧缩不是让我早泄就是失去勃起，而且令我觉得内疚，因为我不能回报对方我被插入时的感觉。

我不太容易令女人兴奋，因为我的身体构造和她们不同。阴蒂很难找，性交之中的刺激也不容易。和我在一起的女人通常显得比男人被动，而被动会使我失去兴趣。我不喜欢强迫任何人，做爱的责任要我一肩挑，也会使我紧张。和男人在一起，他们似乎比较知道自己要什么，也准备好要迎接它。在我有限的经验里，男人比较乐于尝试新事物，而女人比较保守和害羞。

三年前我结扎了，是我自己决定的，并非因女友有任何暗示。我知道避孕药会有不良副作用，所以我不喜欢任何我所爱的女人吃药，我也知道她们没有太多的选择。结扎前，和没有避孕的女人做爱，确实令我迟疑，“性解放”之后，女人拥有更多性爱自由，但是怀孕问题仍然是快乐的杀手。结扎使我的性活动更自由了，不必担心让我的女人怀孕。她们大多反应良好，不过也有人质疑我是否太早结扎，甚至有一个女人说她不想再和我来往，因为我不能给她小孩。我现在的女友却很高兴我这么做，但是她也有一个难题，那就是和其他男人的关系。

男性气概意指你能靠自己而活。肌肉发达、粗犷的男人在我的解释里则倾向于会压迫别人、建立权威。我在肌肉发达的标准中，排名很后面。男性气概需要相对的女性化来定义，没有女性化，男性气概也就不存在。不过定义这些内涵时，很难不落入陈词滥调，我尽量试试看。我认为男性气概是比较理性、有逻辑、自豪、自我评价高。我想我有一些男性气概的特质，但也有女性化的特质。

我很羡慕女人可以自在地流露感情，同时羡慕她们有生育的能力、慷慨和有非理性的一面，她们比男人更能自由地表达敏感和感性，女人是这个世界上比较没有疏离感的成员。我把女性解放不仅视为政治的，同时还是社会性与个人性的，希望最终这个运动也能把男人带到另一个视野，令他们了解破坏和主宰对任何人都没有帮助。

色情书刊是廉价的刺激。模特儿总是拥有某方面的超大号——超大的屁股、胸部或肌肉，完全是人类的“理想象征”。男人要孔武有力；女人要顺从或被动，或者说是漂亮。

我回答这份问卷基于以下理由：认清我自己对性的态度；为了我自己的幸福；澄清男人的形象——身为男人所感受到的压力和期待；深入自我，以期找到我的性和感情问题的答案；因为我的一名女友对我提过《海蒂性学报告：女人篇》(我还没看)，告诉我还会有一本关于男性的，问我有没有兴趣作答。我起初很犹豫，后来才发现问卷的内容很有趣。

男人是诚实的吗？如果他们愿意回答，我看不出他们有什么理由要加以隐瞒。不过我自己也修正了有关自慰项目的内容，起初我谎称对伴侣公开过这件事，其实不然。它对我仍然是一个禁忌，必须压抑，我虽然喜欢做，却视它为耻。但我其他各项回答都是诚实的，仅仅是一个字，但对我而言，足以毁了全部，尤其是我面对自己时的信誉。现在说出来，我感觉轻松多了，要从头到尾表现诚实、摘下面具，的确需要勇气。我觉得这是一场战役，而我试着要活出我该活的样子。

附录
男性问卷

本问卷的目的，是让我们能对男人特别是中国男人的生活观感有一个更清楚的了解。因为在我们的社会，多数人对男人是什么、男人应该是怎么样的这些概念的想法（也许最明显的是在“性”这方面），是如此的迂腐陈旧，因此想从个体的角度来了解男人的感受，是相当困难的。

您可以通过本问卷更加了解自己或伴侣，没有必要回答每一个问题，只要回答您（您的伴侣）感兴趣的部分就可以！否则会无法做完，但是请务必诚实作答！

◎成为男人

1. 你记忆所及，最早的性经历是怎么回事？当时你几岁？

2. 你第一次自慰是几岁？有没有达到高潮？你是自己知道的，或是别人教你的，还是从书上或是电影中学来的？

3. 你几岁的时候达到第一次高潮？第一次射精是什么时候？在你年长到可以射精之前，是否曾经达到高潮？当你爱抚自己的时候，会不会紧张？有没有梦遗？

4. 你的父母有没有告诉过你关于性方面的事？他们怎么告诉你的？你第一次听到关于女人月经的事是怎样的？

5. 在你成长的过程中，你对于性欲的感觉如何？童年时代？小学时代？中学时代？

6. 你认为在孩提或青春期时，性方面是不是受到压抑？为什么它受到压抑？

7. 这些年来，你的性生活有些什么改变？年龄会影响性吗？

8. 体育和运动在你的身体健康和生活乐趣中，占了多少比重？你喜欢哪种体育活动？游泳？足球？跑步？还是其他？

9. 在你的生活中，晒太阳、穿睡袍缩在沙发上、睡在某个温暖的身体旁边、养宠物之类的休闲活动，占着什么样的地位？还有，你特别不喜欢什么样的活动，它们占着什么样的地位？你特别喜欢什么样的活动？

10. 我们一般所说的“性”（性交），在你的生活中占着什么样的地位？自慰呢？

11. 和朋友谈心对你的生活乐趣而言，有多重要呢？你有没有告诉过你的朋友，你有多么在乎他们呢？

12. 家庭生活对于你的幸福而言，有多重要呢（这包括每一个人，不只是已婚者）？

13. 你喜欢抱小孩吗？喜欢亲近他们、和他们摔跤、帮他们洗澡吗？抱他们呢？摇他们呢？喂他们呢？

14. 你是不是曾经希望自己可以当一个父亲呢？当你发现自己不能生育时，心里的感受如何？你现在又觉得怎样？

15. 你觉得怎样当好一个父亲（不管你是不是一个父亲）？

16. 你喜不喜欢在身体上关心另一个人呢？不管他是小孩还是大人？你会怎么做呢？你会不会关怀他们？这样做好不好玩？你是不是打算用父母对待你的方式来关怀别人呢？

17. 你是不是曾经发现，你生命里所想要的温暖和亲密呢？如果有，在哪里？

18. 你想不想多给自己一点时间？

19. 你喜欢在洗手间里的隐私感吗？上洗手间的时候关不关门？你喜不喜欢偶尔在上厕所的时候，父母也在洗手间里？喜欢看他们上厕所吗？

◎男人本色

20. 你现年多少岁？背景如何——职业、教育程度、成长过程、宗教信仰、种族，或是其他你认为重要的情况。

21. 你长得怎样？你认为自己英俊、很平凡、很丑，还是不予置评呢（请原谅我们用这些字眼）？

22. 你认为男人本色是什么？你是不是有男人味？你多有男人味？

23. 有男人味和“雄赳赳”之间有什么差别？以你自己的标准来看，你觉得自己有多“雄壮”？

24. 是什么特质使得男人之所以为男人？也就是说：你会羡慕一个男人的哪一种特质？你是不是以自己的男人本色为荣？

25. 你爸爸有没有告诉过你，要怎样才能成为男人？他是怎么告诉你关于女人的事的？

26. 一个男人该怎么证明自己？我们这个时代的英雄是怎样的？

27. 若以男人作为一个团体，什么是他们的骄傲？什么是他们的耻辱？

28. 你生活上最大（或是让你最担心）的问题是什么？

29. 成功重要吗？你认为自己成功吗？如果是的话，是在哪一方面？

30. 你认为当你必须表现残忍的时候，能够做得到吗？

31. 当你觉得受伤害或是沮丧的时候，会不会表现出来？你是不是强迫自己像个机器人一样？

32. 如果你在某些事（或是任何事）上被人说是“像个女人”的话，你会有什么感觉？

33. 你有没有被人形容为“娘娘腔”，或是被要求“像个男人”？那是什么情况？当时你觉得怎样？

34. 你羡不羡慕女人有温柔、多愁善感或是随便发脾气的权利？你羡不羡慕她们可以选择有人来养活，或是好像在工作赚钱这方面比较没有压力？

35. 你对女人有没有怨言？或是对任何一个曾经伤害过你的女人有什么怨言？

36. 你是不是曾经为怎样对待女人（或某一位特定的女子）而感到愧疚？

37. 你看不看色情书籍？哪一种？在你成长的过程中，你的父亲有没有看过色情书籍？你在什么时候、什么地方第一次看到“男人看的杂志”？

38. 对于你所看过的色情杂志，你有什么看法？你是不是认为它们确实能够代表男人和女人在心理和性上的某些要素？

39. 你对“性解放”有什么看法？

40. 你对女性解放有什么看法？它怎样影响你的男女关系？

41. 男人为什么需要女人？你从女人身上可以得到哪些从男人身上得不到的？

42. 你的男性朋友比较多，还是女性朋友比较多？为什么？

◎男女关系

43. 你比较喜欢和女人还是和男人做爱，或是两者都喜欢，或是和你自己，还是你根本没有性关系？

44. 你认为性很重要，还是大家过于重视它？你觉得它是有趣的，还是大家都做得太多？你觉得人生还有什么是更重要的？

45. 对你而言，性有没有什么精神上的意义呢？

46. 回答下列任何一个问题：

（1）如果你是已婚者，请问你结过几次婚？你最初是为了什么结婚的？性方面的考虑多大？你爱你的妻子吗？在哪方面？她和你在一起会不会达到高潮？你如何让她达到高潮？如果你自慰的话，她会不会知道？

你相不相信一夫一妻制？为什么相信？你有没有婚外性经历？如果有，有几次？为时多久？现在有没有？这样的经验对于你个人，或是对于你的婚姻有什么影响？你的另一半知道吗？

如果你有子女，你当初为什么决定要生小孩？你想要当爸爸吗？当你的妻子第一次告诉你要当爸爸了的时候，你有什么感觉？你爱你的孩子吗？

你会觉得必须为了婚姻或子女，放弃一些东西吗？结婚或是生小孩，是不是会限制了你的工作，或是事业上的机会呢？你的生活发生了什么改变？

（2）如果你离过婚，是什么原因？现在有什么感觉？

（3）如果你是同性恋者，请你回答上述任何合适的问题，同时回答：你和男人发生肉体和情感上的关系多久了？如果你也曾经和女人发生过关系，它们在情感上和肉体上比较起来有什么不同？你和一个以上的男人发生过关系吗？你是不是，或想不想固定和一个男人生活在一起？

（4）如果目前你是单身，你喜欢单身生活吗？单身的好处和坏处有哪些？你有没有计划要结婚？你的性生活如何？

（5）如果你和父母亲同住，这对你的性生活，或是你的约会有没有什么影响？你的父母或亲人，有没有实际地和你讨论过性方面的事？绝大部分的性知识你是从哪里得来的？朋友？老师？书本？色情杂志？还是家人？你对得到的性知识有没有什么疑问？如果你曾经有过性关系，你的父母知不知道？如果知道，他们的反应如何？

（6）如果你还没有和别人发生过性行为，你想象那会是什么样子？你对它感兴趣吗？还是对你来说，想象比实际去做更有趣？到目前为止，你最喜欢的运动是什么？

（7）如果你目前和某人同居，请回答上述任何合适的问题，另外，你和他们住在一起多久了？你是不是比较想结婚？你对未来有什么打算？

（8）如果目前你对于性不感兴趣（除了自慰），你喜不喜欢这样的生活？打算再独身多久？这种感觉已经有多久了？你觉得这可能对别的男人比较有利吗？当你独居的时候，你觉得你和自然的关系比较密切，还是和你的宠物或是音乐的关系比较密切？

47. 也许你并不觉得上述的这些可以形容出你的生活，如果是这样的话，请用你自己的方式来形容你自己。

◎感情

48. 描述你爱得最深的一次经历，感觉怎样？经过如何？

49. 你是不是曾经因为和自己所爱的人发生问题而哭着入睡？想要自杀？为什么？

50. 你和所爱的人在一起的时候，感到最快乐的是什么事情？最亲密的事呢？什么时候是你最感寂寞的时刻？

51. 请比较你和朋友之间的关系以及你的感情生活。

52. 你觉得你可以真心地爱某个人吗？

53. 你和他人之间的关系，维持最久的是哪一次？

◎高潮

54. 高潮对你而言有多重要？如果你无法达到高潮，你会喜欢性吗？如果你的伴侣无法达到高潮，你还能享受性吗？

55. 请你形容一下几种和高潮有关的感觉：在酝酿时、达到高潮前、高潮的顶点时、高潮之后，什么时候的感觉最棒？当时的感觉怎么样？

56. 会不会经常没有高潮？有没有达到高潮对你会不会造成压力？如果有的话，是什么时候？

57. 当你达到高潮时，你的身体会有什么反应？全身紧绷？动得更厉害？还是都不动了？不可收拾？你的手脚会怎样？脸上的表情呢？

58. 当你达到高潮的时候都会射精吗？会不会常常在高潮或接近高潮时没

有射精？或者对你而言，高潮就等于射精？当你只是个小男孩还不会射精的时候，是不是就有了高潮的体验？

59. 你喜欢性交时达到一次以上的高潮吗？这种连续的高潮感觉如何？你是不是曾经在还没有失去勃起前，就继续有第二次高潮？

60. 勃起对于性欲是一种必需的刺激吗？你曾经觉得有性欲而没有勃起吗？如果没有勃起，这会困扰你吗？你的伴侣有什么反应？

61. 在你的阳具举而不坚时就进行性交，会不会有问题？如果你没有勃起就以软绵绵的阳具进行性行为，你会觉得尴尬吗？

62. 你一定会先感到亢奋才会勃起吗？还是还有其他原因会使你勃起？

63. 你会因为性爱时间比较久而觉得刺激吗？还是你比较喜欢快一点达到高潮？能不能形容一下亢奋的感觉像什么？

◎自慰

64. 你经常自慰吗？你对自慰有什么看法？高兴？羞愧？还是满足？对这件事你是持保守秘密还是可以公开的态度？

65. 你喜欢自慰吗？在肉体上，感觉上，如何自慰才会让你觉得满足？

66. 你如何自慰？请详细描述一下。例如你是用手抓住阳具，在你的阳具上移动手，还是你会整个身体移动——在某些东西上摩擦？刺激阳具的头部比较要紧，还是刺激底部要紧？你会介意射精弄得湿湿的吗？你是不是喜欢什么特别的姿势？你是不是有什么特别的想法或是幻想？

67. 在自慰的时候，你能够延迟高潮吗？这样会让你比较兴奋还是比较不兴奋？你有没有什么特别的方法来延迟高潮？

68. 当你自慰的时候，你希望一定要达到高潮吗？你曾经在自慰到达高潮时以暂停来升高你的性欲吗？你会不会在性交之前自慰（但不达到高潮）来刺激性欲？你经常如此吗？

69. 自慰对你的生活而言有多重要？

◎身体和感觉

70. 你喜欢自己性器官的样子吗？气味呢？你喜欢它的尺寸和形状吗？你的睾丸呢？

71. 你是否割过包皮？你喜欢这样，还是你希望自己没有割？你有没有

（或是将来会不会）让自己的儿子去割包皮呢？

72. 当你知道割包皮这回事之后，有什么感觉？你自己的情况如何？当你想到这件事的时候，会不会觉得你的性器官产生了什么反应？

73. 你还记得割包皮的过程吗？当时你几岁？

74. 割包皮这件事，是否曾影响到你在别人面前露出性器官的观感？影响如何？有没有包皮会不会影响你对于性的态度呢？

75. 男人为什么要割包皮？

76. 你的伴侣喜欢你的性器吗？你的伴侣有没有负面地批评过它？怎么批评？当时你有什么感觉？

77. 你喜欢口交（用嘴巴刺激你的阳具）吗？这样做是不是一定会让你达到高潮？是经常？有时？很少？还是根本不会呢？你常这样达到高潮吗？你希望你的伴侣怎样做这件事呢？

78. 你喜欢嘴巴和肛门的接触吗？

79. 你喜欢你的伴侣用手来刺激你的阳具吗？你是不是经常会这样达到高潮？你还喜欢自己性器官的哪些部分受到爱抚？

80. 你喜欢在别人面前自慰吗？你喜欢你的伴侣在你面前自慰吗？

81. 你喜欢（或者会不会喜欢）让别人用手指或是阳具插进你的肛门吗？那种感觉怎样？这样会让你达到高潮吗？到底肛交会让你在肉体上以及情绪上产生什么感觉呢？

82. 你喜欢“前戏”吗？以你自己而言，什么样的前戏是重要的？你喜欢被爱抚吗？爱抚哪里？亲吻呢？被当作宝贝一样宠爱吗？你的胸部敏感吗？臀部呢？睾丸呢？嘴巴呢？耳朵呢？

83. 你是不是从你的伴侣那里，得到了足够的前戏呢？你的伴侣是否给你足够的爱抚和挑逗呢？

84. 你是不是喜欢有时候不必“真的性交”就可以解决呢？你会比较喜欢这样吗？

85. 谁在性爱的一开始扮演主动？如果是另一个人主动，你会有什么感觉？你曾经希望由别人主动吗？如果你的伴侣从来不曾主动，你会有不被爱、不被需要的感觉吗？

86. 你是不是曾经在性爱方面求爱而遭拒绝？你有什么感觉？你是不是曾

经拒绝过别人呢？为什么拒绝？

87. 是不是在某些情况下，你会特别没有“性趣”？对你而言，保持单身有没有困难？对性事的兴趣上，你有没有经历过阶段性的高低潮？是不是常常这样？

◎对男人的感觉

88. 请描述你最要好的男性朋友。你为什么喜欢和他在一起？

89. 你是不是经常和某一群男人在一起交际应酬？你们都做些什么？谈些什么？

90. 你是不是很重视你的哥儿们？对你而言，有哥儿们或交往密切的亲戚是不是很重要？你有多重视他们的友情？他们对你来说有多重要？

91. 你有没有当过兵，或在军队工作过？你喜欢战友之情吗？你在这段时间内和别的男人有无肉体接触或性关系？

92. 你喜欢体育活动吗？哪一种？你喜欢和其他的男人一起运动吗？你喜欢在运动中和其他男人相处的亲密感吗？

93. 你在高中或是大学时期有没有最要好的朋友？你对他的感觉怎样？

94. 你现在（或是以前）是不是和你的父亲很亲密？你们如何表现亲密？他都喜欢些什么？你觉得他是怎样的人？

95. 描述一下到目前为止和你最亲近的男人。你们如何亲近彼此？你们常在一起吗？对你而言，他为什么很重要？你为什么会喜欢他？

95. 如果你过去没有和男人有过肉体或是性方面的关系，你现在会不会想要呢？

◎和男人之间的性行为

96. 你第一次有同性恋经历是几岁的时候？

97. 你第一次和男人的肉体接触是怎样的情形？和你的父亲吗？还是你的亲戚？

98. 和男人发生性行为与和女人发生有什么不同（无论你曾经和女人发生过性行为，还是只是根据自己的想象）？

99. 和男人发生性行为的哪一点是你最喜欢的？你为什么会向别的男人推

荐同性恋呢？它有什么优点？有什么缺点？

100. 你喜欢肛交吗？它在肉体和心理上的感觉像什么？你可以通过这种方式达到高潮吗？

101. 你喜欢对男人进行口交吗？你会不会把精液吞下去？你喜欢这样吗？

102. 你可以只通过和伴侣躺在一起、互相亲吻、摩擦鼠蹊部就能达到高潮吗？

103. 你是否正在恋爱，和某人有稳定的关系？到现在为止，你曾经和几个男人发生过性关系？你喜欢单一配偶吗？

104. 同性恋“滥交”是一种迷信还是真实的情形？你比较喜欢情感上的亲密，还是兴之所至的性关系，还是两者都喜欢？

105. 你会不会（或是再次）和女人谈恋爱？为什么？

106. 在你的单位，大家知道你是同性恋吗？你的父母亲知道吗？

107. 你会公开支持同性恋吗？你是不是正在为争取同性恋的自由而努力？还是你比较喜欢在异性恋的世界里，享受只属于秘密和少数团体的乐趣？

◎对女人的感觉

108. 你有没有亲近的女性朋友，或是和你比较亲近的姐妹？

109. 你和你的母亲是不是（或者以前是不是）很亲近？她是个什么样的人？她会让你联想到什么？

110. 一般来说，你会羡慕女性的哪些方面？你认为女人能对社会有什么贡献？

111. 你对于妇女运动的看法如何？

112. 你目前有没有和女人谈恋爱？她是个什么样的人？你为什么会喜欢她？

◎和女人的性行为

113. 有多少女人曾经严肃且公开地和你讨论过性或者她对性的感觉？是不是你问她的？

114. 你第一次知道阴蒂是什么时候？别的男人、别的女人或是书上告诉你些什么？

115. 你喜欢刺激阴蒂吗？为什么？你第一次这样做是什么时候？为了达到高潮吗？当时的感觉怎样？你现在对于刺激阴蒂这件事感觉舒服吗？

116. 你都怎样刺激阴蒂？请你形容一下。形容一下你怎样用手或是手指头刺激阴蒂。这么做是为了达到高潮吗？

117. 你的伴侣会用自慰来达到高潮吗？她都怎么做的？如果你都不了解，你希望她能和你分享些什么？

118. 你什么时候第一次听到（或了解到）多数的女人无法在性交时达到高潮？你最初的反应是什么？

119. 你喜欢和女人口交吗？喜欢或不喜欢的原因是什么？是否和你对伴侣的感觉有关？

120. 你能够通过刺激你的伴侣达到性兴奋吗？从肉体上和心理上来说，你喜欢让她达到高潮吗？你最喜欢怎样爱抚、感觉、亲吻你的伴侣？最不喜欢的情况又是什么？

121. 你如何让女人达到高潮？你是不是比较希望她通过性交来达到高潮呢？

◎关于性交

122. 从肉体上和心理上来说，你喜欢性交吗？性交的频率、次数是多少？

123. 什么样的体位最能满足你？这种姿势对你的伴侣有没有困难？

124. 你为什么喜欢性交？

125. 你有没有在性交的过程中或事后，感觉到肉体上不舒适的经历？有没有在性交的过程中感觉到无聊的经历？

126. 当性兴奋开始之后，你是不是会假设接下来就是性交？你会认为每一次性行为都应该包括性交吗？

127. 在某些性方面的接触中，你愿意以其他的活动来代替性交吗？常常会这样？还是你永远认为性的定义就是性交？

128. 你的伴侣在和你发生性行为时，总是、通常、有时、很少，还是从来没有达到高潮？在性交的时候呢？在其他的活动中呢？如果能，是哪些活动？

129. 你能分辨你的伴侣是否达到高潮吗？你怎样分辨？有没有怀疑过对方？如果有，你是不是问过她呢？如果她回答“有”，你会相信吗？你会讨论这种事吗？

130. 你比较喜欢和可以在性交中达到高潮，而不是通过刺激阴蒂达到高潮的女人发生性行为吗？和你发生性行为的女人，大概都在什么状况下达到高潮？

131. 如果一个女人和你在一起的时候，是由她刺激自己来达到高潮，你有什么感觉？如果是在性交之中呢？如果她使用振动棒，你觉得怎么样？

132. 如果女人不是通过性交本身达到高潮，你会归咎于你的表现、技术或是感觉太差吗？你会觉得自己不够有男子气概吗？或者至少你在某些地方做错了？

133. 你会觉得女人在和你发生性行为时达到高潮是很重要的吗？你会试着要找出使每个女人达到高潮的方法吗？

134. 通常都是谁先达到高潮的？是你，还是女方？在哪一种活动的时候？你可以在你想要的时候达到高潮吗？如果不能，那是什么时候呢？

135. 有没有女人因为自己需要很久才能达到高潮，或做好进行性交的准备而显得焦躁，而向你道歉呢？

136. 如果你的伴侣没有办法达到高潮，你会有什么感觉？

137. 你能够维持勃起多久？你能够控制达到高潮的时间吗？这样做会影响到你无法保持勃起吗？

138. 如果用软绵绵的阴茎来性交，会不会使你觉得很尴尬？如果你无法从事性交，你会停止其他的亲密举动吗？

139. 你是否曾经在性交中“过早”射精或是达到高潮呢？这样的射精或高潮会让你觉得满足吗？这是什么时候发生的？为什么会这样？这会困扰你吗？

140. 你有没有用过什么特殊的方法来延长性交的时间？延长时间的抽插会不会使你的阴茎变得比较迟钝？

141. 男人应该在什么时候射精呢？女人在这件事上是不是也应该参与商量？谁来决定性行为已经结束了呢？

142. 你知不知道性行为应该包括哪些动作呢？你会不会控制何时或怎样让自己达到高潮呢？

143. 你会不会在你想要勃起的时候无法勃起呢？什么时候？为什么？这种情形经常发生吗？当时你如何应变？

144. 你会和其他的男人谈性吗？你们都谈些什么？你们会不会吹嘘夸大自己对女人的战果？你们会分享一些实用的技术知识吗？有没有不安全的感

觉呢？

145. 女人不像男人那么渴求性的原因通常是什么？女人最想要什么样的性行为呢？

◎节育

146. 你用什么方法来避孕？谁来决定要如何避孕？你比较喜欢用哪一种？

147. 你知道避孕药可能会引起某些副作用吗？

148. 你曾经因为使用保险套、子宫套、LUD 或是泡沫剂等节育方法而感到身体不适吗？你有没有用过保险套来延迟高潮？

149. 你觉得有没有义务在性交之前先和女方讨论避孕的问题？如果你和一个女人发生性关系，你会不会让她避免怀孕？万一她怀孕了，谁应该负责？你会在性交前询问女方是否已采取避孕措施吗？

150. 你会不会害怕使某个女人怀孕？在你的性关系中，可能怀孕会对你造成困扰吗？

151. 你有没有遭遇过让女人意外怀孕的情形？当时你怎么做的？

152. 你赞不赞成堕胎？你有没有让女方怀孕，而后来她去堕胎的经历？你是否曾帮助女人堕胎？你是和她分享你的经历，还是陪她一起去？结果怎么样？

153. 你是不是已经结扎了（有没有小孩）？如果是，结扎会影响你的性生活吗？你的伴侣有什么看法？你是否想要复原？你会向别的男人推荐这种手术吗？

154. 你知道结扎是怎么回事吗？你会不会想要去做这种手术？在什么样的情况之下？

155. 你有没有目睹过生小孩的过程？

◎暴力问题

156. 你对暴力的性行为感兴趣吗？暴力在你的性生活中是不是占了一席之地？是什么样的暴力？你对它有什么感觉？

157. 你是否曾经因为和另一个女人或男人产生肉体上的挣扎、扭打或是打架而感到兴奋？请形容一下这种经历？

158. 你是否曾经故意地拍打或是弄痛你的爱人？为什么？这样做对于你

们的关系有没有产生什么效果？当你这样做的时候，感觉好不好？

159. 你喜欢捆绑吗？鞭打呢？为什么？那种感觉如何？

160. 强迫某人就范是不是一件有趣的事？

161. 你觉得亲吻脚部性感吗？洗鸳鸯浴呢？

162. 你希望或是曾经和很年轻的人发生性关系吗？有什么感觉？

163. 你认为强暴的定义是什么？这会困扰你吗？为什么？你认为同意和强暴的界线在哪里？

164. 你有没有强暴过女人？如果没有，你是否想过要强暴女人？为什么？

165. 你有没有在女人不愿意和你发生性行为的时候强迫过她们？你是怎么做的？是不是事先设想好的？有没有成功？你很喜欢这样的性行为吗？

166. 你觉得在性行为中强迫你的伴侣是不是很有趣？在进行性行为的时候，通常都是你在控制你的伴侣吗？你怎样让性行为照着你想要的方式进行下去？保持主控地位是否容易？

167. 如果在你的性生活中有主控权的问题，那么是谁掌握着这个主控权呢？是你还是你的伴侣？

168. 性是不是和政治很像？

谢谢您坦诚面对自己！